MATEO

MATEO

La revelación de la realeza de Cristo

Evis L. Carballosa

Mateo 1—14

PORTAVOZ

La misión de *Editorial Portavoz* consiste en proporcionar productos de calidad —con integridad y excelencia—, desde una perspectiva bíblica y confiable, que animen a las personas a conocer y servir a Jesucristo.

EDITORIAL PORTAVOZ
Kregel Publications
P. O. Box 2607
Grand Rapids, Michigan 49501 USA

ISBN 978-0-8254-1130-4

2 3 4 5 edición / año 11 10 09 08

Impreso en los Estados Unidos de América
Printed in the United States of America

Contenido

SEGUNDA PARTE: EXÉGESIS Y EXPOSICIÓN
Capítulo 1

Capítulo 2

Capítulo 3

Prólogo

¿Dónde radica lo especial en este libro que tiene en sus manos? ¿Por qué necesitamos otro comentario del Evangelio de Mateo? Si tan solo examina algunas páginas de este primer tomo encontrará que el autor —con claridad meridiana y con asombrosa sabiduría—, le sumerge en el texto bíblico y su significado. Las discretas referencias a los idiomas originales, en lugar de convertirse en algo aburrido, se tornan en una confirmación evidente a los que confiamos en Jesús el Mesías.

Este volumen no es algo trillado, sino una exposición fresca y clara desde un erudito como es mi hermano y amigo, Dr. Evis L. Carballosa. Es el arduo trabajo de más de una década lo que hoy tiene usted en sus manos. Es la obra del corazón de alguien que ha tomado muy en serio, durante todo su ministerio, las palabras de la carta de Judas: "que contendáis ardientemente por la fe que ha sido una vez dada a los santos".

En esta época de componendas y compromisos, cuando muchos no temen comprometer los principios revelados por Jesús el Mesías, la voz de este paladín se levanta como una prueba más de que el Señor tiene aún hombres plantados con firmeza en el fundamento de los siglos: La inerrante e infalible Palabra de Dios.

Cada página de este comentario lo transportará a los acontecimientos narrados con singularidad por el apóstol Mateo. Carballosa dedica suficiente tiempo a mostrarle de forma fehaciente que Mateo, y solo él, bajo la inspiración del Espíritu Santo, escribió el Evangelio que lleva su nombre.

Al culminar su estudio de este primer tomo le aseguro dos cosas. La primera será un renovado amor por la Biblia, la Palabra de Dios. La segunda, el deseo de tener el tomo segundo con los restantes capítulos de Mateo.

Es mi deseo y constante oración que Dios guarde a este investigador incansable de las Escrituras, Dr. Evis L. Carballosa, para que pueda seguir dándonos libros profundos y necesarios a la comunidad iberoamericana.

JOSÉ LUIS RIVERÓN
Grand Rapids, Michigan

Palabras del autor

Hace más de diez años que comencé a trabajar en la escritura de este Comentario sobre el Evangelio de Mateo. Las responsabilidades ministeriales en diferentes países de Hispanoamérica y en España me obligaron a posponer en repetidas ocasiones el trabajo de investigación. Animado por varios amigos y colegas en el ministerio, reanudé el trabajo a finales del 2005. Con la aprobación de la Editorial Portavoz, se hicieron los planes para la publicación del primer tomo de este comentario que abarca los capítulos 1 al 14 del Evangelio de Mateo.

El Evangelio según Mateo es el primero de los sinópticos en el canon del Nuevo Testamento, tal como la Iglesia lo ha reconocido durante siglos. Este Evangelio fue el libro más popular entre los cristianos de la iglesia primitiva. Era usado en la enseñanza y en la proclamación del evangelio a medida que la fe cristiana se extendía. Su carácter sistemático y didáctico hizo de Mateo el libro preferido de los cristianos durante muchos siglos.

En la escritura de este comentario, el autor ha confrontado la dificultad de la limitada bibliografía en castellano sobre este Evangelio. Hay muy pocas obras escritas originalmente en nuestro idioma sobre el Evangelio de Mateo. Con la excepción de la obra publicada recientemente por D. Samuel Pérez Millos y el trabajo con énfasis devocional de D. David Burt, prácticamente no se ha escrito nada sobre el Evangelio de Mateo desde la óptica evangélica. Existen algunos comentarios traducidos del inglés y del francés, pero escritos originalmente en castellano, hay pocos. Esa situación pone de manifiesto la necesidad de que se escriban buenos comentarios exegéticos en nuestro idioma prácticamente de todos los libros de las Sagradas Escrituras.

Este autor agradece haber podido apelar a la bibliografía existente en el idioma inglés sobre el Evangelio de Mateo. Para esta obra, se ha apelado al trabajo de autores de diferentes persuasiones teológicas. Se ha examinado obras clásicas como las de Alfred Plummer y Alan Hugh McNeile. Ambas son obras exegéticas de reconocida reputación.

También de mucho provecho ha sido el comentario escrito por el exégeta luterano Richard C. H. Lenski, titulado *The Interpretation of St. Matthew's Gospel* [La Interpretación del Evangelio de Mateo.] Lenski es de teología amilenarista pero su trabajo exegético es de calidad. También ha sido de provecho el comentario de William Hendriksen, *The Gospel of Matthew* [El Evangelio de Mateo.] Hendriksen, recién fallecido, es de teología reformada pero su comentario refleja un total respeto y reverencia hacia las Sagradas Escrituras.

Otros autores que han sido de ayuda para este proyecto han sido: Leon Morris, Craig Blomberg, David Hill, D. A. Carson, R. V. G. Tasker, Pierre Bonnard y W. C. Allen. Uno de los mejores comentarios traducido al castellano fue escrito hace más de un siglo por el teólogo bautista John A. Broadus. Aunque escrito desde una perspectiva amilenarista, este comentario refleja una enorme erudición y reconocimiento de la inspiración de la Palabra de Dios. Otras obras que han sido de ayuda son las de Ulrich Luz (dos tomos sobre Mateo) y el comentario católico de José M. Bover.

De gran ayuda desde el punto de vista de la gramática ha sido la obra de W. D. Davies y Dale C. Allison (tres tomos). Esta obra, publicada en la serie del *International Critical Commentary* [Comentario Crítico Internacional] es un trabajo exhaustivo y representativo de la escuela crítica. Es, sin duda, de gran ayuda a quien puede manejar el griego y está familiarizado con los problemas críticos. También de mucha ayuda en las cuestiones lingüísticas y gramaticales son las obras de Archibald T. Robertson, *Word Pictures in the New Testament* [Imágenes Verbales en el Nuevo Testamento], y Fritz Rienecker, *A Linguistic Key to the Greek New Testament* [Una Clave Lingüística para el Nuevo Testamento Griego.]

También se han usado varias introducciones al Nuevo Testamento, algunas en inglés y otras en castellano. De mucha utilidad han sido las obras de Donald Guthrie, Tener Georg Kümmel, Everett Harrison, Alfred Wikenhauser, Josef Schmid, D. A. Carson, Douglas J. Moo, Leon Morris, John Drane, Paul J. Archtemeier, Joel B. Green y Marianne Meye Thompson.

El autor desea destacar que ha hecho un uso discreto del texto griego. El idioma griego tiene que ver principalmente con la función que los vocablos realizan en el contexto donde se usan. Lo más importante de los verbos es el modo y la clase de acción. El autor ha procurado explicar en el texto o en las notas al pie de página la función y el énfasis que el texto pretende darle a determinados usos verbales así como a los problemas sintácticos.

El autor de este comentario agradece profundamente la instrucción recibida de profesores dedicados a Dios y al ministerio de la enseñanza de su Palabra inspirada. Hombres como Chester Woodring, Zane Hodges, Stanley D. Toussaint, Samuel Lewis Johnson, Harold W. Hoehner y otros que invirtieron su tiempo y sus vidas en enseñarnos el arte y la ciencia de la exégesis bíblica. También el autor agradece al Dr. Robert L. Thomas, profesor de Nuevo Testamento en The Master's Theological Seminary, por el uso de sus notas exegéticas sobre el Evangelio de Mateo. A todos esos hombres de Dios este autor expresa su sincera gratitud.

Este autor agradece profundamente el trabajo de dos excelentes secretarios, Samuel Filgueira Ponce y Germán Collazo Fernández. Ambos han aportado una ayuda incalculable en la revisión de cada capítulo de esta obra.

Finalmente, una palabra de profunda gratitud a la Editorial Portavoz y en particular a José Luis Riverón y a Cathy Vila por su ayuda en la publicación de esta obra. Gracias a Riverón por haber aceptado escribir el prólogo.

Es el deseo ferviente del autor que esta aportación sea de bendición a pastores, maestros, estudiantes y creyentes en general. Si ese fin se consigue, este autor se dará por satisfecho. Quiera Dios usar esta obra para su gloria y para que los lectores puedan contemplar con mayor claridad LA REALEZA DE JESÚS EL MESÍAS.

E. L. CARBALLOSA
Can Miret, Sant Antoni Vilamajor (Barcelona)
23 de noviembre de 2006 (Día de Acción de Gracias)

PRIMERA PARTE

Asuntos introductorios

Introducción

El Evangelio según Mateo ha sido considerado como un precioso y entrañable documento en la vida de la Iglesia a través de los siglos de su existencia. Durante dieciocho siglos fue considerado sin discusión, el primero de los Evangelios. Su lectura y enseñanza ha servido para instruir y edificar a los creyentes a lo largo de muchas generaciones. Para los cristianos de la presente generación, el Evangelio según Mateo sigue ocupando un lugar prominente para la comprensión de la venida al mundo del Jesús el Mesías.

Durante los dos últimos siglos ha habido un marcado interés en el estudio de los Evangelios, particularmente en los llamados "Evangelios sinópticos", es decir, Mateo, Marcos y Lucas. Dicho interés académico ha sido conducido primordialmente por la llamada "alta critica" o "critica histórica". La alta crítica se ocupa del estudio de las fuentes y los métodos literarios usados por los escritores de la Biblia.

El llamado "Siglo de las luces", nacido en el siglo XVIII y el racionalismo que le acompaña sembraron dudas respecto de la historicidad de la mayoría de los libros de la Biblia. En lo que respecta al Nuevo Testamento y particularmente a los Evangelios sinópticos, la alta crítica ha producido el llamado "problema sinóptico". Numerosas teorías han sido propuestas. El tema del origen de los Evangelios sinópticos se ha discutido en muchos foros académicos. La mayoría de los eruditos, sin embargo, confiesan que aún no han llegado a la verdad.

El presente comentario toma como punto de partida la absoluta convicción de que la Biblia es la Palabra de Dios, inerrante e infalible en sus manuscritos originales y como tal, posee autoridad absoluta y final. El autor de este comentario cree en la historicidad de los cuatro Evangelios canónicos. Cree con rotundidad que cada uno de esos Evangelios fue originalmente escrito por el autor reconocido tradicionalmente por la iglesia primitiva.

POSTURA DE LA CRÍTICA RESPECTO DE LOS EVANGELIOS SINÓPTICOS

La crítica ha dado a conocer el llamado "problema sinóptico" después de haber realizado un estudio detallado de los tres Evangelios y de la relación existente entre ellos. Sobre la base de esa investigación se ha observado lo siguiente:

1. Existe una similitud de orden entre los Evangelios sinópticos.
2. Existe una similitud de estilo y de vocabulario entre ellos.
3. Solo Mateo y Lucas concuerdan en una gran cantidad de material que no aparece en Marcos.
4. Aunque hay muchas similitudes entre los tres sinópticos, también se reconoce que hay una importante cantidad de diferencias entre ellos.

Lo cierto es que las cuatro realidades antes mencionadas han estado presentes desde los tiempos más remotos de la historia de la Iglesia. No fue, sin embargo, hasta el siglo XVIII que se sacó a la luz. Como lo expresa el teólogo inglés Donald Guthrie:

> En verdad, esas cuestiones no fueron seriamente consideradas hasta que fueron colocadas en la vanguardia por el auge del racionalismo en el siglo dieciocho.[1]

La alta crítica desde sus inicios ha intentado resolver lo que considera ser un problema mediante la sugerencia de ciertas hipótesis. El teólogo racionalista G. E. Lessing (1778) propuso que los cuatro Evangelios son el resultado de traducciones o resúmenes de un antiguo *evangelio de los nazarenos* escrito originalmente en arameo.

La teoría de Lessing fue desarrollada y al mismo tiempo complicada por el alemán J. G. Eichhorn (1752—1827). Eichhorn propuso que, en lugar de cuatro, se tradujeron nueve Evangelios del original arameo. Nuestros sinópticos, según Eichhorn, constituyen la forma final de ese proceso literario.[2] Eichhorn no reconoció la paternidad literaria de Mateo, Marcos y Lucas. Sí reconoció que:

> Los Evangelios sinópticos son independientes los unos de los otros y todos ellos se inspiraron en un protoevangelio muy extenso, que abarcaba toda la vida de Jesús y que habría sido compuesto hacia el año 35, en lengua aramea por un discípulo de los apóstoles. Luego habría sido traducido al griego y experimentado nueve refundiciones diferentes. Estas habrían sido utilizadas por los evangelistas para la elaboración de sus respectivos Evangelios. Por consiguiente, entre el protoevangelio en su forma original y los Evangelios sinópticos habrían existido gran número de formas de transición.[3]

---

1. Donald Guthrie, *New Testament Introduction* (Downers Grove, Ill.: Inter-Varsity Press, 1970), p. 123.
2. *Ibíd.*, p. 123.
3. Alfredo Wikenhauser y Josef Schmid, *Introducción al Nuevo Testamento*, edición totalmente renovada (Barcelona: Editorial Herder, 1978), p. 419.

Luego apareció la figura de Friedrich D. E. Schleiermacher (1768—1834) con una novedosa pero insatisfactoria teoría. Expuso la hipótesis de la existencia de numerosas notas o apuntes escritos por los apóstoles que contenían las palabras de Jesús. Esas anotaciones fueron posteriormente ampliadas hasta constituir documentos con historias de milagros, discursos de Jesús, enseñanzas y la narración de la pasión del Señor. Según Schleiermacher, la colección de esos escritos fueron usados para producir los Evangelios canónicos. Pero como afirma el profesor Guthrie:

> La principal debilidad de esa hipótesis radica en la ausencia de cualquier rastro de esos escritos tempranos y en la incapacidad de dicha teoría para explicar las destacadas similitudes en los Evangelios sinópticos, no solo en el vocabulario sino también en la secuencia de los acontecimientos.[4]

No es el propósito de este comentario examinar todas las teorías elaboradas al respecto del origen de los Evangelios sinópticos. Esa es una tarea que merece ser estudiada aparte. El lector interesado en ese tema debe examinar la bibliografía disponible al respecto.[5] Pero aquí se dará alguna consideración a la hipótesis más popular hoy día conocida como la de "los dos documentos" o la de la prioridad de Marcos. Esa teoría no solo es apoyada por la alta crítica sino también por comentaristas conservadores.

LA TEORÍA DE LOS "DOS DOCUMENTOS" O DE LAS DOS FUENTES

Como ya se ha indicado, el llamado "problema sinóptico" radica en el hecho de que los tres primeros Evangelios contienen un gran número de similitudes y a la vez muchas diferencias.[6] Sobre la base de las similitudes y las diferencias, la alta crítica concluye que la única solución es asumir que hubo una relación de paternidad literaria entre los tres Evangelios. O sea, que los diferentes autores debieron haberse copiado el uno al otro o haber consultado las mismas fuentes escritas o, tal vez, haber hecho ambas cosas.[7]

1. Prioridad de Marcos

El punto de vista generalmente aceptado y defendido por la crítica moderna es que Marcos fue el primero de los Evangelios en escribirse. Esa postura fue adoptada por G. C. Wilke, quien había sido capellán militar y luego, pastor en Hermannsdorf. Según Wilke "la correspondencia de los tres sinópticos en su presentación y la relación de

---

4. Guthrie, op. cit., p. 124, ver también Robert H. Stein, *Studying the Synoptic Gospels Origin and Interpretation*, Second Edition (Grand Rapids: Baker Academic 2001), pp. 49-96.
5. Vea Benito Marconcini, *Los sinópticos: Formación, redacción teología* (Madrid: San Pablo, 1997), pp. 15-69; Everett Harrison, *Introducción al Nuevo Testamento* (Grand Rapids: Subcomisión Literatura Cristiana de la Iglesia Cristiana Reformada, 1980), pp. 146-173; Raymond E. Brown, *An Introduction to the New Testament* (Nueva York: Doubleday, 1997), pp. 111-116; Alfred Wikenhauser y Josef Schmid, *Introducción al Nuevo Testamento*, edición totalmente renovada (Barcelona: Editorial Herder, 1978) pp. 414-453.
6. Eta Linneman, *Is There a Synoptic Problem?*, traducido por Robert W. Yarbrough (Grand Rapids: Baker Books, 1992), p. 10.
7. *Ibíd.*

los discursos de Jesús y la presencia de casi todo el material de Marcos en Mateo y Lucas solo puede explicarse satisfactoriamente sobre la base de asumir que Marcos fue el primer evangelista en escribir y que su trabajo es básico para los otros dos sinópticos".[8] La misma teoría fue adoptada por Gottleb Christian Storr (1746—1805), profesor de filosofía y teología en Tubinga. Storr sostenía que Marcos era el Evangelio más antiguo.[9] Según él, tanto Mateo como Lucas usaron a Marcos como fuente para escribir sus composiciones.

El alta crítica, promotora de la "crítica de las fuentes", utiliza métodos racionalistas para concluir que Mateo utilizó a Marcos como una de sus fuentes de información. Para ello la crítica da por sentado que Marcos fue el primer Evangelio que se escribió. Esa postura de la escuela crítica y de sus seguidores pasa por alto el hecho de que Mateo fue uno de los discípulos designados por Cristo como apóstol. Mateo fue testigo presencial de las cosas que Jesús enseñó y de los milagros que realizó. De manera que resultaría extraño que Mateo tuviese necesidad de depender de Marcos.

De vital importancia, como lo señala Guthrie,[10] está el hecho de la singularidad de la Persona de Cristo. Los Evangelios, Mateo incluido, son eminentemente cristocéntricos. Ninguna otra literatura de la antigüedad es comparable a ellos. "La misma singularidad de Cristo exige la posibilidad de que los registros de su vida y enseñanzas posean características únicas".[11] Eso demanda que haya una diferencia entre la crítica de los sinópticos y los métodos clásicos de la crítica literaria. La escuela crítica no ha tomado eso en cuenta (o no ha querido hacerlo) y se ha acercado a los Evangelios utilizando métodos racionalistas que ponen en duda el carácter sobrenatural de las Escrituras.

En el caso de Mateo es de suma importancia tener presente la promesa que el Señor hizo a los apóstoles en el Aposento Alto:

> "Mas el Consolador, el Espíritu Santo, a quien el Padre enviará en mi nombre, él os enseñará todas las cosas, y os recordará todo lo que yo os he dicho" (Jn. 14:26).

> "Pero cuando venga el Consolador, a quien yo os enviaré del Padre, el Espíritu de verdad, el cual procede del Padre, él dará testimonio acerca de mí" (Jn. 15:26).

> "Pero cuando venga el Espíritu de verdad, él os guiará a toda verdad; porque no hablará de su propia cuenta, sino que hablará todo lo que oyere, y os hará saber las cosas que habrán de venir. Él me glorificará; porque tomará de lo mío y os lo hará saber" (Jn. 16:13-14).

En resumen el evangelista Mateo no solo fue testigo presencial de todas las cosas que Jesús enseñó, predicó y de los milagros que realizó sino que también tuvo el

---

8. Werner Georg Kümmel, *The New Testament: The History of the Investigation of its problems*, traducido por S. MacLean Gilmour and Howard Clark Kee (Nashville: Abingdon Press, 1970), p. 148.

9. Linneman, *Is There a Synoptic Problem?*, p. 28.

10. Guthrie, *New Testament Introduction*, pp. 230-233.

11. *Ibíd.*

beneficio del ministerio del Espíritu Santo tal como el Señor lo había prometido. A menos que se nieguen esos dos importantes factores de una manera deliberada, no hay necesidad alguna para afirmar que Mateo no pudo haber escrito el Evangelio que lleva su nombre de manera independiente. Lo cierto es que Mateo no dependió de Marcos, sino que desarrolló el argumento de su Evangelio a partir de lo que había visto y oído. Además de esto, el Espíritu Santo le ayudó a recordar y seguramente, le enseñó muchas otras cosas respecto del ministerio y de la misión de Jesús el Mesías.

Un detalle adicional que cabe mencionarse es el siguiente: Mateo había sido un cobrador de impuestos antes de su conversión. Es decir, había sido un "banquero", usando el lenguaje moderno. Los banqueros están acostumbrados a hacer todo tipo de anotaciones. No es de dudarse que en el transcurso de los tres años y medio cuando Mateo siguió de cerca el ministerio terrenal de Jesús el Mesías como uno de sus discípulos que tomase abundantes notas de lo que oía y veía. Cualquier hombre con semejante trasfondo hubiese hecho lo mismo. Es, por lo tanto, osado afirmar que "la opción teológica fundamental de Mateo consistió en tomar el Evangelio de Marcos como base para iluminar correctamente la predicación de Jesús".[12] Esa es una afirmación producto del racionalismo de la alta crítica. Dicha afirmación no toma en cuenta lo expresado anteriormente, es decir, que Mateo (1) fue testigo presencial de todo lo que Jesús dijo e hizo, (2) tuvo la ayuda insustituible del Espíritu Santo prometida por Jesús el Mesías y (3) había sido un banquero acostumbrado a anotar detalles de lo que ocurría diariamente. Es de suponerse que Mateo, como tal, era mejor escritor que Marcos. Era capaz de seguir un orden y una estructura literaria mejor adaptada para explicarla o enseñarla a otros. Mateo, por lo tanto, era capaz de escribir independientemente de los demás evangelistas.

2. El documento Q

La designación Q proviene del vocablo alemán *"Quelle"* que significa "fuente". Con ese nombre (Q) la alta crítica se refiere a un supuesto documento que sirvió de base tanto a Mateo como a Lucas para componer sus Evangelios. Según algunos, la idea tuvo su origen en Gotthold E. Lessing. En el año 1778, Lessing escribió una obra sobre los Evangelios que fue publicada después de su muerte. Es en dicha obra donde se refiere a la posible existencia de Q.

Pero la hipótesis de la existencia del documento Q fue popularizada por el británico Burnett Hillman Streeter (1874—1937) a través de sus obras *The Four Gospels [Los cuatro Evangelios]* y *The Primitive Church [La iglesia primitiva.]* El trabajo de Streeter entusiasmó a un número importante de estudiosos respecto de la "hipótesis de los dos documentos" o de "las dos fuentes".

Streeter no solo promovió la hipótesis de la existencia de las dos fuentes en la composición de Mateo (Fig. 1) sino que osadamente la amplió, añadiendo la existencia de un documento que denomina M o proto-Mateo.[13]

Es sorprendente que casi con unanimidad los estudiosos de este tema reconocen que

12. Ulrich Luz, *El Evangelio según San Mateo*, Mateo 1—7, vol. 1 (Salamanca: Ediciones Sígueme, 1993), p. 46.
13. Vea Craig Blomberg, *The Historical Reliability of The Gospels* (Leicester, Eng. 1987), p. 13.

Mateo

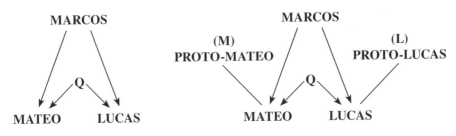

Figura 1

el documento Q es hipotético. Nadie jamás, hasta el día de hoy, ha visto el documento Q.[14] Solo existe en la mente de la crítica. Como ha escrito Eta Linneman:

> Imagínese volar a una isla que no existe en un avión que todavía no ha sido inventado. Aún si ese viaje imposible pudiese ocurrir durante el décimo tercer mes del año, no sería un cuento tan fantástico como la ficción recientemente cristianizada como verdad científica por algunos eruditos del N.T., tocante al llamado evangelio perdido Q y la iglesia de los primeros tiempos.[15]

Lo que Eta Linneman señala es el insólito hecho de que haya tantos expertos que al mismo tiempo que reconocen el carácter teórico e hipotético del llamado documento Q sigan aferrados a su uso como si se tratase de una realidad. Al parecer, la crítica no toma en cuenta la diferencia entre una afirmación, una presuposición y una demostración. Algunos de ellos afirman cuestiones no probadas como si fuesen hechos ya demostrados.[16] Es de suma importancia que quienes creen en la inspiración plenaria y verbal de las Escrituras sean cautelosos a la hora de abrazar conceptos novedosos que al parecer son intelectualmente inofensivos.

La crítica ha diseñado un mecanismo para intentar separar los actos milagrosos de Jesús el Mesías de sus dichos o sus discursos. De ahí surgió la hipótesis del llamado documento Q. Sus promotores, incluyendo a Schleiermacher (1760—1834), Christian Hermann Weiss (1801—1866), Gotthold E. Lessing (1721—1781) y otros enseñaron la hipótesis de la existencia imaginaria de un documento de los dichos de Jesús.

A pesar de la influencia de la alta crítica a favor de la existencia del documento Q, hubo un grupo de reconocidos eruditos que rechazó dicha enseñanza. Entre ellos

---

14. *Ibíd.*
15. Eta Linneman "The Lost Gospel of Q – Fact or Fantasy?" ["El Evangelio perdido de Q, ¿verdad o fantasía?"] (Trinity Journal, primavera, 1996), p. 3. *Nota*: Eta Linneman estudio con Rudolf Bultmann, Ernest Fuchs, Friederich Goagarten y Gerhard Ebeling. Todos ellos reconocidos eruditos de la escuela de la crítica histórica durante la primera mitad del siglo XX. También fue profesora de teología y educación religiosa en la Universidad Tecnológica de Braunschweig. Confiesa haber enseñado Biblia y teología sin haberse convertido a Cristo. A raíz de su conversión en los años 70, la Dra. Linneman se entregó por completo a servir al Señor Jesucristo. Ha enseñado en un seminario teológico en las Filipinas y ha escrito varios libros y artículos defendiendo la autoridad de la Biblia y la independencia de los escritores de los Evangelios.
16. Vea Eta Linneman, *Is There a Synoptic Problem?*, pp. 64-65.

se destacaron B. F. Westcott (1825—1901),[17] Theodor Zahn (1838—1933),[18] y Adolf Schlatter (1852—1938).[19]

Los esfuerzos de la crítica histórica por demostrar la realidad de la existencia del documento Q, hasta el día de hoy, han sido infructuosos. Un escritor reconoce que "muchos eruditos hoy día hablan con menos confianza de Q como un documento, prefiriendo llamarlo una "copia de tradición" o un "estrato" o incluso un "código para el material oral encontrado en Mateo y Lucas".[20] Martin cita a W. L. Knox quien dijo: "Es necesario insistir en que Q es simplemente un documento hipotético".[21]

Otro escritor, que no pertenece a la crítica liberal pero que se inclina a favor de la existencia del documento Q, afirma de manera cándida que: "Cuando venimos a Q, sin embargo, no solo no tenemos las fuentes que Q usó (como en el caso de Marcos), sino que tampoco tenemos a Q".[22]

Con todo respeto hacia la persona e indiscutible erudición del Dr. César Vidal Manzanares, hay que decir que es desconcertante lo que ha escrito en su libro: *El Primer Evangelio: El Documento Q*. Sus palabras son estas:

Naturalmente, a estas alturas, el lector se preguntará lo que es el Documento Q. Se trata de una fuente escrita, compuesta en su mayor parte por dichos de Jesús aunque también contiene algún relato de sus hechos, que constituyó el primer Evangelio del que tenemos noticia con certeza y que fue utilizada por los evangelistas Mateo y Lucas para la redacción de sus respectivos Evangelios canónicos.[23]

En la página siguiente de la citada obra, el Dr. Vidal Manzanares pone al descubierto el hecho de que el supuesto documento Q ha sido extraído directamente de los Evangelios de Mateo y Lucas. Es decir que el material que se le atribuye a Q sería desconocido a no ser por el hecho de su presencia en Mateo y Lucas. La alta crítica hizo su maniobra. Estableció *a priori* la existencia de la diferencia entre "los hechos" y "los dichos" de Jesús el Mesías y arbitrariamente los separó de los Evangelios canónicos de Mateo y Lucas.

El Dr. Vidal Manzanares declara:

Sabemos que los primeros cristianos trasmitieron en forma oral muchas

17. Westcott era británico. Fue profesor de teología en Cambridge, canónigo de Westminster y escribió varios comentarios y libros tocantes a los Evangelios.
18. Theodor Zahn era de origen alemán. Fue profesor de Nuevo Testamento en Gotinga, Kiel, Erlangen y Leizpig, entre otros. Escribió una *Introducción al Nuevo Testamento*.
19. Adolf Schlatter, alemán, enseñó historia del dogma y Nuevo Testamento en varios centros teológicos en Alemania. Fue profesor de teología sistemática en Berlín y de Nuevo Testamento y teología sistemática en Tubinga. Escribió numerosos libros.
20. Ralph P. Martin, *New Testament Foundations: A Guide for Christian Students* (Grand Rapids: Eerdmans Publishing Co., 1975), p. 146.
21. *Ibíd.*, p. 147.
22. Robert H. Stein, *Studying the Synoptic Gospels Origin and Interpretation*, segunda edición (Grand Rapids: Baker Academic, 2001), p. 122.
23. César Vidal Manzanares, *El Primer Evangelio: El Documento Q* (Barcelona: Editorial Planeta, 1993), p. 9.

tradiciones acerca de Jesús pero Q parece haber sido un documento escrito. De hecho, cuando comparamos el uso que del mismo hicieron Lucas y Mateo comprobamos que las referencias son textuales, prácticamente palabra por palabra. Con todo y dado que no nos ha llegado ninguna copia del Documento Q, nos vemos obligados a reconstruirlo a partir del material suyo que aparece contenido en Mateo y Lucas".[24]

Con la admiración que el Dr. Vidal Manzanares merece por su esfuerzo académico hay que decir, sin embargo, que se ha dejado arrastrar por las presuposiciones de la alta crítica y por conclusiones no fundamentadas que los eruditos racionalistas han elaborado. La cuestión no es si los cristianos primitivos tuvieron al principio una tradición oral. La cuestión crucial es si un apóstol de Jesucristo, testigo presencial durante todo el ministerio del Señor, dotado por el Espíritu Santo quien obró en Mateo para recordarle con fidelidad las palabras y los hechos de Jesús, fue capaz o no de escribir de manera independiente, es decir, sin apelar a lo escrito por otra persona, un evangelio inspirado como el que conocemos por el nombre de *Evangelio según Mateo*. Esa es la pregunta que es necesario contestar de manera categórica.

Como afirma Robert L. Thomas, profesor de Nuevo Testamento en The Master's Seminary en Sun Valley, California:

No existe evidencia alguna de que un tal documento Q existiese en tiempos de Papías ni en cualquier otro tiempo. El creciente escepticismo de un amplio espectro de eruditos del Nuevo Testamento tocante a la naturaleza (por ejemplo, la estructura y la extensión) de Q y si tal documento alguna vez existió en la historia de la iglesia hace que semejante sugerencia sea muy dudosa.[25]

Es importante destacar que la existencia de Q no puede ser corroborada ni por la historia de la iglesia primitiva ni por ningún manuscrito de la era apostólica. Si Q hubiese existido en el período apostólico, es de esperarse que el apóstol Pablo hubiese tenido algún conocimiento de dicho documento. En 1 Corintios 2, Pablo afirma que su conocimiento del evangelio y de otras verdades llegó a él por revelación divina. Evidentemente Q es más una invención de la crítica que una realidad histórica.

Si la cuestión es encontrar una fuente común para el origen de los Evangelios canónicos, lo más natural y normal es aceptar que esa fuente común fue el mismo Señor Jesucristo tanto en el caso de Mateo como en el de Juan. Si se acepta la fe de la iglesia primitiva respecto del hecho de que Marcos recibió su información de Pedro, el gran apóstol de la circuncisión, quien también fue testigo presencial de las palabras y los hechos de Jesús el Mesías, entonces no debe dudarse de la historicidad y de la fiabilidad de los Evangelios canónicos.

Los eruditos racionalistas prefieren hablar de fuentes como la base de la composición de los Evangelios, particularmente de Mateo y Lucas. Tal actitud les lleva

---

24. *Ibíd.*, p. 10
25. Robert L. Thomas y F. David Farnell "The Synoptic Gospels in the Ancient Church", *The Jesus Crisis* (Grand Rapids: Kregel Publications, 1998), p. 44. Vea también Ed Glasscock, *Moody Gospel Matthew Commentary* (Chicago: Moody Press, 1997), pp. 17-20.

a rechazar el testimonio de la iglesia primitiva respecto de que los evangelistas Mateo, Marcos y Lucas escribieron sus composiciones independientemente el uno del otro.

Una pregunta más para quienes consideran que Q fue el primer Evangelio de la iglesia primitiva: ¿Sería posible concebir que la iglesia primitiva tuviese un Evangelio desprovisto de la enseñanza esencial de la fe cristiana, es decir, que Cristo murió en expiación por el pecado del mundo, fue sepultado, resucitó al tercer día y regresará victorioso a la tierra? Quienes creen que el documento hipotético Q fue el primer Evangelio de la iglesia primitiva deberían invertir tiempo respondiendo esta pregunta.

RESUMEN Y CONCLUSIÓN

El Evangelio según Mateo siempre ha ocupado un lugar de especial interés en la vida de la Iglesia. Su estructura, contenido, sencillez didáctica y sus enseñanzas compactas han hecho de Mateo un libro preferido por muchos cristianos.

Durante dieciocho siglos la Iglesia sostuvo casi unánimemente que Mateo el publicano, discípulo y apóstol de Cristo había sido su autor. Con la llegada del racionalismo filosófico en el llamado "Siglo de las luces" la duda fue sembrada tocante a la historicidad y la autoría del Evangelio según Mateo.

Una escuela de pensamiento teológico llamada la "alta crítica" cuestionó las fuentes y los métodos literarios usados en la composición del Evangelio de Mateo. De esa situación surgió el llamado "Problema sinóptico". ¿A qué se debe que haya tanto parecido entre los tres primeros Evangelios? ¿Cuál es la causa de sus diferencias? Para responder esas preguntas la alta crítica elaboró varias teorías.

Algunos concluyeron que los Evangelios canónicos fueron el resultado de la traducción de fragmentos y resúmenes existentes en el primer siglo. Otros sugirieron que en vez de cuatro Evangelios pudo haber habido hasta nueve.

La postura más sonada en los últimos tiempos es la que atribuye prioridad al Evangelio de Marcos, es decir, que Marcos fue el primero de los Evangelios que fue escrito. Marcos se convirtió, por lo tanto, en una fuente usada por Mateo y Lucas para componer sus Evangelios.

Pero ¿de dónde surge el material hallado en Mateo y en Lucas que no aparece en Marcos? La crítica se ha inventado la existencia de un documento conocido por la letra Q (del alemán *Quelle* que significa fuente) y lo considera el segundo documento del que Mateo se valió para escribir su Evangelio. Nadie hasta hoy ha visto a Q como un documento independiente. Todos admiten que Q es solo una hipótesis. El llamado documento Q ha sido extraído de Mateo y Lucas. Algunos lo consideran el Evangelio de los primeros cristianos. Esa conclusión es sumamente rara. ¿Cómo es posible que la comunidad cristiana primitiva tuviese como su primer Evangelio un documento cuyo contenido principal fuese los dichos de Jesús y solo algunas de sus obras? La iglesia primitiva creyó y proclamó desde el principio el mensaje de la muerte, resurrección, exaltación a la gloria y la segunda venida judicial de Cristo a la tierra. Esos temas están ausentes del hipotético documento Q.

Finalmente, la crítica soslaya el hecho de que Mateo fue un testigo de primera mano de las cosas que Cristo dijo e hizo. Además, Mateo fue asistido por el Espíritu Santo quien le enseñó y le ayudó a recordar las cosas que Jesús el Mesías había hecho y dicho. A eso hay que añadir que, antes de su conversión, Mateo era un banquero acostumbrado a tomar nota de los detalles pequeños de su trabajo. Por lo tanto, no es descabellado pensar que Mateo "tomó notas" de las cosas que vio y oyó de Jesús el Mesías.

Este comentario, por lo tanto, asume la postura de que Mateo escribió su Evangelio independientemente de los demás evangelistas. No tuvo necesidad de apelar ni a Marcos ni al hipotético Q. Además, este comentario sostiene la historicidad de los Evangelios sinópticos. Cada uno de ellos escribió su composición independientemente del otro. Las similitudes se explican por el hecho de que Mateo y Pedro (de quien Marcos se informó) eran apóstoles de Jesús el Mesías. Lucas fue instruido por Pablo y por otros que fueron testigos presenciales de lo que Cristo enseñó y de los milagros que hizo. En definitiva, el problema no está en los Evangelios sinópticos sino, al parecer, en las mentes de los eruditos de la alta crítica que pretende negar la historicidad y la inspiración plenaria y verbal de las Escrituras.

BIBLIOGRAFÍA SELECTA

Brown, Raymond E., *An Introduction to the New Testament* (Nueva York: Doubleday, 1997.)

Dungan, David Laird, *A History of the Synoptic Problem* (Nueva York: Doubleday, 1999.)

Glasscock, Ed, "Matthew", *Moody Gospel Commentary* (Chicago: Moody Press, 1997.)

Gundry, Robert H., *A Survey of the New Testament* (Grand Rapids: Zondervan Publishing House, 1971.)

Guthrie, Donald, *New Testament Introduction* (Downers Grove, Ill: Inter-Varsity Press, 1970.)

Harrison, Everett, *Introducción al Nuevo Testamento*, traducido por Norberto Wolf (Grand Rapids: Subcomisión Literatura Cristiana de la Iglesia Cristiana Reformada, 1980.)

Kümmel, Werner Georg, *The New Testament: The History of the Investigation of its Problems*, traducido por S. McLean Gilmour y Howard C. Kee (Nashville: Abingdon Press, 1972.)

Linnemann, Eta, "The Lost Gospel of Q – Fact or Fantasy", *Trinity Journal* (Deerfield, Ill.: Trinity Evangelical Divinity School, Spring 1996.)

_____, *Is There a Synoptic Problem?*, traducido por Robert W. Garbrough (Grand Rapids: Baker Books, 1992.)

Marconcini, Benito, *Los sinópticos: Formación, redacción, teología* (Madrid: San Pablo, 1970.)

Martin, Ralph P., *New Testament Foundations: A Guide for Christian Students, vol. 1, The Four Gospels* (Grand Rapids: Eerdmans, 1990.)

Stein, Robert H., *Studying The Synoptic Gospels Origin and Interpretation* (Grand Rapids: Baker Academic, 2001.)

Thomas, Robert L. y Farnell, F. David, *The Jesus Crisis: The Inroads of Historical Criticism into Evangelical Scholarship* (Grand Rapids: Kregel Publications, 1998.)

Vidal Manzanares, César. *El Primer Evangelio: El Documento Q* (Barcelona: Editorial Planeta, 1993.)

El Evangelio según Mateo: Su origen y su mensaje

El Evangelio según Mateo aparece en primer lugar entre los sinópticos en todas las versiones del Nuevo Testamento. Fue el más popular de los Evangelios en tiempos de Ireneo (c. 180 d.C.) Es reconocido por muchos que el título "según Mateo" comenzó a aparecer por el año 125 d.C.

La influencia del Evangelio según Mateo fue la más significativa en extensión y profundidad entre la literatura cristiana hasta finales del siglo II. Hasta entonces, Mateo era el Evangelio por excelencia. Servía de normativa para la vida cristiana. Era el libro preferido de los primeros cristianos.

Además, el testimonio unánime y el consenso indiscutible de los Padres de la iglesia es que Mateo fue el primer Evangelio en ser escrito y prácticamente sin excepción, la iglesia de los primeros siglos colocó el Evangelio según Mateo primero en el canon del Nuevo Testamento. Lo dicho anteriormente no significa en absoluto que la tradición estuviese correcta en todas sus afirmaciones. Ese extremo debe evitarse. Pero también debe evitarse la postura de la "alta crítica" que rechaza *a priori* la evidencia externa, afirmando que los testigos de los primeros siglos no eran ni objetivos ni científicos y por lo tanto, no son dignos de confianza a la hora de preservar la tradición auténtica. Sin duda, hay tradición primitiva que es sospechosa, pero también la hay que es legítima.

La historicidad del Evangelio según Mateo fue generalmente aceptada sin objeción hasta finales del siglo XVIII. El racionalismo filosófico y el escepticismo del mencionado siglo dieron origen al cuestionamiento de la historicidad de todos los Evangelios, incluso el de Mateo. El llamado "Siglo de las luces" (el siglo XIX) incubó la formación de la escuela histórico-crítica y particularmente, la rama llamada "Crítica de fuentes". El auge de dicha escuela marcó el principio del rechazo de la prioridad de Mateo entre los Evangelios.

Al comenzar el siglo XX, la mayoría de los eruditos de la escuela liberal y algunos considerados como evangélicos habían optado por rechazar *a priori* el testimonio unánime de la iglesia primitiva tocante a la prioridad de Mateo en favor de la teoría llamada de "las dos fuentes" o la de "las cuatro fuentes" respecto del origen de los Evangelios sinópticos.

La crítica liberal y otros que no se consideran liberales rechazan el testimonio establecido de la iglesia primitiva que da a Mateo la prioridad y lo considera como el primer Evangelio en ser escrito. En su lugar dichos eruditos proponen que Marcos fue el primero de los Evangelios sinópticos en ser escrito. Afirman, además, que tanto Mateo como Lucas copiaron de Marcos y de un documento imaginario llamado "Q" (del alemán *quelle*, fuente) para escribir sus composiciones. El subjetivismo de la crítica se pone de manifiesto en el énfasis que otorga a "Q". Lo cierto es que ninguno de ellos jamás ha visto ni ha tocado ese documento. Lo que la crítica llama "Q" es información extraída del los Evangelios de Mateo y de Lucas puesto que, como se ha dicho, Q solo existe en la mente de la crítica.

Cabe destacar que con el nacimiento de la crítica liberal surge también un enfático rechazo a la historicidad de los Evangelios. El reconocido erudito de la alta crítica alemana, David F. Strauss, escribió en el año 1835, su obra *Lebe Jesu* [Vida de Jesús] en la que propone la necesidad de desmitificar los Evangelios para descubrir al Jesús histórico. Hace más de medio siglo que el también alemán Rudolf Bultmann hizo la misma propuesta. Estos escritores, al igual que otros hoy día, rechazaban lo sobrenatural. Dicen que los milagros narrados en los Evangelios son producto de la comunidad cristiana primitiva. Según la crítica, fueron añadidos como parte del *kerigma* o mensaje predicado en los primeros siglos. La mente científica moderna no acepta esos "mitos" y por lo tanto, hay que quitarlos de los Evangelios.

Es importante, a pesar de la opinión de la crítica, mirar hacia atrás, al testimonio de la iglesia primitiva. Los Padres de la iglesia aportaron un testimonio unánime que da al traste con las conjeturas y las especulaciones de la crítica, particularmente lo que se ha escrito durante las dos últimas generaciones respecto de las teorías del origen de los Evangelios sinópticos. La crítica propone que Mateo y Lucas usaron dos o cuatro fuentes (Marcos y Q o Marcos, Q, M y L). Del siglo XIX hacia atrás nadie habló de tales fuentes. La tradición cristiana es prácticamente unánime en su reconocimiento de que los evangelistas compusieron sus obras independientemente el uno del otro.

EL TESTIMONIO DE PAPÍAS

Como ya se ha mencionado, el testimonio unánime de la tradición cristiana está a favor de que el apóstol Mateo fue el autor del primer Evangelio. Esa tradición es tanto unánime como antigua.

Mediante una cita que aparece en la *Historia eclesiástica* de Eusebio, dicha tradición parte del testimonio de Papías de Hierápolis quien escribió una obra acerca de los Evangelios a principios del siglo II. Dicha obra ha desaparecido pero Eusebio cita parte de ella. Papías es, sin dudas, una fuente primaria importante para el conocimiento de la vida de la iglesia primitiva. En Papías tenemos a un hombre que todavía podía extraer información acerca de cosas que eran conocidas en tiempos de los apóstoles y de sus discípulos. Además, Papías estaba interesado en investigar la historia de la Iglesia desde los apóstoles hasta su tiempo.

Según Eusebio, Papías de Hierápolis dice lo siguiente acerca de Mateo en su obra

Exposiciones: "Mateo coleccionó los oráculos (*tà logía*) en la lengua hebrea y cada cual los interpretó lo mejor que podía".

El testimonio de Papías es de gran importancia. Escribió una serie de cinco tratados titulados *Interpretación de los Oráculos del Señor* en los que:

> Proporciona información tocante a otras fuentes vivientes como por ejemplo el apóstol Juan y de otro discípulo original de Jesús conocido por el nombre de Aristón. De ellos aprendió lo que los apóstoles habían dicho y hecho.

En resumen: Las afirmaciones de Papías tenían su fundamento en información recibida de testigos de primera mano. Si Papías escribió entre los años 95—110 d.C., entonces su información es una fuente de valor incalculable de lo que ocurría en la Iglesia desde finales del siglo primero hasta su muerte, particularmente respecto de los Evangelios.

La crítica ha impugnado el testimonio de Papías, diciendo que tal logía o *los Oráculos* atribuidos a Papías son el llamado documento Q. Lo cierto es, sin embargo, que no existe evidencia alguna de la existencia de un documento denominado Q en tiempos de Papías ni en ninguna otra época de la historia del cristianismo. Q solo existe en la mente de la crítica. Es más, un número importante de eruditos ha expresado dudas respecto de la naturaleza misma del llamado documento Q y se cuestiona si ese documento realmente existió en la historia de la Iglesia. La duda de la crítica respecto de Q hace que la existencia de dicho documento siga siendo una hipótesis plagada de interrogantes. De lo que no debe dudarse es que en tiempos de Papías la existencia y el origen del Evangelio según Mateo eran indiscutibles.

El testimonio de Ireneo

Ireneo de Lyon vivió entre los años 115—200 d.C. Fue un reconocido apologeta y teólogo de la iglesia primitiva. Escribió contra Marción y contra los gnósticos. Su famosa obra *Contra herejías* fue completada en el año 185 d.C. Ireneo declara: "Mateo también escribió un Evangelio entre los hebreos en su propio dialecto, mientras Pedro y Pablo ponían los fundamentos de la iglesia".

Ireneo también da testimonio de que, después de la muerte de Pedro y Pablo, Marcos, el discípulo e intérprete de Pedro, también escribió las cosas que fueron predicadas por Pedro y Lucas, quien era un seguidor de Pablo, escribió el Evangelio que fue predicado por él. Luego Juan, el discípulo del Señor, el que se apoyó en su pecho, él mismo escribió el Evangelio, mientras vivía en Éfeso, en el Asia Menor. Quienes defienden la hipótesis de los "dos documentos" rehúsan dar crédito al testimonio de Ireneo, afirmando que Ireneo solo repite lo dicho anteriormente por Papías.

Lo que Ireneo dice, sin embargo, no muestra ser una repetición de lo dicho por Papías. Ireneo vivió lo bastante cerca de las fuentes originales y la información que proporciona parece ser fidedigna. Ireneo conoció a Policarpo, quien fuera discípulo de Juan el apóstol. No hay razón alguna para dudar de que Ireneo hubiese recibido información de primera mano de labios de Policarpo. Es de esperarse que Ireneo estuviese interesado en conocer lo relacionado con la historia del cristianismo durante la era de los apóstoles y Policarpo podía proporcionarle esa información.

Los defensores de la hipótesis de "los dos documentos" se ven obligados a rechazar, ignorar o racionalizar gran parte de la evidencia contraria a sus ideas ya que aceptar su credibilidad reforzaría el hecho de que el Evangelio según Mateo fue escrito antes que cualquiera de los otros Evangelios. A pesar de la actitud de la alta crítica, el testimonio de Ireneo es creíble e importante en su propio derecho. Ireneo, además, respalda el hecho de que los Evangelios fueron escritos en el orden tradicionalmente conocido: Mateo, Marcos, Lucas y Juan.

EL TESTIMONIO DE CLEMENTE DE ALEJANDRÍA

No se conocen los detalles de la llegada del evangelio a Alejandría. Es posible que entre los asistentes a la fiesta de Pentecostés (Hch. 2), hubiese algunos peregrinos procedentes de Alejandría (Hch. 2:10). También debe recordarse que Apolos era natural de Alejandría (Hch. 18:24). De modo que, al parecer, el evangelio llegó temprano a esa gran ciudad.

Clemente de Alejandría vivió entre los años 150—215 d.C. Fue discípulo de Pantaeno, quien fuera uno de los primeros líderes de la escuela de catequesis de Alejandría.

Según Eusebio, Clemente afirma que los Evangelios que contienen genealogías, es decir, Mateo y Lucas, fueron escritos primero. Del Evangelio de Marcos, dice que: "cuando Pedro hubo predicado públicamente la Palabra en Roma y por el Espíritu había proclamado el evangelio que los que estaban presentes, que eran muchos, exhortaron a Marcos como alguien que le había seguido por mucho tiempo y recordaba lo que se había dicho, que lo escribiera. Cosa que hizo y distribuyó el Evangelio entre los que lo pedían".

Aunque Clemente no establece con claridad el orden en que los Evangelios fueron escritos, sí parece sugerir que los evangelistas escribieron independientemente el uno del otro. En cualquier caso, Clemente parece sugerir que cuando Marcos escribió el Evangelio que lleva su nombre, Mateo y Lucas ya estaban en circulación. Clemente es, por lo tanto, otro testimonio importante de la historicidad de los Evangelios sinópticos. Es importante observar que el testimonio de Clemente proporciona un amplio espectro de la tradición cristiana primitiva. Su testimonio no era exclusivo, sino compartido por líderes reconocidos de la iglesia primitiva. El testimonio de Clemente significa "que había una tradición conocida y compartida en diferentes lugares a principios o a mediados del siglo segundo. Los extensos viajes de Clemente hicieron esa información mucho más significativa ya que representa una importante tradición en la iglesia primitiva, no un simple capricho de Clemente y de unos pocos más. Como resultado de lo dicho, no se puede descartar fácilmente tal información" (*The Jesus Crisis,* p. 50).

EL TESTIMONIO DE TERTULIANO

Tertuliano fue uno de los teólogos más sobresalientes de la Iglesia entre los siglos II y III. Su trabajo como apologista es ampliamente reconocido. Su testimonio tocante a la autenticidad de los Evangelios no debe pasarse por alto con ligereza.

El testimonio de Tertuliano confirma la tradición de la Iglesia Occidental, particularmente la romana. En su obra *Contra Marción*, escrita a principios del siglo tercero, Tertuliano afirma que los Evangelios según Mateo y Juan fueron escritos por apóstoles, que el Evangelio de Marcos refleja la predicación de Pedro y que Lucas fue respaldado por Pablo. Algo importante en el testimonio de Tertuliano es el hecho de que en su obra *Contra Marción*, Tertuliano afirma que los cuatro Evangelios son de origen apostólico. También cabe mencionar que Tertuliano no hace referencia a ninguna diferencia entre un Evangelio arameo y otro hebreo procedente de la pluma de Mateo. Más bien, Tertuliano considera que el Evangelio de Mateo, escrito en griego, es obra del mismo apóstol Mateo. No existe ninguna razón válida para desmentir el testimonio de Tertuliano. Por el contrario, como abogado y teólogo que era, Tertuliano, sin duda, era cuidadoso de la información que proporciona.

EL TESTIMONIO DE ORÍGENES

Orígenes de Alejandría (c. 185—253 d.C.) fue un teólogo de reconocida erudición. Entre sus muchas obras, la *Hexapla* fue el primer esfuerzo serio en la ciencia de la crítica textual.

Orígenes escribió un comentario sobre el Evangelio según Mateo. El historiador Eusebio se refiere a dicho comentario y dice lo siguiente:

> Pero en el primero de sus [Comentarios] sobre el Evangelio de Mateo, defendiendo el canon de la Iglesia, da su testimonio de que solo conoce cuatro Evangelios, escribe algo así " habiendo aprendido por tradición tocante a los cuatro Evangelios, los cuales son los únicos incuestionablemente en la Iglesia de Dios bajo el cielo, que primero fue escrito el según Mateo, quien había sido un cobrador de impuestos pero que después fue apóstol de Jesucristo, quien lo publicó para aquellos que habían creído entre los judíos, escrito en idioma hebreo. En segundo lugar, el [Evangelio] según Marcos, quien lo escribió según las instrucciones de Pedro a quien Pedro reconoció como su hijo en las epístolas generales. Y en tercer lugar, aquel según Lucas, quien escribió, para aquellos que de los gentiles [habían creído), el Evangelio que fue alabado por Pablo. Después de todos ellos, aquel según Juan (*Ecclesiastical History* [Historia eclesiástica], 6.25.3-6).

De lo escrito por Orígenes se desprende que este teólogo reconoció la historicidad de los cuatro Evangelios canónicos. Reconoce el origen apostólico de los cuatro Evangelios y además, concretamente afirma que Mateo escribió primero y Juan fue el último de los Evangelios en escribirse. Orígenes, al igual que Clemente y Tertuliano, da testimonio de que Mateo y Juan fueron escritos por apóstoles del Señor mientras que Marcos y Lucas tuvieron el aval de Pedro y Pablo respectivamente.

EL TESTIMONIO DE EUSEBIO DE CESAREA

Eusebio de Cesarea (c. 260—340 d.C.) es universalmente reconocido como "el padre de la historia eclesiástica". Su obra titulada *Historia eclesiástica* aporta un repaso de la historia del cristianismo desde finales del siglo I hasta el Concilio de Nicea. Por cuanto el testimonio de Eusebio abarca casi dos siglos y medio de la historia de la Iglesia, su importancia relativa debe ser considerada. Eusebio no solo da fe de lo que otros líderes cristianos escribieron, sino que también aporta su propio conocimiento de algunos hechos. Por ejemplo, menciona que solo dos apóstoles, Mateo y Juan, escribieron sus memorias. Aunque menciona que Mateo escribió en el idioma hebreo, también considera que la versión griega del Evangelio fue escrita por Mateo.

Eusebio observa que Juan tenía conocimiento de los Evangelios de Mateo, Marcos y Lucas, y confirmó su corrección cuando compuso su Evangelio. Eusebio se refiere a secciones del Evangelio griego de Mateo y las atribuye a dicho apóstol como su autor.

Además, Eusebio confirma la tradición de que Marcos escribió su Evangelio basado en la información obtenida a través de la predicación de Pedro y Lucas lo hizo bajo la dirección de Pablo. Como puede observarse, el testimonio unánime de los líderes de la Iglesia, desde Papías hasta Eusebio, concuerda en que el apóstol Mateo escribió el Evangelio que lleva su nombre, Marcos se nutrió de la información proporcionada por Pedro y Lucas lo hizo siguiendo a Pablo. El testimonio es unánime también respecto del hecho de que Mateo y Juan eran apóstoles del Señor y por lo tanto, testigos de confianza en todo lo que narran en sus escritos.

EL TESTIMONIO DE AGUSTÍN DE HIPONA

Agustín de Hipona (354—430 d.C.) es reconocido como el más destacado de los llamados "padres de la Iglesia". Fue contemporáneo de Jerónimo, el traductor de la Vulgata Latina. La obra más famosa de Agustín es, sin duda, *La Ciudad de Dios,* una obra de tremendo valor apologético. Agustín también escribió una obra titulada *Armonía de los Evangelios* donde expresa su postura respecto del orden de los Evangelios. Según Agustín, el orden es Mateo, Marcos, Lucas y Juan. Es decir, su postura sigue la de la tradición de la Iglesia con la excepción de Clemente de Alejandría quien sitúa a Lucas antes de Marcos.

Agustín, al igual que sus antecesores, tanto en el oriente como en el occidente del imperio, coloca a Mateo primero y a Juan último entre los Evangelios. Implícitamente acepta que el Evangelio según Mateo en griego fue escrito por el apóstol Mateo. Si bien es cierto que Agustín es consciente de la existencia de un Evangelio según Mateo en el idioma hebreo, también es cierto que acepta sin ningún cuestionamiento el hecho de que Mateo escribió un Evangelio en el idioma griego.

Puede verse fácilmente que desde Papías hasta Agustín todos los testimonios favorecen el hecho de que Mateo ocupa el primer lugar en el orden de los Evangelios. Ninguno de ellos coloca a Marcos primero. Tampoco ninguno de ellos sugiere que Mateo copiase su información de Marcos o de alguna otra fuente parecida.

RESUMEN Y CONCLUSIÓN

La alta crítica pretende deshacerse de un plumazo del testimonio de la Iglesia. Ese testimonio ha perdurado por cerca de dieciocho siglos. Como se ha señalado, los líderes de la Iglesia reconocieron la historicidad de los Evangelios canónicos. Ninguno de los testigos mencionados en esta exposición sugiere que Mateo o Lucas dependieran de Marcos para escribir sus trabajos. Tampoco tienen conocimiento de la existencia de un supuesto documento denominado Q. Es decir, desde los tiempos apostólicos hasta el "Siglo de las luces" la historicidad de los Evangelios ha sido reconocida y el orden de su composición ha sido reconocido como: Mateo, Marcos, Lucas y Juan. Aparte de la discrepancia de Clemente, Mateo siempre ocupa el primer lugar y Juan el último.

La aparición de la alta crítica en sus diferentes variantes (crítica de formas, crítica de fuentes, crítica de redacción) en el siglo XIX y su ampliación en el siglo XX, se ha dedicado, entre otras cosas, a someter a prueba la corrección histórica del contenido del Nuevo Testamento y particularmente, la historicidad de los Evangelios.

La hipótesis de la alta crítica es que los autores de los tres sinópticos dependieron el uno del otro y de un supuesto documento denominado Q en la redacción de sus composiciones. La crítica ha elaborado varias propuestas en su intento de explicar quién dependió de quién y de qué. De esas propuestas, la más popular es la que dice que Marcos fue el primer Evangelio en ser escrito y que tanto Mateo como Lucas lo utilizaron como fuente de información.

Pero como Mateo y Lucas contienen material que no se halla en Marcos, la crítica propone la existencia de un documento denominado Q del cual, según ellos, tanto Mateo como Lucas obtuvieron el resto de su información. Esa teoría lleva el nombre de "los dos documentos".

La cuestión se complica todavía más porque hay material en Mateo que no aparece en Lucas y material en Lucas que no aparece en Mateo. Esa situación ha llevado a la crítica a formular la llamada teoría de "los cuatro documentos", o sea, Marcos, Q, M y L.

Hasta el día de hoy, todos los esfuerzos de la alta crítica para desacreditar la historicidad de los Evangelios sinópticos han resultado infructuosos. La supuesta dependencia de Mateo y Lucas de Marcos carece de fundamento histórico tal como ocurre con la imaginaria dependencia de Marcos de Mateo y Lucas. Los hombres que vivieron cerca de los tiempos de la formación del canon afirman que Marcos se nutrió de la información que Pedro le proporcionó. Mateo, por su parte, fue uno de los doce discípulos de Cristo. Como tal, escuchó las cosas que Cristo dijo y vio las cosas que Cristo hizo. De modo que Mateo no tenía necesidad de depender de Marcos. Si se acepta el hecho de que Mateo fue un testigo presencial de los hechos que narra en su Evangelio y si se acepta el ministerio del Espíritu Santo, ayudándole a recordar las cosas que había visto y oído, no habría porque negar la historicidad del Evangelio que escribió.

En realidad, ha sido la incredulidad de la crítica que ha preferido seguir las pautas dictadas por los racionalistas de los siglos XIX y XX la que ha producido que muchos eruditos hayan abandonado la que ha sido la postura tradicional de la Iglesia, es decir, que los evangelistas escribieron sus composiciones independientemente el uno del otro. Un autor ha explicado ese cambio así: "Este punto de vista de los orígenes de los Evangelios prevaleció en la Iglesia hasta que eruditos durante el Siglo de las luces comenzaron a cuestionar la independencia literaria de esos tres Evangelios. Al ser de tendencia filosófica, impulsados por hipótesis y puntos de vista dudosos, esos eruditos no podían explicar las estrechas similitudes en vocabulario y en la secuencia de acontecimientos en los tres [Evangelios] sin apelar al recurso de copiar entre los autores. Así comenzaron las teorías de la dependencia literaria".

La crítica pasa por alto el hecho de que Mateo fue un apóstol y por lo tanto, un testigo presencial de los hechos que narra. Marcos, como ya se ha indicado, tomó su información del apóstol Pedro y Lucas se valió de Pablo y de otros testigos en la redacción de su Evangelio. Tampoco la crítica reconoce el hecho de que el Espíritu Santo ayudó a los evangelistas a recordar los hechos que habían de registrar. La crítica está obligada a contestar la pregunta: ¿Por qué Mateo, siendo como era un apóstol, que vio y escuchó lo que Cristo hizo y dijo, tenía que depender de Marcos quien no fue un testigo de los hechos en la medida en que lo fue Mateo?

La alta crítica, incluso algunos que se consideran conservadores evangélicos, no solo rehúsa reconocer la historicidad de los Evangelios sino que también desestima el testimonio de los líderes de la Iglesia que reconocieron la independencia de los autores de dichos documentos.

Características del Evangelio según Mateo

Cada uno de los Evangelios tiene sus propias características. Marcos enfatiza el carácter de Cristo como *Siervo*. Lucas destaca *la humanidad* de Cristo. El apóstol Juan pone de manifiesto la *deidad* de nuestro Señor. Mateo, por su parte, revela la *Realeza* del Señor Jesucristo. Además, Mateo hace un despliegue de características que lo hacen singular entre los Evangelios.

MATEO ES UN EVANGELIO CONCISO

Las narraciones de Mateo siempre van al grano del asunto. Por ejemplo: En el relato de la muerte de Juan el Bautista, Marcos usa 13 versículos (6:17-29) mientras que Mateo solo usa 10. Mateo no solo es conciso en sus narraciones sino que también es sistemático. Mateo es el más ordenado de los Evangelios.

MATEO PRESENTA UN INTERÉS MESIÁNICO SINGULAR

El tema central de Mateo es el Reino davídico y su cumplimiento en la tierra. El hecho de que Jesús es el Mesías prometido en las Escrituras del Antiguo Testamento aparece en Mateo de principio a fin.

Mt.		
	1:1	Hijo de David
	1:20	José es padre adoptivo de Jesús. José tiene el derecho legal al trono
	2:2	Los sabios buscan al "Rey de los judíos"
	2:5	Jesús nace en Belén, la ciudad de David
	9:27	Dos ciegos claman: "¡Ten misericordia de nosotros, hijo de David!"
	21:5	"Decid a la hija de Sion: He aquí, tu Rey viene a ti, manso y sentado sobre una asna, sobre un pollino hijo de animal de carga".
	21:9	"¡Hosanna al Hijo de David!"

Mateo presenta tanto un particularismo como un universalismo en su relato

Nadie que lea el Evangelio según Mateo dudaría del énfasis judaico de su contenido. Hay un énfasis en la ley, las instituciones judaicas, el templo, la cultura judía, los patriarcas, todo ello señala que el autor tiene en mente a la nación judía.

Pero también el autor enfatiza el tema de los gentiles. Después de todo, el Reino del Mesías también incluye a los gentiles (Mt. 2:1ss; 8:11). El Señor comenzó su ministerio en "Galilea de los gentiles". Además, debe observarse que la gran comisión manda que el Evangelio sea predicado a todas las naciones (Mt. 28:20).

Mateo es el único Evangelio que menciona a la Iglesia (16:18)

El Evangelio de Mateo no solo contesta la pregunta "¿Qué ha pasado con el Reino prometido en el Antiguo Testamento?" Sino que también contesta la pregunta: "¿Qué papel desempeña la Iglesia en el Reino?"

El tema de la Iglesia es importante en el esquema de Mateo puesto que el Reino mesiánico no fue establecido en la primera venida del Mesías sino que aguarda su segunda venida. Entre ambos acontecimientos, Dios está llamando a un pueblo para sí. Ese pueblo es la Iglesia, compuesta de todos aquellos, judíos y gentiles, que ponen su fe en el Mesías.

El hecho de que Mateo es el único de los evangelistas que menciona la Iglesia ha sido impugnado por la crítica. Los eruditos racionalistas dicen que esa enseñanza no se originó con Mateo sino con la comunidad cristiana de aquellos tiempos para darle un respaldo apostólico a dicha creencia. Una vez más, la crítica pretende despojar al Evangelio de Mateo de su historicidad, sugiriendo que su contenido no es producto del apóstol Mateo sino de otra fuente desconocida. Mateo estuvo presente en Cesarea de Filipos cuando Jesús hizo aquella declaración y la registra con la autoridad que le da el Espíritu Santo.

Mateo muestra un claro interés en el pueblo gentil

Muchas veces se ha enfatizado y con razón, que Mateo es un Evangelio con un énfasis judío. No cabe duda que Mateo deseaba enfatizar la verdad respecto del Reino prometido a la nación de Israel.

Es importante, sin embargo, observar que Mateo también enfatiza el papel del pueblo gentil en el programa divino. Además de ser el único Evangelio que usa el vocablo *iglesia*, Mateo relata la visita de los sabios del oriente (cap. 2) que llegaron a Jerusalén buscando al "rey de los judíos" que había nacido. También se refiere a la gran fe del centurión romano (Mt. 8:5-13). Menciona el caso de la mujer cananea que pide misericordia al Señor (15:21-28). Mateo destaca el hecho de que muchos gentiles participarán en el Reino de Jesús el Mesías por depositar fe en Él mientras que "los hijos del reino", por su incredulidad, serán echados fuera.

Hay que añadir a todo lo dicho antes que Mateo también subraya el hecho de que todas las naciones de la tierra, es decir, los gentiles, escucharán la proclamación del "evangelio del reino" (24:14). Mateo pone de manifiesto que el Reino de Jesús el Mesías no es solo para los judíos sino también para los gentiles. Quizá esa sea la razón de porqué Mateo comienza su Evangelio refiriéndose a Jesús como "hijo de Abraham". Dios prometió a Abraham que en su simiente "serán benditas en ti todas las familias de la tierra" (Gn. 12:3; vea Gá. 3:8-16). Finalmente, la Gran Comisión, tal como aparece en Mateo. 28:19-20, manda a los discípulos a llevar las buenas nuevas de salvación a "todas las naciones". De modo que el Evangelio según Mateo desgrana un énfasis universal que demuestra que los gentiles también están incluidos en el programa de Dios respecto del Reino.

MATEO MUESTRA UN CLARO INTERÉS ESCATOLÓGICO

El énfasis que Mateo pone en el Reino del Mesías es muy significativo. El Reino profetizado en el Antiguo Testamento aguarda la segunda venida de Cristo para su inauguración en la tierra (vea Mt. 13:36-43; caps. 24—25). El capítulo 24 contiene la respuesta de Cristo a la pregunta de los discípulos respecto de las señales de la venida en gloria del Señor. Ese capítulo tiene que ver con lo que ha de ocurrir durante la semana 70 de Daniel que culminará con la segunda venida del Mesías a la tierra. El tema del Reino en su aspecto escatológico es una de las enseñazas centrales del Evangelio de Mateo.

El Evangelio según Mateo, como ningún otro libro del Nuevo Testamento, enfatiza la realeza de Cristo. El Señor es de estirpe real, descendiente de David (1:1). Tiene el derecho legal al trono al ser adoptado por José a quien legalmente le correspondía ese derecho (1:19-20). Los sabios del oriente fueron a Jerusalén, buscando al "rey de los judíos que ha nacido" (2:2). Su primer gran discurso (cap. 5—7) constituye las exigencias de un Rey justo para todos los que aspiren a entrar en su Reino. Su entrada en Jerusalén el domingo antes de su muerte fue en cumplimiento de la profecía de Zacarías: "Decid a la hija de Sion, he aquí tu Rey viene a ti" (21:5). Incluso, la inscripción que Pilato ordenó poner en la cruz decía: "Este es Jesús el Rey de los judíos" (27:37).

Sin duda, Mateo el apóstol de Cristo, testigo de todas esas cosas, fue la persona que fielmente escribió el Evangelio que lleva su nombre. No tuvo que depender ni de Marcos ni del imaginario documento Q. ¿Por qué habría de hacerlo si fue testigo viviente de los acontecimiento que narra? Mateo hizo su composición independientemente de los otros evangelistas. Eso no niega que en su tiempo existiese una tradición tanto oral como escrita. Muchos pudieron haber aprendido de memoria las declaraciones de Cristo. Incluso, como era costumbre en aquellos tiempos, algunos aprendieron de memoria los discursos de Cristo. Es muy probable que el Señor repitiese más de una vez algunos de sus discursos, facilitando así el aprendizaje del mismo. Tampoco debe olvidarse (algo que la crítica no toma en cuenta) que el Señor prometió a los discípulos que el Espíritu Santo les ayudaría a recordar las cosas que Él les había enseñado.

El Evangelio según Mateo es, por lo tanto, un documento fidedigno e histórico, procedente de la pluma de Mateo el publicano, apóstol de Jesucristo quien escribió este libro bajo la dirección del Espíritu Santo.

Argumento del Evangelio de Mateo

Cualquier lector del Evangelio de Mateo, por casual que sea, no puede dejar de notar el énfasis que el autor de dicho Evangelio da al tema del Reino. El predominio de dicho tema se hace evidente en el hecho de que la frase "el reino de los cielos" aparece 32 veces en el Evangelio de Mateo.[1] Mateo siempre utiliza la frase "el reino de los cielos" respecto del Reino que Jesús anunció, diciendo que "se había acercado" y que sería inaugurado cuando el Hijo del Hombre regrese en las nubes del cielo.[2]

A través de su Evangelio, Mateo usa la palabra "reino", "reino de Dios", "reino del Padre", pero siempre con referencia al Reino prometido en el Antiguo Testamento. Prueba de ello es que ningún judío que oyó a Jesús el Mesías enseñar el mencionado tema jamás le preguntó: "¿De que reino hablas?" Sabían sobradamente que les hablaba del reino prometido a David (2 S. 7:12-14).

Si uno fuese en busca de una cita breve de las Escrituras que resumiese el tema del Evangelio de Mateo, sería difícil encontrar una mejor que las palabras del profeta Zacarías: "He aquí tu rey viene a ti" (Zac. 9:9). Basta con mirar al hecho de que en la presentación formal del rey de Israel a la nación, Mateo añade lo siguiente:

"Todo esto aconteció para que cumpliese lo dicho por el profeta cuando dijo:

> Decid a la hija de Sion
> He aquí, tu Rey viene a ti
> Manso y sentado sobre una asna,
> Sobre un pollino, hijo de animal de carga" (Mt. 21:4-5).

---

1. Willoughby C. Allen, "A Critical and Exegetical Commentary on the Gospel According to S. Matthew", *The International Critical Commentary* (Edimburgo: T&T Clark, 1957), p. LXVII.
2. *Ibíd.*

Esas palabras no deben dejar la menor duda de que el Evangelio de Mateo gira alrededor de que Jesús el Mesías es presentado a la nación de Israel como el Rey prometido en el Antiguo Testamento. La frase "he aquí tu Rey viene a ti" es enfática y pone de relieve que la persona que estaba allí frente a ellos era incuestionablemente alguien identificado como "tu Rey". El vocablo "tu", en el contexto, se refiere a la nación de Israel identificada como "la hija de Sion" (Zac. 9:9; Mt. 25:5).

A través de su composición, el evangelista Mateo presenta un cuadro de realeza. ¡Jesús es el Mesías! Esa verdad se enseña desde la genealogía, la venida de los sabios del oriente, las muchas veces que alguien llamó a Jesús "Hijo de David", la escena en el Monte de la Transfiguración, la presentación delante de Pilato como el "Rey de los Judíos", hasta la inscripción de burla que fue clavada sobre la cruz.[3]

Si bien es cierto que "el reino de Dios" como autoridad divina siempre ha estado presente en el universo, no es menos cierto que las Escrituras enseñan que hay un aspecto de ese Reino que tiene que ver concretamente con la tierra, en un momento concreto de la historia (Dn. 2:44; 7:27; Ap. 11:15). De ahí que Mateo apunta al cumplimiento de la profecía (Is. 40:3) cuando aparece el precursor, Juan el Bautista, anunciando: "Arrepentíos porque el reino de los cielos se ha acercado" (Mt. 3:2). De igual manera, tanto Jesús el Mesías como sus discípulos proclaman el mismo mensaje (Mt. 4:17—10:7). El mensaje que Mateo desea comunicar a sus lectores es que la persona del Rey está estrechamente unida al cumplimiento de la promesa del Reino dada por Dios a los patriarcas en el Antiguo Testamento.

El argumento que Mateo desarrolla en su Evangelio es, por lo tanto, la presentación de Jesús el Mesías como el Rey prometido a la nación de Israel en cumplimiento de la profecía del Antiguo Testamento. El Reino de Jesús el Mesías, según Mateo, incluye también a los gentiles. El reino prometido por Dios a David y a sus descendientes concierne primordialmente a la nación de Israel pero también abarca a las naciones gentiles (Is. 55:3-5). Mateo expone ese tema como punto central del argumento de su libro.

LA PREPARACIÓN DEL REY MESÍAS (1:1—4:11)

Los primeros cuatro capítulos del Evangelio según Mateo tiene que ver primordialmente con la preparación del Rey Mesías para el ministerio que habría de realizar en la tierra. Después de considerar la cuestión de la genealogía del Rey Mesías (1:1-17), Mateo relata su advenimiento (1:18—2:25). A continuación trata el tema del precursor, es decir, Juan el Bautista (3:1-12). Finalmente, Mateo concluye el primer movimiento con la narración de la aprobación que el Rey Mesías recibe del Padre (3:13—4:11), tal como se evidencia en el bautismo y en la tentación. En el bautismo Mateo explica que el Rey Mesías se somete totalmente a la voluntad del Padre y al mismo tiempo se identifica completamente con su pueblo.[4] En el bautismo, Jesús el

---

3. Véase Alan Hugh McNeile, "The Gospel According Matthew", *Thornapple Commentaries* (Grand Rapids: Baker Book House, 1980), p. XVIII. Vea también F. F. Bruce, *New Testament Development of Old Testament Themes* (Grand Rapids: Eerdmans Publishing Co., 1968), pp. 106-107.
4. Vea W. F. Albright y C. S. Mann, "Matthew", *The Anchor Bible* (Garden City, N.Y.: Doubleday and Company, Inc. 1982), pp. 31-32.

Mesías fue lleno del Espíritu Santo para su ministerio mesiánico. En la tentación demostró su derecho moral a ser el Rey Mesías.[5]

Dentro de esta sección resalta la presentación de la genealogía de Jesús, el Mesías (1:1). Mateo presenta el árbol genealógico del Señor con un énfasis tanto en su raíz davídica como en su relación con el patriarca Abraham.[6]

Mateo comienza su composición así: "Libro de la genealogía de Jesucristo, hijo de David, hijo de Abraham". Una versión traduce Mateo 1:1 de esta manera: "Documento del origen de Jesucristo, hijo de David, hijo de Abraham".[7] Una clave para el desarrollo del argumento del libro se encuentra en esa declaración inicial. Esa clave concierne al orden de las palabras. El Mesías es primero "hijo de David" y después es "hijo de Abraham". Primero es Soberano y después es Salvador. Es el orden concreto en que Mateo desarrolla el argumento de su Evangelio. "Que Jesús era el hijo de David", es evidente que había sido admitido de manera general (12:23; 15:22; 20:30-31; 21:9, 15), y no leemos que su carácter de Mesías hubiese sido cuestionada sobre la base de que no era descendiente de David".[8] Como Hijo de David, nuestro Señor se presenta a su pueblo con la oferta del Reino prometido. Después del rechazo que Israel hace tanto de su Rey como de su Reino (11:16-19), el énfasis cambia de la oferta nacional a la oferta personal (Mt. 11:28-29). Como Hijo de Abraham, el viene a cumplir las estipulaciones del pacto abrahámico y "todas las familias de la tierra" pueden encontrar bendición mediante la fe en Él (Mt. 28:16-20).

Lo dicho, concuerda totalmente con las palabras de Pablo:

"Pues os digo, que Cristo Jesús vino a ser siervo de la circuncisión para mostrar la verdad de Dios, para confirmar las promesas hechas a los padres, y para que los gentiles glorifiquen a Dios por su misericordia, como está escrito: Por tanto, yo te confesaré entre los gentiles, y cantaré a tu nombre" (Ro. 15:8-9).

Pasando de la genealogía del Rey a su advenimiento, Mateo de una manera cuidadosa expone los detalles del nacimiento de Jesús el Mesías. El Rey de los judíos nace en Belén de Judea, el sitio donde nació y que fue ungido el más grande de los reyes de la nación de Israel. La vara del tronco de Isaí y el vástago que retoña de sus raíces (Is. 11:1) quien gobernará a Israel y a las naciones de la tierra. Mateo expone de manera nítida el cumplimiento de esa profecía, apelando a Miqueas 5:2-4.

"Pero tú, Belén Efrata, pequeña para estar entre las familias de Judá, de ti me saldrá el que será Señor en Israel; y sus salidas son desde el principio, desde los días de la eternidad. Pero los dejará hasta el tiempo que dé a luz la que ha de dar a luz; y el resto de sus hermanos se volverá con los hijos de Israel. Y él estará, y apacentará con poder

5. J. Dwight Pentecost, *The Words and Works of Jesus Christ* (Grand Rapids: Zondervan Publishing House, 1981), pp. 95-96.
6. Vea Stanley Toussaint, *Behold the King* (Portland: Multnomah Press, 1980), pp. 35-36.
7. Francisco Cantera Burgos y Manuel Iglesias González, *Sagrada Biblia* (Madrid: Biblioteca de Autores Cristianos, 1975), p. 1077.
8. Alfred Plummer, "An Exegetical Commentary on the Gospel According St. Matthew", *Thornapple Commentaries* (Grand Rapids: Baker Book House, 1982), p. 2; ver también Mateo 9:27 y 22:42.

de Jehová, con grandeza del nombre de Jehová su Dios; y morarán seguros, porque ahora será engrandecido hasta los fines de la tierra".

Evidentemente Mateo está interesado en establecer que su argumento respecto al carácter real de Jesús el Mesías no es en modo alguno producto de su imaginación, sino que es una verdad arraigada en las profecías del Antiguo Testamento. La venida del Rey Mesías se realiza en cumplimiento estricto de la Palabra de Dios.

Al dirigir la atención del advenimiento del Rey para ponerla en el precursor, Juan el Bautista, Mateo pasa por alto aproximadamente veinte años. El evangelista solo dice: "En aquellos días".[9] Ninguno de los sinópticos ofrece detalles de esos 20 años. Juan el Bautista aparece en la escena de manera abrupta, pero preparado para cumplir su misión de embajador del Rey.[10] Su ministerio preparatorio consistía en un breve mensaje. Era un mandato de Dios, llamando a su pueblo terrenal a que se volviese a Él debido a la realidad de la cercanía del reino (Mt. 3:2). La falta de definición de la frase "el reino de los cielos" (*Hei basileía tôn ouranôn*) deja bien claro que Juan anunciaba la cercanía del *Reino mesiánico* terrenal profetizado en el Antiguo Testamento. El Reino en su sentido invisible y eterno siempre está cerca. En este contexto, Juan llama al pueblo a demostrar a través de un arrepentimiento genuino que está preparado para entrar en el reino prometido por Dios al que solo pueden entrar personas nacidas de nuevo.

Usando un estilo hebraico, Mateo utiliza el adverbio "entonces" (*tóte*), que aparece 90 veces a través del Evangelio,[11] "para unir la inauguración del ministerio del Rey en su oficio mesiánico con el ministerio del precursor (3:12)". La conexión entre ambos es importante. Ambos forman un eslabón necesario en la presentación del reino a la nación. "Toda justicia" es una expresión que enfoca que todos los detalles de la profecía mesiánica y las demandas divinas tienen que cumplirse (Mt. 3:15; vea 5:17).

Después del bautismo, Mateo aborda el tema de la tentación (4:1-11). La conexión es indicada otra vez por *tóte* ("entonces").[12] Si la genealogía otorga al Rey su derecho *oficial* a reinar, la tentación lo certifica moralmente para gobernar. El orden de las tres pruebas (Mateo presenta el orden histórico,) está en armonía perfecta con el plan de libro. La primera prueba es personal, la segunda nacional, mientras que la última es universal. ¡Qué cuadro tan impresionante y progresivo de "Jesús (hombre), Mesías (Dios), Hijo de David, Hijo de Abraham" (1:1)! En su victoria sobre el maligno, el Rey anticipa el triunfo futuro proclamado por Juan el apóstol: "El reino-kosmos de nuestro Señor y de su Mesías ha venido a ser, y él reinará por los siglos de los siglos" (Ap. 11:15).

---

9. La frase *en teis hemérais exeinais* es una expresión adverbial indefinida.
10. Vea D. A. Carson "Matthew", *The Expositor's Bible Commentary*, vol. 8 (Grand Rapids: The Zondervan Corporation, 1984), pp. 99-100.
11. Mateo usa el adverbio *tóte* ("entonces") como una partícula conectiva para introducir un acontecimiento subsiguiente que ocurre en un tiempo no especificado. Mateo usa esa fórmula queriendo decir: "El próximo suceso que quiero relatar es". Vea Alan Hugh McNeile "The Gospel According to Matthew", *Thornapple Commentaries* (Grand Rapids: Baker Books House, 1980), p. 30.
12. Los tres sinópticos conectan estrechamente el bautismo con la tentación. Marcos lo hace usando *euthys* (1:12) "luego". Y Lucas usa *de* ("pero", "mas") en 4:1.

LA DECLARACIÓN DE LOS PRINCIPIOS DEL REY (4:12—7:29)

Mateo pasa por alto el ministerio en Judea y comienza el relato de la obra del Rey con el gran ministerio en Galilea. Mateo presenta al Rey en su ministerio oficial y en el protocolo real se acostumbra a que el Rey no haga su aparición en público hasta que su precursor haya terminado su trabajo. El autor de este Evangelio sigue ese procedimiento puesto que enfatiza el carácter oficial y real de Jesús.[13]

La posición enfática del participio en Mateo 4:12: "Cuando Jesús oyó" revela que el encarcelamiento de Juan es el motivo del comienzo de la obra del Mesías. Fue debido a que Jesús supo del encarcelamiento de Juan que se "volvió a Galilea" para comenzar su ministerio allí. De modo que Mateo tranquilamente pasa por alto un año completo del ministerio del Señor en Judea que está registrado en otro Evangelio.[14]

La característica sobresaliente del comienzo del ministerio del Mesías es el contenido de su mensaje (4:17). El mensaje es idéntico al de Juan: El Reino mesiánico está cerca, porque el Rey está presente. Junto con el ministerio de predicación estaba el ministerio de curación. Esa era una señal incuestionable de la presencia del Rey (4:24).

Con el Sermón del Monte, Mateo revela los principios básicos de la enseñanza del Rey. Debe quedar totalmente claro a todo intérprete cuidadoso del Evangelio de Mateo que el Sermón del Monte no tiene nada que ver con la salvación individual. Allí no se menciona nada de la terminología característica del Nuevo Testamento tocante a *la salvación por la fe, la justificación por la fe o la regeneración por la fe.* ¡Sería imposible imaginarse a Pablo respondiendo al carcelero de Filipos cuando preguntó acerca del método de salvación con: "Bienaventurados los pobres en espíritu, porque de ellos es el reino de los cielos"! (5:3).

El mensaje de salvación con que los apóstoles trastornaron el mundo no consistía de un buen consejo sino de las buenas nuevas de la muerte y la resurrección de Cristo. Los apóstoles anunciaban un acto divino no una demanda divina.

Interpretar el Sermón del Monte a la luz del contexto general y del contexto inmediato (Mt. 3:2—4:17) y sobre la base de los principios del método gramático-histórico conduce a la postura de que la enseñanza del Sermón del Monte es para la nación de Israel en el tiempo de la oferta del Reino. El Sermón tiene que ver con el carácter de los que son verdaderos hijos de Dios.[15] Con quienes ya han nacido de nuevo y anticipan entrar en el Reino del Mesías. Por supuesto, la enseñanza del Sermón del Monte tiene una importante aplicación para la iglesia hoy (2 Ti. 3:16-17). En el contexto de Mateo, el Rey bosqueja los principios básicos que deben guiar a los israelitas durante los días que preceden al establecimiento del Reino mesiánico.

LA DEMOSTRACIÓN DEL PODER DEL REY (8:1—11:1)

En el próximo movimiento de su Evangelio, Mateo se traslada de la enseñanza del Mesías al toque de su omnipotencia. Los capítulos 5—7 contienen *la proclamación* del Rey Mesías. Los capítulos 8—9 tienen que ver con la manifestación de su poder.[16]

---

13. Toussaint, *Behold the King*, p. 81.
14. *Ibíd.*, p. 82.
15. R. Kent Hughes, *The Sermon on the Mount* (Wheaton: Crossway Books), p. 16.
16. W. Graham Scroggie, *A Guide to the Gospels* (Londres: Pickering and Inglis, 1948), p. 288.

Las credenciales del Rey son ahora presentadas a Israel en demostración de su poder mesiánico. Hay tres series de milagros seguidas por la misión de los doce.

Las instrucciones dadas a los doce son muy significativas. Se les dice que no vayan a los gentiles, un mandamiento imposible de armonizar con Mateo 28:19 a menos que se realice un acercamiento dispensacional al pasaje. Los adjetivos de su ministerio aparecen en 10:6, es decir: "las ovejas perdidas de la casa de Israel". El Rey todavía está ofreciendo el reino a la nación. Causa alguna sorpresa leer que el comentarista Alan H. McNeile, a pesar de no pertenecer a la escuela dispensacionalista, reconoce con claridad el significado de la misión de los doce. McNeile ha escrito: "Si la nación judía pudiera ser llevada al arrepentimiento, la nueva edad sería inaugurada; vea Hechos 3:19 y Juan 4:22".[17]

El mensaje de los doce (Mt. 10:7) fue el mismo de Juan y del Señor. El Reino está preparado para quienes están preparados. El mensaje sería seguido por sanidades con el propósito de autenticación (10:8; vea. Mt. 4:24; 11:4-6).

LA REVELACIÓN DEL NUEVO PROGRAMA DEL REY (11:2—13:53)

Un punto fundamental en el desarrollo de Mateo se encuentra en el capítulo once. Juan el Bautista, desde la prisión, envía a inquirir si Jesús es el Mesías. No hay lugar a dudas que la pregunta concierne al tema del Mesías. Eso lo evidencia la expresión *toû Christoû* ("de el Cristo") en el versículo 2 y *ho erchómenos* ("el que viene") versículo 3. La segunda expresión se usa comúnmente como referencia al Mesías (vea Mr. 11:9, Lc. 13:35; 19:38; He. 10:37; Ap. 1:8; 4:8).

La respuesta de nuestro Señor enfoca el hecho de que sus obras prueban su carácter como Mesías. Con la partida de los mensajeros, Jesús revela algunas verdades significativas tocantes al ministerio de Juan y el suyo propio. La declaración es hecha en el versículo 12 que el reino de los cielos "sufre violencia". En esa declaración hay una referencia al intento de los gobernantes judíos de apoderarse del reino y moldearlo a sus propias ideas. El reino estaba siendo rechazado y el encarcelamiento de Juan era una evidencia de ello.[18] Otra declaración trascendente aparece en el versículo 14. En conformidad con la profecía de Malaquías 4:5-6, Juan el Bautista es recibido como Elías, quien ha de venir antes del establecimiento del Reino. Uno puede ver, sin duda, la naturaleza condicional del Reino aquí. La actitud de Israel hacía el precursor y hacía el mismo Rey determina la manifestación del Reino en plena gloria.[19] La respuesta de Israel fue el rechazo del precursor como del mismo Rey, tal como lo revela las palabras del Señor posteriormente (Mt. 17:10-13).

En las siguientes declaraciones (11:16-19), el rechazo es ilustrado mediante la figura de un juego de charadas. La nación de Israel no tenía corazón para el arrepentimiento ni para el ministerio del estricto precursor ni tampoco para el ministerio del

---

17. McNeile, *The Gospel According to St. Matthew*, p. 134.
18. El tema en cuestión es la interpretación del verbo *biatsetai*, traducido "sufre violencia". Este verbo, según la forma, podría ser voz media o voz pasiva. El contexto reclama la voz pasiva. Si fuese la voz media sería: "el reino de los cielos experimenta violencia" o "se hace fuerza". Si es la voz pasiva su traducción sería "hombres violentos lo toman por la fuerza". Vea A. T. Robertson, *Word Pictures in the New Testament*, vol. 1 (Nashville: Broadman Press, 1930), pp. 88-89.
19. Alva J. McClain, *The Greatness of the Kingdom* (Grand Rapids: Zondervan Publishing House, 1959), pp. 319-320.

misericordioso Redentor. En ese momento queda plenamente claro que el Rey es rechazado por su propia nación.

El adverbio de tiempo, *tóte*, con que comienza el versículo 20 del capítulo once es muy importante. Mateo usa dicho vocablo para señalar que ahora el mensaje de nuestro Señor experimenta un cambio radical. Como lo ha expresado el pastor de la pasada generación, Donald Grey Barnhouse: "Quienes verdaderamente desean conocer sus Biblias deben ver que estamos en un nuevo territorio a partir de ese versículo. Trace una gruesa línea divisoria entre los versículos 19 y 20. Hay una gran división aquí. La verdad fluye hacia océanos opuestos a partir de ese punto".[20] En vez un énfasis sobre el gobierno del Rey, se presenta la nota de la *retribución* del Rey. Y la razón de esa decisión es atribuida a que *no se arrepintieron* (vea 3:2; 4:17; 12:41).

A eso le sigue un breve relato de la respuesta del Rey a su rechazo. Una palabra de aprecio, una palabra de autoridad y una palabra de atracción resume esto. La declaración importante aparece en el versículo 28: "Venid a mí todos los que estáis trabajados y cargados, y yo os haré descansar". Hay una invitación hecha a cada individuo a venir al Rey, aunque la nación como un todo le ha rechazado. Debe notarse que nuestro Señor no sugiere que vengan a alguna cosa o a alguna otra persona. Simplemente dice: "Venid a mí". Nadie sino el Mesías podía proferir una invitación como esa.

El rechazo personal interno del Mesías se ha efectuado. A eso le seguirá el rechazo oficial externo. La decisión ha sido ejecutada. El camino que toma en el desarrollo de su antagonismo se verá en los próximos capítulos. La culminación viene en el rechazo oficial del capítulo 21, es decir, en la crucifixión.

En el capítulo 12 el antagonismo se desarrolla. Mateo presenta cinco ilustraciones de la oposición y los malentendidos. Pero Israel, después de considerar cuidadosamente las credenciales del cielo, las impugna como credenciales del infierno, diciendo: "Este no echa fuera los demonios sino por Beelzebú, príncipe de los demonios" (Mt. 12:24).

El capítulo 13 forma otra transición en el ministerio de enseñanza de nuestro Señor. Por primera vez utiliza el vocablo parábola en su ministerio. El propósito evidente era el de esconder nuevas revelaciones de una nación cuyo corazón estaba cerrado. El capítulo contiene una descripción en parábolas de la forma que el Reino toma desde el momento del rechazo del Rey hasta el momento de su futura recepción. La relación del capítulo con su rechazo se ve en la primera frase, *en tei heméra ekeine*, traducida en Reina—Valera 1960 "aquel día" (el texto griego dice: "En aquel mismo día"). Se refiere, sin duda, al día del rechazo. Además debe notarse que el Señor nunca más vuelve a hablar del Reino como "cercano" a partir de ese momento, aunque dice mucho acerca del Reino. El Reino ahora está en suspenso. Una nueva expresión aparece: "los misterios del reino de los cielos" (Mt. 13:11), como referencia al período total del rechazo del Rey. La relación, por lo tanto, de los tres grandes discursos del Evangelio es esta: El Sermón del Monte se refiere primordialmente al período de la oferta del Reino. El capítulo 13 se refiere principalmente al estado del Reino en la era presente.

---

20. Donald Grey Barnhouse, *His Own Received Him not, but...* (Nueva York: Fleming H. Revell Company, 1933). p. 77.

El discurso del Monte de los Olivos concierne a los acontecimientos que conducen al establecimiento del Reino en la era venidera.

La preparación para la pasión del Rey (13:54—19:2)

A la cabeza del quinto gran movimiento del argumento de Mateo está el rechazo del Rey en Nazaret. Esa es la clave de la sección. La oposición se esparce ahora, la decisión ya ha sido tomada. Plummer sugiere que el tema del rechazo se amontona alrededor de la cita del Antiguo Testamento: "Este pueblo de labios me honra; mas su corazón está lejos de mí. Pues en vano me honran, enseñando como doctrinas, mandamientos de hombres" (15:8, 9).[21] El Mesías es rechazado por Nazaret (13:54-58), por Herodes (14:1-36) y por los líderes del pueblo (15:1—16:12).

En medio del desarrollo de la oposición está el cuadro cautivador de una revelación para los discípulos (16:13—17:21). Este toma la forma de la revelación tocante a su persona (16:13-16), su programa (16:17-26) y del Reino venidero (16:27—17:21).

Junto con este está el desarrollo de una instrucción. Esta tiene el propósito de equipar a los discípulos para el futuro (17:22—19:2).

El repudio de la persona del Rey (19:3—26:2)

El sexto movimiento conduce a la presentación formal y oficial del Rey a la nación. La semana sesenta y nueve de la profecía de Daniel (Dn. 9:24-27) está llegando a su fin. No cabe duda de que la intención del Señor era presentarse a sí mismo como Rey. Eso se evidencia por las siguientes consideraciones. En primer lugar, proféticamente ese era el tiempo para la aparición del "Mesías Príncipe" (Dn. 9:25). La profecía exige la presentación en ese tiempo. En segundo lugar, el pueblo entendió la importancia mesiánica del acontecimiento, aunque sus ideas respecto de Jesús el Mesías eran, sin duda, deficientes (vea Mt. 21:8-11, 46). En tercer lugar, las acciones de nuestro Señor revelan su intención de cumplir la profecía real. El Señor prosigue con sumo cuidado para cumplir la profecía de Zacarías 9:9 (vea Mt. 21:1-5). En cuarto lugar, la enseñanza parabólica que sigue está de acuerdo con ese cumplimiento profético. Jesús el Mesías es "la piedra que desecharon los edificadores" (21:42). En su segunda venida, será reconocido y recibido como "cabeza de ángulo". Este pasaje asume claramente que el Reino ha sido presentado a la nación de Israel. El versículo clave es sin duda, Mateo 21:5: "Decid a la hija de Sion: *He aquí, tu Rey viene a ti*, manso y sentado sobre una asna, sobre un pollino, hijo de animal de carga".

El limpiamiento del templo, el primer acto oficial del Rey, es relatado por Mateo (21:12-17) quien, seguidamente, da un amplio bosquejo de las polémicas que siguen entre el Rey y sus súbditos rebeldes, los líderes del pueblo (Mt. 21:18—22:46). Ellos, sin embargo, rehúsan reconocerlo como el Hijo de David y el Hijo de Dios.

La sección continúa con advertencias a las multitudes y a los discípulos (23:1-12), ayes sobre los fariseos (23:13-36) y el llanto del Rey sobre Jerusalén (23:37-39). El capítulo concluye, sin embargo, con un rayo de esperanza. El Mesías no ha abandonado a su pueblo irrevocablemente. Hay un "hasta" (*éos*). Como observa el profesor Toussaint: "El vocablo "hasta" (*héos*) del versículo 39 juntamente con la declaración

---

21. Plummer, "An Exegetical Commentary on the Gospel According to St. Matthew", p. 200.

siguiente afirma el hecho de que Cristo regresará otra vez a una nación arrepentida para establecer el prometido Reino milenario".[22]

El uso del vocablo "hasta" conduce a una exposición de **cómo y cuándo** el Rey Mesías regresará y cuál será la actitud de la nación de Israel cuando ese acontecimiento tenga lugar. Ese tema es expuesto en los próximos capítulos. La exposición no incluye a la iglesia. El vocablo "iglesia" no se menciona en el discurso. Nuestro Señor responde a una pregunta con dos aspectos tocante a la semana setenta de Daniel 9:27. El primer aspecto de la pregunta es: "¿Cuándo serán estas cosas?" (Mt. 24:3). La expresión "estas cosas" (*taûta*) no se refiere solo al templo, sino que retrocede a Mateo 23:36, apuntando a todas las cosas del terrible juicio sobre los judíos por su rechazo del Mesías. La pregunta es contestada en los versículos 4 al 28. El segundo aspecto de la pregunta es: "¿Qué señal habrá de tu venida y del fin del siglo?". Una mejor traducción podría ser "¿Cuál [será] la señal de tu venida y del fin del mundo [de la presente edad]?"(Mt. 24:3). Este segundo aspecto de la pregunta es contestado en los versículos 29 al 31. El resto del discurso se ocupa de las cosas que conciernen al período de la tribulación final.

LA PRESENTACIÓN DE LA PASIÓN DEL REY (26:3—27:66)

Los cumplimientos mesiánicos abundaron en los días del ministerio terrenal del Rey en su primera venida. Sobresaliendo por encima del terrible mal de los líderes en la insensata crucifixión de su Rey, se encuentra la fidelidad de unos pocos que le habían recibido. La adoración de María de Betania es una luz que brilla en medio de las tinieblas (Mt. 26:6-13).

Delante de Caifás el Rey declara que Él es el Mesías (26:63-64), al igual que delante de Poncio Pilato (27:11). Y a pesar de su repetida afirmación respecto de su conexión real con la nación, lo rechazaron, usando su verdadero título como un medio de burla (27:29, 37, 42). La cuestión del tema mesiánico fue el factor determinante de su rechazo. La nación de Israel, representada por sus líderes, rechazó a Jesús el Mesías, el Hijo de David, el Rey enviado desde el cielo (Mt. 27:11-14).

LA CULMINACIÓN DE LA PASIÓN DEL REY (28:1-20)

La prueba final y culminante de la naturaleza del Mesías es la resurrección del Rey dada por el Padre para el beneficio de la nación desobediente (vea Mt. 12:38-40; 16:1-4). Y con ella va el poder mesiánico y su autoridad.

En las palabras finales del capítulo 28, el énfasis del evangelista continúa. Va de presentar a Cristo como Hijo de David a presentarlo como el Hijo de Abraham. La comisión de los últimos dos versículos anticipa el nuevo programa que fue anunciado en Mateo 16:17-26. Es evidente que los discípulos desconocían en gran medida ese nuevo programa. Solo el día de Pentecostés con la venida del Espíritu Santo, solo entonces, comienzan ellos a comprender el significado de la inauguración de la nueva edad, la edad de la iglesia. Pero a pesar de una comprensión incompleta, desde el tiempo de la comisión hasta el final de la edad debían ser testigos de su muerte y su resurrección a todos los gentiles. Esa es la tarea de la iglesia hoy.

---

22. Toussaint, *Behold the King*, pp. 265-266.

RESUMEN Y CONCLUSIÓN

El argumento del Evangelio de Mateo tiene que ver con dos importantes verdades. La primera de ellas se centra en el hecho de que Jesús es el Mesías prometido en las Escrituras del Antiguo Testamento. Él es el Ungido de Dios que ha venido a cumplir las promesas hechas a los patriarcas.

En segundo lugar, Mateo presenta el programa de Dios respecto del Reino. Los judíos se preguntaban: Si Jesús es el Mesías ¿qué ha pasado con el reino que prometió? Mateo enseña que el Mesías se ofreció a la nación como tal, pero la nación rechazó a su Rey (Mt. 21:28; 22:10; 11:16-24). Debido a ese rechazo, Mateo expone, el Reino ha sido pospuesto. La promesa sigue vigente, no ha sido cancelada. El cumplimiento de la promesa del establecimiento del reino aguarda la conversión del remanente y su aceptación del Mesías como su Rey (vea Mt. 28; 20:20-23; 23:39; 24:29-31; 25:31-46). El Reino mesiánico, por lo tanto, aguarda el regreso en gloria del Rey Mesías. Es necesario recordar que ni el rechazo del Mesías ni su muerte en la cruz fueron hechos accidentales. Por el contrario, todo eso formaba parte del plan eterno y perfecto de Dios. La cruz era inevitable.

En la ejecución de su plan, Dios ha inaugurado una nueva edad. En Mateo 16:18, Cristo prometió edificar su iglesia. La iglesia de Cristo incluye judíos y gentiles que han puesto su fe en el Mesías y han sido bautizados por el Espíritu Santo en el cuerpo de Cristo. La proclamación del Evangelio de la muerte y la resurrección de Cristo es para todas las naciones sin excepción.

Mateo, por lo tanto, presenta el programa del Reino en tres aspectos:

1. El Reino fue ofrecido a Israel en la persona de Jesús el Mesías en su primera venida.
2. El Reino fue pospuesto debido al rechazo de parte de Israel. Dicho Reino será establecido cuando Cristo regrese por segunda vez.
3. En la era presente, entre los dos advenimientos, Cristo está llevando a cabo la formación de su iglesia compuesta de todos aquellos que nacen de nuevo por la fe en el Mesías y por lo tanto, están preparados para entrar en su Reino.[23]

FECHA DEL EVANGELIO DE MATEO

No es fácil establecer una fecha exacta de la escritura del Evangelio según Mateo. Sí puede afirmarse que fue escrito antes de la destrucción de Jerusalén en el año 70 d.C.

Si como afirma Papías, Mateo escribió su Evangelio originalmente en hebreo (arameo). Eso debió haberlo hecho por el año 45 d.C. Por lo tanto, el Evangelio en griego que poseemos debió haberse escrito por el año 50 d.C. Como se ha indicado anteriormente, no es fácil establecer una fecha con rotunda exactitud. Lo que sí es cierto es que el Evangelio según Mateo circuló desde muy temprano en la historia de la iglesia y como opina D. A. Carson: "No hay ninguna base sólida para negar que Mateo fuera escrito por el año 66 d.C."[24]

---

23. Vea Toussaint, *Ibíd.*, pp. 19-20.
24. D. A. Carson, "Matthew", p. 20.

Respecto del lugar de su composición y los destinatarios, tampoco es posible dogmatizar. La mayoría de los comentaristas conservadores entiende que Antioquía en Siria pudo haber sido el sitio más probable para su composición. Allí había una importante comunidad judía y además, Antioquía era una ciudad donde se hablaba el idioma griego.[25] A esto podía añadirse el hecho de que Ignacio, obispo de Antioquía (siglo I—II), fue de los primeros en citar el Evangelio de Mateo. Papías, quien escribió por el año 130 d.C., también da testimonio de la existencia del Evangelio según Mateo. De modo que, evitando todo dogmatismo, se asume que Mateo escribió su Evangelio entre los años 50 al 65 d.C.

OCASIÓN DEL EVANGELIO SEGÚN MATEO

Mateo no fue de los apóstoles más destacados. Su nombre suena poco en el tiempo que duró el ministerio terrenal de Jesús el Mesías. Pero evidentemente, después de la resurrección del Señor y particularmente, después del suceso de Pentecostés, Mateo llegó a ser uno de los maestros sobresalientes de la recién constituida iglesia cristiana.

Los cristianos del primer siglo tenían sus tensiones. Por un lado los judíos cristianos se preguntaban: ¿Qué ha pasado con el Reino del que Jesús predicó y enseñó? Por otro lado los cristianos gentiles se preguntaban: ¿Qué función realiza la iglesia en el programa divino respecto del Reino? ¿Cuál es el plan de Dios para los gentiles?

Además, la iglesia desde temprano tuvo que batallar en contra de las herejías. Falsos maestros, tanto judíos como gentiles, constituían un peligro para el desarrollo y la extensión de la iglesia. Era necesario que los cristianos tuviesen por escrito las verdades concernientes a la Persona y obra del Mesías. Mateo fue usado por Dios con el fin de escribir un tratado tanto histórico como teológico y didáctico respecto del alcance universal del evangelio.

El Señor, antes de su regreso al cielo, dio a sus apóstoles la llamada "Gran comisión" de ir a todas las naciones y hacer discípulos, bautizándoles en el nombre del Padre, del Hijo y del Espíritu Santo y enseñándoles que guardasen todas las cosas que Él les había enseñado (Mt. 28:19-20). El apóstol Mateo usa la ocasión para producir un tratado didáctico-teológico que, guiado por el Espíritu Santo, enseña la universalidad del evangelio. Mateo evidentemente, tomó muy en serio el mandato de Cristo de ir a todas las naciones y "hacer discípulos". Eso significaba enseñar lo que habían aprendido de Jesús el Mesías. Mateo entendió que hacer discípulos implicaba preparar y adiestrar a los creyentes para que, a su vez, ellos preparasen y adiestrasen a otros. El Evangelio de Mateo, por lo tanto, procura convencer, instruir y refutar a los lectores.[26] *Convencer* respecto del origen y la naturaleza de Jesús el Mesías. *Instruir* respecto del significado del evangelio y de lo que es en sí ser discípulo de Jesús el Mesías. *Refutar* a los falsos maestros mediante una presentación coherente del plan de Dios tanto con Israel como con los gentiles.

---

25. *Ibíd.*, p. 21.
26. David Hill, "The Gospel of Matthew", *The New Century Bible Commentary* (Grand Rapids: Eerdmans Publishing Company, 1972), p. 44.

La ocasión para la escritura del Evangelio según Mateo fue sumamente apropiada y estratégica.[27] El número de los discípulos había aumentado considerablemente. También aumentó el número de opositores al evangelio. Las persecuciones produjeron una diáspora de creyentes a otras ciudades tales como Antioquía, Alejandría, Cirene y lugares más lejanos. Esos creyentes necesitaban un documento con autoridad canónica que les permitiese aprender y enseñar las verdades tocantes a Jesús el Mesías. El Evangelio según Mateo llenó esa necesidad ampliamente.

BIBLIOGRAFÍA SELECTA

Albright, W. F. y Mann, C.S., "Matthew", *The Anchor Bible* (Garden City, N. Y.: Doubleday and Company, Inc. 1982).

Allen, Willoughby C., "A Critical and Exegetical Commentary on the Gospel to S. Matthew", *The International Critical Commentary* (Edimburgo: T. & T: Clark, 1957).

Barnhouse, Donald Grey, *His Own received Him not, but...* (Nueva York: Flemming H. Revell Company, 1933).

Cantera Burgos, Francisco e Iglesias González, Manuel, *Sagrada Biblia: Versión crítica sobre los textos hebreo, arameo y griego* (Madrid: Biblioteca de Autores Cristianos, 1979).

Carson, David A., "Matthew", *The Expositor's Bible Commentary*, Frank E. Gaebelein ed. gen., vol. 8 (Grand Rapids: Zondervan Publishing House, 1984).

Hill, David, "The Gospel of Matthew", *The New Century Bible Commentary* (Grand Rapids: Eerdmans Publishing Company, 1982).

Hughes R. Kent, *The Sermon on the Mount: The Message of the Kingdom* (Wheaton: Crossway Books, 2001).

McClain, Alva J., *The Greatness of the Kingdom* (Grand Rapids: Zondervan Publishing House, 1959).

McNeile, Alan Hugh, "The Gospel According to Matthew", *Thornapple Commentaries* (Grand Rapids: Baker Book House, 1980). Vea también F. F. Bruce, *New Testament Development of Old Testament Themes* (Grand Rapids: Eerdmans Publishing Co., 1968), pp. 106-107.

Pentecost, J. Dwight, *The Words and Works of Jesus Christ* (Grand Rapids: Zondervan Publishing House, 1981).

Plummer, Alfred, "An Exegetical Commentary on the Gospel According to St. Matthew", *Thornapple Commentaries* (Grand Rapids: Baker Book House, 1982). Vea también Mateo 9:27 y 22:42.

Robertson, Archibald T., *Word Pictures in the New Testament* (Nashville: Broadman Press, 1930).

Scroggie, W. Graham, *A Guide to the Gospels* (Londres: Pickering and Inglis, 1948).

Thiessen, Henry Clarence, *Introduction to the New Testament* (Grand Rapids: Eerdmans Publishing Company, 1960).

Toussaint, Stanley D., *Behold the King: A Study of Matthew* (Portland: Multnomah Press, 1980).

---

27. Vea Henry Clarence Thiessen, *Introductión to the New Testament* (Grand Rapids: Eerdmans Publishing Company, 1960), pp. 135-136.

SEGUNDA PARTE

Exégesis y exposición

1
La identidad de Jesús como Mesías (1:1—4:11)

No es de sorprenderse que después de 400 años de silencio, Dios mande su revelación escrita con el relato de la manifestación en carne del Mesías prometido. Eso sucedió, como dice Pablo: "Pero cuando vino el cumplimiento del tiempo, Dios envió a su Hijo, nacido de mujer y nacido bajo la ley" (Gá. 4:4).

En su infinita sabiduría, Dios esperó hasta que históricamente "vino" (en una concreta situación) "el cumplimiento del tiempo", es decir, el tiempo (*chrónos*) designado por el Padre celestial. Dios soberanamente preparó al mundo, en todos los órdenes, para la venida del Mesías: Políticamente, culturalmente, filosóficamente, religiosamente el tiempo había llegado a su plenitud (*pléroma*).

> Que el tiempo de todos los acontecimientos importantes, y de la manera más preeminente, el que concierne a la venida de Cristo estaba establecido en el propósito de Dios, era probablemente un pensamiento común en el cristianismo primitivo.[1]

El apóstol Mateo, testigo de primer orden de la vida y ministerio del Mesías, es usado por Dios para escribir de manera ordenada y didáctica los acontecimientos relacionados con el cumplimiento de la antigua promesa hecha por Dios. Mateo evidencia su capacidad literaria en el uso del idioma griego koiné pero además, manifiesta un profundo conocimiento del Antiguo Testamento y una comprensión asombrosa del mundo religioso y político de la generación en la que le tocó vivir. Eso

---

1. Ernest de Witt Burton, "A Critical and Exegetical Commentary on the Epistle to the Galatians", *The International Critical Commentary* (Edimburgo: T. and T. Clark, 1975), p. 216.

explica, al menos en parte, que "el Evangelio de Mateo ha sido el más estimado en la tradición cristiana y también el más comentado y estudiado".[2]

LA PERSONA DE JESÚS EL MESÍAS (1:1—2:23)

Mateo comienza su composición contestando la pregunta que un número incalculable de personas se han hecho a lo largo de los siglos y continúan haciéndose hoy día: ¿Quién es ese Jesús que los cristianos adoran y siguen? La respuesta a esa pregunta es de capital importancia.

Su origen humano (1:1-17)

> Comenzar un Evangelio partiendo de una genealogía causa gran sorpresa a alguien del mundo occidental. Si a eso, se le añade el hecho de que Mateo habla de cuarenta y una generaciones y seguidamente demuestra que la generación cuadragésima segunda carece de una conexión real con la cuadragésima primera, la persona con mentalidad occidental concluye que el escritor se refiere a algo absurdo. Lo que al lector moderno, sin embargo, parece extraño para el judío en general y para Mateo en particular la cuestión es sumamente importante.[3]

Una pregunta lógica que cualquier lector se haría es: ¿Por qué si el autor sabía que Jesús no era hijo de José insiste tanto en presentar una genealogía tan elaborada? ¿Por qué lo consideró tan importante como para iniciar su composición con esa genealogía? La respuesta a esas preguntas tiene un doble aspecto. En primer lugar, la idea controlante en el Evangelio de Mateo es el hecho de que Jesús es el Mesías, Hijo de David e Hijo de Abraham.[4] El segundo aspecto es que Mateo sabía bien que los plenos derechos para ser hijo eran otorgados mediante la adopción legal tan ciertamente como a través de la descendencia en sí. Cuando José recibió a María y a su hijo en su hogar, tomó a Jesús como su propio hijo, dándole su propia condición legal y la consiguiente posición.

Como es universalmente reconocido, los judíos estaban muy interesados en las genealogías. "Los judíos son tenaces respecto de su linaje".[5] La expresión en sí con la que Mateo comienza su Evangelio "libro de la genealogía", era una expresión común para el judío. Significaba el registro del linaje de una persona. En el Antiguo Testamento, listas de genealogías de personajes bien conocidos aparecen con frecuencia (vea Gn. 5:1, 10:1; 11:10, 27). Los hebreos tenían en la más alta estima la pureza del árbol familiar de una persona y sería un hecho de gran importancia si el linaje de Jesús el Mesías pudiese trazarse a través de David, el más grande de los reyes, y de este a

2. Rafael Aguirre Monasterio y Antonio Rodríguez Carmona, *Evangelios sinópticos y Hechos de los apóstoles* (Estella, Navarra: Editorial Verbo Divino, 2003), p. 193.
3. William Barclay, "Mateo", *Comentario al Nuevo Testamento*, tomo I (Terrassa: Editorial Clie, 1997), p. 24.
4. Véase James Bartley, "Mateo", *Comentario Bíblico Mundo Hispano* (El Paso: Editorial Mundo Hispano, 1993), p. 43.
5. Alfred Plummer, "An Exegetical Commentary on the Gospel According to St. Matthew", *Thornapple Commentaries* (Grand Rapids: Baker Books House, 1982), p. 1.

Abraham, el gran patriarca con quien Dios estableció el gran pacto que da base a todos los demás pactos.[6]

¿Qué pretendía el evangelista establecer mediante esta introducción a su Evangelio? La respuesta se encuentra en la primera frase del libro: "Libro de la genealogía de Jesucristo, hijo de David, hijo de Abraham" (1:1). Mateo pretende establecer el hecho de que Jesús es el auténtico Rey mesiánico y que, además, es la genuina simiente de Abraham por medio del cual todas las familias de la tierra serán benditas.

Mateo deliberadamente concreta a Jesús el Mesías de la manera más íntima con los dos grandes héroes de la nación de Israel. Llama a Jesús "hijo de David" (*huion David*), "hijo de Abraham" (*huion Abraham*). El sustantivo "hijo" se usa para indicar intimidad y en este caso en particular, descendencia. El escritor se propone demostrar que Jesús el Mesías no es un personaje aislado y remoto sino que "de la parte humana es hijo de David, como el Mesías debía ser, e hijo de Abraham, no un mero judío y el heredero de las promesas, sino de las promesas hechas a Abraham".[7]

La sintaxis de la frase inicial es importante. Mateo deliberadamente pone a David antes que Abraham. Stanley D. Toussaint, profesor de Nuevo Testamento y exposición bíblica en el Seminario Teológico de Dallas, explica esa cuestión así:

Es importante notar que el orden de la frase inicial es Hijo de David y luego Hijo de Abraham. Mateo tiene un propósito específico para invertir el orden cronológico de los nombres. Las promesas dadas a David eran limitadas; es decir, eran judías, nacional y real en su carácter. A David se le prometió un trono eterno, un rey eterno y un reino eterno (2 S. 7:12-17; Sal. 89). Por el otro lado, las promesas hechas a Abraham eran más amplias, ya que eran personales, nacionales y universales (Gn. 12:1-3; 13:14-17; 15:13-21; 17:1-8; 22:16-19). Abraham recibió la promesa, entre otras, de que en él todas las familias de la tierra serían benditas. El patrón del Evangelio de Mateo enfatiza primero el aspecto davídico y después el abrahámico. Mateo revela que el Señor Jesús, limitando su ministerio temprano a Israel (Mt. 10:5-7) viene como Rey de Israel, ofreciéndose a sí mismo a ellos como su Mesías.[8]

El impacto de la genealogía de Jesús el Mesías tal como Mateo la presenta se aprecia mejor mediante una comparación con los otros Evangelios. El Evangelio de Marcos no

---

6. Vea Keith H. Essex, "The Abrahamic Covenant", *The Master's Seminary Journal* (otoño, 1999), pp. 191-212.
7. A. T. Robertson, *Word Pictures of the New Testament*, vol.1 (Nashville: Broadman Press, 1930) (Hay traducción al castellano). Vea también: Javier Pikaza y Francisco de la Calle, *Teología de los Evangelios de Jesús* (Salamanca: Ediciones Sígueme, 1974). Ellos dicen: "El Evangelio de Mateo comienza con las palabras que son clásicas en la literatura israelita: Genealogía de Jesús, el Cristo (1:1). Por ellas se sitúa la figura de Jesús en el contexto de la historia, no ha venido de repente, no está aislado, es heredero de Abraham y de David (1:1), es el efecto del Espíritu divino (1:18)", p. 127.
8. Stanley D. Toussaint, *Behold the King* (Portland: Multnomah Press, 1980), pp. 36-37. Vea también Ed Glasscock, "Matthew", *Moody Gospel Commentary* (Chicago: Moody Press, 1997), pp. 35-36.

contiene ninguna genealogía. Es lógico que sea así. Marcos presenta a Jesús como un siervo que se mueve de un lado a otro en una constante actividad para hacer la voluntad de Aquel que lo envió al mundo. ¿A quién le interesa la genealogía de un esclavo? Lucas, por su parte, presenta a Jesús como el hombre perfecto. Lleva la genealogía de Cristo hasta Adán y luego (3:38), se refiere a Adán como "hijo de Dios" seguramente en el sentido que este había sido creado por Dios.

Finalmente, el Evangelio de Juan no contiene una genealogía del Mesías. Es de esperarse que no la haya. Juan presenta a Jesús como el Hijo Eterno de Dios. Como tal, el Hijo no tuvo un principio y por lo tanto, no tiene genealogía. ¿Quién se atreve a construir una genealogía de alguien que nunca comenzó a existir porque no tuvo principio? El apóstol Juan lo expresa así: "En el principio era el Verbo, y el Verbo era con Dios, y el Verbo era Dios" (Jn. 1:1). Cuando haya sido el comienzo del principio, *el Verbo ya era*. El Verbo entró en la historia pero no tuvo principio. Si Lucas presenta a Jesús como el Hijo del Hombre, Juan lo pone de manifiesto como el Hijo de Dios, la singular segunda persona de la bendita y eterna Trinidad.

En resumen los Evangelios en ningún sentido son contradictorios sino complementarios. Cada evangelista presenta una dimensión de la vida y el ministerio de Jesús el Mesías. El Evangelio de Mateo asume la responsabilidad de presentar el aspecto real de nuestro Señor. La realeza de Cristo brilla con su luz radiante a través de todo el Evangelio de Mateo. Mateo 1:1 es el versículo emblemático que sirve de título a la tabla genealógica que aparece en 1:2-16. Probablemente haya una conexión profética entre Mateo 1:1 y las palabras del profeta Zacarías:

"Alégrate mucho, hija de Sion; da voces de júbilo, hija de Jerusalén, he aquí tu rey vendrá a ti, justo y salvador, humilde y cabalgando sobre un asno, sobre un pollino hijo de asna" (Zac. 9:9; vea Mt. 21:4-5).

El título en Mateo 1:1 dice: "Libro de la genealogía de Jesucristo, hijo de David, hijo de Abraham". Dicha declaración alcanzará su culminación en el rótulo que fue clavado sobre su cruz: "Este es Jesús el Rey de los Judíos" (Mt. 27:37).

El versículo 1:1 contiene tres expresiones que deben destacarse. La primera es "Jesucristo" (el griego dice Jesús Cristo). El sustantivo "Jesús" es la forma griega del nombre hebreo *Yêshua* a la que se llega mediante la trascripción del hebreo añadiéndole la "s" al nominativo para facilitar la declinación. Fue el nombre del sucesor de Moisés, conocido como Josué (Éx. 17:8-16: 24:13; 32:17; 33:11). Es el nombre más antiguo que contiene el sustantivo divino Yahveh (Jehová) y significa "Yahveh es ayuda" o "Yahveh es salvación".[9] Los autores del comentario de Mateo en la muy ponderada obra del *International Critical Commentary* (*ICC*) hacen el siguiente comentario:

---

9. Vea K. H. Rensgstorf, "Jesus Christ, Nazarene, Christian", *The New International Dictionary of New Testament Theology*, vol. 2, editor Colin Brown (Grand Rapids: Zondervan Publishing House, 1976), pp. 330-331. Vea también Horst Baltz y Gerhard Schneider, *Diccionario Exegético del Nuevo Testamento*, vol. I (Salamanca: Ediciones Sígueme, 1996), pp. 1971-1986.

"Jesús" aparece cerca de 150 veces en el primer Evangelio. El nombre, cuya precisa forma cambia a lo largo del tiempo (*Yehôsua 'Yosua 'Yesua*), fue muy popular entre los judíos antes del año 70 d.c. A pesar del juego de palabras basado en la etimología popular, Yeshua equivale a "Yahweh es salvación" (1.21), "¡Jesús!" no es un título cristológico en Mateo sino un nombre personal. El compuesto "Jesús Cristo" (también en algunos manuscritos en 1:18 y 16:21), va camino a convertirse en un nombre personal como ocurre en otros pasajes del Nuevo Testamento (Ro. 1:1; Gá. 1:1; Stg. 2:1; Ap. 22:21). Aún así en 1:17 (donde Cristo aparece en solitario) y la expresión "hijo de David" en 1:1 nos advierte que, como en Romanos. 9:5, Cristo tiene un contenido mesiánico y eso es confirmado por 2:4; 16:16,20, 22:42; 24:5,23, 26:63, 68.[10]

El sustantivo "Cristo" (*Cristos*) significa el *ungido* y se refiere al oficio de nuestro Señor. El vocablo hebreo *Mâshiah* equivale al griego *Cristos*. Dicho vocablo se usa ocasionalmente en el Antiguo Testamento con referencia al oficio del sumo sacerdote (Lv. 4:3), casi exclusivamente se utiliza como sinónimo del rey (vea 1 S. 2:10; 2 S. 22:51; Sal. 2:2; 18:50).[11] En todo caso, tenía que ver con el acto de derramar un aceite especialmente preparado sobre una persona para iniciarlo en su oficio. A veces también se ungía un objeto (vea Is. 21:5). El acto de ungir no solo iniciaba a una persona o un objeto en una nueva forma de servicio sino que también apartaba a esa persona u objeto de otras formas de servicio o de usos. En el Antiguo Testamento se ungía a los reyes, los sacerdotes y a los profetas. Probablemente en todos los casos se usaba un aceite especialmente preparado.[12]

De modo que Mateo, familiarizado como estaba con la teología del Antiguo Testamento, comienza su Evangelio con la genealogía de Jesús el Mesías, es decir, Jesús el Ungido. Él es el Profeta Ungido que Dios prometió levantar en medio de su pueblo (Dt. 18:15), o sea, el anti-tipo de Moisés. Él es el ungido Sumo Sacerdote según el orden del Melquisedec. Un sacerdote real cuyo sacerdocio es para siempre (Sal. 110:4). Él es el Ungido Rey Mesías que doblegará las naciones y las regirá con vara de hierro (Sal. 2:4-9; Ap. 19:15).

La expresión "hijo de David" es un genitivo de relación de parentesco.[13] El hecho de que Jesús el Mesías es designado "Hijo de David" lo relaciona inmediata y directamente con el pacto davídico (2 S. 7.1-17). Dicho pacto es junto con el abrahámico y con el Nuevo Pacto, una de las tres grandes alianzas establecidas por Dios con su pueblo y descritos en el Antiguo Testamento. El pacto davídico declara

10. W. D. Davies y Dale C. Allison hijo, "Matthew", *The International Critical Commentary* (Edimburgo: T. and T. Clark, 1997), p. 155.

11. R. Laird Harris, et al., *Theological Wordbook of the Old Testament* (Chicago: Moody Press, 1980), pp. 530-531.

12. Vea John N. Oswalt, "Masha, Mashiah", *Dictionary of Old Testament Exegesis*, vol. 2, Willen A. Van Gesemeren, editor general (Grand Rapìds: Zondervan, 1997), pp. 1123-1126.

13. "En este caso del genitivo una persona es definida por la atribución de una relación genital o marital". Es muy semejante al genitivo de posesión. Vea H. E. Dana y Julius R. Mantey, *Manual de Gramática del Nuevo Testamento*, versión castellana por Adolfo Robleto D., et al. (El Paso: Casa Bautista, 1979), p. 74.

el compromiso de Dios de dar a David: (1) Un *trono* que será firme para siempre; (2) un *reino* que será estable e incluirá un dominio universal; y (3) una *casa*, es decir, una descendencia física. El *trono* tiene que ver con la dignidad y el poder que era soberano y supremo en David como rey. El sustantivo "reino" se refiere al reino político de David sobre Israel. En el pacto davídico, Dios promete al rey David, que su *casa*, su *trono* y su *reino* perdurarán *para siempre*. Eso significa que ni la autoridad, ni el reino, ni el gobierno davídico sobre Israel jamás serían quitados de la posteridad de David.[14] Este gran pacto es reconfirmado en los Evangelios (vea Lc. 1:26-33), en el libro de Hechos (15:13-18), en las epístolas (vea Ro. 15:7-13) y en el Apocalipsis (5:5; 22:16).

Sin duda, el énfasis que Mateo se propone dar al colocar en primer orden el hecho de que Jesús el Mesías es "hijo de David" es el carácter real de nuestro Señor. Él es el heredero del trono de David y desde ese trono reinará como Rey de reyes.

Tal como se ha indicado anteriormente, la expresión "hijo de Abraham" conecta a nuestro Señor con el pacto abrahámico. El pacto del cual se derivan todos los demás. Mediante ese pacto incondicional, Dios prometió dar a Abraham una descendencia y una tierra en perpetuidad (vea Gn. 12:1-3; 15:7-21). A través de ese pacto, Dios se comprometió de manera irreversible a ser de bendición a Abraham, Israel y a todas las naciones de la tierra. Esas promesas encuentran su cumplimiento perfecto y definitivo en la persona de Jesús el Mesías (vea Gá. 3:16-18). Por lo tanto, en Jesucristo, mediante su muerte, resurrección y su segunda venida, Israel y los gentiles obtendrán las bendiciones del reino prometido. De ahí que, las dos declaraciones: "hijo de David" e "hijo de Abraham", significan que su conexión con la nación hebrea es tanto real como racial. Pero además de eso, en cumplimiento fiel de la promesa soberana del Dios que no puede mentir, el Rey Mesías extenderá su dominio a todos los ámbitos del universo.

EL CONTENIDO DE LA GENEALOGÍA (1:2-16)

El contenido de la genealogía está ordenado en tres secciones. Esas tres secciones están relacionadas con las tres grandes etapas de la historia del pueblo de Israel. Mateo, sin duda, tenia una mente ordenada. Siempre agrupa sus enseñanzas en bloques de tres y de siete. Seguramente lo hacía para facilitar la memorización. La genealogía con la que comienza su Evangelio está dividida en tres grupos de catorce nombres.

Debe recordarse, además, que en el idioma hebreo no había números como los que el mundo occidental usa. En hebreo, las letras hacían también la función de números. Ese es un detalle que debe tenerse en cuenta.[15] A esto hay que añadir que en el idioma hebreo no había vocales. De modo que el nombre David se escribía usando tres consonantes DVD. Las letras usadas para formar el nombre David (DVD) suman el numero 14. O sea: D (4) + V (6) + D (4) = 14.

El escocés, William Barclay (1907—1978), quien se consideraba a sí mismo un "evangélico liberal", escribió en su comentario de Mateo:

---

14. Vea Alva J. McClain, *The Greatness of The Kingdom*, p. 156. También vea John F. Walvoord, *The Millennial Kingdom* (Findlay, Ohio: Dunham Publishing Company, 1959), pp. 195-196; E. L. Carballosa, *Cristo Rey de reyes* (Grand Rapids: Portavoz, 2002), pp. 121-140.

15. En la cultura hebrea la letra A (*aleph*) también equivalía al número uno, la B (*beth*) al dos, la G (*gimel*) al tres, la D (*Daleth*) al cuatro y así sucesivamente. La sexta letra del alfabeto hebreo es la W (*Waw*) que equivale al número 6.

Debemos recordar siempre que los Evangelios se escribieron siglos antes de que existiera tal cosa como libros impresos. Muy pocas personas serían capaces de poseer ejemplares de ellos, así que, si querían poseerlos, los tenían que memorizar. Esta genealogía, por tanto, está organizada de tal manera que sea fácil de memorizar. Su finalidad es demostrar que Jesús fue el Hijo de David y está dispuesta para que resulte fácil conservarla en la memoria.[16]

El propósito de la genealogía de Mateo, por lo tanto, no es proporcionar una historia detallada. El objetivo del escritor es situar la persona de Jesús el Mesías dentro del ámbito histórico-teológico del desarrollo del plan de Dios respecto del reino prometido en las Escrituras del Antiguo Testamento.[17] Debe observarse, además, que Mateo estructura la genealogía de Jesús el Mesías en tres grupos que se corresponden con el ascenso, la decadencia y la caída del reino de Israel.

a. El primer grupo: De Abraham a David (1:2-6a)

En la primera parte de la genealogía, Mateo muestra el origen de la casa de David. Comenzando con la familia de Abraham, el padre de la nación y culminando con David, el fundador de la realeza.

> *"Abraham engendró a Isaac, Isaac a Jacob, y Jacob a Judá y a sus hermanos.*
> *Judá engendró de Tamar a Fares y a Zara, Fares a Esrom y Esrom a Aram.*
> *Aram engendró a Aminadab, Aminadab a Naasón, y Naasón a Salmón.*
> *Salmón engendró de Rahab a Booz, Booz engendró de Rut a Obed, y Obed a*
> *   Isaí; Isaí engendró al Rey David" (1:2-6a).*

Como se ha observado repetidas veces, la genealogía presentada por Mateo comienza con Abraham. Eso apunta al carácter judío de su lista. "Para cuestiones legales un judío no necesitaba ir más allá de Abraham, el padre de la raza judía pero el Mesías necesariamente tenía que ser judío".[18]

Hay una adicción importante en el (v. 2). Dice el texto griego: "y Jacob engendró a Judá y a sus hermanos". (*Iakòb dè egénesen tòn Ioúdan kaì toùs adlephoùs autoû.*) ¿Por qué se añade la expresión "y a sus hermanos"? Rubén fue el hijo mayor de Jacob. Luego estaban Simeón y Leví. Judá fue el cuarto hijo de Jacob. A pesar de eso, Dios soberanamente escogió a Judá. Desde su lecho de muerte, Jacob había profetizado:

"No será quitado el cetro de Judá, ni el legislador de entre sus pies hasta que venga Siloh; Y a él se congregarán los pueblos" (Gn. 49:10).

Esta profecía enseña una importante lección: Dios es absolutamente soberano para escoger los instrumentos que Él, en su gracia, determina hacer objeto de su plan. En ello no intervienen méritos humanos, sino la soberana y sabia voluntad de Dios. Como destaca el profesor Toussaint:

---

16. William Barclay, "Mateo", p. 25.
17. M. Eugene Boring, "The Gospel of Matthew", *The New Interpreter's Bible*, vol. III (Nashville: Abingdon Press, 1995), pp. 128-129.
18. Toussaint, *Behold the King*, p. 37.

Judá es separado de sus hermanos puesto que la promesa mesiánica de soberanía fue dada a él (Gn. 49:10). A causa de esa verdad era necesario que Mateo mostrase que Jesús es un descendiente de Judá.[19]

Así como Dios escogió a Jacob sobre Esaú, a David sobre sus hermanos, a Salomón por encima de los otros hijos de David, del mismo modo escogió a Judá para que fuese la raíz de la cual brotaría la descendencia que, a la postre, proporcionaría el origen humano del Mesías. La sola y única causa el soberano propósito de Aquel que ha diseñado un plan perfecto desde la eternidad pasada y todo lo hace para su gloria.

En los versículos 3-6a, Mateo hace algo insólito. En ese pasaje incluye a cuatro mujeres en el árbol genealógico del Señor. Las genealogías judías en el Antiguo Testamento no contienen nombres de mujeres. Mateo no solo las incluye sino que dichas mujeres son poseedoras de una muy dudosa reputación. En primer lugar, está Tamar (vea Gn. 38), la que se disfrazó de ramera y tendió una trampa a Judá. Luego está Rahab, la notoria ramera cananea que se menciona en el libro de Josué (2—6). En tercer lugar, se menciona a Rut la moabita (vea Rut 1:4; Dt. 23:3). Finalmente, se incluye a Betsabé, la que David locamente quitó a Urías el heteo (2 S. 11:1—12:31).[20]

No es posible dar una explicación dogmática de la razón o razones de la inclusión de esas cuatro mujeres en la genealogía de nuestro Señor. Solo se puede conjeturar. Pero no sería impropio preguntarse si no tendrá la inclusión de esas mujeres algo que ver con lo que dice Pablo:

"Sino que lo necio del mundo escogió Dios, para avergonzar a los sabios; y lo débil del mundo escogió Dios, para avergonzar a lo fuerte; y lo vil del mundo, y lo menospreciado escogió Dios, y lo que no es, para deshacer lo que es, a fin de que nadie se jacte en su presencia" (1 Co. 1:27-29).

Hay quienes sugieren que la presencia de esas cuatro mujeres en la genealogía de Jesús el Mesías tiene como fin "deshacer el orgullo judío, demostrando que las uniones irregulares fueron divinamente consideradas en la ascendencia legal del Mesías".[21] Tal vez la respuesta yace en entender que la providencia divina de manera misteriosa es incomprensible para la mente humana. Cualquiera que haya sido la razón de Mateo para incluir a esas cuatro mujeres en la genealogía de Jesús el Mesías, hay que concluir que Dios el Espíritu Santo, quien guió a Mateo, puso de manifiesto esa información como prueba irrefutable de la humanidad de nuestro Señor. Quizá, un judío escribiendo por su cuenta, hubiese procurado esconder esa información. Dios a través de Mateo, la ha revelado para poner de manifiesto el hecho de que Cristo era verdaderamente humano.

---

19. *Ibíd.*, pp. 37-38.

20. Vea Richard C. H. Lenski, *The Interpretation of the Gospel of Matthew* (Minneapolis: Augsburg Publishing House, 1964), pp. 28-29.

21. R. V. G. Tasker, "The Gospel According to St. Matthew", *Tyndale New Testament Commentaries* (Grand Rapids: Eerdmans Publishing Company, 1981), p. 32. Vea también Alfred Plummer, "An Exegetical Commentary on the Gospel According to St. Matthew", pp. 2-3.

b. El segundo grupo: De David a Jeconías (1:6b-11)

> "...Y el rey David engendró a Salomón
> De la que fue mujer de Urías.
> Salomón engendró a Roboam,
> Roboam a Abías y Abías a Asa.
> Asa engendró a Josafat,
> Josafat a Joram, y Joram a Uzías,
> Uzías engendró a Jotam,
> Jotam a Acaz, y Acaz a Ezequías.
> Ezequías engendró a Manasés,
> Manasés a Amón, y Amón a Josías.
> Josías engendró a Jeconías y a sus hermanos,
> En el tiempo de la deportación a Babilonia" (1:6b-11).

El segundo grupo de nombres se relaciona con el auge y la decadencia de la casa de David. De nuevo debe notarse el énfasis real. En el versículo 6, dos veces se habla del "rey David". Pero a partir del versículo 1:6b, se comienza a describir la decadencia tanto espiritual como política y material del reino fundado por David. Es curioso observar que en 1:6, Mateo utiliza dos veces el artículo determinado para referirse a David. Aunque en la Reina—Valera 1960 dice que: "Isaí engendró al rey David", en el texto griego dice que: "Isaí engendró el David el rey". Aunque gramaticalmente esa repetición de artículo no es necesaria, Mateo la usa por razón de énfasis. Mateo desea destacar una vez más el carácter real de la genealogía.

Como ya se ha indicado, a partir del versículo 1:6b, se hace referencia a la decadencia de la vida en Israel. La decadencia espiritual siempre resulta en la decadencia moral. Israel no fue una excepción.

El descalabro de esa genealogía llegó con Joaquín, conocido también como Jeconías o Conías. Joaquín (Jeconías) solo reinó tres meses y diez días en Jerusalén. Durante su breve reinado (año 397 a.C.) Joaquín (Jeconías) asumió una postura anti-babilónica. Eso provocó la ira de Nabucodonosor quien envió su ejército contra Jerusalén. La ciudad fue sitiada, Joaquín (Jeconías) fue capturado y llevado preso a Babilonia donde estuvo encarcelado durante 31 años hasta que, en el año 366 a.C., Evil Merodac, rey de Babilonia, le dio la libertad.

Es importante investigar algo del trasfondo de Jeconías para poder entender porqué fue maldito por Dios. El profeta Jeremías dibuja un retrato del carácter malvado de Jeconías.[22]

"Vivo yo, dice Jehová, que si Conías hijo de Joacín, rey de Judá fuera anillo en mi mano derecha, aun de allí te arrancaría. Te entregaré en mano de los que buscan tu

---

22. Por alguna razón a este infame rey se le conoce por varios nombres en el Antiguo Testamento. En 2 R. 24:6, se le llama Joaquín (vea 2 Cr. 36:8). En el texto hebreo aparece "Jehoiaquín". En Jeremías 22:24,28, se usa el nombre abreviado "Conías", mientras que en 24:1, su nombre es Jeconías. En total en el texto hebreo hay cinco formas para designar a la misma persona. En todos los casos el significado es: "Jehová establecerá firmemente". ¡Qué triste que un nombre tan significativo haya sido deshonrado por la persona que lo llevaba! Vea Theo Laetsch, *Bible Commentary on Jeremiah* (St. Louis, Missouri: Concordia Publishing House, 1965), pp. 186-187.

vida, y en manos de aquellos cuya vista temes; Sí, en mano de Nabucodonosor rey de Babilonia, y en mano de Caldeos. Te haré llevar cautivo a ti y a tu madre que te dio a luz, a tierra ajena en que no nacisteis, y allá moriréis. Y a la tierra a la cual ellos con toda el alma anhelaban volver allá no volverán. ¿Es este hombre Conías una vasija despreciada y quebrada? ¿Es un trasto que nadie estima? ¿Por qué fueron arrojados él y su generación, y echados por tierra que no habían conocido? ¡Tierra, tierra, tierra! Oye Palabra de Jehová. Así ha dicho Jehová: Escribir lo que sucederá a este hombre privado de descendencia, hombre a quien nada próspero sucederá en todos los días de su vida; porque ninguno de su descendencia logrará sentarse sobre el trono de David, ni reinar sobre Judá" (Jer. 22:24-30).

Al parecer, Jeconías fue una persona rebelde y desobediente a la voluntad de Dios. El Señor había dictado juicio contra la nación judía. El pueblo sería llevado cautivo a Babilonia. Podría ser que Jeconías quiso resistir la voluntad de Dios y trató de impedir por medios humanos que la voluntad de Dios se cumpliese. La maldición que cayó sobre él fue de proporciones inmensas: (1) Fue privado de descendencia; (2) nada próspero le sucedería hasta su muerte; y (3) ninguno de su descendencia ocuparía el trono de David. Si nuestro Señor hubiere sido el hijo natural de José no hubiese podido heredar el trono de David puesto que José era descendiente de Jeconías.

Nuestro Señor, sin embargo, era simiente de David, físicamente solo a través de María. La maldición de Conías, por lo tanto, no tiene efecto alguno sobre Él. Cuando José recibió a María como su esposa, también recibió a su hijo y legalmente lo adoptó, confiriéndole los derechos legales al trono de David. De modo que solo mediante la concepción virginal pudieron las promesas mesiánicas encontrar su cumplimiento profético.

c. El tercer grupo: De Jeconías a Jesús (1:12-17)

El tercer grupo de la genealogía tiene que ver con la caída o el eclipse de la casa de David, aunque no su extinción. "El tabernáculo de David está caído" (Hch. 15:16), pero sin duda, será reedificado. El árbol del programa mesiánico ha sido cortado pero su tronco retoñará como el de un fornido roble. Como escribió Isaías: "Saldrá una vara del tronco de Isaí, y un vástago retoñara de sus raíces" (Is. 11:1). También: "Y si quedare aún en ella la décima parte, está volverá a ser destruida; pero como el roble y la encina, que al ser cortados aún queda el tronco, así será el tronco, la simiente Santa" (Is. 6:13). Es responsabilidad del Rey Mesías regresar y reedificar el tabernáculo de David. Aunque los cimientos de esa reedificación fueron colocados en la cruz, la culminación está reservada para el día de su segunda venida. "Así ha hablado Jehová de los ejércitos, diciendo: He aquí el varón cuyo nombre es el Renuevo, el cual brotará de sus raíces, y edificará el templo de Jehová. Él edificará el templo de Jehová, y él llevará gloria, y se sentará y dominará en su trono, y habrá sacerdote a su lado y consejo de paz habrá entre ambos" (Zac. 6:12-13).

Aunque en el versículo 11 dice que Josías engendró a Jeconías, Mateo solo desea establecer que Jeconías es descendiente de Josías, quien, a su vez, era descendiente de David. Mateo solo incluye en la genealogía el nombre de las personas más significativas para estructurar su argumento. Los nombres mencionados en los versículos 12-15 tienen el propósito de dar fluidez al relato. El personaje realmente importante en esos versículos es Jeconías, cuyo papel ya ha sido comentado anteriormente.

Sí es importante observar el contenido de 1:16: "Y Jacob engendró a José, marido de María, de la cual nació Jesús, llamado el Cristo".

Hay dos expresiones que requieren atención cuidadosa en el versículo 16. La primera de ellas dice: "José, marido de María". El cambio en el estilo y el vocabulario merece especial consideración. Mateo no dice: "¡Y José engendró a Jesús!" No hubo intervención masculina de clase alguna en el acto de engendrar al Hijo de Dios para su nacimiento. Ese cambio de estilo indica una separación entre el relato de los anteriores nacimientos y el que ahora le sigue, explicado en 1:18-25. Hasta el versículo 16a, Mateo ha usado el verbo "engendró" (*egénneisen*). Dicho verbo es el aoristo indicativo de *gennao* que significa "engendrar". El tiempo aoristo señala a un acto histórico puntual. El modo indicativo destaca la realidad de ese acto. Como observa, A. T. Robertson, el más grande de los eruditos del idioma griego del siglo pasado: "El vocablo en sí no siempre significa parentesco inmediato, sino simplemente descendiente directo".[23]

La segunda observación tiene que ver con el cambio en la forma verbal. Ahora Mateo dice: "De la cual nació Jesús, llamado el Cristo". Pero antes de analizar el verbo, es importante observar el uso del pronombre relativo femenino, traducido "de la cual" (*ex heis*). Dicho pronombre se refiere a María, la madre de la naturaleza humana de nuestro Señor. Ahora, obsérvese el verbo, traducido "nació" (*egennethe*). Dicho verbo es el aoristo indicativo, voz pasiva de *gennáo*. Recuérdese que el aoristo indicativo destaca la realidad de un acontecimiento. Un suceso que tuvo lugar en un punto específico de la historia. La voz pasiva significa que el sujeto recibe la acción del verbo. De modo que Mateo 1:16, literalmente dice: "Y Jacob engendró a José el marido de María, de la que fue nacido Jesús el llamado Cristo".

La concepción virginal, solo sugerida aquí, será tratada con más detalles más adelante. De modo que, nuestro Señor es legalmente (no físicamente) hijo de José y por lo tanto, es el heredero del trono de David. Ese hecho nunca fue impugnado por los judíos cuando el Señor estaba en medio de ellos. Si la afirmación de ser el Mesías hubiese sido falsa solo hubiese sido necesario haber echado por tierra su reclamo mesiánico. Eso los judíos nunca lo intentaron ya que sus credenciales eran incuestionables.

En resumen Jesús el Mesías, físicamente, nació de María pero sin pecado (vea Lc. 1:35). Esa afirmación ha sido impugnada por algunos teólogos, particularmente dentro del campo liberal. Se basan en algunas variantes textuales que aparecen en algunos manuscritos Por ejemplo, en el manuscrito "sinaítico-sirio" que se deriva de la antigua versión siria de los Evangelios y que fue descubierto en el monasterio de Santa Catarina en el Monte Sinaí en el año 1892, aparece la siguiente lectura de Mateo 1:16: "Jacob engendró a José; con quien estaba desposada María la virgen, engendró a Jesús llamado el Mesías".

En un principio se le dio gran importancia a la lectura del mencionado manuscrito. Algunos intentaron refutar la doctrina de la concepción virginal de Jesús el Mesías sobre la base de esa variante textual. Eruditos evangélicos[24] que han estudiado el tema

23. A. T. Robertson, *Word Pictures*, pp. 2-3.
24. Una de las obras de mayor erudición tocante al tema de la concepción virginal fue escrita por el respetado erudito J. Greshan Machen (1881—1937), uno de los llamados "Eruditos de Princeton". Machen fue profesor de Nuevo Testamento y griego en el Seminario Teológico de Westminster.

en profundidad han concluido que el manuscrito sinaítico-sirio antes mencionado refleja una inferior calidad al compararse con otros manuscritos. Pero de vital importancia está el hecho de que el traductor entendió mal la fuerza del verbo "engendró", usado a través del pasaje de Mateo bajo consideración. Como ya se ha señalado, dicho verbo se usa primordialmente para señalar ***descendencia legal***, no descendencia física directa, ya que Mateo está proporcionando la línea que otorga derecho legal al trono de David. Por supuesto, la aludida lectura contradice el contexto del pasaje.

En la sección que sigue de inmediato el Señor es presentado como concebido virginalmente. Además, si José hubiese sido el padre real de Jesús ¿por qué, entonces, hubiese querido divorciarse de María (vea 1:19)?[25]

Resumen y conclusión

"De manera que todas las generaciones desde Abraham hasta David son
    catorce;
Desde David hasta la deportación a Babilonia, catorce;
Y desde la deportación a Babilonia hasta Cristo, catorce" (1:17).

Este último versículo de la sección que se ha estudiado resume el registro ancestral de nuestro Señor. Es de sobras sabido que en la lista que Mateo ofrece hay omisiones. Tales omisiones, sin embargo, eran comunes en las genealogías del Antiguo Testamento (2 Cr. 22:9). El propósito primordial de Mateo es presentar la línea de descendencia directa del Mesías de manera que el vocablo "todas" (1:17) debe entenderse a la luz del contexto. Se refiere a todas las generaciones abarcadas en la línea de descendencia que Mateo ha escogido para el propósito de su relato. Mateo solo incluye a las personas que son necesarias para establecer el linaje real de Jesús el Mesías.

Se ha comentado anteriormente lo relacionado con el acto soberano de Dios al incluir cuatro mujeres de dudosa moralidad en la genealogía de Jesús el Mesías. Sin duda, esa inclusión explica, entre otras cosas, la inmensidad y el carácter soberano de la gracia de Dios. Un escritor sugiera algunas razones interesantes de la inclusión de las cuatro mujeres (Tamar, Rahab, Rut y Betsabé):[26]

Entre sus obras hay una gramática del idioma griego, *Christianity and Liberalism* (1923) y *The Virgin Birth of Christ* (1930). Machen refuta la lectura del manuscrito sinaítico sirio y dice: "La postura, por lo tanto de que la lectura del manuscrito sinaítico de Mateo 1:16 representa al texto original del Evangelio puede sostenerse solo mediante una crítica textual efectuada por una mente aventurera poco científica. La lectura del sinaítico sirio no puede ser situada más allá del año 400 d.C., mientras que la lectura común está claramente confirmada con fecha de principios del siglo tercero, y ciertamente estuvo presente mucho antes de ese tiempo; la lectura del sinaítico sirio parece más bien derivarse de un mero error de un escriba o traductor, mientras que la lectura común aparece incuestionablemente como la obra del autor del Evangelio, y reta a cualquier otra explicación de su origen". J. Gresham Machen, *The Virgin Birth of Christ* (Grand Rapids: Baker Book House, 1965), p. 182.

25. Existe otra variante textual que se halla en un importante grupo de manuscritos griegos y que también aparece en algunos manuscritos de las antiguas versiones latinas, y dice: "Jacob engendró a José a quien María la virgen, habiendo estado desposada, dio a luz a Jesús quien es llamado el Cristo". Esta lectura es un intento de sacar a la luz más categóricamente que el texto ordinario de la virginidad de María en el tiempo de nacimiento de Jesús.

26. Donald A. Hagner, "Matthew 1-13", *World Biblical Commentary*, David A. Hubard et al., editor general (Dallas: Word Books, Publishers, 1993), p. 10.

1. Las cuatro mujeres eran consideradas notorias pecadoras.
2. Las cuatro eran gentiles.
3. La inclusión de las cuatro sugiere que Dios obra muchas veces a través de sorprendentes circunstancias.

La primera sugerencia señala que Dios es misericordioso y compasivo hacia el pecador. La entrada del pecado en la experiencia humana ha afectado a toda criatura. El hombre no tiene solución para su mal espiritual aparte de Dios. Las cuatro mujeres mencionadas por Mateo forman parte del linaje de la familia de David y por lo tanto, del linaje de procedencia del Mesías. Las cuatro mujeres recibieron el beneficio del perdón de Dios y soberanamente fueron incluidas en la genealogía del Mesías.

En segundo lugar, el hecho de que eran gentiles, señala que Mateo tenía una visión universal del ministerio de Jesús el Mesías. De ahí que comienza su relato genealógico puntualizando que Jesús el Mesías es "Hijo de David" (su relación con Israel) e "hijo de Abraham" (su relación con todas las familias de la tierra). La salvación procede de los judíos, pero se extiende universalmente a los gentiles (Mt. 28:19-20).

Además, la inclusión de las cuatro mujeres pone de manifiesto que Dios obra de manera misteriosa en la ejecución de su plan eterno. Dios escoge sus instrumentos no sobre la base de méritos personales. Él escoge para su gloria a quienes ha de formar parte de su plan soberano (Is. 55:8-9).

Finalmente, no debe pasarse por alto que hay una quinta mujer en la genealogía de Jesús el Mesías, es decir, María, la virgen. Mateo puntualiza esa verdad, como ya se ha señalado en 1:16 "María, de la cual nació Jesús, llamado el Cristo". María fue el instrumento escogido por Dios para introducir al Mesías en el mundo. Su nombre se menciona varias veces en el Nuevo Testamento como la madre de Jesús (vea Mt. 1:16, 18; 2:11; Mr. 6:3; Lc. 1:27, 30, 34, 38).

Debido a que en Lucas 1:36 dice que María era "parienta" de Elisabet, la madre de Juan el Bautista, algunos han especulado respecto de si María era de la tribu de Leví. Pero la evidencia se inclina más favorablemente al hecho de que al igual que José, la madre de Jesús el Mesías era de la tribu de Judá. Como expresó Zacarías en su cántico profético:

"Bendito el Señor Dios de Israel, que ha visitado y redimido a su pueblo, y nos ha levantado un poderoso Salvador en la casa de David su siervo" (Lc. 1:68-69).

Se sabe poco de la vida de María. Aparte de unas pocas referencias en los Evangelios y otra en el capítulo uno en el libro de Hechos, no hay más información acerca de ella en la literatura canónica. El ***Protoevangelium de Santiago*** (un Evangelio apócrifo) dice que sus padres fueron Joaquín de Nazaret y Ana de Belén.[27] El único familiar de María que se menciona en las Escrituras es su hermana (Jn. 19:25). La Biblia sí da a entender que María fue una mujer humilde y consagrada a Dios, devota

---

27. Vea *The Lost Books of the Bible* (Nueva York: Alpha House, 1926), p. 17.

a su hogar y a su familia, con una profunda sensibilidad espiritual y consciente de su lugar como sierva de Dios.

Finalmente, puede decirse que la inclusión en la tabla genealógica del Mesías de cuatro mujeres de dudosa moralidad apunta incuestionablemente a la gracia soberana y a la misericordia de Dios. La inclusión de la virgen María destaca la fidelidad de Dios en el cumplimiento de su promesa. En la plenitud del tiempo (*chrónos*), Dios envió (apostolizó) a su Hijo. Lo comisionó de una manera especial. Lo envolvió en carne humana y utilizó a la virgen María como su instrumento para cumplir su Palabra (Gn. 3:15).

El Evangelio de Mateo pone de manifiesto la convicción de su autor de que la venida al mundo de Jesús el Mesías no fue algo producto del azar. Es la providencia de Dios, en la plenitud del tiempo, por el determinado consejo y anticipado conocimiento de Dios quien hace su soberana voluntad en cielos y tierra ni nadie puede detener su brazo todopoderoso, el Mesías vino tal como lo anunció la profecía "Hijo de David", "Hijo de Abraham".

Bibliografía selecta

Aguirre Monasterio, Rafael y Rodríguez Carmona, Antonio, *Evangelios sinópticos y Hechos de los apóstoles* (Estella, Navarra: Editorial Verbo Divino, 2003).

Barclay, William, "Mateo", *Comentario al Nuevo Testamento* (Terrassa: Editorial Clie, 1995).

Bartley, James, "Mateo", *Comentario Bíblico Mundo Hispano* (El Paso: Editorial Mundo Hispano, 1993).

Boring, M. Eugene, "The Gospel of Matthew", *The New Interpreter's Bible*, vol. III (Nashville: Abingdon Press, 1995).

Baltz, Horst y Schneider, Gerhard, *Diccionario exegético del Nuevo Testamento*, dos tomos (Salamanca: Ediciones Sígueme, 1996 y 1998).

Burton, Ernest De Witt, "A Critical and Exegetical Commentary on the Epistle to the Galatians", *The International Critical Commentary* (Edimburgo: T. and T. Clark, 1975).

Carballosa, E. L., *Cristo Rey de reyes* (Grand Rapids: Portavoz, 2002).

Dana, H. E. y Mantey, Julius R., *Manual de Gramática del Nuevo Testamento*, versión castellana por Adolfo Robleto D. et al. (El Paso: Casa Bautista de Publicaciones, 1979).

Davies, W. D. y Allison, Dale C. hijo, "The Gospel According to Saint Matthew", *The International Critical Commentary*, vol. 1 y 2 (Edimburgo: T. & T. Clark, 1994).

Essex, Keith H., "The Abrahamic Covenant", *The Master's Seminary Journal*, (otoño, 1999).

Glasscock, Ed, "Matthew", *Moody Gospel Commentary* (Chicago: Moody Press, 1997).

Hagner, Donald A., "Matthew 1-13", *Word Biblical Commentary*, David A. Hubbard et al., editor general (Dallas: Word Books, Publishers, 1993).

Harris, R. Laird et al., *Theological Wordbook of the Old Testament* (Chicago: Moody Press, 1980).

Laethsch, Theo, *Bible Commentary on Jeremiah* (St. Louis, Missouri: Concordia Publishing House, 1965).

Lenksi, Richard C. H., *The Interpretation of the Gospel of Matthew* (Minneapolis: Augsburg Publishing House, 1964).

Machen, J. Gresham, *The Virgin Birth of Christ* (Grand Rapids: Baker Book House, 1965).

McClain, Alva J., *The Greatness of the Kingdom* (Grand Rapids: Zondervan Publishing House, 1959).

Oswald, John N., "Masha, Mashiah", *Dictionary of Old Testament Exegesis*, vol. 2, Willen A. Van Gesemeren, editor general (Grand Rapids: Zondervan, 1997).

Pikaza, Javier y De la Calle, Francisco, *Teología de los Evangelios de Jesús* (Salamanca: Ediciones Sígueme, 1975).

Plummer, Alfred, "An Exegetical Commentary on the Gospel According to St. Matthew", *Thornapple Commentaries* (Grand Rapids: Baker Book House, 1982).

Rengstorf, K. H., "Jesus Christ, Nazarene, Christian", *The New International Dictionary of New Testament Theology*, vol. 2, editor Colin Brown (Grand Rapids: Zondervan Publishing House, 1976).

Robertson, Archibald T., *Word Pictures in the New Testament* (Nashville: Broadman Press, 1930).

Tasker, R. V. G., "The Gospel According to St. Matthew", *Tyndale New Testament Commentaries* (Grand Rapids: Eerdmans Publishing Company, 1981).

The Lost Books of the Bible (Nueva York: Alpha House, 1926)

Toussaint, Stanley D., *Behold the King: A Study of Matthew* (Portland: Multnomah Press, 1980).

Walvoord, John F., *The Millennial Kingdom* (Findlay, Ohio: Dunham Publishing Company, 1959).

2

El nacimiento sobrenatural de Jesús el Mesías (1:18—2:23)

El mundo estaba preparado para el gran acontecimiento de la encarnación de Jesús el Mesías. El Imperio Romano controlaba militarmente al mundo. Los griegos habían provisto un idioma que se hablaba en todo el mundo conocido. Los sistemas filosóficos y las religiones habían fracasado. Moralmente la sociedad y la civilización atravesaban por un período de terrible decadencia. Dios preparó, sin embargo, que la luz resplandeciese en medio de esas densas tinieblas.

LA CONCEPCIÓN VIRGINAL (1:18-23)

"El nacimiento de Jesucristo fue así:
Estando desposada María su madre con José, antes que se juntasen,
se halló que había concebido del Espíritu Santo.
José su marido, como era justo, y no quería infamarla,
*   quiso dejarla secretamente.*
Y pensando él en esto, he aquí un ángel del Señor le apareció en sueños y le dijo:
José, hijo de David, no temas recibir a María tu mujer,
porque lo que en ella es engendrado del Espíritu Santo es.
Y dará a luz un hijo, y llamarás su nombre Jesús,
porque él salvará a su pueblo de sus pecados.
Todo esto aconteció para que se cumpliese lo dicho por el Señor
por medio del profeta, cuando dijo:
He aquí, una virgen concebirá y dará a luz un hijo,
y llamarás su nombre Emanuel, que traducido es: Dios con nosotros" (1:18-23).

Los dos relatos del nacimiento del Mesías están escritos desde puntos de vista diferentes (Mt. 1—2 y Lc. 1—2). Los dos relatos, sin embargo, concuerdan en la manera de su nacimiento. En la narrativa de Mateo se expresa dos veces que la concepción era "del Espíritu Santo" (Mt 1:18, 20). El evangelista Lucas proporciona más detalles tocante al nacimiento en sí y escribe: "El Espíritu Santo vendrá sobre ti, y el poder del Altísimo te cubrirá con su sombra; por lo cual también el Santo ser que nacerá, será llamado Hijo de Dios" (Lc 1:35). Los dos relatos se unen para afirmar que Jesús el Mesías fue "concebido por el Espíritu Santo, nacido de la virgen María".[1]

Aunque Marcos en su Evangelio no se refiere de manera específica a la concepción virginal del Mesías, su Evangelio está en completa armonía con esa doctrina. Marcos comienza su narración de esta manera: "Principio del evangelio de Jesucristo, Hijo de Dios" (1:1). Más adelante (Mr. 6:3), llama a Jesús "hijo de María". Marcos, sin embargo, nunca llama a Jesús "hijo de José", aunque legalmente podía llamársele así. De igual manera, Juan, en su Evangelio concuerda perfectamente con los sinópticos. Su Evangelio comienza así: "En el principio era el Verbo y el Verbo era con Dios, y el Verbo era Dios…. Y aquel verbo fue hecho carne, y habitó entre nosotros (y vimos su gloria, gloria como del unigénito del Padre) lleno de gracia y de verdad" (Jn. 1:1, 14). Más adelante registra las palabras de Cristo a los escribas y fariseos: "Vosotros sois de abajo, yo soy de arriba; vosotros sois de este mundo, yo no soy de este mundo" (Jn. 8:23).

La concepción virginal de Cristo fue un acontecimiento sobrenatural tal como lo fue su resurrección de los muertos y su exaltación a la derecha del Padre. Esas realidades chocan frontalmente con el racionalismo que invadió el pensamiento teológico desde el siglo XVIII cuando comenzó el llamado "Siglo de las luces". El intelectualismo escéptico proclama que nada que no sea científicamente demostrable debe creerse. De ahí que la alta crítica liberal rehúsa creer en la concepción virginal de Jesús el Mesías como tampoco cree en ningún otro milagro registrado en las Escrituras.

Un escritor contemporáneo explica la naturaleza del racionalismo de esta manera:

> Racionalismo no es simplemente un punto de vista que dice que usamos la razón para probar la verdad. El racionalismo dice que podemos *determinar* toda verdad mediante la lógica. Dice que podemos probar la existencia y la naturaleza de Dios racionalmente. Para un racionalista, ninguna apelación a la evidencia puede cancelar una demostración lógica. El gran problema del racionalismo es que es un castillo en el aire que no tiene nexo con la realidad. Asume —pero no demuestra— que lo racionalmente ineludible es lo real. De hecho, en toda su racionalización lógica, nunca demuestra que *algo real* puede existir.[2]

---

1. El artículo 3 del Credo de los Apóstoles dice: "Que fue [concebido] por el Espíritu Santo, nacido de la virgen María". Vea Philip Schaff (editor) *The Creeds of Christendom with a History and Critical Notes*, vol. I (Grand Rapids: Baker Book House, reimpreso 1998), p. 28.
2. Norman L. Geisler y Ronald E. Brooks, *When Skeptics Ask* (Wheaton: Victor Books, 1989), p. 266.

OBJECIONES RACIONALISTAS A LA CONCEPCIÓN VIRGINAL DE JESÚS EL MESÍAS

Como ya se ha destacado, el mundo racionalista rechaza todo lo milagroso o sobrenatural. Esa es la postura que asume la llamada **nueva hermenéutica**. El teólogo alemán, Rudolf Bultmann, de la escuela crítica, ha afirmado:

> Toda cuestión pragmática se resuelve mediante el método científico y toda declaración histórica puede ser aceptada solo si puede verificarse por los procedimientos ordinarios de los historiadores. Pedirle a una persona que crea en contra de la ciencia o la historia es pedirle que sacrifique su intelecto.[3]

Entre las numerosas objeciones hechas a la concepción virginal de Jesús el Mesías, hay tres que se destacan:

a. La objeción mitológica

La crítica considera que la milagrosa concepción virginal de Cristo fue un invento de los primeros discípulos de Cristo para dramatizar el origen del Señor. Si esa hipótesis fuese verdad, es dudoso que la iglesia consiguiese su propósito. Habría que preguntarse cómo pudo ser que el nacimiento de un niño en un pesebre rodeado de un carpintero y unos pocos pastores en una insignificante aldea pudiese competir con las extravagantes historias populares propagadas tanto por griegos como por romanos respecto del origen de sus héroes y emperadores. La concepción virginal de Cristo fue la obra de Dios el Espíritu Santo efectuada para traer al Mesías al mundo y la narración evangélica no posee ningún rasgo mitológico.

b. La objeción biológica

Hay quienes piensan que el principal problema de la concepción virginal es que viola el proceso natural. Esa objeción está basada sobre el principio de la nueva hermenéutica expuesta anteriormente.

Sin embargo, si se acepta la inspiración y la autoridad de las Escrituras, puede aceptarse la contravención de lo natural o el hecho de lo sobrenatural. Adán y Eva comenzaron a existir sin la ayuda de padres humanos. Dios pudo obrar y de hecho lo hizo, la concepción virginal.

c. La objeción bíblica

Una tercera objeción se basa en ciertas frases bíblicas de las que los incrédulos se agarran para arrojar dudas sobre la concepción virginal. Por ejemplo, en Lucas 2:33 dice: "y José y su madre estaban maravillados", y en 2:48: "He aquí, tu padre y yo". En Mateo 13:55, se hace la pregunta: "¿no es este el hijo del carpintero?" Pero al examinar de cerca esos pasajes, se descubre que no contradicen la enseñanza de la concepción virginal si se tiene en cuenta que José era en realidad el padre de Jesús en un estricto sentido legal. José se sometió a la Palabra de Dios a través del ángel. Recibió a María

---

3.   Vea Bernard Rammm, *Protestant Biblical Interpretation* (Grand Rapids: Baker Book House, tercera edición revisada, 1970), p. 84.

en su casa como su legítima esposa y además, legitimó y admitió a Jesús en un sentido formal y legal en la casa de David.

Como lo expresa Machen de manera magistral, hablando de la narración de Mateo:

> Esa narrativa ciertamente contiene un relato de la concepción virginal. No puede existir ninguna idea de remover la concepción sobrenatural de esa narrativa mediante la hipótesis de una interpolación, como se intentó con el caso de Lucas. Toda la sección, Mateo 1:18-25, tiene la finalidad de establecer la concepción virginal claramente por encima de un nacimiento ordinario producto de la relación entre José y María.[4]

Sin discusión de clase alguna, el tema de la concepción virginal de Jesús el Mesías es una de las áreas más discutidas tanto en relación con el estudio de los Evangelios como en el área de la teología bíblica. La raíz de la discusión yace primordialmente en la postura que se tome respecto de las Escrituras. Quien acepte la Biblia como la Palabra de Dios en su totalidad aceptará también la doctrina de la concepción sobrenatural de nuestro Señor.

EL RELATO DEL NACIMIENTO SOBRENATURAL DE JESÚS EL MESÍAS (1:18-19)

"El nacimiento de Jesucristo fue así" (*toû dè Ieisou Christou hei génesis hóutos ein*). Con esta frase Mateo comienza la narración del acontecimiento. "El nacimiento" (*hei génesis*). El vocablo griego es el mismo que aparece en 1:1. Aquí significa "nacimiento" y en 1:1 "genealogía" por exigencia del contexto. La Reina—Valera 1960 omite la conjunción "de" que debe traducirse "ahora bien" para seguir la función lógica de dicho vocablo en la narración: "Ahora bien el nacimiento de Jesucristo ocurrió de esta manera". Eso es lo que Mateo intenta comunicar. El adverbio *hóutos* explica la manera cómo ocurrió el nacimiento del Señor. Mateo "desea que el lector comprenda de inmediato el carácter sobrenatural de Jesús el Mesías y señala su nacimiento sobrenatural con el uso de *hóutos*" [ahora bien].[5]

Como era costumbre, el padre de José, de la casa de David y el de María, también de la familia de David, ejecutaron un contrato de desposamiento. Dicho contrato significaba una obligación legal, aunque los contrayentes aún no vivían juntos. El contrato matrimonial establecía todos los arreglos económicos y la fijación del dinero que debía pagar el padre de la novia. Esos bienes pasaban a ser propiedad de la mujer. El marido solo tenía derecho al usufructo de ellos. Por otro lado estaba *la dote* que pasaba a ser propiedad del marido. Si el contrato matrimonial se rompía, la dote era

---

4. J. Gresham Machen, *The Virgin Birth*, p. 176.
5. Stanley D. Toussaint, *Behold the King*, p. 42. El lector debe observar que Mateo usa repetidas veces la conjunción *dé*. Dicha conjunción es pospositiva. Como copulativa significa: "Pero", "en el próximo lugar" y "ahora bien". El significado concreto lo proporciona el contexto. En Mateo 1:18, Mateo dice algo así: "Lo próximo que os voy a relatar es lo concerniente al nacimiento de Jesús el Mesías" o "ahora bien el nacimiento de Jesús el Mesías ocurrió de esta manera".

devuelta a la mujer.[6] La boda o la consumación del matrimonio se celebraba, por lo general, un año después de realizar el contrato de desposamiento.

En el caso de José y María todo parecía ir bien hasta que un día José llegó a saber que María estaba embarazada. Seguramente José tuvo una terrible lucha interna. No se explicaba qué había sucedido. El texto dice:

"Estando desposada María su madre con José, antes que se juntasen,
se halló que había concebido del Espíritu Santo" (1:18b).

La expresión "estando desposada" (*mneisteutheíseis*) es el aoristo participio, voz pasiva, genitivo absoluto de *mneisteúo* que significa "cortejar y conseguir", "prometer en matrimonio", "desposar". En el caso particular de Mateo 1:18, el vocablo significa. "Después de estar desposada".[7]

Mateo desea destacar el hecho de que María ciertamente estaba comprometida en matrimonio con José mediante el contrato de desposamiento que legalmente les unía. La segunda cosa que Mateo señala es que el embarazo de María tuvo lugar "antes que se juntasen", es decir, antes de que la pareja conviviese físicamente como marido y mujer. El verbo "juntar" (*synelthein*) es el aoristo infinitivo de *synérchomai*. Dicho verbo sugiere una unión en la que hay relación sexual.[8]

El evangelista, por lo tanto, pone sumo cuidado al señalar que María "fue hallada" (*euréthei*) "embarazada" (*en gastu' èchousa*). A. T. Robertson dice: "Esta manera de expresarlo, la manera normal del idioma griego, claramente muestra que fue el descubrimiento lo que conmovió a José".[9] El verbo "fue hallada" es un aoristo indicativo voz pasiva, es decir, en punto concreto o en una situación real, José se llevó la gran sorpresa de que la mujer con quien estaba a punto de unirse físicamente en matrimonio estaba embarazada. La costumbre era que el futuro esposo llevase a la desposada a su casa para unirse con ella en matrimonio. Esa es la fuerza de la

---

6. Vea Joachim Jeremías, *Jerusalén en tiempos de Jesús* (Madrid: Ediciones Cristiandad, 1985), pp. 371-387.

7. Puesto que muchos lectores no están familiarizados con la nomenclatura de la gramática griega, es necesario aclarar algunas cuestiones para su mejor comprensión. Es de suma importancia recordar que lo más importante en la gramática griega es la **función** que un vocablo realiza en el contexto donde se usa. En cuanto a los verbos, lo más importante es el **modo**, no el **tiempo**. Los griegos estaban más interesados en saber cómo ocurría una acción que cuándo ocurría. Por ejemplo, el modo indicativo expresa la **realidad** de una acción. El subjuntivo expresa la **probabilidad** de la acción. Cuando se habla del **aoristo** hay que tener en cuenta que es "el tiempo más característico del idioma griego". El vocablo aoristo significa "ilimitado" y se refiere a un tiempo indefinido. No tiene significado temporal. Solo cuando se usa en el modo indicativo donde se usa como pasado. El aoristo no significa nada en cuanto a carácter completo, sino que simplemente presenta la acción como realizada. El aoristo participio representa una acción antecedente a la del verbo principal. La **voz pasiva** indica que el sujeto recibe la acción del verbo y el **genitivo absoluto** es una designación que se le da a un nombre o a un participio que no está conectado gramaticalmente con el resto de la oración. A través de este comentario se hará un uso limitado del idioma griego. Cuando sea necesario hacer aclaraciones gramaticales y lingüísticas se apelará al texto en el idioma original. Para beneficio del lector se recomienda que se familiarice con el texto de H. E. Dana y Julius R. Mantey, *Gramática griega del Nuevo Testamento* (El Paso: Casa Bautista, 1979).

8. Vea Fritz Rienecker, *A Linguistic Key to the Greek New Testament*, traducido y revisado por Cleon Rogers hijo, vol. 1 (Grand Rapids: Zondervan Publishing House, 1976), p. 1.

9. A. T. Robertson, *Word Pictures*, vol. 1, p. 6.

expresión "antes que se juntasen". La situación parecía vergonzosa a ojos de José. Solo que no sabía que aquel embarazo era "del Espíritu Santo" (*èk pneúmatos hagíou*). Es posible que María revelase a José su condición.[10] La preposición *ek* ("de") indica el origen o la causa de algo. Mateo pone cuidado en explicar que el origen de la preñez de María era: "el Espíritu Santo", es decir, era un embarazo de origen sobrenatural. María aún no había tenido relaciones sexuales con José pero en su vientre había tenido lugar la concepción virginal del que sería el Rey Mesías.

Una de las calumnias que la iglesia primitiva tuvo que contestar fue que Jesús nació fuera del matrimonio; porque, se preguntaba, ¿por qué José no informó el asunto de inmediato a las autoridades, cuando descubrió que María estaba embarazada durante el tiempo del desposamiento? Mateo registra la respuesta. No se niega que María quedó embarazada antes de que José consumase el matrimonio. Pero se insiste en que, aunque como un fiel ciudadano conocía bien que debía hacer pública la situación, sin embargo, se contuvo de hacerlo por su deseo de proteger a su desposada de una situación embarazosa y comenzaba a contemplar la posibilidad de divorciarse de ella secretamente.[11]

José tenía sus dudas respecto del origen del embarazo de María pero la Palabra de Dios no. El impulso humano de José hubiese sido hacer un "ejemplo público" o "exponer públicamente el caso". Ese es el significado del verbo *deignatísai*, traducido "infamar" en la Reina—Valera 1960. José no quería humillar públicamente a María. El texto dice que no lo hizo porque era un "hombre justo" (*díkaios*). Eso significa que José guardaba estrictamente la ley. Sabía que no había tenido relación sexual con María. En medio de esa consternación, José decidió despedir a María secretamente. La otra opción hubiese sido denunciarla y hacer que fuese apedreada (Dt. 22:13-21). El justo José, probablemente por amor a su desposada, tomó la decisión de "dejarla secretamente" o mejor "despedirla", "expulsarla" o "divorciarse" en el sentido de romper el contrato del desposamiento.[12]

"Y pensando él en esto" (*taûta dè autoû enthymeithéutos*), es decir, José "ponderaba" o "reflexionaba" en la situación que confrontaba. El vocablo "pensando" (*enthymeithéutos*) es un aoristo participio, genitivo absoluto. Sería mejor traducirlo: "Después de que hubo pensado o reflexionado". El genitivo absoluto señala el tiempo de la visión y el verbo el estado neutral. O sea, que cuando José hubo reflexionado la cuestión y tomado la decisión de romper con María: "He aquí un ángel del Señor le apareció en sueños".[13] El ángel comunicó a José el origen divino del niño que María llevaba en su seno. El mensajero celestial llama a José "hijo de David". Esa frase le recuerda su derecho al trono del Reino mesiánico. La expresión "no temas" (*mei phobeithêis*) es el aoristo subjuntivo precedido por una partícula negativa. La fuerza de esa expresión es: "No comiences a temer" (no inicies el proceso). "Recibir" está en

---

10. Vea John Albert Bengel, *New Testament Word Studies*, vol. I (Grand Rapids: Kregel Publications, 1978) pp. 67-68.

11. R. V. G. Tasker, *The Gospel According to St. Matthew*, p. 33.

12. El verbo *apolýsai* sugiere una acción o un acto específico (es el aoristo infinitivo de *apolýo*). El verbo principal de la oración es *eboulethei*, aoristo de *boulemai* que significa "determinar", "proponerse". José se había propuesto "despedir" a María, lo cual era equivalente a divorciarse de ella en el sentido de romper el contrato de desposamiento.

13. Observe el uso del ministerio angelical en Mateo 1:20, 24; 2:13, 19.

el modo infinitivo, pero hace la función de complemento directo del verbo principal. El ángel le dijo a José: "hijo de David, deja de temer [y] recibe (da la bienvenida) a María tu mujer porque lo que en ella ha sido engendrado del Espíritu Santo es". Si se recordasen algunas cosas importantes, el tema de la concepción virginal sería ampliamente aclarado: (1) El Señor Jesucristo no tuvo un parentesco humano común aunque era totalmente humano. Él no tuvo padre humano. Poseía una naturaleza divina al igual que una naturaleza humana, y (2) no era una creación nueva y original, algo así como un heterohumano. No debe caerse en las garras de algún tipo de docetismo por el que la naturaleza divina de Cristo eclipsa y subyuga la naturaleza humana. Su humanidad no fue camuflada. No poseía un cuerpo fantasma. Él fue totalmente Dios y perfecta humanidad.

"Y dará a luz un hijo, y llamarás su nombre Jesús,
porque él salvará a su pueblo de sus pecados" (1:21).

El Evangelio según Mateo pone un gran énfasis en el nombre Jesús. El ángel hace saber a José que ese será su nombre. El sustantivo griego Jesús es el equivalente del hebreo Josué. Dicho nombre se usa 919 veces en el Nuevo Testamento. Con seis excepciones, todas las demás veces se usa con referencia a nuestro Señor Jesucristo. En el Evangelio según Mateo aparece 152 veces.[14] El sustantivo hebreo Josué (*Yosua*) significa "Jehová es salvación". "¡Oh Señor, Salva!" O sencillamente "Jehová salva". El nombre en sí implica un mensaje. Cada vez que María o José lo llamaban, proclamaban el mensaje del evangelio. Era como si dijesen: "Jehová salva, ven acá". Su nombre proclama su llamamiento y la misión que el Padre le encomendó. Él es el segundo Josué que guiará a Israel a la Tierra Prometida de la salvación y el Reino.

La partícula pospositiva *gar*, "porque", se usa para explicar la razón o el porqué de su nombre: "Porque él salvará a su pueblo de sus pecados". El pronombre personal "él" (*autós*) es enfático. Se usa con función pleonástica para enfatizar. Gramaticalmente no es necesario ya que el verbo "salvará" lleva el pronombre implícito. Es como si Mateo dijese: "Porque Él mismo, y no otro, salvará a su pueblo de sus pecados". El nombre Jesús dirige la mirada al hecho de que el problema real del pueblo de Israel no era (ni lo es hoy) político, económico ni social. El problema no era Roma ni el poder de sus ejércitos. El gran problema de la nación era el pecado, tal como lo es en nuestra civilización occidental que se desintegra y se arruina porque no quiere reconocer ni someterse a la doctrina del pecado original. Esa doctrina fue asesinada por el orgullo humano, pero la verdad ha sobrevivido y ha quedado constancia de ella a través de la historia. La verdad respecto de la condición pecaminosa de la humanidad es evidente en nuestros días a pesar de lo que dicen los sociólogos, los sicólogos y los literatos. Los medios de comunicación nos muestran de la manera más cruda que la pecaminosidad humana va en aumento. La sociedad no va de bien en mejor, sino de mal en peor, aunque algunos quieran ocultarlo. La gran necesidad que la civilización tiene hoy día no es la de nuevos descubrimientos espaciales, ni de fórmulas para preservar o alargar la vida en el planeta Tierra. La gran necesidad de la humanidad es la de reconocer

---

14. Lucas lo usa 88 veces; Marcos, 82 y Hechos, 70. En las Epístolas: Romanos lo usa 38 veces, 1 Corintios, 26; Filipenses, 22 y Efesios, 20.

que hay salvación y vida eterna en Aquel cuyo nombre es ¡JEHOVÁ SALVA! Para eso vino al mundo "para salvar a su pueblo de sus pecados". La salvación provista por Jehová costó nada más y nada menos que el sacrificio de Jesús el Mesías mediante su muerte en la cruz.

El profeta Isaías anunció la venida del Mesías, diciendo: "Subirá cual renuevo delante de él, y como raíz de tierra seca; no hay parecer en él, ni hermosura; le veremos, mas sin atractivo para que le deseemos" (Is. 53:2). Es sorprendente el hecho de que el Creador del universo se presenta delante de la humanidad de una manera tan sencilla: "Llamarás su nombre Jesús", sin ningún título de grandeza ni ningún otro apelativo que le dé fama en el mundo. Su nombre es Jesús, Jehová es salvación y sus seguidores le adoran tanto por ser quien es como por lo que ha hecho por su pueblo. "A lo suyo vino, y los suyos no le recibieron. Mas a todos los que le recibieron, a los que creen en su nombre, les dio potestad de ser hechos hijos de Dios" (Jn. 1:11-12).

Es importante destacar una vez más que Jesús el Mesías vino para traer salvación al hombre pecador. También hay que puntualizar que para salvar a los pecadores era necesario un sacrificio perfecto y sustitutorio. En Él no había pecado. Él murió y resucitó para destruir el pecado.

En los versículos 22 y 23 Mateo registra su primera cita de las Escrituras proféticas para demostrar que el nacimiento de Jesús el Mesías ocurrió en estricto cumplimiento de la Palabra inspirada:[15]

*"Todo esto aconteció para que se cumpliese lo dicho por el Señor
por medio del profeta, cuando dijo:
He aquí, una virgen concebirá y dará a luz un hijo,
y llamarás su nombre Emanuel, que traducido es: Dios con nosotros" (1:22-23).*

El verbo "aconteció" (*gégonem*) es el perfecto, modo indicativo de *gínomai*. El tiempo perfecto sugiere una acción completada con resultados perdurables. Todo lo que Mateo acababa de relatar había acontecido de manera real e histórica (modo indicativo). "Para que se cumpliese" (*hina pleirotheî tò hreithèn hypo Kyriou*). Esta frase declara el propósito del acontecimiento histórico registrado respecto de la concepción virginal de nuestro Señor. La fórmula: "para que se cumpliese... lo que dijo" (*hina pleirotheî tò hreithèn*) se repite con frecuencia a través del Evangelio según Mateo (vea 2:15, 17, 23; 8:17; 13:35; 21:4; 27:9; cp. 26:46). Señala al cumplimiento de las Escrituras del Antiguo Testamento. La soberanía divina estaba obrando los detalles respecto del Mesías con el propósito de cumplir las profecías del Antiguo Testamento (esa es la fuerza de *hina* con el subjuntivo).[16]

Como escribió Alan Hugh McNeile hace cerca de 80 años: "La iglesia primitiva tenía la convicción de que los acontecimientos de la vida de Cristo fueron divinamente ordenados con el expreso propósito de cumplir el Antiguo Testamento".[17]

---

15. En el Evangelio de Mateo hay 50 citas directas de pasajes del Antiguo Testamento. Todo judío que leyese este evangelio debía reflexionar respecto de cómo las Escrituras proféticas se cumplen en la vida de Jesús el Mesías. De esas 50 citas, diez de ellas tienen que ver con profecías cumplidas en la persona del Mesías.
16. Vea Stanley D. Toussaint, *Behold the King*, p. 44.
17. Alan Hugh McNeile, "The Gospel According to St. Matthew", p. 9

En Mateo 1:22-23, el propósito primordial del autor es dar a conocer que el nacimiento de Jesús era el tema de la gran profecía de Isaías tocante a Emanuel. El niño que nacería de la virgen, que sería llamado Emanuel, vendría en una época de degradación moral y espiritual en Israel (vea Is. 7:10-16), pero a la postre, derrotará a todos sus enemigos, será llamado: "Admirable, consejero, Dios fuerte, Padre eterno, Príncipe de Paz. Lo dilatado de su imperio [dominio] y la paz no tendrán límite, sobre el trono de David y sobre su reino, disponiéndolo y confirmándolo en juicio y justicia, desde ahora y para siempre. El celo de Jehová de los ejércitos hará esto" (Is. 9:6-7).

Volviendo al pasaje de Mateo 1:22-23, desafortunadamente la Reina—Valera 1960 traduce el sustantivo articulado *hei pártenos* como "una virgen" cuando el texto dice: "He aquí, la virgen". Debe tenerse en cuenta que en el idioma griego, la ausencia del artículo determinado enfatiza *la esencia* del sustantivo, mientras que la presencia del artículo (como en este caso) enfatiza *la identidad* del sustantivo. Aquí no se trata de "una virgen" sino de "la virgen", es decir, una joven doncella escogida por Dios para enviar, a través de ella y mediante una concepción sobrenatural, al Mesías que, a la postre, reinará sobre toda la tierra.[18]

En Isaías 7:14 dice que ["la virgen"]: "llamará su nombre Emanuel", pero en Mateo 1:23, en el texto griego dice: "Y llamarán su nombre Emanuel" (*kaì kalessousin tò onómato autoû Emmanouéil*). Es posible que el plural en Mateo 1:23 se deba a que José y María, en obediencia al Señor se unieron para reconocer al recién nacido como el prometido Emanuel. Aquel que nacería sería Emanuel, el "Dios Fuerte", aquel que llevaría el gobierno ("principado") sobre su hombro. No es de sorprenderse, por lo tanto, que el evangelista enlace la profecía con la historia del nacimiento de aquel niño a través de María, porque cada uno de esos elementos también aparece en la historia. De todos los elementos el que recibe mayor énfasis, sin embargo, es el de su deidad, es decir, Emanuel. Él está con nosotros a través de la concepción virginal y de su nacimiento sobrenatural. Pero nunca debe olvidarse que Él es *Dios con nosotros*. El Dios a quien nadie jamás ha visto se ha hecho visible en la Persona gloriosa de Emanuel.

¡Cuán maravilloso es el cuadro presentado de Jesús el Mesías en unos pocos versículos! En Mateo 1:21, el ángel de Dios ordena que su nombre sea: "Jesús, porque (*gar*) Él mismo y no otro salvará a su pueblo de sus pecados". Él es el segundo Josué quien libera a su pueblo y lo introduce en la Tierra Prometida. Jesús, pues, habla de su humanidad que implica su sacrificio sustitutorio. Emanuel ("Dios con nosotros") señala su deidad. El Dios encarnado (Jn. 1:14). Aquel en quien "habita corporalmente la plenitud de la Deidad" (Col. 2:9). Él es perfectamente humano y absolutamente divino. Fue hecho semejante a los hombres (Ro. 8:3; Fil. 2:7). ¡Él es el incomparable Señor Jesucristo!

La reacción de José es relatada en Mateo 1:24-25.

---

18. Se reconoce aquí que existen varias interpretaciones del pasaje en Isaías 7:14. El autor de este comentario asume que dicha profecía tuvo un primer cumplimiento en tiempos del rey Acaz, pero que tuvo un segundo cumplimiento con el nacimiento de Jesús el Mesías. Evidentemente así lo entendió Mateo cuando escribió su Evangelio bajo la inspiración del Espíritu Santo.

"Y despertando José del sueño, hizo como el ángel del Señor le había mandado, y recibió a su mujer. Pero no la conoció hasta que dio a luz a su hijo primogénito; y le puso por nombre Jesús" (1:24-25).

Los versículos 24-25 presentan un cuadro de la espiritualidad de José. El sueño mencionado en 1:24 es el mismo de 1:20. El ángel le había dicho: "no comiences a temer" y "recibe a María tu mujer". El versículo. 24 dice que José: "hizo como el ángel del Señor le había mandado". Los dos verbos "hizo" y "había mandado" son aoristos indicativos y sugieren una acción puntual concreta. La frase literalmente dice que José hizo exactamente como el ángel del Señor le mandó. "Y recibió a su mujer" (*kaì parélaben teìn ginaîka autoû*). El verbo *parélaben* proviene de *paralambáno*. Es un verbo compuesto. *Lambáno* significa "recibir", pero al añadirle el prefijo *para* el significado de dicho verbo se intensifica y se hace enfático: "Y dio la bienvenida a su esposa" o "recibió a su esposa en el seno del hogar". José, evidentemente, obedeciendo la orden del ángel, llevó a María a su casa, públicamente la reconoció como su esposa y formalmente legalizó la conexión de su hijo con el linaje de David. Sin embargo, las relaciones matrimoniales tuvieron que esperar hasta el nacimiento del niño: "Pero no la conoció" (*kaì ouk egínosken auteìn héus*). El verbo "conoció" es el tiempo imperfecto, voz activa, modo indicativo de *ginosko* que significa "conocer". Debe recordarse que "el elemento importante del tiempo en griego es la *clase de acción*. Esta es su significación fundamental". La función principal de un tiempo griego no es, entonces, denotar tiempo, sino progreso. Para este elemento de tiempo, gramáticos recientes han adoptado el término alemán *aktionsart* "clase de acción".[19]

Al reseñar el tiempo o el modo de un verbo griego, lo más importante es destacar la función tanto de lo uno como de lo otro. En el caso concreto del uso del verbo "conoció", debe notarse que el tiempo imperfecto significa "acción continua en el pasado".[20] La traducción es "conocía", o en este caso "no lo estaba conociendo". El significado de la frase es captado acertadamente por Leon Morris, ahora jubilado como rector del Ridley College, Melbourne, Australia y autor de varios comentarios bíblicos. Morris dice:

> Pero aunque casado con María, no tuvieron relaciones sexuales antes del nacimiento del niño. [El adverbio] *hasta* es peculiar de Mateo [aparece 48 veces]; el pasaje deja bien claro que no hubo relación sexual antes del nacimiento del infante.[21]

Como ya se ha señalado repetidas veces en este comentario, en el idioma griego es sumamente importante destacar la función que realiza un vocablo cualquiera en el ambiente en el que se usa. El verbo *ginósko* tiene un número amplio de usos.[22] Por

19. Dana y Mantey, *Gramática griega del Nuevo Testamento*, p. 171.
20. *Ibíd.*, p. 172.
21. Leon Morris, *The Gospel According to Matthew* (Grand Rapids: Eerdmans Publishing Company, 1992), pp. 31-32.
22. Vea Baltz y Schneider, *Diccionario exegético del Nuevo Testamento*, pp. 746-755.

supuesto que en Mateo 1:25 no puede referirse al aspecto físico externo. José era capaz de diferenciar a María de otras mujeres. No se trata, por lo tanto, del aspecto físico sino de algo más íntimo:

> En Mateo 1:25 y Lucas 1:34, la expresión se refiere a las relaciones sexuales y se emplea tanto para referirse al hombre como a la mujer. Esta manera de hablar es corriente en el Antiguo Testamento. (Por ejemplo, Gn. 4:1, 17, 25; 19:8) pero tampoco es desconocida (¿por influencia semítica?) por el helenismo pagano (es frecuente en Plutarco).[23] El texto no afirma categóricamente que José "conoció" sexualmente a María posteriormente, pero la construcción gramatical sí lo sugiere. El propósito de Mateo era establecer la virginidad de María antes del nacimiento de Jesús el Cristo. Su finalidad era demostrar que la concepción virginal de Jesús el Mesías era un acto sobrenatural obrado por Dios.[24] José no intervino para nada en la concepción del Mesías. José fue el padre adoptivo de Jesucristo y legalmente le concedió el derecho al trono de David.

RESUMEN Y CONCLUSIÓN

La crítica racionalista rechaza la enseñanza de la concepción virginal de Cristo. Dice que no se puede demostrar científicamente. La crítica liberal, como ya se ha indicado, rechaza lo sobrenatural. No cree en los milagros porque no hay manera científica de explicarlos. Incluso William Barclay, con toda su erudición, llegó a decir que la concepción virginal era una "verdad cruda".[25]

En contraste con la opinión de Barclay y otros que rechazan la doctrina de la concepción virginal está la postura ortodoxa que afirma la importancia de esta doctrina. Hay razones de peso que establecen porqué esta enseñanza es importante:[26]

1. *En relación con la Palabra de Dios*: En el prólogo al Evangelio de Lucas, el evangelista afirma que él, teniendo "perfecta comprensión de todas las cosas desde el principio" escribe para que Teófilo pueda conocer bien "la verdad" de las cosas en las que ha sido instruido (vea Lc. 1:1-4). El evangelista prosigue a relatar los acontecimientos del insólito nacimiento de Juan el Bautista y la concepción virginal de Cristo. Ahora bien, suponga que estaba equivocado

---

23. *Ibíd.*, pp. 749-750. Como en otros pasajes del Antiguo Testamento, el verbo "conocer" (*ginósko*) se usa como un eufemismo para referirse a relaciones sexuales. Vea también William F. Arndt y F. Wilbur Gingrich, *A Greek-English Lexicon of the New Testament and Other Early Christian Literature* (Chicago: University Press, 1957).

24. Vea H. Benedict Green, *The Gospel According to Matthew* (Oxford: University Press, 1980), p. 56.

25. Vea cita en Robert Glenn Gromacki, *The Virgin Birth: Doctrine of Deity* (Nashville: Thomas Nelson, Inc. 1974), p. 80.

26. Este resumen es tomado de las notas inéditas de la *Exposición del Evangelio de Mateo*, por el Dr. Samuel Lewis Johnson. El Dr. Johnson, recientemente fallecido, fue profesor del Seminario Teológico de Dallas durante más de treinta años. El único profesor de dicho Seminario que llegó a encabezar tres departamentos (Antiguo Testamento, Teología y Exégesis del Nuevo Testamento). Fue un exégeta de primera línea, un teólogo penetrante y audaz, un expositor enérgico, claro y contundente. Un excelente amigo de sus estudiantes.

tocante al primerísimo asunto que ha investigado. ¿Qué confianza podríamos tener en el resto de la historia? Uno puede ver que el relato de la concepción virginal está directamente relacionado con la confiabilidad de la Palabra de Dios.

2. *En relación con el Hijo de Dios*: En primer lugar, la concepción virginal es necesaria para la doctrina del Hijo impecable (vea Lc. 1:35). Si Él ha recibido la naturaleza de María, no tendría poder para salvar, porque Él, también, tendría una naturaleza bajo la condenación divina.

   Además, si aceptamos la historicidad de los relatos evangélicos, tendríamos que escoger entre la concepción virginal o una concepción ilegítima. Está sumamente claro en el registro de Mateo que José sabía que *él no era* el padre de Jesús. En otras palabras, la concepción virginal es una refutación de la ilegitimidad.

3. *En relación con la salvación de Dios*: La concepción virginal guarda una relación definitiva con la cruz. Helmut Thieckle ha dicho: "La cuna y la cruz están hechas de la misma madera" (*Christ and the Meaning of Life*, p. 23). En un ámbito diferente podría decirse que, si Jesús poseyese la naturaleza de José, poseía su pecado. Y si poseía su pecado, no podría ser nuestro Salvador mediante el sacrificio del Calvario. Él mismo hubiese necesitado un salvador

4. En relación con el Reino de Dios: Tanto Mateo como Lucas dan un gran énfasis al derecho de nuestro Señor de ocupar el trono de David en el Reino de Dios (vea Mt. 1:1, 17—2:2; Lc. 1:35). En muchas ocasiones se pasa por alto que ese derecho está directamente relacionado con la doctrina de la concepción virginal. Jesús recibió el derecho legal al trono a través de José y Salomón pero existía una maldición de grandes proporciones sobre su ancestro Jeconías o Conías. El profeta Jeremías escribió: "Así ha dicho Jehová: Escribid lo que sucederá a este hombre [Conías] privado de descendencia, hombre a quien nada próspero sucederá en todos los días de su vida, porque ninguno de su descendencia lograra sentarse sobre el trono de David, ni de reinar sobre Judá" (Jer. 22:30). Aunque no fue privado del derecho legal, el linaje de la descendencia directa fue afectado con esa maldición. La línea de sucesión podía traspasar a otro aquello que no podía disfrutar y ese título vacante había sido traspasado de Jeconías a José. Podría haber parecido imposible resolver el problema que comportaba el cumplimiento de las promesas davídicas. Su solución yace en la sabiduría y en el poder de Dios. Jesús era genuinamente hijo de David a través de María según la carne (vea Ro. 1:3), por razón de la concepción virginal y por la no participación de la simiente de José, califica para recibir el derecho sin ser afectado por la maldición de Jeconías.

"¡Oh profundidad de las riquezas de la sabiduría y de la ciencia de Dios! ¡Cuán insondables son sus juicios, e inescrutables sus caminos!" (Ro. 11:33).

Hasta el día de hoy solo Él [Jesús el Mesías] posee el derecho al trono de David y las únicas genealogías de los judíos confiables existentes son las que se encuentran en Mateo y en Lucas y ellas, convalidan su derecho. La inscripción clavada sobre su cabeza en la cruz: "Este es Jesús, el Rey de los Judíos", irradia su luz a través de los siglos y proclama a lo largo y a lo ancho del mundo que Él era el Rey de Dios. En este hombre, este hombre davídico, también Emmanuel, Dios se mueve al trono de real dominio universal sobre los asuntos del hombre. Y como dice Isaías: "El celo de Jehová de los ejércitos hará esto" (9:7).

Finalmente, nuestra respuesta a la enseñanza de la concepción virginal dependerá de nuestro punto de vista respecto de la singularidad de Cristo. Si lo consideramos como un mero hombre, o incluso como un *primus inter pares* [primero entre los iguales], probablemente rechazaremos la concepción virginal. Pero si, por el Espíritu de Dios, entendemos que Él es único: Único en la historia, único según su propia consciencia, en su relación con Dios y con el hombre, único en su redención ¿No razonaríamos que es creíble que fuese único en su origen? James Denny hace más de un siglo dijo: "Él vino de Dios, todos los apóstoles lo creyeron en el sentido en que ningún otro vino: ¿No querrá decir eso que Él vino de una manera en la que ningún otro ha venido?" (James Denny, *Studies in Theology*, p. 64).

Las Sagradas Escrituras revelan que Dios se encarnó. Dios se hizo visible en la persona de Jesús el Mesías. Él es Emmanuel, Dios con nosotros. Es el Hijo Único, no en el sentido del comienzo de su existencia porque Él siempre ha existido. Nunca comenzó a existir, nunca fue engendrado. Es el Hijo Único porque como Él no hay otro. Él nació en Belén de Judea pero vino de arriba, es decir, del cielo, del lado del Padre. Él es uno con el Padre en esencia, en atributos y en gloria. "Si Jesús es el Hijo de Dios debe ser llamado Dios también".[27] El niño nació, pero el Hijo fue dado (Is. 9:6).

Como escribiera Martin Chemnitz hace más de cuatro siglos:

La naturaleza humana no asumió la divina. Ni el hombre asumió a Dios, ni la persona divina tomó para sí a una persona humana. Pero la naturaleza divina del logos, o Dios el logos, o la persona del Hijo de Dios, que subsistía desde la eternidad en la naturaleza divina, tomó para sí en la plenitud del tiempo una unidad (*massa*) individual particular de la naturaleza humana, de modo que en Cristo la naturaleza que asume es la divina y la naturaleza asumida es la humana. "El Verbo fue hecho carne" (Jn. 1:14); (Ro. 1:3 y Gá. 4:4), se refieren al Hijo de Dios, quien fue hecho o nacido de la simiente de David de una mujer. El que era en la forma de Dios asumió la forma de un siervo (Fil. 2:7). Además, en otros casos la naturaleza humana siempre es la naturaleza de algún individuo concreto y su característica es subsistir en alguna hipóstasis definida que es diferente de otras hipóstasis de la misma naturaleza mediante alguna propiedad especial de sí mismo. Así que cada hombre tiene su propio cuerpo (1 Co. 6:18) y su propia alma (Ez. 18:27).

Pero en el Cristo encarnado la naturaleza divina subsistió en sí misma antes de la unión e incluso desde la eternidad. Pero esa unidad individual de la naturaleza humana asumida no subsistió de ese modo de sí misma antes de la unión que tuvo lugar antes. Pero en el acto mismo de la concepción el Hijo de Dios asumió esa entidad de naturaleza humana en la unidad de su propia persona de modo que subsistía en su persona y era sostenida por ésta. Y al asumirla la hizo su propiedad, de modo que ese cuerpo no era el de otro

27. Jacob Van Bruggen, *Jesus the Son of God* (Grand Rapids: Baker Books, 1999), p. 144.

individuo u otra persona, sino el verdadero cuerpo del mismo Hijo de Dios y el alma era el alma misma del Hijo de Dios, tal como el alma de Pedro tenía su propio cuerpo en particular del cual a su vez era el alma, junto con la cual esta constituía la sustancia individual e incomunicable que es la persona de Pedro.[28]

Así Mateo, en su primer capítulo presenta el origen de Jesús el Mesías. En su aspecto humano, el Mesías es hijo de David con pleno derecho al trono prometido y como tal, reinará como Rey mesiánico. También es Hijo de Abraham. Por medio de Él, los gentiles serán bendecidos y también formarán parte de su reino. Pero el Mesías también es Emmanuel que interpretado significa "Dios con nosotros". La expresión "traducido" (1:23) es (*methermeinenómenon*) el participo presente pasivo de *metherneineúo* que significa "interpretar" "traducir". El participio no tiene tiempo propio, expresa una acción continua. La razón de porque dice: "Que traducido [interpretado] es Dios con nosotros" es porque Dios quiere que esa verdad sea conocida tanto por judíos como por gentiles. Ambos pueblos necesitan conocerlo y poner fe en ese Emmanuel para poder entrar en su Reino.

BIBLIOGRAFÍA SELECTA

Arndt, William F. y Gingrich F. Wilbur, *A Greek-English Lexicon of the New Testament and Other Early Christian Literature* (Chicago: The University Press, 1963).

Bengel, John Albert, *New Testament Word Studies*, vol. I (Grand Rapids: Kregel Publications, 1978).

Chemnitz, Martin, *The Two Natures in Christ*, traducido por J. A. O. Preus (St. Louis: Concordia Publishing House, 1971, publ. Orig. 1578).

Dana, H. E. y Mantey, Julius R., *Manual de gramática del Nuevo Testamento*, versión castellana por Adolfo Robleto D., et al. (El Paso: Casa Bautista de Publicaciones, 1979).

Geisler, Norman L. y Brooks, Ronald E., *When Skeptics Ask* (Wheaton: Victor Books, 1989).

Green, H. Benedict. "The Gospel According to St. Matthew in the Revised Standard Version", *New Clarendon Bible* (Oxford: University Press, 1980).

Gromacki, Robert Glenn, *The Virgin Birth: Doctrine of Deity* (Nashville: Thomas Nelson, Inc. 1974).

Jeremías, Joachin, *Jerusalén en tiempos de Jesús* (Madrid: Ediciones Cristiandad, 1985).

Johnson, Samuel Lewis, "Notas inéditas de la exposición del Evangelio de Mateo" (1975).

Machen, J. Gresham, *The Virgin Birth of Christ* (Grand Rapids: Baker Book House, 1965).

Morris, Leon, *The Gospel According to Matthew* (Grand Rapids: Eerdmans Publishing Company, 1992).

---

28. Martin Chemnitz, *The Two Natures in Christ*, trans. por J. A. O. Preus (St. Louis: Concordia Publishing House, 1971, publ. orig. 1578), p. 76.

Ramm, Bernard, *Protestant Biblical Interpretation* (Grand Rapids: Baker Book House, tercera edición revisada, 1970).

Rienecker Fritz, *A Linguistic Key to the Greek New Testament*, traducido y revisado por Cleon Rogers hijo, vol. 1 (Grand Rapids: Zondervan Publishing House, 1976).

Robertson, Archibald T., *Word Pictures in the New Testament* (Nashville: Broadman Press, 1930).

Schaff, Philip (editor) *The Creeds of Christendom with a History and Critical Notes* vol. I (Grand Rapids: Baker Books, reimpreso 1998).

Tasker, R. V. G., "The Gospel According to St. Matthew", *Tyndale New Testament Commentaries* (Grand Rapids. Eerdmans Publishing Company, 1981).

Toussaint, Stanley D., *Behold the King: A Study of Matthew* (Portland: Multnomah Press, 1980).

Van Bruggen, Jacob, *Jesus the Son of God* (Grand Rapids: Baker Books, 1999).

3

Historia del nacimiento de Jesús (2:1—23)

Una de las características del Evangelio según Mateo es la manera tranquila y sosegada con la que presenta cada relato. Mateo siempre pone cuidado en aportar para el lector el nombre de los lugares y de las personas que intervienen en la narración. Un ejemplo de ellos es el capítulo 2 que ha de estudiarse seguidamente.

LA VISITA DE LOS MAGOS DEL ORIENTE (2:1-2)

"Cuando Jesús nació en Belén de Judea, en días del rey Herodes,
vinieron del oriente a Jerusalén unos magos,
diciendo: ¿Dónde está el rey de los judíos, que ha nacido?
Porque su estrella hemos visto en el oriente, y venimos a adorarle" (2:1-2).

Mateo conecta el capítulo 2 con el relato anterior, relacionado con la concepción virginal de nuestro Señor. En 1:21 y en 1:25 menciona el nombre Jesús y en 2:1 inicia su relato, diciendo: "Cuando Jesús nació" (*toû dè Ieisoû genneithéntos*). La conjunción *dé* es pospositiva. Aquí significa "ahora bien". Es la manera como el escritor señala que continúa añadiendo a lo que ha escrito antes. Obsérvese la sintaxis usada por Mateo. En el texto griego dice *toû... Ieisoû genneithéntos*, es decir, el sustantivo Jesús aparece al principio de la oración por razón de énfasis:

En los capítulos 1—2 el evangelista se ocupa de los acontecimientos que preceden y siguen al nacimiento de Jesús; es decir, está interesado en las circunstancias que rodean a la concepción y la entrada en el linaje davídico (1:1-25) y en la reacción del pueblo al advenimiento del niño Mesías (2:1-

23). El nacimiento en sí es mencionado solo de paso (1:25). Esto muestra un contraste impactante con las posteriores narrativas apócrifas de la infancia.[1]

Al igual que 1:18, Mateo comienza con un genitivo absoluto. Eso proporciona una conexión directa entre el relato anterior (1:18-25) y el del capítulo 2:1-12. El vocablo "nació" (*genneithéntos*) es el aoristo participio, voz pasiva de *gennáo* que significa "engendrar" en voz activa pero en la voz pasiva adquiere el significado de "hacer" o "ser engendrado" (dependiendo del contexto, vea Mt. 19:12; 26:24). Es importante observar que Mateo usa, igual que en 1:18, un genitivo absoluto. La función del genitivo absoluto es la de aislar el nombre o pronombre en el genitivo y el participio en el genitivo del resto de la oración (posición absoluta) por razón de énfasis. Mateo desea enfatizar la frase con la que comienza el capítulo dos: "Ahora bien, cuando Jesús nació en Belén". El evangelista destaca el hecho histórico del nacimiento de Jesús el Mesías en el sitio donde la profecía (Mi. 5:2) anunció que ocurriría. El propósito de Mateo, evidentemente, no es hacer un historial de la niñez de Jesús el Mesías. Sí menciona tres lugares geográficos relacionados con la persona del Rey: Belén, Egipto y Nazaret. No hay nada en el capítulo 2 que tenga que ver con el Mesías como tal. "El objetivo principal es destacar la recepción que el mundo da al Mesías".[2]

"Belén de Judea",[3] conocida como Belén Efrata (Mi. 5:2) y como la "ciudad de David" (Lc. 2:4), significa "casa de pan" o "casa de alimento". Situada a unos 10 km. al sur de Jerusalén, allí nació el rey David y allí también fue ungido como futuro rey por Samuel (1 S. 16:1-13). Los judíos estaban terriblemente confundidos. Unos decían: "Pero éste, sabemos de dónde es; mas cuando venga el Cristo, nadie sabrá de dónde sea" (Jn. 7:27). "Otros decían: Este es el Cristo. Pero algunos decían: ¿De Galilea ha de venir el Cristo? ¿No dice la Escritura que del linaje de David, y de la aldea de Belén, de donde era David, ha de venir el Cristo?" (Jn. 7:41-42).

Pero Jesús el Mesías sí había nacido en Belén Efrata de la tierra de Judá, la "casa de pan" o "la casa de alimento". Era un nombre adecuado para aquella aldea que yacía en una fértil zona campestre. Fue allí, donde Jacob sepultó a Raquel, su amada esposa. También allí Booz y Rut se conocieron y experimentaron un precioso y significativo romance. Por encima de todo eso, Belén era el hogar y la ciudad de David el rey. ¡Cuán adecuado es el hecho de que la profecía declare que el Hijo mayor de David debió nacer allí! Fue así que Belén en realidad se convirtió verdaderamente en "la casa de pan". Esto es lo que Mateo se propone explicar en el relato de la visita de los sabios de oriente.

"En los días del rey Herodes", conocido también como Herodes el Grande y como Herodes I, rey de Judea entre los años 37—4 antes de Cristo. Nació en el año 72 a.C. Su padre, Antípatro, lo nombró gobernador de Galilea cuando solo contaba 25 años de edad. Posteriormente fue nombrado rey de Judea en el año 40 a.C. Tuvo que esperar tres años, sin embargo para ocupar dicho cargo.

Racialmente, Herodes era mitad judío y mitad idumeo. Los edomitas eran

---

1. W. D. Davies y Dale C. Allison hijo, "Matthew", *International Critical Commentary*, p. 225.
2. Toussaint, *Behold the King*, p. 47.
3. El propósito de especificar que era "Belén de Judea" era para no confundirla con Belén en Zabulón que se hallaba a unos 11 km al noroeste de Nazaret (Jos. 19:15).

descendientes de Esaú. Esa mezcla racial era muy significativa para su trato con los judíos. Bien podría clasificarse a Herodes como un paranoico. Aunque era un gobernante capaz y hábil, sin embargo sospechaba de quienes estaban a su derredor. Su crueldad era notoria. Alguien lo ha llamado "un viejo criminal" y al parecer, no le faltó razón para decirlo. Mandó a matar a Mariamne, una de sus esposas, a su madre, Alexandra, a Antípatro, su hijo mayor y a dos hijos más. Se decía que incluso Augusto Cesar consideraba que era más seguro ser el cerdo de Herodes que ser su hijo. A. T. Robertson dice que Herodes era: "El gran pervertido".[4] Herodes, sin duda, fue un prototipo del mundo de tinieblas e iniquidad en el cual nació Jesús el Mesías.

"Vinieron del oriente a Jerusalén unos magos". El texto griego aporta un vocablo que nuestra amada Reina—Valera 1960 omite. Es el verbo *idoû*, es el aoristo, voz media, modo indicativo de *horáo* que significa "ver". Dicha forma verbal es usada como una partícula demostrativa con el significado de "he aquí", "mira", algo así como "fíjate en esto". Mateo lo usa 62 veces en su Evangelio. Es evidente que deseaba llamar la atención. Por supuesto que los magos eran visitantes extraordinarios.[5] Llamar la atención a su presencia en Jerusalén en era algo de esperarse.

El relato de la visita de los magos (*mágoi*) solo aparece en el Evangelio según Mateo. El evangelista no hace ningún esfuerzo por identificarlos dice que procedían "del oriente" (*'apò anatolôn*), es decir "de donde se levanta el sol". Un escritor ha observado: "De dónde vinieron, cuánto duró su viaje, cuántos eran, cuál era su rango, a dónde regresaron, todas esas interrogantes quedan sin respuesta. Se deslizan en la historia, presentan su silenciosa adoración y de la misma manera silenciosa se marchan. La insípida tradición medieval lo conoce todo acerca de ellos: Eran tres, eran reyes, conoce sus nombres y si decidimos pagar una entrada podemos ver sus huesos hoy mismo en el santuario detrás del gran altar de la catedral de Colonia, Alemania. ¡Cuánto más impresionante es la indefinición de nuestra narración! ¡Cuánto más superior a veces es la mitad que el todo!"[6]

Pero todavía no se ha identificado a los "Magos" o "sabios" del oriente. A parte del hecho de las abundantes especulaciones respecto de su identidad y su origen,[7]puede decirse, sin embargo, que eran hombres con una larga línea ancestral. A lo largo de los años habían llegado a ser muy capaces como instructores de los reyes persas. También eran "expertos en filosofía, medicina y en las ciencias naturales. Y por encima de eso, eran adivinos e intérpretes de sueños. En tiempos posteriores la palabra "magos" adquirió un significado mucho más bajo y llegó a querer decir poco más que adivino, brujo o charlatán".[8] Se ha pensado que fueron tres a Jerusalén. Esa es una especulación basada sobre el hecho de que se mencionan tres clases de dones o regalos. Pero en realidad no se conoce el número que componía la comitiva ni tampoco su lugar de origen. El renombrado expositor y exegeta bautista, John A. Broadus, escribió hace más de un siglo:

---

4. A. T. Robertson, *Word Pictures*, vol. I, p. 15.
5. W. D. Davies y Dale C. Allison hijo, "Matthew", *International Critical Commentary*, p. 227.
6. Citado por Samuel Lewis Johnson, "Notas inéditas de Mateo", s.f.
7. Para una interesante explicación de esta cuestión, vea William Hendriksen, *The Gospel of Matthew* (Grand Rapids: Baker Book House, 1979), pp. 149-159. También Ulrich Luz, *El Evangelio según Mateo* (Salamanca: Ediciones Sígueme, 1993), pp. 163-169.
8. William Barclay, *Mateo*, p. 39.

Los magos eran originalmente la tribu o casta sacerdotal entre los medos, y después los medopersas, siendo los maestros reconocidos de religión y ciencia. En el gran imperio persa tuvieron la más alta influencia y poder. En cuanto a la ciencia, cultivaron la astronomía, especialmente en la forma de astrología, con la medicina y toda clase de adivinación y encantos. Su nombre llegó a aplicarse generalmente a personas de semejante posición y ocupación en otras naciones, especialmente a los adivinos y encantadores.[9]

Más que intentar descubrir la identidad de los magos o sabios de oriente la gran pregunta es: ¿Por qué aquellos hombres emprendieron la larga jornada hacia el occidente en busca de un rey? La respuesta a dicha pregunta no es difícil. Hay testimonios disponibles de varias fuentes respecto del hecho de que en el mundo de aquellos tiempos había un extraño estado de expectativa, un sentido de anticipación respecto de un rey que vendría de Judea.[10] Aquellos sabios fueron a la ciudad sede del gobierno, Jerusalén, y preguntaron:

"¿Dónde está el rey de los judíos, que ha nacido?
Porque su estrella hemos visto en el oriente,
Y venimos a adorarle" (2:2).

La pregunta de aquellos sabios fue hermosamente expresada, pero la respuesta fue tanto reveladora como trágica. Recorrieron las calles de la ciudad del Gran Rey, pero no fueron capaces de encontrar a nadie que respondiese a su pregunta. Y lo más triste, al parecer no había nadie que quisiera saber la respuesta. Pero la actitud del hombre, evidentemente, no ha cambiado a lo largo de los siglos. La misma indiferencia persiste hoy día. Muchos quieren una religión pero rechazan al Rey de reyes, el único que puede perdonar los pecados y otorgar el regalo de la vida eterna a quien cree en Él. De paso, la expresión "en el oriente" (v. 2). Puede traducirse mejor "en su ascendencia". Evidentemente la referencia es a algún sorprendente fenómeno astrológico que ocurrió en la tierra de origen de los magos y que los convenció de que el tiempo estaba listo para viajar al occidente para encontrar al esperado rey. "No es imposible, por lo tanto, que astrólogos orientales, quizá prosélitos, o influidos por judíos, viajasen al lugar donde esperaban el nacimiento del Rey del mundo".[11] Otra observación que debe hacerse es que el relato de Mateo apunta al hecho de que aquellos "magos" o "sabios" eran de origen gentil. Su procedencia "del oriente", la pregunta que formulan (¿Dónde está el rey de los judíos?) y su ocupación, apuntan al hecho de que eran gentiles.[12] Pero eran gentiles que por alguna razón no declarada por Mateo tenían algún conocimiento

---

9. John A. Broadus, Comentario sobre el Evangelio según Mateo, traducido por Sarah A. Hall (Monterrey, Mex. No hay referencia editorial, ni fecha), pp. 21-22.
10. Vea Alan Hugh McNeile, "The Gospel According to St. Matthew", pp. 14-15. El historiador Suetonio escribió: "Se ha extendido por todo el oriente una creencia antigua bien arraigada, que se pronosticaba en aquel tiempo que hombres que procedían de Judea gobernarían el mundo" (Vida de Vespasiano, 4:5).
11. Alan Hugh McNeile, "The Gospel According to St. Matthew", p. 15.
12. Vea Douglas R. A. Hare, "Matthew", *Interpretation: A Bible Commentary for Teaching and Preaching* (Louisville: John Knox Press, 1993), p. 13.

de las Escrituras hebreas. Obsérvese que no preguntaron ¿Dónde está **el rey de los judíos** que ha nacido? (*poû 'estin ho techdeis Baseleùs tôn Ioudaíon*). El adverbio interrogativo "dónde" (*poù*) inicia la indagación y apunta al tema principal de Mateo 2. Davies y Allison comentan al respecto:

> Implícitamente se pregunta tres veces y tres diferentes respuestas son dadas, cada una de ella basada en las Escrituras. ¿Dónde nació el Mesías? En Belén de Judea, porque así está escrito de Él. "Y tú, Belén, de la tierra de Judá". ¿Dónde fue el Mesías después de su nacimiento? A Egipto y luego de regreso a Israel, porque la Palabra del Señor mediante el profeta dice: "De Egipto llamé a mi hijo". ¿Dónde se estableció finalmente el Mesías? En Nazaret, porque la Palabra a través de los profetas dice: "Será llamado Nazareno. De manera que las Escrituras proporcionan un itinerario mesiánico.[13]

Los sabios afirman: "porque su estrella hemos visto en el oriente" (*Eídomen gàr autoû tòn astèra en teî anatoleî*).[14] La partícula "porque" (*gàr*) es explicativa y pospositiva (siempre sigue a lo que pretende explicar). "Hemos visto" (*eídomen*) es el aoristo indicativo de *horáo* que significa "ver" o "contemplar" el aoristo indicativo expresa una acción puntual y sugiere una verdad histórica: "Vimos". La idea es: "Porque vimos su estrella en su ascendencia". Los sabios pretenden explicar que cuando aún estaban en su tierra vieron "su" (*autoû*) estrella ascendiendo en el firmamento. Cualquier cosa que ese fenómeno estelar haya sido, lo que sí es seguro es que era "su estrella". Como destaca un escritor: "Intentos de asociar esa estrella con ciertas conjunciones de planetas u otro fenómeno natural es innecesario y estéril. Mateo no afirma que la estrella era el cumplimiento de alguna profecía sino que simplemente lo registra como un hecho histórico. Debe notarse que la estrella era "su estrella". Mateo coloca el pronombre primero *autoû tòn astéra*, indicando que la estrella era peculiar de Él.[15]

"Y venimos a adorarle" (*kaì éithomen proskynêisai autoî*). El verbo "venimos" (aoristo indicativo) expresa la realidad del hecho. "Adorarle" (*proskynêisai autoî*) es un aoristo infinitivo (sin artículo) que sugiere propósito. Puesto que el aoristo señala una acción puntual, es como si los sabios hubiesen dicho: "Vinimos con el propósito, específico de adorarle".[16] El reconocido exegeta luterano, Richard C.H. Lenski, ha expresado el sentir de los sabios orientales de manera magistral:

13. W. A. Davies y Dale C. Allison hijo, "Matthew", *International Critical Commentary*, p. 232.

14. Debe observarse que el genitivo de posesión "su" (*autoû*) aparece delante del sustantivo. Generalmente en el griego se coloca después (aparecería algo así: "la estrella suya"). Aquí, sin embargo, se altera la sintaxis por razón de énfasis.

15. Ed Glasscock, "Matthew", *Moody Gospel Commenary* (Chicago: Moody Press, 1997), pp. 51-52.

16. Si bien es cierto que el verbo *proskynéo* ("adorar") se usa en la literatura griega secular para referirse al "homenaje" que se le rinde a una persona considerada como superior, su principal uso en el Nuevo Testamento. En el Evangelio según Mateo dicho vocablo aparece 13 veces mientras que en Marcos solo se usa 2 veces, 3 en Lucas y 11 en Juan. Mateo emplea *proskynéo* en 8:2; 9:18; 14:33; 15:25; 20:20... para describir la conducta de los que se acercan a Jesús (observe que en la Reina—Valera 1960 se traduce "postrarse"). "En Mateo *proskynéo* expresa el homenaje, lleno de confianza, que rinde aquel que ve a Dios resplandecer en Jesús". Vea Horst Baltz y Gerhard Schneider, *Diccionario exegético del Nuevo Testamento*, vol. II (Salamanca: Ediciones Sígueme, 1998), pp. 1199-1203.

"Vinimos", dijeron, "a adorarle" *proskynêisai*, para postrarnos delante de Él en la manera oriental de profunda reverencia como corresponde a súbditos humildes de un gran monarca oriental o a los humildes adoradores de Dios.[17]

LA REACCIÓN DEL REY HERODES (2:3-8)

"Oyendo esto, el rey Herodes se turbó y toda Jerusalén con él
y convocados todos los principales sacerdotes y los escribas del pueblo
les preguntó dónde había de nacer el Cristo" (2:3-4).

Como ya se ha señalado, Herodes era un hombre extremadamente celoso y egoísta. El anuncio de la visita de los magos y la indagación que estaban haciendo habían prendido la alarma de los mecanismos de defensa de la personalidad de aquel malvado personaje.

"Oyendo" (*akoúsas*) es el aoristo participio de *akoúo*.[18] Una mejor traducción sería "habiendo oído" o "al oír". La pregunta de los sabios del oriente afectó tanto a Herodes que "al oírla" "se turbó" (*etaráchthei*). Ese verbo es el aoristo indicativo, voz pasiva de *tatásso* que significa "disgustarse", "conmocionarse", "molestarse". Se usa principalmente en el sentido físico para indicar un "temblor completo". Ciertamente la noticia del nacimiento de un "rey judío" no agradaría a Herodes en lo más mínimo.

Es fácil, por lo tanto, comprobar que el anuncio de la llegada de otro rey sin duda provocaría el interés y la hostilidad de un hombre lleno de maldad como el idumeo Herodes. También es algo sumamente significativo que los líderes judíos no hicieron absolutamente nada para investigar la verdad que podría implicar la noticia proclamada por los magos. Uno puede comprender la malvada preocupación de Herodes. El terror de la gente era causado por él. Cuando Herodes rompía en ira, cualquier cosa podía ocurrir.

Dicho esto, hay que añadir de inmediato cuán sorprendente era la indiferencia de la nación de Israel. La ceguera espiritual de la nación era tal que no mostró ningún interés en la gran noticia traída de lejos por unos paganos que afirmaban que: "el Rey de los judíos" había nacido. El apóstol Juan capta la condición del pueblo cuando escribe: "A lo suyo vino, y los suyos no le recibieron" (Jn. 1:11). La turbación de Herodes fue de tal magnitud que "toda Jerusalén" fue arrastrada con él a un estado de confusión. El sustantivo "Jerusalén" significa en hebreo "ciudad de paz", pero aquel día se había convertido en una "ciudad de confusión". El salmista David escribió: "Pedid por la paz de Jerusalén, sean prosperados los que te aman" (Sal. 122:6). ¡Qué paradoja! David manda a orar por "la paz de la ciudad de la paz". Si se medita en esa petición, hay que concluir que en realidad "la ciudad de la paz" rechazó al "Príncipe de paz". Esa es la demostración más palpable de la magnitud que alcanza la depravación total del hombre.

---

17. Richard C. H. Lenski, *The Interpretation of St. Matthew's Gospel* (Minneapolis: Augsburg Publishing House, 1964), p. 61.
18. El aoristo participio denota una acción anterior a la expresada por el verbo principal, ya sea que dicha acción exprese tiempo presente, pasado o futuro. Además, el aoristo participio se usa algunas veces para expresar el mismo acto que el verbo principal (vea J. Greshan Machen, *New Testament Greek for Beginners* [Nueva York: The MacMillan Company, 1945], pp. 116, 206).

Herodes convoca a los líderes religiosos de la nación: Los principales sacerdotes y los escribas del pueblo. Herodes tenía razón en eso. Si alguien debía estar bien informado respecto del lugar de nacimiento del Mesías debían ser los estudiosos de las Sagradas Escrituras. Y así era. Herodes les preguntó: "¿Dónde había de nacer el Cristo?" Los sabios del oriente preguntaron: "¿Dónde está el rey de los judíos, que ha nacido?" Los sabios orientales sabían que el hecho había tenido lugar y querían encontrar al recién nacido rey para adorarle. Los líderes religiosos conocían la teoría pero no tenían la menor idea de lo que había ocurrido. Seguían honrando a Dios con sus labios, pero su corazón estaba lejos de Él (Is. 29:13).

La respuesta de los líderes religiosos no tardó:

"Ellos le dijeron: En Belén de Judea, porque así está escrito por el profeta:
Y tú, Belén, de la tierra de Judá,
No eres la más pequeña entre los príncipes de Judá,
Porque de ti saldrá un guiador
Que apacentará a mi pueblo Israel" (2:5-6).

No fue Mateo quien puso esa respuesta en la boca de los líderes religiosos de Israel. La respuesta fue de ellos, aunque Mateo cita libremente la gran profecía de Miqueas para establecer la veracidad de su respuesta.

El texto debe ser tremendamente claro en su significado, porque hay una asombrosa unanimidad en el contexto. La estrella (v. 9), los judíos (vv. 5-6) y el evangelista (vv.1, 6) unánimemente afirman que Belén es la respuesta correcta. Y las Escrituras ponen su sello de aprobación sobre el nacimiento de nuestro Señor como el cumplimiento de la profecía de Miqueas ya que desde el tiempo de David hasta el tiempo del nacimiento de Cristo ningún otro nacimiento en Belén de Judea es registrado como cumplimiento de dicha profecía.

El carácter específico de la profecía de Miqueas es tanto revelador como sobresaliente. Había dos "Belén" en el Antiguo Testamento (Jos. 19:15), una en Judea y la otra en Zabulón. La profecía bíblica es escrupulosamente específica. El Mesías nacería en Belén Efrata de la tierra de Judá. Un escritor señala lo siguiente:

> La mención tanto de Belén como de Efrata (vea Rut 1:2; 1 S. 17:12; Sal. 132:6) hace una doble conexión con David incluyendo tanto un lugar geográfico como una identidad familiar. El pequeño tamaño de Belén hace recordar el tema bíblico común: Cuando Dios está a punto de hacer algo grande, el estimado humano de posición, tamaño, poder e influencia son completamente irrelevantes. De hecho, Dios con frecuencia deliberadamente escoge a alguien a quien destacaríamos como el candidato más improbable para llevar a cabo la misión de Dios.[19]

La profecía de Miqueas es una hermosa presentación de la obra del Mesías, aunque el vocablo "Mesías" (*Meshiah*) no se usa en Miqueas 5:2-5a, no obstante con frecuencia

---

19. Daniel J. Simundson, "The Book of Micah", *The New Interpreter's Bible*, vol. VII (Nashville: Abingdon Press, 1996), p. 570.

es llamado un texto mesiánico. "El Mesías será alguien especialmente ungido para un ministerio especial. Con mayor frecuencia ese vocablo se refiere a reyes y aparece más frecuentemente en las historias de David. El vocablo mesiánico ha llegado a usarse para describir la esperanza de un nuevo líder que vendrá de la familia de David para guiar al pueblo de la presente opresión y sufrimiento a una gloriosa victoria".[20]

El profeta Miqueas dice: "De ti me saldrá", sugiriendo que la persona aludida encontrara su fuerza y su autoridad en el Señor (Mi. 5:4). La expresión "me saldrá" en el texto hebreo (Mi. 5:2) sugiere que Jehová es presentado como la persona que habla aquí. El texto revela la íntima identidad del rey con los propósitos de Dios.

"Porque de ti saldrá un guiador" (*ek soû gàr exeleúsetai heigoúmenos*). Obsérvese el uso de "porque" para explicar la razón de por qué Belén Efrata, a pesar de ser pequeña en tamaño y en renombre se convierte en un lugar importante: "De ti saldrá un guiador", mejor "De ti saldrá una persona cuyas cualidades y esencia intrínseca son las de ser guiador".[21]

El Mesías, por lo tanto, ha de ser "guiador" o "gobernador". Este título implica tres cosas:

1. En primer lugar, Él ha de ser el Profeta mesiánico que guiará a su pueblo y "encaminará nuestros pies por el camino de paz" (Lc. 1:79).
2. En segundo lugar, será el Sacerdote mesiánico que alimentará su pueblo mediante el sacrificio que ofrecerá (vea Mi. 5:4). El pueblo será guiado y alimentado ("apacentado").
3. En tercer lugar, será el Rey mesiánico que protegerá a su pueblo a través del camino (Jer. 30:21).

Todas esas funciones están en el ámbito de su humanidad, porque es "de ti", es decir, de la Belén terrenal que Él procede. Para que no pensemos de Él solo como un soberano terrenal, la profecía de Miqueas añade una descripción final: "Sus salidas son desde el principio, desde los días de la eternidad". "De ti" apunta a su aspecto humano, pero el hecho de que "sus salidas son desde el principio, desde los días de la eternidad", señala su lado celestial. Él es el Hijo de David, pero también es el Señor de David.

El niño que nació en Belén era el Mesías, Dios manifestado en carne. Pero antes de nacer en Belén no solo existía sino que estaba en medio de su pueblo, acompañándole, guiándole y supliendo todas sus necesidades. Los teólogos y líderes religiosos convocados por Herodes sabían encontrar el pasaje del Antiguo Testamento que afirmaba que el Mesías nacería en Belén. Los sabios orientales fueron a Belén para adorar al que había nacido. Los principales sacerdotes eran todos los sumos sacerdotes que aún vivían y los escribas eran los que copiaban las Escrituras. Eran conocidos

20. *Ibíd.*, p. 571.
21. El participio presente "guiador" no lleva artículo pero eso no lo hace indefinido. No debe traducirse "un guiador", sino simplemente "guiador". La ausencia de artículo no hace que dicho vocablo sea indefinido, sino que el énfasis recae sobre el aspecto cualitativo del hombre más bien que sobre su identidad. En este contexto el participio hace **la función** de sustantivo. "Se puede concebir un objeto de pensamiento desde dos puntos de vista: en cuanto a **identidad** o **cualidad**. En el primer caso el griego usa el artículo; en el segundo caso, se usa la construcción sin artículo". Vea Dana y Mantey, *Gramática griega del Nuevo Testamento*, p. 144.

como "los maestros de la ley".[22] Aquel concilio de teólogos que rodeó a Herodes conocía las respuestas bíblicas y dónde encontrar el pasaje, pero no tenía interés alguno en las realidades del Rey, su persona y su obra. Herodes recibió la información pero su único interés era matar al niño. Herodes pensó: "Si ha nacido alguien que quiera disputarme el trono, aunque sea el mismo Dios, lo mataré". Herodes era, por así decir, la encarnación de la maldad. Una vez más hay que destacar el hecho de que mientras gentiles vienen de tierras lejanas para adorar al Mesías, el pueblo de la promesa permanece indiferente ante la realidad de que el Rey Mesías ha venido.

> *"Entonces, Herodes, llamando en secreto a los magos,*
> *indagó de ellos diligentemente el tiempo de la aparición de la estrella;*
> *y enviándoles a Belén dijo: Id allá y averiguad con diligencia acerca del niño;*
> *y cuando le halléis hacédmelo saber, para que yo también vaya y le adore"*
> *(2:7-8).*

El vocablo "entonces" (*tóte*) es un adverbio demostrativo de tiempo e introduce la reacción de Herodes ante la respuesta que ha recibido de los líderes religiosos de Israel. Llamó a los magos "en secreto" (*láthrai*) o "secretamente" con el fin de "saber exactamente" (*ekribôsen*) o "saber de la manera más precisa". Herodes deseaba saber "el tiempo de la aparición de la estrella" de la manera más exacta. Sabiéndolo, por supuesto, conocería el tiempo preciso del nacimiento del niño. El malvado Herodes, en un acto indiscutible de hipocresía, escondió sus verdaderas intenciones, a saber, el asesinato del Rey Mesías. Fingió un profundo interés en las cosas relacionadas con la venida de los sabios orientales, asegurándoles que también él quería adorarle. Herodes de manera descarada pretendía que los magos se convirtiesen en sus agentes o espías. Pero el Soberano Dios, quien gobierna de manera absoluta sobre todas las cosas, desbarató los planes malvados de Herodes.

La declaración de Herodes: "Para que yo también vaya y le adore" (*hópos kagò elthòn proskynéiso autoi*), expresa una imitación engañosa del propósito expresado por los visitantes del oriente (Mt. 2:2). La intención de Herodes era engañar a los magos, haciéndoles creer que él tenía el mismo propósito que ellos. Herodes ignora que todo lo que está ocurriendo está bajo la total supervisión divina. Nadie puede subvertir ni obstruir los planes de Dios.

LA ADORACIÓN DE LOS SABIOS (2:9-12)

Los versículos finales de este párrafo aportan dos aspectos singulares del relato, relacionados con la adoración de los sabios orientales (2:9-12). El primer aspecto tiene que ver con el relato del viaje de Jerusalén a Belén (trayecto de unos 6 km), guiados por la estrella. El segundo aspecto presenta la adoración de los magos y la entrega de los regalos al Rey Mesías (2:11-12).

La guía de la estrella se narra en 2:9-10. La reaparición de la estrella vuelve a ser de nuevo la guía de los sabios orientales. La indagación que se había iniciado con la salida de algún país en el oriente está a punto de llegar a una conclusión feliz. Ha habido una

---

22. Vea Wilton M. Nelson, y Juan Rojas Mayo, *Nuevo diccionario ilustrado de la Biblia* (Miami: Editorial Caribe, 1998), p. 344.

gran discusión y mucha especulación tocante a la naturaleza de la estrella que llegó a los magos, pero la declaración del versículo 9 parece apuntar al hecho de que la estrella fue un acto milagroso obrado por Dios para aquella ocasión especial. La estrella verdaderamente guió a los sabios orientales, aunque habían recibido información de parte de Herodes mediante la respuesta provista por los líderes religiosos. Hubo la revelación especial (la profecía de Miqueas) y la revelación general (la estrella). Ambas cosas se unieron de manera maravillosa para señalar el camino a Belén Efrata de la tierra de Judá. Los sabios van por sí solos para encontrar al recién nacido. Los religiosos judíos, aunque conocen el lugar de su nacimiento, no muestran ningún interés en ir. Pero la estrella que los magos habían visto antes "iba delante de ellos" (*proeîgen autoús*). El verbo "iba delante" (*proeîgen*) es el imperfecto indicativo de *proágo*. El tiempo imperfecto sugiere una acción continua. El tiempo verbal es descriptivo. La estrella se movía con el fin de mostrar el camino a los sabios orientales, como la nube que guiaba a los israelitas en el desierto. Finalmente, la estrella "se detuvo sobre donde estaba el niño". La estrella "se detuvo" (*estáthei*), es decir: "Tomó su posición" justamente encima de donde estaba el niño. El milagro producido por Dios mediante la estrella había cumplido su propósito. Había guiado a los sabios al sitio correcto.

Cuando los sabios llegaron, el niño y su familia estaban en la casa (*teín oikían*). De modo que había transcurrido algún tiempo desde el nacimiento hasta su llegada. Evidentemente, hubo un traslado del pesebre a "la casa". No se específica de quien era la casa pero sin duda era diferente del pesebre. Allí encontraron al niño con su madre María. Mateo destaca la relación entre Jesús y María, aludiendo varias veces al hecho de "el niño con su madre" (vea 2:11, 14, 20, 21).

"Y postrándose, lo adoraron" (*kaì pesóntes prosekýneisan autoi*). El vocablo "postrándose" (*pesóntes*) es un participio modal. Se usa para indicar la manera en la que se realiza la acción del verbo principal. Los sabios orientales adoraron al Mesías "echándose en el suelo" o "inclinándose en la tierra". La frase describe de manera estupenda el reconocimiento que aquellos gentiles dieron al Rey Mesías en el momento de encontrarlo. Debe observarse cuidadosamente que vieron al niño y a su madre, pero el texto dice que "lo adoraron a él" (*prosekýneisan autoi*). Solo Él es digno de adoración. Nunca en las Escrituras alguien adoró a María y seguramente, si alguien lo hubiese intentado ella lo habría rechazado.

> *"Y abriendo sus tesoros, le ofrecieron presentes; oro, incienso y mirra.*
> *Pero siendo avisados por revelación en sueños que no volviesen a Herodes,*
> *regresaron a su tierra por otro camino" (2:11b-12).*

El hallazgo del Rey Mesías produjo una reacción de adoración y la entrega de regalos de parte de los sabios orientales. Llama la atención que los primeros regalos presentados al Mesías procedían de gentiles llegados de tierras lejanas. El Salmo 72:9-11, anticipa el día cuando:

> "Ante él se postrarán los moradores del desierto,
> Y sus enemigos lamerán el polvo.
> Los reyes de Tarsis y de las costas traerán presentes;
> Los reyes de Sabá y de Seba ofrecerán dones

Todos los reyes se postrarán delante de él.
Todas las naciones le servirán".

La profundidad de la fe de los sabios del oriente no es concretamente explicada. Es común oír decir que ellos a duras penas pudieron llegar a un conocimiento de su verdadero carácter. Por otro lado, habiendo estado en la ciudad de Jerusalén en contacto con muchos de los escogidos de la nación y probablemente con muchos de sus expertos en las Escrituras, no sería descabellado pensar que, guiados por el Espíritu Santo, hubiesen llegado a poner fe en la grandeza del Mesías de quien habían estado hablando y de quien habían estado tratando durante varios meses.

De cualquier manera, después de entrar en la casa, finalmente vieron al Mesías. El niño es mencionado primero porque Él es el objeto de interés principal, el centro de atracción.

Los dones son colocados delante de Él como muestra de estimación y de adoración. La escena es una sugerencia de todas las grandes profecías del Antiguo Testamento que predicen la adoración que los gentiles rendirán al gran Rey mesiánico en el comienzo de su reino futuro (vea Sal. 72; Is. 60:6). El significado de los presentes no puede determinarse con precisión. Comúnmente, se ha entendido que representan su realeza, su divinidad y su muerte, tal como se ve en sus sufrimientos por nuestra redención. Si el significado de la mirra se relaciona con su muerte, entonces la sombra de la cruz ya comienza a caer sobre su rostro.

RESUMEN Y CONCLUSIÓN

Para concluir, es importante recordar lo que se dijo al comienzo. Belén significa "casa de pan" o "casa de alimento", pero solo con la venida de Jesús el Mesías consigue llegar al pleno significado de su nombre. Entonces, finalmente, se convierte en Belén a través de Aquel que posteriormente afirmará: "Yo soy el pan vivo que descendió del cielo: si alguno comiere de este pan, vivirá para siempre; y el pan que yo le daré es mi carne, la cual yo daré por la vida del mundo" (Jn. 6:51; vea v. 27, 35). Hemos probado el Sinaí con sus "harás" y sus "no harás", pero la ley no puede dar vida. Solo puede condenar. Belén, sin embargo, satisface a través de Él.

Y el objetivo del evangelista se cristaliza en la presentación del reconocimiento de Cristo como Rey tanto por los judíos, a través de la familia real, como por los gentiles, a través de los sabios del oriente. "Él es revelado, como también Pablo lo expresa: Primero a los humildes y sin escuela, y luego a los honorables y sabios, a los pobres primero, y luego a los ricos, a los de occidente primero y luego a los del oriente".[23]

En segundo lugar, la respuesta y la reacción de Herodes, los principales sacerdotes y los escribas, y los sabios orientales ilustra tres reacciones comunes hacia el Hijo de Dios hoy. Primero, hay la reacción de Herodes, el hombre que cree, evidentemente en contra de su voluntad y se dispone a borrar el testimonio del Rey, si fuese del todo posible. Es la reacción de un hombre loco que reprime en injusticia la verdad que posee.

Hay, en tercer lugar, la respuesta y la reacción de los principales sacerdotes y los escribas. Esa es la respuesta del conocimiento superior o elevado, pero totalmente

---

23.   R. V. H. Tasker, "The Gospel According to St. Matthew", p. 40.

indiferente. Están completamente seguros de dónde nacería el Mesías pero no se preocupan de ir y ver si ha nacido.

Y, finalmente, está la reacción de los sabios orientales, la reacción de postrarse en adoración. El conocimiento espiritual llega a su culminación en la doblegación del corazón y la vida en la presencia del Rey. ¡Quiera Dios que esa sea nuestra respuesta hoy! Miqueas dice que "sus salidas son desde el principio, desde los días de la eternidad" (5:2b). El Mesías no es un recién llegado a la esfera de la realidad humana. Él ha estado presente desde el principio. Estaba en los días de Caín y Abel, en los días de Noé, en los tiempos de Abraham, en el peregrinaje de su pueblo a través del desierto. Nunca ha estado ausente. Pero en el cumplimiento del tiempo vino "nacido de mujer, nacido bajo la ley, para redimir a los que estaban bajo la ley, para poder hacerlos hijos de Dios" (vea. Gá. 4:14).

Hay una nota final en esta sección. Los sabios orientales "regresaron a su tierra" "avisados por revelación en sueños que no volviesen a Herodes". Fue un aviso de protección. Seguramente, el malvado Herodes hubiese descargado su furia sobre ellos. En un sentido, Herodes era un precursor del anticristo. Como tal, persigue a quienes buscan y siguen al verdadero Cristo. Además de eso, intenta matar al Cristo. El Dios soberano, sin embargo, cumple su plan perfecto por encima de todo plan satánico.

La segunda mitad del capítulo dos describe el largo recorrido del Mesías. El viaje se extiende de Belén a Egipto a Nazaret. Hay tres acontecimientos que tienen lugar en esa jornada: (1) La huida a Egipto (2:13-15); (2) la reacción de Herodes al ordenar la muerte de los niños (2:16-18); y (3) el regreso de José y la familia a Nazaret.

LA HUIDA A EGIPTO (2:13-15)

"Después que partieron ellos, he aquí un ángel del Señor apareció en sueños a
* José y dijo:*
Levántate, y toma al niño y a su madre, y huye a Egipto,
y permanece allá hasta que yo te diga,
porque acontecerá que Herodes buscará al niño para matarlo.
Y él, despertando, tomó de noche al niño y a su madre, y se fue a Egipto,
y estuvo allá hasta la muerte de Herodes;
para que se cumpliese lo que dijo el Señor por medio del profeta, cuando dijo:
De Egipto llamé a mi hijo" (2:13-15).

Uno de los aspectos sobresalientes de esta segunda parte del capítulo 2 es que los tres acontecimientos narrados tienen que ver con el cumplimiento de la profecía del Antiguo Testamento (vea 2:15; 2:17-18; 2:23). Un comentarista ha escrito y con razón, que "el objetivo apologético del evangelista puede resumirse en la declaración 'Jesús es el Mesías y en Él se cumple la profecía judía'".[24]

Mateo comienza esta sección con su uso característico del genitivo absoluto: "Después que partieron ellos" (*anachoreisánton dè autôu*).[25] El verbo "después que partieron" (*anachoreisánton*) es el aoristo participio caso genitivo. Mateo usa esa fórmula a través de su composición para iniciar algún relato. La construcción

---

24. *Ibíd.*, p.18.
25. Ya se ha señalado el uso del genitivo absoluto (vea 1:18, 20; 2:1).

gramatical en 2:13 implica que el mensaje del ángel tuvo lugar poco después de la partida de los magos. Obsérvese también el uso de "he aquí" (*idoù*). La función aquí es hacer una llamada de atención. "Un ángel del Señor", es decir, un mensajero celestial se manifestó a José en sueños. Tanto en el Antiguo como en el Nuevo Testamento los santos ángeles de Dios llevan a cabo un ministerio de servicio muy activo. La orden del ángel dada a José fue: "Levántate" (*egertheìs*) es el participio aoristo voz pasiva de *egaíro*, seguido del aoristo imperativo *parálabes* "toma". Esa fórmula gramatical es un hebraísmo que sugiere **urgencia**. El ángel da un mandato urgente a José: "Levántate o despiértate y toma al niño y a su madre y huye a Egipto". Obsérvese también el uso de la figura de dicción llamada "polisíndeton", es decir, la repetición de la conjunción "y" (*kaí*). Esa figura tiene por objeto que el lector se detenga en cada una de las expresiones que componen la frase. La razón de la urgencia no es expresada en la Reina—Valera 1960 con la claridad con que la expresa el texto griego: "Porque Herodes buscará al niño para destruirlo". Herodes estaba en "el proceso" (*méllei*) de realizar una terrible matanza. El verbo *méllo* ("estar a punto de") se usa con otro verbo en el modo infinitivo (*dseiteîn*) para expresar inminencia. La frase "para matarlo" (*toû apolésai autò*). El verbo *apolésai* traducido "matar" significa "destruir", "arruinar". Obsérvese que va precedido del artículo *toû* (que la Reina—Valera 1960 traduce "para"). El infinitivo con el artículo expresa el propósito de la acción implicada en el verbo principal. La construcción gramatical de Mateo 2:13 presenta un resumido despliegue de la trama de Herodes. Su orden era buscar y destruir al Mesías. Es interesante observar que el mismo verbo (*apolúo*) "destruir", "arruinar" se usa al final de este Evangelio, en la narrativa de la pasión del Mesías, para expresar la actitud de los líderes religiosos hacía el Mesías: "Pero los principales sacerdotes y los ancianos persuadieron a la multitud que pidiese a Barrabás y que Jesús fuese muerto (*apolésosin*) (vea Mt. 12:14; 27:20; Mr. 3:6; Lc. 6:11).

El versículo 14, expresa la inmediata obediencia de José a la orden dada por el ángel (vea Mt. 1:24). Evidentemente, José comprendió la urgencia del mandato. El texto dice que José. "despertando", "tomó" (*parélaben*) al niño y a su madre y se fue a Egipto. Pero Mateo anota cuidadosamente que lo hizo "de noche", es decir, cuando aún era oscuro. Davies y Allison señalan lo siguiente al respecto: "(1) La Pascua Haggadah sitúa el éxodo de noche. (2) Jesús fue arrestado por sus enemigos de noche (Mt. 26). (3) José debía huir de noche para evitar ser visto".[26] El uso del vocablo "noche" (*nyktós*) es muy común en los Evangelios. Jesús pasó la noche orando a Dios (Lc. 6:12), Nicodemo fue a Jesús de noche (Jn. 3), Judas salió para entregar a Jesús "y ya era de noche". En todo caso, aquí Mateo pretende destacar la obediencia de José quien, evidentemente, comenzó a hacer los preparativos de viaje inmediatamente después de haber escuchado al ángel.

Como ya se ha expresado, las tres narrativas que aparecen en la segunda parte del capítulo 2 concluyen con una declaración de que en cada caso se cumple un pasaje del Antiguo Testamento (vea Mt. 2:15; 17-18, 23). El mismo verbo, *pleiraô*, que significa "cumplir" se usa en cada sección y dos de ellas comienzan con la frase: "un ángel del Señor apareció en sueños a José" (vea 2:13, 19). Todo eso sugiere que las secciones fueron escritas con gran cuidado y con un propósito definido. El propósito,

---

26. W. D. Davies y Dale C. Allison, "Mateo".

al parecer, es mostrar que los acontecimientos registrados son hechos profetizados en las Escrituras. Esos pasajes, por lo tanto, añaden al creciente testimonio que Jesús es el Mesías y que en Él las profecías judías se cumplen.

Hay otro nivel de la verdad que debe ser destacado aquí. El apoyo de Mateo al cumplimiento de la profecía en la vida de Cristo le lleva a poner gran énfasis en la providencia de Dios, tanto en la profecía como en la historia. Dios no es simplemente un espectador omnisciente de los grandes acontecimientos de la divina redención. Cuando inspiró a sus profetas al escribir y cuando obró para llevar a cabo la consumación de lo que escribieron en el ministerio de Jesús, demostró que Él es el soberano Ejecutor, no solo en la profecía sino también en la historia. Él interfirió para prevenir que los magos regresasen a Herodes. Interfirió para inducir a José para que huyese a Egipto. Interfirió para dirigir el regreso de la familia de nuestro Señor de Egipto. Interfirió para guiarles a establecerse en Galilea. Y quizá, todo eso pudo conseguirse porque Él interfirió para proveer para la pobre familia de José, a través de los regalos traídos por los magos, los medios para vivir y viajar mientras huían de Herodes y de Arquelao. De hecho, para resumir, queda claro que el evangelista cree que Dios es un Dios que "hace todas las cosas según el designio de su voluntad" (Ef. 1:11). Como ha expresado de manera breve pero elocuente William Hendriksen, quien fuera por muchos años pastor y profesor del Seminario Calvino en Grand Rapids, Michigan: "Es consolador saber que en la historia de la redención todo procede según el plan eterno de Dios. De modo que la salvación descansa sobre un fundamento firme".[27]

Es extremadamente horrible, sin embargo, recordar que nuestro destino descansa sobre nuestra reacción hacia ese Dios que actúa en soberana autodeterminación. La obediencia de José conduce a una bendición infinita. La rebelión de Herodes conduce a una destrucción eterna de la presencia del Señor. "La mano terrible de un infante" demuestra ser más poderosa que el férreo puño del rey Herodes. Cristo vive y crece y los suyos también. Herodes muere y se pudre ¡Qué gran contraste!

Mateo no específica porqué la familia de Jesús viajó a Egipto a parte de la orden recibida mediante el ángel. Por supuesto, eso debería ser suficiente. Pero si fuese permitido especular, podría decirse, además, que Egipto quedaba relativamente cerca y muchos judíos vivían en esa tierra. Podría pensarse en la presencia de amigos a quienes podían apelar si hiciese falta ayuda. Además, Egipto estaba fuera de la jurisdicción de Herodes. Desde la óptica divina, sin embargo, parece ser que el cumplimiento de la profecía era lo más importante en los designios de Dios.

> *"Y estuvo allá hasta la muerte de Herodes;*
> *Para que se cumpliese lo que dijo el Señor*
> *Por medio del profeta, cuando dijo:*
> *De Egipto llamé a mi Hijo" (2:15).*

José obedeció no solo en su salida hacia Egipto, sino también en su permanencia allí. La orden fue que permaneciera en Egipto "hasta que yo te diga" (*héos àn eípo soi*). Evidentemente eso quería decir hasta que Herodes pasase de la escena. Cuando

---

27. William Hendriksen, *The Gospel of Matthew* (Grand Rapids: Baker Book House, 1979), p. 192.

no hay vacilación, ni dudas, ni demoras en la ejecución de los mandamientos divinos, la bendición del cielo no se hace esperar.

El vocablo usado en la expresión "la muerte de Herodes" es significativo: "La muerte" (*teis teleuteîs*) es una *hapaxlegomena*, es decir, un vocablo que se usa una sola vez en el Nuevo Testamento. Significa "final de la vida" o "muerte". Solo aparece en Mateo 2:15. La raíz de dicho vocablo es el verbo *teleutáo* que significa "morir", "terminar", "finalizar". Esta forma verbal aparece 13 veces en el Nuevo Testamento, siempre como un verbo intransitivo (vea Mt. 2:19, 9:18; 22:25; vea también Mt. 15:4. En Mr. 9:48 se usa para describir la muerte eterna en el infierno: "Donde el gusano no muere").[28] Así que la familia del Mesías permaneció en Egipto hasta que Dios puso fin a la nefanda vida de Herodes.

Mateo ve en el regreso de nuestro Señor de Egipto el cumplimiento de Oseas 11:1. El pasaje, en su contexto histórico, es una referencia al llamado inicial de Israel de parte de Dios a salir de Egipto en el tiempo del Éxodo. ¿En qué sentido aplica Mateo las palabras de Oseas a Cristo? El profesor Stanley Toussaint señala algunos aspectos importantes acerca del pasaje en Mateo 2.

Toussaint observa que Mateo nunca dice en el capítulo 2 que se esté cumpliendo alguna profecía. Mateo es cauteloso cuando dice que los sucesos tienen lugar para que la **palabra hablada** a través de los profetas sea cumplida.[29] Los profetas tenían como tarea primordial dar la Palabra de Dios a los hombres. El profesor Toussaint explica:

> Hablando desde el punto de vista de Dios apelaban al pasado o alzaban sus ojos al futuro. Por lo tanto, no es necesario hacer de cada declaración de Oseas una profecía de algún suceso futuro. Eso es especialmente verdad de Oseas 11:1. Oseas simplemente se refiere a la liberación de la nación de Israel de la esclavitud en Egipto vista desde la óptica de Dios. Era simplemente una cuestión de Dios llamando a su hijo, Israel, fuera de Egipto.[30]

Debe observarse, por lo tanto, que la declaración de Oseas se refiere a un hecho histórico. Por consiguiente solo debe considerarse como un tipo profético de Cristo. Solo puede existir una correspondencia entre la acción de Dios en el éxodo de Israel y la acción de Dios en el éxodo del Mesías de Egipto.

A la luz de lo dicho, no es de sorprenderse encontrar que Israel es un tipo de Cristo y que las experiencias de la nación son recapituladas en las experiencias de Cristo. Israel es el hijo nacional de Dios debido a que ella fue portadora de la **simiente** a través de la que Dios hace todo lo que hace por Israel. Sus pactos y promesas eran de la nación porque Él es de la nación. Cuando Israel salió de Egipto, Él, la simiente prometida, también salió de Egipto. Las promesas de la nación no pudieran haberse cumplido si Él hubiese permanecido en Egipto. Dicho con otras palabras, Jesús el Mesías e Israel

---

28. Vea Horst Baltz y Gerhard Scheineider, *Diccionario exegético del Nuevo Testamento*, vol. II, p. 1717.
29. Stanley D. Toussaint, *Behold the King*, p. 54.
30. *Ibíd.*

permanecen ligados, identificados mediante su origen y su naturaleza (vea Ro. 1:3-4; 2 Ti. 2:8).

Resumiendo: La declaración de Oseas tiene su cumplimiento como anti-tipo en el regreso del Hijo de Dios de Egipto. Lo que Israel debió de ser, pero no consiguió serlo, el Mesías, el verdadero **siervo de Jehová,** lo fue. Israel fue el hijo desobediente de Jehová mientras que el Mesías obedeció al Padre incluso hasta la muerte. El Mesías, por lo tanto, llenó plenamente el significado de Oseas 11:1. Eso es lo que el evangelista Mateo pretende decir con la cita de Oseas. La salida de Israel de Egipto terminó en una terrible desobediencia y en una repudiable apostasía. La salida de Jesús el Mesías de Egipto le llevó a un pleno sometimiento de la voluntad de Dios. Mateo claramente contrasta la actitud de Israel y la de Jesús el Mesías. Oseas 11:1-2 mira atrás a la infidelidad de Israel. Mateo 2:15 mira hacia delante a la absoluta entrega y obediencia de Jesús el Mesías. Él llena de pleno significado las palabras de Oseas y eso es lo que Mateo capta.

LA MATANZA DE LOS NIÑOS: SEGUNDA REACCIÓN DE HERODES (2:16-18)

"Herodes entonces, cuando se vio burlado por los magos, se enojó mucho, y mandó matar a todos los niños menores de dos años que había en Belén y en todos sus alrededores, conforme al tiempo que había inquirido de los magos.
Entonces se cumplió lo que fue dicho por el profeta Jeremías, cuando dijo:
Voz fue oída en Ramá,
Grande lamentación, lloro y gemido;
Raquel que llora a sus hijos,
Y no quiso ser consolada, porque perecieron" (2:16-18).

"Entonces Herodes" (*tóte Heiródeis*). El adverbio de tiempo "entonces" (*tóte*) es usado por Mateo 90 veces a través de su composición. El evangelista lo usa como una partícula conectiva para introducir acontecimientos subsiguientes que tienen lugar en un tiempo no especificado. En este caso, ha transcurrido un espacio de tiempo indeterminado entre 2:12 y 2:16. Herodes ya sabe que los sabios orientales no van a regresar a su palacio y se llenó de ira ("se enojó mucho"). Herodes estaba enfurecido cuando se sintió engañado por los magos. Inmediatamente, ordenó una repudiable masacre en la aldea de Belén y sus alrededores. En realidad su ira debió ser contra sí mismo porque "su truco" había rebotado hacía él mismo". Su orgullo, sin embargo, estaba en juego. De manera que con indescriptible cobardía la emprendió contra los seres más indefensos, los niños ¡Qué ridículo el pecado hace aparecer a los hombres! ¡Pensar que un rey terrenal se cree capaz de frustrar el propósito del Rey de los cielos! ¿No se da cuenta de que el Dios que envió a los magos por otro camino hará que su segundo intento de socavar la voluntad divina también fracasará?

El destino de ese grupo de infantes es algo extraño para la comprensión humana. En su corta existencia han obtenido fama inmortal. Murieron por el Cristo que nunca conocieron. Esos corderitos fueron sacrificados por la causa del Cordero que vivía mientras ellos morían, para que por su muerte ellos puedan vivir para siempre. Ellos encabezan la larga procesión de mártires, si no de intención, sí de hecho, y podemos estar seguros que están ahora entre la multitud con "palmas en las manos" como "las primicias para Dios y para el Cordero".

Debe añadirse que, debido al tamaño de Belén en aquel tiempo, el número estimado de niños ejecutados por Herodes generalmente se dice que fueron 20. El incidente paralelo con el de Faraón en el tiempo del éxodo no tiene comparación (vea Éx. 1:15—2:10).

Los versículos 2:17-18 presentan una tercera referencia a la profecía del Antiguo Testamento. Mateo ve en el incidente de la muerte de los infantes un cumplimiento de Jeremías 31:15. En el pasaje de Jeremías, el profeta describe como los habitantes de Jerusalén son llevados cautivos a Babilonia. El cuadro es el de una intensa y viva descripción poética, basada sobre el hecho de que Raquel había sido sepultada en Ramá, que, a su vez, está cerca de Belén (vea 1 S. 10:2-6; Gn. 35:19-20). Los habitantes de Jerusalén y Judá habían sido atados con cadenas primero en Ramá de Benjamín. Raquel era la progenitora ideal de Israel, la esposa favorita de Jacob y una preferida por los israelitas (vea Rut 4:11). Raquel murió de manera triste y prematura, causando una profunda impresión en la nación.

De modo que el evangelista, usando lenguaje poético, también presenta un cuadro de los ciudadanos de Belén llorando y lamentándose con el llanto del cautiverio. Ambos tuvieron lugar bajo la mirada de la *mater dolorosa* del Antiguo Testamento, Raquel, quien murió cuando daba a luz a Benjamín y quien aún llora por la tristeza de los exiliados.

Existe, por lo tanto, simplemente una analogía entre los dos pasajes. Ambos son claramente poéticos en su fuerza y Mateo usa el texto para describir maravillosamente una situación similar en los tiempos del Nuevo Testamento.

Por último, en el pasaje de Jeremías el contexto siguiente señala que la tristeza del exilio babilónico será seguida por la liberación de una nación disciplinada y revitalizada. Quizá Mateo también tiene la misma idea en mente. Es muy adecuado que el contexto de Jeremías aparezca seguidamente el tema del Nuevo Pacto, es decir, la base de todas las promesas de Dios respecto de la liberación y el perdón del pecado de su pueblo (Jer. 31:31-37).

La tristeza de las madres atribuladas, por lo tanto, está destinada en la providencia de Dios a producir una gran remuneración, es decir, la salvación del pueblo de Dios a través de la preservación del Señor Jesucristo para ese ministerio de Salvación.

Es importante recordar que una de las características de Mateo es el uso apologético de las profecías del Antiguo Testamento. El capítulo 2 del Evangelio es un claro ejemplo. En 2:6-7 apela al hecho de que los líderes religiosos sabían perfectamente que el Mesías nacería en Belén. Mateo no tiene que esforzarse para establecer argumento alguno. Los principales sacerdotes y los escribas mismos han apelado al pasaje de Miqueas 5:2 y han dejado el asunto bien claro. Mateo registra el hecho tal como ocurrió.

Un segundo uso apologético de la profecía es la cita de Oseas 11:1. Como se señaló oportunamente, Mateo usa la cita con referencia al hecho de que Israel es un tipo de Cristo. La salida de Israel de Egipto en tiempos de Moisés ilustra la salida de Jesús y su familia humana de la misma tierra. Finalmente, la referencia al llanto de Raquel descrito por Jeremías (Jer. 31:15; Mt. 2:17-18) es nada para comparar la tristeza de la partida de los exiliados para Babilonia con la de las madres que perdieron sus hijos a causa de la maldad de Herodes.

EL REGRESO DE JOSÉ Y SU FAMILIA A NAZARET (2:19-23)

"Pero después de muerto Herodes,
he aquí un ángel del Señor apareció en sueños a José en Egipto, diciendo:
Levántate, toma al niño y a su madre; y vete a tierra de Israel,
porque han muerto los que procuraban la muerte del niño.
Entonces él se levantó, y tomó al niño y a su madre, y vino a la tierra de Israel.
Pero oyendo que Arquelao reinaba en Judea en lugar de Herodes su padre,
tuvo temor de ira allá; pero avisado por revelación en sueños,
se fue a la región de Galilea, y vino y habitó en la ciudad que se llama Nazaret,
para que se cumpliese lo que fue dicho por los profetas,
que habría de ser llamado nazareno" (2:19-23).

El último párrafo del capítulo 2 relata el regreso de Egipto de José y su pequeña familia y la toma de residencia en Nazaret. Con su característico genitivo absoluto,[31] Mateo comienza el relato de lo sucedido.

El regreso tuvo lugar "después de la muerte de Herodes". Eso ocurrió en Jericó en el año 4 a.C. cuando Herodes tenía 70 años de edad. Paul L. Maier, catedrático de historia antigua en la Western Michigan University, ha condensado la descripción que Josefo hace de la muerte de Herodes así:

> Después de esto [haber aplastado cruelmente una rebelión de judíos] Herodes fue empeorando rápidamente sufriendo terribles dolores. Sentía una terrible comezón, tenía las entrañas ulceradas y sus partes privadas gangrenadas y con gusanos. Intentó en vano aliviar su asma y convulsiones en los baños termales de Calirroe y volvió a Jericó. Aquí reunió a hombres distinguidos de todas partes de la nación y ordenó que fueran encerrados en el hipódromo. Le ordenó a su hermana Salomé que tan pronto él muriera, que todos estos hombres fueran muertos ¡para que a su muerte hubiera dolor por todo el país y no gozo![32]

El pecado de Herodes lo había alcanzado. Ni médicos, ni aguas termales podían curar su podrido cuerpo. Incluso a la hora de su muerte afloraban su maldad y crueldad. Es como si la depravación total del hombre se hubiese encarnado en Herodes. Las palabras de Josefo resumen la vida de aquel inicuo rey: Era un hombre de

---

31. Recuerde que el genitivo absoluto es el uso de un nombre o un pronombre con un participio que frecuentemente está fuera de conexión con el resto de la oración. Mateo usa el genitivo absoluto en cláusulas temporales. El uso normal en el griego antiguo es tener un genitivo absoluto cuando se usa un participio con un sustantivo que está desconectado del resto de la oración como en Mateo 2:12 "después que partieron ellos" (*anachoriesánton de autón*) o 2:19 "pero después de muerto Herodes" (*edentéisantos dè tou Heirôdon*). Vea también Mateo 17:14, 26 (Vea A. T. Robertson, *A Grammar of the Greek New Testament* [Nashville: Broadman Press, 1934], pp. 512-513).
32. Paul L. Maier, *Josefo: Las Obras Esenciales* (Grand Rapids: Editorial Portavoz, 1994), p. 255.

comportamiento sumamente bárbaro hacia todos por igual y un esclavo de su pasión. Varias veces en su relato, Josefo sugiere que Herodes experimentó el castigo de Dios por su maldad.[33]

Fue en ese ambiente histórico cuando el ángel del Señor apareció de nuevo a José para darle dirección en aquel momento crucial. Las palabras del ángel fueron: "Levántate, toma al niño y a su madre, y vete a tierra de Israel, porque han muerto los que procuraban la muerte del niño" (2:20). El aoristo participio "levántate" (*egertheìs*) toma el tiempo del verbo principal. La acción puede ser simultanea: "Al levantarte, toma al niño" pero el aoristo participio también expresa una acción subsiguiente: "Habiéndose levantado tomó al niño". Los dos verbos "toma" (*paralóbe*) y "vete" (*poreúou*) son aoristos imperativos y sugieren un mandato positivo. La orden divina que José tome a su familia y salga hacia *(eís)* "tierra de Israel" (*gêin Israeíl*), la tierra que Dios dio a Abraham, a Isaac y a Israel en perpetuidad (Gn. 13:15; 15:18-21). Seguidamente el ángel explica a José el por qué de la orden: "Porque han muerto los que procuraban la muerte del niño". Esas palabras ponen de manifiesto quién de verdad era el Soberano en la tierra. De hecho, las palabras resumen escuetamente el fracaso del intento de acabar con la vida del Mesías. También traen a la memoria las palabras de Moisés para animarlo a regresar a Egipto: "Ve y vuélvete a Egipto, porque han muerto todos los que procuraban tu muerte" (Éx. 4:19).

La frase "porque han muerto los que procuraban la muerte del niño" merece un análisis gramatical, aunque sea escueto: El "porque" *(gàr)* es explicativo. El verbo "han muerto" (*tethnéikasin*) es el perfecto indicativo de *thnéisko* que significa "morir". El tiempo perfecto indica una acción completada con resultados permanentes. La idea sería algo así "han muerto y permanecerán muertos". La expresión "los que procuraban" (*hoy dseioúntes*) es el participio presente de *dseitéo* que significa "buscar", "procurar". La función del participio en este contexto es la de un verbo en el tiempo imperfecto con acción continua antecedente a la del verbo principal (vea Jn. 12:17; Hch. 4:34).[34] Los agentes de Herodes estaban activamente en la búsqueda del Mesías con el fin de matarlo. Sin embargo, ahora ellos están muertos mientras que el Mesías vive y vivirá para siempre.

"Pero oyendo que Arquelao reinaba en Judea en lugar de Herodes su padre, tuvo temor de ir allá", "Pero oyendo" (*akoúsas dè*), mejor "cuando oyó" o "pero como oyó". José oyó la noticia del cambio de gobierno a través de alguna fuente de la que el texto no dice nada. La construcción gramatical en el texto griego es dinámica. Dice algo así: "Pero como [José] oyó 'Arquelao reina' en Judea en lugar de su padre Herodes". El tiempo presente sugiere una acción continua: "Arquelao está reinando" (*basilénei*).

A raíz de la muerte de Herodes el Grande en el año 4 d.C., su reino fue dividido entre sus tres hijos: Felipe, Antipas y Arquelao. Este último solo se menciona en Mateo 2:22 en todo el Nuevo Testamento. Su herencia fue Judea propia, Samaria e Idumea en conformidad con el testamento dejado por su padre. Arquelao, sin embargo, se frenó de acceder al trono hasta que el testamento de Herodes fue aprobado por Augusto César, algo que el emperador hizo a pesar de la oposición tanto de los judíos como del

33. Vea Flavio Josefo, *Complete Works*, "Antiquities of the Jews" (Grand Rapids: Kregel Publications, 1974), pp. 360-367.
34. Vea Ernest De Witt Burton, *Syntax of the Moods and Tenses*, p. 58.

TABLA DE LA DINASTÍA HERODIANA
(Unger Bible Dictionary, Chicago: Moody Press, 1966)

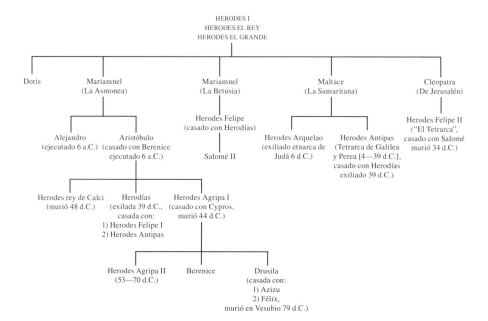

hermano menor de Arquelao, Herodes Antipas.[35] Después de algunas consideraciones, Augusto César solo aprobó que Arquelao fuese tetrarca, es decir, que gobernase la mitad del territorio (Judea, Samaria e Idumea).[36] El mismo Josefo confirma que Arquelao era extremadamente cruel tanto o más que su padre, contra los judíos y los samaritanos que se opusieron a su acceso al poder. Su iniquidad era notoria antes de ser confirmado en el trono. Como ejemplo de ello, se registra la matanza de unas 3.000 personas que asistían a la fiesta de la Pascua en el año 4 a.C.[37]

Es probable que José, conociendo la noticia de la masacre, tomase la decisión de marcharse a Galilea (vea Is. 9:1-7), concretamente a la ciudad de Nazaret. Allí el Señor vivió prácticamente hasta el comienzo de su ministerio, cuando se trasladó a Capernaum (Mt. 4:13).

"Y vino y habitó en la ciudad que se llama Nazaret,
para que se cumpliese lo que fue dicho por los profetas,
que habría de ser llamado nazareno" (2:23).

35. Merrill F. Unger, *Archeology and The New Testament* (Grand Rapids: Zondervan Publishing House, 1962), p. 60.
36. Josefo, *Antigüedades*, XVIII.11.3.
37. Merrill F. Unger, *op. cit.*

La ciudad de Nazaret, (o tal vez mejor "el pueblo") está situada a medio camino entre la margen sur del Mar de Galilea y el Monte Carmelo. Su importancia surge a partir de la historia del Nuevo Testamento. Merrill F. Unger, quien fuera profesor de Antiguo Testamento y lengua hebrea en el Seminario Teológico de Dallas por muchos años, ha escrito:

"La villa de Nazaret, aislada entre las montañas que la rodean, no era un lugar importante (vea Jn. 1:46) hasta que fue inmortalizado en tiempos del Nuevo Testamento como el sitio de la niñez de Jesús. El lugar no se menciona en el Antiguo Testamento (vea Josué 19:10ss), ni por el historiador Josefo, aunque este último enumera 45 pueblos galileos. Tampoco se menciona en el Talmud, que menciona 63. De hecho, la mención de la villa como residencia de José y María (Lc. 1:26.27) en conexión con la niñez de Jesús (Mt. 2:23; Lc. 2:4, 51) junto con otras alusiones en los Evangelios, constituye las referencias más antiguas a dicho lugar".[38]

Una vez más, Mateo enfatiza que la ida a Nazaret era "para que se cumpliese lo que fue dicho por los profetas" (*hópos pleirothe tò rheithen dià tôn propheitón*). Esta cláusula de propósito se refiere al hecho de que, según Mateo, nuestro Señor "habría de ser llamado nazareno". Muchos expositores muestran su perplejidad por el hecho de no encontrar ninguna cita en el Antiguo Testamento que diga que el Mesías sería llamado "nazareno".[39] Otros como David Hill,[40] Alfred Plummer,[41] e incluso Leon Morris reconocen la dificultad hermenéutica del pasaje.[42]

A lo largo de los años, se han hecho muchas sugerencias como posible respuesta a la interpretación del vocablo "nazareno". Algunos han dicho que Mateo se refiere a un libro profético que se ha perdido o que proviene de un texto apócrifo.[43] Otros lo han asociado con el vocablo "vástago" (heb. *Netzer*) de Isaías 11:1.[44] Puesto que ese término sugiere la humildad del Mesías, la sugerencia no es descabellada, aunque es difícil seguir la pista al vocablo "nazareno" hasta el vocablo hebreo "*netzer*". Todavía otros han sugerido una referencia al voto nazareo (vea Jue. 13:5), pero nuestro Señor no era un nazareo (vea Mt. 11:18-19) y los vocablos son completamente diferentes.

Para resumir: Lo más probable y ajustado al texto es que Mateo no se refiere a ningún pasaje concreto del Antiguo Testamento sino al "tenor general" de las Escrituras proféticas que enseñan que el Mesías sería despreciado por los hombres".

---

38. *Ibíd*, pp. 118-119.
39. El exégeta McNeile explica que como la frase "será llamado nazareno" no aparece en el Antiguo Testamento tal como lo tenemos. El plural "los profetas" se toma generalmente como una referencia a la enseñanza total que se extrae de las Escrituras. McNeile parece estar en el camino correcto. Vea "The Gospel According to St Matthew", p. 21.
40. David Hill, "The Gospel of Matthew", *The New Centruy Bible Commentary* (Grand Rapids: Eerdmans Publishing Company, 1982), pp. 86-87.
41. Alfred Plummer, "An Exegetical Commentary on the Gospel According to St. Matthew", p. 18.
42. Leon Morris, *The Gospel According to Matthew*, p. 49.
43. Vea W. D. Davies y Dale C. Allison hijo, "Matthew", p. 275.
44. Esa era la postura de Juan Calvino.

Este punto de vista asume que el vocablo "nazareno" quiere decir "de Nazaret". Eso no niega que también el pasaje de Isaías 11:1 implica la humildad del "vástago que retoñará del tronco de Isaí".

Un aspecto positivo de esta última interpretación es que armoniza con el plural "los profetas", también en 2:23, está ausente el participio *légontes* "diciendo" (vea 2:15, 17) y la implícita conexión con el pasaje Is. 11:1. Si ese es el significado de la frase "que habría de ser llamado nazareno" entonces Mateo simplemente está diciendo que el lugar de residencia de nuestro Señor, es decir Nazaret, es el cumplimiento de Escrituras proféticas en las que el "tenor general" es que el Mesías sería despreciado por los hombres y humilde en su posición, por lo tanto, son comprensibles las palabras: "¿De Nazaret puede venir algo bueno?" (Jn. 1:46).

El comentarista David A. Carson, profesor en Trinity Divinity School ha escrito este interesante párrafo:

> Mateo ciertamente usa [el vocablo] *Nazâraios* como una forma adjetiva de *apo Nazaret* ("de Nazaret" o "Nazareno"), aun cuando el adjetivo más aceptable es *Nazarênos*. Posiblemente *Nazâraios* se derive de una forma aramea de Galilea. Nazaret era un lugar despreciado (Jn. 7:42, 52). Incluso para otros galileos (vea Jn. 1:46). Allí Jesús creció, no como Jesús "el belenita", con sus connotaciones davídicas, sino como "Jesús Nazareno", con todo el oprobio y el desprecio. Cuando a los cristianos en Hechos eran llamados "secta de los nazarenos" (24:5), la expresión se usaba para herir. Los cristianos del siglo primero leyeron [el Evangelio de] Mateo, que habían recibido su ración de burla, seguramente fueron capaces de captar la intención de Mateo. Él no dice que un pasaje particular de algún profeta del Antiguo Testamento predijo que el Mesías viviría en Nazaret, dice que los profetas del Antiguo Testamento predijeron que el Mesías sería despreciado (vea Sal. 22:6-8; 13; 69:8; 20-21; Is. 11:1; 49:7; 53:2-3; 8; Dn. 9:26). El tema es repetidamente recogido por Mateo (e.g. 8:20; 11:16-19; 15:7-8). Dicho de otra manera, Mateo nos proporciona la sustancia de varios pasajes del Antiguo Testamento, no una cita directa.[45]

El nombre "nazareno" dado a nuestro Señor tiene importantes implicaciones. El que era de arriba (Jn. 8:23) vino a este mundo. El Creador y dueño de todo se humilló hasta lo sumo. Se vació totalmente como la ofrenda de libación ofrecida al Padre. El Rey de reyes y Señor de señores vino a servir. El León de la tribu de Judá se convirtió en Cordero para morir como sacrificio por los pecados del mundo. Se le asoció con Nazaret, la ciudad despreciada de la que Natanael dijo: ¿De Nazaret puede salir algo bueno? (Jn. 1:46). A la postre, el día de su muerte, sobre su cabeza, clavado en la cruz estaba el rótulo: JESÚS NAZARENO, REY DE LOS JUDÍOS (Jn. 19:19).

---

45. David A. Carson, "Mateo", *The Expositor's Bible Commentary*, vol. 8, Frank E. Gaebelein editor general (Grand Rapids: The Zondervan Corporation, 1984), p. 97.

RESUMEN Y CONCLUSIÓN

En el capítulo dos de su Evangelio, Mateo presenta tres puntos principales. El primero se relaciona con los gentiles. Presenta la venida a Jerusalén de sabios orientales que buscaban al "rey de los judíos" que ha nacido. Ese es un indicio de que el Reino del Mesías no se limita a los judíos sino que incluye también a los gentiles.

El segundo punto que Mateo destaca es que los judíos, los hijos del reino, muestran una indiferencia total tocante a la realidad del nacimiento del Mesías. Saben que Él viene, conocen la profecía pero cierran su mente y su corazón al que es el Hijo de David y el Hijo de Abraham, el único que puede salvar a su pueblo de sus pecados.

Por último, Mateo apela a las Escrituras del Antiguo Testamento para demostrar que Jesús es el Mesías. Desde su nacimiento, sus enseñanzas, sus obras, su muerte y su resurrección, todo ello está basado en el estricto cumplimiento de las Escrituras.

El pueblo escogido por Dios, rechazó al que fue enviado para traerles salvación y cumplir las promesas hechas a los patriarcas Abraham, Isaac e Israel. Él les ofreció el reino prometido a David (2 S. 7:12-16). Ellos rechazaron esa oferta. Debido al rechazo del Rey, Dios está haciendo su obra entre los gentiles. El reino prometido a Israel no ha sido cancelado porque las promesas de Dios son irreversibles (Ro. 11:29). El Reino ha sido pospuesto hasta el día cuando el remanente diga: "Bendito el que viene en el nombre del Señor" (Mt. 23:39).

BIBLIOGRAFÍA SELECTA

Barclay, William, "Mateo", *Comentario al Nuevo Testamento* (Terrassa: Editorial Clie, 1995).

Baltz, Horst y Schneider, Gerhard, *Diccionario exegético del Nuevo Testamento*, dos volúmenes (Salamanca: Ediciones Sígueme, 1996 y 1998).

Broadus, John A., *Comentario sobre el Evangelio según Mateo*, traducido por Sarah H. Hale (Monterrey, México, s.f.)

Carson, David A., "Matthew", *The Expositor's Bible Commentary*, Frank E. Gaebelein ed. gen., vol .8 (Grand Rapids: Zondervan Publishing House, 1984).

Davies, W. D. y Allison, Dale C. hijo, "The Gospel According to Saint Matthew", *The International Critical Commentary*, vol. 1 y 2 (Edimburgo: T. & T. Clark, 1994).

Hoehner, Harold W., *Herod Antipas: A Contemporary of Jesus Christ* (Grand Rapids: Zondervan Publishing House, 1980).

Josefo, Flavio, "Antiquities of the Jews", *Complete Works*, XVIII, vol. 2 (Grand Rapids: Kregel Publications, 1974).

Machen, J. Gresham, *The New Testament: An Introduction to its Literature and History* (Edimburgo: The Banner of Truth, 1997).

Maier, Paul L., *Josefo: Las Obras Esenciales* (Grand Rapids: Editorial Portavoz, 1994).

McNeile, Alan Hugh, "The Gospel According to Matthew", *Thornapple Commentaries* (Grand Rapids: Baker Book House, 1980).

Morris, Leon, *The Gospel According to Matthew* (Grand Rapids: Eerdmans Publishing Company, 1992).

Nelson, Wilton M. y Rojas Mayo, Juan, *Nuevo diccionario ilustrado de la Biblia* (Miami: Editorial Caribe, 1998).

Plummer, Alfred, "An Exegetical Commentary on the Gospel According to St. Matthew", *Thornapple Commentaries* (Grand Rapids: Baker Book House, 1982).

Scott hijo, J. Julius, *Jewish Backgrounds of the New Testament* (Grand Rapids: Baker Books, 1995).

Unger, Merrill F., *Archaeology and the New Testament* (Grand Rapids: Zondervan Publishing House, 1962).

4

El precursor de Jesús el Mesías (3:1-12)

Juan el Bautista o "el bautizador" nació en la pequeña villa de Ein Karen (cerca de Jerusalén) quizá por el año 6 a.C. Su padre, Zacarías, era sacerdote y su madre, Elisabet, era parienta de María la madre de Jesús (vea Lc. 1:5, 36). No se sabe nada ni de su niñez ni de su juventud. Lo primero que se sabe de él, como se narra en los Evangelios, es su aparición en el río Jordán, probablemente en la región de Perea,[1] para bautizar a los que se identificasen con su mensaje.

La importancia de Juan el Bautista es incuestionable a juzgar por la declaración que Jesús el Mesías hizo de él.

"De cierto os digo: Entre los que nacen de mujer no se ha levantado otro mayor que Juan el Bautista; pero el más pequeño en el reino de los cielos, mayor es que él" (Mt. 11:11).

Precisamente el evangelista Marcos comienza su relato con el ministerio de Juan el Bautista y con las dos referencias que de él hace el Antiguo Testamento (Is. 40:3-5; Mal. 3:1). Juan parece haber sido físicamente fuerte y enfático. Una especie de Juan Knox del siglo I. Proclamó con fuerza "el camino del Señor" a una generación dura de cerviz al estilo de Elías en tiempos de Acaz y Jezabel. Tanto Elías como Juan vivieron en tiempos de apostasía y rebeldía.

El nacimiento de Juan también fue por intervención divina, puesto que Elisabet, su madre, era estéril (Lc. 1:7). De igual manera su nombre le fue dado por el ángel del Señor (Lc. 1:13). Su nacimiento tuvo lugar seis meses antes que el del Señor (quizá por el año 6 a.C.) Fue separado como nazareo en conformidad con la orden del ángel (Lc. 1:15, vea Nm. 6:1-21). Todo lo que se sabe de él entre su presentación y el comienzo

---

1. Harold W. Hoehner, *Herod Antipas: A Contemporary Of Jesus Christ* (Grand Rapids: Zondervan Publishing House, 1980), p. 55.

de su ministerio es resumido por Lucas con estas palabras: "Y el niño crecía, y se fortalecía en espíritu; y estuvo en lugares desiertos hasta el día de su manifestación a Israel" (Lc. 1:80).

Su ministerio comenzó, según Lucas "en el decimoquinto año del imperio de Tiberio César" (Lc. 3:1). El apóstol Juan dice de manera escueta: "Hubo un hombre enviado por Dios, el cual se llamaba Juan". La expresión que el evangelista Juan usa cuando dice: "Hubo un hombre" (*egéneto ánthropos*) describe la aparición súbita de Juan el Bautista. Cuando nadie lo esperaba, de pronto, allí apareció aquel predicador vestido con indumentaria del desierto, como la que vistió Elías. La presencia de Juan debió de haber sorprendido a muchos. Los líderes religiosos deseaban saber quién era aquel hombre extraño. Enviaron una delegación con una lista de preguntas que Juan contesto de manera escueta y tajante. Afirmó que él no era el Mesías. Solo era el heraldo o el precursor. Su mensaje era contundente, lleno de pasión y fuego y con la fuerza que el Espíritu Santo da a sus siervos (Jn. 1:19-28).

Hoy día vivimos en tiempos de apostasía e indiferencia. Tiempos como los de Elías o Juan el Bautista. Cuán importante y necesario es que haya hombres que solo estén llenos del temor de Dios y de su Espíritu para proclamar el mensaje del Rey como lo proclamó Juan.

Aquel hombre duro y firme de carácter tuvo una tremenda influencia sobre sus contemporáneos. El Nuevo Testamento otorga una gran importancia a Juan el Bautista y su ministerio. Él fue el heraldo o precursor del Mesías (Mr. 1:2). Su muerte conmovió a Jesús más que ningún otro acontecimiento (Mt. 14:1-13). El historiador Josefo dice que "Herodes temía que la influencia de Juan produjese una rebelión y por ello fue encarcelado en el castillo de Maqueronte y allí fue ejecutado".[2]

El ministerio de Juan no era popular en el sentido de que no tuvo éxito en influir para que la mayoría del pueblo se volviese a los caminos del Señor. Juan el Bautista denunciaba el pecado y evidentemente, esa no es la manera de ganar popularidad en una comunidad o nación. En la vida de Juan se demostró con claridad que quien denuncia el pecado tiene que preparase para pagar el precio. Su trabajo lo llevó a la cárcel (Mt. 4:12) y a la postre, a la muerte (Mt. 14:3-12). En ese sentido, el siervo no está por encima de su Señor.

A lo largo de esta exposición se ha dicho que Mateo es el Evangelio real puesto que presenta al Rey y su Reino venidero. Se ha considerado su genealogía que demuestra impecablemente que Jesús el Mesías, como hijo adoptivo de José, tiene derecho absoluto al trono de David. Se ha estudiado también el profundo tema de la concepción virginal y su nacimiento. Se ha considerado el maravilloso cuadro del pesebre y el niño rodeado de los sabios orientales que le han buscado siguiendo la dirección sobrenatural de una estrella, hasta encontrarlo y adorarlo. Se ha observado, también, la providencia divina en la preservación de la vida del Niño, librándolo de la mano malévola de Herodes. Ahora, en la siguiente sección se prestará atención a la voz del precursor y heraldo del Rey Mesías, es decir, Juan el Bautista.

---

2. Flavio Josefo, "Antiquities of the Jews", *Complete Works*, XVIII, V, 2 (Grand Rapids: Kregel Publications, 1974), pp. 382-383.

LA PRESENCIA DE JUAN EL BAUTISTA (3:1-5)

*"En aquellos días vino Juan el Bautista predicando en el desierto de Judea, y
diciendo:*
Arrepentíos, porque el reino de los cielos se ha acercado,
pues éste es aquel de quien habló el profeta Isaías, cuando dijo:
Voz que clama en el desierto,
Preparad el camino del Señor,
Enderezad sus sendas" (3:1-3).

Durante cuatrocientos años había habido un silencio profético. De pronto aparece
Juan el Bautista. La voz de un moderno Elías se escucha y muchos quedan sorprendidos
y perplejos. La frase inicial: "En aquellos días" (*en dè tais heimérais ekeínais*) puede
despistar al lector casual o descuidado. Entre los acontecimientos del capítulo 2 y
del capítulo 3, han transcurrido unos 25 años (vea Lc. 3:1-2). De modo que debemos
tomar dicha frase de un modo general. "Todo lo que el evangelista quiere decir es que
fue cuando Jesús todavía vivía en Nazaret que Juan apareció en el desierto de Judea".[3]
Ciertamente Mateo no está interesado en aportar los datos históricos que aporta Lucas
(3:1-7).

"Vino Juan el Bautista predicando en el desierto de Judea". El verbo "vino"
(*paragénetai*) significa "venir", "llegar", "estar presente". Aquí es un presente
histórico.[4] El verbo está en tiempo presente pero su función es de un pretérito. El
evangelista Mateo describe la aparición de Juan el Bautista como si saltase a la escena
como un adulto y completamente equipado. Mateo, por lo tanto, asume que sus lectores
están familiarizados con Juan. La teoría crítica tocante a que Juan tuvo relación con la
comunidad de los esenios o con la secta que habitaba en las cuevas de Qumrán es una
hipótesis que no ha sido demostrada. La existencia de esa secta se ha dado a conocer
mediante los rollos del Mar Muerto pero ni Mateo ni los otros evangelistas sugieren
que eso haya ocurrido. No existe indicio alguno de que Juan el Bautista haya tenido
relación directa con las sectas de Qumrán.[5]

Mateo no explica el origen de la venida del Precursor. Solo declara que: "vino...
predicando en el desierto de Judea". Es el apóstol Juan quien nos proporciona el
verdadero origen de su venida: "Hubo un hombre enviado de Dios, el cual se llamaba
Juan" (Jn. 1:6). Y todo lo relacionado con aquel profeta confirma la realidad de esa
declaración. Predicó con la convicción nacida de la comunión con el Dios viviente.
Davies y Allison señalan que el primer Evangelio destaca tres características
sobresalientes de Juan el Bautista:[6]

---

3. R. V. G. Tasker, *The Gospel According to St. Matthew*, p. 46.
4. Vea Alan Hugh McNeile, "The Gospel According to St Matthew", p. 24. El presente histórico
   se usa para dar vivacidad o efecto dramático a la oración. El escritor a veces se imagina que él
   o sus lectores están presentes y están contemplando un suceso pasado. Narra el acontecimiento
   pasado como si estuviese ocurriendo en ese momento. Ese es el propósito y la función del presente
   histórico.
5. Vea Donald A. Hagner, "Matthew 1-13", *World Biblical Commentary* (Dallas: Word Books, 1993),
   pp. 46-47.
6. W. D. Davies y Dale C. Allison hijo, "Matthew", *International Critical Commentary*, pp. 289-
   290.

1. Juan es el precursor de Jesús, el mensajero enviado para preparar a Israel para su encuentro con el que ha de venir.
2. Mateo presenta la completa subordinación de Juan el Bautista a Jesús. Esa subordinación que es particularmente manifiesta en 3:11-12, 14 y en 11:2-6, está implícita en el ministerio de Juan como precursor, porque es su tarea asignada señalar hacia otro (3:11-12).
3. Mateo presenta un alto grado de paralelismo entre Juan y Jesús (vea Lc. 1).
   a. Ambos dicen cosas similares (vea 3:2; 4:17; 12:34; 23:33).
   b. Ambos se enfrentan a los fariseos y saduceos (vea 3:7-10; 12:3-4).
   c. Ambos llaman al arrepentimiento a la misma generación (11:16-19).
   d. Ambos actúan con la autoridad del cielo (21:23-32).
   e. Ambos son reconocidos como profetas (11:9; 14:5; 21:11, 26, 46).
   f. Ambos son rechazados y ejecutados como criminales (14:1-11; 27:38, 39).
   g. Ambos fueron sepultados por sus propios discípulos (14:12; 27:57-61).

Solo el primer Evangelio presenta a Juan el Bautista y a Jesús proclamando la realidad del "reino de los cielos". Mateo dice que Juan el Bautista vino "predicando" (*keirysson*). La traducción "predicando" no es totalmente correcta. El verbo *kerýsso* significa "ser un heraldo" o "proclamar como heraldo". Mateo usa ese vocablo para Juan, Jesús y para los discípulos. Enfatiza el carácter vinculante, oficial y legal de la proclamación.[7]

Juan apareció, por lo tanto, como un heraldo. Su cometido era anunciar un acontecimiento. Es decir, proclamar como un heraldo la proximidad del reino. Al hacerlo, Juan actuaba como el embajador o el precursor del Rey. Su tarea era preparar el camino al Mesías.

Y diciendo: "Arrepentíos, porque el reino de los cielos se ha acercado". La proclamación de Juan era directa, precisa y enfática. "Arrepentíos" (*metanoeîte*) es el presente imperativo, voz activa de *metanoéo* que significa "cambiar de manera de pensar". Quizá sea de ayuda observar algunas cosas que dicho vocablo ***no quiere decir***. No significa sentirse triste por el pecado cometido. El énfasis de dicho vocablo en el texto griego no está en los sentimientos, sino sobre la mente o en el propósito de aquel que se arrepiente. El término griego significa. "Tener una idea a posteriori" o "cambiar de mente". El heraldo, por lo tanto, hacía un llamado a los israelitas a cambiar su modo de pensar respecto de sus pecados y su culpabilidad. Verse a sí mismos como pecadores bajo el juicio del Señor por su rebelión contra Él.

Tampoco el vocablo "Arrepentíos" significa "prometer hacerlo mejor". En el A.T. era el vocablo común para expresar el regreso del pueblo de Israel al Señor. En ese sentido es equivalente al vocablo hebreo *shub* o *teshubah* (vea Os. 14:1-2; Jer. 3.12-14; Ez. 33:11). Estaba relacionado con la posición pactada que Israel tenía con Jehová. De hecho, el arrepentimiento de Israel quería decir que la nación regresaba al Señor en su condición pecaminosa y regresaba al pacto establecido entre el Señor y la simiente de Abraham. Esa era la esencia de la proclamación de Juan el Bautista.

---

7. Fritz Rienecker, *A Linguistic Key to the Greek New Testament*, vol. I, traducido y revisado por Cleon Rogers hijo (Grand Rapids: Zondervan Publishing House, 1980), p. 6.

El término "arrepentimiento" no es muy diferente en su significado del vocablo "creer" como puede deducirse de la descripción que el apóstol Juan hace del ministerio de Juan el Bautista: "Este vino por testimonio, para que diese testimonio de la luz, a fin de que todos *creyesen* por él" (Jn. 1:7). *Arrepentimiento* enfatiza el lado negativo de la salvación, mientras que *creer* enfatiza el lado positivo. El *Arrepentimiento* es muy apropiado para quienes se han rebelado en contra de una posición pactada previamente establecida.

En segundo lugar, ¿qué significa la expresión *el reino de los cielos*? Aunque el sustantivo "reino" puede tener diferentes connotaciones, difícilmente podría dudarse que aquí se refiera al Reino mesiánico, es decir, al Reino milenario. El reino eterno de Dios ha estado siempre presente y no puede decirse de este que "se ha acercado" en Cristo. El hecho de que en el Antiguo Testamento dicha expresión en la mayoría de los casos se refiere al Reino mesiánico da apoyo a esta identificación. Puesto que Juan no explica el significado de dicho término, puede decirse que su intención es que sus oyentes entiendan que se refiere *al Reino* en el sentido común de dicho vocablo, es decir, tal como el pueblo judío lo comprendía.

En tercer lugar, ¿qué significa la expresión *se ha acercado*? Simplemente expresado, lo que Juan el Bautista quiere decir es que el Reino de Dios es inminente. Aquello que era futuro para los santos del Antiguo Testamento ahora "se ha acercado" (Mr. 1:15). "El reino ha venido sobre ellos" (*efh' hymâs hei basileía tou theoû*). En las palabras y las obras de Jesús se ha acercado, porque Él es el Rey Mesías prometido. Lo único que resta es su manifestación pública en gloria y poder (vea Mt. 16:28). Eso ocurrirá cuando la nación responda a su Señor (vea. Lc. 19:11; Hch. 3:19-21). Algunos de los maestros de Israel enseñaban precisamente eso. El exegeta escocés William Barclay explica con lujo de detalles el concepto del arrepentimiento y dice lo siguiente:

> Hay una última creencia judía en relación con el arrepentimiento, y es la que debe haber estado en la mente de Juan. Algunos, a lo menos, de los maestros judíos enseñaban que si Israel se pudiera arrepentir perfectamente aunque solo fuera por un día, vendría el Mesías. Era solo la dureza del corazón de la gente lo que retrasaba la venida del Redentor de Dios al mundo.[8]

Ese sentimiento, no cumplido hasta ahora, armoniza totalmente con la enseñanza de las Escrituras. Dios exige y aguarda el arrepentimiento de su pueblo escogido para derramar sus bendiciones sobre él (2 Cr. 7:14) y la mayor de todas esas bendiciones será la venida en gloria del Mesías (Mi. 4).

El evangelista Mateo relaciona la venida de Juan el Bautista con la profecía del Antiguo Testamento, tal como lo hace a través de su composición. Mateo cita Isaías 40:3 y explica que ese texto armoniza con la obra de Juan. Las palabras de Isaías, originalmente, formaban parte del mensaje de consolación dado a los exiliados en Babilonia quienes regresarían a su propia tierra bajo la guía y protección de su Dios en el futuro. Y ese regreso estaba relacionado con la venida de su Dios por su reino. Ese regreso y ese reino han de cumplirse a través del ministerio del Mesías, el Señor

---

8. William Barclay, "Mateo", volumen 1, pp. 74-75.

Jesucristo, de acuerdo con Mateo. El ministerio de Juan el Bautista es el de embajador y heraldo del Rey y desde esa óptica de Mateo, el versículo de Isaías se refiere a Juan.

LA POPULARIDAD DE JUAN EL BAUTISTA (3:4-6)

"Y Juan estaba vestido de pelo de camello, y tenía un cinto de cuero alrededor de sus lomos,
y su comida era langostas y miel silvestre.
Y salía a él Jerusalén, y toda Judea, y toda la provincia de alrededor de Jordán,
y eran bautizados por él en el Jordán,
confesando sus pecados" (3:4-6).

Dice Mateo que: "Juan estaba vestido de pelo de camello". En el texto griego la frase es enfática. Dice: "Este Juan", como si estuviese señalándole con su dedo, llevaba un manto hecho de pelo de camello. Su vestidura no era para manifestar que era un asceta ni tampoco para demostrar que imitaba a los profetas del Antiguo Testamento. Juan quería recordar al pueblo el ministerio del profeta Elías. Llamó al pueblo al desierto, es decir, al lugar de disciplina y de arrepentimiento. El profesor William L. Lane de la Universidad de Western Kentucky ha captado correctamente la importancia del ministerio de Juan el Bautista en el desierto. Dice:

El arrepentimiento en la proclamación de Juan está condicionado por la acción de Dios, quien está a punto de entrar en la historia de una manera definitiva. La oportunidad y la urgencia del arrepentimiento yacen en el hecho de que aquel que bautizará con el Espíritu Santo está muy cerca. Cuando la gente oye el llamado de Juan a salir a él en el desierto, hay mucho más implicado que una mera contrición y confesión. Ellos regresan a un lugar de juicio, el desierto, donde la condición de Israel como hijo amado de Dios tiene que ser restaurada mediante el cambio de orgullo por humildad. La decisión de volver al desierto significa el reconocimiento de la historia de Israel como una de desobediencia y rebelión y un deseo de comenzar de nuevo. La proclamación de Juan del perdón de los pecados proporciona la seguridad de que Dios extiende tanto gracia como juicio. Es en el contexto de juicio y gracia que el pueblo de Jerusalén y Judea sale al desierto para ser bautizado por Juan.[9]

La dieta de Juan el Bautista era la que consumía una persona pobre en su tiempo. La langosta era un insecto comestible, permitido por la ley mosaica (vea Lv. 11:20-23). "Incluso hay beduinos y los habitantes pobres de Arabia, África y Siria, según se sabe, la comen cruda, asada o hervida".[10] En tiempos de Juan, comer langostas y miel silvestre simplemente significaba que prefería o que estaba limitado a la simple dieta de un hombre con recursos limitados. Tal vez se podría comparar a un trozo de pan con café con leche en nuestros días.

9. William L. Lane, "Commentary on the Gospel of Mark", *The International Commentary of the New Testament* (Grand Rapids: Eerdmans Publishing Company), pp. 50-51.
10. Davies y Allison, "Mateo", *International Critical Commentary*, p. 296; vea también John A. Broadus, *Comentario sobre el Evangelio según Mateo*, p. 50.

Ese alimento sencillo refleja la sinceridad del mensaje que proclamaba y daba un toque de realidad a su anuncio de los juicios catastróficos que vendrían sobre su generación. Sus pensamientos iban dirigidos hacia "los celestiales" no hacia "los terrenales". Evidentemente Juan *sabía* que el corazón endurecido no se quebranta con una caricia sino con un golpe. Y ese golpe es más eficaz si es efectuado por alguien cuya motivación no puede ser cuestionada. Juan el Bautista era el hombre de Dios, con el mensaje de Dios, en el tiempo y el lugar escogido por Dios.

"Y salía a él Jerusalén, y toda Judea, y toda la provincia alrededor del Jordán, y eran bautizados por él en el Jordán, confesando sus pecados" (3:5-6).

El ministerio de Juan produjo una conmoción general y grandes resultados en lo que respecta a números. Fue capaz de mover a toda la comunidad alrededor de él. Ese "hombre de fuego" no balbuceaba los gastados clichés y las monótonas fórmulas de los escribas y fariseos. No gastaba su tiempo en infructuosas discusiones teológicas. Hablaba con convicción y la gente se agolpaba para oírlo. ¡Oír las denuncias que hacía de ellos!

Hay algunas preguntas que contestar en esta coyuntura. La primera: ¿Cuál es el origen del bautismo de Juan? Algunos han seguido la pista hasta los ritos de la purificación del Antiguo Testamento y otros lo han llevado al bautismo de prosélitos. Pero el bautismo de prosélitos implicaba la circuncisión del candidato, su auto inmersión y una ofrenda en el templo. El bautismo de Juan era diferente del mencionado antes en dos aspectos: (1) Juan bautizaba a los candidatos. El texto dice que los que venían "eran bautizados por él" (*kaí ebaptídsonto en toî Iordánei potamoî hyp' autoû*). De ahí se deriva su nombre, el Bautista. (2) Juan bautizaba a Israelitas, no simplemente a gentiles. No es, pues, exagerado decir que su bautismo era radicalmente algo nuevo. La segunda pregunta es: ¿Qué relación había entre el bautismo de Juan y el perdón de pecados? Algunos han defendido que el rito del bautismo confería remisión de los pecados. Leen la referencia de Marcos 1:4, dando énfasis a la frase "predicando bautismo de arrepentimiento *para perdón de pecados*", ligando la expresión "para perdón" directamente con "el bautismo". Esa interpretación viola el espíritu de toda la Palabra de Dios, en la que la bendición espiritual nunca se relaciona con algún acto físico. Además violenta otras declaraciones del Nuevo Testamento tocante al mensaje y ministerio de Juan (vea Lc. 1:77-78). En realidad, en la expresión que Marcos usa "la remisión" o "el perdón" de los pecados está relacionada con el arrepentimiento, no con el bautismo. Es "arrepentimiento con miras a la remisión de pecados" (*metanoías eis àphesin hamartiôn*), y no bautismo para la remisión (perdón) de pecados. El bautismo era solo un símbolo externo de la realidad interna del arrepentimiento. Que ese es el significado que Juan quiso darle es confirmado mediante la instrucción que da a los fariseos y saduceos: "Haced, pues, frutos dignos de arrepentimiento" (Mt. 3:8), no "fruto digno de bautismo".

El reconocido escritor y teólogo Leon Morris, ha expresado clara y convincentemente el significado del bautismo de Juan con las palabras siguientes:

El acto característico de Juan era el bautismo y eso es lo que le da el nombre de "el Bautista". Puesto que los cristianos familiarizados con el bautismo solo como una ceremonia religiosa, somos dados a pasar por alto algo de su significado. Pero el verbo significa "meter bajo un líquido", "zambullir" y en la voz pasiva "ahogarse", se usa tocante a un barco en el sentido de hundirse (Josefo lo usa de las multitudes que acudieron a Jerusalén cuando la ciudad fue sitiada: La gente inundó la ciudad). No debemos perder de vista esta enfática descripción. El bautismo significa muerte a una manera de vida total (vea Ro. 6:3). Los judíos empleaban el bautismo para recibir a gentiles como prosélitos, pero ¡El aguijón de la práctica de Juan fue que la aplicó a los judíos! La expresión "por él" indica que Juan realmente administraba el bautismo y no actuaba como un simple testigo mientas que los penitentes se auto bautizaban. Lo que ellos hacían era confesar sus pecados (vea 1:21). Mateo describe el ministerio total de Juan como un llamado a las personas a arrepentirse de sus pecados en preparación por la venida del Mesías de Dios (quien les salvaría de sus pecados, 1:21). La confesión es una parte integral de ese proceso. Cuando alguien de verdad se arrepiente, lo confiesa.[11]

La tercera pregunta es ¿fue el llamado de Juan al arrepentimiento hecho a la nación como nación o tuvo que ver también con un llamado a la salvación individual? Ciertamente tuvo que ver con ambos. No puede haber un verdadero arrepentimiento nacional aparte del arrepentimiento de los individuos en la nación. Por supuesto, debe recordarse que la salvación que Juan proclamaba pertenecía al antiguo pacto. Las relaciones con nuestro Señor introducidas por la venida del Espíritu el día de Pentecostés no fueron conocidas por sus discípulos. Eso se pone de manifiesto cuando se hace una consideración de Hechos 19:1-7, donde se relata la experiencia de Pablo con ciertos discípulos de Juan el Bautista.

LA PROCLAMACIÓN DE JUAN EL BAUTISTA (3:7-12)

Seguidamente Mateo explica el contenido y las condiciones del mensaje expuesto por Juan el Bautista:

> *"Al ver él que muchos de los fariseos y de los saduceos venían a su bautismo, les decía:*
> *¡Generación de víboras! ¿Quién os enseñó a huir de la ira venidera?*
> *Haced, pues, frutos dignos de arrepentimiento, y no penséis decir dentro de vosotros mismos:*
> *A Abraham tenemos por padre;*
> *porque yo os digo que Dios puede levantar hijos a Abraham aun de estas piedras.*
> *Y ya también el hacha está puesta a la raíz de los árboles;*
> *por tanto, todo árbol que no da buen fruto es cortado y echado en el fuego"*
> *(3:7-10).*

Entre la gran multitud que salió a escuchar a Juan el Bautista había un buen número de fariseos y saduceos. Mateo se concentra en ellos en los versículos citados. El origen de los fariseos no está claramente determinado. Las fuentes para el conocimiento de

11.   Leon Morris, *The Gospel According to Matthew*, pp. 55-56.

dicha secta son: El Nuevo Testamento, Josefo y los escritos rabínicos. Se cree que el vocablo "fariseo" proviene del hebreo *"paresh"* o del arameo *"perash"* que significa "alguien que se aparta o se separa". Pero no se sabe a ciencia cierta de qué se separaban los adeptos a dicho grupo. Lo que sí se sabe es que eran ritualistas y apegados a la letra de la ley. En el Nuevo Testamento se mencionan algunos nombres de fariseos. Entre ellos Nicodemo, José de Arimatea, Saulo de Tarso (Pablo) y Gamaliel. El Señor Jesucristo tuvo varios encuentros dialécticos con los fariseos.[12]

Con el origen de lo saduceos ocurre otro tanto. Las fuentes de información también son el Nuevo Testamento, Josefo y los escritos rabínicos. Hay quienes trazan su origen a la familia sacerdotal de Sadoc. Otros lo llevan al vocablo hebreo *saddiq* que significa "justo" o "recto".[13] Los saduceos eran los racionalistas del Nuevo Testamento. Negaban la resurrección, la existencia de los ángeles y los milagros, entre otras cosas (vea Mt. 22:23-33, Hch. 23:8).

En los versículos bajo consideración tenemos un cuadro muy instructivo de los fariseos, los ritualistas y de los saduceos, los racionalistas de Israel. ¡Esa era la gran jerarquía religiosa! Las palabras que Juan usa para describirlos: "¡Generación de víboras! (*gennéimata echidôn*). La Reina—Valera 1960 dice que: "venían a su bautismo" (*erchoménous epì to bàptisma*). Una mejor traducción sería "venían para (*epí* con el acusativo) su bautismo". Es decir, venían "para" ser bautizados pero no se habían arrepentido genuinamente y Juan, como profeta que era, detectó la hipocresía de ellos.

Las palabras de Juan son enfáticas e ilustran la valentía del precursor del Mesías. Es cierto que Juan era "la voz de uno que clama en el desierto". Juan era "la voz" no "un eco" (Mt 3:3). No estaba en su agenda el uso de palabras melosas. La expresión "generación de víboras" era un recordatorio del pecado y de la naturaleza depravada, corrupta y rebelde que hay en el ser humano. Aquellos religiosos tenían las Escrituras y las conocían en teoría. Pero una cosa es conocer la teoría y otra conocer la realidad. Una cosa es conocer la realidad y otra es vivirla.

En la persona de Juan el Bautista era como si de pronto el espíritu de los profetas de la antigüedad se hubiese revivido después de cuatrocientos años de silencio. Ahora, en su brusco y casi fiero mensaje Dios habla a través de su vocero a aquellos religiosos, intelectuales y distinguidos personajes. Ya Isaías había llamado a sus padres: "Príncipes de Sodoma" (Is. 1:10). Juan no los estaba regañando cuando los llama: "generación de víboras" sino que los acusaba de corrupción moral y depravación espiritual de la peor clase.

Seguidamente, Juan les formula la gran pregunta: "¿Quién os enseñó a huir de la ira venidera?" (*tis hypñedieken hymên phygeîn apò teîs melloûseis orgeîs?*) El verbo "enseñó" (*hypèdeiken*) es el aoristo indicativo de *hypodeiknumi*. Este es un verbo compuesto de *hypo* que es una preposición que funciona como prefijo y significa "debajo" y *deiknumi* que significa "mostrar", "exhibir". De modo que el vocablo *hypodeiknumi* significa "mostrar secretamente", "mostrar mediante una ruta", "dar una dirección".[14] Juan pregunta a los religiosos que supuestamente habían ido a él

---

12. Vea J. Julius Scott hijo, *Jewish Backgrounds of the New Testament* (Grand Rapids: Baker Books, 1995), pp. 202-206.

13. *Ibíd.*, pp. 206-208.

14. Vea G. Abbott-Smith, *A Manual Greek Lexicon of the New Testament* (Edimburgo: T. & T. Clark, 1994), p. 460.

"confesando sus pecados" (*exomologoúmenoi tas hamartías autôn*), es decir, para hacer un reconocimiento público de sus pecados, admitiendo que habían "fallado el blanco": "¿Quién os mostró la ruta para huir de la ira venidera?"

La pregunta debió sacudir las entrañas de aquellos guías religiosos. Las Escrituras dan ejemplos de "huidas" (vea Zac. 14:5; Am. 5:19; Mt. 24:20; Ap. 6:15-16), pero aquí se trata de "huir" (*phygeîn*) "de la ira venidera". "De" (*apò*) con el caso genitivo significa "fuera de". Es decir que Juan el Bautista hace una referencia concreta a la ira escatológica de Dios que aún está por venir (*teîs melloúseis orgeîs*) sobre la nación de Israel y sobre el mundo incrédulo que oye pero rechaza el mensaje de salvación. La ira venidera, por lo tanto, se refiere a la intervención escatológica del Señor llamado **el día de Jehová** (vea Am. 5:18; Jl. 2:1, 11, 31; Mal. 4:1-6; 2 Ts. 1:10). Como ya se ha señalado aquellos fariseos y saduceos fueron para ser bautizados pero no se habían arrepentido de sus pecados genuinamente. A través de su Evangelio, Mateo destaca la hipocresía de ellos.

Juan advierte con estas palabras: "Haced, pues, frutos dignos de arrepentimiento". En el texto griego dice "fruto" no "frutos" como se lee en la Reina—Valera 1960. El vocablo "fruto" sugiere que hagan lo que le agrada a Dios, o sea, que produzcan evidencia de un genuino arrepentimiento. Un arrepentimiento que no se traduce en buenas obras en conformidad con las Escrituras no es un arrepentimiento auténtico (vea Ro. 2:17-29; Stg. 2:14-26).

Los dirigentes religiosos judíos se daban "golpe de pecho" diciendo que eran "simiente de Abraham", es decir, se auto atribuían méritos raciales y genealógicos que nada tenían que ver con la fe limpia en Jehová y con el arrepentimiento de los pecados que agrada a Dios (vea Mi. 6:6-8).

"Y no penséis decir dentro de vosotros mismos: A Abraham tenemos por padre; porque yo os digo que Dios puede levantar hijos a Abraham aun de estas piedras" (Mt. 3:9).

La expresión "y no penséis decir" (*kaì meì dóxeite légein*) es muy enfática. El verbo "penséis" (*dòxeite*) es el aoristo subjuntivo precedido de la partícula negativa. Esa es una manera peculiar del idioma griego de dar un mandamiento. Es como si Juan el Bautista dijese a sus oyentes: "Que ni se les ocurra pensar decir tal cosa". Es una advertencia tajante. Una prohibición sin paliativos. Los únicos méritos que Dios acepta y de los que se agrada son los de Jesucristo.

Con referencia a la habilidad divina de "levantar hijos a Abraham de estas piedras", probablemente Juan estaba señalando a las piedras en los márgenes del río Jordán o a las que estaban abundantemente esparcidas en el desierto. Hay en esas palabras una reveladora referencia a la pretenciosa referencia de confianza en la ascendencia racial. Quizá también haya una referencia a la extensión del evangelio a los gentiles (vea Jn. 8:39). Las palabras de Juan eran apropiadas para quienes pensaban que: "Todos los israelitas tienen una porción en el mundo venidero por el simple hecho de ser hijos de Abraham". Creían, además, que Abraham estaba sentado delante de la puerta del infierno para hacer regresar a cualquier israelita que hubiese sido sentenciado a esa terrible condición.

La inmediatez del juicio venidero es sugerida por la declaración del versículo 10:

"Y ya también el hacha está puesta a la raíz de los árboles;
por tanto, todo árbol que no da buen fruto es cortado y echado en el fuego"
(Mt. 3:10).

El hacha yace junto a la raíz de los árboles con miras a comenzar su obra de juicio. "Los árboles" simbolizan a personas y el juicio es individual, abarca todo lo estéril e infructífero. Nada que no sea fruto genuino prevalecerá para librarlos. Lo que ha ocurrido históricamente, se desarrolla tristemente en Romanos 11:16-24, donde el apóstol Pablo habla en detalles de "el desgajar de las ramas naturales" del tronco del pacto abrahámico a causa de la incredulidad de la nación.

Hay dos verbos importantes usados en 3:10. El primero traducido "está puesta" (*keîtai*), es el perfecto, indicativo, voz pasiva de *títheimi* que significa "poner", "yacer", "colocar". El tiempo perfecto sugiere una acción completada con resultados perdurables, el modo indicativo sugiere la realidad de la acción, la voz pasiva (en este contexto) parece ser la voz pasiva de majestad. "El hacha ha sido colocada a la raíz (por un acto soberano de Dios) y permanece colocada para ejecutar su acción judicial en cualquier momento". El otro verbo importante se traduce "es cortado" (*ekkóptetai*) es el presente, indicativo, voz pasiva de *ekkópto*. Dicho presente realiza la función de futuro y se le llama "presente futurístico". Esa forma verbal sugiere una acción inminente. La idea es que "todo árbol que no da buen fruto será cortado (irremisiblemente) y [será] echado en el fuego". La advertencia es enfática de principio a fin. Obsérvese que el adverbio "ya" (*éidei*) aparece al principio de la oración,[15] (vea Is. 10:33-34). El juicio será completo. Afectará al árbol en su totalidad. Los fariseos y saduceos no se consideraban pecadores y por lo tanto, pensaban que estaban exentos de juicio. Obsérvese también la expresión "por tanto" (*oûn*) que aparece en 3:8 y es traducida "pues" en la Reina—Valera 1960, pero lo tanto en 3:8 como en 3:10 es el mismo vocablo (*oûn*) y significa "por lo tanto". En 3:8 presenta el mandamiento a "hacer frutos" dignos de arrepentimiento". En 3:10, establece las consecuencias de no hacer o dar buen fruto.[16]

La expresión "y echado en el fuego" (*kaì eis pyr Bàlletai*) debe tomarse dentro del contexto en el que aparece. El mensaje de Juan el Bautista tenía por finalidad preparar a Israel para recibir al Rey Mesías. La idea central tiene que ver con el hecho de que Dios está haciendo los preparativos para limpiar su programa de las obras muertas de Israel.

Los dirigentes de Israel pensaban que podrían conseguir el favor de Dios mediante la producción de obras muertas producto de ritos religiosos hipócritas. Tal como un árbol muerto que no da fruto es cortado y quemado, así también todo aquel que no produce fruto producto de una fe viva que agrada a Dios es cortado. De modo que quien no desea ser cortado como árbol infructífero debe producir buen fruto, es decir, obras que procedan de una fe viva, agradable a Dios (Stg. 2:17-18).

En los últimos versículos de esta sección, Mateo presenta el tema de la promesa del futuro bautismo del Espíritu Santo y con fuego. Es un pasaje verdaderamente conmovedor que invita a la reflexión:

---

15. La sintaxis griega es flexible. Por lo general, se coloca al principio aquello que se quiere enfatizar aunque se rompa el orden normal de la sintaxis.
16. Vea Davies y Allison, "Matthew", p. 310.

"Yo a la verdad os bautizo en agua para arrepentimiento;
pero el que viene tras de mí, cuyo calzado yo no soy digno de llevar, es más
poderoso que yo;
él os bautizará en Espíritu Santo y fuego. Su aventador está en su mano, y
limpiará su era;
y recogerá su trigo en el granero, y quemará la paja en fuego
que nunca se apagará" (3:11-12).

En estos dos versículos Juan el Bautista compara su ministerio con el del Mesías a quien Juan se refiere como "el que viene" (*ho...erchómenos*). Dicha expresión, el participio activo del verbo *érchomai*, se usa a través del Nuevo Testamento como un título mesiánico (vea Mt. 11:3; Lc. 3:16; Jn. 4:25).

El ministerio de Juan el Bautista era simbólico y preparatorio. Él mismo afirma que: (1) No era el Cristo, (2) ni Elías, (3) ni el profeta. Sin embargo confesó que era la "voz de uno que clama en el desierto" y manda a los hombres "enderezar el camino del Señor". Su bautismo es en agua "para arrepentimiento" (*eis metánoian*), es decir, "con miras al arrepentimiento". El bautismo del Mesías es "en el Espíritu Santo y fuego. La referencia al bautismo en el Espíritu Santo y fuego (3:11) tiene que ver con la naturaleza purificadora del bautismo del Espíritu, no con la naturaleza primitiva del mismo.

Jesús hará mucho más por los bautizados que lo que podría hacer Juan. Juan podría exigirles que se arrepintieran, pero Jesús les traería el Espíritu Santo".[17]

Por supuesto, la referencia señala al gran acontecimiento del día de Pentecostés. Ese día la Iglesia fue establecida como cuerpo de Cristo en la tierra (Hch. 2:1-4). Juan evidentemente, reconoce la gran diferencia entre su bautismo como un acto externo y el bautismo efectuado por el Mesías.[18] El bautismo en el Espíritu Santo tiene que ver con regeneración y santificación. El bautismo del Mesías es para aquellos que están preparados por la fe en Él para formar parte de su Reino.

Hay algo muy horroroso y aterrador en el pesado estribillo al final de los tres versículos que han sido considerados (10, 11, 12). Los tres terminan con la expresión "fuego". Se ha hablado del significado de dicho vocablo en el versículo 11. En los versículos 10 y 12, sin embargo, claramente vislumbra el día del juicio o el "día de Jehová". El día apocalíptico de juicio que vendrá sobre el mundo incrédulo. En capítulos posteriores de este Evangelio se darán más detalles tocante a ese tiempo (vea Mt. 13:36-43; 47-51). No es de sorprenderse que Juan no contemple el intervalo entre la primera y la segunda venida del Señor y presenta a ambas en el mismo contexto. En los grandes pasajes proféticos del Antiguo Testamento no hay perspectiva. La primera venida y la segunda venida del Mesías se describen en el mismo contexto.

---

17. Leon Morris, *The Gospel According to Matthew*, p. 61.
18. La frase "él os bautizará" es enfática. Mateo usa el pronombre *autós* de manera pleonástica, es decir, el pronombre está implícito en el verbo, pero Mateo lo repite por razón de énfasis. La frase en sí dice: "Él mismo y no otro os bautizará".

Muchas veces los profetas consideran en un mismo pasaje dos acontecimientos que cronológicamente están separados por siglos.

En el vesículo 12, el evangelista usa la figura de un granjero recogiendo su cosecha. Tiene "su aventador en su mano" (*oû to'ptúon en teî cheiri autoû*). El aventador era una especie de pala dentada con el que el granjero lanzaba al viento las espigas con el grano. El viento se encargaba de llevarse la paja y solo el grano quedaba en el granero. El grano de trigo era recogido y la paja era quemada.

El texto dice: "Y limpiará su era" (*kaì diakatharieî teìn hálona autoû*). El verbo limpiará es compuesto (*día + katharídso*). *Katharídso* significa limpiar, pero con el prefijo *dia* su significado se amplia y entonces significa "limpiar completamente", "limpiar absolutamente". El verbo está en futuro indicativo y señala la ejecución de una acción a través de un resultado definido. Evidentemente la figura señala el juicio futuro que el Mesías efectuará sobre la nación de Israel. Los rebeldes e incrédulos serán destruidos y el remanente fiel que ha puesto su confianza en el Mesías será librado y bendecido en el Reino del Mesías (vea Mi. 7:14-20; Zac. 13:7-9). "y recogerá su trigo" se refiere al remanente que será salvo y en el cual el Mesías cumplirá las promesas que Dios hizo a los patriarcas.

RESUMEN

En Mateo 3:1-12, el evangelista presenta el ministerio del heraldo o embajador del Mesías, Juan el Bautista. Juan apareció súbitamente en el desierto de Judea, posiblemente en la región de Perea.

Su apariencia y su indumentaria debieron recordar a su auditorio el ministerio de Elías. Su mensaje fue escueto y contundente: "Arrepentíos porque el reino de los cielos se ha acercado". La cuestión del arrepentimiento no era ajena a la experiencia del pueblo de Israel. En el Antiguo Testamento muchas veces los profetas llamaron al pueblo a "volverse" o "convertirse a Jehová". Solo que el pueblo no obedecía el mensaje de los profetas, quizá con la excepción de un remanente fiel.

Juan anuncia que "el reino de los cielos se ha acercado". Ninguno de sus compatriotas cuestiona a Juan o le pide explicaciones tocantes al significado de "el reino de los cielos". Ellos sabían que Juan les hablaba del reino del Mesías prometido en el Antiguo Testamento. Juan no podía referirse al Reino eterno de Dios porque ese Reino siempre ha estado cerca, siempre ha existido (vea Sal. 145:13). Juan anuncia el acercamiento del reino prometido a David (Jer. 23:5). Ese reino es el que el ángel Gabriel anunció a María (Lc. 1:30-32).

Para entrar en el Reino del Mesías es necesario nacer de nuevo. Eso requiere un cambio de modo de pensar (arrepentimiento) y confesión de los pecados de tal manera que el individuo ponga su fe en el Mesías, aquel que vino a "salvar a su pueblo de sus pecados" (Mt 1:21). Juan recrimina a los fariseos y saduceos por su hipocresía. Todavía pensaban que con reclamar la descendencia de Abraham lo tenían todo resuelto.

Juan les anuncia que aquel que pone su fe en el Mesías será bautizado "en Espíritu Santo y fuego", es decir regenerado y purificado. Pero quien rechaza al Mesías será separado como la paja se separa del trigo y tendrá que sufrir la condenación eterna. El mensaje de Juan el Bautista fue claro y directo. Juan era un predicador valiente y por encima de todo, buscaba la honra y la gloria de Aquel "cuyo calzado no era digno de llevar".

EL BAUTISMO DE JESÚS EL MESÍAS (3:13-17)

Mateo 3:13-17 contiene la narración del bautismo de Jesús el Mesías por Juan el Bautista. Un acontecimiento sorprendente a la luz del hecho de que los que venían a Juan para ser bautizados eran personas llenas de pecado. El bautismo de Juan era "con miras al arrepentimiento" o "para arrepentimiento" (*eís metánoian*). Jesús el Mesías, por supuesto, no tenía ningún pecado de que arrepentirse. Los que venían a Juan para ser bautizados "confesaban" sus pecados, es decir, públicamente reconocían que eran pecadores. Jesús el Mesías, no tenía pecado alguno que confesar. En Él no había pecado (1 Jn. 3:5).

Quienes sinceramente se arrepentían de sus pecados y los confesaban públicamente daban a entender que estaban preparados para entrar en el Reino del Mesías. Aquellos, como los fariseos o los saduceos, que eran hipócritas y no confesaban ni se arrepentían de sus pecados sinceramente no estaban aptos para entrar en el Reino y sufrirían la condenación. Juan estaba separando el trigo de la paja. El árbol que no da fruto será cortado y echado al fuego.

El bautismo de Jesús el Mesías tiene otro carácter, otra explicación, otro sentido que es considerado a continuación:

"Entonces Jesús vino de Galilea a Juan al Jordán, para ser bautizado por él.
Mas Juan se le oponía, diciendo: Yo necesito ser bautizado por ti
*   ¿y tú vienes a mí?*
Pero Jesús le respondió: Deja ahora, porque así conviene que
*   cumplamos toda justicia.*
Entonces le dejó.
Y Jesús, después que fue bautizado, subió luego del agua;
*   y he aquí los cielos fueron abiertos,*
y vio al Espíritu de Dios que descendía como paloma,
y venía sobre él. Y hubo una voz de los cielos, que decía:
Este es mi Hijo amado, en quien tengo complacencia" (3:13-17).

El bautismo fue la segunda crisis en la vida de Jesús el Mesías. La primera fue la huída a Egipto para escapar de la furia del rey Herodes. El bautismo es relatado en los cuatro Evangelios canónicos. Pero entre el nacimiento y el bautismo de nuestro Señor hay un período de la vida del Mesías del que se sabe poco. A pesar de la poca información, hay algunas pistas y sugerencias que permiten al estudiante entender algo de la vida obediente de nuestro Señor Jesucristo. Los otros Evangelios aportan la siguiente información:

1. La infancia de Jesús (Lc. 2:21-39): El Señor es circuncidado al octavo día. La circuncisión es un rito que lo señalaba como un heredero de las bendiciones del pacto abrahámico (vea Ro. 4:9-12). Ahí comienza en la esfera de su carne un progreso de la santidad a la obediencia santa (He. 5:8).
2. La niñez de Jesús (Lc. 2:40, 41-51): La niñez del Señor es relatada en un solo versículo del Evangelio de Lucas: "Y el niño crecía y se fortalecía y se llenaba de sabiduría; y la gracia de Dios era sobre él" (Lc. 2:40).
   El verbo "crecía" está en el tiempo imperfecto (una acción continúa en el

pasado). Es un término amplio usado por Lucas para referirse al crecimiento general del Señor. Las tres expresiones siguientes amplían el alcance de su crecimiento (a) "se fortalecía" se refiere al aspecto físico, (b) "se llenaba de sabiduría" y (c) "la gracia de Dios era sobre él" Se refiere a los aspectos mental y espiritual. Había una hermosa armonía en el desarrollo humano del Señor. Abarcaba todas las facetas de su ser.

3. La juventud del Señor (Lc. 2:52): "Y Jesús crecía en sabiduría y en estatura, y en gracia para con Dios y los hombres". En el último versículo del capítulo dos, Lucas resume la juventud del Dios hombre. El vocablo sabiduría (*sophía*) incluye su crecimiento moral e intelectual, mientras que "en estatura" (*heilikía*) apunta a su desarrollo físico y "en gracia" (*cháriti*) sugiere su crecimiento espiritual. El crecimiento en cada una de esas facetas atestigua de la completa humanidad del Rey Mesías. Él era perfecto en cada uno de los aspectos de su vida terrenal.

4. La tierra y el hogar del Señor (2:51). El hogar de nuestro Señor durante los 18 años anteriores a su manifestación ante Israel fue la ciudad de Nazaret. A veces se ha pensado que Jesús vivió en una condición un tanto recóndita, o sea, en un ambiente olvidado y retrógrado para su tiempo. Nazaret, sin embargo, estaba bien metida en el centro de una constante actividad y de acontecimientos mundiales. Estaba en el cruce de los caminos que conducían de este a oeste y de norte a sur. Estaba situada cerca de Séforis, una colonia romana y por muchos años la capital de Herodes. Aquella ciudad, aunque pequeña en tamaño, era un espectador interesada en la marcha del imperio.

5. Su ocupación (Mr. 6:3): "¿No es este el carpintero, hijo de María, hermano de Jacobo, de José, de Judas y de Simón?" Aprendió el oficio de su padre legal y fue un experto en el manejo de las herramientas y del arte de la carpintería.

6. Su apariencia física (Ap. 1): La única descripción de Jesús se encuentra en Apocalipsis capítulo 1. Esa, sin embargo, es una descripción simbólica. Puesto que no hay ninguna descripción de su apariencia física, es de suponerse que debió parecerse a un judío palestino promedio. Es cierto que los rabinos tenían un alto criterio de la apariencia externa de un judío correcto, especialmente de un maestro. Eran capaces de formular duras críticas si no se cumplía el criterio. Una opinión era que el reflejo de la presencia divina solo descendía sobre un hombre alto y fuerte físicamente. Evidentemente, el Señor cumplió ese criterio puesto que no se registra ninguna crítica de Él al respecto. Su vida al aire libre y sus frecuentes viajes a pie por los duros caminos de la tierra de Israel dan testimonio de su fortaleza física.

7. Su conocimiento y comprensión (Jn. 7:15): "Y se maravillaban los judíos diciendo: ¿Cómo sabe éste letras, sin haber estudiado?" La referencia, sin duda, era al hecho de que Jesús no había asistido a las escuelas rabínicas. Pero seguramente José había enseñado a su hijo la Torah desde la edad temprana, tal como era la costumbre. No es de dudarse que hubiese asistido a alguna escuela de Nazaret. Seguramente podía hablar arameo y griego, los idiomas usados en las actividades diarias. También podía leer la Biblia en hebreo (vea Lc. 4:16-22). Sus enseñanzas asombraban a los oyentes como nadie había podido hacerlo (Jn. 7:46).

Resumiendo: Aunque no hay mucho escrito en el Nuevo Testamento respecto de los años de vida de nuestro Señor entre su nacimiento y su manifestación a Israel, de lo poco que hay podemos espigar que tanto durante su niñez como su juventud y su edad adulta demostró vivir en íntima comunión con el Padre celestial. Demostró ser el hombre perfecto y vivió la clase de vida que el Padre anhela que todos sus hijos vivan.

El relato del bautismo del Rey abarca Mateo 3:13-17. El nacimiento de Jesús el Mesías tuvo lugar por el año 6 a.C., durante el reinado del emperador César Augusto. Fue en el tiempo del apogeo de la llamada Pax Romana. Roma y su ejército mantenían la paz en el mundo. Augusto murió en el año 14 d.C. El Señor tenía unos 20 años de edad. Unos diez años después se escuchó la voz profética de Juan el Bautista, después de cerca de 400 años de silencio. Jesús supo que la hora del comienzo de su ministerio había llegado.

"Entonces Jesús vino de Galilea a Juan, al Jordán, para ser bautizado por él"
  (3:14).

El vocablo "entonces" (*tóte*) es un favorito de Mateo. Lo usa 90 veces a través del Evangelio. Equivale a decir: "La próxima cosa que les voy a relatar". Mateo, evidentemente sigue un orden concreto en la estructuración de su Evangelio.

Cuando Jesús llegó y se sometió a sí mismo para ser bautizado, Juan insistentemente intentó impedírselo. Juan el Bautista sentía una profunda convicción del carácter único de Aquel que tenía delante. No es posible determinar si la reacción de Juan se debió a su relación con Jesús (Lc. 1:36), o si fue el resultado de su propia gran sensibilidad espiritual (Mt. 3:7). De todas maneras, parece ser que con su respuesta Juan quiso decir algo así: "¿Cómo es posible que teniendo yo necesidad de tu bautismo en el Espíritu Santo y fuego tú vengas a mí para que yo te bautice?"

La respuesta de Jesús a Juan consiste de las primeras palabras del Mesías registradas por Mateo: "Pero Jesús le respondió: Deja ahora, porque conviene que cumplamos toda justicia. Entonces le dejó" (3:15). La frase "porque conviene que cumplamos toda justicia" constituye una verdadera *crux interpretum* del pasaje. ¿Qué quiso decir Jesús con esta declaración? Algunos famosos comentaristas entre los que se encuentran Gaebelein,[19] Campbell Morgan,[20] Plummer[21] y Feinberg,[22] opinan que Jesús se bautizó para identificarse con el remanente piadoso del pueblo judío. Pero como señala Toussaint: "Esa interpretación no encaja claramente con el significado de "cumplir toda justicia". Identificarse con el pueblo de Dios podía ser un **resultado** de cumplir toda justicia, pero a duras penas podría decirse que era el propósito del bautismo de Jesús.[23]

---

19. Arno C. Gaebelein, *Gospel of Matthew*, vol I (Wheaton: Van Kampen Press, 1910), p. 74.
20. G. Campbell Morgan, *The Crisis of the Christ* (Old Tappan, N.J.: Fleming H. Revell Co., 1936), pp. 120-121.
21. Alfred Plummer, "An Exegetical Commentary on the Gospel According to Matthew", pp. 30-31.
22. Charles Feinberg, *Premillennialism o millennialism?* (Wheaton: Van Kampen Press, 1954), p. 30.
23. Stanley Toussaint, *Behold the King*, p. 72.

Otros opinan que el bautismo de Cristo fue su consagración al sacerdocio.[24] Pero esa sugerencia tampoco explica satisfactoriamente el significado de "cumplir toda justicia". El reconocido exegeta Archibald T. Robertson sugiere que el bautismo tenía por finalidad unir el ministerio de Juan con el de Jesús.[25] Aunque eso podría ser cierto, todavía no explica el significado de la frase clave "cumplir toda justicia".

La partícula "porque" es explicativa. "Así conviene" (*pre'pon estín*) quiere decir "es propio", "es conveniente", "es lo adecuado", "lo correcto". La expresión "que cumplamos" (*heirmîn pleirôsai*) es un infinitivo, tiempo aoristo y señala a un acto específico. El pronombre *heirmin* es el acusativo de referencia general y se refiere a Jesús y a Juan. La idea es que era lo propio o lo adecuado que en el bautismo de Jesús "se cumpliese toda justicia". La frase, sin duda, tiene un significado general. Señala que en la vida terrenal de Jesús, Él, voluntariamente se sujetó a las ordenanzas que pertenecían a los hombres ya fuesen seculares o religiosas. Jesús se sometió obedientemente a las leyes del Antiguo Testamento y también a las leyes del gobierno civil. Ambas leyes son estipuladas por Dios. Tanto Juan como Jesús estaban implicados en aquel cumplimiento: "conviene que cumplamos" (*heimîn pleirôsai*). El adverbio "ahora" (*árti*) "muestra que esta condición de estar en sujeción a todas las ordenanzas pertenecientes a los hombres debe contrastarse con algún otro tiempo. En este caso un tiempo posterior cuando Jesús será glorificado".[26] Viene el día cuando todos se someterán a Él y tendrán que doblar las rodillas en reconocimiento y adoración delante de su santa presencia (Sal. 72:9-11; Fil. 2:9-11). El bautismo de Jesús, por enigmático que pareciese para Juan el Bautista como también para los cristianos a través de los siglos, tiene implicaciones teológicas importantes. Esas implicaciones no fueron la causa de su bautismo sino los resultados.

Como resultado de haber cumplido toda justicia, Él se identificó con la nación de Israel. Así como fue circuncidado sin necesitar echar fuera "el cuerpo pecaminoso carnal" (Col. 2:11) así también fue bautizado por Juan "para cumplir toda justicia" no porque tuviese que confesar los pecados. El bautismo era una fase de su humillación bajo la ley, tal como lo fue la circuncisión y la presentación en el templo (Lc. 2:21-38).

Otro resultado de su bautismo fue su inauguración al *oficio mesiánico*. Su ministerio mesiánico históricamente comenzó aquel día cuando se sometió para ser bautizado por Juan y así cumplir toda justicia.

El bautismo de Cristo es la ilustración de la meta de su ministerio. Cuando descendió a las aguas del Jordán y emergió de ellas, lo más probable es que eso era un símbolo de su muerte. Cuando se lee las palabras de Mateo 20:22, se puede observar que el Señor se refiere a su muerte como un "bautismo". Ese es el único versículo en el que el Señor interpreta su bautismo y lo relaciona con su muerte. De modo que el bautismo de Juan presagia su muerte. El Calvario es su bautismo para muerte. La gran comisión es un mandato a predicar con miras a unir a los hombres con su muerte.

---

24. Lewis S. Chafer, *Teología sistemática*, tomo II (Dalton, Georgia: Publicaciones Españolas, 1974), pp. 507-517.
25. A. T. Robertson, *Word Pictures of the New Testament*, tomo I, pp. 28-29.
26. Stanley Toussaint, *Behold the King*, p. 72-73.

Pablo, en Romanos 6, explica el tema en sus detalles teológicos. Juan el Bautista presenta, por otro lado, un cuadro del gran acontecimiento de la cruz.

Resumiendo, el propósito del bautismo de Jesús el Mesías era "que se cumpliese toda justicia". Es decir, Él vino a cumplir todos los preceptos tanto divinos como humanos. Su sometimiento fue completo y total. Pero el bautismo del Señor tuvo varios resultados: (1) Su identificación con el remanente que vino a salvar. (2) La confirmación y convalidación del mensaje de Juan por el mismo Mesías. Jesús puso el sello de su aprobación al mensaje de Juan respecto de la cercanía del Reino. Mediante su bautismo, Jesús públicamente confirmó que el mensaje de Juan era del todo correcto. (3) Otro resultado del bautismo de Jesús fue la manifestación a Israel de su Mesías. En el Evangelio de Juan, Jesús es presentado por el Bautista como "el cordero de Dios que quita el pecado del mundo" (Jn. 1:29). Los israelitas que oyeron esas palabras debieron haber pensado en la liberación de la esclavitud en Egipto. Ahora, frente a ellos, estaba Aquel que sería el sacrificio final y definitivo, no para cubrir sino para quitar el pecado de todo pecador que viene a Él. (4) Finalmente, otro resultado del "cumplimiento de toda justicia" fue el hecho de que el Mesías fue "ungido con el Espíritu Santo y poder" (Hch. 10:37-38), para la ejecución de su ministerio terrenal. Aquel que había de cumplir las promesas hechas por Dios a los patriarcas.

Hubo una reacción celestial al acto del bautismo de Jesús el Mesías que Mateo narra en 3:16-17.

"Y Jesús, después que fue bautizado, subió luego del agua;
y he aquí los cielos fueron abiertos, y vio al Espíritu de Dios que descendía como
*   paloma,*
y venía sobre él. Y hubo una voz de los cielos, que decía:
Este es mi Hijo amado, en quien tengo complacencia" (3:16-17).

Después del acto visible del bautismo "los cielos fueron abiertos" y después de eso siguió una visión y una voz. En este cuadro hay varias claves importantes tocante al significado del bautismo de Jesús. La visión del descenso del Espíritu como paloma sobre Jesús el Mesías es el cumplimiento de las palabras tocante del siervo de Jehová: "He aquí mi siervo, yo le sostendré, mi escogido, en quien mi alma tiene contentamiento; he puesto sobre él mi Espíritu; él traerá justicia a las naciones". Es su **ungimiento**, como el Señor experimentó y los apóstoles predicaron. No pudo haberlo expresado con mayor claridad que ese ungimiento significa su inauguración al oficio de Mesías que cuando se puso en pie en la sinagoga y leyó Isaías 61:1: "El Espíritu de Jehová el Señor está sobre mí, porque me ungió Jehová; me ha enviado a predicar buenas nuevas a los abatidos, a vendar a los quebrantados de corazón, a publicar libertad a los cautivos, y a los presos apertura de la cárcel". En Lucas 4:21 añadió: "Hoy se ha cumplido esta escritura delante de vosotros".

La venida del Espíritu fue su ungimiento y su ungimiento fue su inauguración al oficio de Mesías, su encomendación como el siervo de Jehová. Puesto que la paloma es un ave de sacrificio, es apropiado que el Espíritu haya venido a Él en esa forma. Es por la capacitación del Espíritu que Él llevará a cabo su ministerio de expiación y sustitución por los pecados del mundo.

La voz del cielo, la confirmación de la visión, era una especie de señal de coronación del Siervo sufriente. La voz era una combinación del Salmo 2:7, el Salmo del Rey mesiánico, e Isaías 42:1, una referencia al Siervo sufriente. El énfasis de las palabras tenía por objeto recordarle que había nacido para sufrir. Dichas palabras son un adelanto de su destino, una síntesis de gobernar y sufrir de un valor incomparable. El pasaje termina con el maravilloso cuadro de la Santísima Trinidad. Algo de trascendental importancia Padre, Hijo y Espíritu Santo están presentes. La voz del Padre expresa su enfática aprobación. En el texto griego dice: "Este (y no otro) es el Hijo de mi amor en quien me he complacido". Podría decirse que ese era el resultado final del bautismo de Jesús el Mesías, es decir su confirmación como Hijo apto para ocupar el trono mesiánico. En su bautismo, el Mesías es divinamente autenticado en cuanto a su persona.

BIBLIOGRAFÍA SELECTA

Abbott-Smith, G., *A Manual Greek Lexicon of the New Testament* (Edimburgo: T. & T. Clark, 1994).

Barclay, William, "Mateo", *Comentario al Nuevo Testamento* (Terrassa: Editorial Clie, 1995).

Broadus, John A., *Comentario sobre el Evangelio según Mateo*, traducido por Sarah H. Hale (Monterrey, México, s.f.)

Campbell Morgan, G., *The Crisis of the Christ* (Old Tappan, N.J.: Fleming H. Revell Co. 1936).

Chafer, Lewis S., *Teología sistemática*, tomo II (Dalton, Georgia: Publicaciones Españolas, 1974).

Davies, W. D. y Allison, Dale C. hijo, "The Gospel According to Saint Matthew", *The International Critical Commentary*, vol. 1 y 2 (Edimburgo: T. & T. Clark, 1994).

Feinberg, Charles, *Premillennialism o amillennialism?* (Wheaton: Van Kampen Press, 1954).

Gaebelein, Arno Clemens, *Gospel of Matthew*, vol. I (Wheaton: Van Kampen Press, 1910).

Hagner, Donald A., "Matthew 1-13", *Word Biblical Commentary*, David A. Hubbard et al. editor general (Dallas: Word Books Publishers, 1993).

Hoehner, Harold W., *Herod Antipas: A Contemporary of Jesus Christ* (Grand Rapids: Zondervan Publishing House, 1980).

Josefo, Flavio, "Antiquities of the Jews", *Complete Works*, XVIII, vol. 2 (Grand Rapids: Kregel Publications, 1974).

Lane, William L., "Commentary on the Gospel of Mark", *The International Commentary of the New Testament* (Grand Rapids: Eerdmans Publishing Company).

Morris, Leon, *The Gospel According to Matthew* (Grand Rapids: Eerdmans Publishing Company, 1992).

Plummer, Alfred, "An Exegetical Commentary on the Gospel According to St. Matthew", *Thornapple Commentaries* (Grand Rapids: Baker Book House, 1982).

Rienecker Fritz, *A Linguistic Key to the Greek New Testament*, traducido y revisado por Cleon Rogers hijo, vol. 1 (Grand Rapids: Zondervan Publishing House, 1976).

Scott hijo, J. Julius, *Jewish Backgrounds of the New Testament* (Grand Rapids: Baker Books, 1995).

Tasker, R. V. G., "The Gospel According to St. Matthew", *Tyndale New Testament Commentaries* (Grand Rapids. Eerdmans Publishing Company, 1981).

5

La tentación de Jesús el Mesías (4:1—11)

"Contra el telón de fondo del desierto, 'con las fieras' (Mr. 1:13), dos figuras solitarias luchan por un premio gigantesco, el reino de Dios y las almas de los hombres. Uno de ellos está sujeto al Espíritu de Dios, el otro, es el espíritu infernal, Lucifer en persona. Uno es el postrer Adán, el que hace desandar lo andado por el primer Adán. El paraíso perdido tiene que convertirse en el paraíso recuperado".[1]

Samuel Lewis Johnson

El próximo acontecimiento en la vida de Jesús el Mesías que Mateo relata es la tentación. Después de haber registrado que nuestro Señor posee los derechos legales al trono de David (Mt. 1:1-2) y que en el momento de su bautismo recibió la aprobación celestial, Mateo se dispone a demostrar que está moralmente calificado para ser el Rey mesiánico.

EL ASPECTO PERSONAL DE LA TENTACIÓN (4:1-2)

"Entonces Jesús fue llevado por el Espíritu al desierto, para ser tentado por el diablo.
Y después de haber ayunado cuarenta días y cuarenta noches, tuvo hambre"
(4:1-2).

La tentación tuvo lugar inmediatamente después del bautismo de nuestro Señor a manos de Juan y después de haber recibido la aprobación del Padre celestial. El texto dice que "lo próximo en orden" (*tóte*) es el hecho que: "Jesús fue llevado por el Espíritu al desierto". El verbo "llevado" es el aoristo indicativo, voz pasiva de *anágo*

---

1. *Bibliotheca Sacra*, oct.-dic., 1966, p. 342.

que significa "llevar" o "guiar". El Espíritu es el agente o instrumento que lleva a Jesús al desierto, pero sin duda alguna, el Señor no puso resistencia a la acción del Espíritu Santo. El Espíritu lo llevo "al desierto" (*teìn éreimon*). El desierto es el sitio de prueba. Allí el Señor se enfrentó al gran enemigo de Dios y de las almas de los hombres, es decir, al mismo Satanás. "Totalmente debilitado físicamente se enfrentó al enemigo acérrimo, es decir, a Satanás".[2]

"Para ser tentado por el diablo" (*peirastheîmai hypò toû diabólou*). El aoristo infinitivo, voz pasiva (*peirastheîmai*) es traducido "para ser tentado". Dicha frase expresa el propósito de ser llevado al desierto. "Por el diablo" (*hypò tou diabólou*) señala que el agente de la tentación es el mismo diablo. El sustantivo "diablo" significa "calumniador". El Señor fue "sometido a la prueba" (*peirastheîmai*) por el "maestro" de esa actividad, el mismo que causó la caída del primer Adán en el Huerto del Edén.

> Las tentaciones que Jesús confrontó fueron esfuerzos serios del Maligno para robarle al mundo su Redentor. Satanás había tenido éxito en llevar al primer Adán a pecar con el fin de que hiciese falta un Redentor. Ahora ataca al segundo Adán, Jesucristo, en un esfuerzo por frustrar su obra de redención.[3]

De manera un tanto paradójica para la mente humana, el mismo Espíritu santo con que el Señor bautizaría, el mismo que descendió sobre Él es el que lo lleva al desierto para ser probado. Ese hecho apunta, sin duda, a la completa sumisión de Jesús el Mesías a la voluntad del Padre celestial.

Jesús el Mesías le hace frente al gran enemigo de Dios a quien Mateo le llama "diablo" (*diabólos*) que significa "calumniador". Las Escrituras también le llaman Satanás que significa "adversario", "acusador", "opositor" (Zac. 3:1-2; Mt. 4:10; 12:26; 16:23). En otro lugar se le llama Beelzebú (Mt. 10:25; 12:24, 27), que quiere decir: "príncipe de los demonios". En Mateo 6:13 se le llama "el maligno" y en 13:39 "el enemigo". Para él está preparado "el fuego eterno" (Mt. 25:41).

J. Dwight Pentecost, profesor de exposición bíblica en el Seminario Teológico de Dallas, hace la siguiente observación respecto de la tentación:

> Puesto que Cristo estaba bajo el completo control del Espíritu y puesto que el propósito de la tentación era demostrar su impecabilidad y así probar su derecho moral de ser el Soberano-Salvador, debe reconocerse que Jesús era el agresor en la tentación. Él obligó a Satanás a ponerlo a prueba para que su verdadero carácter fuese revelado. (Eso explica por qué estuvo cuarenta días en el desierto antes de que la tentación comenzase. Satanás procuró evadir la confrontación). Una espera mayor de cuarenta días hubiese significado una concesión de que Jesús era el Impecable.[4]

2. *Ibíd.*, p. 346.
3. G. J. Albrecht y M. J. Albrecht, "Matthew", *People's Bible Commentary* (St. Louis: Concordia Publishing House, 1996), p. 47.
4. J. Dwight Pentecost, *The Words and Works of Jesus Christ* (Grand Rapids: Zondervan Publishing House, 1981), p. 97.

La tentación del Señor debe producir una reflexión seria y profunda en todo aquel que lea cuidadosamente el relato. Una pregunta importante es: ¿Por qué o con qué finalidad fue tentado Jesús? La respuesta a esa pregunta es que nuestro Señor fue tentado con la finalidad de demostrar que estaba moralmente calificado para ser el Rey Mesías. Su carácter justo fue probado y el resultado fue una rotunda demostración de su capacidad moral para sentarse en el trono de David.

Otra cuestión importante relacionada con la tentación y que constituye la gran pregunta formulada por los teólogos es la siguiente: ¿Es Jesucristo impecable? Todo aquel que ha leído la Biblia debe saber que Cristo nunca pecó. El Nuevo Testamento enseña esa verdad repetidas veces (vea 2 Co. 5:21; He. 4:15; 1 Jn. 3:5). La santidad del Señor, sin embargo, se extiende más allá del hecho de no haber pecado.[5] La gran pregunta es: ¿Era Cristo incapaz de pecar? Es decir, ¿era Cristo impecable? La respuesta que se dé a esas preguntas es de vital importancia en teología.

Es sumamente importante recordar que nuestro Señor es una **Persona divina**. Él no era dos personas sino una sola persona, la segunda persona de la Trinidad, que tomó para sí o se apoderó de una naturaleza humana. No era una persona humana elevada a la categoría de la divinidad. Jesús el Mesías es una Persona divina quien a raíz de su encarnación adoptó una naturaleza humana con características humanas sin dejar de ser Dios. Él es Emmanuel, es decir. "Dios con nosotros". El apóstol Juan lo expresa claramente cuando dice: "En el principio era el Verbo, y el Verbo era con Dios y el Verbo era Dios" (Jn. 1:1).

La respuesta a la pregunta "¿Era Cristo incapaz de pecar?" recibe un rotundo **sí** de parte de muchos teólogos conservadores quienes entienden que Cristo era impecable, es decir, que **Él era non potest peccare** (no podía pecar). Hay otros, sin embargo, que afirman que si bien es cierto que Cristo "nunca pecó", Él solo era "capaz de no pecar" (**potest non peccare**). John F. Walvoord, quien fuera por muchos años presidente del Seminario Teológico de Dallas, ha escrito lo siguiente:

> El punto de vista de que Cristo pudo pecar se designa con el término de "pecabilidad". La doctrina que dice que Cristo no podía pecar se llama: "Impecabilidad de Cristo". Partidarios de ambos puntos de vista están de acuerdo en que Cristo no pecó pero los que apoyan su pecabilidad creen que sí pudo hacerlo, mientras que los que apoyan su impecabilidad creen que no, debido a la presencia de la naturaleza divina.[6]

Otra importante pregunta que surge al respecto es ¿Puede una persona **impecable** ser tentada? La respuesta es sí. Una persona impecable es **tentable**. La explicación se encuentra en el hecho de que Cristo es una Persona divina que posee dos naturalezas. Él posee la naturaleza divina propia de su Persona divina y la naturaleza humana que tomó a raíz de su encarnación. O sea que en Cristo hay lo que los teólogos llaman la **unión hipostática**. Eso quiere decir que en la persona de Cristo coexisten dos naturalezas, la humana y la divina sin amalgamarse ni mezclarse. La unión hipostática forma parte del misterio de la encarnación de la segunda Persona de la Trinidad. Las

---

5. Samuel Lewis Johnson, "The Temptation of Christ", p. 342.
6. John F. Walvoord, *Jesucristo Nuestro Señor* (Puebla: Ediciones Las Américas, 2002), p. 131.

dos naturalezas en Cristo están unidas inseparablemente pero sin mezclarse ni perder su identidad particular. De manera que nuestro Señor es absolutamente Dios y perfecta humanidad. Las dos naturalezas coexisten en la Persona divina de Cristo para siempre. Esa enseñanza aparece en muchos pasajes del Nuevo Testamento (Fil. 2:6-11; Jn. 1:1-14; Ro. 1:2-5; 9:5; 1 Ti. 3:16; He. 2:14; 1 Jn. 1:1-3). Debe tenerse presente que Cristo es una Persona divina que, debido a que posee dos naturalezas, puede operar en dos niveles de autoconciencia. Sin embargo, como explica John Walvoord:

> Esa unión no debe definirse como que la deidad posee humanidad, porque le quitaría su lugar a su humanidad verdadera. Tampoco la deidad habita en la humanidad. Cristo no fue distinto de otros hombres solo en su grado de influencia divina, como proponen los liberales modernos. En su personalidad singular, Él tuvo dos naturalezas, una eterna divina y la otra humana engendrada en el tiempo. La unión de éstas no fue por simpatía o simple armonía de voluntad y operación. El hijo de Dios no se unió a una persona humana, sino a una naturaleza humana".[7]

Su naturaleza humana era **tentable**, pero su Persona divina era **impecable**. Una naturaleza no opera por sí sola. La naturaleza no tiene personalidad en sí misma. La naturaleza humana del Dios-hombre era tanto tentable como pecable. "La naturaleza divina no puede abandonar a la naturaleza humana, permitiéndole pecar, porque entonces la culpa se atribuiría en sí a toda la persona, pero podría dejar la naturaleza humana sola cuando no está implicado ni el pecado ni la culpa. Eso fue lo que hizo en la tentación. Por lo tanto, ser tentable depende de la susceptibilidad constitucional de la naturaleza humana y ya que Él era completamente humano aparte del pecado, Él era tentable. Una armada invencible puede ser atacada. Que Él fue realmente atacado y que su prueba se centró en la naturaleza humana es evidente por la declaración de que al final de la tentación "ángeles vinieron y le servían" (vea Mt. 4:11). La deidad no necesita, ni puede usar la ayuda de sus criaturas.[8]

Resumiendo todo, ¿Puede ser tentada una persona impecable? Otra vez es necesario recordar que Cristo era una Persona divina con dos naturalezas, la divina y la humana. Cristo no estaba en Adán. Su persona no fue en ningún sentido engendrada, siempre había existido como Dios. Por eso no podía haber ninguna atracción interna a pecar. Él fue tentado en la esfera de su humanidad (He. 4:15). Su Persona fue tentada **pero** la tentación fue posible **solo** porque Él poseía una naturaleza humana. Dios no puede ser tentado (Stg. 1.13), pero Cristo, el Dios hombre, pudo ser tentado por el hecho de que poseía una naturaleza humana. Un detalle importante que ya se ha mencionado pero que debe recordarse es que el Señor fue "guiado o llevado por el Espíritu al desierto". Eso sugiere que el Rey Mesías estaba en total sujeción a la voluntad de Dios. Por supuesto, no tenía que usurpar nada de la deidad, porque Él era Dios. En su humillación, sin embargo, se sometió totalmente a la voluntad del Padre celestial.

Él vino a participar "de carne y sangre" [a humanarse] "para destruir por medio de la muerte al que tenía el imperio [poder] de la muerte, esto es, al diablo… Pues

---

7. *Ibíd.*, p. 105.
8. Samuel Lewis Johnson hijo, "The Temptation of Christ", p. 343.

en cuanto él mismo padeció siendo tentado es poderoso para socorrer a los que son tentados" (He. 2:14, 18). Su prueba fue real y salió vencedor, demostrando así que moralmente está calificado para ser el Rey Mesías.

El evangelista Mateo señala que la tentación tuvo lugar al final de los cuarenta días de ayuno: "Y después de haber ayunado cuarenta días y cuarenta noches, tuvo hambre". Evidentemente, Satanás esperó a que el Señor sintiese una necesidad física para poner delante de Él la primera tentación. Solo Él supo lo que ocurrió, cuando ocurrió y cómo sucedió. Solo Él pudo haber relatado a sus discípulos la experiencia tanto en el desierto como en el pináculo del templo y en el "monte muy alto". Ciertamente, debió causar sorpresa en los apóstoles saber que el Cristo pudo ser tentado.

El ayuno era un ejercicio espiritual practicado en el Antiguo Testamento como señal de humillación delante de Dios (Sal. 35:13). Había quienes practicaban ayuno parcial y quienes practicaban ayuno total (Dn. 10:3). Sin duda, el Señor en la tentación practicó el ayuno total. Lucas dice: "y no comió nada en aquellos días" (4:2). Tal vez haya aquí el propósito de recordar la experiencia de Moisés (Éx. 34:28) y la de Elías (1 R. 19:8). El texto dice que después de esos cuarenta días de ayuno, el Señor "tuvo hambre". Pero el ayuno del Señor no tenía la finalidad de cumplir un simple requisito ritual, sino más bien era su preparación para la gran confrontación con el gran enemigo de Dios. El Rey Mesías experimentó una necesidad humana propia de su encarnación. Ya se ha observado que Él fue sujeto a las debilidades de la naturaleza humana, pero absolutamente **sin pecado.** El ayuno de larga duración evidentemente lo debilitó físicamente. Fue entonces cuando el Maligno inició su ataque contra Él.

No debe pasarse por alto el hecho de que Mateo desea destacar el encuentro entre el postrer Adán y Satanás. El primer Adán cayó a pesar de tenerlo todo en el Huerto de Edén. El postrer Adán fue llevado al desierto donde no había alimentos ni vegetación. La diferencia estriba en el hecho de que el primer Adán quiso independizarse de Dios. El postrer Adán, sin embargo, se sometió incondicionalmente a la voluntad del Padre celestial quien le había dado su aprobación en el momento de su bautismo (Mt. 3:17). La lucha que ocurría en aquel momento era de proporciones cósmicas: El Reino del Mesías frente al reino de Satanás.

No es de sorprenderse, pues, que el Señor Jesucristo estuviese cuarenta días y cuarenta noches en ayuno. Ese, sin duda, fue un tiempo de preparación espiritual y de comunión íntima con el Padre celestial. Recuérdese que el Señor fue tentado en la esfera de su humanidad. Lucas destaca el hecho de que estaba: "lleno del Espíritu Santo" (Lc. 4:1). Es decir, Jesús, en aquel momento crucial, está bajo el control del Espíritu Santo del cual fue lleno en el momento de su bautismo y del cual permaneció lleno durante todo su ministerio terrenal.

Moisés dice: "Cuando yo subí al monte para recibir las tablas de piedra, las tablas del pacto que Jehová hizo con vosotros, estuve entonces en el monte cuarenta días y cuarenta noches, sin comer pan ni beber agua" (Dt. 9:9). El gran legislador ayunó cuarenta días y cuarenta noches en preparación para recibir las tablas de la ley. Nuestro Señor también estuvo cuarenta días y cuarenta noches en aquel "terrible y espantoso desierto" para confrontar al Maligno. Aunque Satanás continuó atacando al Señor hasta el final de su ministerio terrenal (vea Mt. 13:19, 39; 16:23), esa primera derrota fue decisiva (vea Mt. 12:28-29).

La primera tentación tiene un carácter personal "Y vino el tentador y le dijo: Si eres

Hijo de Dios di que estas piedras se conviertan en pan" (Mt. 4:3). El astuto tentador comienza presentando al Señor la oportunidad de satisfacer su necesidad personal. Obsérvese que Mateo llama a Satanás "el tentador" (*ho peirádson*). Dicho vocablo es un participio con la función de sustantivo. Satanás está continuamente tentando. Esa es su característica esencial. "Las tres pruebas son variaciones de la gran tentación de remover su vocación mesiánica de la guía de su Padre y hacerla simplemente un llamado político".[9] La primera tentación tenía que ver con el cuerpo, es decir, con una necesidad física del Señor: "Si eres Hijo de Dios di a estas piedras que se conviertan en pan" (*ei huiòs eî toû theoû eipè hina hoy lithoi hoûtoi ártoi gñenontai*). El tentador relaciona las dos primeras tentaciones con lo ocurrido después del bautismo de Jesús. El Padre celestial había dicho: "Este es mi Hijo amado, en quien tengo complacencia" (Mt. 3:17).

Las palabras del Maligno están expresadas en una cláusula que comienza con una condicional de primera clase. El "si" que aparece al principio es la partícula *ei* seguida de un verbo en el modo indicativo. La traducción correcta debe ser: "Puesto que eres Hijo de Dios". La fuerza de la tentación radica en el hecho de que el Maligno asume que es verdad que el Señor es "Hijo de Dios". No expresa duda sino que afirma la realidad de la relación filial íntima entre el Padre celestial y el Hijo de su amor. "Si eres Hijo de Dios". Obsérvese que en el texto griego el sustantivo "Hijo" aparece al principio de la oración. Evidentemente, Satanás intenta desafiar al Señor diciéndole: "Puesto que Hijo eres de Dios, ordena que estas piedras se conviertan en pan".

La expresión: "Di a estas piedras que" equivale a "manda que estas piedras" es como si el tentador estuviese señalando con su índice a las piedras del desierto y desafía al Señor para que les ordene que se conviertan (*génôntai*, aoristo subjuntivo de *ginomai*) en pan. D. A. Carson hace la siguiente observación:

> Al mismo tiempo el hambre de Jesús nos introduce a un número de ironías a las que Mateo más o menos alude: Jesús tiene hambre (v. 2) pero alimenta a otros (14:13-21; 15:29-39), se cansa (8:24) pero ofrece descanso a otros (11:28), Él es Rey Mesías pero paga tributo (17:24-27), le llaman Beelzebú pero echa fuera demonios (12:22-32), Él muere la muerte del pecador pero vino a salvar a su pueblo de sus pecados (1:21), es vendido por treinta piezas de plata pero da su vida en rescate por muchos (20:28), no convertirá piedras en pan para sí mismo (4:3-4) pero entrega su propio cuerpo como pan para su pueblo (26:26).[10]

La primera tentación va dirigida contra la concupiscencia de la carne, la segunda contra el orgullo de la vida y la tercera contra la concupiscencia de los ojos (1 Jn. 2:16). Esas fueron las tres áreas de tentación en el Huerto del Edén (Gn. 3) y puede decirse, que esas son las tres áreas en las que toda tentación puede clasificarse. Un ejemplo elocuente de cómo la tentación opera puede verse en el caso de Acán (Jos. 7:21). Aquel hijo de la tribu de Judá **vio** (deseos de la carne), **codició** (deseos de los ojos), y **tomó** (vanagloria de la vida). Ese patrón sigue presente en nuestros días. La única solución

---

9. *Ibíd.*, p. 345.
10. D. A. Carson, "Matthew", *The Expositor's Bible Commentary*, vol. 8, p. 112.

es huir de la tentación y hacer frente al Maligno con el arma poderosa de la Palabra de Dios.

Como ya se ha señalado, Satanás no niega el hecho de que el Mesías es el Hijo de Dios sino que intenta saltar por encima de esa verdad. Los teólogos modernos hacen algo parecido. En muchos casos no niegan la inspiración de las Escrituras sino que ofrecen su propia definición de dicha doctrina. La Biblia, dicen, contiene la Palabra de Dios, pero no es la Palabra de Dios. La resurrección de Cristo es idealizada y no reconocida como un hecho histórico. Los milagros de la Biblia son relatos míticos, añadidos para impresionar a los lectores de la antigüedad. Lo primero que Satanás desea hacer es negar la autoridad de la Palabra de Dios (Gn. 3:1), y hacer que Dios quede en entredicho.

La prueba a la que el Maligno sometió al Mesías consistía de un intento de hacer que Jesús actuase independientemente de Dios Padre. Después de los cuarenta días de ayuno, el Señor tuvo hambre. El tentador le manda a convertir las piedras en pan en demostración de que era el Hijo de Dios. De modo que Satanás propone que Jesús use su prerrogativa divina independientemente de Dios Padre con el fin de satisfacer su necesidad de alimento.

"Él respondió y dijo: Escrito está: No solo de pan vivirá el hombre, sino de toda palabra que sale de la boca de Dios" (4:4).

El Señor responde al tentador con un contundente "escrito está" (*gégraptai*). Ese verbo es el tiempo perfecto, modo indicativo, voz pasiva de *gráfo* que significa "escribir". El tiempo perfecto indica una acción completada con resultados perdurables, el modo indicativo sugiere realidad. Es decir: "está escrito y permanece escrito". Satanás ha desafiado la Palabra de Dios y el Señor ratifica el carácter permanente de dicha Palabra. El Mesías apela a Deuteronomio 8:3 para responder al tentador. Israel estaba en el desierto y necesitaba aprender a depender del Dios soberano. El Señor está en el desierto, sometido a prueba y declara sin titubeo su dependencia de Dios para satisfacer su necesidad.

El adverbio "solo" (*monoi*), (una mejor traducción sería "solamente"), sugiere que más importante que el pan físico para el sustento del hombre está la dependencia de la voluntad de Dios. El hombre que vive lejos de Dios se pierde de la más grande de todas las bendiciones. Jesús el Mesías, pone de manifiesto su absoluta dependencia del Padre. Años después, dijo a los discípulos que le animaban a comer: "Mi comida es que haga la voluntad del que me envió, y que acabe su obra" (Jn. 4:34). Él fue tentado en la esfera de su humanidad y respondió al tentador como el Dios hombre, es decir, como el Mesías. Usó el arma espiritual de la Palabra que está a la disposición de todos los que son tentados. La respuesta del Señor fue clara y terminante: El hombre no vive solo de pan, sino del alimento que es la Palabra de Dios.

Como ha expresado un escritor:

El Padre, quien lo llamó y lo sometió a la tentación [prueba] a su debido tiempo supliría las necesidades físicas de su Hijo. La responsabilidad de Jesús era ser obediente a ese llamado y no decidir por sí mismo ni el momento ni la manera en el que su ayuno terminaría.[11]

EL ASPECTO NACIONAL DE LA TENTACIÓN (4:5-7)

La segunda tentación tenía connotaciones nacionales, es decir, el aspecto del ministerio de Jesús el Mesías directamente relacionado con la nación de Israel.

"Entonces el diablo le llevó a la santa ciudad, y le puso sobre el pináculo del templo,
y le dijo: Si eres Hijo de Dios, échate abajo;
porque escrito está: A sus ángeles mandará acerca de ti,
y, en sus manos te sostendrán, para que no tropieces con tu pie en piedra"
(4:5-6).

En su acostumbrado estilo, Mateo usa nuevamente el vocablo "entonces" (*tóte*), siguiendo un orden en su relato. El verbo "llevó" aparece primero en la oración. Evidentemente, Mateo desea enfatizar que el próximo paso es el hecho de que el Maligno "llevó" (*paralambánei*) al Señor a la santa ciudad. El verbo es un presente histórico, es decir, el tiempo verbal es presente pero con función de pretérito. Se usa para darle vivacidad a la acción.[12] El diablo "llevó" al Santo Mesías, a la santa ciudad y le "puso" (*ésteisen*) sobre el pináculo del santo templo y le citó la Santa Palabra. ¡Qué soberbio contraste!

Aquel para quien nada es santo y que procura conseguir sus deseos malévolos pretende hacer uso de las cosas más preciosas y santas. No en vano hay tantas advertencias en la Biblia contra sus artimañas.

El "pináculo del templo" (*tò pterýfion toû hieroû*) no se refiere al santuario (*náos*). El pináculo era una parte de la muralla externa que rodeaba toda el área del templo. El sitio más probable era la llamada *stoá basilikéi* o "el portal real" junto a la muralla sur. Allí había un barranco que separaba el pináculo de los suburbios del lado opuesto.[13]

Que esta segunda tentación tiene una connotación nacional se detecta por el uso de palabras que están directamente relacionadas con la nación de Israel: "La santa ciudad", "el templo" y "las Sagradas Escrituras". También está el hecho de que el Maligno desafía al Señor a que demuestre que es el Mesías realizando una señal espectacular: "Échate abajo" (*bále seautòn kátô*). De nuevo aparece el reto de actuar independientemente de Dios. La idea del pasaje parece dirigirse a que el Señor pruebe la fidelidad de Dios. Lo que Satanás dijo fue: "Por ti mismo, de tu propia iniciativa, échate abajo", es decir: "Prueba a ver si Dios cumple su Palabra (Sal. 91:11ss) de protegerte en todos tus caminos". El Maligno intenta presionar al Señor a que haga algo que impresione a los espectadores.

Como explica Toussaint:

---

11. R. V. G. Tasker, "The Gospel According to St. Matthew", p. 53.
12. Vea A. T. Robertson, *Word Pictures*, vol. 1, p. 31.
13. Vea R. C. H. Lenski, *The Interpretation of St. Matthew's Gospel*, p. 148.

Según la tradición rabínica, la venida del Mesías para traer la liberación de Israel será indicada mediante su aparición en el templo. El Mesías haría su aparición en el tejado del templo.[14]

En la primera tentación, Satanás no citó las Escrituras pero en la segunda lo hace como si de pronto se percatara de la importancia que la Santa Palabra tiene para el Señor Jesucristo. S. Lewis Johnson señala los errores que el Maligno comete cuando cita las Escrituras.[15]

1. Primero, el error de tentar a Jesús a cometer una osadía o forzar la mano de Dios. Las promesas de las Escrituras son válidas pero solo son válidas para nosotros en el tiempo de Dios. Es siempre erróneo poner a prueba a Dios en nuestro tiempo.
1. Segundo, el error de poner las Escrituras contra las mismas Escrituras. El Salmo 91:11-12, citado por Satanás, probablemente es un pasaje mesiánico y puede referirse correctamente al Señor, pero el texto no debe usarse de manera que contradiga a otros pasajes válidos. Las Escrituras debe compararse con las Escrituras pero nunca debe oponerse a ella. Las Escrituras no pueden contradecir a las Escrituras. Este último fue el método usado por Satanás aquí. En la respuesta el Señor cita Deuteronomio 6:16 y usa dicho pasaje para refutar el uso que Satanás hace del pasaje de Salmos. El diablo pone las Escrituras contra las Escrituras en vez de ponerla junto con las Escrituras.

La gran lección que debe aprenderse de esta segunda tentación es que Satanás conoce muy bien el contenido de las Escrituras pero las usa y las tuerce para sus propios intereses. Sus seguidores y sus falsos apóstoles hacen lo mismo. Se disfraza de "ángel de luz" (2 Co. 11:13-15) para engañar a los santos. El siervo de Dios debe conocer y saber usar las Escrituras de manera que Dios sea glorificado y no presumir de conocimiento por orgullo y egoísmo.

La respuesta de Jesús a Satanás fue enfática y contundente: "Jesús le dijo: Escrito está también: No tentarás al Señor tu Dios" (Mt. 4:7). La respuesta del Señor es una cita de Deuteronomio 6:16. El vocablo traducido "también" (*pálin*) significa "por otro lado". Ese adverbio pone de manifiesto lo dicho antes. Jesús no contradice las Escrituras con las Escrituras. Nuestro Señor usa las Escrituras para explicar las Escrituras. Satanás usó el pasaje del Salmo 91:11, 12 para mover a Jesús a hacer algo espectacular, fuera de la voluntad de Dios. Jesús usa Deuteronomio 6:16: "No tentaréis a Jehová vuestro Dios" para demostrar que Satanás estaba errado en su uso de las Sagradas Escrituras. La respuesta del Señor manifiesta su reverencia y respeto por la Palabra y su total sometimiento a la voluntad del Padre celestial.

EL ASPECTO UNIVERSAL DE LA TENTACIÓN (4:8-11)

La tercera tentación tiene que ver con la oferta satánica de darle al Señor los reinos del mundo. En ese sentido dicha tentación contiene aspectos universales. Puede verse

---

14. Stanley Toussaint, *Behold the King*, p. 76.
15. Samuel Lewis Johnson, "The Temptation of Christ", pp. 347-348.

aquí una relación con la promesa universal contenida en el pacto abrahámico que tendrá su cumplimiento final y completo en el Reino del Mesías. La oferta de Satanás obvia los sufrimientos del Mesías. Le ofrece gloria sin padecimientos. El Mesías sin embargo, sabe que primero será la cruz y luego el Reino. Primero el Gólgota después la gloria.

> *"Otra vez le llevó el diablo a un monte muy alto, y le mostró todos los reinos del mundo*
> *y la gloria de ellos, y le dijo:*
> *Todo esto te daré, si postrado me adorares.*
> *Entonces Jesús le dijo: Vete, Satanás, porque escrito está:*
> *Al Señor tu Dios adorarás y a él solo servirás.*
> *El diablo entonces le dejó; y he aquí vinieron ángeles y le servían" (4:8-11).*

La tentación comenzó en el desierto (4:1), continuó en el monte de Sion (4:5) y termina en un "monte muy alto". En esos tres niveles el tentador fue decisivamente derrotado. Como en 4:5, Satanás "otra vez" (*pálin*) lleva al Señor a un "monte muy alto". El adverbio "muy" (*lían*) es enfático porque está fuera de su posición sintáctica normal. El texto griego dice: "le llevó el diablo hacia un monte alto, es decir, muy [alto]". Desde allí Satanás le mostró al Señor "todos los reinos del mundo" (*pásas tàs basileías toû Kósmou*).

Desde la rebelión de Lucifer en el pasado remoto, ha existido un reino de tinieblas encabezado por el mismo Satanás. Ese reino de tinieblas hace guerra contra el reino de Dios. Evidentemente, la tierra se ha convertido en el campo de batalla. El control de los reinos del mundo y de las almas de los seres humanos constituye el principal motivo de contención de esa guerra espiritual.

Desde aquel "monte muy alto", Satanás muestra (*deíknysin*) o exhibe delante del Señor "todos los reinos del mundo y la gloria de ellos". El verbo "muestra" (*deíknysin*) es un presente histórico enfático y altamente descriptivo. Es como si estuviese pasando una película. El Maligno apela a la "vanagloria de la vida" en su afán por seducir al Señor. En esta ocasión Satanás se acerca al Señor como hombre y no como Dios. Nótese la ausencia de la frase: "ya que eres Hijo de Dios" en la tercera tentación.

Satanás asume que es dueño de "los reinos del mundo" (*tas basileías toû kósmou*). El sustantivo "reinos" se refiere a dominio real o autoridad. El sustantivo "mundo" (*kósmou*) en el contexto se refiere a la tierra. El evangelista Lucas usa la expresión "tierra habitada" (*teîs oikouméneis*). Dios soberanamente ha permitido que Satanás tenga cierta autoridad sobre este mundo. Esta autoridad, sin embargo, es limitada no soberana. El único Soberano del universo, incluyendo la tierra es Jehová Dios (Sal. 24). Satanás es "el Dios de este siglo" (2 Co. 4:4) en el sentido de que él tiene sus seguidores y adoradores. De esos que le adoran, Satanás es dios y señor.

El tentador ofrece al Señor "los reinos del mundo y su gloria" sin tener que ir a la cruz, es decir, sin pasar por los sufrimientos de ser objeto de la ira de Dios. Le ofrece gloria sin el Gólgota. Pero Dios "ha puesto su rey sobre Sión". El camino de la gloria es el de la Cruz. Viene el día cuando "el Reino del mundo [singular en el griego] ha venido a ser de nuestro Señor y de su Cristo; y él reinará por los siglos de los siglos" (Ap. 11:15).

Desde el principio de su rebelión, Satanás ha querido usurpar el lugar de Dios. Las palabras registradas por Isaías expresan el deseo del enemigo de Dios: "Sobre las alturas de las nubes subiré, y seré semejante al Altísimo" (Is. 14:14). Eso se refleja en la condición que el tentador planteó al Mesías: "Todo esto te daré, si postrado me adorares" (Mt. 4:9). El texto es enfático: "Estas cosas a ti todas daré si cayendo postrado me adoras". Dicha oferta resultó aborrecible delante del Señor. La idea de que el fin justifica los medios está totalmente fuera de la mente de Jesús el Mesías. La filosofía pagana dice: "Sirve al diablo y gobierna al mundo", pero las Escrituras enseñan lo que Cristo respondió al tentador: "Vete Satanás, porque escrito está: Al Señor tu Dios adorarás y a él sólo servirás" (Mt. 4:10).

La respuesta del Señor evidencia indignación: "Vete, Satanás" (*hýpage, Satanâ*). El verbo es un presente de imperativo enfático.[16] El sustantivo "Satanás" es usado por primera vez en el Evangelio de Mateo en este versículo. La frase expresa la contundencia del rechazo de la propuesta satánica. A. T. Robertson ha escrito lo siguiente:

> Esta tentación es el colmo de la sugerencia diabólica y argumenta a favor del orden lógico en Mateo. "Satanás" significa el adversario y esa es la designación que Cristo le da aquí. Esta es la tercera vez que Jesús cita Deuteronomio, esta vez 6:13 y rechaza la infame sugerencia mediante una cita de las Escrituras.[17]

"Porque escrito está" (*gégraptai gar*) y "no se puede cambiar" es la fuerza de dicha frase. Jesús el Mesías otorga autoridad final al texto bíblico. En otra ocasión dijo: "y la Escritura no puede ser quebrantada" (Jn. 10:35). El Señor afirma el carácter único de Dios. El sustantivo "Señor" (*Kúrion*) es el equivalente del hebreo Jehová. Destaca la Persona de Aquel que tiene vida en sí mismo y es el soberano absoluto del universo. Él es el único Dios vivo y verdadero y por lo tanto, el único digno de ser adorado (*proskynéiseis*). El texto, además, dice: "y a él sólo servirás" (*kaì autoî monoi latreúseis*). Las Escrituras condenan toda forma de idolatría. El primer mandamiento de la ley lo estipula enfáticamente (Éx. 20:3-5). La adoración al único Dios es el tema central de la Biblia.

La frase "y a él solo servirás" excluye rendir culto a cualquier otro ser. Como expresan Davies y Allison:

> El contexto original del texto del A.T. es instructivo. Se refiere a la idolatría y transporta al lector al incidente del becerro de oro. En el N.T. Jesús el Hijo de Dios no sigue la insensatez de Israel. Él rehúsa la oferta del diablo de los reinos del mundo y su gloria, rechazando la condición propuesta. El único verdadero Dios debe ser servido y adorado. ¿De qué aprovechará ganar todo el mundo sin el reconocimiento del señorío de Dios?[18]

---

16. En un castellano castizo equivaldría a decir: "Lárgate, Satanás".
17. A. T. Robertson, *Word Pictures*, vol. 1, p. 33.
18. W. D. Davies y Dale C. Allison hijo, "Matthew", p. 373.

El verbo "servirás "(*latreúseis*) es el futuro indicativo de *latreúo*. La raíz de dicho verbo es el sustantivo *látris* que significa "jornalero". En la septuaginta dicho vocablo se usa respecto del servicio a Dios aunque también se usa de la adoración pagana, pero siempre con una connotación religiosa.[19] En el Nuevo Testamento *latrúo* "se refiere siempre al servicio divino, incluso en los casos en que el lugar de Dios es ocupado por otras entidades, resaltando así más intensamente la perversión o la desviación del verdadero culto divino (Hch. 7:42; Ro. 1:25)".[20]

Como puede verse en Hechos 7:42 y Romanos 1:25 el culto o adoración pertenece solo a Dios. Darlo a otros es una abominación repudiable y un acto de idolatría.

El teólogo luterano Richard C. H. Lenski expresa el centro mismo de la tercera tentación con estas palabras:

> Satanás intentó convencer con engaño a Jesús para que cometiese una flagrante trasgresión del primer mandamiento, el más fundamental de todos, en el que se centra toda la ley. Puesto que no existe un mandamiento mayor y no hay una parte más esencial de este el más grande de los mandamientos que el acto de adoración reverente, Satanás está en un total extremo.[21]

Como ocurre con las dos tentaciones anteriores, Jesús el Mesías no apela a sus recursos sobrenaturales. No hace uso de los atributos divinos que indudablemente residían en Él. El Señor apela a las armas espirituales que están a disposición de todos los creyentes. La Palabra de Dios, la sumisión al Soberano del universo, la adoración sin compromiso solo a Él. Jesús derrotó al tentador en la esfera de su humanidad y absoluta dependencia de Aquel que le envió al mundo.

"El diablo entonces le dejó; y he aquí vinieron ángeles y le servían" (4:11).

Una vez más Mateo usa el adverbio "entonces" (*tóte*) seguido de un verbo en el presente histórico "le dejó" (*aphíesin autòn*). La oración es muy descriptiva: "Entonces se aparta de Él el diablo". El diablo se marcha.[22] No puede hacer claudicar al postrer Adán como hizo con el primer Adán. El postrer Adán presentó batalla al inicuo y lo venció con la espada de la Palabra de Dios.

Los ángeles han estado relacionados con el Mesías desde su nacimiento hasta su ascensión a la derecha del Padre. Anunciaron a los pastores que el Cristo había nacido (Lc. 2:8-15), avisaron a José para que huyese a Egipto (Mt. 2:13-15), removieron la piedra de la tumba (Mt. 28:1-2) y en otras muchas ocasiones. Aquí en Mateo 4:11, después de concluida la tentación "vinieron" (*prosêlthon*) y "le servían" (*dieikónoun autoi*). El verbo "servían" es el imperfecto ingresivo de *diakonéo*. El imperfecto ingresivo señala la iniciación de un proceso. "Puede denotar el comienzo de una acción

---

19. Vea G. Abbott-Smith, *A Manual Greek Lexicon of the New Testament*, p. 265.
20. Horst Baltz y Gerhard Schneider, *Diccionario exegético del Nuevo Testamento*, vol. II, pp. 31-33.
21. Richard C. H. Lenski, *The Interpretation of St. Matthew's Gospel*, p. 157.
22. Aunque Satanás se fue y "dejó" al Señor eso no significa que en el transcurso del ministerio terrenal del Mesías el maligno no atacase de nuevo. Lucas en su Evangelio dice que Satanás "se apartó de él por un tiempo" (Lc. 4:13).

o aquella que está a punto de ocurrir".[23] Es decir, los ángeles que llegaron donde estaba el Señor "comenzaron a servirle". El verbo *diakonéo* sugiere servicio en el orden físico. El Señor había ayunado durante cuarenta días y había rehusado la oferta satánica de satisfacer su necesidad física. Ahora, terminada la prueba, seres celestiales ministran a sus necesidades físicas.

RESUMEN Y CONCLUSIÓN

La tentación fue una prueba real en la vida de Jesús el Mesías. No fue ni una ilusión ni una experiencia psicológica. La tentación consagra a Jesús el Mesías como Aquel que está moralmente calificado en todos los sentidos para ser el Rey davídico prometido. Además, demostró que está preparado para derrotar a Satanás de manera final y total. El reino de este mundo es del Señor y de su Mesías y Él reinará por los siglos de los siglos (Ap. 11:15).

En segundo lugar, la victoria de Jesús el Mesías en el monte de la tentación pone de manifiesto que está perfectamente calificado en lo moral y en lo espiritual para ser el Salvador de los pecadores. La victoria en el monte de la tentación fue un anticipo de la victoria en el Monte Calvario.

Por último, la experiencia total de la tentación demuestra que Jesús el Mesías está plenamente calificado para ser el Gran Sumo Sacerdote de los creyentes. Él experimentó el cien por ciento de la intensidad de la tentación en las tres esferas en la que el hombre es tentado: (1) Los deseos de la carne, (2) los deseos de los ojos y (3) la vanagloria de la vida (vea 1 Jn. 2:16). Él salió victorioso de cada una de esas pruebas. "pues en cuanto Él mismo padeció siendo tentado, es poderoso para socorrer a los que son tentados" (He. 2:18). Las palabras de George N. H. Peters son elocuentes respecto de la tentación y su propósito:

> En la primera tentación Jesús no negó que tenía hambre y que podía hacer pan, en la segunda, no niega que es el Hijo de Dios y que está bajo protección especial y en la tercera no niega el Reino o dominio que le será dado, sino que solamente rechaza el modo por el cual será obtenido. Como se ha observado, si un reino como ese no es pactado, profetizado y pretendido, la tentación no hubiese tenido fuerza alguna.[24]

Lo que hasta aquí se ha estudiado del Evangelio según Mateo no debe dejar duda de que el esquema del evangelista tiene como centro el tema del Reino mesiánico. Pero el establecimiento del Reino del Mesías no se realizará sin la experiencia de la tentación y los sufrimientos de la cruz. Esas son etapas esenciales en el plan de Dios. Primero los sufrimientos y después la gloria. Mateo pone sumo cuidado en la selección de todo el material necesario para demostrar que Jesús es el Mesías prometido y que un día todas las criaturas del universo tendrán que someterse a su autoridad.

---

23. H. E. Dana y Julius Mantey, *Gramática griega del Nuevo Testamento*, p. 183.
24. George N. H. Peters, *The Theocratic Kingdom*, vol. 1 (Grand Rapids: Kregel Publications, 1972), p. 700.

Bibliografía selecta

Abbot-Smith, *A Manual Greek Lexicon of the New Testament* (Edimburgo: T. & T. Clark, 1994).

Allen, D. Matthew, "The Kingdom in Matthew" (Biblical Studies Press, 1999).

Broadus, John A., *Comentario sobre el Evangelio según Mateo*, traducido por Sarah H. Hale (Monterrey, México, s.f.)

Carson, David A., "Matthew", *The Expositor's Bible Commentary*, Frank E. Gaebelein ed. gen., vol .8 (Grand Rapids: Zondervan Publishing House, 1984).

Chemnitz, Martin, *The Two Natures in Christ*, traducido por J. A. O. Preus (St. Louis: Concordia Publishing House, 1971, publ. orig. 1578).

Davies, W. D. y Allison, Dale C. hijo, "The Gospel According to Saint Matthew", *The International Critical Commentary*, vol. 1 y 2 (Edimburgo: T. & T. Clark, 1994).

Johnson, Samuel Lewis, "The Temptation of Christ", *Bibliotheca Sacra*, oct.-dic., 1966, pp. 342-352.

Lacueva, Francisco, "La Persona y la Obra de Cristo", *Curso de Formación Teológica*, tomo IV (Terrasa: Clie, 1979).

Lenski, Richard C. H., *The Interpretation of St. Matthew's Gospel* (Minneapolis: Augsburg Publishing House, 1964).

Luz, Ulrich, *El Evangelio según San Mateo*, Mateo 1—7, vol. 1 (Salamanca: Ediciones Sígueme, 1993).

Morris, Leon, *The Gospel According to Matthew* (Grand Rapids: Eerdmans Publishing Company, 1992).

Pamment, Margaret, "The Kingdom of Heaven According to the First Gospel", *New Testament Studies*, 27, [1980—1981] 211-232.

Peters, George N. H, *The Theocratic Kingdom*, vol. 2 (Grand Rapids: Kregel Publications, 1972).

Toussaint, Stanley D., *Behold the King: A Study of Matthew* (Portland: Multnomah Press, 1980).

6

El comienzo del ministerio público de Jesús el Mesías (4:12-25)

Jesús había vivido en Galilea por varios años. La ciudad de Nazaret era su lugar de residencia (Mt. 2:23). El evangelista Mateo omite en su relato una porción de algo más de veinte años de la vida de Cristo y reanuda su relato con el ministerio de Juan el Bautista que comienza por el año 26 d.C.[1] Después de ser bautizado por Juan, el Señor experimenta la tentación (Mt. 4:1-11). Evidentemente después de la tentación el Señor pasó un tiempo en Judea. Mateo omite ese período en su narrativa. De Judea, el Señor se traslada de nuevo a Galilea y toma residencia en Capernaum, la que se convierte en "su ciudad" (Mt. 9:1). Es en Galilea donde el Señor comienza su ministerio público y donde llama a sus primeros discípulos.

Todo estaba preparado para el comienzo del ministerio del Rey Mesías: Su concepción sobrenatural mediante la intervención del Espíritu Santo en la matriz de la virgen María. José había adoptado a Jesús, otorgándole el derecho legal al trono de David. Sabios del oriente, indudablemente gentiles, habían venido de lejanas tierras para adorarle. Después de su regreso de Egipto, donde se había refugiado para huir de la ira de Herodes, el Rey Mesías se radica en Nazaret. De allí va a Judea para ser bautizado por Juan, cumpliendo así toda justicia. Allí fue lleno del Espíritu Santo y recibió la aprobación del Padre celestial. Después de su bautismo es llevado por el Espíritu al desierto donde fue intensamente sometido a prueba por Satanás. El Rey Mesías fue tentado por el diablo en la esfera de su humanidad. Fue tentado no para ver si podía pecar, sino para demostrar que *no podía pecar*. Jesús el Mesías era impecable. No solo que *no pecó*, sino que *no podía pecar*. Él fue tentado en las tres

---

1. Vea Harold Hoehner, *Chronological Aspect of the Life of Christ* (Grand Rapids: Zondervan Publishing House, 1979), pp. 30-31.

grandes áreas de tentación con la mayor intensidad pero soportó la tentación y venció al tentador: "Porque no tenemos un sumo sacerdote que no pueda compadecerse de nuestras debilidades, sino uno que fue tentado en todo según nuestra semejanza, pero sin pecado. Acerquémonos, pues, confiadamente al trono de la gracia, para alcanzar misericordia y hallar gracia para el oportuno socorro" (He. 3:15-16). Su nacimiento demostró que es el legítimo heredero del trono de David. Su bautismo puso de manifiesto que el Padre celestial le dio su absoluta aprobación. Su tentación ratifica que Jesús el Mesías está moralmente calificado para ser el Rey mesiánico que ha de gobernar todo el cosmos.

Como se ha señalado con anterioridad, Mateo omite de su relato los años de la vida temprana del Señor. También omite el tiempo que Jesús pasó en Judea antes de ser bautizado por Juan en el Jordán. Mateo se ocupa del ministerio en Galilea después del bautismo. El bautismo es el punto de partida oficial del ministerio de Jesús el Mesías.

ANTECEDENTES DEL COMIENZO DEL MINISTERIO (4:12-16)

"Cuando Jesús oyó que Juan estaba preso, volvió a Galilea;
y dejando a Nazaret, vino y habitó en Capernaum,
ciudad marítima en la región de Zabulón y de Neftalí" (4:12-13).

La noticia del encarcelamiento de Juan el Bautista, fue lo que motivó el regreso del Señor a Galilea. "Es la intención de Mateo presentar al Rey en su ministerio *oficial*. Él comienza, por lo tanto, con el fin del Precursor. Y la mayor parte del ministerio registrado en este Evangelio, antes de los días finales en el Sur, pertenece a Galilea".[2]

La Reina—Valera 1960 omite la fuerza de la conjunción *dè* que aparece en el texto griego. El aoristo participio *akoúsas* seguido de la conjunción *dè* sugiere la proximidad del acontecimiento relatado. Una mejor traducción sería: "Ahora bien, después de oír" "El verbo convierte el arresto de Juan en la causa próxima del retiro a Galilea".[3] También, en conformidad con el contexto, las profecías del Antiguo Testamento anunciaron que el ministerio del Mesías se desarrollaría principalmente en la Galilea de los gentiles (Is. 9:1-2). De modo que el encarcelamiento de Juan el Bautista fue el acontecimiento histórico que abrió la puerta al cumplimiento de la profecía de Isaías.

"Volvió a Galilea" (*anechóriesen eis tèin Galilaían*). El verbo "volvió" (*anechóreisen*) es el aoristo indicativo de *anachoréo* que significa "salir", "partir" y a veces "escapar de un peligro". Es posible que el Señor se sintiese amenazado por el encarcelamiento de Juan si hubiese permanecido en Judea. Ciertamente la mano de Herodes Antipas no era menos cruel que la de su padre Herodes el Grande.

"Y dejando a Nazaret" (*kaí katalipòn tèin Nadsarà*). Mateo no explica la razón de la salida de Nazaret. Es probable que la partida de Nazaret haya sido el resultado de lo ocurrido en la sinagoga (Lc. 4:16-30). Las palabras que Jesús habló allí produjeron una fuerte reacción. Lucas dice: "Al oír estas cosas, todos en la sinagoga se llenaron de ira" (Lc. 4:28). El resultado fue que le echaron fuera y lo iban a despeñar.

"Vino y habitó en Capernaum" (*elthón katòikeisen eis Kapharnaoùm*). El verbo "habitó" (*katóikeisen*) es el aoristo indicativo de *katoikéo* que significa "habitar",

---

2. Samuel Lewis Johnson, "Exposición de Mateo", notas inéditas.
3. W. D. Davies y Dale C. Allison hijo, "Matthew", p. 375.

"fijar la mirada", "establecerse". Es decir, Jesús fijó su residencia en Capernaum. Aquella ciudad se convirtió en el centro del ministerio de Jesús. Mateo la llama "su ciudad" (Mt. 9:1). La ciudad estaba situada en el lado noroeste del mar de Galilea en el territorio de Zabulón y Neftalí (Mt. 4:13-16). Era un puerto pesquero muy activo a unos 4 km. al suroeste de donde el Jordán entra en el lago.

Capernaum era también un puesto militar romano. Fue allí donde un centurión romano le pidió a Jesús que sanara a su siervo (Mt. 8:5-13). Era, además, un centro de recaudación de impuestos para el Imperio Romano. En Capernaum "sentado junto al banco de los públicos tributos", fue donde el Señor encontró y llamó a Mateo, el autor de este Evangelio. Desde Capernaum Jesús llevó a cabo un amplio ministerio de sanidad:

1. Sanó a un paralítico (Mr. 2:1-13).
2. Sanó a un endemoniado (Mr. 1:21-28).
3. Sanó al hijo de un oficial del rey (Jn. 4:46-54).
4. Sanó a la suegra de Pedro (Mt. 8:14-17).
5. Sanó a muchos enfermos y endemoniados (Mt. 8:16, 17).

También en Capernaum el Señor pronunció el tremendo discurso acerca del pan de vida (Jn. 6:24-71). Sin embargo, a pesar de tantas señales y milagros, los habitantes de aquella ciudad permanecieron incrédulos e impenitentes. De esa ciudad, Jesús dijo: "Y tú, Capernaum, que eres levantada hasta el cielo, hasta el Hades serás abatida; porque si en Sodoma se hubieran hecho los milagros que han sido hechos en ti, habría permanecido hasta el día de hoy. Por tanto os digo, que en el día del juicio será más tolerable el castigo para la tierra de Sodoma, que para ti" (Mt. 11:23-24).

"Para que se cumpliese lo dicho por el profeta Isaías, cuando dijo:
Tierra de Zabulón, y tierra de Neftalí,
camino del mar, al otro lado del Jordán, Galilea de los gentiles;
El pueblo asentado en tinieblas vio gran luz;
y los asentados en región de sombra de muerte, luz les resplandeció" (4:14-16).

El evangelista Mateo atribuye el cambio geográfico del Señor de Jerusalén a Nazaret a Capernaum al cumplimiento de la profecía del Antiguo Testamento. Mateo cita Isaías 9:1-2 para afirmar que la luz del ministerio mesiánico de Jesús ha resplandecido en la región de Galilea de los gentiles. La cita de Isaías pone de manifiesto el interés que Mateo tiene en incluir a los gentiles en el programa del Reino del Mesías. La profecía citada es significativa por el hecho de que el pasaje de Isaías 9 está en medio de una sección del libro que habla de juicio y catástrofe producto de la invasión de los ejércitos de Asiria. Pero en la misma región donde los asirios siembran terror y muerte, la luz que proviene del Rey Mesías ha de alumbrar a quienes alcen sus ojos y miren a la Persona del Gran Libertador. Mateo destaca el hecho de que para aquellos que han sido discriminados por el estamento religioso de Jerusalén la gracia de Dios que trae salvación se ha manifestado.

La frase "para que se cumpliese" (*hína pleirotheî*) sugiere que Mateo encontró un propósito divino en el traslado geográfico del Señor. En esa región de "Galilea de los gentiles" donde, evidentemente, había tanta incredulidad el Señor fijo su centro de actividades. Capernaum es el centro desde donde se extiende el ministerio mesiánico y las Escrituras profetizaron dicho lugar en el programa de Dios. El profesor D. A. Carson hace un excelente comentario al respecto:

> El punto central de la cita [Is. 9:1-2] es lo suficientemente claro. En la despreciada Galilea, el lugar donde la gente vivía en tinieblas (i.e., sin las ventajas religiosas y cúlticas de Jerusalén y Judea), la tierra de sombra de muerte (i.e. donde las tinieblas son más densas; vea Job 10:21; Sal. 107:10; Jer. 13:16; Am. 5:8) ahí la luz resplandeció (v. 16). "Resplandeció" (*anèleilen*) sugiere que la luz primero brilló refulgentemente aquí, no que estaba brillando de forma resplandeciente en otro sitio y luego se trasladó aquí. Ese era el plan de Dios profetizado. Mateo no está interesado en el mero hecho de que cierta profecía se cumplió en Galilea sino en esta profecía concreta: Desde la antigüedad el Mesías fue prometido a la "Galilea de los gentiles" (*tôn ethnôn*), un anticipo de la comisión a "todas las naciones" (*pánta tà étheneî*, 28:19). Además, si la luz mesiánica alumbra en los lugares más oscuros, entonces la salvación del Mesías solo puede ser un regalo de gracia, es decir, que Jesús vino a llamar, no a los justos, sino a los pecadores (9:13).[4]

En cierto sentido Capernaum era la capital y el centro del reino de las tinieblas en aquellos tiempos. Allí fue Jesús el Mesías a llevar la verdadera luz al remanente dispuesto a oír su mensaje. A un pueblo que estaba "asentado" *(katheiménois)* "en tinieblas" *(en akótei)*. El participio presente (*katheiménois*) sugiere una condición habitual. La vida cotidiana de aquella gente era un ambiente de tinieblas. Los versículos 15 y 16 enseñan dos grandes verdades: (1) El hombre está totalmente depravado "firmemente sentado en tinieblas" y (2) vive en "región de sombra de muerte". Decía San Agustín de Hipona que el hombre es "una masa de corrupción".

La depravación no significa: (a) Que todo hombre es tan malo como puede serlo, ni (b) que el hombre no tiene conocimiento de la voluntad de Dios ni una conciencia, ni (c) que el hombre es incapaz de mostrar afectos desinteresados y acciones hacia otros hombres, ni (d) que todo hombre cometerá toda clase de pecados. Pero sí significa que la corrupción afecta todos los aspectos de la naturaleza humana y que no es capaz de producir ningún bien espiritual agradable a Dios (vea Jn. 5:42; 2 Ti. 3:2-4; Tit. 1:15). Dios no está en sus pensamientos. El hombre no se puede salvar a sí mismo. El pecado afecta a todos sus miembros. Está espiritualmente muerto. No se trata de la total corrupción de la naturaleza humana, sino de la corrupción total de la naturaleza humana. Si no hay una recuperación de la naturaleza humana mediante la obra de la gracia de Dios, la depravación total, a la postre, alcanzará la intensidad de la rebelión del inicuo en la *gehena*. Cualquier hombre es capaz de cometer el peor de los delitos.

El hombre no solo está depravado totalmente sino que, además, es totalmente incapaz de auto salvarse. Es evidente que, debido a que los habitantes de Galilea estaban "sentados en sombra de muerte", no había esperanza de recuperación de esa condición mediante sus propios esfuerzos. Estaban en tinieblas y en muerte y su

---

4. David A. Carson, "Matthew" *The Expositor's Bible Commentary*, p. 117.

entendimiento corrompido (1 Co. 2:14), sus emociones (Ef. 4:18) y su voluntad (Ro. 8:7) hacen imposible que por sí solos respondan a la verdad de Dios.

Pero es justamente cuando los hombres están en la condición de mayor desesperación que la gracia de Dios con frecuencia aparece. El texto dice que a: "los que estaban sentados en región de sombra de muerte, luz les resplandeció" (4:16). Obsérvese de nuevo el verbo "resplandeció" (*anéteilen*). El aoristo sugiere una acción puntual y el indicativo expresa la realidad de dicha acción. La luz resplandeció sobre "aquellos" (*autoîs*) que estaban "sentados en tinieblas". El expositor luterano, Lenski, dice:

> La figura es la de un glorioso amanecer después de una noche negra y terrible. Tanto en la profecía como en su cumplimiento no debemos perder de vista la sonora nota de gracia inmerecida. El pueblo estaba en su punto más bajo, toda luz espiritual estaba apagada en ellos mismos: Entonces Dios aparece y de pura gracia les envía un regalo celestial, la ayuda de salvación en Cristo Jesús.[5]

Solo la gracia de Dios puede sacar a seres humanos de la condenación y regalarles la vida eterna. Nadie posee la justicia que se requiere para entrar en la presencia de Dios. Ni los méritos humanos, ni los sacramentos, ni la liturgia, ni actos religiosos piadosos pueden limpiar de pecado al hombre. ¡Oh, que se entendiese de una vez y por todas que solo Cristo salva!

El mensaje de Jesús el Mesías (4:17)

"Desde entonces comenzó Jesús a predicar, y a decir:
Arrepentíos, porque el reino de los cielos se ha acercado" (4:17).

Mateo resume el mensaje de Jesús el Mesías, diciendo: "Desde entonces comenzó Jesús a predicar" (*apò tóte èirxato ho Ieisoûs keirýssein*). La misma frase se repite en Mateo 16:21. En Mateo 4:17 indica el comienzo del ministerio público de Jesús, cuando el Señor comienza a anunciar la cercanía del reino. En 16:21, el Señor anuncia la proximidad de su muerte y su resurrección. Lenski comenta lo siguiente:

> El aoristo "comenzó" indica el punto de comienzo y los siguientes presentes de infinitivo, "predicar" y "decir" indican la obra continua que se pone en acción. Mateo usa el mismo verbo para describir la obra del Bautista: *Keirýssein*, "proclamar", generalmente traducido "predicar", pero siempre significa anunciar públicamente como un heraldo, proclamar. El punto que debe notarse es que predicar no es argumentar, razonar, disputar o convencer mediante prueba intelectual, contra los cuales un intelecto agudo puede producir un contra argumento. Simplemente declaramos en público o testificamos a todos los hombres la verdad que Dios nos manda declarar. Ningún argumento puede atacar la verdad presentada en este anuncio o

---

5. Richard C. H. Lenski, "The Interpretation of Matthew's Gospel", p. 167.

testimonio. Los hombres o creen la verdad como todo hombre cuerdo debe hacerlo, o rehúsan creerla como solo los insensatos se aventuran a hacerlo".[6]

El mensaje de Jesús el Mesías era idéntico al de Juan el Bautista: "Arrepentíos, porque el reino de los cielos se ha acercado". El mensaje de Jesús, por lo tanto, tenía que ver con el acercamiento del Reino mesiánico, proclamado por los profetas y escritores del Antiguo Testamento. La nación de Israel es llamada a arrepentirse, es decir, volver a Jehová, a la luz del acontecimiento decisivo de la cercanía del Reino. Ni el anunció de Juan, ni el de Jesús se refieren al reino eterno de Dios puesto que ese reino ha estado siempre presente y cercano (vea Sal. 10:16; 29:10; Lm. 5:19). El tema de la proclamación de Juan y de Jesús era el Reino mesiánico.

Debe observarse que Mateo prefiere usar la expresión "reino de los cielos" (más de 32 veces). La expresión "reino de Dios" aparece unas cuatro veces. La razón, al parecer, es que Mateo escribe especialmente para el lector judío quien tenía un respeto especial hacia el nombre de Dios. Para Mateo "el reino de los cielos" y "el reino de Dios" se refieren a la misma realidad. Algunos dispensacionalistas de principios del siglo pasado quisieron diferenciar entre "el reino de los cielos" y "el reino de Dios". Hombres como C. I. Scofield,[7] L. S. Chafer[8] y A. C. Gaebelein,[9] enseñaron que "el reino de Dios" era una realidad espiritual donde solo había redimidos, mientras que "el reino de los cielos" incluye redimidos y no redimidos (trigo y cizaña). Otros dispensacionalistas no contemplan diferencias entre las dos expresiones. Expositores como J. D. Pentecost,[10] Alva McClain,[11] Stanley Toussaint,[12] Ed Glasscock,[13] y otros prefieren un uso intercambiable de ambas expresiones.

El tema del Reino siempre ha generado disensiones y divergencias de opinión. La cuestión crucial no es si hay o no un *reino eterno de Dios*. Todos los estudiosos de las Sagradas Escrituras reconocen que el tema del reino de Dios es una enseñanza central de la Palabra de Dios. Tampoco hay duda de que en el presente existe una forma del reino de Dios. Esa verdad aparece tanto en los Evangelios como en las Epístolas del Nuevo Testamento. Lo que no es hermenéutica ni exegéticamente correcto es decir que el gobierno presente de Dios en la tierra es equivalente al Reino mesiánico prometido en el Antiguo Testamento: Algunos teólogos enseñan que el Reino está en el corazón de los hombres. Para intentar probar dicha teoría se apela a Lucas 17:21, donde Cristo responde a una pregunta de los fariseos. La pregunta era: "¿cuándo había de venir el reino de Dios?" Cristo les respondió así: "El reino de Dios no vendrá con advertencia, ni dirán: Helo aquí, o helo allí; porque he aquí el reino de Dios está entre vosotros" (Lc. 17:21). Hay quienes sorprendentemente enseñan que "entre vosotros" (*entòs*

---

6. Lenski, *Ibíd.*, pp. 167-168.

7. Vea *Biblia Anotada por Scofield*, pasaje Mateo 3:2.

8. Vea Lewis Sperry Chafer, *The Kingdom in History and Prophecy* (Chicago: The Bible Institute Colportage Association, 1936).

9. Arnold C. Gaebelein, *The Gospel of Matthew*, vol. 1 (Wheaton: Van Kampen Press, 1910).

10. J. Dwight Pentecost, *Eventos del porvenir* (Maracaibo: Editorial Libertador, 1977).

11. Alva J. McClain, *The Greatness of the Kingdom* (Grand Rapids: Zondervan Publishing House, 1959).

12. Stanley Toussaint, *Behold the King* (Portland: Multnomah Press, 1980).

13. Ed Glasscock, "Matthew", *Moody Gospel Commentary* (Chicago: Moody Press, 1997).

humòn estin) significa "dentro de vosotros está". Otros, sin embargo, afirman que *entòs* significa "entre vosotros". Cualquiera de las dos interpretaciones produce problemas. ¿Cómo podía el reino de Dios estar "dentro de" o "entre" personas que procuraban y planeaban la muerte de Jesús el Mesías? La respuesta a dicha pregunta es obvia. El Reino no podía estar ni "dentro de", ni "con" ni "en medio de" personas no regeneradas y llenas de maldad como aquellos fariseos.

El adverbio *entòs* es usado en los papiros con el significado de "en vuestro control" o "en nuestra posesión". De manera que lo que Jesús quiso decir a aquellos fariseos fue algo así: "Vuestra pregunta es cuándo ha de venir el reino de Dios, pues os digo que eso está en vuestro control, es decir, depende de vosotros. Cuando os arrepintáis genuinamente y confeséis vuestros pecados el reino de Dios vendrá". Los estudiosos de la Biblia deberían notar que nunca se enseña en el texto que "el reino entra en una persona". Siempre se habla de que una persona entra en el Reino. Lucas 17:20-21 no enseña que el Reino es una cuestión del corazón. Es cierto que la *condición única* de entrada en el Reino del Mesías es el nuevo nacimiento, es decir, la identificación plena con la persona y la obra de Jesucristo el Mesías. Eso no formaba parte de la experiencia de aquellos fariseos que querían saber cuándo había de venir el Reino de Dios.

Quizá ayude al lector reflexionar sobre este tema el resumen que J. Alva McClain, quien fuera rector del *Grace Theological Seminary*, hace en su libro *The Greatness of the Kingdom* [La grandeza del reino] tocante a la identidad del Reino anunciado como "acercado" al comienzo del ministerio de nuestro Señor en la tierra. El profesor McClain pregunta: ¿Era ese reino idéntico al del Reino profetizado en el Antiguo Testamento o era algo diferente? Las respuestas a esa pregunta son las siguientes:

1. La postura liberal-social. Afirma que Cristo tomó los ideales ético y social del reino de los profetas del Antiguo Testamento, pero excluyó casi totalmente el elemento escatológico y convirtió esos ideales en el programa de un reino presente que es responsabilidad de sus seguidores establecer en la sociedad humana aquí y ahora.

2. La postura crítica-escatológica. Dice que en un principio Jesús abrazó completamente las ideas escatológicas del Antiguo Testamento tocante al Reino y hasta cierto punto, las ideas judías actuales. Pero después, frente a la oposición cambió su mensaje o, por lo menos, hay elementos conflictivos en los Evangelios. La postura crítica-escatológica no aporta ningún ejemplo congruente de conflictos en los relatos de los Evangelios.

3. La postura espiritualmente antimilenaria. Enseña que nuestro Señor tomó ciertos elementos espirituales del Antiguo Testamento, omitió o espiritualizó los elementos físicos (excepto los detalles físicos implicados en la primera venida del Mesías), y entonces, añadió algunas ideas originales propias.

4. La postura del doble reino. Esta postura dice que Cristo, en su primera venida, ofreció a Israel y estableció en la tierra un reino puramente espiritual. En su segunda venida establecerá en la tierra un Reino milenario literal. En respuesta a esa teoría debe decirse que, aunque la Biblia hace una clara diferencia entre el Reino universal que es eterno y el Reino mediado que es limitado tanto en ámbito como en tiempo, ni los profetas del Antiguo Testamento ni el Señor

enseñaron nada tocante a dos reinos mediados, uno "espiritual" y el otro "terrenal".

5. La postura de Reino milenario Único: Enseña que el Reino anunciado por nuestro Señor y ofrecido a la nación de Israel en su primera venida era idéntico con el Reino mediado de la profecía del Antiguo Testamento y será establecido en la tierra en la segunda venida del Rey. Ésta bien podría llamarse la *postura bíblica* porque es apoyada por el material escrito en ambos testamentos interpretados de manera normal o natural.[14]

La presencia del Reino, entre otras cosas, implica que la voluntad de Dios es hecha en la tierra como en el cielo. También implica un total sometimiento a la autoridad de Cristo como Rey de reyes y Señor de señores. En el Reino del Mesías no habrá injusticias, ni opresión, ni hambre, ni enfermedades, ni catástrofes. Tales cosas abundan hoy día en todas las naciones de la tierra. Tampoco habrá rebelión de las masas porque el Mesías "regirá las naciones con vara de hierro". La violencia y las guerras no existirán en su Reino. Cuando Él reine con poder y gloria en la tierra habrá paz absoluta y universal. El pecado será juzgado y condenado al instante.

Muchos creen que el Reino ya está establecido en la tierra. Dicen que "la iglesia" es el Reino. Quienes creen así, no son capaces de explicar el caos que existe en muchas congregaciones. La rebeldía y la carnalidad que se practican en muchas iglesias son totalmente incompatibles con la vida en el Reino del Mesías. Los que así afirman no dan explicación alguna de la presencia de la anarquía, la rebelión y la miseria que infesta a la humanidad. Tampoco son capaces de explicar porqué tienen tantos seguros y alarmas en las puertas y ventanas de sus casas. Este autor cree que lo más sensato y bíblico es enseñar el hecho de que hay una forma presente del reino de Dios en la tierra. Esa forma presente no es el Reino mesiánico prometido. La forma presente del reino tiene que ver con el ejercicio de la autoridad de Dios a través de esferas establecidas por el Soberano hasta que venga el Rey Mesías. En esas esferas el bien y el mal están presentes. "El trigo y la cizaña" crecen juntos hasta que Él venga y el mal sea destruido de una vez por todas. Cuando eso ocurra "toda la tierra será llena del conocimiento de la gloria de Jehová como las aguas cubren el mar" (Hab. 2:14). No debe confundirse el Reino de gloria, paz, justicia y santidad del Mesías con la realidad espiritual presente. Hacerlo implica la alegorización y la espiritualización de muchos pasajes de la profecía bíblica.

Resumiendo: La proclama o anuncio de Juan el Bautista (Mt. 3:2) y de Jesús (Mt. 4:17) iba dirigida a la nación de Israel. Ninguno de los oyentes del Bautista o de Jesús tenía duda respecto de la identificación del reino anunciado. Se trataba del reino prometido en el Antiguo Testamento. Como afirma el teólogo J. Oliver Buswell, quien fuera por muchos años profesor y decano del *Covenant College and Seminary* en St. Louis, Missouri:

Que el reino futuro de Cristo es en un sentido real judío y davídico debe ser claro a todo estudiante de la Biblia. Las profecías del Antiguo Testamento son claras. Vea Isaías 9:6, 7; 22:22, 23; Jeremías 30:9; Ezequiel 37:24; Oseas

14. J. Alva McClain, *The Greatness of the Kingdom*, pp. 274-276.

3:5; Amos 9:11; Salmo 89:3, 4; 132:11; etc. Las confirmaciones de Nuevo Testamento son claras de igual manera. Vea las genealogías de Mateo 1 y Lucas 3.[15]

Como se ha indicado a través de esta exposición del Evangelio de Mateo, de principio a fin de este Evangelio hay un énfasis en el interés divino por los gentiles. Aunque el Reino del Mesías tiene que ver primordialmente con las promesas de Dios a los patriarcas del Antiguo Testamento, también es cierto que los gentiles que pongan su fe en el Mesías participarán de su Reino. Ese es el propósito de Dios y eso es lo que se enseña en las Sagradas Escrituras.

LOS PRIMEROS DISCÍPULOS DE JESÚS EL MESÍAS (4:18-22)

Los versículos 18-22 del capítulo cuatro relatan el llamamiento de los primeros discípulos de Jesús el Mesías:

"Andando Jesús junto al mar de Galilea, vio a dos hermanos,
Simón, llamado Pedro, y Andrés su hermano,
que echaban la red en el mar; porque eran pescadores.
Y les dijo: Venid en pos de mí, y os haré pescadores de hombres" (4:18-19).

No debe asumirse que ese fue el primer encuentro del Señor con aquellos hombres. Si se examina cuidadosamente el pasaje de Juan 1:35-41, se puede concluir que los cuatro hombres mencionados en ese pasaje habían confiado en Cristo como Salvador un año antes aproximadamente. Al parecer, los cuatro regresaron a su ocupación habitual de pescadores después del primer encuentro con Jesús. El participio "andando" (*peripatôn*) es presente y sugiere una acción simultanea con el verbo principal, es decir: "mientras andaba por el mar de Galilea, vio (*eîden*, 'tiempo aoristo'). "Simón, llamado Pedro, y Andrés su hermano". Es Jesús quien vio a aquellos hombres y los llama. Fue un llamado al *servicio* no a la *salvación*. Posteriormente, el Señor vio (*eîden*) y llamó (*ekálesen*) a otros dos hermanos: Jacobo y Juan, hijos de Zebedeo. Esos cuatro hombres "al instante" (*euthéôs*) siguieron a Jesús el Mesías.

El nombre "Pedro" le fue dado a Simón por el Señor (Jn. 1:42). Pedro significa "piedra" igual que Cefas. Su padre se llamaba Jonás (Jn. 1:42; 21:15-17). Llegó a ser el portavoz o líder de los apóstoles. Pronunció la gran confesión tocante a Jesús el Mesías (Mt. 16:16). Intentó persuadir al Señor de que no fuese a la cruz (Mt. 16:22-23). Confesó su determinación de seguir al Señor (Jn. 6:68-69). No quería que el Señor lavase sus pies (Jn. 13:8). Prometió no negar al Señor (Mt. 26:3). Negó al Señor públicamente (Mt. 26:69-74). Se arrepintió de haber negado al Señor (Mt. 26:75). Fue testigo de que la tumba estaba vacía (Jn. 20:1-9). Fue ordenado por el Señor a apacentar sus ovejas (Jn. 21:15-19). Presidió la reunión en la que se escogió al sustituto de Judas Iscariote (Hch. 1:15-26). Predicó el gran sermón del día de Pentecostés (Hch. 2). Esas y otras muchas cosas podrían mencionarse de Pedro. Aquella "piedra" a quien Jesús tuvo que pulir para que llegase a ser lo que fue.

15. J. Oliver Buswell, *Systematic Theology of the Christian Religion*, vol. 2 (Grand Rapids: Zondervan Publishing House, 1960), p. 347.

Andrés, el hermano de Pedro, había sido discípulo de Juan el Bautista (Jn. 1:35, 40). Fue quien llevó a Pedro delante del Señor y pudo haber sido instrumento de su salvación (Jn. 1:41). Andrés también llevó a Cristo al muchacho que tenía los cinco panes y los dos pececillos que Cristo usó para alimentar a una gran multitud (Jn. 6:8-12). Fue Andrés quien llevó a la presencia de Cristo a unos griegos que querían verle (Jn. 12:22-26).

Los otros dos discípulos, Jacobo y Juan, eran hijos de Zebedeo. Ambos eran hombres violentos. Jesús les puso el sobrenombre de Boanerges, que significa "hijos del trueno" (Mr. 3:17). Pidieron permiso al Señor para hacer descender fuego del cielo sobre una aldea de samaritanos que no les recibieron (Lc. 9:52-56). Ambos hombres llegaron a ser fieles siervos de Jesucristo. Jacobo murió traspasado por espada y Juan se convirtió en el apóstol del amor y autor de cinco libros del Nuevo Testamento. Cristo no escogió a esos hombres por lo que eran sino por lo que Él haría con ellos.

El llamado de Jesús fue: "Venid en pos de mí" (*deûte opíaô mou*). El vocablo "venid" (*deûte*) es el plural de *deûro* y es un adverbio de lugar que realiza la función de un imperativo. Equivale a decir "venid aquí" o "por aquí". El vocablo *opísô* seguido del genitivo (*mou*) equivale a decir "sed mis discípulos". La frase "y os haré pescadores de hombres" (*kaí poiéiso humâs aliêis anthrópôn*) "significa que Jesús los entrenaría en la gran obra de ganar a personas para el evangelio y para la salvación".[16] La obediencia de Pedro y Andrés al llamado de Cristo fue inmediato (*euthéôs*). Sin titubeo alguno, dejaron las redes y siguieron al Señor. Dejaron su ocupación cotidiana para seguir al Maestro. Sin duda, dejaron las redes en manos de sus ayudantes o empleados y emprendieron la más noble de todas las tareas, es decir, servir al Señor.

Dice el texto que Jacobo y Juan estaban en la barca con Zebedeo, su padre y "remendaban sus redes". El vocablo "remendaban" (*katartídsontas*) es el participio presente de *Katartídso* que significa "preparar", "equipar para una responsabilidad o función". Es el mismo vocablo que Pablo usa en Efesios 4:12, cuando habla de "perfeccionar a los santos". Tal como las redes necesitan ser "reparadas" o "equipadas" para la tarea de la pesca, aquellos hombres necesitaban ser equipados para la labor de "pescar hombres". Esa actividad sigue vigente hoy. Hombres y mujeres necesitan ser "reparados", equipados y entrenados para la obra del ministerio y para el servicio a Jesús el Mesías.

"Y ellos, dejando al instante la barca y a su padre, le siguieron" (4:22).

El llamado del Señor fue decisivo y específico. Fue un llamado personal y directo: "Venid en pos de mí", es decir "seguidme". No fue un llamado a una religión sino a una persona. El llamamiento tenía una finalidad concreta: "os haré pescadores de hombres", es decir, tenía que ver con la tarea de rescatar a personas de las tinieblas y del ámbito de sombra y de muerte a la vida eterna. En las palabras de Alexander Balmain Bruce, quien hace más de siglo y medio fuera pastor y profesor de teología en Escocia.

Esas palabras (cuya originalidad las sellan como una genuina declaración de Jesús) muestran que el gran Fundador de la fe deseaba no solo tener

---

16. Richard C. H. Lenski, "The Interpretation of St. Matthew's Gospel", p. 170.

discípulos, sino tener alrededor suyo hombres a quienes pudiese entrenar para discipular a otros: Echar la red de la verdad divina en el mar del mundo y conducir a las playas del reino divino una gran multitud de almas creyentes. Tanto de sus palabras como de sus acciones podemos ver que Él dio suprema importancia a esa parte de su obra que consistía en entrenar a los doce".[17]

La respuesta de los cuatro hombres no se hizo esperar. Si un rey ha de tener un reino es necesario que tenga súbditos. Y si uno es súbdito de un rey es imprescindible que le rinda implícita obediencia. No es de sorprenderse, por lo tanto, que los cuatro hombres elegidos le diesen esa obediencia. Los dos adverbios traducidos "al instante" (*euthéos*) ilustran con vitalidad esa acción. El Rey llama a los súbditos y ellos obedecen (vea Jn. 15:16; Is. 6:8).

No debe pasarse por alto el observar que el llamado del Señor va dirigido principalmente a los de abajo, los insignificantes, los no sofisticados, no a los de elevada cultura, ni a los nobles, ni a los eruditos (vea 1 Co. 1:26). Es totalmente inesperado pero después de todo, eso es la obra normal de la gracia soberana. De modo que no es de sorprenderse que el Señor Jesucristo creciese en Galilea, realizó la mayor parte de sus viajes y sus predicaciones allí, caminando por los polvorientos caminos de aquella región, reunió sus discípulos principalmente de esa tierra, y finalmente de esa área y con su grupo de galileos realizó su última jornada a Jerusalén para morir allí, solo para encontrarse con ellos de nuevo después de su resurrección en Galilea (vea Mt. 26:32).

UN RESUMEN DEL COMIENZO DEL MINISTERIO DE JESÚS EL MESÍAS (4:23-25)

Los versículos de Mateo 4:23-25 resumen el ministerio de Jesús el Mesías en el norte de la tierra de Israel pero su influencia se extiende a territorio gentil:

"Y recorrió Jesús toda Galilea, enseñando en las sinagogas de ellos,
y predicando el evangelio del reino,
y sanando toda enfermedad y toda dolencia en el pueblo" (4:23).

El verbo "recorrió" (*perieîgen*) es el imperfecto del indicativo de *periágo*. El tiempo imperfecto sugiere una acción continua en el pasado. De modo que una mejor traducción sería: "Y [Jesús] recorría toda Galilea". El recorrido del Señor iba acompañado de tres actividades concretas: (1) Enseñar en las sinagogas; (2) predicar el evangelio del Reino y (3) sanar toda enfermedad y toda dolencia en el pueblo.

Al parecer esos tres aspectos del ministerio de Jesús el Mesías estaban dirigidos en ese tiempo concreto al pueblo judío. Debe observarse los tres participios paralelos: "Enseñando" (*didáskon*), "predicando" (*keirýsson*) y "sanando" (*therapeúon*). Es importante notar que las tres actividades mencionadas son mesiánicas: "Todos tus hijos serán enseñados por Jehová, y se multiplicará la paz de tus hijos" (Is. 54:13). Uno de los ministerios del Mesías tiene que ver con la enseñanza de su pueblo. En segundo

---

17. Alexander Balmain Bruce, *The Training of the Twelve* (Grand Rapids: Kregel Publications, 1976), pp. 12-13.

lugar, el Mesías es enviado "a predicar buenas nuevas a los abatidos… y a proclamar el año de la buena voluntad de Jehová" (Is. 61:1, 2). En tercer lugar, el Mesías quitará toda enfermedad de su pueblo (Dt. 7:15). El profeta Isaías escribió: "Entonces los ojos de los ciegos serán abiertos, y los oídos de los sordos se abrirán. Entonces el cojo saltará como un ciervo, y cantará la lengua del mudo; porque aguas serán cavadas en el desierto y torrentes en la soledad" (Is. 35:5-6). El ministerio sanador estaba diseñado para autenticar o, tal vez mejor, identificar al Rey y su ministerio. Esos milagros proclamaban en voz alta que el Rey Mesías con autoridad divina estaba presente. Él demostró ser el Mesías prometido y solo en Él hay plena salvación.

La gracia de Dios se extendió también al pueblo gentil. "Toda Siria" (*hólen tèin Syrían*), es decir, los gentiles también se beneficiaron de la gracia de Dios a través del ministerio de Cristo. Es importante observar que "le trajeron" (*proséinegkan*), aoristo indicativo de *prosphéro*, "todos" (*pántas*), es decir, hubo un transporte masivo de personas con diversos problemas físicos. Lo que estaba ocurriendo no se parece en nada a la propaganda de los carismáticos modernos que arman supuestas campañas de sanidad en las que se anuncia a los cuatro vientos que unos pocos han sido sanados. Los milagros de sanidad de Jesús mencionados en Mateo 4:24 eran confirmados de su persona como el Rey Mesías y de su proclamación de que "el reino de los cielos" se había acercado a causa de la presencia de su persona.

La expresión "los que tenían dolencias" (*toùs kakôs échontes*) podría traducirse "los que lo estaban pasando mal". Tal vez signifique "aquellos casos que los médicos no podían curar",[18] "los afligidos por diversas enfermedades" (*tas poikílias nósois kaì basánois synechoménous*). Esta frase significa literalmente: "Enfermedades y dolencias de diversos colores que constreñían o causaban severo malestar". La expresión "diversas" (*porkílias*) literalmente significa "de varios colores" y podría referirse a dolencias o enfermedades variadas tales como fiebre, lepra, ceguera, flujo, paludismo y otras enfermedades propias de aquella región.

También estaban "los endemoniados" (*daimonidsoménous*), es decir, los poseídos de demonios (vea Mt. 8:16, 28, 33; 9:32; 12:22), "los lunáticos" (*seleiniadsoménous*),[19] y "paralíticos" (*kaì paralytikous*), es decir, alguien incapaz de valerse por sí mismo. "y los sanó" (*kaì etherápeusen autoús*). El verbo "sanó" está en el aoristo indicativo y expresa la realidad histórica de lo ocurrido. Mateo usa una frase breve para expresar lo que ocurrió sin aspaviento. "Esas sanidades (el verbo aparece dos veces) fueron actos de gracia y misericordia, realizados como tales y de ese modo diferencian el carácter de Jesús como el Mesías y el mensaje que trajo. Esos milagros aún permanecen como sellos divinos que dan testimonio del mensaje al que fueron agregados. Y ese testimonio, una vez dado y fijado para siempre en un registro divinamente inspirado, no necesita repetición y por lo tanto, no tiene ninguna".[20]

Mateo resume el alcance de este ministerio inicial de Jesús el Mesías con estas palabras.

---

18. A. T. Robertson, *Word Pictures*, vol I, p. 36.
19. El vocablo *seleniadsoménous* es el participio de *seleiniadsomai* y significa "ser puesto bajo la influencia de la luna" o "ser epiléptico" (solo aparece en Mt. 4:24 y 17:15). Al parecer, los antiguos pensaban que era una enfermedad causada por la luna.
20. Richard C. H. Lenski, "The Interpretation of St. Matthew's Gospel", p. 177.

"Y le siguió mucha gente de Galilea, de Decápolis, de Jerusalén, de Judea y del otro lado del Jordán" (4:25).

El verbo "siguió" (*eikoloútheison*) usado aquí es el mismo usado en 4:20. Sin embargo, la función es diferente en ambos casos. En Mateo 4:20 se trata de un seguimiento voluntario y de obediente discipulado de alguien que va en pos de su maestro con el deseo de aprender y servir.[21] En Mateo 4:25, parece ser que la "mucha gente" (*óchloi polloì*) que siguió al Señor se debió al beneficio físico recibido. Los que siguieron a Jesús eran, en primer lugar, de Galilea. Quizá, de las ciudades o pueblos cercanos al lago tales como Capernaum, Corazín, Betsaida, Magdala y otras. También estaban los de Decápolis, la región al noreste de Samaria más allá del Jordán. Se llamaba así por la existencia de una confederación de diez ciudades, habitadas primordialmente por gentiles. Entre ellas estaban: Pella, Hippo, Gadara, Escitópolis, Abilá, Gerasa y Filadelfía. También pertenecían Cavat, Rafaná, Dión y Damasco. Había seguidores incluso de Jerusalén a pesar de la antipatía que sentían hacia los galileos. Otros habitantes de Judea que no vivían en Jerusalén se unieron a la gran multitud. Finalmente estaban los de "más allá del Jordán", probablemente los que vivían en Perea, el territorio al sur de Decápolis. Como puede verse, judíos y gentiles se benefician de la gracia y la benevolencia de Jesús el Mesías.

El Señor no rehúsa bendecir a ninguno de los que venían a Él. Las señales que hace son "señales mesiánicas". Quienes lo vieron hacer todos aquellos milagros debieron reconocerlo como el Mesías anunciado en las Escrituras del Antiguo Testamento. Allí estaba Él, cumpliendo anticipadamente y en parte la promesa del Salmo 72:12-13: "Porque él librará al menesteroso que clamare y al afligido que no tuviere quien le socorra. Tendrá misericordia del pobre y del menesteroso, y salvará la vida de los pobres".

RESUMEN Y CONCLUSIÓN

La segunda parte del capítulo 4 de Mateo trata el comienzo del ministerio público de Jesús el Mesías. Las actividades comienzan después del encarcelamiento de Juan el Bautista por orden de Herodes Antipas. El escenario es Galilea, la región de Zabulón y Neftalí, en conformidad con lo profetizado en Isaías 9:1-2. La gloriosa luz del Mesías brilló en las terribles tinieblas de ciudades como Capernaum, Corazín, Betsaida, Tiberias, Gadara y otras.

Fue en esa ocasión cuando el Señor llamó al servicio a sus primeros discípulos: Pedro y Andrés, su hermano y Jacobo y Juan, ambos hijos de Zebedeo. El mensaje del Mesías lo constituía el anuncio o la proclamación: "Arrepentíos, porque el reino de los cielos se ha acercado". Esa proclamación era idéntica a la que había hecho Juan el Bautista cuando comenzó su ministerio. También coincide con la proclamación hecha posteriormente por los apóstoles enviados por el Señor (Mt. 10:7). Era un llamado a cambiar radicalmente de manera de pensar (*metanêite*). La razón urgente de este cambio era la cercanía (*éiggiken*) del Reino de los cielos. Esa designación ("reino de los cielos") tiene que ver con el Reino profetizado en el Antiguo Testamento. Es decir,

---

21.   Véase Fritz Rienecker, *A Linguistic Key to the Greek New Testament*, vol. 1, trad. y rev. por Cleon Rogers, hijo (Grand Rapids: Zondervan Publishing House, 1980), p. 11.

el Reino prometido a David desde el cual el Mesías gobernará a las naciones de la tierra.

Los cuatro hombres que Jesús llamó eran unos desconocidos pescadores, hombres sin escuela formal y socialmente hablando, proletarios, como se diría hoy. Los cuatro obedecieron el llamado de Jesús el Mesías e inmediatamente (*euthéos*) le siguieron. A partir de ahí comenzaron una andadura con el Señor que les llevaría a ser designados apóstoles, testigos del Mesías en la tierra y a la postre, fundamento de la Iglesia (Ef. 2:20). Jesús invirtió más de tres años entrenando aquellos hombres para que llegasen a ser "pescadores de hombres". El trabajo debió ser difícil. Requería mucha paciencia y misericordia transformar aquellos hombres toscos y llenos de aristas, en verdaderos siervos del Mesías.

Los tres últimos versículos (4:23-25) resumen el ministerio del Señor "Recorrió toda Galilea: (1) Enseñando; (2) predicando el evangelio del Reino; y (3) sanando toda enfermedad y toda dolencia en el pueblo. Los tres participios paralelos tienen que ver con actividades mesiánicas profetizadas en el Antiguo Testamento. No solo judíos, sino también muchos gentiles fueron recipientes de la gracia y la misericordia del Mesías. "Él vino a buscar y a salvar lo que se había perdido" (Lc. 19:10).

BIBLIOGRAFÍA SELECTA

Bruce, Alexander Balmain, *The Training of the Twelve* (Grand Rapids: Kregel Publications, 1976).

Bultmann, Rudolf, *Teología del Nuevo Testamento* (Salamanca: Ediciones Sígueme, 1997).

Carson, David A., "Matthew", *The Expositor's Bible Commentary*, Frank E. Gaebelein ed. gen, vol. 8 (Grand Rapids: Zondervan Publishing House, 1984).

Ladd, George Eldon, *El Evangelio del Reino* (Barcelona: Editorial Caribe, 1974).

Luz, Ulrich, *El Evangelio según San Mateo*, Mateo 1-7, vol. 1 (Salamanca: Ediciones Sígueme, 1993).

McClain, Alva J., *The Greatness of the Kingdom* (Grand Rapids: Zondervan Publishing House, 1959).

McNeile, Alan Hugh, "The Gospel According to Matthew", *Thornapple Commentaries* (Grand Rapids: Baker Book House, 1980).

Pikaza, Javier y De la Calle, Francisco, *Teología de los Evangelios de Jesús* (Salamanca: Ediciones Sígueme, 1975).

Rienecker Fritz, *A Linguistic Key to the Greek New Testament*, traducido y revisado por Cleon Rogers hijo, vol. 1 (Grand Rapids: Zondervan Publishing House, 1976).

Stein, Robert H., *Jesús, el Mesías: Un estudio de la vida de Cristo* (Terrasa: Editorial Clie, 2006).

Zuch, Roy B., et al. *A Biblical Theology of the New Testament* (Chicago: Moody Press, 1994).

7

El primer discurso de Jesús el Mesías (5:1—7:29)

> Visto el Sermón del Monte en su totalidad, es obvio que el Señor está dando a sus discípulos unas pautas de comportamiento. Pero no las da en un contexto de legalismo, sino de gracia. El Reino de Dios ha llegado. Cristo cumple toda justicia. Y en justicia Dios obra la salvación que ahora se ofrece ampliamente a los hombres. Es a la luz de estas realidades que hemos de examinar las demandas éticas del evangelio. Si algo se pide al discípulo de Jesús es porque antes ha recibido y mucho. Lo que ya ha acontecido es la base de lo que el cristiano ha de ser y hacer.
>
> José M. Martínez (*Hermenéutica bíblica*, p. 448)

De tales enseñanzas de Jesús el Mesías las que aparecen en el llamado Sermón del Monte, se citan más que ninguna. Políticos, filósofos, literatos y religiosos de cualquier persuasión son capaces de repetir algún pedazo de ese magnífico discurso didáctico pronunciado por el Divino Maestro.

A pesar de ser tan conocido, el Sermón del Monte sigue siendo un enigma para muchas personas. El problema principal, evidentemente radica en su interpretación. ¿Cómo debe interpretarse? ¿A quién va dirigido? ¿A qué época se refiere? Esas y otras muchas preguntas, han sido examinadas por teólogos de diferentes escuelas. Las opiniones son variadas y algunas distantes de otras. A continuación se mencionarán los puntos de vista más populares respecto del Sermón del Monte.

LA ESCUELA LIBERAL

El liberalismo teológico afirma que el Sermón del Monte es para el mundo. Algunos liberales dicen que el Sermón es para el mundo en el sentido que su finalidad es la salvación de la sociedad. Algunos filósofos y religiosos de generaciones pasadas como Tolstoi y Gandhi apoyaron esta postura. Tolstoi dijo que el mandato de: "No perjurarás" y "no juréis en ninguna manera" quiere decir poner fin a toda clase de juramentos, incluyendo el que se hace en un tribunal de justicia. La exhortación: "No resistáis al que es malo" significa anular el uso de policías y demás agentes del orden. Si eso se hiciese, creen ellos, resultaría en el establecimiento del Reino de Dios en la tierra.

Otros de tendencia liberal, han enseñado que el Sermón es para el mundo en el sentido de que su intención era proveer un medio de salvación del individuo. Según dicen, el Sermón del Monte debe considerarse como la esencia del evangelio. Todo lo demás son añadiduras de los teólogos profesionales. El liberalismo teológico idealiza el Sermón y pierde de vista el hecho de que en su contenido no aparecen ninguna de las expresiones características del Nuevo Testamento respecto de la salvación por la fe, la justificación por la fe, ni de la regeneración por la fe. La respuesta de Pablo a la pregunta del carcelero de Filipos: "Señores, ¿qué debo hacer para ser salvo?" Fue sencillamente, "cree en el Señor Jesucristo y serás salvo". Ciertamente, al apóstol no se le ocurrió decirle: "Bienaventurados los pobres en espíritu, porque de ellos es el reino de los cielos". El teólogo liberal confunde los principios éticos que deben regir la vida cristiana con la condición divina para que un pecador sea salvo.

LA POSTURA ECLESIOLÓGICA

Esta es, sin duda, la postura más popular respecto del Sermón del Monte. En este grupo hay pensadores de todas las tendencias teológicas: Liberales, fundamentalistas, amilenaristas, premilenaristas y postmilenaristas. Por lo general quienes mantienen este punto de vista dicen que el Sermón del Monte proporciona a los creyentes en la edad presente un modelo para la vida cristiana. El reconocido teólogo contemporáneo John Stott dice:

> Así pues los seguidores de Jesús deben ser diferentes, diferentes tanto de la iglesia nominal como del mundo secular, diferentes tanto del religioso como del irreligioso. El Sermón del Monte es la delineación más completa de la contracultura cristiana que existe en el Nuevo Testamento. Aquí hay un sistema de valores cristianos, de norma ética, de devoción religiosa, de actitud hacia el dinero, de aspiraciones, de estilo de vida y gama de relaciones del cristiano, todos y cada uno de los cuales están totalmente en discordancia con los del mundo no cristiano. Y esta contracultura cristiana es la vida del Reino de Dios, una vida plenamente humana en verdad pero vivida con efectividad bajo el régimen divino.[1]

Muchos evangélicos, como Stott, entienden que el Sermón debe interpretarse como dirigido a la Iglesia y por lo tanto, como una guía para la vida de los creyentes en esta edad. Es importante, sin embargo, que se tenga presente que la Iglesia no había sido inaugurada todavía cuando el Señor dio la enseñanza del Sermón del Monte. No debe pasarse por alto que las enseñanzas de los Evangelios, incluyendo las de Mateo 5-7 fueron dadas en la era de la ley si se acepta que la edad de la Iglesia comienza con el

---

1. John Stott, *El Sermón del Monte: Contracultura cristiana* (Barcelona: Ediciones Certeza, 1998), p. 16.

acontecimiento del día de Pentecostés. Según Gálatas 4:4: "Cristo nació bajo la ley" y en Lucas 2:21-40, el Señor fue circuncidado "conforme a la ley de Moisés". Sus padres, José y María, se aseguraron de cumplir todo lo "prescrito en la ley del Señor" (Lc. 2:39). Tampoco debe omitirse el hecho de que el contexto mismo del Sermón no favorece una interpretación eclesiológica de dicho discurso. El vocablo "iglesia" (*eklesía*) se menciona por primera vez en el Nuevo Testamento en Mateo 16:18. Allí el Señor Jesucristo la menciona como una realidad futura. Aún no había una "Iglesia cuerpo de Cristo" en la tierra.

LA POSTURA MILENARIA

La postura mantenida por muchos premilenaristas y dispensacionalistas dice que el Sermón del Monte tiene como objetivo regular la vida en el Reino mesiánico futuro, es decir, el Reino que será inaugurado por Jesús el Mesías en su segunda venida.

William L. Pettingill, dispensacionalista de la generación pasada dice: "Si el Sermón del Monte, pues, no es ni el camino de la vida para el pecador, ni la regla de vida para el creyente, ¿qué es? La respuesta es que el Sermón del Monte es el código de leyes del Reino del cielo, Reino que, aunque de momento fue rechazado y tenido en suspenso, un día será establecido sobre esta tierra".[2]

Otra declaración parecida procede de la pluma de Arno C. Gaebelein, escritor premilenarista del siglo pasado:

> En nuestra exégesis de los tres capítulos [Mt. 5—7]… siempre miraremos al Sermón del Monte como la proclamación del Rey tocante al Reino. Ese Reino no es la Iglesia, ni es el estado de la tierra en justicia, gobernada y poseída por los mansos, producida mediante la agencia de la Iglesia. Es la tierra milenaria y el Reino venidero, en el que Jerusalén será la ciudad del gran Rey. Leemos en el Antiguo Testamento que cuando ese Reino venga, por el que esos discípulos judíos fueron enseñados a orar, la ley saldrá de Sion y la Palabra del Señor de Jerusalén.[3]

Lewis Sperry Chafer, en su *Teología sistemática*, escribió lo siguiente respecto de Mateo 5—7:

> Este discurso comúnmente conocido como el Sermón del Monte, fue pronunciado por Cristo en los albores de su ministerio y precisamente en el momento en que estaba presentándose a sí mismo a Israel como su profetizado Mesías. El aludido discurso presenta la declaración del propio Rey en términos de admisión al todavía futuro reino en la tierra y prescribe el módulo de vida que se requiere en tal reino.[4]

---

2. William L. Pettingill, *Estudios sencillos sobre Mateo* (Terrassa: Clie, 1986), p. 47.
3. Arno Clemens Gaebelein, *The Gospel of Matthew*, vol. 1 (Wheaton: Van Kampen Press, 1930), p. 110.
4. Lewis Sperry Chafer, *Teología sistemática*, tomo I (Dalton, GA.; Publicaciones Españolas, 1974), p. 834.

Otros dispensacionalistas como J. Dwight Pentecost, por muchos años director del departamento de exposición bíblica del Seminario Teológico de Dallas, dice lo siguiente:

> En el Sermón del Monte, Cristo utiliza legítimamente la ley para revelar la santidad de Dios y las demandas que esta santidad de Dios hace a aquellos que quieren andar en comunión con Él. En ningún sentido constituye este Sermón un medio de conseguir justicia. Más bien, es una revelación de la justicia de Dios y refleja las demandas que la santidad de Dios hace sobre aquellos que quieren andar en comunión con Él.[5]

Como puede verse, no todos los dispensacionalistas interpretan el Sermón del Monte de la misma manera. Hay algunos que lo relegan a la era del Reino, diciendo que después de haber anunciado la venida del Reino, lo más natural es que el Señor presente las leyes de dicho Reino. Otros, sin embargo, lo interpretan de una manera más amplia. El pastor y escritor Harry A. Ironside, también dispensacionalista, dice que el Sermón del Monte tiene que ver con la vida de santidad de los seguidores del Mesías.[6]

La interpretación que relega el Sermón al Reino mesiánico confronta algunas dificultades: (1) Si el Señor tiene como objeto enseñar la presencia del Reino, es difícil explicar por qué en Mateo 6:10 dice a los discípulos que oren diciendo: "Venga a nosotros tu reino"; (2) si el Reino está presente ¿qué significa "padecer persecución por causa de la justicia"? (3) ¿Qué significado tienen las enseñanzas respecto de las necesidades físicas (6:25-34), la tentación (6:13), buscar el Reino de Dios y su justicia (6:33)? Es difícil en extremo ver las condiciones descritas en el Sermón del Monte en existencia durante el Reino milenario. Si esas fuesen las condiciones existentes en el reino del Mesías, no podría decirse que dicho Reino es un tiempo de bendición para los que vivan en él.

LA POSTURA PROVISIONAL O INTERINA

Este punto de vista fue popularizado hace más de medio siglo por el misionero y filántropo Albert Schweitzer.[7] Quienes apoyan esta postura interpretan el Sermón del Monte como la exposición de una ética para el tiempo preliminar al establecimiento del Reino.

Stanley Toussaint, profesor de Nuevo Testamento y exposición bíblica en el Seminario Teológico de Dallas, en su excelente comentario *Behold the King* [He aquí el Rey] resume la postura provisional o interina con aprobación.[8] El profesor Toussaint señala lo siguiente respecto de la mencionada postura:

5. J. Dwight Pentecost, *El Sermón del Monte* (Barcelona: Portavoz, 1981), pp. 19-20.
6. Harry A. Ironside, *Estudios sobre Mateo* (Terrassa: Clie), pp. 37-38.
7. Albert Schweitzer, *The Quest of the Historical Jesus* (Nueva York: Macmillan Co. 1961).
8. Toussaint es premilenarista y dispensacionalista pero rechaza la postura de que el Sermón del Monte es aplicable solo al futuro reino terrenal que el Señor anunció, diciendo que "se había acercado".

a. Utiliza el método gramático histórico de interpretación de manera más clara y eficaz que los otros puntos de vista. El Sermón es situado en su ambiente histórico como no lo hacen las otras posturas. Toda interpretación correcta toma como punto de partida el contexto del pasaje que se estudia. Aquellos que fueron a escuchar al Mesías después de su bautismo y su tentación lo hacían con gran anticipación respecto del reino anunciado. El Sermón del Monte fue pronunciado precisamente en ese contexto histórico de anticipación de parte de la multitud y de los discípulos del Señor. La pregunta era: ¿Qué diría aquel que anunciaba que el Reino de los cielos se había acercado?

b. Debe observarse que no solo la multitud y los discípulos anticipaban el establecimiento del Reino sino que también el Sermón en si era anticipante: En Mateo 5:20 y 7:21 anticipa que quienes practican una justicia mayor que la de los escribas y fariseos son los que entrarán en el Reino. Los que hacen la voluntad del Padre entrarán en el Reino de los cielos. Ambos textos ponen de manifiesto ese sentido de anticipación que recorre todo el Sermón. También el discurso está repleto de promesas de galardones (vea 5:12, 19, 46; 6:1, 2, 4, 5, 18). El Sermón incluye, además, una petición por la venida del Reino (6:10), el anuncio de un juicio antes del establecimiento del Reino (7:19-23). A todo eso debe añadirse el uso abundante de verbos en el tiempo futuro, indicando una actitud de anticipación (vea 5:4-9, 19-20; 6:4, 6, 14, 15, 18, 33; 7:2, 7, 11, 16, 20, 21, 22). De manera que el contenido mismo del Sermón pone de manifiesto una esperanza que vislumbra la realidad de la vida en el reino anunciado por el Mesías.

c. Un tercer aspecto que esta postura toma en cuenta es el hecho de que el Sermón es dirigido primordialmente a los discípulos. Eso se evidencia de una simple lectura de Mateo 5:1-2. Como tales se les exhorta a dirigirse a Dios, llamándole: "Padre nuestro". También se les llama: "sal de la tierra" (5:13) y "luz del mundo" (5:14). Se les amonesta respecto de la justicia que debe caracterizar sus vidas (5:19—7:12). Dios es llamado: "Padre" de ellos (5:16, 45, 48; 6:1, 4, 6, 8, 14,15, 18, 26, 32; 7:11, 21). El discurso concierne en gran parte con "servir" y "hacer" (5:10-12; 13-16, 19-20; 21-48; 6:1-18, 19-34; 7:1-12; 15-23; 24-27). El texto del Sermón claramente dice que el Señor "enseñaba" (*edídasken*, tiempo imperfecto, 5:2) y en 7:29: "Porque les enseñaba" con autoridad.

Es importante destacar que no todos los que oyeron el Sermón eran creyentes. Es más, probablemente muchos de ellos nunca se convirtieron al Señor. Debe recordarse que muchos de los seguidores de Cristo eran simplemente "curiosos" o personas que deseaban aprovecharse de los beneficios de los milagros del Señor. Quizá por esa razón hay tantas advertencias en el capítulo 7. Se les exhorta a "entrar por la puerta estrecha". Esa puerta es Cristo mismo y son pocos los que entran por su puerta (7:13-14). También hay una seria advertencia contra la hipocresía (7:21-23).

d. Hay otro aspecto más que la postura provisional o la interina del Sermón toma en cuenta, a saber, el tema en el que se centra el Sermón. En su predicación, Juan el Bautista había proclamado: "Haced, pues, frutos dignos de arrepentimiento… y ya también el hacha está puesta a la raíz de los árboles;

por tanto, todo árbol que no da buen fruto es cortado y echado en el fuego"
(Mt. 3:8, 10). En el Sermón del Monte, el Señor coincide plenamente con el
precursor cuando dice: "Todo árbol que no da buen fruto es cortado y echado
en el fuego" (Mt. 7:19). Como se ha indicado con anterioridad, el Sermón del
Monte trata principalmente con "el hacer" y "el servir" de los discípulos de
Jesús el Mesías, esos que anticipan entrar en su Reino.[9]

Toussaint resume el propósito del Sermón del Monte de la siguiente manera:

> En este Sermón Jesús contempla la vida total de un discípulo, desde su inicio
> hasta su culminación. Es una vida que comienza con el arrepentimiento y de
> ahí en adelante se caracteriza por dar buenos frutos. Es por eso que el Señor
> enfatiza las obras que deben exhibir sus seguidores. Incluso la advertencia
> de Mateo 5:20 sigue con una amonestación acerca de cumplir y enseñar los
> mandamientos, algo que claramente manifiesta la obra de un discípulo. Decir
> que el propósito principal del Sermón es producir convicción de pecado es
> tergiversar su mensaje. El Sermón va dirigido primordialmente a discípulos
> para exhortarles a vivir una vida de justicia a la luz del reino venidero.
> Quienes no eran discípulos genuinos fueron advertidos acerca del peligro de
> su hipocresía y su incredulidad.[10]

En resumen, el Sermón del Monte es reconocido como el discurso más formidable
e influyente jamás predicado. Hay varias escuelas de interpretación y diferentes
acercamientos al Sermón. Hay quienes lo ven como un camino de Salvación para la
sociedad humana. Los que así piensan toman el Sermón del Monte como un patrón
para las buenas obras que según ellos, conduce a la salvación. Esa postura está lejos
de la enseñanza de las Escrituras. La Biblia enseña que la salvación se basa sobre la
soberana gracia de Dios sin que intervengan méritos humanos de clase alguna.

Hay quienes entienden que el Sermón va dirigido a la Iglesia y como tal es la regla
de vida para los creyentes de esta dispensación. De esta postura puede decirse que el
Sermón del Monte, como todas las Escrituras (2 Ti. 3:16-17), tienen aplicaciones para
la vida del creyente, adolece del hecho de que saca el pasaje (Mt. 5—7) de su contexto
histórico-gramatical y espiritualiza su contenido. Otra postura es la adoptada por un
número importante de premilenaristas. Según ellos, el Sermón del Monte tiene que ver
con el futuro reinado terrenal del Mesías. Algunos de ellos, entienden que el Sermón
es una especie de constitución del Reino del Mesías.

También hay los que le dan al Sermón un carácter penitencial. Dicen que el
propósito del discurso es redargüir de pecado el corazón del hombre y llevarlo a Dios
en humildad y confesión. Aunque, sin duda, el Sermón, podría realizar esa obra, lo
mismo podría ocurrir con la lectura y aplicación de muchos otros pasajes de la Biblia.
Hay que decir que esa no parece ser la función y el objetivo principal del Sermón del
Monte. La postura provisional o interina fue popularizada por Alberto Schweitzer

---

9. Stanley D. Toussaint, *Behold the King: A Study of Matthew* (Portland: Multmomah Press, 1980),
    pp. 86-94.
10. *Ibíd.*, pp. 93-94.

durante la primera mitad del siglo pasado. Aunque la mayor parte de la teología de Schweitzer deja mucho que desear, su enfoque del Sermón del Monte es el que mejor se ajusta al texto bíblico. Tiene el apoyo del contexto inmediato del Sermón, utiliza una hermenéutica histórico-gramatical, toma en cuenta a quién el Sermón fue dirigido, destaca la actitud de anticipación a través de todo el discurso y además, toma en cuenta el tema central del Sermón, es decir, la exhortación dada a los oyentes respecto del "hacer" y del "servir" de parte de todos los que anticipan entrar en el Reino del Mesías. El Sermón del Monte tiene como objetivo principal regular la vida y el servicio de un discipulado regenerado y justificado durante el tiempo que precede a la inauguración del reino del Mesías.

BIBLIOGRAFÍA SELECTA

Chafer, Lewis S., *Teología sistemática*, tomo I, (Dalton, Georgia: Publicaciones Españolas, 1974).

Gaebelein, Arno Clemens, *Gospel of Matthew*, vol. I (Wheaton: Van Kampen Press, 1910).

Harry A. Ironside, *Estudios sobre Mateo* (Terrassa: Clie, s.f.)

Pentecost, J. Dwight, *El Sermón del Monte* (Grand Rapids: Editorial Portavoz, 1981).

Pettingill, William L., *Estudios sencillos sobre Mateo* (Terrassa: Clie, 1986).

Schweitzer, Albert, *The Quest of the Historical Jesus* (Nueva York: Macmillan Co. 1961).

Stott, John, *El Sermón del Monte: Contracultura Cristiana* (Barcelona: Ediciones Certeza, 1998).

Toussaint, Stanley D., *Behold the King: A Study of Matthew* (Grand Rapids: Kregel Publications, 1980).

8
Exposición del Sermón del Monte (5:1-16)

La introducción al Sermón (5:1-2)

"Viendo la multitud, subió al monte;
y sentándose, vinieron a él sus discípulos" (5:1).

En el texto griego hay una conjunción (*dè*) que la Reina—Valera 1960 desafortunadamente omite. Dicha conjunción expresa continuidad y debe traducirse "entonces".[1] Evidentemente, Mateo desea señalar la conexión entre la "mucha gente de Galilea" y de otros lugares que siguió al Señor y la "multitud" (*toús óchlous*) que se menciona en 5:1. La presencia de esa multitud no caracterizó el ministerio del Señor hasta bien avanzado su recorrido por la Gran Galilea.[2] Debe observarse que el texto griego dice "las multitudes" (*toús óchlous*). Eso sugiere que para entonces ya el Señor ha atraído a un número considerable de seguidores. Sin duda esa era la "mucha gente" mencionada en 4:23 como lo sugiere la presencia del artículo determinado (*toús*) en 5:1. El uso del plural ("las multitudes") sugiere la presencia de diferentes grupos a medida que el Señor hablaba.

Mateo describe al Rey Mesías ascendiendo al monte tal vez como un recordatorio de la subida de Moisés al Monte Sinaí (Éx. 19:3). Desde aquel monte el Señor proclamaría los principios fundamentales para la vida de sus discípulos quienes habían respondido a su mensaje de salvación. Ahora necesitaban crecer en el conocimiento de la nueva vida y en la práctica de la verdadera justicia, una justicia mayor que la de los escribas y fariseos.

El texto dice: "Entonces viendo las multitudes subió al monte". La subida al monte no fue con el fin de eludir a las gentes sino más bien porque "la presencia de semejantes

---

1. H. E. Dana y Julius R. Mantey, *Gramática griega del Nuevo Testamento* (El Paso: Casa Bautista de Publicaciones, 1979), p. 236.
2. Robert L. Thomas, "Notas inéditas sobre Mateo 5" (s.f.)

multitudes hacía propio que se dirigiera a ellas en un discurso extenso, manifestando la naturaleza del reino o reinado mesiánico que había declarado estar cerca".[3] La montaña o el monte al que Jesús subió se ha identificado con Quru Hattin, aunque dicha identificación no ha sido plenamente confirmada.[4] Probablemente Mateo se refiera a un territorio alto o alguna montaña en la región próxima al mar de Galilea.[5] El comentarista suizo Ulrich Luz hace la siguiente observación respecto de la subida de Jesús a la montaña:

> Pero es probable que la frase *anébe eis tò óros* [Subió al monte] encierre una alusión a la subida de Moisés al Sinaí (Éx. 19:3, 12; 24:15, 18; 34:1-4). También la conclusión del Sermón, 7:28ss, evoca tales textos. Esto no significa que el evangelista quiera establecer un contraste entre Jesús y Moisés proponiendo la ley del segundo Moisés como derogación de la ley del primero. Es clara alusión a la historia fundamental de Israel: Dios hablará ahora, de nuevo, por medio de Jesús, como habló en otro tiempo en el monte Sinaí. Solo el Sermón mismo mostrará qué relación guarda el evangelio de Jesús sobre el Reino con la ley de Moisés.[6]

El Sermón del Monte no era una sustitución de la ley de Moisés sino más bien la interpretación correcta de dicha ley. La ley de Moisés es una expresión de la santidad de Dios. Los intérpretes judíos de dicha ley habían torcido y aplicado mal sus enseñanzas. Jesús el Mesías da la interpretación precisa de los mandamientos de dicha ley.

"Y sentándose, vinieron a él sus discípulos" (5:1b).

La expresión "sentándose" (*kathísantos*) es el aoristo participio de *kathidso* que significa "sentarse". En este contexto, el aoristo participo expresa una idea temporal "Cuando se hubo sentado" o "Después de sentarse"; "vinieron a él sus discípulos" (*proseilthon autoi hoi matheitapi autoû*). El verbo "vinieron" es un aoristo indicativo que sugiere una acción puntual o un acontecimiento concreto.

El acto de sentarse era la manera acostumbrada por los rabinos para enseñar. Se sentaban con las piernas cruzadas y los oyentes entonces, asumían la misma posición.[7] La presentación de un discurso formal de la duración del Sermón del Monte requería que el maestro estuviese sentado. Los maestros de la antigüedad siempre se sentaban para presentar un discurso formal (vea Mt. 13:2; 24:3).[8]

"Sus discípulos" (*hoy matheitaí autoû*) significa "sus estudiantes", "sus discípulos", "sus alumnos". El sustantivo "discípulo" (*matheitèis*) se usa 261 veces en el Nuevo

3. John A. Broadus, *Comentario sobre el Evangelio según Mateo* (Monterrey, Sarah A. Hale, s.f.), p. 114.
4. Vea José M. Bover, *El Evangelio de San Mateo* (Barcelona: Editorial Balmes, 1946), pp. 102-103.
5. Broadus, op.cit., p. 114.
6. Ulrich Luz, *El Evangelio según San Mateo*, Mateo 1-7, vol. 1 (Salamanca: Ediciones Sígueme, 1993), pp. 276-277.
7. Vea Richard C. H. Lenski, *The Interpretation of Matthew's Gospel* (Minneapolis: Augsburg Publishing House, 1943), p. 182.
8. Robert L. Thomas, "Notas inéditas sobre Mateo 5" (2000).

Testamento y de ellas, 72 veces aparecen en Mateo. El verbo ("hacer discípulos" [*matheiteúo*]) se usa 4 veces en el Nuevo Testamento de las cuales tres se encuentran en Mateo.[9] "El *matheitéis* se concibe como la designación de alguien que se halla en relación de discípulo con otra persona y es instruido por ella. Semejante relación era conocida en los tiempos del Nuevo Testamento, porque los escribas hacían de maestros y tenían discípulos (*talmidim*), a quienes instruían en las Escrituras y en las tradiciones de los padres".[10]

Si bien es cierto que el sustantivo "discípulos" en Mateo 5:1 podría limitarse a los doce, parece ser más prudente en este contexto entender que se refiere a un círculo más amplio de seguidores de Jesús el Mesías. En los Evangelios dicho vocablo se usa muchas veces con referencia a quienes seguían a Jesús sin necesariamente haber creído en Él o estar dispuestos a recibir sus enseñanzas (vea Jn. 6:66). Es posible que cuando el Señor comenzó a hablar solo aquellos que genuinamente le habían seguido estuvieran presentes, pero a medida que hablaba el número de personas iba en aumento hasta que la concurrencia se convirtió en multitudes de oyentes. José M. Bover probablemente está en lo correcto cuando dice:

> Los "discípulos" a quienes especialmente se dirige el maestro no son solamente los Doce, ni solo los discípulos que habitualmente le seguían, sino a otros que a tiempos acudían a Él para oír sus enseñanzas. El hecho de que el Señor escogió a los Doce de entre sus discípulos, indica que otros también les seguían constantemente. Entre ellos estaban José Barsabás el Justo y Matías (Hch. 1:21-23).[11]

Entre los seguidores de Jesús se puede hablar de tres círculos o niveles de discípulos.[12] El círculo más cercano al Señor era, sin duda, el formado por los Doce. También a ellos se les llama discípulos. El Señor Jesucristo, como el gran Maestro, invirtió la mayor parte de su tiempo instruyendo a ese grupo de doce hombres escogidos por Él. No es exagerado decir que casi todas las cosas que Jesús hizo y dijo iban encaminadas a entrenar a los doce discípulos.

Pero había un segundo círculo que estaba formado por personas a quienes también se les llama discípulos. Evidentemente eran serios seguidores del Señor. En Hechos 1, se menciona que había un grupo de 120 discípulos que estaban reunidos orando. El Señor prefirió concentrarse en el entrenamiento de solo doce hombres para la ejecución del plan de la formación de la Iglesia.

Finalmente, había un tercer círculo compuesto por las multitudes. A esos se les puede llamar "curiosos". Iban detrás del Señor, por los beneficios que podían recibir (Jn. 6:22-26). Muchos de esos seguidores lejanos se ofendieron al oír las palabras del Señor y dejaron de seguirle (Jn. 6:66). Ciertamente habían muchos y sigue habiéndolos

---

9. Horst Baltz y Gerhard Schneider, *Diccionario exegético del Nuevo Testamento*, vol II, (Salamanca: Ediciones Sígueme, 1998), p. 115.

10. *Ibíd.*

11. José M. Bover, *El Evangelio de San Mateo*, p. 103.

12. Stuart K. Weber, "Matthew", *Holman New Testament Commentary*, Max Anders, editor general (Nashville: Broadman & Holman Publishers, 2000), pp. 56-57. Vea también A. B. Bruce, *The Training of the Twelve* (Grand Rapids: Kregel, 1976), pp. 11-68.

hoy, que pertenecen al grupo de los que el Señor dijo: "No todo el que me dice: Señor, Señor, entrará en el reino de los cielos". El Señor no está interesado en la cantidad sino en la calidad de sus seguidores.

"Y abriendo su boca les enseñaba, diciendo" (5:2).

El Maestro de maestros da inicio a su asombroso discurso didáctico. El evangelista Mateo comienza con una frase formal, posiblemente un semitismo, para introducir el Sermón. El comienzo del discurso es deliberadamente solemne.[13] El verbo "enseñaba" (*edídasken*) es el imperfecto indicativo de *didásko* que significa "enseñar". La función del imperfecto en este contexto es ingresiva, es decir, destaca la iniciación de un proceso. La idea es: "El Señor al abrir su boca comenzó el proceso de enseñar".[14] Debe recordarse que el imperfecto de indicativo describe una acción continua en el pasado mientras que el presente señala una acción continuada en el presente. La escena debió ser conmovedora. El maestro divino abrió su boca y al hacerlo comenzó a enseñar de una manera que aquella gente jamás había oído.

En un excelente artículo, Karl Heinrich Rengstorf, de la Universidad de Tubinga, observa que el testimonio unánime de los Evangelios confirma que enseñar (*didáskein*) fue una de las funciones principales de Jesús durante su ministerio público. En Mateo 4:23, primero se menciona que el Señor *enseñaba*, luego *proclamaba* el evangelio del Reino y después *sanaba* a los enfermos. Los escritores de los sinópticos concuerdan plenamente que gran parte de lo que ha sido transmitido respecto de Jesús tiene que ver con sus enseñanzas.[15] Su primer gran discurso, el Sermón del Monte, ciertamente asombró a toda la audiencia. El Señor enseñaba con autoridad celestial y no como los fariseos.

Mateo registra tres grandes discursos de Jesús el Mesías. El primero de ellos (Mt. 5—7) tiene que ver con *preceptos*, el segundo (Mt. 13) con *parábolas* y el tercero con *profecía* (Mt. 24—25). Como ya se ha observado, el Señor abrió su boca y comenzó a enseñar (5:2). No es de sorprenderse que cuando terminó el discurso: "La gente se admiraba de su doctrina" (*teî didacheî autoû*), es decir, de su enseñanza. "Porque les enseñaba como quien tiene autoridad y no como los escribas" (Mt. 7:28-29). De manera que la dinámica del Sermón del Monte, es la autoridad (*exousían*) del Maestro. Nunca nadie había hablado como Él y su autoridad está con nosotros mediante su Palabra registrada en los Evangelios. En el Sermón del Monte, Jesús el Mesías, habla con la autoridad propia de un Rey. Su enseñanza asombró a todos los oyentes e hizo temblar sus corazones.

---

13. W. D. Davies y Dale C. Allison hijo, "The Gospel According to Saint Matthew", *The International Critical Commentary*, vol. 1 (Edimburgo: T. & T. Clark, 1988), p. 425.
14. Dana y Mantey dicen: "No hay tiempo en el Nuevo Testamento que requiera y recompense más cuidado en la interpretación que el imperfecto. El estudiante debiera fijar en su mente, desde el principio, que el imperfecto no es idéntico con nuestro pretérito imperfecto por un margen muy amplio. Es importante también distinguir el imperfecto de otros tiempos pasados del indicativo griego" (Gramática griega del Nuevo Testamento, p. 183).
15. Karl Heinrich Rengstorf, "*didásko*" [enseñar], *Theological Dictionary of the New Testament*, Gerhard Kittel, editor, traducido al inglés por Geoffrey W. Bromiley, vol. II (Grand Rapids: Eerdmans, 1966), pp. 135-165.

LAS BIENAVENTURANZAS (5:3-12)

Nueve veces en estos versículos el Señor usa el vocablo "bienaventurados" (*makárioi*). Ese término necesita ser analizado, aunque sea de manera breve. Es un vocablo que está arraigado en el Antiguo Testamento y se corresponde con el hebreo *'ashrê* ("bienaventurado"). "Para ser 'bienaventurado' (*'ashrê*), el hombre tiene que hacer algo. Generalmente es algo positivo. Un hombre "bienaventurado", por ejemplo, es aquel que confía en Dios inequívocamente: (Sal. 2:12; 34:8; 40:4; 84:5,12; 146:5; Pr. 16:20). Un hombre "bienaventurado" es aquel que se coloca bajo la autoridad de la revelación de Dios, su Torah, (Sal. 119:1; Sal. 1:2; Pr. 29:18); su Palabra, (Pr. 16:20); sus mandamientos, (Sal. 112:1); su testimonio, (Sal. 119:2); sus caminos, (Sal. 128:1; Pro. 8:32). El hombre que es bondadoso con el pobre es "bienaventurado" (Sal. 41:1; Pr. 14:21)".[16] Bienaventurado es mucho más que ser "feliz" o ser "dichoso" sino que más bien tiene que ver con la vida de la persona que mantiene una relación correcta con Dios.[17] Un ejemplo elocuente del uso del vocablo "bienaventurado" se encuentra en (1 R. 10:8) cuando la reina de Sabá dijo a Salomón: "Bienaventurados tus hombres, dichosos estos tus siervos que están continuamente delante de ti y oyen tu sabiduría". La reina de Sabá reconoció que quienes mantenían una relación correcta con Salomón y estaban continuamente en su presencia eran "bienaventurados". Del mismo modo, la nación cuyo Dios es Jehová, es decir, que adora y obedece al Dios único y verdadero es "bienaventurada" (Sal. 33:12; 65:4). O sea que el ser bienaventurado no tiene que ver ni con suerte, ni con fortuna como el mundo lo entiende sino con adorar a Dios y andar delante de Él con temor y temblor, sabiendo que Él ha perdonado los pecados de quienes sinceramente se arrepienten delante de su presencia. El ser feliz y dichoso es una consecuencia de guardar una relación correcta con Dios.

En el Nuevo Testamento, el vocablo "bienaventurado" (*makários*) aparece 50 veces, de ellas, 13 se encuentran en el Evangelio de Mateo, 15 en Lucas, 2 en Juan, 2 en Hechos, 13 en las epístolas paulinas, 2 en Santiago, 2 en 1 Pedro y 7 en Apocalipsis. El término es muy antiguo. Los griegos lo usaban para referirse al estado de tranquilidad que se experimenta en "las islas de los bendecidos". Con ello querían describir el estado obtenido por los muertos en "la vida supraterrenal de los dioses".

Los escritores del Nuevo Testamento toman dicho vocablo y lo usan abrumadoramente con relación al gozo singular que experimenta una persona como resultado de su anticipación en el Reino de Dios. Mateo y los demás apóstoles separan el vocablo *makários* del ambiente pagano y de manera independiente lo aplican a las bienaventuranzas.[18]

En el Nuevo Testamento, evidentemente, *makários* no significa feliz en el sentido como el mundo lo usa, o sea, la felicidad superficial que depende de las circunstancias

---

16. R. Laird Harris, et al., *Theological Wordbook of the Old Testament*, vol. 1 (Chicago: Moody Press, 1980), p. 80.

17. Vea Michael L. Brown "'*ashrê*", *New International Dictionary of Old Testament Theology and Exegesis*, vol. 1, Willem A. Van Germeren, editor general (Grand Rapids: Zondervan, 1997), pp. 570-572.

18. Vea F. Hauck, "*Makários, makarídsein, makarismós*", *Theological Dictionary of the New Testament*, Gerhard Kittel, editor, traducido al inglés por Geoffrey W. Bromiley, vol. 4 (Grand Rapids: Eerdmans, 1967), pp. 367-370.

de la vida.[19] *Makários* ("bienaventurado") se refiere a un estado profundo de felicidad espiritual que descansa sobre una verdadera relación con Dios a través de Jesucristo. En el contexto de Mateo 5—7, pertenece a quienes han respondido al mensaje del Señor (vea Mt. 4:17) y se han arrepentido y ahora aguardan que venga el reino anunciado por el Rey. Como observa A.T. Robertson: "Jesús toma la palabra 'bienaventurado' y la sitúa en un ámbito rico. Esa es una de las palabras que ha sido transformadora y ennoblecida por el uso que se le da en el Nuevo Testamento; por asociación, como en las Bienaventuranzas, con condiciones insólitas, tenidas por miserables por el mundo o como raras y difíciles. Es una lástima que no hayamos mantenido la palabra 'feliz' [bienaventurado] en el alto y santo nivel en el que Jesús la colocó".[20] Dicho de la manera más escueta, *makários* tiene que ver, por lo tanto, con un estado de felicidad que no consiste de los sentimientos internos de aquellos a quienes es aplicada sino más bien de la bendición desde el punto de vista ideal a juicio de otros. Es decir, no es el estado de bendición que la persona a la que se le atribuye siente necesariamente. Es, más bien, una propiedad que infaliblemente le es atribuida de parte de Dios.

Los pobres en espíritu (5:3)

"Bienaventurados los pobres en espíritu,
porque de ellos es el reino de los cielos" (5:3).

La frase "los pobres en espíritu" (*hoy ptôchoì toî pneúmati*) es extremadamente llamativa. El ser humano sin Dios en su vida cree que las riquezas materiales es lo más importante en la vida. Muchos viven para acumular dinero y posesiones. Muchos han muerto a causa de su avaricia. La Biblia enseña que las riquezas materiales son pasajeras. Cristo dijo: "Mirad, y guardaos de toda avaricia, porque la vida del hombre no consiste en la abundancia de los bienes que posea" (Lc. 12:15). Por el contrario, la primera bienaventuranza pone de manifiesto la remuneradora felicidad de "los pobres en espíritu". El vocablo traducido "pobres" (*ptóchoi*) es un término enfático y descriptivo. Se deriva de un verbo que significa "agacharse", "encogerse" y de ahí la idea de "mendigo".[21]

Hay otro vocablo en el Nuevo Testamento que significa "pobre". Ese vocablo es *péneis* (vea 2 Co. 9:9). Este vocablo es traducido al latín como *penuria* y significa la pobreza de aquel que vive estrictamente del jornal que recibe al final del día. O sea

---

19. Barclay hace la siguiente observación: "El sentido de *makários* se puede comprender mejor por un uso particular de esa palabra. Los griegos siempre llamaban a la isla de Chipre *hé makária* (la forma femenina del adjetivo) que quiere decir *la isla feliz* porque creían que Chipre era tan preciosa, tan rica y tan fértil que no había necesidad de buscar más allá de sus costas para encontrar la vida perfectamente feliz. Tenía tal clima, tales flores y frutos y árboles, tales minerales, tales recursos naturales que contenía todos los materiales necesarios para la perfecta felicidad" (vea William Barclay, *Mateo*, vol. 1, Terrassa: Editorial Clie, 1995, p. 108). Como puede verse mediante esta cita, los griegos entendían la felicidad en función de las circunstancias materiales. Los escritores de la Biblia entienden que no se trata de circunstancias ni de emociones, sino de una relación correcta con Dios.

20. A. T. Robertson, *Word Pictures in the New Testament* (Nashville: Broadman Press, 1930), p. 39.

21. Vea G. Abbott-Smith, *A Manual Greek Lexicon of the New Testament* (Edimburgo: T. & T. Clark, 1994), p. 393.

que el sustantivo *péneis* describe al pobre en el sentido de vivir de manera sumamente estricta. Lo que gana al día le alcanza solo para las necesidades de ese día.

Pero el vocablo que el Señor usa es *ptochós* que significa "mendigo", es decir, aquel que necesita pedir para poder vivir. No vive de su propio trabajo sino de las limosnas que recibe de otros. El sustantivo *ptochós* implica una profunda condición de indigencia y miseria.[22] El expositor luterano Richard C. H. Lenski, lo expresa de manera elocuente:

> La pobreza de la que aquí se habla no es aquella contra la que la voluntad se revela sino aquella bajo la cual la voluntad se doblega en profunda sumisión. Es más que un estado o una condición, es también una actitud del alma que se vuelca hacia Dios. Es la actitud que crece de una profunda comprensión de su total incapacidad y miseria en lo que respecta a posesión o capacidad propia. Esos miserables mendigos no traen absolutamente nada a Dios sino en completa vacuidad y necesidad se postran en el polvo solo para recibir pura gracia y misericordia.[23]

La frase "pobres en espíritu", por lo tanto, se refiere a quienes están conscientes de su gran necesidad espiritual. Es lo opuesto a rico en orgullo y auto complacencia. En ese sentido, como bien dijo Lutero, ¡todos somos mendigos! Y tenía toda la razón. El "pobre en espíritu" es la persona que ha reconocido el pecado y la corrupción de su corazón y la justicia y la santidad de Dios. Eso, por supuesto, implica un reconocimiento de su incapacidad para agradar a Dios. Y el conocimiento de la santidad de Dios y de nuestra pecaminosidad e incapacidad para agradar a Dios constituye la preparación necesaria del corazón para recibir el regalo de la justicia de Dios sobre la base de la fe. Dios dice a través de Isaías:

> "Mi mano hizo todas estas cosas, y así todas estas cosas fueron, dice Jehová; pero miraré a aquel que es pobre y humilde de espíritu, y que tiembla a mi palabra" (Is. 66:2).

Debe recordarse en esta coyuntura la parábola del fariseo y del publicano (Lc. 18:9-14). El fariseo se auto alababa porque se consideraba bueno y religioso. El publicano no se consideraba digno "de alzar los ojos al cielo, sino que se golpeaba el pecho, diciendo: Dios sé propicio a mí, pecador". El Señor añadió lo siguiente: "Os digo que éste descendió a su casa justificado antes que el otro; porque cualquiera que se enaltece, será humillado; y el que se humilla será enaltecido" (Lc. 18:14). El Señor Jesucristo alabó al publicano quien, evidentemente, reconoció su pobreza en espíritu y se humilló delante del Señor.

El punto central de todo esto es que la preparación más excelente y necesaria para una relación correcta con Dios es el reconocimiento de nuestra total indignidad

---

22. Vea Richard Chevenix Trench, *Synonyms of the New Testament* (Grand Rapids: Eerdmans, 1960), pp. 128-130.
23. Lenski, *The Interpretation of Matthew's Gospel*, p. 184.

para efectuar esa relación. La salvación comienza con el reconocimiento del pecado y es consumada mediante el conocimiento de la provisión hecha por Dios en Cristo. Reconocerse un mendigo espiritual significa darse cuenta de la necesidad de acudir a Dios quien es la fuente de toda gracia.

"Porque de ellos es el reino de los cielos" (*hóti autôn estin hei basileía ouranôn*). La partícula *hóti*, traducida "porque" presenta la causa o la base de la "bienaventuranza". Como sucede con cada una de las bienaventuranzas, la conjunción *hóti* explica aquello que justifica la declaración de la primera parte del versículo. "No es una declaración de su galardón, no es una cuestión de recompensa, sino que se trata de una consecuencia. Explica el por qué los pobres en espíritu son bienaventurados".[24] El Reino de los cielos pertenece a los pobres en espíritu. El Reino mencionado es el mismo que proclamó Juan el Bautista (Mt. 3:2) y también el mismo anunciado por el Señor (Mt. 4:17), es decir, el Reino mesiánico que Jesús el Mesías inaugurará en su segunda venida.

El posesivo "de ellos" (*autôn*) es enfático como lo indica el hecho de que aparece al comienzo de la frase. La posición de dicho pronombre es la misma en cada una de las bienaventuranzas. Como expresa Broadus:

> *De ellos* tiene en el original una posición enfática, es suyo, ellos son precisamente las personas que poseen y disfrutan las riquezas, dignidades y privilegios del reinado del Mesías (vea Mt. 3:2).[25]

El tiempo presente "es" (*estín*) debe considerarse como un "presente futurístico o proléptico".[26] Es decir, la posesión del Reino por quienes han puesto su fe en el Mesías es tan cierta y tan segura que la Palabra de Dios lo expresa como una realidad presente. Como expresa Alan McNeile:

> El tiempo de "es" (*estin*) no debe forzarse: Es atemporal. Como un derecho potencial, el Reino es de ellos ahora y siempre, como lo demuestra los verbos futuros de los versículos 4-9, que describen varios aspectos de esa gloria.[27]

Otros aspectos que apoyan el hecho de que el verbo "es" (*estin*) realiza función de futuro es el hecho de que la anticipación futura exige que se le otorgue ese sentido. El Reino es de ellos [los pobres en espíritu], pero les pertenecerá cuando ese Reino sea establecido o realizado. Su entrada en el Reino es segura. Como un derecho potencial, el Reino es de ellos y lo será siempre. Como una posesión consumada, será disfrutado en el futuro.[28] Además, debe observarse que todos los verbos de los versículos 4-9 son todos futuros y por lo tanto, el énfasis total de las bendiciones yace sobre una condición futura que se cumplirá con el establecimiento del Reino cuando el Mesías venga con poder y gloria. El reino de los cielos que pertenece a "los pobres en espíritu" no puede ser una realidad diferente de aquel Reino anunciado y proclamado tanto por Juan el

---

24. Alfred Plummer, "An Exegetical Commentary on the Gospel According to Matthew", p. 62.
25. John A. Broadus, *Comentario sobre el Evangelio según Mateo*, p. 118.
26. W. D. Davies y Dale C. Allison hijo, "Mateo", p. 446.
27. Alan Hugh McNeile, "The Gospel According to St. Matthew", p. 50.
28. *Ibíd.*

Bautista como por Jesús el Mesías. Ese es el Reino profetizado por Daniel: "Después recibirán el reino los santos del Altísimo, y poseerán el reino hasta el siglo, eternamente y para siempre" (Dn. 7:18).

La primera bienaventuranza pone de manifiesto que el pensamiento judío de la época respecto del Reino era totalmente equivocado. La mayoría de los judíos pensaba en un reino político y material. Solo un puñado de fieles como Simeón y Ana tenía el concepto correcto. La primera bienaventuranza enfatiza que quienes no tienen méritos propios sino que se abandonan en las manos de Dios son los que entrarán en el Reino del Mesías. Evidentemente, las bienaventuranzas fueron dirigidas a personas que habían progresado espiritualmente respecto de la naturaleza del reino.

Como se sugiere en cierto lugar "los resultados del juicio final son proclamados aquí. El mundo será virado al revés: Quienes ahora están arriba, allá estarán en el fondo y quienes ahora están en el fondo, allá estarán arriba".[29]

CONCLUSIÓN

Hay quienes consideran la primera bienaventuranza como el corazón de la Biblia. Lo que sí es evidente es que constituye el tema central de todo el Sermón del Monte. En ella se encierra de manera absoluta el requisito propio para entrar en la salvación de Dios. Si alguien no reconoce su necesidad espiritual, no cabe la posibilidad de que la predicación de la Palabra hallará sitio en su corazón. Debe recordarse que la bendición de Dios sobre cualquier persona comienza siempre con el perdón de los pecados y por lo tanto, eso debe ir precedido de una convicción de pecado y un reconocimiento de incapacidad personal para obtener dicho perdón. No es por méritos humanos sino como un regalo de la gracia de Dios (Ef. 2:8-9; Ro. 8:5-8). El perdón de los pecados solo es posible mediante la obra salvadora del Mesías (Ro. 3:21-26). No debe olvidarse jamás que todo lo que Dios nos da es a través de Jesucristo. Nadie como Él ha ejemplificado las enseñanzas registradas en el Sermón del Monte.

Los que lloran (5:4)

"Bienaventurados los que lloran,
porque ellos recibirán consolación" (5:4)

Las bienaventuranzas, como cualquier otro pasaje de las Escrituras, deben ser interpretadas y estudiadas dentro de su ambiente. El estudio de un pasaje dentro de su contexto es una de las reglas de la hermenéutica más importante. El Sermón del Monte fue dirigido a aquellos que habían oído el llamado del Señor y respondieron. Ahora necesitaban una ética por la cual vivir mientras aguardaban el establecimiento del Reino. Esos principios éticos son presentados por el Señor en los capítulos 5—7 de Mateo.

La primera de las bienaventuranzas, como ya se ha visto, tiene que ver con la pobreza espiritual. Los pobres en espíritu son los que han comprendido su depravación total innata y su incapacidad para agradar a Dios por sí mismos. Esa es la verdadera preparación para poder recibir la salvación ofrecida por Jesús el Mesías. Esa actitud mental y del corazón es la que caracteriza a los ciudadanos del Reino y los diferencia

---

29. Davies y Allison hijo, "Mateo", p. 445.

de los ciudadanos del mundo. Los que pertenecen al Reino del Mesías son ricos en fe pero pobres en espíritu. Son los que no han puesto su confianza en las ofertas de este mundo sino en Aquel que es el único capaz de dar vida eterna a todo aquel que cree en Él.

La segunda bienaventuranza tiene que ver con una extraña declaración: "Bienaventurados los que lloran" (*makaroì hoi penthoûntes*). ¿A quién se le ocurriría pensar que el camino para un corazón gozoso es el de las lágrimas? Pero evidentemente, es eso lo que el Señor dice. El estilo de vida del mundo es totalmente contrario a esta declaración del Señor. Los seres humanos procuran huir de todo lo que les produzca tristeza y lágrimas.

La expresión "los que lloran" (*hoy penthoûntes*) es sumamente enfática. El participio presente (*penthoûntes*) sugiere una acción continua sin referencia al tiempo. De los cuatro vocablos griegos usados para expresar "dolor", "pesar" o "lamento" el verbo *penthéo* es el más fuerte de todos. Significa "llorar con un dolor que se posesiona del ser de tal manera que no se puede esconder".[30] Dicho vocablo se usaba respecto de la lamentación por los muertos y otros acontecimientos que producían profunda tristeza. Es traducido como "luto" en Génesis 37:34, donde se describe el profundo dolor de Jacob cuando se enteró de lo que había ocurrido a su hijo José. Es posible ver el trasfondo de esa bienaventuranza en pasajes como Isaías 40:1; 61:1-2 que tienen que ver con el lamento por los pecados de Israel.[31]

Por supuesto que no es posible que el Señor tuviese en mente ese tipo de tristeza o duelo cuando expresó esa bienaventuranza. Y sin duda, Él puede consolar a los que sufren esa profunda aflicción que no se puede esconder. Muchas veces Dios usa el dolor y el luto para la edificación de sus hijos. Pero hay que decir con toda candidez que eso no parece ser lo que el Señor tenía en mente. El resto de las bienaventuranzas enfatizan el aspecto espiritual de las cosas. Esta bienaventuranza parece indicar que el Señor se refiere a un aspecto espiritual de "llorar" o "hacer duelo" en vez de tratar el aspecto físico del "llanto", "luto" o "duelo". Evidentemente, el Señor se refiere a hacer lamento por el pecado que abate al individuo que sabe que necesita el perdón de Dios. Lo desea y lo busca de todo corazón.

Hay quienes han pensado que lo que Jesús tenía en mente eran aquellos que lloran por el mal social que existe en el mundo: Las injusticias, la violencia, el racismo, las tiranías, los homicidios y otros males similares. Por supuesto que todo cristiano genuino debe preocuparse seriamente por los males que existen en el mundo y apoyar las reformas que la sociedad necesita para su buen funcionamiento. De eso el Señor enseñó bastante (vea Mt. 5:44; 5:16; 7:12; Lc. 6:30, 36). No podría decirse con justicia que los cristianos no han marchado a la vanguardia del trabajo social en la obra misionera. Solo habría que recordar la labor de hombres como Carey, Hudson Taylor, Livingstone, Paton y muchos más. Los cristianos genuinos siempre han mostrado compasión hacia el mundo necesitado. Sin embargo, no debe olvidarse que la principal tarea de la iglesia ha sido y siempre será la salvación y la edificación de las almas de los seres humanos. Pero ese no parece ser el tema de esta bienaventuranza. Es necesario

---

30. Richard Chevenix Trench, *Synonyms of the New Testament*, p. 238.
31. Robert L. Thomas, "Notas inéditas sobre Mateo 5" (2000).

encontrar el verdadero significado en el contexto total del mensaje del Sermón del Monte.

Sin restarle importancia al hecho de que el cristiano debe llorar y sentir profunda tristeza por los pecados de la sociedad, hay que reconocer que las bienaventuranzas respiran un aire personal, es decir, van dirigidas al individuo. "Los que lloran", por lo tanto, son los que sienten profunda tristeza tanto por sus propios pecados como por sus fracasos. Como expresa William Barclay:

> Las dos ideas están en esta bienaventuranza [tristeza profunda por los pecados personales y dolor por los pecados de la sociedad], pero su principal pensamiento es: Bendita la persona que está desesperadamente dolorida por su propio pecado e indignidad. Como ya hemos visto, el primer mensaje de Jesús fue ¡Arrepentíos! Arrepentirse quiere decir tener pesar por los pecados. Lo que realmente cambia a una persona es el encontrarse de pronto cara a cara con algo que le abre los ojos a lo que es y puede hacer el pecado.[32]

"Los que lloran", por lo tanto, lo hacen por la multitud de pecados que les asedian. Son creyentes que sienten un profundo y genuino pesar por la escasez de su producción espiritual, por la indiferencia de su corazón, por la lentitud de su progreso espiritual, por su pobre celo en proclamar el evangelio a otros, por la debilidad de su fe y su falta de confianza en el Padre celestial, por su falta de gozo y la abundancia de orgullo en su vida. Todas esas cosas pesan terriblemente sobre aquellos de quienes el Señor habla. Lloran por su pecado.

La promesa para "los que lloran" es que "ellos recibirán consolación" (*hóti autoì prakleithéisontai*). La frase es enfática. El pronombre "ellos" es pleonástico. Se usa para destacar el hecho de que son "ellos" y no otros quienes serán consolados. El verbo es el futuro indicativo, voz pasiva de *parakaléo*. El indicativo sugiere la realidad de la acción, la voz pasiva señala que el sujeto recibe dicha acción. Aquí se refiere al *pasivo divino*, es decir, Dios consolará a los que lloran. El consuelo prometido no es aquel que es conocido en el mundo sino más bien el gozo extra terreno, la satisfacción y el cumplimiento final producido solo por la venida del Hijo del hombre en su Reino.

Por supuesto que hay una consolación presente y de hecho, muy real. "Los que lloran" muestran su profunda tristeza por sus pecados. De manera que el consuelo prometido por el Señor tiene que ver con la liberación del pecado. Ese consuelo tiene una triple progresión.

En primer lugar, incluye la liberación de la condenación del pecado. Esa liberación tuvo lugar en la vida pasada del creyente. A eso se refiere Pablo cuando dice: "Quien nos salvó y llamó con llamamiento santo, no conforme a nuestras obras, sino según el propósito suyo y la gracia que nos fue dada en Cristo Jesús antes de los tiempos de los siglos" (2 Ti. 1:9). Todo creyente ha recibido esa importante liberación del pecado que le califica para la herencia de los santos en luz y para la vida eterna (Ef. 1:6).

En segundo lugar, incluye la liberación del poder del pecado en la vida del creyente mientras está en el mundo. La vida recibida mediante la gracia de Dios en el momento de la regeneración y la fe significa una ruptura definitiva con la vieja vida de esclavitud

---

32. William Barclay, "Mateo", vol. 1, pp. 114-115.

al pecado: "Porque el pecado no se enseñoreará de vosotros; porque no estáis bajo la ley, sino bajo la gracia" (Ro. 6:14).

Por último, incluye la liberación de la presencia del pecado en la vida futura del creyente, cuando la erradicación de la naturaleza pecaminosa y sus efectos tendrá lugar por la resurrección o el rapto: "Y esto, conociendo el tiempo, que es ya hora de levantarnos del sueño, porque ahora está más cerca de nosotros nuestra salvación que cuando creímos" (Ro. 13:11).

Como se ha mencionado con anterioridad, el cristiano debe "llorar" y "lamentarse" por la multitud de pecados que le asedia: La falta de amor, de fe, de gratitud... Por la indiferencia y el egoísmo, por su apego a las cosas de este mundo, todo eso debe llenarle de tristeza y dolor, pero todo ello debe llevarle a un arrepentimiento genuino y sincero. Cuando esto ocurre, tiene la garantía absoluta del ministerio consolador del Espíritu Santo, el otro Consolador, enviado por el Padre (Jn. 14:26) y por el Hijo (Jn. 15:26), quien realiza su ministerio santificador.

La consolación del Espíritu produce, además, el gozo inefable que se anida en el corazón de todo aquel que ha recibido la salvación de Dios, provista sobre la base de su gracia infinita mediante el sacrificio de Cristo. Incluido en la eterna salvación provista por el Señor está el consuelo fortalecedor que ayuda a todos los que lloran por sus debilidades, sus pecados y sus rebeliones delante de Él. La paz y el consuelo que Él da son totalmente diferentes de los del mundo (Jn. 14:27).

Conclusión

Aunque esta bienaventuranza tiene que ver primordialmente con el *llorar* por los pecados personales, podría incluir también hacerlo por las pruebas, las tragedias y las tristezas de la vida. Lo que es innegable es que cualquiera que sea la situación, la persona de fe puede contar con el ministerio consolador de nuestro gran Dios.

Es evidente, sin embargo que el tema del pesar por el pecado es el centro de esta bienaventuranza. Las palabras de David son muy apropiadas: "Los sacrificios de Dios son el espíritu quebrantado, al corazón contrito y humillado no despreciarás tú, oh Dios" (Sal. 51:17). Esas palabras fueron escritas cuando David estaba sumamente agobiado después de haber cometido un terrible pecado delante de Dios.

Finalmente, lo que parecería una insoluble paradoja y un extraño enigma es diáfanamente aclarado para el creyente: "Los que lloran serán consolados por el Dios de toda consolación" (2 Co. 1:3). "Bienaventurados los que lloran": ¿Cómo pueden ser bienaventurados y al mismo tiempo llorar? La respuesta a esa pregunta está en el hecho de que "los que lloran" han reconocido sus pecados, los han confesado, han sido perdonados y han entrado en una comunión única y perdurable con el Mesías, quien ha venido "a consolar a todos los enlutados" (Is. 61:29). La inexplicable paradoja encuentra su solución en la gloriosa provisión del Dios de toda gracia y rico en misericordia, quien derrama su aceite de consuelo sobre las heridas del que viene a Él por la fe para recibir el perdón y el regalo de la vida eterna.

Los mansos (5:5)

Pero bienaventurados los mansos, no los que confían en sus organizaciones, no los que confían en sus propias fuerzas y capacidad y en sus propias instituciones. Más bien es lo contrario. Y esto es cierto, no solo en este pasaje, sino en toda la Biblia.

D. Martin Lloyd- Jones (*El Sermón del Monte*, tomo 1, pp. 83-84).

La tercera bienaventuranza también está profundamente arraigada en el ambiente del Antiguo Testamento:

"Bienaventurados los mansos,
porque ellos recibirán la tierra por heredad" (5:5).

El vocablo *praÿs* ("manso") se encuentra solo cuatro veces en el Nuevo Testamento (Mt. 5:5; 11:29; 21:5; y 1 P. 3:4) y significa "manso", "gentil". "La actitud humilde y gentil que se expresa a sí misma en una sumisión paciente ante la ofensa, libre de malicia y deseos de venganza".[33] El mencionado vocablo se encuentra 19 veces en la *Septuaginta* (LXX). El vocablo hebreo comúnmente usado para expresar la idea de *praÿs* (manso) es *'anâw.* "Ese adjetivo enfatiza la condición moral y espiritual de los piadosos como la meta de la aflicción, sugiriendo que ese estado va unido con una vida de sufrimientos en vez de asociarse con una experiencia de mundanalidad y abundancia".[34] *'anâw* expresa el resultado deseado de la aflicción, es decir, la humildad. Cuando Moisés se describe a sí mismo como el más manso de todos los hombres de su tiempo (Nm. 12:3) no expresa una actitud de orgullo y vanagloria sino que habla de su posición de dependencia total de Dios. Quiso decir que vivía en una relación íntima con Dios.[35]

Dios es el libertador de los mansos (Sal. 10:17; 76:9) y el que da gracia a los humildes (Pr. 3:34; Stg. 4:6), los guía por el juicio (Sal. 25:9). Los mansos esperan confiadamente en las promesas de Dios (Sal. 37:11, 22) y buscan su presencia constantemente (Sof. 2:3). Por supuesto, Jesús mismo es el epítome de la mansedumbre. La profecía de Zacarías 9:9 anuncia su presentación ante la nación de Israel como "el rey que viene… justo, salvador, humilde". Mateo dice: "Decid a la hija de Sion: He aquí tu rey viene a ti, manso y sentado sobre una asna" (Mt. 21:5). En la bienaventuranza de Mateo 5:5, leemos de los *praeîs* ("mansos") quienes sobre la base de su situación de oprimidos reconocen no su propia voluntad, sino la grande y misericordiosa voluntad de Dios. En contraste con la primera bienaventuranza (Mt. 5:3), que menciona a los *ptochoí* ("Los pobres"), el énfasis en la tercera bienaventuranza es puesto sobre la promesa futura: Los que ahora son oprimidos y humillados serán los gobernadores del mundo de los postreros tiempos".[36]

A la cabeza de todos "los mansos" está Jesús el Mesías quien dijo: "Venid a mí todos los que estáis trabajados y cargados, y yo os haré descansar. Llevad mi yugo

---

33. Fritz Rienecker, *A Linguistic Key to the New Testament*, vol 1, traducido al inglés por Cleon L. Rogers, hijo (Grand Rapids: Zondervan Publishing House, 1980), p. 12.

34. R. Laird Harris, et al., *Theological Wordbook of the Old Testament* (Chicago: Moody Press, 1980), p. 682.

35. *Ibíd.*

36. F. Haunk y S. Schultz, "*Praÿs, Praÿeis*" [Manso, humilde], *Theological Dictionary of the New Testament*, editores: Gerhard Kittel y Gerhard Friederich, vol VI, traducido al inglés por Geoffrey W. Bromiley (Grand Rapids: Eerdmans, 1969), p. 649.

sobre vosotros, y aprended de mí, que soy manso y humilde de corazón; y hallaréis descanso para vuestras almas" (Mt. 11:28-29).

Como ya se ha dicho a través de este estudio, las bienaventuranzas establecen de manera ordenada el carácter y la felicidad de los ciudadanos del Reino que el Señor Jesucristo anuncia. Cada bienaventuranza consiste en tres partes: (a) Una atribución de la felicidad del ciudadano; (b) una descripción de la persona a quien corresponde la felicidad y (c) una declaración de la razón de la felicidad.[37] La primera bienaventuranza describe la pobreza de espíritu del verdadero discípulo, una persona rica en fe pero pobre en orgullo. La segunda describe la profunda convicción de pecado que caracteriza al seguidor de nuestro Señor. La tercera bienaventuranza sigue naturalmente, porque sugiere la conducta y la disposición hacia Dios y el hombre que procede de la profunda experiencia aludida en las bienaventuranzas anteriores y que se relacionan con nosotros.

El mundo tiene un concepto de mansedumbre totalmente diferente al de Jesucristo. El mundo define la mansedumbre como debilidad, falta de carácter o servilismo. Para el mundo, la mansedumbre es como rebajar la hombría y la dignidad de una persona. El mundo dice: "Bienaventurados los poderosos", "Bienaventurados los fuertes porque ellos prosperarán" o, "los mansos y los humildes terminan los últimos".

El significado bíblico de "mansedumbre" es totalmente diferente. "Los mansos", según la Biblia, son aquellos cuyas vidas están controladas por Dios. Pablo dice que la mansedumbre (*praÿteis*) es fruto del Espíritu (Gá. 5:22-23). De modo que cuando el Señor dice: "Bienaventurados los mansos" se refiere a algo que es producido en el corazón del creyente por la intervención del Espíritu Santo. Es el control de Dios en la vida de una persona lo que produce la mansedumbre. Bien podría decirse que el significado de "bienaventurados los mansos" es "bienaventurados los que han aprendido a aceptar el control de su Maestro". Bienaventurados aquellos que son controlados por Dios. Hay que repetir enfáticamente que el modelo de mansedumbre es el mismo Señor Jesucristo. Si alguien quiere aprender a practicar la mansedumbre debe acercarse al Maestro. Pablo dice a los corintios: "Yo Pablo, os ruego por la mansedumbre y la ternura de Cristo". La mansedumbre tiene su origen y su modelo en el Señor Jesucristo.

Debe destacarse, además, que ser "manso" no equivale a ser débil. Moisés fue el más manso de los seres humanos, pero en numerosas ocasiones mostró la fortaleza de su carácter (vea Nm. 12:3; 20:1-13; Éx. 32:15-25). "Los mansos", pues, no son débiles sino personas sometidas a la voluntad de Dios. Lutero y Calvino fueron mansos pero no débiles.

"Porque ellos recibirán la tierra por heredad" (*hóti autoì kleironméisousin tèin gêin*). Esta frase pone de manifiesto un tremendo contraste: Los mansos, los humildes, los que no tienen nada "heredarán la tierra", es decir, quienes ahora no tienen nada, poseerán mucho (Mt. 25:21, 23). El mundo será trastornado: "Porque el que se enaltece será humillado, y el que se humilla será enaltecido" (Mt. 23:12).

Dios prometió a Abraham darle una tierra (Gn. 13:15; 15:7; 17:8). Después de la muerte de Abraham, Dios reiteró la promesa de la tierra a Isaac (Gn. 26:3-5) y particularmente a Israel (Gn. 28:13-15; 35:12). En realidad, la promesa de la posesión

37. William Hendriksen, *The Gospel of Matthew* (Grand Rapids: Baker Books House, 1979), p. 265.

de la tierra no se ha cumplido. En tiempos de Josué (Jos. 21:43-45; 22:4), Israel ocupó la tierra pero no de manera total y permanente como Dios había prometido. Es por eso que la promesa es reiterada en el Salmo 37:11, 22. Eso lo confirma el escritor de Hebreos cuando dice: "Porque si Josué les hubiera dado el reposo, no hablaría después de otro día. Por tanto, queda un reposo para el pueblo de Dios" (He. 4:8-9). Como dice John Broadus:

> Su posesión de ella [la tierra] fue siempre imperfecta y a veces interrumpida, pero no obstante se acordaban de la promesa hecha a Abraham y esperaban su completo cumplimiento. El salmista distingue dos clases en Israel, los malignos y los mansos; los que en medio de todas las pruebas humildemente confían en Dios y le sirven y declara (Sal. 37:9, 11, 22, 29) que estos heredarán la tierra.[38]

El verbo "recibirán por heredad" (*kleironômés*) es el futuro de indicativo, voz activa de *kleironoméo* que significa "heredar", "recibir como una posesión". El modo indicativo expresa la realidad del cumplimiento de la promesa. El tiempo futuro indica que el cumplimiento aún está pendiente. Como señala un comentarista: "La bienaventuranza de los mansos es que heredarán por decreto divino aquello por lo que la raza humana ha luchado y ha matado por obtenerlo desde los anales de la historia de la civilización" (vea Ef. 1:11)".[39]

CONCLUSIÓN

Esta preciosa bienaventuranza pone de manifiesto la maravillosa gracia de Dios. Heredar tiene que ver con gracia y con relación. Los mansos "heredarán la tierra" no porque lo merecen sino por lo que Dios ha hecho en sus vidas. El Hijo es el "heredero de todo". Su obra perfecta le da derecho de tener potestad tanto en el cielo como en la tierra (Mt. 28:18). A través de Él, el Padre ha derramado su gracia y misericordia sobre "los mansos" que se han sometido a su voluntad. Aunque la verdad enseñada en esta bienaventuranza tiene sus raíces en el Antiguo Testamento, el Señor profundiza el tema a un nivel no imaginado por el hombre. Los mansos heredarán la tierra pero como un acto de la soberana gracia de Dios. No por méritos humanos sino mediante el sacrificio de Cristo.

Los que tienen hambre y sed de justicia (5:6)

> "'Hambre y sed de justicia' es el deseo ardiente de la justicia y la santidad propia del Reino de los cielos".
> José M. Bover (*El Evangelio de Mateo*, p. 107).

Alguien ha dicho que "las bienaventuranzas son como picos de montañas escondidas en las nubes fugaces y en la neblina cuya belleza gloriosa solo se capta parcial y brevemente a medida que los vientos barren los vapores".[40]

---

38. John A. Broadus, *Comentario sobre el Evangelio según Mateo*, p. 119.
39. Ed Glasscock, "Matthew" (Chicago: Moody Press, 1997), p. 106.
40. Samuel Lewis Johnson hijo, "Notas inéditas de la Exposición de Mateo" (1975).

Es fácil confundir el significado de las bienaventuranzas. Es fácil interpretarlas y aplicarlas mal si no se pone el cuidado necesario al manejarlas. Es importante recordar que cada una de las bienaventuranzas está saturada de la gracia de Dios. Sus afirmaciones y sus promesas no descansan sobre las capacidades o los méritos humanos sino sobre la gracia y la misericordia de Dios. Solo una relación íntima con Dios y un sometimiento a su soberana voluntad pueden obrar en la vida de un creyente las verdades expresadas en las bienaventuranzas."Los que tienen hambre y sed de justicia" (*hoy peinôntes kaì dipsontes tèin dikaiosýnein*). La expresión "tienen hambre y sed" son dos participios presentes con acción durativa.[41] La metáfora de tener hambre y sed se usan comúnmente para expresar un profundo deseo espiritual y confesar las necesidades del alma (vea Sal. 42:1-3). Los participios destacan el hecho de la continuidad del "hambre y la sed" y del hecho de ser satisfechas.[42]

El Sermón del Monte con sus bienaventuranzas no fue dado por el Señor para el mundo, es decir, no fue dado como un medio para salvar a la sociedad. Las bienaventuranzas no son mandamientos para hacer que el oyente o el lector, sin la ayuda de nadie, se levante por encima de las circunstancias de la vida. Las bienaventuranzas enseñan de manera diáfana que todo es por la gracia de Dios.

Tampoco el Sermón del Monte con sus bienaventuranzas debe relegarse al futuro Reino mesiánico. Todo el Sermón tiene una aplicación presente muy importante. El Sermón del Monte es la enseñanza de una ética provisional o interina para guiar a los discípulos del Señor durante el tiempo cuando estaba ofreciendo el reino a la nación de Israel. Puede decirse que, considerado dentro de su ambiente, el Sermón del Monte es una verdadera y profunda interpretación de la ley de Moisés y bosqueja la clase de vida de justicia que Dios requiere de aquellos que anticipan entrar en el Reino del Mesías. Por supuesto que el Sermón tiene una clara aplicación para la iglesia por el simple hecho de que gran parte de su contenido representa de manera maravillosa y real los principios eternos del Dios Trino. El Sermón del Monte es, sin duda, una estupenda revelación de la naturaleza y atributos de las personas de la santísima Trinidad.

Hay un gran contraste entre las bienaventuranzas de Cristo y las del mundo. Cristo dice: "Bienaventurados los que tienen hambre y sed de justicia, porque ellos serán saciados" (Mt. 5:6). El mundo dice: "Bienaventurados quienes hacen lo mejor que pueden, porque Dios acepta siempre a los que son sinceros". O sea que el mundo ama y enfatiza la actividad y las obras humanas. El hombre, según el mundo, tiene que ayudar a Dios. Las bienaventuranzas de Cristo tienen que ver con una absoluta dependencia de Dios del obrar del Espíritu Santo en la vida de una persona. El mundo no puede comprender el Sermón del Monte porque no entiende el obrar de la gracia de Dios. Los preceptos del Sermón son demasiado altos para el hombre.

Debe observarse que las otras bienaventuranzas tienen que ver con personas que han alcanzado ciertas características: Son "humildes", "misericordiosos", "limpios de corazón" pero esta bienaventuranza no va dirigida a quienes han alcanzado la justicia, sino a quienes tienen "hambre y sed" de ella. Son personas cuyo "deseo" ha alcanzado un grado tan profundo y un nivel tan alto que se compara con el anhelo de una persona hambrienta que desea y necesita el alimento físico o la sed abrasadora de una garganta

---

41. Richard C. H. Lenski, *The Interpretation of St. Matthew's Gospel*, p. 189.
42. *Ibíd.*

reseca. Esa es una gran paradoja: ¿Cómo se le puede llamar bienaventurado a alguien con semejante hambre y semejante sed? El mundo no es capaz de asimilar tal cosa. Pero como dice Samuel Lewis Johnson: "Esa podría llamarse la mejor de todas las bienaventuranzas porque todos la pueden tener. Todos pueden desear ardientemente la justicia. Y en ese deseo hay bendición".[43] De la misma manera en que hay pecado en el apetito por el pecado, así hay gracia en el anhelo ferviente de la gracia.

El hambre y la sed de justicia mencionados en la bienaventuranza no se refiere a algo común o superficial. La comida y el agua en el oriente eran elementos escasos. El hambre mencionada en Mateo 5:6 se refiere a alguien que está sumamente hambrienta y la sed sugiere que la persona está a punto de perecer por falta de agua. La cuestión es, por lo tanto, ¿deseamos la justicia en la misma medida en que alguien hambriento desea comer o como alguien que se muere de sed desea el agua?

Debe observarse el complemento directo de los dos participios: "De justicia" (*tein dikaiosýnein*). Nótese el artículo determinado delante del sustantivo. Se refiere, por lo tanto, a "la justicia". Ese es el objeto: La justicia. En las Escrituras se enseñan dos clases de justicias. Hay la justicia **imputada** que Dios aplica al pecador arrepentido en el momento de depositar su fe en Cristo (Ro. 3:21-26; también Gn. 15:6). También hay la justicia **impartida** que tiene que ver con la práctica de la justicia. La justicia imputada es la que fluye de los méritos de la obra expiatoria de Cristo, establecida sobre la sangre que Él derramó en la cruz para satisfacer las demandas divinas. La justicia impartida es la obra del Espíritu Santo quien constantemente se ocupa en su ministerio santificador en la vida del creyente (vea Ro. 8:3-5; 2 Co. 3:18). El Espíritu santifica a aquellos por quienes Cristo murió. La justicia de la cual la bienaventuranza habla como objeto de los que tienen hambre y sed de ella parece referirse a la **justicia impartida**, es decir, a la práctica de esa justicia.[44] Como escribe Pablo: "llenos de frutos de justicia que son por medio de Jesucristo, para la gloria y alabanza de Dios" (Fil. 1:11).

"Porque ellos serán saciados" (*hóti autoì chortasthéisontai*). Como se señaló al principio de este capítulo, la conjunción "porque" (*hóti*) en cada bienaventuranza introduce la causa o la razón para llamar bienaventurada a la persona que posee la cualidad espiritual que se le atribuye. La razón de por qué los creyentes son bienaventurados es que "serán saciados", es decir, serán "llenos" o "satisfechos". Esa llenura y satisfacción, por supuesto, son un don de Dios. Tal como lo expresa el Salmo 24:

"¿Quién subirá al monte de Jehová?
¿Y quién estará en su lugar santo?
El limpio de manos y puro de corazón;
El que no ha elevado su alma a cosas vanas,
Ni ha jurado con engaño.
Él recibirá bendición de Jehová,
Y justicia del Dios de salvación" (Sal. 24:3-5).

La bendición es un don de la gracia que procede de Dios quien "sacia el alma menesterosa y llena de bien al alma hambrienta" (Sal. 107:9).

---

43. Samuel Lewis Johnson, "Notas inéditas de la Exposición de Mateo" (1975).
44. Vea John A. Broadus, *Comentario sobre el Evangelio de Mateo*, p. 119.

El verbo *chortádso* ("saciar") es un vocablo enfático. Significa "llenar plenamente". Dicho vocablo se usaba en la literatura clásica para referirse al ganado que era alimentado hasta quedar plenamente satisfecho. Obsérvese que el verbo está en el futuro del indicativo, voz pasiva. El indicativo expresa realidad y la voz pasiva es "pasiva divina". Es decir, Dios es el encargado de que sus hijos estén plenamente satisfechos de su "hambre y sed de justicia". El tiempo es un futuro gnómico, expresa lo que siempre ha de ocurrir si las condiciones apropiadas están presentes: Si hay hambre y sed de justicia en el corazón del hijo de Dios, el Espíritu Santo le saciará de manera absoluta.

Los misericordiosos (5:7)

"Bienaventurados los misericordiosos
porque ellos alcanzarán misericordia" (5:7).

La quinta bienaventuranza tiene que ver con uno de los temas más importantes de toda la Biblia: La misericordia (*éleos*). Esta es una cuestión con profundas raíces en el Antiguo Testamento.

En el Antiguo Testamento el concepto de fidelidad, el amor leal, o más generalmente bondad, representado por el sustantivo **hesed**, tiene un fuerte aspecto relacional que es esencial para cualquier definición adecuada del término. El vocablo *hesed* se usa unas 264 veces en el Antiguo Testamento, algo más de la mitad de ellas en los Salmos. Es comúnmente usado de las actitudes y el comportamiento humano mutuo pero con más frecuencia (proporción 3:1) describe la disposición y las acciones benéficas de Dios hacia los fieles, Israel su pueblo, y hacia la humanidad en general.[45] La frase "misericordia de Jehová" tal como aparece en 1 Samuel 20:14 y "misericordia de Dios" (2 S. 9:3) representa, al menos formalmente una intersección entre dos niveles de *hesed*: El humano y el divino.[46] Por mucho tiempo el vocablo hebreo *hesed* fue traducido al griego por el sustantivo *éleos* que significa "misericordia", "bondad", "amor leal". En el año 1927 el teólogo alemán Nelson Glueck escribió una tesis doctoral titulada *Hesed in the Bible* [*Hesed* en la Biblia] en la que propuso la idea de que Israel, como nación, estaba ligada a su deidad mediante pactos como lo estaban los heteos. Según Glueck, el Antiguo Testamento describe a Dios básicamente de esa manera en su trato con Israel. Los diez mandamientos, por ejemplo, eran estipulaciones del pacto, las victorias de Israel eran galardones por guardar el pacto, su apostasía era una violación del pacto y el *hesed* de Dios no era fundamentalmente "misericordia" sino lealtad hacia sus obligaciones pactadas, una lealtad que los israelitas también debían mostrar. Pero Glueck traspasó ciertos límites y vio obligaciones donde la Biblia no las menciona. La Biblia presenta muchos casos donde individuos esperan misericordia y bondad en vez del cumplimiento de una obligación.

Es importante, pues, diferenciar entre "misericordia" (*hesed*) a nivel humano y a nivel divino. A nivel humano puede verse en la decisión de Labán de entregar a Rebeca

---

45. Vea D. A. Baer y R. Gordon, *"hesed"* [Hesed] *Dictionary of Old Testament Theology & Exegesis*, vol. 2, Willem A. Van Gemere Editor General (Grand Rapids: Zondervan, 1997), pp. 211-218.

46. *Ibíd.*

para que fuese la esposa de Isaac (Gn. 24:12,49). Otro ejemplo de misericordia a nivel humano es el caso de Rut y su decisión de permanecer junto a su suegra, Noemí, no como una obligación sino como un acto de bondad y misericordia (vea Rut 1:8-9; 2:11-12; 3:10 [bondad]). La acción de Rahab es descrita como un acto de "misericordia" (Jos. 2:12). Esos y otros ejemplos son clasificados en el Antiguo Testamento como actos de "misericordia" a nivel humano. Se reconoce que Dios tiene una relación pactada con la nación de Israel. Muchas veces la misericordia de Jehová hacia su pueblo tiene que ver con los vínculos de su pacto. Pero también es cierto que la misericordia de Dios guarda una relación íntima con su amor eterno e inquebrantable hacia las criaturas. Ese es el tema de muchos de los salmos:

> "Me gozaré y me alegraré en tu misericordia,
> Porque has visto mi aflicción;
> Has conocido mi alma en las angustias" (Sal. 31:7).

> "El Dios de mi misericordia irá delante de mí;
> Dios hará que vea en mis enemigos mi deseo" (Sal. 59:10).

> Cuando yo decía: Mi pie resbala;
> Tu misericordia, oh Jehová, me sustentaba" (Sal. 94:18).

A veces la misericordia de Dios actúa para sostener la vida (Sal. 6:4; 119:88; 159). Otras veces frena la ira de Dios:

> "Con un poco de ira escondí mi rostro de ti
> Por un momento; pero con misericordia eterna
> Tendré compasión de ti, dijo Jehová tu Redentor" (Is. 54:8).

> "Por la misericordia de Jehová no hemos sido consumidos,
> Porque nunca decayeron sus misericordias…
> Porque el Señor no desecha para siempre; antes si aflige,
> También se compadece según la multitud de sus misericordias;
> Porque no aflige ni entristece voluntariamente
> A los hijos de los hombres" (Lm. 3:22, 31-33).

> "¿Qué Dios como tú, que perdona la maldad,
> Y olvida el pecado del remanente de su heredad?
> No retuvo para siempre su enojo,
> Porque se deleita en misericordia" (Mi. 7:18).

El Antiguo Testamento señala otras características importantes de la misericordia de Dios: (1) Es inalterable (Is. 54:10); (2) es eterna (Sal. 89:2; 103:17; 117:2; 138:8); (3) es la base de la petición y del acercamiento a su presencia (Nm. 14:17-19; Dn. 9:9; Sal. 5:7; 51:1); y (4) es abundante (Sal. 108:4; 119:64; 145:8). Hay muchas otras cosas que podrían predicarse respecto de la misericordia de Dios. Las que se han mencionado son sencillos ejemplos para destacar que el tema de la misericordia tiene profundas raíces en el Antiguo Testamento. La misericordia es uno de los atributos que Dios comunica al hombre. Ese atributo tiene que ver con la compasión y con la piedad.

El sustantivo "misericordia" (*éleos*) y el verbo "tener compasión" (*eleás*) se conocen desde los tiempos de Homero y tienen que ver con el sentimiento que se experimenta frente al infortunio que aflige a otra persona y la acción que brota de ese sentimiento.[47]

La expresión: "Bienaventurados los misericordiosos" contrasta con la actitud del mundo. El hombre dice: "A quien te hace daño, devuélvele otro tanto". El Señor Jesucristo, por el contrario, dice que quienes esperan entrar en su Reino han de practicar la misericordia. Los hijos del Reino deben caracterizarse por ser misericordiosos. La misericordia tiene que ver con la disposición de ponerse en lugar del otro hasta que uno es capaz de ver las cosas como el otro las ve. John Broadus dice:

> La palabra original incluye también la idea de compasión, como en Hebreos 2:17 y Proverbios 14:21, e implica el deseo de quitar los males que despiertan la compasión. Así denota no solamente piedad para con los que sufren y ayuda para con los necesitados.[48]

Quizá podría decirse sencillamente que misericordia es un favor inmerecido hecho a alguien que está en la miseria. En el Nuevo Testamento es vista de mejor manera como un acto de la gracia de Dios en su trato hacia los hombres, no según lo que merece, sino desatándolos y librándolos de la condenación y la miseria, perdonándolos y declarándolos libres de la condenación y la esclavitud del pecado. La misericordia ni soslaya ni minimiza la justicia. Tampoco minimiza la aterradora ofensa de la cruz. Pablo escribió: "Pero Dios, que es rico en misericordia, por su gran amor con que nos amó, aun estando nosotros muertos en pecados, nos dio vida juntamente con Cristo (por gracia sois salvos), y juntamente con él nos resucitó, y asimismo nos hizo sentar en los lugares celestiales con Cristo Jesús" (Ef. 2:4-6).

El hombre misericordioso es, por lo tanto, aquel que sabe que ha sido objeto de la misericordia de Dios. Se identifica con la miseria del mundo y de los santos y les ministra con liberalidad. Se traslada más allá de las costumbres y tradiciones que regulan las relaciones humanas y ama a las personas por causa de Cristo. Se recuerda de la misericordia derramada sobre él y actúa con reciprocidad en la libertad de la gracia. La misericordia forma parte de la misma fibra de la fe cristiana.

"Porque ellos alcanzarán misericordia" (*hóti autoì aleeitheínsontai*). El verbo es el futuro indicativo, voz pasiva de *eleéo* que significa "encontrar o recibir misericordia". Se usa la voz "pasiva divina", es decir, es Dios quien otorga la misericordia o quien derrama su compasión sobre los misericordiosos. Una vez más, debe observarse la causa de la bendición. La conjunción *hóti* significa "porque" y explica la causa o la razón de llamar a la persona que posee la cualidad espiritual que se designa como "bienaventurada". El texto no dice que el que espera entrar en el Reino debe ser misericordioso "para recibir misericordia". Dice, más bien, que "los misericordiosos

---

47. Ferdinand Staudinger, "*Èleus, tó*", *Diccionario exegético del Nuevo Testamento*, Horst Baltz y Gerhard Schneider, editores (Salamanca: Ediciones Sígueme, 1996), pp. 1310-1318.

48. John A. Broadus, *Comentario sobre el Evangelio de Mateo*, p. 120.

son bienaventurados porque ellos recibirán misericordia". Tal vez a eso se refiere Santiago cuando dice: "Porque juicio sin misericordia se hará con aquel que no hiciere misericordia, y la misericordia triunfa sobre el juicio" (Stg. 2:13).

Quienes anticipan entrar en el Reino de Jesús el Mesías, deben tener motivos puros y desinteresados como verdaderos hijos del Reino. Pablo menciona un conmovedor acto de misericordia de un verdadero hijo del Reino, cuando escribió:

> "Tenga el Señor misericordia de la casa de Onesíforo, porque muchas veces me confortó, y no se avergonzó de mis cadenas, sino que cuando estuvo en Roma, me buscó solícitamente y me halló. Concédale el Señor que halle misericordia en aquel día. Y cuánto nos ayudó en Éfeso, tú lo sabes mejor" (2 Ti. 1:16-18).

Debe decirse, en conclusión, que el tema de la misericordia es prominente en el Evangelio de Mateo. Solo basta con leer las referencias en 9:13; 12:7; 23:23. Además, Mateo destaca las enseñanzas de Cristo respecto de la práctica de la misericordia en los pasajes siguientes: Mateo 5:43-48; 18:21-35; 25:31-46. También los ejemplos mismos de Cristo en Mateo 9:27-31; 15:21-28; 17:14-18; 20:29-34. Varios de estos pasajes manifiestan la ética del Antiguo Testamento respecto de la práctica de la misericordia. La quinta bienaventuranza, por lo tanto, infunde sus bendiciones sobre el compasivo y misericordioso que, habiendo recibido el favor de un Dios amoroso, se siente tocado por ese amor divino y no puede hacer otra cosa sino mostrar misericordia a quienes lo necesitan.

Los de limpio corazón (5:8)

"Bienaventurados los de limpio corazón,
porque ellos verán a Dios (5:8).

> "¿Qué clase de justicia debemos poseer antes de poder ser aceptados en el Reino del Libertador? En la bienaventuranza de Mateo 5:8, nuestro Señor da una respuesta inequívoca: 'Bienaventurados los de corazón limpio, porque ellos verán a Dios'. Si esta afirmación positiva es cierta, la inversa también es cierta: Ay de los impuros de corazón porque nunca verán a Dios'".
>
> (J. Dwight Pentecost, *El Sermón del Monte*, p. 66).

El adjetivo "limpio" (*katharós*) es de uso muy antiguo. Se usaba en la literatura griega para referirse a la limpieza física, cultural y ética. Las religiones griegas enfatizaban la pureza ceremonial. Prácticamente, todas las religiones poseen un concepto de lo puro y lo impuro en la práctica de sus rituales.

Las Escrituras, tanto del Antiguo como del Nuevo Testamento, le dan un nuevo valor a lo "puro". En la septuaginta (LXX), el vocablo *katharós* ("limpio") "traduce 18 diversos equivalentes hebreos".[49] Adjetivos tales como "brillante, integro, inocente,

---

49. Vea Lothar Coenen, Erich Beyreuther y Hans Bietenhard, *Diccionario teológico del Nuevo Testamento*, vol. II (Salamanca: Ediciones Sígueme, 1980), pp. 447-453.

limpio, puro" se utilizan en el Antiguo Testamento para expresar la idea de *katharós*.[50] Los escritores del Nuevo Testamento, incluyendo a Mateo, toman un vocablo que ya existía en el idioma griego y le dan un nuevo sabor, un uso más elevado bajo la dirección del Espíritu Santo.

"Los limpios en el corazón" (*kaí katharoì teî Kardiai*) no es una referencia a la mera purificación corporal externa, como lo hacían los fariseos de manera escrupulosa (vea Mr. 7:1-5), sino que mira a la vida interior de la persona.[51]

Los filósofos, tanto los antiguos como los de hoy, proclaman: "Bienaventurados los virtuosos". Pero la pureza en el corazón es muy diferente de la virtud, tal como la proclaman los filósofos. Son tan diferentes como lo es la sombra de la sustancia o como lo es un esqueleto de una persona viviente. La bienaventuranza expresada por el Señor es algo totalmente desconocido por los filósofos. Ni los estoicos ni los epicúreos ni los neoplatonistas entendieron lo que Jesucristo enseñó. Varios pasajes del Antiguo Testamento enseñan la importancia de "la limpieza en el corazón":

"¿Quién subirá al monte de Jehová?
¿Y quién estará en su lugar santo?
El limpio de manos y puro de corazón;
El que no ha elevado su alma a cosas vanas
Ni ha jurado con engaño" (Sal. 24:3-4).

"Ciertamente es bueno Dios para con Israel,
Para con los limpios de corazón" (Sal. 73:1).

"Crea en mí, oh Dios, un corazón limpio,
Y renueva un espíritu recto dentro de mí" (Sal. 51:10).

El significado básico del adjetivo *katharós* es una pureza que se caracteriza por no tener mezcla ni aleación. Es una pureza no adulterada. Esa pureza, por supuesto, es imposible para el hombre aparte de la obra redentora de Cristo y del poder santificador del Espíritu Santo. "La frase no debe limitarse a la ausencia de sentimientos no castos, sino que debe incluir libertad de todas las influencias contaminadoras del pecado sobre el hombre interior".[52] La gloria especial del evangelio de Cristo es que cambia lo impuro en puro mediante la gracia perdonadora de Dios. La asociación de esta bienaventuranza con otras que manifiestan el carácter de la gracia conduce a la convicción de que esta pureza de corazón también es un don de la gracia santificadora del Espíritu quien, tal como lo hace en la justificación, también purifica nuestro corazón mediante la fe en Jesucristo (Hch. 15:9).

Obsérvese que el texto dice: "Los puros o limpios en el corazón". La expresión *teî*

---

50. *Ibíd.*
51. Robert L. Thomas, "Notas inéditas sobre Mateo 5" (2000). Vea también Broadus, *Mateo*, p. 120.
52. John A. Broadus, *Comentario del Evangelio según Mateo*, p. 120

kardíai ("en el corazón") es un locativo de esfera.[53] La pureza no tiene que ver con actos externos o ceremoniales de purificación ni se limita a la abstinencia de actos impuros sino que tiene que ver con el centro mismo de la vida, es decir, el corazón (vea 1 Ti. 1:5; 2 Ti. 2:22; 1 P. 1:22). Los fariseos solo decían: "Bienaventurados los puros", es decir, solo se preocupaban por la purificación ceremonial. Jesucristo profundiza la cuestión cuando dice: "Bienaventurados los limpios en el corazón", o sea, en el centro mismo de su vida.

La causa de la bienaventuranza es expresada mediante la frase: "Porque ellos verán a Dios" (*hóti autoì tòn theòn ópsontai*). Ver a Dios es la base de la bienaventuranza de quien es limpio o puro de corazón. En el texto griego el complemento directo "a Dios" está fuera de su sitio normal en la oración por razón de énfasis. El Señor desea enfatizar el hecho de que la causa o la base de la bienaventuranza de los "limpios en el corazón" es que "a Dios" verán.

El apóstol Juan lo expresa así:

"Amados, ahora somos hijos de Dios, y aún no se ha manifestado lo que hemos de ser; pero sabemos que cuando él se manifieste, seremos semejantes a él, porque le veremos tal como él es" (1 Jn. 3:2).

La gran bendición de ver al Dios Salvador es aún futura puesto que Pedro dice: "A quien amáis sin haberle visto, en quien creyendo, aunque ahora no lo veáis, os alegráis con gozo inefable y glorioso" (1 P. 1:8). Los que son limpios en el corazón pueden ver a Dios hoy mediante la iluminación del Espíritu Santo que permite al creyente entender la revelación que Dios ha dado en su Santa Palabra. Pero la bienaventuranza va más allá. Contempla la completa realización del Reino de Jesús el Mesías. Ahora vemos como Dios actúa en el mundo y en la vida de sus hijos. "Ahora vemos por espejo, oscuramente; mas entonces veremos cara a cara" (1 Cor. 13:12). La promesa de Dios es inquebrantable. Aquellos que por su gracia han sido limpiados y santificados "verán al Rey en su hermosura" (Is. 33:17). O, como dice Juan, el apóstol: "Y verán su rostro, y su nombre estará en sus frentes" (Ap. 22:4).

Tanto el Antiguo como el Nuevo Testamento hablan de una circuncisión del corazón: "Circuncidaos a Jehová, y quitad el prepucio de vuestro corazón, varones de Judá y moradores de Jerusalén" (Jer. 4:4). "Sino que es judío el que lo es en lo interior, y la circuncisión es la del corazón, en espíritu, no en letra" (Ro. 2:29). De modo que el limpio o puro en el corazón no es aquel que ha pasado por un rito religioso sino aquel que por la gracia de Dios y por la fe en el Mesías ha sido limpiado de la inmundicia del pecado, perdonado y santificado, declarado apto para entrar en la presencia del Rey y para poder ver su rostro porque sin santidad nadie verá al Señor (He. 12:14).

Los pacificadores (5:9)

*"Bienaventurados los pacificadores,
porque ellos serán llamados hijos de Dios" (5:9).*

53. Vea H. E. Dana y Julius Mantey, *Gramática griega del Nuevo Testamento* (El Paso: Casa Bautista de Publicaciones, 1979), p. 85.

La expresión "los pacificadores" (*hoi eireinopoioí*) se usa para describir a la persona que "trae o establece la paz". Se traduce como un adjetivo sustantivado: "los pacificadores". Es un vocablo compuesto: *Eiréine* = paz y *poiéo* = hacer, es decir, "hacer paz" o "establecer la armonía". El sustantivo griego *eiréine* ("paz") se corresponde con el hebreo *shalom*.[54] Barclay dice:

> En hebreo, paz no es nunca un estado negativo; nunca quiere decir exclusivamente la ausencia de guerra; siempre quiere decir todo lo que contribuye al bienestar supremo del hombre. En el oriente cuando un hombre le dice a otro: ¡Shalom!, que es la misma palabra, no quiere decir que le desea al otro solamente la ausencia de males, le desea la presencia de todos los bienes. En la Biblia, paz quiere decir no solamente liberación de todos los problemas, sino disfrutar de todas las cosas buenas.[55]

Esta es otra de las "bienaventuranzas" que el mundo interpreta mal. El Señor no se refiere al "desarme", ni a los amantes de la paz, ni a los pacifistas. En su sentido elemental, "paz" (*eiréne*) se refiere a la ausencia de disensión entre los seres humanos, pero en su sentido elevado tiene que ver con la reconciliación del hombre con Dios. En esta bienaventuranza, el Señor no se refiere al uso humano del vocablo. "Los pacificadores" no solo son pacíficos en su conducta y disposición sino, además, los que se esfuerzan y logran mantener la paz entre los que son enemigos. Un ejemplo de ser "pacificador" es el siguiente:

> "Hermanos, si alguno fuere sorprendido en alguna falta, vosotros que sois espirituales, restauradle con espíritu de mansedumbre, considerándote a ti mismo, no sea que tú también seas tentado" (Gá. 6:1).

Debe tenerse presente que el mundo en general está en enemistad contra Dios (Ro. 5:10). Del mismo modo hay creyentes que viven en enemistad con otros creyentes. El hijo de Dios obediente tiene la responsabilidad de ser un "pacificador". Puede decirse que el más grande de los pacificadores es el creyente que conduce a un inconverso a los pies de Cristo. Es allí donde el hombre experimenta la paz que significa nueva vida. Tal como dice Pablo: "Justificados, pues, por la fe, tenemos paz para con Dios por medio de nuestro Señor Jesucristo" (Ro. 5:1). ¿Podría haber una paz mayor que esa: La paz eterna con Dios que significa reconciliación y justificación?

Es importante recordar que la causa principal de las enemistades y las guerras es el pecado. El ser humano está separado de Dios por el pecado. Solo mediante la obra de la cruz puede haber reconciliación entre Dios y el hombre y como resultado, entre los hombres (vea Col. 1:20-22). Quienes esperan entrar en el Reino de Jesús el Mesías deben caracterizarse por ser "pacificadores" en el sentido de guiar a personas que están en enemistad con Dios al conocimiento del gran pacificador, es decir, Jesucristo.

La causa de la bienaventuranza es expresada mediante la frase "porque ellos serán llamados hijos de Dios" (*hóti autoì huioì theoû kleirhéisontai*). La cláusula es enfática

---

54. Horst Baltz y Gerhard Schneider, *Diccionario exegético del Nuevo Testamento*, p. 1209.
55. William Barclay, *Mateo*, vol. 1, p. 131.

en el texto griego. Literalmente dice: "Porque ellos, y no otros, hijos de Dios serán llamados". Es Dios mismo quien bendice a "los pacificadores". Son hijos de Dios por adopción, mediante el nuevo nacimiento por la fe en Jesucristo (Jn. 1:12-13). Nadie llega a ser hijo de Dios porque sea un pacificador, sino que su carácter y posición de hijo del Padre celestial son evidenciados mediante la actividad familiar de ser un pacificador.

Obsérvese el verbo "serán llamados" (*kleithéisontai*). El futuro indicativo, voz pasiva de *kaléo*. En la voz pasiva dicho verbo significa "recibir un nombre" o "ser llamado". Los pacificadores no solo son "hijos de Dios", sino que son llamados por ese nombre, es decir, "hijos de Dios". Aun el mundo los señala y los distingue por ese nombre. "Los pacificadores" generan las palabras y los pensamientos de otros que dicen: "Lo que hacen procede de Dios, es una obra de Dios. Ese tiene que ser un genuino hijo de Dios". Por supuesto, como ya se ha señalado, el "pacificador" por excelencia es el Señor Jesucristo (Col. 1:20). Un hijo siempre lleva la semejanza de su padre. Los hijos de Dios que esperan entrar en el Reino del Mesías deben caracterizarse por proclamar la paz con Dios y la paz de Dios a una humanidad que vive en rebeldía. Uno de los nombres del Mesías es "Príncipe de paz" (Is. 9:6). Una paz sin límite cubrirá su dominio (Is. 9:7). Su Reino florecerá con paz y justicia (Sal. 72:6). El Rey hablará paz a su pueblo (Sal. 85:8). Su pueblo habitará en moradas de paz (Is. 32:18). No es de sorprenderse, por lo tanto, que "los pacificadores" tengan como la causa de su bienaventuranza la gran bendición de ser llamados hijos de Dios".

Los que son perseguidos por causa de la justicia (5:10-11)

"Bienaventurados los que padecen persecución por causa de la justicia, porque de ellos es el reino de los cielos.
Bienaventurados sois cuando por mi causa os vituperen y os persigan, y digan toda clase de mal contra vosotros, mintiendo" (5:10-11).

El teólogo australiano, Leon Morris, ha escrito respecto de esta bienaventuranza:

> Aquí llegamos a la más inesperada de las bienaventuranzas, la que habla de los perseguidos. Los primeros lectores de Mateo, quienes probablemente tuvieron alguna experiencia de persecución, sin duda, se sorprendieron con esa declaración, porque nunca es agradable experimentar sufrimientos (He. 12:11).[56]

¡Cuán, extraño resulta decir: "Bienaventurados los que padecen persecución!" Lo común es que se diga "bienaventurados los populares" o "bienaventurados quienes son amados de todos". Tampoco se trata de una persecución por razones personales ni por violar las leyes establecidas por los gobernantes. Se trata de padecer persecución "por causa de la justicia". En primer lugar, debe observarse la expresión "los que padecen persecución" (*hoy didiogmenoi*). Se trata del participio perfecto y sugiere que el galardón de esos que sufren no acompaña a las persecuciones, sino que son posteriores a ellas, es decir "después de haber padecido las persecuciones por causa de la justicia".[57]

56. Leon Morris, *The Gospel According to Matthew* (Grand Rapids: Eerdmans, 1992), p. 101.
57. Vea John Broadus, *Comentario del Evangelio según Mateo*, p. 121.

Broadus entiende que ya en aquel tiempo había un antagonismo manifiesto contra Jesús y sus seguidores y añade: "La persecución por lo regular incluye el destituir a uno de sus posesiones, dejándole en la pobreza y la necesidad".[58] Esta bienaventuranza se diferencia de las anteriores en el hecho de que las que preceden tienen que ver con la actitud del cristiano hacia Dios o hacia los hombres. Esta tiene que ver con la actitud de los hombres hacia los creyentes y es una actitud de hostilidad.[59]

Evidentemente la "justicia" (*dikaiosýneis*) mencionada aquí no es la justicia imputada, es decir, aquella mediante la cual Dios declara justo al que pone su fe en el Señor Jesucristo. Aquí se trata de la justicia impartida, o sea, la justicia presente por la que los creyentes son perseguidos. Pablo escribió a Timoteo lo siguiente: "Y también todos los que quieren vivir piadosamente en Cristo Jesús padecerán persecución" (2 Ti. 3:12). Cuando alguien se identifica con Cristo públicamente y lo reconoce como el Señor y Salvador, de inmediato se expone a ser perseguido y discriminado. Estas fueron las palabras de Cristo:

"Si el mundo os aborrece, sabed que a mí me ha aborrecido antes que a vosotros. Si fuerais del mundo, el mundo amaría lo suyo; pero porque no sois del mundo, antes yo os elegí del mundo, por eso el mundo os aborrece. Acordaos de la palabra que os he dicho: El siervo no es mayor que su señor. Si a mí me han perseguido, también a vosotros os perseguirán; si han guardado mi palabra, también guardarán la vuestra" (Jn. 15:18-20).

Esta octava bienaventuranza señala algunas cosas importantes:

1. Aquel que ha recibido el mensaje de Jesucristo y se identifica con Él y con su ética sufrirá la persecución de los hijos de las tinieblas. Como dice Pablo:
   "Palabra fiel es esta: Si somos muertos con él, también viviremos con él; si sufrimos, también reinaremos con él; si le negáramos, él también nos negará, si fuéremos infieles, él permanece fiel; él no se puede negar a sí mismo" (2 Ti. 2:11-13).
2. La justicia (*dikaiosýneis*) por cuya "causa" (*ékenen*) los seguidores del Mesías son perseguidos tiene que ver con la justicia personal de aquellos que han escogido obedecer a Dios y someterse a su voluntad.
3. Esa persecución no puede referirse al Reino puesto que en el Reino no habrá persecución sino paz para todos los que estén allí. De modo que la referencia es a la persecución que sufrirán quienes anticipan entrar en el Reino del Mesías y por lo tanto, guardan y viven la ética de dicho Reino. La historia del cristianismo está repleta de casos de persecuciones: Los seguidores de Cristo fueron acusados de **inmoralidad** porque celebraban la fiesta ágape; de **canibalismo** porque "comían el cuerpo y bebían la sangre" del Señor en la Santa Cena; de **ateísmo** porque solo adoraban a un Dios; de **deslealtad al Imperio Romano** porque rehusaban rendir culto al emperador. La primera

---

58. *Ibíd.*
59. Vea Alfred Plummer, *An Exegetical Commentary on the Gospel According to St. Matthew*, p. 69.

carta de Pedro es un testimonio elocuente de los padecimientos de los cristianos. Pedro enfáticamente dice:

"Si sois vituperados por el nombre de Cristo, sois bienaventurados, porque el glorioso Espíritu de Dios reposa sobre vosotros. Ciertamente, de parte de ellos, él es blasfemado, pero por vosotros es glorificado" (1 P. 4:14).

Una prueba de que todavía no estamos en el Reino mesiánico es que los hijos del Reino son perseguidos por los enemigos del Reino. El Reino de Dios siempre ha tenido sus opositores. La razón principal de las persecuciones romanas era política. Los cristianos rehusaban participar en la adoración del emperador. El emperador romano fue deificado y era obligatorio que todos los ciudadanos lo adorasen. Los cristianos se negaron a ello puesto que reconocían que Jesucristo es el único Señor digno de ser adorado. Por ese motivo los cristianos eran perseguidos y condenados a muerte. Eso era, entre otras cosas, sufrir persecución por causa de la justicia.

Se mencionan algunas causas de bendición. La primera es: "Porque de ellos es el reino de los cielos". Pero el versículo 12 menciona una segunda causa: "porque vuestro galardón es grande en los cielos".

La primera causa de la bendición se refiere al hecho de que los que son perseguidos por causa de la justicia poseen el Reino de los cielos. La referencia es, sin duda, al Reino mesiánico del cual Mateo tiene tanto que decir. Las persecuciones revelan la verdadera naturaleza de los ciudadanos del Reino.

La segunda causa de bendición, según el versículo 12, es: "Porque vuestro galardón es grande en los cielos". La referencia, evidentemente, es a la posesión de una herencia en la nueva creación. Quizá eso fue lo que Santiago quiso decir cuando escribió:

"Bienaventurado el varón que soporta la tentación, porque cuando haya resistido la prueba, recibirá la corona de la vida, que Dios ha prometido a los que le aman" (Stg. 1:12).

También el apóstol Juan escribió en el Apocalipsis la promesa del Señor:

"He aquí yo vengo pronto, y mi galardón conmigo, para recompensar a cada uno según sea su obra" (Ap. 22:12).

Quienes sufren por causa de Cristo son bienaventurados. Pablo escribió en su carta a los filipenses:

"Porque a vosotros os es concedido a causa de Cristo, no solo que creáis en él, sino también que padezcáis por él" (Fil. 1:29).

Muchos creyentes no dudaron en sufrir por causa de Cristo, tal como lo expresa el escritor de Hebreos:

"Pero traed a la memoria los días pasados, en los cuales, después de haber sido iluminados, sostuvisteis gran combate de padecimientos, por una parte, ciertamente, con vituperios y tribulaciones fuisteis hechos espectáculo; y por otra, llegasteis a ser compañeros de los que estaban en una situación semejante" (He. 10:32-33).

El escritor hace una exhortación final, cuando escribe:

"Salgamos, pues, a él, fuera del campamento, llevando su vituperio; porque no tenemos aquí ciudad permanente, sino que buscamos la por venir" (He. 13:13-14).

Debe ponerse atención en el hecho de que no se trata de "sufrir" por el hecho de sufrir, a la manera de los estoicos. Se trata de padecer persecución "por causa de" (*éneken*) **la justicia** y de ser **vituperados y perseguidos** (*oneidísôsin kaì diósôsen*) "por causa" (*éneken*) de Cristo. Es decir, se trata de una identificación plena con Cristo y con su mensaje: Con el Rey y con su Reino. Para la mayoría de los seres humanos, sufrir es una experiencia que debe evitarse a todo costo. Para el seguidor de Cristo, sufrir por causa del Señor y de su Reino es el mayor de los privilegios:

Los que sufren por causa de Cristo (5:12)

"Gozaos y alegraos, porque vuestro galardón es grande en los cielos;
porque así persiguieron a los profetas que fueron antes de vosotros" (5:12)

Los verbos "gozaos" (*chaírete*) y "alegraos" (*agalliâsthe*) ambos son presentes del modo imperativo. El presente expresa una acción continua y el imperativo sugiere un mandato o exhortación. La idea es: "Gozaos y alegraos sin interrupción" aunque al parecer las circunstancias son adversas. "Aun cuando seguirle se convierta en una ofensa y el camino de quienes siguen sus pisadas conduzca a sufrimiento y persecución, la feliz seguridad de la salvación en ningún modo debe perderse: Gozaos y alegraos, porque vuestro galardón es grande en los cielos".[60] El gozo debe ser no "a pesar de" sino "a causa de" la persecución.[61] El verbo "alegraos" (*agalliâsthe*) se refiere a un gozo abundante y demostrable. La exhibición de gozo en medio de las pruebas e infortunios es un distintivo del cristianismo y de sus santos y apóstoles e incluso de sus mártires. Sin duda, cientos de miles de creyentes que han sufrido indescriptiblemente, se han levantado por encima de dificultades y aflicciones al recordar las bendiciones de las bienaventuranzas.[62]

El profesor Stanley D. Toussaint hace un excelente resumen de la enseñanza de Mateo 5:11-12:

Hay en esos versículos una triple revelación de la grandeza de la persona de Jesús. Primero, la persecución debe ser por causa de Él. Si alguien fuese perseguido por el solo hecho de ser discípulo de Jesús, entonces Jesús debe reclamar algún tipo de grandeza delante de los hombres. Segundo, el hecho de que resistir una persecución injusta por causa de Cristo resultará en galardón

60. E. Begrenther y G. Finkenrath, *"chaíro"*, *The New International Dictionary of New Testament Theology*, vol. 2; editor: Colin Brown (Grand Rapids: Zondervan, 1976), p. 358.
61. Alan Hugh McNeile, "The Gospel According to St. Matthew", p. 54.
62. Vea W. A. Davies y Dale C. Allison hijo, "Mateo", vol. 1, p. 464.

en el cielo enfatiza su grandeza delante de Dios. El galardón en el cielo no significa simplemente que recibirán su recompensa cuando lleguen al cielo. Más bien, significa que el galardón está preparado ahora en el cielo para una manifestación futura. La mención de los galardones afirma que el mensaje es dirigido primordialmente a los discípulos. Una tercera indicación de la grandeza de Jesús se encuentra en la comparación entre los discípulos y los profetas en el versículo doce. Los profetas hablaron en el nombre de Dios y fueron perseguidos. Los discípulos representaban a Jesús e iban a sufrir. La analogía es clara. Jesús, al hacer ese paralelismo se identifica con Dios. Esas declaraciones de Jesús señalan por primera vez en Mateo el reclamo del Señor de su carácter como Mesías.[63]

Debe mencionarse, por último, algo respecto del "galardón" (*ho misthòs*). En primer lugar hay que destacar que no se trata de "méritos" sino, más bien, de un acto de la gracia soberana de Dios. El pecador no puede ni debe reclamar premios. Lo único que puede pedir es misericordia. Todo lo que el creyente en Cristo tiene y podrá tener jamás, se debe a la gracia de Dios. La gracia soberana de Dios no solo da al que ha puesto su fe en Cristo un regalo inmerecido sino que le da todo lo contrario de lo que merece. El galardón producto de la gracia es descrito como "grande" (*polýs*) es decir, su valor es inconmensurable. Lo es porque proviene de Dios y se basa sobre los méritos de Cristo. Pablo escribió a los creyentes en Roma:

> "Pues tengo por cierto que las aflicciones del tiempo presente no son comparables con la gloria venidera que en nosotros ha de manifestarse" (Ro. 8:18).

La frase preposicional "en los cielos" (*en toîs ouranoîs*) no relega esa gloriosa felicidad a la era venidera. Dicha frase, más bien, significa "con Dios". Quiere decir que el galardón está preparado y está en las manos del Padre hasta que llegue el día cuando sea presentado al creyente.

"Porque así persiguieron a los profetas que fueron antes de vosotros". Esta es una frase explicativa y presenta la base de la seguridad de que la persona perseguida será galardonada. Los profetas de la antigüedad tales como Elías, Amós, Jeremías y otros fueron perseguidos por su fidelidad a Dios, pero el Señor estuvo siempre con ellos. Puede decirse que Dios permite la persecución en la vida del hijo del Reino para que vea verdades que otros no pueden ver. Además, los que son perseguidos pueden regocijarse porque son incluidos en la compañía de los fieles profetas, mártires e incluso junto con el mismo Señor (Jn. 15:19-20). Por último, los que anticipan entrar en el Reino pueden gozarse en los padecimientos (Col. 1:24) sin avergonzarse (2 Ti. 1:12).

RESUMEN Y CONCLUSIÓN

Mateo 5:1-12 introduce el Sermón del Monte. Ese pasaje tiene que ver con las Bienaventuranzas. Ser bienaventurado tiene que ver con la plenitud de felicidad que

---

63. Stanley D. Toussaint, *Behold the King: A Study of Matthew* (Portland: Multmomah Press, 1980), pp. 97-98.

experimenta la persona cuya vida está totalmente sometida a la voluntad de Dios y se deleita en obedecer los preceptos de su Palabra.

El Sermón del Monte fue dado por el Señor a sus discípulos, no solo a los Doce sino también a otros que siguieron al Señor a lo largo de su ministerio. Hay quienes entienden que el Sermón es para el mundo. Una especie de camino de salvación para la sociedad. Otros entienden que es para la Iglesia. Dicen que el Sermón del Monte proporciona a los creyentes de hoy un modelo para la vida cristiana. Lo raro es que en muchas iglesias nunca se predica de manera expositiva y sistemática la totalidad del Sermón del Monte.

Hay otros estudiosos que relegan el Sermón al tiempo futuro, cuando el Mesías venga para establecer el Reino. Dicen que el propósito del Sermón es regular la vida en el Reino y que no se cumplirá hasta que Cristo venga de nuevo a la tierra.

La postura más sensata parece ser la que considera que el Sermón del Monte, tiene que ver con la exposición de una ética provisional o interina para todos los que, habiéndose sometido a la autoridad del Mesías, anticipan entrar en su Reino. Esa postura toma en cuenta el contexto del pasaje, utiliza una hermenéutica histórico-gramatical, toma en cuenta el hecho de que los discípulos que oyeron el Sermón anticipaban entrar en el Reino. El Sermón del Monte tiene que ver con el "hacer" y el "servir" del discípulo. Contempla la vida de aquel que genuinamente sigue al Mesías desde su comienzo hasta su final. Las ocho bienaventuranzas enseñan que el Señor da prioridad a una relación íntima con Dios. Los religiosos de los tiempos de Jesús interpretaban las Escrituras de manera superficial. Cristo profundiza en la cuestión de la santidad de Dios y la correcta interpretación de la ley.

Las bienaventuranzas no son condiciones para la salvación sino bendiciones de enormes proporciones causadas por una relación íntima y personal con Dios. Quienes anticipan entrar en el Reino no temen sufrir por causa de Aquel que es el único que tiene méritos para permitirles la entrada en ese Reino de paz, justicia y santidad.

LA INFLUENCIA DE LOS SEGUIDORES DE JESÚS EL MESÍAS EN EL MUNDO (5:13-16)

"Vosotros sois la sal de la tierra,
Pero si la sal se desvaneciere ¿con qué será salada?
No sirve más para nada, sino para ser echada fuera,
Y hollada por los hombres" (5:13).

En los versículos 13 al 16 de Mateo 5, Cristo señala la responsabilidad de sus verdaderos seguidores. "De manera muy abrupta y enfática, el Señor se traslada al área de la responsabilidad de los discípulos".[64]

En las bienaventuranzas Jesucristo establece las características de los discípulos del Reino. Los seguidores del Mesías deben ser reconocidos por su identificación con los principios contenidos en los ocho epigramas inmortales pronunciados por el Divino Maestro.

La octava bienaventuranza, cuyo tema es la persecución de los creyentes por el mundo, era una especie de transición hacia los símiles que se mencionan a

---

64.   Robert L. Thomas, "Notas inéditas sobre Mateo 5" (2000).

continuación. En esas metáforas el Señor bosqueja la influencia que los creyentes deben de ejercer en el mundo. Hay, sin duda, una hermosa presentación de esa influencia en Mateo 5:13-16. Los discípulos del Rey son: (1) "La sal de la tierra", y (2) "la luz del mundo". Es importante desentrañar el significado y el alcance de esas dos declaraciones.

No debe olvidarse que, tal como ocurre con las Bienaventuranzas, este párrafo fue dirigido a los discípulos del Rey y tiene que ver con una ética provisional por la que debían de vivir mientras seguían al Mesías y esperaban el establecimiento de su Reino. Las dos metáforas usadas expresan la relación que tenían con el mundo durante ese tiempo. Como se ha sugerido anteriormente, esas declaraciones tienen su aplicación a los creyentes que viven en la era de la iglesia. No es de sorprenderse, por lo tanto, ver reflejos de la enseñanza del Señor en las epístolas del Nuevo Testamento. Pablo escribe a los filipenses estas palabras.

"Para que seáis irreprensibles y sencillos, hijos de Dios sin mancha en medio de una generación maligna y perversa, en medio de la cual resplandecéis como luminares en el mundo" (Fil. 2:15).

Y también dice a los efesios:

"Porque en otro tiempo erais tinieblas, mas ahora sois luz en el Señor; andad como hijos de luz" (Ef. 5:8).

El apóstol Pedro también da a entender su conocimiento de las enseñanzas de Jesús cuando escribe:

"Manteniendo buena vuestra manera de vivir entre los gentiles; para que en lo que murmuran de vosotros como de malhechores, glorifiquen a Dios en el día de la visitación, al considerar vuestras buenas obras" (1 P. 2:12).

No cabe duda que las enseñanzas de Cristo quedaron grabadas en las mentes y corazones de los discípulos. Varias de las epístolas hacen referencia a las enseñanzas del Sermón del Monte. Santiago, Pedro y Pablo registraron en sus escritos los principios establecidos por el Señor. Eso es un tributo al hecho de que escribían bajo la dirección del Espíritu Santo y por lo tanto, mantenían una coherencia total en el mensaje que proclamaban.

"Vosotros sois la sal de la tierra" (*humeîs este tò halos teîs geîs*). Debe observarse que el pronombre "vosotros" es enfático. En primer lugar porque aparece al principio de la oración y además, es gramaticalmente innecesario puesto que está tácito en el verbo. La idea es: "vosotros en contraste con todos los demás". El Señor, evidentemente, enfoca su atención en un grupo concreto de sus oyentes. Sobre ellos recae la gran responsabilidad de dar testimonio a un mundo que deambula lejos de Dios. El verbo "sois" (*este*) es el presente de indicativo. Eso sugiere que el Señor consideraba que sus enseñanzas ya eran una realidad en la vida de sus discípulos.

Debe llamar la atención la paradoja que aquellos que son perseguidos por el mundo son responsables de llevar el mensaje de salvación al mundo.[65]

Decir que los discípulos son "la sal de la tierra" significa que los colocaba en un alto nivel. Los antiguos decían *nil utilius sole et sale*, es decir "nada es más útil que el sol y la sal". Puede verse con facilidad que decir que los creyentes son la sal de la tierra equivale a decir que constituyen un estamento importante de hombres y mujeres[66]. La sal era un elemento altamente valorado en tiempos del Nuevo Testamento. Estaba relacionado con cuatro cualidades especiales:

1. La sal proporciona sabor. Una comida sin sal es desagradable e insípida. Una de las funciones de la sal es hacer que una comida sea apetecible. La vida cristiana es como la sal. Hombre y mujeres cristianos son a la vida lo que la sal es al alimento. La metáfora concierne directamente a los discípulos. En las palabras de William Barclay:

   El cristiano debe ser una persona que mantenga bien alto su nivel de absoluta pureza en su manera de hablar, conducta y pensamiento. Ningún cristiano se puede permitir los gestos y términos sugestivos y soeces que son a menudo parte de la conversación social. El cristiano no se puede retirar del mundo pero debe, como decía Santiago: "guardarse sin mancha en el mundo" (Stg. 1:27).[67]

   Aunque en ocasiones ocurre lo contrario, el cristiano debe proveer de sabor y gusto a la sociedad en la que vive. La iglesia debería ser la fuerza moral más importante en cualquier comunidad. Los cristianos, por lo tanto, deben reflejar en sus vidas ese carácter hermoso, atractivo e irresistible como el del Señor. El apóstol Pablo señala uno de los aspectos de su manifestación cuando escribe: "Sea vuestra palabra siempre con gracia, sazonada con sal, para que sepáis como debéis responder a cada uno" (Col. 4:6).

2. La sal preserva de la corrupción: La sal era el conservante más común en el mundo antiguo. Seguramente eso fue lo que el Señor quiso enseñar cuando dijo a los discípulos que eran "la sal de la tierra". La sal es un antiséptico, una sustancia que previene la corrupción. Eso apunta a la influencia que los creyentes deben tener en el mundo: Ser un limpiador antiséptico en la sociedad humana. El hijo del Reino debe funcionar como preservante de la degradación y la corrupción que existe en el mundo. El verdadero seguidor del Mesías preserva a la humanidad de la completa ruina moral. Él es quien mantiene al mundo saludable y retarda la venida del juicio. La presencia del cristiano en la tierra actúa como un dique que impide que el mal obre sin control en la sociedad.[68]

3. La sal promueve la pureza: La influencia purificadora de la sal está relacionada con su función antiséptica. Quizá la blancura reluciente de la sal facilita comprender esa función. En el mundo pagano, la sal era una de las primeras ofrendas presentadas delante de los dioses. En el Antiguo Testamento, los sacrificios eran sazonados con sal (vea Lv. 2:11-13). El cristiano, de la misma forma, debe caracterizarse por la pureza en todas las relaciones de su vida, su

65. Vea W. D. Davies y D. C. Allison hijo, "Mateo", vol. I, p. 472.
66. William Barclay, *Mateo*, vol. 1, p. 143.
67. *Ibíd.*, pp. 143-144.
68. Vea John A. Broadus, *Comentario sobre el Evangelio de Mateo*, p. 125.

hablar, sus pensamientos y su conducta. Es así como cumple su función de ser
sal de la tierra.
4. La sal produce sed: La sal como elemento produce sed. Eso era algo importante
para la vida en el desierto. Los viajeros de entonces ingerían sal para beber
agua y retenerla en sus cuerpos. Así no se deshidratarían al viajar. El cristiano,
como sal de la tierra, debe producir sed de Dios en otras personas. Esa es una
función importante de su testimonio en este mundo. Obsérvese que el discípulo
de Cristo es "sal de la tierra". El genitivo "de la tierra" se refiere al mundo de
personas. La sal no se beneficia a sí misma. La sal no se da sabor a sí misma
sino a los alimentos con los que entra en contacto. Así debe ser el cristiano:
Procurador del bienestar de otros para la gloria de Dios.

"Pero si la sal se desvaneciere, ¿Con qué será salada?" La conjunción "pero" (*dè*)
introduce un pensamiento adverso. "En lugar de permitir que esa posición exaltada
se convierta en una ocasión de orgullo espiritual, el Señor prosigue inmediatamente
a mostrar el mal producido por dejar de funcionar en la capacidad de sal. Obsérvese
que la advertencia no tiene que ver con la posesión o no de la salvación. Se trata de la
eficacia o la falta de ella en el ministerio".[69]

El verbo "desvaneciere" (*môrantheî*) es el aoristo subjuntivo, voz pasiva de *moraíno*
que significa "hacerse el tonto" cuando se trata de una persona. Pero cuando se trata de
algo inanimado, como se trata en este caso, el significado es "insípido". Es cierto que
científicamente la sal, es decir, el cloruro de sodio no puede perder el sabor. Pero la sal
usada en aquellos tiempos no era pura. De manera que la referencia aquí es a una sal
impura cuyos sedimentos bajo ciertas circunstancias podían perder todo el contenido
o capacidad de salar.[70] A veces la sal era mezclada con tierra o con arena de modo que
al cabo del tiempo perdía su sabor y era desechada. El exégeta M. R. Vincent hace
referencia a la siguiente historia:

> Un mercader de Sidón, después de recibir del gobierno los fondos de la
> importación de sal, transportó una gran cantidad de los pantanos de Chipre,
> lo suficiente, en realidad, para abastecer toda la provincia por muchos años.
> Transportó la mercancía a las montañas, para defraudar al gobierno de un
> pequeño porcentaje de los impuestos. Se alquilaron sesenta y cinco casas y
> fueron llenadas con la sal. Dichas casas tenían solo suelo de tierra y la sal
> que estaba en contacto con el suelo en unos pocos años se echó a perder.
> Vi grandes cantidades de dicha sal literalmente esparcida en el camino y
> pisoteada tanto por hombres como por animales. No servía para nada.[71]

Lo que el Señor pretendía, sin duda, era amonestar a los discípulos y exhortarles a
que viviesen una vida en consonancia con el llamamiento que habían recibido. Pablo

69. *Ibíd.*
70. Vea *Theological Dictionary of the New Testament*, vol. 4, Gerhard Kittel, editor, pp. 837-838.
71. M. R. Vincent, *Word Studies in the New Testament* (McLean, Virginia: MacDonald Publishing
Company, s.f.), p. 30. Vincent toma ese relato de un libro escrito por William Thomson titulado
The Land and The Book [La tierra y el libro] escrito en el año 1870.

escribió a los romanos, diciéndoles: "no os conforméis a este siglo" (Ro. 12:3). El mundo no debe constituir el molde del cristiano sino que el creyente debe dar sabor al mundo y enseñarle el camino a Cristo.

El Señor utiliza una segunda metáfora para enseñar la responsabilidad que sus seguidores tienen en este mundo: "Vosotros sois la luz del mundo; una ciudad asentada sobre un monte no se puede esconder. Ni se enciende una luz y se pone debajo de un almud, sino sobre el candelero, y alumbra a todos los que están en casa" (Mt. 5:14-15).

Como sucede en el versículo 13, el pronombre "vosotros" (*humêis*) es enfático por las mismas razones. Lenski traduce el énfasis del pronombre así: "Vosotros de entre todos los hombres".[72] A pesar de ser perseguidos por el mundo, los discípulos tienen una obligación hacia el mundo. Es como si el Señor les dijese: "Tenéis que influir al mundo a pesar de la oposición que experimentáis de parte de los inicuos". La afirmación del Señor es totalmente asombrosa. La metáfora de la sal habla de la **influencia** del cristiano en el mundo. La de la luz sugiere la posición del cristiano por **encima** del mundo. Como sal, el creyente **está en contacto** con el mundo para ejercer su influencia en éste. Como luz, el creyente **está separado del mundo** y ejerce su influencia en el mundo mediante una vida de santidad. Posteriormente en su ministerio, Cristo dijo: "Yo soy la luz del mundo; el que me sigue, no andará en tinieblas, sino que tendrá la luz de la vida" (Jn. 8:12). También afirmó: "Entre tanto que estoy en el mundo, luz soy del mundo" (Jn. 9:5). Mateo hace referencia a la profecía de Isaías 9:1-2 para hablar del ministerio de Jesús en Galilea: "el pueblo asentado en tinieblas vio gran luz; y a los asentados en región de sombra de muerte, luz les resplandeció" (Mt. 4:16). Cuando Jesús estaba físicamente presente en el mundo, Él era "la luz verdadera que alumbra a todo hombre" (Jn.1:9). Ahora sus discípulos son los encargados de manifestar esa luz espiritual. Ese es un asombroso privilegio y a la vez una enorme responsabilidad. Cristo permite que sus discípulos sean lo que Él mismo es de la manera más perfecta. El cristiano es luz en el Señor (Ef. 5:8). Una de las grandes responsabilidades del seguidor de Cristo es: "Levantar la palabra de la vida y resplandecer como luminares en el mundo" (Fil. 2:15-16). Como lo expresa Broadus:

> Aquí los cristianos son la luz del mundo, el manantial de luz espiritual para [la humanidad], así como el sol lo es de [la] luz natural" (Jn. 11:9). Son la luz por medio de la cual el mundo, la masa de la humanidad, puede ver las cosas religiosas, puede ver la verdad acerca de Dios y su servicio.[73]

Debe observarse que Jesús no dijo a sus discípulos: "Vosotros tenéis la luz del mundo". Tampoco les dijo que eran los "dispensadores" de la luz del mundo. Categóricamente les dijo: "Vosotros sois (*este*) la luz del mundo". Ese es, sin duda, un privilegio que sobrepasa la comprensión humana: Tal como "Jesús es la luz del mundo" (Jn. 8:12), sus discípulos, de igual manera, son la "luz del mundo" (Mt. 5:14). El presente es declarativo ("sois") de la realidad de una condición.

La metáfora de la luz sugiere varias cosas importantes:

72. Richard C. H. Lenski, *The Interpretation of Matthew's Gospel*, p. 201.
73. John A. Broadus, *Comentario del Evangelio según Mateo*, pp. 126-127.

1. La luz ilumina en el **exterior.** La nación de Israel recibió ese privilegio de parte de Jehová. "también te di por luz de las naciones, para que seas mi salvación hasta lo postrero de la tierra" (Is. 49:6). El creyente es la luz del mundo y por lo tanto, es una guía para los perdidos. Tal como la luz de una ciudad tiene como finalidad hacer visible su entorno, sus calles y avenidas, así también el discípulo de Jesús el Mesías debe ser un ejemplo viviente que señala el camino hacia la vida eterna y que hay en el Señor.

   Los dos ejemplos (vea 5:14-15) ofrecidos por el Señor muestran lo razonable del mandamiento de iluminar el mundo a través de la luz implantada dentro del creyente. La luz existe para iluminar. Donde hay luz no puede haber tinieblas. Las luces que iluminan una ciudad no solo muestran el perfil de dicha ciudad, sino que también advierten de los lugares de peligro. Muchas veces es necesario que los verdaderos discípulos de Jesús prevengan a sus semejantes del peligro de rechazar el regalo de la salvación a través de Jesucristo.

2. En segundo lugar, la luz proporciona iluminación interior. Si bien es cierto que las palabras del versículo 15 son una ilustración, también es cierto que la frase: "y alumbra a todos los que están en la casa" sugiere que el creyente debe ser una luz a los que forman parte de la comunidad de fe.

La frase: "una ciudad asentada sobre un monte no se puede esconder" (5:14) es una fabulosa ilustración. La mayoría de las ciudades antiguas estaban edificadas sobre montes o colinas. Las piedras blancas con que sus murallas y sus casas estaban edificadas hacían que fuesen visibles desde la distancia. El discípulo de Cristo debe ser visible ante los ojos del mundo. Su vida y testimonio deben ser notorios tanto para con los de afuera como hacia los de adentro.

La metáfora del versículo 15 es introducida por la partícula "ni" (*Oidè*). El Señor hace una declaración no expresa una obligación. Lo lógico es que quien enciende una lámpara no la esconde debajo de un almud o de una cama. La luz hace su mejor función cuando es colocada en un lugar alto, es decir, sobre un candelero. No se concibe que un verdadero discípulo esconda su luz. Esa es, sin duda, la fuerza que Jesús quiso dar a sus palabras.[74]

La aplicación de la enseñanza es dada en el versículo 16:

"Así alumbre vuestra luz delante de los hombres,
para que vean vuestras buenas obras,
y glorifiquen a vuestro Padre que está en los cielos" (5:16).

Debe observarse el uso de los pronombres correlativos que en la Reina—Valera 1960 se traducen "Así... para que" (*hoútôs... hópos*). Estos tienen una función adverbial. Miran a la metáfora o figura del versículo 15, para expresar algo así: "De la misma manera como una lámpara bien colocada que alumbra a todos los que están

---

74. Es importante observar que el versículo paralelo en Lucas 8:16, dice: "... para que los que entran vean la luz" (*hoi eisporeuómenoi blépôsin tò phôs*). Es posible que Lucas se refiera a los gentiles que también se beneficiarían de la luz del testimonio de los discípulos.

en la casa, así haced que vuestra luz alumbre delante de los hombres para que vean vuestras buenas obras".[75]

El mandato del Señor es: "Deja que tu luz alumbre" (*lampsáto*). Ese verbo es un aoristo imperativo que sugiere un mandato que debe ejecutarse con urgencia. Las lámparas de la antigüedad usaban aceite y una o varias mechas. Esas mechas tenían que ser recortadas a medida que se quemaban para que la luz pudiese brillar. Del mismo modo el cristiano tiene que limpiar su vida para que el poder del Espíritu Santo obre en él y la luz de Cristo pueda brillar con fuerza. Ese es el único método eficaz para testificar del Señor.

Pero no solo hay un **método**, también hay un **motivo** por el cual dar testimonio de la luz. El motivo, en realidad, es doble: (a) "Para que vean vuestras buenas obras" (*hópôs ídôsin hymôn ta kalà erga*). Debe observarse el adjetivo "buenas" (*kalà*). No solo se refiere al valor intrínseco de dichas obras sino también al aspecto hermoso o atractivo de las mismas. Las "buenas obras" no son para hacer una contribución a la salvación sino para dar testimonio de lo que Dios ha hecho en la vida del cristiano a través de la obra de Cristo. (b) En segundo lugar, la motivación final del testimonio del discípulo es **la gloria de Dios**. Las palabras de Pedro son muy adecuadas aquí: "Manteniendo buena vuestra manera de vivir entre los gentiles; para que en lo que murmuran de vosotros como de malhechores, glorifiquen a Dios en el día de la visitación, al considerar vuestras buenas obras" (1 P. 2:12). "Cuando los discípulos, mediante el brillo de su luz, dan testimonio de Dios y de su gracia, los hombres verán la luz no las lámparas".[76]

Debe recordarse que "[Cristo] se dio a sí mismo por nosotros para redimirnos de toda iniquidad y purificar para sí un pueblo propio, celoso de buenas obras" (Tit. 2:14). Las "obras excelentes" (*tà kalà érga*) jamás deben ser para la auto glorificación del creyente sino para la gloria de Dios. ¡Gloria in Excelsis Deo!

CONCLUSIÓN

Mediante el uso de tres metáforas: "Sal", "luz" y "lámpara" (*lýxnos* = "lámpara de aceite"), el Señor presenta una exhortación a los discípulos en la que enfatiza **el carácter** y la **posición** del verdadero discípulo. El Señor se centra en el carácter porque si este es correcto, la conducta con toda seguridad lo será. Si el carácter es defectuoso, entonces la influencia se apagará como una lámpara sin aceite. El **carácter** habla de la naturaleza de una cosa, es decir, lo que es en sí. La **posición** tiene que ver con función. La función de una luz es alumbrar. Para que alumbre con eficacia tiene que estar en el lugar o en la posición correcta. El Antiguo Testamento nos ofrece una gran ilustración con el relato de la vida de Lot en Sodoma: "Entonces salió Lot y habló a sus yernos, los que habían de tomar sus hijas, y les dijo: Levantaos, salid de este lugar; porque Jehová va a destruir esta ciudad. Más pareció a sus yernos como que se burlaba" (Gn. 19:14). ¡Lot en Sodoma no era capaz de convencer a quienes lo escuchaban!

En segundo lugar, las metáforas contienen un énfasis sobre la necesidad de hacer un contacto genuino con el mundo si el mundo ha de ser influido por Cristo. Esa es la responsabilidad del discípulo. La sal tiene que estar en contacto con lo que ha de preservar de la corrupción y la luz tiene que estar por encima pero al mismo tiempo

---

75. Vea Alfred Plummer, "An Exegetical Commentary on the Gospel According to Matthew", p. 74.
76. Samuel Lewis Johnson, "Notas inéditas de la exposición de Mateo" (1975).

cerca del objeto que ha de iluminar. El teólogo y comentarista W. H. Griffith Thomas escribió hace más de medio siglo:

> El llamado de Cristo a la persona es cuádruple: Venid a mí, aprended de mí, seguidme y permaneced en mí. Venid a mí como Redentor, aprended de mí como maestro, seguidme como Señor, permaneced en mí como Vida. Y todo lo que se requiere de vosotros es la actitud suficiente del alma que el Nuevo Testamento llama fe. Esa actitud y respuesta de confianza, auto entrega y dependencia es la actitud esencial y la reacción del alma del hombre hacia Dios. Todo hombre sincero sabe muy bien que es imposible vivir la vida verdadera en aislamiento, aparte de Dios.[77]

De ahí se deriva que Dios haya escogido a hombres y mujeres para que sean "sal de la tierra" y "luz del mundo". Ese es el plan de Dios para transmitir su evangelio a un mundo que yace en tinieblas y se ha convertido en una sociedad insípida.

Finalmente, la sal (no el azúcar) con frecuencia irrita aquello con lo que entra en contacto. Irrita las heridas, algo muy sugerente a la luz de la persecución de los creyentes genuinos anunciada en los versículos 10 al 12. La luz no solo atrae a quienes necesitan de su iluminación para encontrar el camino a Dios sino que también pone de manifiesto la presencia del polvo, la basura, los insectos y todo lo indeseable que hay en el mundo. La luz de Dios revela el pecado y el fuego purificador de Dios destruye el pecado. El único remedio eficaz para el pecado es la sangre de Cristo.

---

77. W. H. Griffith Thomas, *Christianity is Christ* (Grand Rapids: Eerdmans, 1955), p. 151.

9

El Mesías, las Escrituras y la verdadera justicia (5:17-20)

El Sermón del Monte puede dividirse en tres partes:

1. Los herederos del Reino (Mt. 5:1-16).
2. Las enseñanzas en vista del Reino (Mt. 5:17—7:6).
3. La invitación a entrar en el Reino (Mt. 7:7-29).

La segunda división, es decir, la que tiene que ver con las enseñanzas en vista del Reino, consta de dos partes:

a. El Mesías y las enseñanzas de Moisés y los profetas (5:17-20).
b. El Mesías y la tradición de los fariseos (5:21—7:6).

La primera parte de esta segunda división es, en realidad, el tema de toda la instrucción en vista del Reino. Con la venida del Rey Mesías todos los preceptos y las promesas de la revelación bíblica de épocas pasadas encuentran su clímax y su cumplimiento. La venida del Rey, su ministerio y sus enseñanzas ponen de manifiesto que el cumplimiento de las Escrituras va mucho más hondo de lo que los escribas y fariseos habían imaginado.

LOS "NO" Y LOS "SÍ" (5:17)

"No penséis que he venido para abrogar la ley o los profetas; no he venido para abrogar, sino para cumplir" (5:17).

Después de describir el carácter de quienes anticipan entrar en el Reino (Mt. 5:3-12) y la influencia que sus seguidores deben tener en el mundo (Mt. 5:13-16), Cristo explica el propósito de su venida (Mt. 5:17-20).

El Señor comienza explicando aquello para lo cual no vino: "No penséis" (*Mèi nomíseite*). Este verbo es el aoristo subjuntivo, voz activa de *nomídso* que significa "suponer", "considerar", "estimar". Es importante observar que aquí se trata de un subjuntivo de prohibición. El verbo en el aoristo subjuntivo precedido por la partícula negativa *mei* ("no") se usa para prohibir el comienzo de una acción.[1] El Señor dice a sus discípulos algo así: "Que ni se os ocurra pensar tal cosa" o "jamás penséis que". Evidentemente algunos de los que habían escuchado al Mesías pensaban que intentaba reemplazar a Moisés y a los profetas.

José María Bover detecta la importancia de esta sección cuando dice:

> Esta sección, verdadero nudo vital de todo el Sermón, contiene, no solamente el tema, la proposición o el pensamiento fundamental, sino también su alcance, tendencia, orientación o espíritu dominante. De ahí su importancia.[2]

El Señor categóricamente dice que no "ha venido" para "abrogar" la ley o los profetas. El verbo "he venido" (*éilthon*) también es significativo. Es el aoristo indicativo de *érchomai*. El modo indicativo expresa realidad y el aoristo una acción puntual. Dicho verbo es uno de los vocablos favoritos de Jesús para referirse a sí mismo. Solo una vez en el Nuevo Testamento el Señor usa la expresión "he nacido" para hablar de su venida al mundo. Eso en presencia de Poncio Pilato. En todas las demás ocasiones usa el verbo *erchomai* ("venir"). Obsérvese que en Mateo 5:17, el Señor usa dos veces ese verbo. Dicho verbo implica la autoridad del Señor como el personaje escatológico: "El que viene" (*ho erchómenos*). Uno de los títulos más sobresalientes del Mesías es "el que viene" (vea Ap. 1:4, 7, 8; 2:5, 16; 3:11; 16:15; 22:7, 12, 20).

El reconocido exégeta Alfred Plummer ha escrito lo siguiente:

> Al comienzo mismo Él afirma que es "el que viene" (*ho erchómenos*): "no penséis que vine"; y a través del discurso continúa con una expresión colmada de suprema autoridad, que impresiona al lector ahora, como impresionó a los oyentes entonces. Él, evidentemente, estaba consciente de poseer esa autoridad suprema y se manifiesta a sí misma muy naturalmente, no en fases estudiadas, sino como la expresión espontánea de su modo habitual de pensamiento. Aquel que sabía que era el Mesías, y estaba consciente de su absoluta justicia, hablaría congruentemente, o quizá, se diría inevitablemente, de una manera como esta. ¿Podría algún otro hablar de esa manera tranquila y majestuosa tocante a "cumplir la ley", o paralelamente con la ley colocar su propia declaración?: "Mas yo os digo".[3]

---

1. Una prohibición con el modo imperativo significa detener una acción que ya ha comenzado y está en proceso. Una prohibición con el aoristo subjuntivo significa la prohibición del inicio de la acción. Ernest Burton dice: "El aoristo subjuntivo prohíbe la acción como un simple hecho con referencia a la acción como un todo o a su comienzo y es usado con mayor frecuencia cuando la acción aún no ha comenzado". Ernest De Witt Burton, *Syntax of the Moods and Tenses in the New Testament* (Edimburgo: T. & T. Clark, 1966), p. 75.
2. José M. Bover, *El Evangelio de Mateo* (Barcelona: Editorial Balmes, 1946), p. 121.
3. Alfred Plummer, "An Exegetical Commentary on the Gospel According to Matthew", p. 76.

La expresión "he venido" señala, sin duda, a la pre-existencia del Hijo de Dios. Aquel que "ha venido" ya existía antes de venir, es decir, desde la eternidad (Mi. 5:2). Solo una Persona divina puede hacer los arreglos tanto para su venida como para su muerte o su partida. Él, como Persona divina, ambas cosas fueron verdad de Jesús. Tanto su venida como su muerte y su regreso a la gloria estaban supeditados a su eterno poder y soberanía. Él vino a la tierra con un propósito concreto: Cumplir el plan eterno diseñando por Dios. Ese plan tenía que ver con el cumplimiento de las profecías del Antiguo Testamento. De ahí que no vino para "abrogar" (*Katalysai*) sino para "cumplir" (*pleirôsai*). Ambos verbos son aoristos del modo infinitivo. Uno de los usos del infinitivo es indicar propósito.[4] Como en este caso. El verbo *Katalúo* ("abrogar") por lo general significa "demoler o echar abajo algún tipo de estructura". Al parecer esa es la idea que el Señor desea transmitir aquí. La ley es considerada como una estructura o edificio. El Señor afirma que el propósito de su venida no era "echar abajo" ni la ley ni los profetas. "La ley y los profetas" se refiere a los libros canónicos. Es decir, el conjunto de libros escritos bajo la dirección del Espíritu Santo. Como apunta Broadus:

> Esa frase se empleaba para denotar todas las Escrituras (i.e. el A.T.), siendo la "ley" los cinco libros de Moisés y "los profetas" el resto (vea, e.g., 7:12; 11:13; 22:40; Lc. 16:16; Jn. 1:45).[5]

La palabra clave aquí es "cumplir" (*pleirösai*). Dicho vocablo ha recibido más de un significado. Pero ¿qué significa aquí?

1. Una posibilidad es que signifique "realizar", es decir, rendirle completa obediencia a los grandes mandamientos de la ley. Ese parece ser el significado de 3:15 ("cumplir toda la justicia"). También está el hecho de que el contexto inmediato (5:19) habla de mandamientos específicos. De ser así, el significado sería que el Señor vino a cumplir las demandas del Antiguo Testamento mediante la perfecta satisfacción de las demandas de la ley que se oponía a quienes iban a creer en Él a través de su obediencia activa y pasiva que le llevó a padecer y a morir (Fil. 2:8). Esa sería una buena interpretación del verbo "cumplir". Pero hay otra interpretación que parece ser más aceptable.

2. El vocablo *pleirôsai* significa "llenar", es decir "llenar una cosa". La idea de llenar de contenido o de significado armoniza con el uso de dicho vocablo en otros pasajes en el Evangelio de Mateo (vea 13:48; 23:32, donde significa completar o llenar la culpa), también (1:22; 2:15, 17, 23). Esta interpretación parece estar más cerca de la intención del Señor. Armoniza mejor con la mención de "los profetas" porque de manera natural no se pensaría en mandamientos en sus escritos sino, más bien, de sus profecías en las que Él revela su pleno significado o llena su contenido. En segundo lugar, parece ser más apropiado al significado de la cláusula: "Hasta que todo se haya cumplido" con que concluye el versículo 18. Eso parece referirse más apropiadamente a

---

4.   Vea H. E. Dana y Julius Mantey, *Gramática griega del Nuevo Testamento*, p. 206.
5.   John Broadus, *Comentario sobre el Evangelio de Mateo*, p. 130.

las profecías en su cumplimiento. Es decir, la venida de Cristo "ha llenado" de significado pleno a todas las Escrituras del Antiguo Testamento, tanto a la ley como a los profetas. Jesús no abroga o derriba la "ley de Moisés" sino que la interpreta correctamente y le da el profundo valor que tienen todas sus estipulaciones. Tampoco abroga ni derriba los escritos proféticos sino que los llena y adorna con su gloria y autoridad, confirmando que el Antiguo Testamento es Palabra de Dios. Podría decirse que la Persona y la obra de Cristo, lo que dijo e hizo, no solo llena (*pleirôsai*) sino que desborda toda la revelación que de Él aparece en el Antiguo Testamento.

ABSOLUTAMENTE AUTORITATIVOS (5:18)

"Porque de cierto os digo que hasta que pasen el cielo y la tierra,
ni una jota ni una tilde pasará de la ley,
hasta que todo se haya cumplido" (5:18).

La conjunción "porque" (*gar*) introduce una explicación relacionada con la frase "no vine para abrogar o derribar" del versículo 17. Frente a quienes acusaban al Señor de querer reemplazar a Moisés, era de esperarse una explicación como la que aparece en los versículos 18-19. El Señor reafirma que "la ley y los profetas" son absolutamente autoritativos. Su autoridad será tan perdurable como el universo mismo.

La expresión "de cierto" (*amein*) siempre precede a una declaración solemne de parte del Señor. Mateo la usa 31 veces, Marcos 13 veces y Lucas 6 veces. En el Evangelio de Juan aparece 25 veces, pero de manera repetida: "De cierto, de cierto os digo".

Bruce Manning Metzger, profesor de Nuevo Testamento en el Seminario Teológico de Princeton, dice lo siguiente:

> Aún el uso característico de Jesús de la palabra *amen*, normalmente traducida al [castellano] por "de cierto" o "en verdad", implica una irrevocabilidad y una autoridad de su mensaje totalmente sin paralelo en otro sitio. En toda la gama de la literatura hebrea no se conoce de algún escriba o rabino que prologase su enseñanza con la expresión: "De cierto (*amen*), os digo".[6]

"Ni una jota ni una tilde". Es una declaración expresiva y sorprendente al mismo tiempo. "Jota" se refiere a la letra del alfabeto hebreo *Yod* que es la más pequeña de dicho alfabeto. Es una letra prescindible, excepto cuando se pretende precisión al deletrear una palabra. Su transliteración al castellano es mediante una "i" o una "y". En hebreo se escribe como una coma superpuesta (" ׳ ").

La "tilde" es una pequeña proyección en la parte inferior de una letra o una pequeña línea en la parte superior de una letra para no confundirla con otra. Por ejemplo, la diferencia entre la בּ ("beth") y la כּ ("Caf") o la diferencia ente la ר ("resh") y la ד ("dálet"). O sea que, según nuestro Señor, ni una "i" ni un "ápice" de la ley caerá en el vacío sino que todo, hasta lo que parece más insignificante, se cumplirá

---

6.   Bruce Manning Metzger, *The New Testament: Its Background, Growth And Content* (Nashville: Abingdon Press, 1965), p. 156.

indefectiblemente. Como observa Barclay: "Jesús parece establecer que la ley es tan sagrada que ni el más mínimo detalle de ella desaparecerá".[7]

"Hasta que pasen el cielo y la tierra" (*héos àn parélthei ho ouranòs kaì hei geî*). Esta cláusula es introducida por el adverbio relativo *héos* (Reina—Valera 1960, "hasta que"). Burton señala que:

> Cuando la cláusula introducida por *héos* depende de un verbo de tiempo futuro y se refiere a una contingencia futura, toma el subjuntivo con *án* tanto en el griego clásico como el Nuevo Testamento.[8]

El verbo *parélthei* es el subjuntivo de *parérchomai* y significa "pasar de largo" o "llegar a su fin". Lo que el Señor está enseñando enfáticamente es el carácter permanente de las Sagradas Escrituras. "Hasta que perezca el cielo y la tierra es una expresión proverbial que popularmente significa nunca y probablemente debiera entenderse así aquí".[9] Las palabras del salmista nos recuerdan el carácter permanente de la Palabra de Dios:

> "Para siempre, oh Jehová, permanece tu palabra en los cielos" (Sal. 119:89).

El versículo 18 termina con una contundente declaración: "hasta que todo se haya cumplido" (*héos án taûta géneitai*). El subjuntivo en esta cláusula temporal realiza la función del futuro. Obsérvese también el adverbio "todo" (Reina—Valera 1960) o mejor, "todas las cosas". Es decir, "todas las cosas" escritas en la ley y los profetas. El exégeta luterano, Richard Lenski, dice:

> Otras palabras de Dios aún están en el proceso de cumplirse, por ejemplo, lo que ha dicho tocante a la Iglesia. Otras palabras *todavía* no se han cumplido, por ejemplo, las que tienen que ver con la consumación. Esas aún permanecen como vasijas vacías esperando que su contenido sea vaciado en ellas. Pero a la postre, toda Palabra de Dios escrita permanecerá como una vasija que es llenada hasta el borde.[10]

El gran reto de maestros de la Biblia y predicadores hoy día está en función con el grado de seriedad con que tomen las palabras de Cristo. Obsérvese que Cristo habla del cumplimiento de "todas las cosas" escritas en la Palabra de Dios. Todo lo que está escrito ha de cumplirse de manera literal. Todas las Escrituras tienen su origen en Dios (2 Ti. 3:16) y "santos hombres de Dios hablaron, siendo henchidos por el Espíritu Santo" (2 P. 1:21). La responsabilidad de todo predicador es proclamar y enseñar la Palabra en el poder del Espíritu Santo (2 Ti. 4:2).

---

7. William Barclay, *Mateo*, vol. I, p. 152.
8. Ernest De Witt Burton, *Syntax of the Moods and Tenses in the New Testament*, p. 127.
9. John Broadus, *Comentario sobre el Evangelio según Mateo*, p. 132.
10. Richard C. H. Lenski, *The Interpretation of St. Matthew's Gospel*, pp. 209-210.

HACER Y ENSEÑAR (5:19)

"De manera que cualquiera que quebrante uno de estos mandamientos muy
  pequeños,
y así enseñe a los hombres, muy pequeño será llamado en el reino de los cielos;
mas cualquiera que los haga y los enseñe,
éste será llamado grande en el reino de los cielos" (5:19).

Este versículo es una cláusula relativa en la que se usa un verbo en el modo
subjuntivo acompañado de la partícula *eán*. Su función es la de una condicional de
tercera clase (con una probable idea de futuro). Es importante observar la conjunción
oùn, traducida en la Reina—Valera 1960 como "de manera que". Quizá más enfático
sería su uso normal "por lo tanto". La conjunción *oûn* ("por lo tanto") mira atrás al
versículo 18. Es como si el Señor dijese: "Sobre la base de lo que os acabo de decir".
"Cualquiera que se le ocurra 'repudiar', 'anular', 'abolir' uno de estos mandamientos
muy pequeños". Eso quiere decir: "cualquiera que transgreda o quebrante" los
mandamientos y así enseñe a otros tendrá que sufrir las consecuencias. El verbo
traducido "quebrante" (*lýsei*) es el aoristo subjuntivo de *lýo*, pero en esta construcción
realiza una función de futuro (su traducción debería ser "quebrantare").

El versículo 19 habla de algo concreto. Dos veces el Señor usa el artículo
determinado plural (algo que no se aprecia en la Reina—Valera 1960). El texto habla
de "uno" o "cualquiera", "los mandamientos" (*tôn entolôn*), "los más pequeños" (*tôn
elachíston*). Aunque, indudablemente, el Señor reconoce que hay cierta jerarquía de
importancia en los mandamientos, nunca dice que haya algún mandamiento que no sea
importante. En cierta ocasión alguien le preguntó al Señor: "Maestro, ¿cuál es el gran
mandamiento en la ley? Jesús le dijo: Amarás al Señor tu Dios con todo tu corazón,
y con toda tu alma y con toda tu mente. Este es el primero y grande mandamiento.
Y el segundo es semejante: Amarás a tu prójimo como a ti mismo. De estos dos
mandamientos depende toda la ley y los profetas" (Mt. 22:35-40).

El verbo "Será llamado" (*Kleithéisetai*) aparece dos veces en el versículo 19. Es
el futuro indicativo, voz pasiva de *Kaleo* que significa "llamar". Es la voz pasiva de
majestad. "Será llamado" por Dios, es la idea. "Y así enseñe a los hombres" (*kaì
didáxei hoútos toùs anthrópous*). Hay aquí una advertencia de disciplina divina para
aquel que se le ocurra no solo quebrantar los mandamientos de la ley de Dios, por
pequeños que sean sino que, además los "enseñe" a los hombres, será considerado
pequeño en el Reino de los cielos. El verbo "enseñe" es el aoristo subjuntivo de
didásko. Aquí tiene una función de futuro. Algo así como: "Haya de enseñar". Esta
es una advertencia a todo aquel que deliberadamente tuerza las Escrituras y enseñe
herejías.

A modo de contraste, dice el versículo: "Mas cualquiera que los hace y los enseña,
este será llamado grande en el Reino de los cielos". Obsérvese los verbos "hacer" y
"enseñar". El texto reconoce el carácter inseparable de ambas acciones. El gran fracaso
de los fariseos radicaba en tratar de separar ambos verbos. Los escribas y los fariseos
trataban de enseñar sin hacer (Mt. 23:1-4).

Debe notarse que dos veces en Mateo 5:19, el Señor menciona "el reino de los
cielos". Como en menciones anteriores, se trata del Reino terrenal del Mesías. Así lo

reconoce el católico romano, José M. Bover.[11] En esta coyuntura, es de interés leer las palabras del teólogo católico alemán, Hans Küng respecto del Reino:

> Es la palabra y el concepto central de la predicación de Jesús. Concepto que Él nunca definió, pero que innumerables veces ha descrito, con términos siempre nuevos e inteligibles, en sus parábolas, substrato original de la tradición evangélica: El Reino de Dios que se acerca (*Malkut Yahvé*). Como atestiguan los textos, Él habla del reinado de Dios, no habla de la Iglesia. "Reino de los cielos", es una expresión probablemente secundaria que se utiliza en los Evangelios (Mateo) por el temor judío de pronunciar el nombre de Dios, quiere decir lo mismo: "Cielos" suple a "Dios". Con Reino no significa un territorio, una zona de soberanía, sino el gobierno de Dios, el ejercicio de la soberanía que Él asumirá: El "reinado de Dios". El reinado de Dios se convierte en "santo y seña de la causa de Dios".[12]

El respetado teólogo, Hans Küng, dice algunas cosas de gran interés: (1) Cristo no definió el concepto del "Reino de los cielos". Tampoco lo hizo Juan el Bautista. Quizá la razón es que no era necesario hacerlo. Evidentemente, los oyentes de Juan y los de Jesús sabían de qué reino se les hablaba. (2) Küng está en lo correcto cuando afirma que Jesús "no hablaba de la Iglesia". La Iglesia no es equivalente al Reino mesiánico. Cuando Juan y Jesús proclamaron el mensaje del Reino, la Iglesia no había aún sido establecida. La primera mención de la Iglesia aparece en Mateo 16:18. Allí se menciona como una realidad futura. La Iglesia, como tal, fue inaugurada el día de Pentecostés (Hch. 2). (3) El respetado teólogo está en lo correcto cuando señala que "reino de los cielos" y "reino de Dios" se refieren a la misma realidad, no a dos cuestiones distintas. Y (4) Donde sí no parece estar en lo correcto el destacado teólogo es cuando da a entender que el Reino es algo abstracto, es decir "que no significa un territorio, una zona de soberanía, sino el gobierno de Dios". Esas afirmaciones de Küng parecen contradecir las palabras del salmista cuando escribe:

> "Dominará de mar a mar,
> Y desde el río hasta los confines de la tierra.
> Ante él se postrarán los moradores del desierto,
> Y sus enemigos lamerán el polvo.
> Los reyes de Tarsis y de las costas
> Traerán presentes;
> Los reyes de Sabá y de Seba ofrecerán dones.
> Todos los reyes se postrarán delante de él,
> Todas las naciones le servirán" (Sal. 72:8-11).

Hay muchos pasajes semejantes al mencionado arriba (vea Is. 35). El Reino del cual Jesús habló tiene que ver con la tierra (vea. Ap. 5:10; 11:15). De no ser así, no se sabría

---

11. Véase José M. Bover, *El Evangelio de San Mateo*, p. 126.
12. Hans Küng, *El desafío cristiano* (Madrid: Ediciones Cristiandad, 1982), pp. 139-140.

lo que quiso decir en Mateo 6:10 con las palabras: "Venga tu reino. Hágase tu voluntad, como en el cielo, así también en la tierra" (Mt. 6:10).

Solo una interpretación alegórica, no natural, de innumerables pasajes del Antiguo Testamento podría conducir a la conclusión de que el Reino es una realidad abstracta.[13] Es innegable que hay una realidad presente de la autoridad de Dios en la tierra que se manifiesta a través de cuatro esferas de gobierno: (1) La Iglesia; (2) el gobierno civil; (3) el hogar; y (4) el mundo empresarial. El Reino, por lo tanto, no es algo meramente israelita y el futuro. Pero como observa Eric Sauer:

> Uno debe guardarse de identificar apresuradamente el "Reino" con el "Reino mesiánico". El Reino es primero que nada totalmente general, el gobierno de Dios, su realeza como la actividad de Dios poderosa y viviente dada a conocer a través de las diferentes dispensaciones siempre en nuevas manifestaciones.[14]

Eric Sauer correctamente señala que muchos confunden el reino universal o general de Dios, que siempre ha existido, con el Reino pactado, es decir, el reinado del Mesías en la tierra que será establecido cuando Cristo regrese con poder y gran gloria (Mt. 19:28). Cristo aún no se ha sentado en el "trono de su gloria" ni los apóstoles han ocupado tronos "para juzgar a los doce tribus de Israel". Solo mediante la alegorización de muchos pasajes de las Escrituras se podría concluir que el estado presente equivale al Reino mesiánico.

UNA JUSTICIA DIFERENTE (5:20)

"Porque os digo que si vuestra justicia no fuere mayor que
la de los escribas y fariseos,
no entraréis en el reino de los cielos" (5:20).

La conjunción "porque" (*gár*) mira hacia atrás, al "hacer" y "enseñar" (*poiéisei* y *didáxei*) del versículo 19 o quizá, más allá aún al "cumplir" (*pleirôsai*) del versículo 17. Broadus ha parafraseado el versículo de esta manera:

> Podéis ver fácilmente que el que quebrantare uno de estos mandamientos muy pequeños tendrá un lugar bajo en el Reino mesiánico, porque sin una justicia que sobrepase la de los fariseos y saduceos no tendréis ningún lugar en él.[15]

El vocablo "justicia" (*dikaiosýnei*) es de vital importancia en toda la Biblia y por supuesto, en este versículo en particular. Algunos piensan que Jesús se refiere aquí a la justicia personal o práctica. A menos que sus oyentes sobrepasen a los escribas y fariseos en su observación de la ley, no tendrían la oportunidad de entrar en el Reino de los cielos.

---

13. Vea Alva J. McClain, *The Greatness of the Kingdom* (Grand Rapids: Zondervan Publishing House, 1959), pp. 274-303.
14. Eric Sauer, *The Triumph of the Crucified* (Grand Rapids: Eerdmans, 1960), p. 25.
15. John A. Broadus, *Comentario sobre el Evangelio según Mateo*, pp. 133-134.

Los escribas eran estudiosos de las Escrituras que estructuraban todas las normas y regulaciones de la interpretación oral de la ley de Moisés. En el siglo III d.C. se escribió un resumen de la ley que fue codificada. Dicho resumen se conoce como la Mishná ("repetición"). El Talmud consiste de los comentarios que contienen las leyes civiles y religiosas que no se encuentran en el Pentateuco. Los fariseos, es decir, "los separados" eran hombres que se habían separado a sí mismo de todas las actividades comunes de la vida con el fin de guardar todas las normas y regulaciones escritas en la Mishná y el Talmud.

Los escribas y los fariseos observaban escrupulosamente la letra de la ley, pero soslayaban su significado profundo y su verdadera importancia espiritual. Pensaban que esa meticulosidad equivalía a la justicia. De manera que habían confundido la justicia que se recibe por la fe con la justicia que es producto de la carne. El apóstol Pablo, quien había sido un fariseo, lo explica así:

"Ya que por las obras de la ley ningún ser humano será justificado delante de él [Dios]" (Ro. 3:20).

Y en otro sitio:

"Y ser hallado en él, no teniendo mi propia justicia, que es por la ley, sino la que es por la fe de Cristo, la justicia que es de Dios por la fe" (Fil. 3:9).

El Señor expresa que la justicia de los discípulos debe ser diferente a la de "los escribas y fariseos". Estos intentaban establecer su propia justicia (Ro. 10:1-3). Esos religiosos procuraban justificarse a sí mismos (Lc. 16:15). Esa justicia es inaceptable delante de Dios.

De manera que parece ajustarse mejor al contexto inmediato y a la enseñanza general del Nuevo Testamento tomar el vocablo "justicia" como una referencia a "la justicia forense". Esa es la que se recibe por la fe. Una justicia como la de Abraham (Gn. 15:6; vea también Ro. 4:1-25).

La justicia que Cristo requiere de todo aquel que espera entrar en su Reino tiene que estar por encima de la de los escribas y fariseos. El Señor es enfático cuando dice que sin una justicia mayor (en excelencia) que la de los escribas y fariseos "no entraréis en el reino de los cielos". Debe observarse la doble negación en el texto griego: *"ou mèi"* (literalmente "no, no"). Esa forma de negar equivale a decir "nunca" o "jamás". Para que alguien pueda entrar en la presencia de Dios es necesario que esté recubierto de una justicia exactamente igual a la de Dios. Solo Cristo posee esa clase de justicia. Él la otorga por la fe a todo aquel que confía en Él para la salvación eterna de su vida.

RESUMEN Y CONCLUSIÓN

No es por méritos humanos, ni por la religión, los sacramentos, la liturgia, las ofrendas ni por el trasfondo familiar de la persona. Es única y exclusivamente mediante la fe en la Persona y la obra perfecta de Cristo que nuestros pecados son perdonados y podemos tener acceso al Reino del Mesías.

10

La práctica de la justicia y las relaciones personales (5:21-48)

La segunda mitad del capítulo 5 de Mateo tiene que ver con la práctica de la justicia por quienes esperan entrar en el Reino del Mesías. El Señor aborda los temas éticos de la ley: El homicidio, el trato al prójimo, el adulterio, el divorcio y el perjurio. Todas esas cuestiones estaban claramente expuestas en la ley de Moisés. Los escribas y fariseos habían diseñado su propia interpretación de la ética mosaica. El Señor Jesucristo presenta la verdadera interpretación de las enseñanzas reveladas por Dios a Moisés. Las enseñanzas expuestas por Cristo no pretenden suplantar lo dicho por Moisés sino darle el significado pretendido por Dios.

Los teólogos modernos junto con gran parte del estamento evangélico se han dejado arrastrar por el pragmatismo, el positivismo y el relativismo de la sociedad contemporánea y han adoptado la llamada "nueva moralidad" que predica que nada es bueno ni malo en sí. Dice que todo "depende de las circunstancias". Afirma además, que no hay absolutos. Ese molde de la ética tanto religiosa como secular choca frontalmente con las enseñanzas de Cristo respecto de la ética que deben practicar quienes anticipan entrar en su Reino.

RESPECTO DEL HOMICIDIO (5:21-26)

"Oísteis que fue dicho a los antiguos: No matarás,
y cualquiera que matare será culpable de juicio" (5:21).

El verbo "oísteis" (*eikoúsate*) es el aoristo indicativo de *akoúo* que significa "oír". El mismo verbo se repite en los versículos 27, 33, 38 y 43. Robert L. Thomas, profesor de The Master Theological Seminary, hace la siguiente observación:

[*eikoúsate*] expresa algo así como un uso axiomático del tiempo aoristo por el hecho de que expresa una acción frecuente. Casi podría traducirse como un tiempo presente con el sentido de: "vosotros oís diariamente en la sinagoga".[1]

En el pasaje que abarca Mateo 5:21-48, el Señor confronta la tradición de los fariseos y los escribas. Cristo no duda en expresar su crítica de la tradición, el Señor presenta seis antítesis entre la tradición de los fariseos y la postura genuina de la ley. Las antítesis no solo corrigen las malas interpretaciones sino que también profundizan y refinan la postura genuina. Las seis antítesis están en dos grupos de tres cada uno, separados por el adverbio "además" (*pálin*) del versículo 33. La expresión característica que aparece seis veces aquí es: "Pero yo os digo" (vea versículos 22, 28, 32, 34, 39, 44). Las tres primeras tienen que ver con el Decálogo o los diez mandamientos, mientras que las tres últimas se relacionan con el Pentateuco. Los escribas y fariseos pensaban que Cristo era un "transgresor de la ley". Aquí demuestra tajantemente que es un "cumplidor de la ley".

"A los antiguos" (*toîs archaíois*). Algunos prefieren usar el caso instrumental y traducir la expresión "por los antiguos". El contexto sin embargo, parece apoyar el caso dativo (tal como aparece en la Reina—Valera 1960) y traducir la expresión "a los antiguos".[2] La expresión podría referirse "a los israelitas que oyeron la promulgación de la ley en el Sinaí".[3]

"No matarás" (*ou phoneúseis*) es el futuro indicativo de *phoneúo* que significa "asesinar" o "cometer homicidio". Se refiere al sexto mandamiento de la ley (Éx. 20:13; Dt. 5:17; Lv. 24:17; Éx. 21:12). El resto del versículo 21 no es cita directa sino más bien, un resumen de las enseñanzas de la ley respecto de esta cuestión. Los maestros de Israel aplicaban el mandamiento de manera fría y pragmática: "No asesinarás y cualquiera que asesine será legalmente responsable y condenado por las autoridades constituidas". Richard Lenski comenta lo siguiente:

> Pero eso era todo lo que se oía: Nada más que una ley civil que era aplicada a un verdadero homicida por un juzgado civil. ¡Lo mismo que si no hubiese matado y hubiese evadido el juzgado! ¡Ni una palabra acerca de Dios ni de lo que Él requiere del corazón mediante ese mandamiento! ¡Ni una palabra tocante de la concupiscencia y a las pasiones que llevaron al mismo asesinato y aunque estas no hubiesen producido ningún crimen, son tan, tan malignas como el mismo homicidio![4]

La primera antítesis se encuentra en Mateo 5:21-26 y como ya se ha señalado, trata el tema del "homicidio" o "asesinato". La tradición dice: "No asesinar", pero Jesús dice: "No enojarse". La base de la tradición a la que el Señor se refiere es el sexto

---

1. Robert L. Thomas, "Notas inéditas sobre Mateo 5" (2000).
2. Así se traduce también en la *Biblia del Peregrino, op.cit.*, y en la *Sagrada Biblia* por Francisco Cantera Burgos y Manuel Iglesias González, p. 1082.
3. José M. Bover, *El Evangelio de San Mateo*, p. 128.
4. Richard C. H. Lenski, *The Interpretation of St. Mathew's Gospel*, p. 217.

mandamiento (vea Éx. 20:13; Lv. 24:17). Puesto que el Señor usa la expresión "oísteis", parece obvio que se refiere a la enseñanza oral de los rabinos. La clase educada poseía manuscritos de las Escrituras y podía leerlos. Los más pobres no tenían acceso al Antiguo Testamento y tenían que depender de las lecturas que oían en las sinagogas.

La frase "será culpable de juicio" (*énochos éstai teî krísei*) quiere decir "expuesto a una situación de condena". "De juicio" es, más bien, "del juicio", es decir, del veredicto emitido por un tribunal legal judío. "Los juzgados locales comunes, establecidos según Deuteronomio 16:18, consistían de siete jueces y dos *Shoterim* o de 23 jueces en los pueblos grandes y de solo tres en los pequeños".[5] Está claro que esos tribunales tenían la autoridad para infligir castigo para los casos capitales.

En los versículos 22 al 26, el Señor quien es el dador de la ley, da su interpretación de lo que significa "no matarás". La esencia de su interpretación yace en el hecho de que los mandamientos trascienden al acto visible y afectan al hombre interior. Durante muchos años los rabinos habían enseñando que quien evitaba asesinar guardaba el sexto mandamiento, pero el Señor profundiza la cuestión y dice que uno solo guarda este mandamiento si evita tanto el homicidio como la ira. El "enojo" (*orgéi*), igual que homicidio, es visto por el Señor como un crimen. Las palabras del apóstol Juan guardan gran afinidad con lo dicho por el Señor:

"Todo aquel que aborrece a su hermano es homicida; y sabéis que ningún homicida tiene vida eterna permanente en él" (1 Jn. 3:15).

Las palabras del Señor deben interpretarse dentro del ambiente del pueblo judío y de las enseñanzas que los maestros de la nación presentaban sobre la base de sus tradiciones. Dios exige tanto conformidad interior a la ley como obediencia externa a los mandamientos. Los fariseos se conformaban solo con el aspecto externo.

> *"Pero yo os digo que cualquiera que se enoje contra su hermano, será culpable de juicio; y cualquiera que diga: Necio, a su hermano, será culpable ante el concilio; y cualquiera que le diga: Fatuo, quedará expuesto al infierno de fuego" (5:22).*

En la cultura judía un "hermano" (*adelphós*) era un israelita por nacionalidad y por siempre y un "prójimo" era un israelita por religión y adoración, es decir, un prosélito. Respecto del prosélito, Joachim Jeremías, quien fuera profesor de Teología en las Universidades de Leipzig, Berlín y Gotinga, dice lo siguiente:

> ¿Cuál era la **situación jurídica** de los prosélitos? La norma según la cual hay que considerar al pagano convertido "como un israelita desde todos los puntos de vista" no significa que el prosélito gozase de los mismos derechos que el israelita de pleno derecho, sino solamente el prosélito, como todo judío, estaba obligado a observar el conjunto de la ley (Gá. 5).[6]

---

5. *Ibíd.*
6. Joachim Jeremías, *Jerusalén en tiempos de Jesús: Un estudio económico y social del mundo del Nuevo Testamento* (Madrid: Ediciones Cristiandad, 1985), p. 335.

Ya sea que el vocablo "hermano" se refiera a otro discípulo, a un miembro de la comunidad judía o a un prójimo en general, lo más significativo es el hecho que el Señor condena el enojo. Como observa Craig L. Blomberg, profesor de Nuevo Testamento en el Seminario Teológico de Denver:

> Jesús no sugiere mediante sus palabras que es correcto enojarse contra los no creyentes; más bien, aplica su requerimiento en primer lugar contra quienes la ira es más inadecuada. Es decir, es particularmente malo que cristianos se enojen contra otros cristianos quienes a su vez han sido librados de la ira de Dios. Controlar la ira personal contra un hermano en la fe es una virtud que se necesita desesperadamente hoy día.[7]

El versículo 22 establece claramente la diferencia entre la interpretación que los religiosos judíos daban al sexto mandamiento de la ley y la interpretación de Jesús. Obsérvese el carácter adversativo de la conjunción "pero" (*dè*). Dicha adversativa pone de manifiesto la autoridad de Jesús: "Yo os digo" (*ego légo humîn*). El pronombre "yo" está en una posición enfática. El Señor valientemente contrasta sus propias enseñanzas en la interpretación de la ley con la de los fariseos y escribas. Esa autoridad de Jesús, sin duda, produjo la reacción expresada por los oyentes en Mateo 7:29.

Jesús va más allá de la simple condenación del homicidio y añade la actitud de enojarse o "encolerizarse" (*ho orgidsómenos*) contra su hermano. Ahí el Señor muestra lo que quiso decir con "cumplir" o "llenar" el significado de la ley. Jesús llena hasta el borde el significado de los mandamientos dados por Dios a través de Moisés. Los fariseos se ocupaban del aspecto legal solamente. Cristo va más lejos y más profundamente hasta llegar al significado espiritual del mandamiento.

La expresión "cualquiera" (*pás*) seguida del artículo determinado "el" (*ho* en el texto griego) con el participio presente (*orgidsómenos*) sugiere un estado o condición: "Cualquiera que, en un estado de enfado o en una condición de ira, llama necio a su hermano, será culpable ante el concilio".

El vocablo "necio" (*Raká*) significa "frívolo", "cabeza de chorlito", "loco", "vacío".[8] Se usaba como un término de insulto y equivalía a llamar a alguien "cabeza dura" o "cabeza hueca". En tiempos de Jesús llamar *Raká* a una persona era algo tan ofensivo que el Señor dice que quien lo haga: "Será culpable ante el concilio", es decir, el sanedrín. Broadus dice que se refiere "al gran senado y al tribunal de la nación al cual los judíos llamaban, valiéndose de una palabra griega, el sanedrín (vea 26:59); ante este tribunal más alto Jesús fue juzgado".[9]

"Y cualquiera que le diga: Fatuo, quedará expuesto al infierno de fuego". El calificativo "fatuo" (*môrè*) es casi sinónimo de *Raká* pero tal vez, haya que añadirle la idea de "tonto", "torpe" o "estúpido".[10]

7. Craig L. Blomberg, "Mateo", *The New American Comentary*, vol. 22 (Nashville: Broadman Press, 192), p. 107.
8. Vea Horst Baltz y Gerhard Schneider, *Diccionario exegético del Nuevo Testamento*, vol. 2, pp. 1297-1298.
9. John Broadus, *Comentario sobre el Evangelio según Mateo*, p. 136.
10. Baltz y Schneider, *Diccionario exegético*, vol. 2, pp. 352-354.

Hay alguna diferencia de interpretación entre las declaraciones de los versículos 22 y 23. Quizá el sentido podría expresarse así: "Los rabinos dicen que el homicidio está sujeto al juicio, pero yo os digo que la ira está sujeta al juicio divino. Y los rabinos dicen que el lenguaje abusivo, tal como "necio" y "fatuo", es castigado por un tribunal terrenal, pero yo os digo que el uso de lenguaje abusivo está expuesto al fuego del gehena". Dos cosas afloran de la enseñanza de los versículos 21 y 22: (1) Toda falta de amor y compasión queda sujeta a condenación tanto por la ley de Moisés como por el Señor Jesucristo. (2) El Señor creía y enseñaba la verdad tocante al infierno. Es sorprendente que Aquel que enseñó la doctrina del amor también enseñó la doctrina de la condenación eterna. Ningún otro personaje del Nuevo Testamento habló más sobre el infierno que el Señor Jesucristo. Comentando sobre la Gehena, José M. Bover dice:

> Así se llamaba el valle que corre al sur de Jerusalén, que, por el recuerdo de los sacrificios humanos ofrecidos allí al ídolo de Moloc, se convirtió para los judíos en un lugar horrible y execrable, al cual iban a parar todas las inmundicias de la ciudad. Las grandes hogueras, que para eliminar esas inmundicias ardían allí continuamente, herían la imaginación como símbolo de los fuegos infernales, que por esto se designaron con el nombre de Gehena. Al triple pecado de la cólera, del ultraje "rakà" y del insulto "insensato" corresponden proporcionalmente la triple sanción del tribunal común, del sanedrín y de la Gehena.[11]

Resumiendo: Los maestros de Israel contemplaban la letra de la ley que dice que quien asesina a un semejante debe sufrir un castigo. Jesús trata no solo con el acto del homicidio sino que va a la raíz, es decir, al problema del corazón que es el centro mismo de las emociones humanas. El Señor trata el tema de la ira y de los sentimientos. Enseña, además, que el asunto trasciende a los tribunales humanos y llega hasta el mismo infierno de fuego. Seguidamente, en Mateo 5:23-26, el Señor presenta dos ilustraciones:

"Por tanto, si traes tu ofrenda al altar,
  y allí te acuerdas de que tu hermano tiene algo contra ti,
  deja allí tu ofrenda delante del altar, y anda, reconcíliate primero con tu
      hermano,
  y entonces ven y presenta tu ofrenda" (5:23-24).

Obsérvese la expresión "por tanto" (*oún*) que introduce una conclusión lógica de lo dicho en el versículo 22. Sobre la base de lo dicho antes, el Señor enseña que obedecer la ley del amor es mejor que el sacrificio. "Por tanto" es preferible posponer el sacrificio y no la reconciliación. Las palabras del Señor apoyan el hecho de que sus enseñanzas fueron dadas cuando aún la ley estaba en vigor y los sacrificios se llevaban al templo. Las enseñanzas del Sermón eran para quienes anticipaban entrar en el Reino que Jesús proclamaba. En ese Reino no se entra mediante méritos personales sino por el nuevo

---

11.   José M. Bover, *El Evangelio de San Mateo*, p. 129.

nacimiento. "Oh hombre, él te ha declarado lo que es bueno, y qué pide Jehová de ti, solamente hacer justicia, y amar misericordia, y humillarte ante tu Dios" (Mi. 6:8).

La segunda ilustración dada por el Señor, al parecer, tenía que ver con algún desacuerdo de una deuda de dinero como lo demuestra la última cláusula del versículo 26: "Hasta que hayas pagado el último cuadrante". Debe decirse de forma terminante que esos versículos no tienen nada que ver con el concepto católico-romano de un supuesto purgatorio. Tal idea es completamente ajena a las enseñanzas de la Biblia.

En los versículos 25-26, el Señor usa un lenguaje metafórico tomado de la manera antigua de resolver un caso en el que un deudor era incapaz de pagar su deuda. El Señor ha hablado de la necesidad de la "reconciliación" (*diallágeithei*) en el versículo 24. La parábola del deudor lleva la ilustración a su conclusión. En la antigüedad no se usaba poner el caso en manos de un abogado sino que las personas afectadas caminaban juntos hasta la presencia del juez. La exhortación del Señor es que quien tenía la deuda se reconciliase con el adeudado antes de ventilar el caso en presencia del juez. Es decir, lo sensato era hacer el arreglo directamente con el acreedor. Pero el Señor, al mismo tiempo, sugiere que aquel que ha recibido el daño tiene la obligación de perdonar a quien le ha hecho daño. Como señala Broadus:

> Conforme a la ley romana, el acreedor llevaba al acusado consigo delante del juez; el procesado podría arreglar el asunto bajo cualquier término mientras estaban en el camino, pero después de llegar al tribunal tendría que arreglarse conforme a la ley.[12]

Resumiendo: En el versículo. 24, el Señor aborda el tema de la reconciliación. La reconciliación con el prójimo es el resultado de la **reconciliación con Dios** (Col. 1:20-22). En los versículos 25-26, el asunto es la **conciliación** a nivel humano. Es importante recordar que el hijo del Reino es sal de la tierra y luz del mundo (Mt. 5:13-14). Su testimonio delante de los hombres es vital para la causa del Reino. ¿Cuál es la cura para la ira o el enojo del cual Jesús habla? O, como dice el apóstol Santiago: ¿De dónde vienen las guerras y los pleitos entre vosotros? ¿No es de vuestras pasiones, las cuales combaten en vuestros miembros? (Stg. 4:1). Podría concluirse que el camino de la cura de la ira pasa por las siguientes decisiones: (1) Admitir que nos enojamos; (2) corregir las injusticias (vv. 23-24); (3) actuar con prontitud (v. 25); (4) descansar sobre la gracia de Dios, porque solo Él puede capacitarnos para efectuar una reconciliación plena y una conciliación que honre su nombre (Mt. 5:25-26).

RESPECTO DEL ADULTERIO (5:27-30)

"Oísteis que fue dicho: No cometerás adulterio.
Pero yo os digo que cualquiera que mira a una mujer para codiciarla
ya adulteró con ella en su corazón" (5:27-28).

La segunda antítesis concierne al adulterio. El séptimo mandamiento de la ley dice: "No cometerás adulterio" (Éx. 20:14; Lv. 20:10; Dt. 5:18). La tradición dice:

---

12. John Broadus, *Comentario sobre el Evangelio según Mateo*, p. 139.

"no adulterarás", mas yo os digo: "no albergues pensamientos lascivos". Los rabinos legislaban solo lo concerniente a las acciones. No se preocupaban de los pensamientos, pero la interpretación correcta de la ley de Moisés abarcaba tanto el acto externo como los pensamientos que precedían el acto. Las palabras del Señor a Samuel fueron: "pues el hombre mira lo que está delante de sus ojos, pero Jehová mira el corazón" (1 S. 16:7b).

El Señor Jesucristo sostiene la autoridad de la ley pero profundiza su interpretación. Si un hombre no alberga pensamientos lascivos en su mente y su corazón, seguramente no va a "cometer adulterio" con ella. La autoridad del Señor se expresa mediante las palabras "mas yo os digo" (*ego dè légo humîn*). Jesús no contradice la ley. Recuérdese que el vino a "llenar", es decir, a darle su pleno significado. "Cualquiera que mira" (*pâs ho blépôn*). Nótese que *pás ho* ("cualquiera") está en el género masculino. De modo que literalmente significa "todo hombre" o "cualquier hombre". La expresión "mira" es el participio presente de *blepo* "mirar", "contemplar". Dicho participio caracteriza al hombre mediante el acto de "mirar" o contemplar continuadamente a una mujer.

"Para codiciarla" (*pròs tò epithymeîsai*). La construcción gramática *pròs to* + el infinitivo sugiere propósito. O sea que la expresión "para codiciarla" señala al propósito de mirarla. No se podría considerar pecado una mirada involuntaria. Pero sí es pecado "mirar" con el fin de "codiciar". Martín Lutero, el gran reformador, dijo: "no podemos evitar que las aves vuelen sobre nuestras cabezas, pero si podemos impedir que hagan sus nidos en nuestro cabello".

Las palabras del Señor tienen un significado sumamente importante en nuestros días. Es probable que nunca antes en la historia del mundo occidental haya existido un reto mayor al concepto cristiano de la castidad antes del matrimonio y la fidelidad después de éste. Las pasiones desenfrenadas dominan nuestra sociedad, estimuladas por los medios de comunicación y los profesionales del negocio del sexo. No es difícil observar que la ética cristiana y el matrimonio monógamo son amenazados no solo por los medios de comunicación sino por el nuevo hedonismo simbolizado por la filosofía del "playboy". La venta de revistas y películas pornográficas ha experimentado un incremento asombroso en las últimas décadas. Los productos que más se venden en las tiendas son los que tienen "apelación sexual". El mandamiento de la ley dice: "no adulterarás" (*ou moichúseis*). Esta prohibición está expresada con un futuro indicativo. Jesús usa un aoristo indicativo con el adverbio "ya" (*éidei*). El que mira a una mujer con el propósito deliberado de codiciarla "ya adulteró con ella en su corazón". El séptimo mandamiento exige una pureza de corazón tal que mantiene la pureza visual. Para tal cosa los fariseos y los escribas no tenían ninguna enseñanza que ofrecer. Esa pureza de corazón es el resultado exclusivo de la gracia regeneradora y santificadora de Dios.[13]

> *"Por tanto, si tu ojo derecho te es ocasión de caer, sácalo, y échalo de ti;*
> *pues mejor te es que se pierda uno de tus miembros,*
> *y no que todo tu cuerpo sea echado al infierno.*
> *Y si tu mano derecha te es ocasión de caer, córtala, y échala de ti;*
> *pues mejor te es que se pierda uno de tus miembros,*
> *y no que todo tu cuerpo sea echado al infierno" (5:29-30).*

---

13.   Richard C. H. Lenski, *The Interpretation of St. Matthew's Gospel*, pp. 226-227.

Los versículos finales de la segunda antítesis simplemente señalan que si uno usa la excusa de que un miembro es la causa del pecado, entonces ese miembro debe ser "echado fuera". Eso es precisamente lo que uno hace con una enfermedad física como, por ejemplo el cáncer. El propósito del Señor es conducir a la persona a ver que el problema no radica en el miembro sino en el corazón. El punto central de la lección es que la santidad de vida es de suma importancia para quien anticipa entrar en el Reino del Mesías. Plummer lo explica así:

> La segunda ilustración del contraste entre la vida cristiana y el ideal judío es tomado del séptimo mandamiento (27-30). Este mandamiento, especialmente cuando es complementado por el décimo, protegía la santidad del matrimonio y la paz de la vida matrimonial. Pero el Mesías, mientras confirmaba eso, una vez más establecería su propio criterio de pureza además del antiguo, y sugiere que su criterio es el verdadero espíritu del mandamiento antiguo. Abstenerse incluso de desear poseer la mujer del prójimo está lejos de ser suficiente. Codiciarla, como a cualquier otra mujer, es una transgresión del mandamiento. No solo la pureza social es una obligación tanto para el casado como para el soltero, ya sea hombre o mujer, sino también la pureza del corazón (Mt. 5:8) es absolutamente indispensable para ser admitido en el Reino. Es tan indispensable que ningún sacrificio debe considerarse demasiado grande si es el único medio de conseguir la limpieza de pensamiento y de voluntad necesaria.[14]

Es evidente a estas alturas que el Señor Jesucristo interpreta el Antiguo Testamento en profundidad, en contraste con las superficialidades de la tradición rabínica. El Señor profundiza y refina los aspectos obvios y externos del significado de la ley. Él vino para llenar hasta el borde y si se quiere, desbordar la plenitud del significado de los mandamientos.

Además, está claro que Jesús estaba en desacuerdo con la incorrección de la tradición como criterio de la verdad, aun cuando ésta podría contener alguna verdad. Cristo pudo profundizarla, como en este caso, o cancelarla, como en el caso de Mateo 15:4-6. Para el Señor la sola y única base de autoridad inviolable es la Palabra de Dios.

Obsérvese, además, que, en su ilustración, el Señor habla del "ojo derecho" y "la mano derecha". Ambos órganos eran considerados de suprema importancia para la vida normal de una persona. El Señor Jesús compara la pérdida de esos dos miembros y la considera inconmensurablemente mejor que el eterno sufrimiento en la Gehena.

Debe notarse que la expresión "ocasión de caer" (*skándalon*) del que procede el verbo (*skandalidso*) "hacer tropezar", "hacer caer" se refería a una madera de forma curva que formaba parte de la red donde era colocada la carnada para atraer la presa. Es decir, era lo que activaba la trampa para capturar al animal. En los usos bíblicos, los vocablos afines de ese término siempre se usan con un sentido ético. Esos usos pueden clasificarse de la siguiente manera: (1) Una piedra de tropiezo como algo que hace caer en pecado (Mt. 13:41; 18:7); (2) Un obstáculo que el hombre golpea y detiene el

---

14. Alfred Plummer, "An Exegetical Commentary on the Gospel According to St. Matthew", pp. 80-81.

progreso, es decir, una ocasión de incredulidad (Ro. 9:32; 16:17; 1 Co. 1:23); o (3) un objeto contra el cual uno se estrella, lastimándose o disgustándose. En este sentido la referencia regresa al primer significado, es decir, aquello que hace que alguien tropiece y caiga en pecado.

En resumen: El Señor hace frente a uno de los problemas más serios que la sociedad humana ha confrontado, es decir, la violación del séptimo mandamiento de la ley de Moisés. Ese mandamiento tiene que ver con la pureza y la fidelidad en el matrimonio. La interpretación de Jesús es superior a la de los escribas y fariseos. El criterio del Señor no es la tradición sino la autoridad de las Escrituras. El tema tiene una aplicación importante a la situación actual. Hoy en día el sexo se ha convertido en una religión. El ser humano está, por lo general, equivocado respecto de la legítima función del sexo. Las enseñanzas de Jesús deben servir de advertencia a quienes esperan entrar en su Reino: Hay un uso legítimo y otro ilegítimo del sexo. La Palabra de Dios no deja opción cuando dice: "huid de la fornicación" (1 Co. 6:18). Como observa Stanley Toussaint:

> La advertencia es no hacer provisión alguna para la tentación; cualquier ocasión que conduzca al pecado debe ser cortada.[15]

Debe observarse que el Señor usa varios aoristos imperativos: "sácalo" (*éxele*), "échalo" (*bále*), "córtala" (*ékkopson*). El aoristo imperativo sugiere urgencia, o sea, algo que debe hacerse de inmediato. Además, Jesucristo considera que es "mejor" (*symplérei*), es decir, una pérdida menos significativa la del "ojo derecho" o la de la "mano derecha" que la del ser total en el infierno de fuego. Puede decirse, sin dudar, que el Señor Jesucristo creía en la realidad del infierno. También puede decirse que para que haya victoria total en el matrimonio es necesario que este sea considerado como una institución ordenada por Dios en la cual el Señor requiere pureza y fidelidad. En el Antiguo Testamento se narra el caso de José quien prefirió huir de los brazos de la esposa de Potifar e ir a la cárcel que desagradar a Dios. José pagó el precio de la pureza y la fidelidad. Dios, por su parte, premió la decisión de su siervo (Gn. 39—41).

RESPECTO DEL DIVORCIO (5:31-32)

"También fue dicho: cualquiera que repudie a su mujer, dele carta de divorcio. Pero yo os digo que el que repudia a su mujer, a no ser por causa de fornicación, hace que ella adultere; y el que se casa con la repudiada, comete adulterio" (5:31-32).

La tercera antítesis en esta sección tiene que ver con la cuestión del divorcio. Al parecer ese era un tema de palpitante actualidad en aquellos tiempos, tal como lo es hoy. Había dos escuelas rabínicas que ocupaban polos opuestos sobre dicho tema: (1) El rabino Shammai y sus discípulos entendían que el adulterio era la única causa por la que un hombre podía divorciarse de su mujer. La escuela de Shammai enseñaba que la expresión "alguna cosa indecente" en Deuteronomio 24:1 era equivalente al adulterio. (2) El rabino Hillel, por su parte, enseñaba un concepto mucho más abierto

---

15. Stanley Toussaint, *Behold the King*, p. 102.

y si se quiere, liberal del divorcio. Decía que un hombre podía divorciarse de su mujer por cualquier falta que considerase ofensiva. Por ejemplo, si al llegar a casa encontraba que su esposa había quemado la comida, eso era causa suficiente para el divorcio. De manera que la tradición permitía el divorcio bajo cierta condición. El Señor Jesucristo enseñó que el divorcio no debía existir. La única excepción parece ser la del adulterio, que es la ruptura del pacto matrimonial. Hay quienes creen que la expresión "alguna cosa indecente" (Dt. 24:1) no puede significar "adulterio" puesto que el adulterio era castigado con la muerte física, no con una carta de divorcio. Richard C. H. Lenski explica lo siguiente:

> Jesús no está exponiendo Deuteronomio 24:1 sino Éxodo 20:14 tal como lo cita en el versículo 27. No está poniendo una causa para el divorcio en frente de la idea de muchas causas, sino que está prohibiendo todo divorcio y todas las causas para el divorcio al estar en contra de la intención de Dios tal como se expresa en Éxodo 28:14.[16]

Más adelante (Mt. 19:6), Jesús enseña el carácter permanente del matrimonio cuando dice: "Por tanto, lo que Dios juntó, no lo separe el hombre". También el apóstol Pablo enseñó que el matrimonio solo debe terminar cuando ocurre la muerte de uno de los cónyuges (Ro. 7:2-3).

En la cultura hebrea, los matrimonios comenzaban con la elaboración de un contrato de desposamiento. Ese contrato era elaborado por los padres de los contrayentes. La ruptura del contrato era un acto tan serio que, de hacerlo, equivalía a un divorcio. Eso estuvo a punto de ocurrir entre José y María cuando se descubrió el embarazo de María. Aunque José y María aún no se habían casado, el contrato de desposamiento los unía como si lo estuviesen (Mt. 1:18-25).

También había uniones consideradas ilícitas según la ley de Moisés. Un israelita no debía casarse con una mujer pagana, ni una doncella israelita debía ser dada en matrimonio a un hombre pagano (Éx. 34:11-17; Dt. 7:1-5). Los matrimonios con paganos eran ilícitos y debían ser anulados. Eso se hizo en tiempos de Esdras y Nehemías (vea Esd. 10:1-44; Neh. 13:23-27). Otra forma de relación matrimonial ilícita era la de familiares cercanos (Lv. 18:1-18). A través de la ley Dios estableció normas estrictas para las relaciones matrimoniales. Una mujer dada en matrimonio debía ser virgen. Si su marido la acusaba falsamente de no ser virgen, él era castigado severamente (Dt. 22:13-19). Si la acusación era legítima, es decir, si se demostraba que no era virgen la mujer era apedreada (Dt. 22:20-21). El adulterio era castigado con la pena capital mediante el apedreamiento (Dt. 22:22-24). La violación sexual de una mujer desposada también era castigada con la pena máxima (Dt. 22:25). Si la mujer no estuviese desposada, el hombre tenía que hacer restitución a los padres de ella y tenía que tomarla por mujer (Dt. 22:26-29).

Es evidente, por lo tanto, que las leyes de las relaciones matrimoniales dadas por Dios a través de Moisés eran muy estrictas. En los tiempos de Jesús, los israelitas seguían la tradición y se habían apartado de los principios establecidos en la Palabra de Dios. El versículo 32 claramente enseña que el Señor sostenía principios muy estrictos

---

16. Richard C. H. Lenski, *The Interpretation of St. Matthew's Gospel*, p. 230.

respecto del divorcio. Sus palabras son, sin duda, sumamente importantes para la sociedad adúltera de nuestros días. Es triste ver que la epidemia del divorcio afecta a la iglesia cristiana en la medida en que el estilo de vida del mundo es adoptado por muchos que profesan ser cristianos.

El Señor habla con autoridad cuando dice: "Pero yo os digo" (*egô dè légo hymîn*). Jesús no niega la realidad del mandamiento sino que le da su sentido correcto: "Mas yo os digo". Nuestro Señor "llena" plenamente el significado de lo que la tradición enseñaba.

"El que repudia a su mujer" (*pâs ho apolýon teîn gynnoîka autoû*). Los pasajes paralelos en Lucas 16:18, Marcos 10:11-12 y Mateo 19:9 abarcan la enseñanza del Señor sobre este asunto, además del texto de Mateo 5:32. Alan Hugh McNeile resume la enseñanza así:

> (a) El hombre que se divorcia de su mujer (excepto por causa de fornicación, Mt. 19) y se casa con otra, adultera (Mt. 19; Mr. y Lc.); (b) La mujer que se divorcia de su marido y se casa con otro adultera (Mr.); (c) El hombre que se casa con una mujer divorciada, adultera (Mt. 5:32; Lc.); (d) El hombre que se divorcia de su mujer (a no ser por fornicación) hace que ella adultere (Mt. 5:32). Mateo omite el punto (b) totalmente, probablemente porque en la cultura judía era inaudito que una mujer se divorciara de su marido. Lo más probable es que el Señor trató el tema del divorcio en más de una ocasión.[17]

"A no ser por causa de fornicación" (*parektós lógou porneías*). Algunos ponen en duda la legitimidad de esa declaración, diciendo que fue añadida por un redactor posterior bajo la influencia de las costumbres y tradiciones judías y debido a las exigencias en la iglesia primitiva. El texto, tal como aparece, tiene el apoyo de los mejores manuscritos y por lo tanto, debe aceptarse sin reserva.

La expresión "por causa de fornicación" (*lógou porneías*) es un hebraísmo lo cual indica que Mateo conocía el idioma hebreo. El vocablo *porneía*, traducido en Reina— Valera 1960 como "fornicación" significa "sin castidad, fornicación o práctica de cualquier clase de relación sexual ilegal".[18] Hay quienes entienden que la frase "excepto por causa de fornicación" no solo es legítima sino que, además, es la única base sobre la cual el Señor permitió el divorcio.[19]

Los expositores de la escuela crítica, W. D. Davies y Dale C. Allison hijo, han escrito lo siguiente:

> *Porneía* generalmente ha recibido tres significados: "Fornicación", "incesto" y "adulterio". El primero de ellos, es el menos probable de los tres. Mateo 5:31-32 de manera natural presupone un ambiente matrimonial. La traducción "fornicación" también parecería hacer que el sexo antes del matrimonio fuese peor que el adulterio (porque solo lo primero sería base para el divorcio). Escoger entre las otras dos opciones: Incesto o adulterio, es casi imposible

17. Alan Hugh McNeile, "The Gospel According to St. Matthew", p. 65
18. Fritz Rienecker, *A Linguistic Key to the Greek New Testament*, vol. 1 (Grand Rapids: Zondervan, 1980), p. 15.
19. Vea John A. Broadus, *Comentario sobre el Evangelio según Mateo*, pp. 146-147.

y si nos inclinásemos a favor de la traducción "adulterio" es solo con mucha incertidumbre o indecisión.[20]

Aunque muchos escritores no lo mencionan, el vocablo *porneía* se usa respecto de una relación incestuosa (vea 1 Co. 5:1-2), algo que estaba totalmente prohibido por la ley de Moisés. Según la ley, un matrimonio producto de una relación incestuosa era ilícito y tenía que ser anulado de inmediato. De ser así, hay que concluir que la frase: "A no ser por causa de fornicación" significa que el Señor enseñó que el divorcio tal como es entendido no estaba permitido por ninguna causa.

"Hace que ella adultere" (*poieî autèin moichutheîmai*). Esta cláusula sugiere que con toda probabilidad la mujer se volverá a casar después del divorcio. Alan Hugh McNeile, quien enseñó teología en Australia, Inglaterra y en Irlanda, ha escrito lo siguiente tocante al segundo matrimonio de la mujer:

> Su segundo casamiento es asumido como seguro y su divorcio la ha llevado a ello, pero como el divorcio es pecaminoso, y el primer matrimonio todavía es válido, la segunda unión también es pecaminosa. En Mateo 19:4-8 y Marcos 10:5-9 la condenación del divorcio es expresada más plenamente mediante la referencia al acto divino de la creación.[21]

"Y el que se casa con la repudiada, comete adulterio" (*Kaì hós eàn apolelyménein gaméisei, moichâtai*). Los efectos de la ruptura de un matrimonio van más allá de lo que se puede contemplar a simple vista. Afecta no solo a la mujer que ha sido repudiada sino también a quien, a la postre, se case con ella. El hombre que se case con la mujer que "ha sido despedida" (*apolelyménein*) también adultera puesto que dicha mujer idealmente todavía es la esposa de su primer marido. La enseñanza del Señor respecto del matrimonio se ajusta estrictamente al principio de la santidad del pacto matrimonial establecido por Dios: "Y dijo: Por esto el hombre dejará padre y madre, y se unirá a su mujer, y los dos serán una sola carne. Así que no son ya más dos, sino una sola carne; por tanto, lo que Dios juntó, no lo separe el hombre" (Mt. 19:5-6).

El apóstol Pablo dice que: "por medio de la ley es el conocimiento del pecado" (Ro. 3:20). La ley de Moisés fue dada, entre otras cosas, para revelar la pecaminosidad del hombre. Del mismo modo, el Sermón del Monte, como las instrucciones del Rey para quienes anticipan entrar en su Reino, pone de manifiesto la condición del ser humano. En la primera antítesis el Señor enseña y profundiza respecto de la prohibición del homicidio. No es solo un acto sino una condición del corazón (Mt. 5:21-26). La segunda antítesis trata la cuestión del adulterio y del deseo maligno. La única solución para esta situación es una entrega total de la vida al Señor. "Y llevar cautivo todo pensamiento a la obediencia de Cristo" (2 Co. 10:5). La tercera antítesis tiene que ver con el tema del divorcio. La solución a esa terrible plaga es seguir la directriz de la Palabra de Dios. El matrimonio debe ser una unión permanente. Así lo establece Dios en su Palabra. Quien repudia a su mujer a no ser por las causas ilícitas establecidas en la Biblia (Dt.

20. W. D. Davies y D. C. Allison hijo, "Mateo", tomo 1, pp. 529-530.
21. McNeile, Alan Hugo, "The Gospel According to St. Matthew", *Thornapple Commentaries*, p. 67.

22:13-30; Dt. 24:1-2; Lv. 18:1-30) está actuando contrariamente a las Escrituras y por lo tanto, desagradando a Dios deliberadamente.

RESPECTO DEL JURAMENTO (5:33-37)

"Además habéis oído que fue dicho a los antiguos:
No perjurarás, sino cumplirás al Señor tus juramentos.
Pero yo os digo: No juréis en ninguna manera; ni por el cielo, porque es el trono
*   de Dios;*
ni por la tierra, porque es el estrado de sus pies;
ni por Jerusalén, porque es la ciudad del gran Rey.
Ni por tu cabeza jurarás, porque no puedes hacer blanco o negro un solo
*   cabello.*
Pero sea vuestro hablar: Sí, sí; no, no;
porque lo que es más de esto, de mal procede" (5:33-37).

El segundo grupo de antítesis comienza en Mateo 5:33 y se diferencia por el uso retórico del adverbio "además" (*pálin*) que divide las seis antítesis en dos grupos. En 5:33, comienza la cuenta que tiene que ver con hacer juramento. La tradición dice: "no juréis falsamente". Ese es un punto de vista muy correcto. Lo terrible de la cuestión es que, para los tiempos de Jesús, esa enseñanza había sido tremendamente abusada. Las palabras del Señor: "No perjurarás, sino cumplirás al Señor tus juramentos" no es una cita directa sino, más bien, un resumen de (Éx. 20:7; Lv. 19:12; Nm. 30:2 y Dt. 23:21-25), con el uso primario de Levítico 19:12, donde dice: "y no juraréis falsamente por mi nombre, profanando el nombre de tu Dios. Yo Jehová". "no perjurarás" (*ouk epiorkéiseis*) significa "no jurarás falsamente". El expositor John Broadus observa que:

> Los judíos eran notables por su uso frecuente de juramentos en la conversación común, jurando por el templo, por el altar, por el cordero, por las vasijas, por la ley, por Moisés, por los profetas, por la vida de los rabinos. Tan común era la práctica que aun entre los que se hicieron cristianos continuó como un gran mal y Santiago, escribiendo a los cristianos judíos, la condena con énfasis especial: "Más sobre todo, hermanos míos, no juréis, ni por el cielo, ni por la tierra, ni por otro cualquier juramento" (Stg. 5:12).[22]

El problema fundamental radicaba en una interpretación errónea de Levítico 19:12. Los judíos pensaban que cualquier juramento que no incluyese el nombre de Dios no era obligatorio. Esa mala interpretación de las Escrituras dio lugar a la práctica de la falsedad en el pueblo judío, algo muy común en el tiempo de Jesús.

"Sino cumplirás al Señor tus juramentos" (*apodôseis dè toî Kyríôi toùs hórkaus sou*). El verbo "cumplirás" (*apodôseis*) es el futuro indicativo de *apodídômi* que significa "devolver", "dar por completo" y por lo tanto, "pagar", "cumplir con una responsabilidad". Es un uso extraño del vocablo en conexión con el tema de los juramentos y podría referirse a Deuteronomio 23:21: "Cuando haces voto a Jehová tu

---

Dios, no tardes en pagarlo; porque ciertamente lo demandará Jehová tu Dios de ti, y sería pecado en ti". Como observa Broadus:

> La idea es que un juramento viene a ser como una deuda al Señor y debemos estar seguros de pagarlo. Este concepto es especialmente apropiado en un voto. Los maestros judíos interpretaron correctamente la ley como prohibiendo el jurar falsamente.[23]

"Pero yo os digo: No juréis en ninguna manera" (5:34). A primera vista, resulta difícil armonizar las palabras del Señor con la enseñanza del Antiguo Testamento. Además de los textos mencionados, hay otros como: "A Jehová tu Dios temerás, a él solo servirás, a él seguirás, y por su nombre jurarás" (Dt. 12:20). "y si cuidadosamente aprendiesen los caminos de mi pueblo, para jurar en mi nombre, diciendo: Vive Jehová, así como enseñaron a mi pueblo a jurar por Baal, ellos serán prosperados en medio de mi pueblo. Mas si no oyeren, arrancaré esa nación, sacándola de raíz y destruyéndola, dice Jehová" (Jer. 12:16-17). En el Nuevo Testamento, el apóstol Pablo invoca a Dios como testigo (Ro. 1:9; 2 Co. 1:23; Fil. 1:8; 1 Ts. 2:5, 10). Esa era una manera de expresar un juramento.

¿Qué, pues, podemos construir de las palabras del Señor: "No juréis en ninguna manera"? Para comprender lo que quiso decir, debe entenderse la teoría judía sobre los juramentos en aquellos tiempos. Según la enseñanza judía, algunos juramentos debían ser cumplidos fielmente, pero otros no. Por ejemplo, como se ha señalado antes, los juramentos que implicaban el nombre de Dios eran obligatorios para el judío, pero otros que implicaban el "cielo" o la "tierra" no eran obligatorios. Queda claro, pues, que cuando esos términos eran usados en un juramento había una flagrante evasión de la verdad y de la necesidad de cumplir un juramento. De modo que si un hombre juraba por el "cielo", la "tierra", "Jerusalén" o por "su cabeza", se sentía en libertad de quebrantar su juramento. De modo que la evasión se había convertido en un arte refinado.

Los juramentos surgen por el hecho de que los hombres son mentirosos. La enseñanza de Jesús tiene como objeto enfatizar el hecho de que Dios es omnipresente y que todo lo que decimos debe hacerse a la luz de esa realidad. Él está presente en todo nuestro ser y no puede impedirse que escuche todas nuestras palabras.

El hombre no tiene control sobre su propia vida. De modo que es insensato que alguien jure por su cabeza (v. 36). Griegos, romanos y judíos acostumbraban a jurar por su cabeza como una manera de decir que estaban dispuestos a perder la cabeza si no se cumplía lo que decían. El Señor sugiere que es algo ridículo que alguien jure por su cabeza si no tiene el más mínimo control sobre ella.

"Pero sea vuestro hablar: Sí, sí; no, no;
porque lo que es más de esto, de mal procede" (5:37).

El texto dice literalmente: "Más sea vuestra palabra sí, sí; no, no". En medio de la mentira y de la superficialidad existente tanto entonces como ahora, el hijo del Reino

---

23. *Ibíd.*

y seguidor del Mesías, como "sal de la tierra" y "luz del mundo" tiene la obligación de obrar diferente de cómo obra el mundo. La idea del texto es que el "sí" (*naí*) del seguidor de Cristo debe ser siempre "sí" y su "no" (*ou*) debe ser siempre "no". O sea que el verdadero discípulo de Cristo no mezcla el "sí" y el "no". El seguidor de Cristo no tiene necesidad de jurar puesto que debe caracterizarse por decir la verdad frente a cualquier circunstancia (vea 2 Co. 1:17-20; Stg. 5:12). El Señor Jesucristo no deja opción. Él manda a actuar como agrada a Dios. Obsérvese el verbo "sea" (*éstô*): Es el modo imperativo tiempo presente. O sea, es un mandato a realizar una acción de manera continua: "Mas sea (continuamente) vuestra palabra sí, sí, no, no".

"Porque lo que es más de esto, de mal procede". La expresión "de mal procede" (*ek toû poneiroû estín*) podría tomarse como un sustantivo masculino. De ser así la traducción sería: "procede del maligno" como una referencia a Satanás. Parece ser mejor tomar la frase como un sustantivo neutro. En tal caso, la idea sería: "porque lo que es más de esto, tiene un origen maligno". La tendencia humana es siempre culpar a otros de sus propios errores y malas acciones. Tal como ocurrió con el hombre en el Huerto del Edén (Gn. 3:11-13). Lo más sencillo sería culpar a Satanás cuando uno se ha equivocado. Lo correcto, sin embargo, es admitir que se ha actuado bajo la influencia de la naturaleza pecaminosa que hay en cada ser humano. El apóstol Juan escribió: "No tengo mayor gozo que este, el oír que mis hijos andan en la verdad" (3 Jn 4).

RESPECTO DE LA VENGANZA (5:38-42)

El Señor introduce la enseñanza de estos versículos con la frase: "Oísteis que fue dicho" (*eikoúsete hóti erréthei*). Es la misma frase que aparece en los versículos 21, 27 y 33. Algunas personas tenían copias de las Escrituras y podían leerlas. Otros, pobres en su mayoría, no poseían la Palabra escrita y tenían que depender de la lectura que escuchaban en las sinagogas.

"Ojo por ojo, y diente por diente" (5:38). Esa es la expresión bíblica de la llamada *lex talionis*. Esa era la ley de "medida por medida" sobre la que se basaba tanto la ley griega como la romana. La raíz de dicha ley podría encontrarse en el código de Hamurabi del año 2250 a.C. En el Antiguo Testamento se lee así:

> "Mas si hubiere muerte, entonces pagarás vida por vida, ojo por ojo, diente por diente, mano por mano, pie por pie, quemadura por quemadura, herida por herida, golpe por golpe" (Éx. 21:23-25).

La misma enseñanza se encuentra en Levítico 24:17-21 y en Deuteronomio 19:16-21. Al leer esos pasajes, uno podría preguntarse: ¿Cómo puede Jesús contraponer sus palabras a las palabras de las Escrituras, especialmente cuando ha dicho que Él no vino a "derribar" la ley o los profetas? La respuesta a esa pregunta es que Él no contrapone o contradice lo que está escrito en la ley. Lo que tiene en mente era, más bien, la interpretación farisaica y el mal uso que hacían de los escritos del Antiguo Testamento. "Los escribas extraían una falsa inferencia de la letra de la ley y como un remedio legal la *lex talionis* estaba diseñada, al menos en parte, para evitar que los hombres fuesen más allá al devolver el mal recibido o infligir un daño mucho mayor del que había sufrido. De modo que por naturaleza la ley era restrictiva en vez de ser permisiva en su intención original. Aún así, los judíos mantenían que esta ley justificaba la venganza en general.[24]

"Pero yo os digo: No resistáis al que es malo" (*egò dè légo hymîn mèi autisteînai tôi poneirôi*). Los fariseos habían apelado a la *lex talionis* para justificar la retribución personal. Los pasajes del Antiguo Testamento, sin embargo, se refieren a las leyes de los tribunales civiles, establecidos para prevenir la búsqueda de la venganza personal. O sea que las leyes del Antiguo Testamento tenían la finalidad de decir a los ciudadanos que no debían tomar la ley en sus manos para vengarse sino que debían apelar a la justicia pública para resolver cualquier reclamación. Lo dicho se evidencia en las palabras de Levítico 24:14: "Saca al blasfemo fuera del campamento, y todos los que le oyeron pongan sus manos sobre la cabeza de él, y apedréelo toda la congregación". "No resistáis" (*mèi antisteînai*). Con esa prohibición el Señor establece la ley contra la represalia en casos de ofensa personal. El verbo *antisteînai* es el aoristo infinitivo de *anthísteimi* que significa "poner en contra", "oponerse", "resistir", "hacer frente". La idea detrás de la prohibición parece ser la de permitir que el mal (o la persona mala) haga su deseo y dejar que sea Dios quien castigue y controle al inicuo.[25] El contexto sugiere que el objetivo de la prohibición es enseñar que no se debe resistir a la persona maligna que pretende hacer daño al seguidor de Cristo, sino dejar la causa en las manos de Dios el Juez Justo. El creyente debe entregar la causa en las manos del Dios soberano: "De modo que los que padecen según la voluntad de Dios, encomienden sus almas al fiel Creador, y hagan el bien" (1 P. 4:19).

Como una manera eficaz de enseñar el significado del espíritu de la ley, el Señor expone que los motivos de una persona no deben tomar represalia contra el mal. Un verdadero discípulo debe someterse pacíficamente ante quien procure hacerle daño. El texto enseña que el Señor condena el espíritu de venganza. Pero al mismo tiempo el texto enseña que el Señor no se opone a que los casos de personas culpables de robos, homicidios u otros actos de violencia sean ventilados en un tribunal civil. Lo que es condenado por el Señor Jesucristo es la venganza personal.

Un problema que conduce muchas veces a la violencia y a la represalia tiene que ver con la insistencia en reclamar los derechos personales. Esa tendencia yace en lo profundo del corazón humano. El hombre reclama el derecho a "su tiempo", "su dinero", "sus cosas" sin darse cuenta de que todo eso pertenece al Señor quien nos ha redimido con su sangre. El cristiano solo es mayordomo de las cosas que pertenecen al Señor Jesucristo. Él es dueño de todo y lo puede reclamar en cualquier momento.

"Antes, a cualquiera que te hiera en la mejilla derecha, vuélvele también la otra". El vocablo "hiera" (*hrapídsei*) está en el presente de indicativo. Dicho verbo significa "golpear o castigar con vara" y "golpear con la palma de la mano". El Señor Jesucristo sufrió "bofetadas" de parte de los judíos (Mr. 14:65; Jn. 19:3). En Juan 18:22-23 se registra las palabras de protesta de Cristo cuando fue abofeteado por un alguacil del sumo sacerdote. La actitud del Señor no debe entenderse como una auto-contradicción. Ciertamente su protesta fue suave ante una actitud hostil e injusta. Pero además, la situación era muy diferente. Su instrucción a los discípulos se encuentra en el ámbito de la motivación equivocada de los escribas y fariseos. La respuesta de Jesús tenía

24.   Robert L. Thomas, "Notas inéditas sobre Mateo 5" (2000).
25.   Vea W. D. Davies y Dale C. Allison hijo, "Matthew", p. 543.

que ver con el hecho de que el sumo sacerdote le preguntó "acerca de sus discípulos y de su doctrina" (Jn. 18:19). Jesús respondió que todo lo había hecho públicamente y por lo tanto, era del conocimiento de todos. Fue entonces que el alguacil, injusta e innecesariamente, golpeó al Señor. Jesús correctamente le dijo: "Si he hablado mal, testifica en qué está mal; y si bien, ¿por qué me golpeas?" Como puede verse, el Señor no usó ni violencia ni represalia. Sus suaves palabras pudieron servir para redargüir la conciencia de aquel alguacil.

"La mejilla derecha" (*teìn dexián siagóna sou*) no se menciona por la misma razón por la que se menciona "la mano derecha" y "el ojo derecho" en Mateo 5:29-30. En la cultura hebrea se acostumbraba a mencionar el lado derecho antes que el izquierdo. Pero además, como observa Broadus:

> El herir la mejilla diestra (literalmente en la mandíbula), es tanto una injuria como un insulto (2 Co. 11:20), y sin embargo el amante Redentor lo sufrió más de una vez (26:67; Jn. 19:3).[26]

"Vuélvele también la otra". Hay quienes han pretendido llevar esa enseñanza a un extremo y han adoptado un pacifismo total, rehusando entrar en el servicio militar y participar en cualquier guerra. Evidentemente el Señor está confrontando errores que persistían en aquellos tiempos y sus enseñanzas deben entenderse dentro del ámbito de esos errores. Muchas veces el Señor se apartó de lugares donde se sentía físicamente amenazado (Lc. 4:30; Mr. 9:30; Jn. 7:1, 10; 10:39). Recuérdese que los mismos discípulos que recibieron aquellas enseñanzas fueron violentados por los líderes judíos, sin embargo no reaccionaron violentamente ni tomaron represalias contra quienes les castigaban. Como también señala Broadus:

> En el caso presente, Jesús tiene por fin corregir el espíritu vengativo y la práctica a que los judíos se entregaban mucho y que justificaban por una aplicación liberal de la ley de Moisés. Nuestro Señor aquí, como hemos observado en otros ejemplos (vea v. 29, y compare las expresiones en 6:3, 9), escoge un caso extremo, a fin de exhibir más vivamente el principio por el cual debemos ser guiados.[27] La respuesta final a la cuestión que ha sido considerada la encontramos tanto en la Palabra profética (Is. 50:5-7) como en el ejemplo de Cristo (Jn. 18:23) y también en las palabras de Pablo (Ro. 12:19-21) y en las de Pedro (1 P. 2:22-24).

La segunda ilustración presentada por el Señor es la de un acto judicial: "Y al que quiera ponerte a pleito y quitarte la túnica, déjale también la capa" (Mt. 5:40). El sistema legal solo permitía que se tomase la prenda de vestir menos costosa como un primer paso para pagar una deuda. Esa prenda era la "túnica" o *chitóná* o vestido interior usado por los judíos en aquellos tiempos. Se parecía a una camisa larga que podía llegar mas debajo de las rodillas o quizá hasta cubrir los pies. También se usaba de manera suelta o también ceñida al cuerpo. La "capa" (*himátion*) era el vestido

26. John A. Broadus, *Comentario Sobre el Evangelio de Mateo*, p. 154.
27. *Ibíd.*, p. 155.

exterior. Una especie de capote que se usaba por encima de la túnica. A veces se usaba como una bata de manera suelta o como una manta alrededor del cuerpo. Era una pieza usada frecuentemente por los viajeros para cubrirse por la noche. La capa era tan valiosa e indispensable que cuando era tomada como garantía tenía que ser devuelta antes de la puesta de sol puesto que también servía para resguardarse del frío durante la noche: "Si tomares en prenda el vestido de tu prójimo, a la puesta del sol se lo devolverás. Porque solo eso es su cubierta, es su vestido para cubrir su cuerpo. ¿En qué dormirá? Y cuando él clamare a mí, yo le oiré, porque soy misericordioso" (Éx. 22:26-27). De modo que la ley prohibía que un hombre fuese desposeído de su vestido externo. Delante del tribunal un hombre podía perder su túnica o vestimenta interior. El verdadero discípulo, sin embargo, iba más allá al entregar también su capa o vestimenta exterior que era de mayor valor y más necesaria para su poseedor (Dt. 24:12-13). El verdadero discípulo de Cristo debe estar dispuesto a renunciar a todos sus derechos por la causa de Aquel que le dio todo por salvarle. Pablo escribió: "Pero cuantas cosas eran para mí ganancia, las he estimado como pérdida por amor de Cristo" (Fil. 3:7).

"Y a cualquiera que te obligue a llevar carga por una milla, ve con él dos.
Al que te pida, dale; y al que quiera tomar de ti prestado, no se lo rehúses"
   (5:41-42).

La tercera ilustración tiene que ver con una demanda oficial (v. 41). El verbo "obligue" (*aggareúsei*) es el futuro indicativo de *aggareúô,* un vocablo de origen persa que significa "exigir la realización de un servicio público", "emplear un correo", "compeler a hacer un trabajo".[28] Posteriormente, dicho vocablo adquirió el significado de "ser coaccionado a realizar un servicio público" tal como los soldados romanos obligaron a Simón de Cirene a llevar la cruz de Jesús (Mt. 27:32). Un soldado romano tenía el derecho de exigir a un civil que llevase su carga "una milla" (1,6 km). Esa obligación podía producir un espíritu de disgusto y venganza en el corazón del que tenía que llevar la carga. La enseñanza del Señor tiene la finalidad de combatir cualquier sentimiento vengativo y rencoroso. La primera "milla" era obligatoria. La segunda podía ser usada como testimonio para que el soldado romano escuchase de las maravillas del amor de Dios.

"Al que te pida, dale" (*toî aitôuntí se dós*). El participio presente ("al que te pide") sugiere una acción continua como el de alguien que solicita una limosna. El verbo "dale" es un aoristo imperativo que sugiere urgencia. La idea no es "da" indiscriminadamente. El énfasis está en el individuo: "A quien te pide". Mateo 5:42 contiene la cuarta ilustración presentada por el Señor respecto de cómo el verdadero discípulo debe tratar a otras personas. Esta ilustración tiene que ver con la petición de ayuda financiera. El Señor enseña que el creyente no es dueño del dinero que recibe (v. 42). El dinero pertenece a Dios. El discípulo de Cristo solo es un mayordomo de lo que posee. El verdadero seguidor de Cristo da generosamente como lo hizo Bernabé (Hch. 4:36-37). No debe hacerlo engañosamente como Ananías y Safira (Hch. 5:1-11).

"Al que quiera tomar de ti prestado, no se lo rehúses". El verbo "tomar prestado" (*danisasthai*) es el aoristo infinitivo, voz media de *danídso* que significa (en la voz

28.   Vea G. Abbot-Smith, *A Manual Greek Lexicon of the New Testament* (Edimburgo: T. & T. Clark, 1994), p. 4.

media) "pedir prestado". En la literatura clásica se usaba respecto de un préstamo con miras a pagarlo con sus intereses. En la ley de Moisés estaba prohibido prestarle dinero a otro judío con intereses: "Cuando prestares dinero a uno de mi pueblo, al pobre que está contigo, no te portarás con él como logrero, ni le impondrás usura" (Éx. 22:25; vea Lv. 25:37; y Dt. 23:19). La comunidad judía en el Antiguo Testamento tenía la responsabilidad de mostrar buena voluntad hacia el prójimo necesitado: "Abrirás tu mano a tu hermano, al pobre y al menesteroso en tu tierra" (Dt. 15:11b).[29] Los seguidores del Mesías deben mostrar su carácter de hijos del Reino mediante una actitud de desprendimiento de lo material.

RESPECTO DE LA PRÁCTICA DEL AMOR (5:43-48)

La sexta antítesis tiene que ver con el amor. La tradición dice: "Amarás a tu prójimo [judío] y aborrecerás a tu enemigo": (5:43). La referencia parece ser tomada de Levítico 19:18 "amarás a tu prójimo como a ti mismo". La tradición había alterado el texto: (1) Al definir "prójimo" solo como una referencia al israelita; (2) al omitir la frase "como a ti mismo"; y (3) al añadir la expresión: "Y aborrecerás a tu enemigo".[30]

Los maestros judíos enseñaban que un enemigo no estaba incluido en el grupo de los llamados "prójimos" y por lo tanto, el mandato de amar al prójimo permitía no amar al enemigo. A pesar de que la ley diferenciaba entre el israelita y el extranjero, también mandaba a tener compasión de ellos (Lv. 19:10; 23:22; Dt. 10:19). Los israelitas consideraban "prójimo" solo al extranjero que habitaba en la tierra de Israel. El Señor Jesucristo, sin embargo, amplía el alcance de dicho vocablo en la parábola del buen samaritano (Lc. 19:25-37). Posiblemente el "hombre que descendía de Jerusalén a Jericó" era un judío. Al verlo herido, un samaritano fue "movido a misericordia" y le salvó la vida. El samaritano se comportó como "prójimo" del judío que estaba en necesidad.

En los versículos 44-48, el Señor profundiza en el significado de la ley respecto del amor al prójimo. La ley diferenciaba entre el israelita y el extranjero pero eso no justificaba el mandato a aborrecer al enemigo. Tal vez esa idea había sido extraída de pasajes tales como Deuteronomio 23:3-6 y Salmo 139:21-24.

La interpretación del Señor Jesucristo se encuentra en Mateo 5:44: "Pero yo os digo: Amad a vuestros enemigos, bendecid a los que os maldicen, haced bien a los que os aborrecen, y orad por los que os ultrajan y os persiguen". El Señor corrige la interpretación de la tradición sobre la base de la ampliación del significado del sustantivo "prójimo" (*pleisíon*). Señala que el espíritu del mandamiento en Levítico 19:18 era lo suficientemente amplio para incluir a los enemigos. Nuestro Señor no contradice al mandamiento sino que amplía y aclara la interpretación dada por los escribas y fariseos.

Los verbos "amad" (*agapâte*) y "orad" (*proseúchesthe*) son presentes de imperativo. El presente sugiere una acción continua y el imperativo es un mandato o exhortación.

---

29. Esa ley fue violada en tiempos de Nehemías (vea Neh. 5:1-19). Nehemías obligó a los judíos a devolver tanto dinero como propiedades que habían sido tomadas como "usura" por judíos ambiciosos y egoístas. Nehemías reprendió a los nobles y a los oficiales que habían tolerado, diciéndoles: "¿Exigís interés cada uno a nuestros hermanos?" (5:7). El resultado fue que hubo una gran restitución y un período de avivamiento y alegría en medio del pueblo de Dios.

30. Samuel Lewis Johnson, "Notas inéditas sobre Mateo" (1975).

La idea es: "Estad siempre amando" y "continuamente orando". En los mejores manuscritos no aparece la frase: "Bendecid a los que os maldicen, y haced bien a los que os aborrecen". De ser correcta la lectura que aparece en la Reina—Valera 1960, la enseñanza del Señor abarca dos áreas importantes de la vida del discípulo: "Bendecid" y "haced bien" a quienes tienen una actitud hostil hacia su persona.[31]

Los "enemigos" (*echthroùs*) son los que persiguen a los cristianos. "Eso significa que uno debe amar no solo a los oponentes personales sino a los oponentes de Dios, los enemigos del pueblo de Dios".[32] El amor que el Señor manda a practicar implica también "orar", es decir, interceder delante de Dios por los perseguidores de los creyentes. El verbo "amar" que Mateo usa es *agapáo*. Ese verbo se usa con frecuencia del amor de Dios y el amor que es fruto del Espíritu en la vida del cristiano.[33] Llama la atención que la mayoría de los pasajes del Nuevo Testamento que hablan del amor de Dios también hablan de la cruz (vea Jn. 3:16; Gá. 2:20; 1 Jn. 4:10; Ro. 5:8). Es difícil orar por alguien a quien no se ama. "Amar" y "orar" van juntos. El Señor manda que ambas cosas se hagan por los que "ultrajan y persiguen" a quienes aman a Dios y al Mesías. Esa ampliación y profundización del mandamiento de la ley de manera maravillosa explica y pone de manifiesto la verdadera naturaleza del amor bíblico. Ese amor solo puede brotar del corazón que ha experimentado el perdón divino sobre la base de la redención obrada por Cristo.

"Para que seáis hijos de vuestro Padre que está en los cielos". Esta frase no significa que uno llega a ser "hijo de Dios" por medio del amor. El Nuevo Testamento deja bien claro que es mediante la fe en Cristo que un pecador llega a ser hijo de Dios (Jn. 1:12-13). El verbo "seáis" (*géneisthe*) significa en este contexto "ser visto", "ser identificado", "probarse a uno mismo" o "demostrar ser". Esa es la idea que Pablo expresa en Efesios 5:1-2. Es por la gracia de Dios y a través de la sangre redentora de Cristo que somos hijos de Dios. Pero demostramos nuestro carácter como hijos por medio del amor cristiano. Un hijo es aquel que posee el carácter de su padre. La referencia en este contexto es al carácter moral del Padre celestial.

"Que hace salir su sol sobre malos y buenos, y que hace llover sobre justos e injustos". Los dos verbos "hace salir" (*anatéllei*) y "hace llover" (*bréchei*) son presentes de indicativo, transitivos con significado causativo. Ambos verbos expresan el amor de Dios hacia sus enemigos. Dios envía el sol y la lluvia, ambos necesarios para una buena cosecha, incluso sobre los campos de aquellos que maldicen su nombre. Observe la expresión "su sol", es decir, Dios es el dueño del sol porque Él lo creó. La lluvia también le pertenece. Él envía "lluvias del cielo y tiempos fructíferos, llenando de sustento y de alegría nuestros corazones" (Hch. 14:17). El amor providencial de Dios hace que sus bendiciones en el ámbito natural caigan sobre justos e injustos.

"Porque si amáis a los que os aman, ¿qué recompensa tendréis?

---

31. La frase "bendecid a los que os maldicen, y haced bien a los que os aborrecen" al parecer fue añadida por algún escriba posterior, tomándola de Lucas 6:27-28. La mencionada frase es genuina y seguramente fue pronunciada por Jesús. Mateo no la incluyó en su relato por no haberla considerado necesaria.
32. W. D. Davies y Dale C. Allison hijo, "Mateo", volumen 1, p. 551.
33. En el Nuevo Testamento también se usa *philéo* para referirse al amor de Dios (vea Jer. 16:27; Ap. 3:19). Sin embargo, *agapáo* se usa con mayor frecuencia.

¿No hacen también lo mismo los publicanos? Y si saludáis a vuestros hermanos
   solamente,
¿qué hacéis de más? ¿No hacen también así los gentiles?" (5:46-47).

El versículo 46 ofrece dos razones de por qué se debe amar a los enemigos. La
primera tiene que ver con la pérdida de galardones (vea Mt. 5:12; 6:1; Lc. 6:32, 35).
Como ha escrito John A. Broadus:

> Las Escrituras no dejan a los hombres bajo el solo sentimiento de deber como
> motivo para hacer el bien, sino que apelan a sus esperanzas y temores. Así
> Moisés tenía su mirada puesta en el galardón (He. 11:26).[34]

La segunda razón radica en el hecho de que, según el Señor, el amor a quienes
nos aman pone de manifiesto una moral igual a la que poseen las personas más
despreciadas por la sociedad.

"Los publicanos" (*hoi telônai*). El mismo vocablo griego se usaba para referirse
a dos clases de oficiales romanos. El gobierno del imperio arrendaba el privilegio de
cobrar impuestos a la primera categoría de *telômai*. El derecho de cobrar impuestos era
vendido en Roma a la mejor clase de ciudadanos romanos a quienes se les denominaba
publicanos. Los componentes de la primera categoría de *telônai* empleaban a un
segundo grupo de oficiales subordinados. Esos oficiales subordinados eran, en su
mayoría, judíos en Palestina y eran los que llevaban a cabo la tarea de cobrar los
impuestos. Los subordinados eran llamados *portitores* en vez de publicanos. Los
que son designados publicanos en los Evangelios eran más bien *portitores*. Zaqueo
probablemente era un jefe de los *portitores* (Lc. 19:2). Los judíos sentían un gran
desprecio hacia sus paisanos que ocupaban el cargo de publicano porque les recordaba
el hecho de que vivían bajo el yugo del Imperio Romano. Añádase a eso la sospecha
de que los publicanos practicaban la extorsión puesto que el contrato hecho con el
gobierno romano les permitía cobrar el máximo posible a la gente. Los publicanos, por
lo tanto, eran despreciados y en algunos casos, considerados como traidores.[35] Tal era
el grado de desprecio de los publicanos que los judíos los ponían en la misma categoría
que "los gentiles" (5:47; 18:17), "los pecadores" (9:10) y "las rameras" (21:31-32). Jesús
era sumamente criticado por los fariseos y los escribas porque se asociaba con "los
publicanos y pecadores" (Lc. 15:1).

"Y si saludáis a vuestros hermanos solamente". Entre los orientales el saludo era
algo de mucho mayor significado que para los occidentales. Era una expresión de
elevado respeto y honor. "En el presente contexto el vocablo ["saludáis"= *aspáseisthe*]
significa más que 'saludar', implica un deseo de las bendiciones y la paz de Dios".[36]

"Hermanos" (*adelphoùs*) es una referencia a otros judíos y "gentiles" (*ethnikoì*)
se refiere a personas que no son judías. Por lo general, los judíos no saludaban a los
gentiles por considerarlos paganos o inmundos. El verdadero discípulo de Cristo tiene
que "hacer más" (*ti perissón poieîte*), es decir, "más que otros". San Agustín dijo:

---

34. Broadus, John A., *Comentario sobre el Evangelio según Mateo*, p. 160.
35. *Ibíd.*, pp. 160-161.
36. W. D. Davies y Dale C. Allison hijo, "Mateo", volumen 1, p. 558.

"Bien por bien", "mal por mal" eso es natural. "Mal por bien", eso es diabólico. "Bien por mal", eso es divino.[37] Esa debe ser la actitud del verdadero discípulo de Cristo que anticipa entrar en el Reino.

"Sed, pues, vosotros perfectos,
como vuestro Padre que está en los cielos es perfecto" (5:48).

"Pues" (*oûn*) es una partícula pospositiva, es decir, nunca aparece primero en una oración. Expresa consecuencia o simplemente secuencia.[38] En este contexto presenta una conclusión o resumen de las enseñanzas que han precedido. O sea, sobre la base de lo dicho anteriormente, los hijos de Dios y discípulos del Mesías deben ser "perfectos" como el Padre celestial es perfecto.

El pronombre "vosotros" (*hymeîs*) es enfático puesto que gramaticalmente no es necesario en la oración. La referencia es a los discípulos del Mesías y el sentido "vosotros mismos". El verbo "sed" (*ésesthe*) es el futuro indicativo de *eimí* ("ser") pero en el contexto realiza la función de un imperativo como sucede en muchas fórmulas legales.

"Perfectos" (*téleioi*) tiene que ver con aquello que es "íntegro" o "completo": "perfecto serás delante de Jehová tu Dios" (Dt. 18:13). El vocablo "perfecto" se usa en el Antiguo Testamento con el sentido de ser "sin mancha moral" como en el caso de Noé (Gn. 6:9) y el de Job (Job 1:1). En el contexto inmediato de Mateo 5:48 se refiere a la perfección del amor que alcanza a los "enemigos" y a los "injustos". "El sentido es que es perfecto (*téleios*) quien se da a sí mismo a la ley del amor sin retroceder en ningún punto, incluyendo aun a sus enemigos en amor genuino (*agápe*) como lo hace Dios en su amor".[39]

"Como" (*hôs*) es un adverbio relativo de modo que muestra que debemos hacer de Dios nuestro modelo en todas sus perfecciones y seguirle en espíritu y en verdad. Los discípulos deben ser tan completos y maduros en su amor como lo es Dios quien envía su sol y su lluvia sobre justos e injustos por igual. Por supuesto que no se trata de alcanzar la medida de la perfección de Dios que es infinita y eterna sino de seguir el modelo de Dios en conformidad con la voluntad que Él ha revelado en su Palabra. La perfección que el Mesías exige de sus seguidores no puede conseguirse mediante el esfuerzo humano. Esa perfección es producto de la obra redentora de Cristo y de la intervención del ministerio regenerador y santificador del Espíritu Santo (Ro. 8:1-4).

RESUMEN Y CONCLUSIÓN

El capítulo 5 del Evangelio de Mateo contiene la primera parte del llamado Sermón del Monte. Cristo comienza instruyendo a sus discípulos respecto de las características de aquellos que anticipan entrar en el Reino del Mesías (Mt. 5:1-12). En segundo lugar, el Señor les enseña respecto de las responsabilidades que sus seguidores asumen de inmediato frente al mundo (Mt. 5:13-20). En tercer lugar el Maestro divino enseña a sus seguidores sobre la ética que deben practicar (Mt. 5:21-48). Es una ética basada

---

37. Citado por Samuel Lewis Johnson, "Notas inéditas exposición de Mateo" (1976).
38. Vea G. Abbott-Smith, *A Manual Greek Lexicon of the New Testament*, p. 328.
39. Richard C. H. Lenski, *The Interpretation of St. Matthew's Gospel*, p. 252.

en las enseñanzas de la ley debidamente interpretada. Los escribas y fariseos seguían la tradición. Cristo amplía, profundiza y eleva los preceptos de la ley tal como Dios la dio a su pueblo. Los temas del homicidio, el adulterio, el divorcio, los juramentos y la práctica del amor habían sido enseñados de manera superficial y académica por los líderes de Israel. Jesús llena de significado cada uno de esos mandamientos y enseña a sus discípulos que para guardarlos debidamente es necesario que primero haya una relación correcta con Dios. Esa es la relación de Padre (Mt. 5:48) que solo se consigue mediante la fe en la Persona y en la obra del Mesías. El verdadero discípulo no debe imitar ni a los publicanos ni a los gentiles. Tampoco debe imitar a los religiosos vacíos de contenido. El seguidor de Cristo debe imitar al Padre celestial y poner de manifiesto sus perfecciones.

11

La práctica de la justicia enseñada por Jesús el Mesías (6:1-34)

Mateo capítulo 6 da comienzo a una nueva sección del Sermón del Monte. En esta sección el Señor enseña la clase de justicia que deben practicar los discípulos genuinos del Mesías. Hay una justicia forense o imputada que se recibe por la fe en Cristo. Esa justicia es la que hace posible que una persona tenga acceso en la presencia de Dios. Pero hay una justicia práctica que tiene que ver con la vida del cristiano en la tierra. Esa es la justicia que el verdadero discípulo de Cristo practica con el fin de agradar a Dios.

Los hábitos religiosos de los orientales giran alrededor de tres prácticas: Las limosnas, el ayuno y la oración. Los fariseos alardeaban de **orar, ayunar y dar diezmos** (Lc. 18:10-12). Esos tres hábitos constituían el epítome de la religiosidad de un judío aunque la ley de Moisés no exigía ninguna de esas prácticas. Esos hábitos, sin embargo, son admirables si la persona los practica por el motivo correcto. Los fariseos lo hacían para recibir reconocimiento de los hombres. En el capítulo cinco el Señor rechaza los preceptos de los escribas y fariseos. En el capítulo 6 rechaza sus prácticas.

EN EL ACTO DE DAR LIMOSNAS (6:1-4)

"[Más] Guardaos de hacer vuestra justicia delante de los hombres, para ser vistos de ellos;
de otra manera no tendréis recompensa de vuestro Padre que está en los cielos"
(6:1).

La conjunción "mas" o "ahora bien" es transicional. No aparece en la Reina—Valera 1960 aunque tiene base textual. El Señor ha instruido a los discípulos respecto de la verdadera justicia (Mt. 5:21-48). En Mateo 6:1-18, les enseña de qué manera la justicia de ellos debe sobrepasar la de los escribas y fariseos. Mateo 6:1 es una declaración general del principio que Jesús se dispone a enseñar a continuación. El principio que gobierna toda la sección que concierne a las prácticas de los fariseos es enunciado primero. Luego sigue una serie de tres ilustraciones (Mt. 6:2-18) y de tres prohibiciones (6:19-7:6). Como punto central de su enseñanza, nuestro Señor declara que la piedad debe practicarse con humildad y sin alarde. La clave para el significado de la declaración inicial que contiene el principio es la cláusula de propósito: "Para ser visto de ellos". A veces es necesario hacer actos de justicia "delante de los hombres". Las buenas obras son una necesidad absoluta en la vida cristiana porque demuestran la autenticidad de la fe del creyente (Ef. 2:10; Stg. 2:14-26). Pero no es necesario que las obras sean hechas delante de los hombres. Dios es el juez de las buenas obras del cristiano y del fruto de la fe salvífica.

"Guardaos" (*proséchete*) está en el modo imperativo y significa "poner cuidado". Se usa para expresar advertencia y para señalar la magnitud de un peligro.[1] La idea de dicho verbo implica "voltear la mente" para prestar la máxima atención (vea He. 2:1; 2 P. 1:19).

"Vuestra justicia" (*teìn dikaiosýnein humôn*). En el contexto significa actos de justicia y describe lo que más adelante se designará como "limosna", "oración" y "ayuno". Esas actividades son "actos de justicia" cuando son el resultado de la fe en el Hijo de Dios y son hechos para la gloria de Dios. Debe recordarse que en Mateo 5:20 el Señor advierte a los discípulos que la justicia de ellos debía superar a la de los escribas y fariseos si anticipaban entrar en el Reino del Mesías. Pero la justicia requerida para entrar en el Reino es la que Dios otorga por la fe a quien confía en la Persona y en la obra de Cristo. Esa era la justicia de la que los escribas y fariseos carecían. Ellos confiaban en sus obras, no en el sacrificio de Cristo.

"Delante de los hombres" (*émprosthen tôn anthrópon*). Los religiosos procuraban el favor de los hombres, es decir, el reconocimiento y el aplauso de sus semejantes. Jesús advierte del error de hacer cosas buenas por motivos malos: "Para ser vistos por ellos [los hombres]". Como observa D. A. Carson:

> La conducta recta bajo las normas del Reino tiene que ser visible para que Dios sea glorificado. Pero nunca debe ser visible con el fin de ganar el aplauso humano. Es mucho mejor esconder cualquier obra justa que resulte en la ostentación. Cambiar la meta de agradar al Padre por la meta trivial e idólatra de agradar al hombre carece de todo valor.[2]

"Para ser vistos de ellos" (*pròs tò theantheînai autoîs*) es una cláusula de propósito. El verbo es un aoristo infinitivo con artículo determinado. Dicha cláusula podría traducirse: "con miras a ser contemplados por ellos". La frase presenta una idea de propósito o diseño. Si alguien realiza actos de justicia para recibir el aplauso de los hombres, ya recibió su recompensa y no debe esperar ninguna de parte de Dios.

No debe pasarse por alto el hecho de que hay recompensas celestiales (vea Mt. 5:12;

1. Alfred Plummer, "An Exegetical Commentary on the Gospel According to St. Matthew", p. 90.
2. D. A. Carson, "Matthew", *The Expositor's Bible Commentary*, vol. 8 (Grand Rapids: Zondervan Publishing House, 1984), p. 162.

6:1, 4, 18; 10:41; 25:14-30, 31-46). Debe tenerse bien claro, sin embargo, que el Señor no se refiere a recompensas materiales como, por ejemplo, la prosperidad. El Señor no especifica la naturaleza de las recompensas. Solo dice que Dios recompensará a quienes procuran su gloria. La recompensa o herencia del creyente será totalmente diferente de lo que se conoce en la tierra (1 P. 1:3-5).

¿Por qué son deseables las recompensas? ¿Qué valor tienen? En primer lugar, si una acción no consigue nada es inútil, vacía, carente de significado. Si eso se aplica a la vida cristiana, significaría que a menos que haya una meta deseable que proporcione un beneficio definido, el evangelio cristiano y la vida cristiana no tienen sentido. Como alguien ha dicho: "A menos que una cosa sirva para algo, no sirve para nada". En segundo lugar, si se elimina el tema de la recompensa y el castigo de la doctrina cristiana, la conclusión sería que la última palabra será dicha por la injusticia: ¿Qué tiene de bueno ser bueno? Diría alguien. La doctrina de las recompensas tiene su fuerza y beneficios en la teología cristiana.

"Cuando, pues, des limosna, no hagas tocar trompeta delante de ti,
como hacen los hipócritas en las sinagogas y en las calles,
para ser alabados por los hombres;
de cierto os digo que ya tienen su recompensa" (6:2).

El vocablo "pues" (*oûn*) sugiere que lo que sigue es una deducción lógica derivada del versículo 1. "Cuando des limosna" (*hòtan poieîs eleeismosýnein*). Literalmente dice: "cuando hagas misericordia". El Señor presenta primero el lado negativo de esa acción. Dar limosnas era de suma importancia para el judío. Esa verdad se evidencia en el hecho de que en el versículo 1 se usa el vocablo "justicia". Los judíos usaban el término "justicia" tanto para referirse al acto piadoso de dar limosna como para hablar de la relación con Dios. "No hagáis tocar trompeta delante de ti" podría referirse al hecho público y también en tiempos de sequía. Lo más probable es que sea una figura literaria para decir que al dar limosnas debía evitarse toda ostentación. La limosna debía hacerse silenciosamente, sin llamar la atención ni procurar aplausos.

"Como hacen los hipócritas" (*hósper hoi hypokritaì poioûsin*). El vocablo "hipócritas" se refiere a "actores" o "intérpretes", aquellos que personificaban a otros. Más adelante (Mt. 23), el Señor identifica a los escribas y fariseos con los "hipócritas" de su tiempo. Varias veces en el Evangelio de Mateo, Jesús identifica a los fariseos con los religiosos hipócritas de aquellos tiempos (vea Mt. 15:7; 22:18). La hipocresía tenía que ver con el hecho de llamar la atención pública a la hora de dar limosnas "para ser alabados por los hombres" (*hopôs doxasthôsin tôn anthrôpôn*). Es decir, si el propósito de dar una limosna es ser alabado por los hombres eso constituye un acto hipócrita. El Señor dice: "De cierto os digo que ya tienen su recompensa". El vocablo "recompensa" (*apéchousin*) significa recibir el pago completo de algo. Es el equivalente a nuestra expresión "factura pagada". La declaración del Señor significa, por lo tanto, que cuando alguien da ostentosamente toda la recompensa que recibirá es la atención humana. Ese será "el pago completo" que recibirá y nada más (vea 6:5, 16).

El aspecto positivo se encuentra en los versículos 3-4. Los actos de justicia deben hacerse con total desprendimiento, en privado, sin que el dador busque nada a su favor. La ofrenda del cristiano debe ser el resultado de una vida dedicada a Dios (2 Co. 8:9,

11). Dios es "el dador de toda buena dádiva y de todo don perfecto" (Stg. 1:17) y el "galardonador de los que le buscan" (He. 11:6; vea He. 10:35). El texto de Mateo 6:4 no dice cuando Dios dará su recompensa pero si asegura que lo hará.[3] Debe observarse que el texto **no dice** que el creyente debe dar limosna **para** ser recompensado. El texto claramente dice: "y (*kai*) tu Padre que ve en secreto te recompensará". Dios conoce la motivación del dador y Él recompensa a cada uno según la actitud del corazón.

EN LA PRÁCTICA DE LA ORACIÓN (6:5-15)

El tema central de este capítulo es la práctica de la justicia que debe caracterizar a quienes esperan entrar en el Reino del Mesías. El Señor ha hecho una declaración general del tema en 6:1. Luego ha expuesto una primera ilustración en 6:2-4, donde trata la cuestión de hacer el bien a los necesitados mediante las limosnas (*poiêis eleeimosýnein*). En esos versículos el Señor exalta la verdadera piedad del discípulo y la pureza intrínseca del corazón de quien da para agradar a Dios.[4]

En los versículos 5-15 el Señor ilustra la práctica de la justicia mediante la actitud del que ora. El propósito de las palabras de Cristo no es desanimar la práctica de la oración sino que se haga con la motivación correcta. Los judíos tenían una elevada opinión de la oración. Muchos salmos son oraciones y los capítulos 9 de Nehemías y Daniel son oraciones conmovedoras. El mismo Señor Jesús invirtió mucho tiempo en oración (vea Jn. 17). El problema consistía en que los judíos habían convertido algo bueno y provechoso en algo malo y vacío.

El problema de los judíos no era la negligencia sino el concepto torcido que habían elaborado respecto de la oración. Sus oraciones se habían convertido en formalismos. La breve oración conocida como el SHEMÁ (Dt. 6:4-9; 11:13-21; Nm. 15:37-41) debía ser repetida dos veces al día, en la mañana y en la tarde, se había convertido en una vana repetición.[5] Lo que debió ser una actividad de verdadera comunión con Dios se había convertido en algo vacío de contenido y sin provecho alguno.

Además, los judíos tenían que recitar el **Shemonêh 'esreh** que significa *las dieciocho*, es decir, dieciocho oraciones que eran una parte esencial del culto en la sinagoga. La ley decía que el judío debía recitar esas oraciones tres veces al día, pero dicha práctica se había convertido en algo totalmente rutinario. Es precisamente esa actitud vacía la que Cristo condena sin paliativos:

"Y cuando ores, no seas como los hipócritas;
porque ellos aman el orar en pie en las sinagogas y en las esquinas de las calles,
para ser vistos de los hombres;
de cierto os digo que ya tienen su recompensa" (6:5).

---

3. La expresión "en público" (*en toî phanerôi*) no aparece en los manuscritos más confiables. El texto solo asegura que habrá una recompensa de parte de Dios. Sobre la base de pasajes como Colosenses 3:1-4 puede decirse que Dios dará las recompensas o galardones cuando Cristo venga por segunda vez.

4. Vea Horst Baltz y Gerhard Schneider, *Diccionario exegético del Nuevo Testamento*, vol. 1, (Salamanca: Ediciones Sígueme, 1996), pp. 1307-1308.

5. El vocablo SHEMÁ es el imperativo del verbo que significa "oír" y es la primera palabra que aparece en Deuteronomio 6:4: "Oye, Israel: Jehová nuestro Dios, Jehová uno es".

La conjunción "y" (*kaì*) coloca el ejercicio de "orar" paralelamente con el "dar limosnas". El adverbio "cuando" seguido del verbo "ores" en el presente subjuntivo sugiere que la oración debe hacerse continuamente.[6] El verbo traducido "ores" (*proseúcheisthe*) se usa siempre en el Nuevo Testamento de la oración dirigida a Dios y sugiere la idea de "postrarse" para adorar. Lo que debió ser un acto de adoración a Dios se había convertido en un espectáculo para la exaltación personal de los religiosos: "Porque ellos aman (*philoûsin*) el orar en pie en las sinagogas y en las esquinas de las calles". Es decir, se deleitaban en el reconocimiento humano más que en la pura adoración a Dios. Esa era primordialmente la actitud de los fariseos, como observa Robert L. Thomas:

> Al parecer lo que el Señor tenía en mente aquí era la práctica de los fariseos, cuando se encontraban en los lugares públicos a la hora de la oración, para realizar sus devociones de la manera más conspicua. De modo que era la recitación de oraciones privadas con publicidad innecesaria para conseguir una reputación de santidad especial lo que el Señor denuncia aquí.[7]

Por supuesto que el Señor no condenaría el hecho de hacer oración. Lo que sí condena es hacerlo con una finalidad egoísta como era ostentar la piedad. El Señor manda a sus discípulos a "no ser".[8] Como los hipócritas (vea v. 2), es decir, orar por la motivación correcta que es adorar a Dios.

El aspecto positivo de la enseñanza se encuentra en Mateo 6:6-8, donde el Señor recomienda orar en secreto:

> *"Mas tú, cuando ores, entra en tu aposento,*
> *y cerrada la puerta, ora a tu Padre que está en secreto,*
> *y tu Padre que ve en lo secreto te recompensará en público" (6:6).*

La conjunción "mas" (*dè*) indica un contraste entre la oración de los fariseos y la de los discípulos del Mesías. La expresión "en tu aposento" (*eis tò tameîon sou*) es enfática. El vocablo "aposento" (*tameîon*) originalmente significaba una "despensa" o "almacén". Posteriormente se le designó como habitación o recámara privada que se encontraba en la parte superior de cualquier casa judía. Probablemente aquí se refiere a cualquier lugar retirado donde un creyente puede orar con tranquilidad y sin ninguna ostentación. Como observa un escritor:

> Este versículo no significa que la presencia de Dios se encuentre más en la soledad que en la calle, el templo o la sinagoga, Dios es omnipresente: Pero hay que buscar su presencia más que la presencia y la admiración de los correligionarios.[9]

---

6. Vea Richard C. H. Lenski, *The Interpretation of St Matthew's Gospel*, p. 259.
7. Robert L. Thomas, "Notas inéditas sobre Mateo 6" (2000).
8. El verbo "seas" (*ésesthe*) es el futuro indicativo de *eimi*. Su función aquí es la de un imperativo (vea Dana y Mantey, *Gramática griega del Nuevo Testamento*, p. 292).
9. Pierre Bonnard, *Evangelio según San Mateo* (Madrid: Ediciones Cristiandad, 1983), pp. 128-129.

La exhortación "entra en tu aposento, y cerrada la puerta, ora a tu Padre que está en secreto" sugiere que la oración debe ser dirigida solo a Dios. No necesita de la presencia de nadie más. El corazón del que ora debe volcarse solo hacia Dios. Juan Crisóstomo lo expresó así a finales del siglo IV:

> No hagamos nuestras oraciones mediante el gesto de nuestro cuerpo, ni por lo alto de nuestra voz, sino por la seriedad de nuestra mente: Ni con ruido y clamor y para exhibición, incluso para molestar a quienes están cerca de nosotros, sino con toda modestia y con contrición de mente y con lágrimas internas.[10]

La exhortación del versículo 7 es apropiada para nuestros días: "Y mientras oráis, no uséis vanas repeticiones como los gentiles". Casi todas las reuniones de oración de hoy día están plagadas de "vanas repeticiones". El verbo *battalogéiseite* es el aoristo subjuntivo de *battalogéo* que significa "parlotear", "balbucear". Se refiere a la repetición de palabras que no tienen sentido. Debe recordarse que una prohibición en el aoristo subjuntivo es enfática. Prohíbe el comienzo de una acción. El Señor quiso decir: "Que no se os ocurra usar vanas repeticiones como los gentiles". Debe observarse que el Señor no prohíbe la repetición sino, más bien, el uso de "vanas repeticiones". La repetición mecánica de ciertas palabras y la creencia de que la eficacia de la oración depende de dichas palabras es lo que Cristo condena.

"Los gentiles, que piensan que por su palabrería serán oídos". El sustantivo "palabrería" (*polylogíai*) no es sinónimo de "vanas repeticiones". Puede haber oraciones largas que no son "vanas repeticiones". Pero los paganos usan fórmulas repetitivas con el fin de conseguir la respuesta de sus dioses. En tiempos de Elías los sacerdotes de Baal repitieron "desde la mañana hasta el mediodía" la frase "¡Baal, respóndenos!" Por supuesto que dicha repetición no surtió efecto alguno.

El mandato del Señor a los discípulos es claro y terminante:

> *"No os hagáis, pues, semejantes a ellos;*
> *porque vuestro Padre sabe de qué cosas tenéis necesidad,*
> *antes que vosotros le pidáis" (6:8).*

"Pues" (*oûn*) significa "por lo tanto", "sobre la base de lo que os acabo de decir". "No os hagáis semejantes" (*mei homiôtheîte*). Es una prohibición enfática con el verbo en el aoristo subjuntivo. Los paganos creen que sus repeticiones influyen para que sus dioses les respondan. Nuestro Dios y Padre se agrada de que acudamos a Él por la fe y a través de Nuestro Señor Jesucristo. El creyente debe acudir a Dios no para informarle de algo que Él no sabe. Él conoce todas nuestras necesidades. "Hablar y actuar como si tuviésemos que informarle de todo y como si por omitir algún detalle Él se quedaría en la ignorancia, es degradar a Dios y por lo tanto, insultarle".[11] Nuestro Padre celestial es Omnisciente y por lo tanto, conoce todas las necesidades de sus hijos.

10. Juan Crisóstomo, "Homilias sobre el Evangelio de San Mateo", *Nicene and Post Nicene Fathers*, vol. 10, Philip Schaff, ed. (Peabody, Mass.: Hendrickson Publishing Inc., 1999), p. 133.
11. Richard C. H. Lenski, *The Interpretation of St. Matthew's Gospel*, p. 263.

Las palabras finales del versículo 8 deben ser de gran consuelo a todos los creyentes. Dios no necesita de nuestras repeticiones ni de nuestras palabrerías. Él lo sabe todo pero al mismo tiempo, anhela la comunión con sus hijos que se produce a través de la oración. Seguidamente, el Señor enseña a sus discípulos cómo deben orar.

"Vosotros, pues, oraréis así:
Padre nuestro que estás en los cielos, santificado sea tu nombre" (6:9).

Obsérvese el uso de la conjunción "pues" (*oûn*). Eso indica que el mandamiento a **orar** es una consecuencia de lo dicho anteriormente. La oración del discípulo debe ser diferente de la del pagano. El pagano repite vanamente porque no está seguro de ser oído. El discípulo de Cristo tiene la certeza de poseer un Padre que le escucha desde el cielo.

La oración del discípulo de Cristo va dirigida al Padre celestial quien es Dios Todopoderoso y conoce perfectamente las necesidades de cada uno de sus hijos. El adverbio "así" (*hoútos*) sugiere la manera como el creyente debe orar. La posición en la oración gramatical lo hace ser enfático al igual que el pronombre personal "vosotros" (*hymeîs*). El "vosotros" del versículo 9 contrasta con el "ellos" del versículo 8. "Ellos" se refiere a los paganos. "Vosotros" se refiere a los seguidores del Mesías.

La idea de Dios como Padre no era ajena a la vida de Israel (vea Is. 63:16; Sal. 103:13). Los israelitas piadosos reconocían la paternidad de Dios y apelaban a ella como lo confirma la literatura intertestamentaria. En el Antiguo Testamento, Dios es el Padre de la nación de Israel. En la Apócrifa se le llama el Padre de individuos.[12] En el Nuevo Testamento, sin embargo, Dios es Padre de quienes han puesto su fe en Cristo como Salvador personal (Jn. 1:12-13).

Robert L. Thomas ha hecho la siguiente observación:

> Es importante notar que la oración no contiene referencia alguna a la mediación de Cristo, no dice nada acerca de pedir en su nombre, asuntos para los que los discípulos aún no estaban preparados. Como muchas otras porciones de las Escrituras, ésta está especialmente adaptada al tiempo preciso cuando fue enseñada y su interpretación debe hacerse en conformidad con esa realidad.[13]

"Que estás en los cielos" (*ho en toîs ouranoîs*). Dicha expresión no limita a Dios a un solo sitio. Dios está presente en todo lugar en la totalidad de su ser. Él es "el Dios del cielo" (Dn. 2:18-19) en el sentido de su absoluta soberanía. Dios es el Señor absoluto de todo el universo. Es Dios de cielos y tierra. El único Dios vivo y verdadero a quien se debe adorar.

"Santificado sea tu nombre" (*hagiasthêtô to ónomá sou*). El verbo "Santificado sea" (*hagiasthêito*) es el aoristo imperativo de *hagiádso* que significa "tratar como santo", "reverenciar" y sugiere la urgencia de la acción. La santidad de Dios es la corona de todos sus atributos. Él es absolutamente santo en todo su ser. El hombre

---

12. Vea los siguientes pasajes apócrifos: Tob. 13:4; Ecles. 23:1; 51:10; Sab. 2:16; 14:3.
13. Robert L. Thomas, "Notas inéditas sobre Mateo 6" (2000).

tiene la obligación de reconocer la santidad del Padre celestial (Lv. 11:44-45; 19:2; 1 P. 1:15-16). Es significativo que la primera petición en la **oración modelo** tiene que ver con el reconocimiento de la santidad de Dios. Evidentemente esa es la base de la vida cristiana. La expresión "tu nombre" se refiere a la naturaleza o la persona misma de un individuo. Es probable que "nombre" sea una referencia a "Yavé",[14] o "Jehová". Ese es el nombre por excelencia de Dios en el Antiguo Testamento (Éx. 3:14). La idea de tomar el nombre propio como representación de la persona total ocupó un lugar importante en la vida del pueblo de Israel. El judío llegó al extremo de considerar el nombre YAVÉ sumamente sagrado hasta el punto de sustituir su lectura por ADONAI y así no tener que pronunciar el nombre sagrado de Dios.

La segunda petición de la oración es: "Venga tu reino" (*elthéto hei basileía sou*). Es necesario contestar la pregunta: ¿A cuál reino se refiere la petición? Algunos expositores alegorizan el significado de la petición y la hacen referir al reinado de Cristo en el corazón de los creyentes,[15] o al progreso de la obra misionera.[16] Numerosas interpretaciones erróneas se producen cuando se viola una de las principales reglas de la hermenéutica, a saber, todo texto debe interpretarse en su contexto.

Cuando el Señor dijo a sus discípulos que orasen diciendo: "venga tu reino", ciertamente no se refería al reino universal de Dios que siempre ha existido y lo abarca todo (Sal. 145:13; 103:19). Sería inexplicable que Cristo pidiese a los discípulos que orasen por la venida de algo que ha estado presente en el universo desde la creación. Tampoco la petición puede referirse a "la entrada del reino en el corazón". Nunca en la Biblia se habla de la entrada del reino en alguien pero si se habla de la entrada de alguien en el Reino. No es exegéticamente correcto confundir la iglesia con el Reino anunciado por los profetas, por Juan el Bautista y por el mismo Jesús.

Dios, incuestionablemente, está librando a personas "de la potestad de las tinieblas y los traslada al reino de su amado Hijo" (Col. 1:13). Pero como ha escrito Alva J. McClain, quien fuera presidente de The Grace Theological Seminary:

> El contexto aquí sugiere que la acción tiene que ser considerada *de jure* [de derecho] en vez de ser *de facto* [de hecho]. Los creyentes han sido "librados de la potestad de las tinieblas", declara el apóstol. Pero en otro lugar advierte que todavía tenemos que luchar con "los gobernadores de las tinieblas de este siglo" (Ef. 6:12). Nuestro traslado al Reino de Cristo, por lo tanto, tiene que ser similar al acto de Dios cuando "nos resucitó, y asimismo nos hizo sentar en los lugares celestiales con Cristo Jesús" (Ef. 2:6). Aunque todavía no estamos sentados *de facto* en los lugares celestiales, el hecho es tan cierto que Dios puede referirse a él como si ya estuviese consumado. En el mismo sentido, hemos sido (tiempo aoristo) trasladados judicialmente al Reino de nuestro Señor aún antes de su establecimiento.[17]

14. Yavé, Yaweh o Jehová significa "el autosuficiente", "el que tiene vida en sí mismo", "el que es, era y será". En cuanto a Israel, es "el Dios guardador del pacto". Adonai significa "dueño" o "mi dueño" y por lo tanto, Señor. La sustitución de YAVÉ por ADONAI resultó en que los traductores de la Septuaginta (LXX) usasen el sustantivo KYRIOS en lugar de YAVÉ en el Antiguo Testamento.

15. Willian Hendriksen, *The Gospel of Matthew* (Grand Rapids: Baker Book House, 1979), p. 330.

16. *Ibíd.*

17. Alva J. McClain, *The Greatness of the Kingdom* (Grand Rapids: Zondervan, 1959), p. 435.

Como señala McClain, el hecho de que Dios esté preparando a personas hoy para el Reino no significa en manera alguna que dicho Reino haya sido establecido. El imperativo "venga tu reino" junto con el anterior ("santificado sea tu nombre") y con el siguiente ("Hágase tu voluntad"), todos ellos están en una posición enfática. La idea que se enfatiza tiene que ver con la futura venida del Hijo de Dios para establecer su Reino en la tierra. Es por medio de la inauguración de su Reino que su nombre será santificado.

Los exégetas del *International Critical Commentary* [Comentario Crítico Internacional], W. D. Davies y Dale C. Allison hijo, de la escuela de la alta crítica y en ningún sentido premilenaristas, han escrito:

> La venida del Reino, la santificación del nombre de Dios y el hacer la voluntad de Dios en la tierra como en el cielo son en esencia una cosa: Cada una contempla el *telos* [la consumación] de la historia, cada una se refiere a la adecuada culminación de la obra salvífica de Dios. Ya sea que "venga tu reino" sea interpretado como una oración por otros, los que están fuera del círculo de los seguidores de Jesús, para experimentar la venida del Reino o como una petición por la experiencia presente de los discípulos para que venga la consumación o que se refiera a ambas cosas, la petición mira al futuro, implícitamente reconoce su magnificencia y pide a Dios que lo traiga ahora.[18]

Hombres de la escuela liberal como Davies y Allison reconocen el hecho ineludible de que la venida del Reino y su inauguración plena en la tierra es lo que hará que Dios sea reconocido y adorado como "el Santo". La frase "venga tu reino" junto con las otras dos peticiones (Mt. 6:9-10) debe ser comprendida con la frase "como en el cielo, así también en la tierra" (6:10). Jesús instruye a sus discípulos a orar por el establecimiento del Reino en la tierra. Sin duda ese es el Reino del cual Daniel dice que: "no será jamás destruido" (Dn. 2:44). No se niega que existe hoy una manifestación del reino de Dios en la tierra. La autoridad de Dios está presente en cuatro diferentes esferas: (1) el gobierno civil, (2) el orden eclesial, (3) el orden familiar, y (4) el orden laboral. Pero eso de ningún modo reemplaza el Reino del Mesías. Como se verá más adelante (Mt. 13), Cristo llamó la era presente "los misterios del reino de los cielos". Esa designación, sin embargo, no es equivalente al Reino mesiánico, cuando el Mesías reinará de manera visible con majestad y gloria.

El sustantivo "reino" (*basileía*) en el contexto de Mateo 6:10, claramente se refiere al reinado del Mesías o al Reino prometido en el Antiguo Testamento, el cual todo judío devoto añora y anticipa. Ese es el Reino que Juan y Jesús proclamaban como algo que se había acercado (Mr. 15:43; Lc. 23:51; Mt. 3:2; 4:17).

La tercera petición es: "Hágase tu voluntad" (*geneithéito tò théleimá sou*). El verbo "hágase" (*geneithéito*) es el aoristo imperativo de *ginomai*. Es un verbo difícil de traducir al castellano. Podría significar "volverse", "llegar a ocurrir", "ser hecho", "suceder", "acontecer". Se usa muchas veces en el Nuevo Testamento para sustituir al verbo "ser" (*eînai*). Cuando el Reino del Mesías sea inaugurado, la voluntad de Dios

---

18. W. D. Davies y Dale C. Allison hijo, "Matthew", vol. 1, pp. 603-604.

será hecha en la tierra exactamente igual como es hecha en el cielo. Quienes enseñan que el Reino ya ha sido establecido en la tierra no son capaces de mostrar ninguna evidencia de ello. ¿Hay alguna nación, ciudad, comunidad, iglesia o familia donde la voluntad de Dios sea hecha como en el cielo? El Reino del Mesías tiene que ver con lo que dice el salmista:

"Todos los reyes se postrarán delante de él;
Todas las naciones le servirán" (Sal. 73:11).

En el Reino "toda la tierra será llena de su gloria" (Sal. 73:19) y "toda la tierra será llena del conocimiento de Jehová, como las aguas cubren el mar" (Is. 11:9; Hab. 2:14). Hoy día la gran queja de muchos líderes religiosos y pastores es el asombroso desconocimiento de las Escrituras que existe en las congregaciones. Otra queja constante es el reto flagrante de cristianos y no cristianos a los preceptos establecidos por Dios. Uno no puede evitar pensar si quienes enseñan que el Reino ya está en la tierra y que está en el corazón de los cristianos no deberían de ofrecer una definición de lo que entienden por la "voluntad de Dios". Las Escrituras enseñan que hacer la voluntad de Dios tiene que ver con realizar aquello que armoniza con su carácter y su santidad. En Mateo 6:10 se trata de obedecer lo que Dios ha mandado. Eso es precisamente lo que los seres humanos, creyentes y no creyentes, desobedecen de manera flagrante.

Todos los seres que habitan los cielos ejecutan la voluntad de Dios, es decir, hacen lo que le agrada. El vocablo "cielo" no se refiere al firmamento. Se refiere, más bien, al lugar de habitación de los santos ángeles de Dios. Plummer afirma lo siguiente:

El nombre de Dios no será correctamente santificado, su Reino no vendrá en plenitud, hasta que todas las voluntades estén unidas con la suya en completa armonía.[19]

La tercera petición, por lo tanto, tiene que ver con la perfecta realización de lo que agrada a Dios. Quienes anticipan entrar en el Reino del Mesías deben estar activamente implicados en la ejecución de la voluntad de Dios y deben exhortar a otros a que hagan lo mismo.

La cuarta petición es expresada en el versículo 11 de la siguiente manera: "el pan nuestro de cada día, dánoslo hoy". El sustantivo "pan" (*árton*) no debe espiritualizarse. Es una petición que señala al alimento físico en el sentido ordinario. El salmista dice que Jehová "hace justicia a los agraviados y da pan a los hambrientos" (Sal. 146:7). La expresión "de cada día" (*tòn epiosúsion*) es de origen raro. Su definición exacta continua siendo discutida por los expertos. El gran erudito de la pasada generación, A. T. Robertson, da credibilidad al hecho de que el vocablo *epioúsios* ("cotidiano") "tiene todo el aspecto de ser un vocablo que se originó con el intercambio y el tráfico de la vida diaria de la gente".[20]

La provisión de Dios es diaria y la petición debe renovarse diariamente. Dios dio

19. Alfred Plummer, "An Exegetical Commentary on the Gospel According to St. Matthew", p. 99.
20. A. T. Robertson, *Word Pictures in the New Testament*, vol. 1, p. 53. Para una consideración del vocablo *epiousion*, vea John A. Broadus, *Comentario sobre el Evangelio según Mateo*, p. 177.

al pueblo de Israel en el desierto la provisión de cada día: "Y Jehová dijo a Moisés: He aquí yo os haré llover pan del cielo; y el pueblo saldrá, y recogerá diariamente la porción de un día, para que yo lo pruebe si anda en mi ley o no" (Éx.16:4). Dios se agrada cuando sus hijos viven una vida de dependencia en Él. La provisión del pan de cada día demuestra confianza en Aquel que suple todas las necesidades de sus hijos (Sal. 34:8).

La quinta petición está expresada en las palabras del versículo 12: "Y perdónanos nuestras deudas, como también nosotros perdonamos a nuestros deudores".

El verbo "perdónanos" (*áphes heimîn*, literalmente "perdona a nosotros") es el aoristo imperativo de *aphíermi* y sugiere urgencia. Por aparecer al principio mismo de la oración, es enfático. Dicho verbo significa "dejar", "cancelar", "remitir", "perdonar". Este vocablo con sus palabras afines se usa en el Nuevo Testamento respecto del perdón tanto de parte de Dios como de los hombres. En el griego, este término tiene que ver con "remitir una deuda" a la cuenta de otro. En el Antiguo Testamento se usa para traducir el vocablo *yôbêb*, es decir, "el jubileo" o el año cuando todas las deudas eran remitidas (Lv. 25:10-21). La petición de perdón "reconoce que pecar pone a una persona en enemistad con Dios y que solo Dios puede cancelar la ofensa y perdonarla.[21]

La quinta petición era, por lo tanto, un recordatorio de la necesidad que el hombre tiene tanto de ser perdonado como de perdonar a otros. El año de jubileo proporcionaba esa oportunidad puesto que contempla la esperanza de ser librado de deudas, de esclavitud y de servidumbre. Como señala Allen P. Ross, profesor de Antiguo Testamento en *Beerson Divinity School*:

> El año de jubileo como otros elementos sabáticos en el libro [Levítico] proporciona una perspectiva feliz para Israel después de un tiempo de trabajo y quizá, de trabajo pesado y monótono. Pero el Año del Jubileo era el punto culminante de todas las festividades debido a su duración y a su impacto. Era un tiempo de libertad de la servidumbre de todos los que estaban bajo opresión, esclavitud u otras ataduras. De modo que era otra festividad de libertad, no la conmemoración de una liberación histórica del pasado sino una liberación que miraba al futuro.[22]

Sin duda, los discípulos a quienes Jesús hablaba tenían conocimiento (o debían tenerlo) del concepto del perdón enseñado en el libro de Levítico. Esa enseñanza, sin embargo, había sido ignorada por la nación de Israel. Jesús enseña a sus seguidores que de la misma manera que ellos necesitaban ser perdonados por Dios, así debían también perdonar a otros.

El sustantivo "deudas" (*tà opheiléima*) se usa en el Nuevo Testamento y en la septuaginta respecto de deudas literales pero la idea de "pecados" como "deudas" era muy común en el ambiente judío. Las "deudas" eran estimadas como "defectos" o "fallos" en el servicio que debía rendirse a Dios, o como un daño hecho a un semejante que requiere restitución. El profesor Michael Wolter dice:

---

21. Leon Morris, *The Gospel According to Matthew* (Grand Rapids: Eerdmans Publishing Company, 1992), p. 147.

22. Allen P. Ross, *Holiness to the Lord: A Guide to the Exposition of the Book of Leviticus* (Grand Rapids: Baker Academic, 2002), p. 456.

En Mateo 6:12 (la quinta petición del Padre Nuestro) *opheíleima* corresponde al término arameo *hâbâ* ("deuda") que se deriva de *hôb* "deuda de dinero" y que en la literatura rabínica se convirtió en la expresión corriente para designar el endeudamiento o culpabilidad ante Dios o ante alguno de nuestros semejantes y pasó así a significar "pecado". Al trasladarse la imagen de la deuda de dinero a la deuda (o culpa) del pecado y la relación entre el deudor y el acreedor a la situación del hombre pecador ante Dios, *opheíleima* llegó a ser un término sinónimo con *hamartía* [pecado].[23]

De modo que en la mentalidad judía, como evidentemente era la de Mateo, el pecado era considerado como una deuda. El evangelista Lucas, en el pasaje paralelo (Lc. 11:4) dice: "Y perdónanos nuestros pecados", para referirse al mismo asunto desde el punto de vista gentil.

"Como también nosotros perdonamos a nuestros deudores" (*hós kaì heimeîs aphéikamen toîs opheilétais heimôn*). Esta frase sugiere que el verdadero discípulo de Cristo debe tener un espíritu perdonador. Un cristiano jamás se parecerá más a Dios que cuando es capaz de perdonar a quien le ofenda. La conjunción "como" (*hós*) podría traducirse "porque". No significa que el perdón del discípulo es la base para que él sea perdonado. Más bien significa que no hay renuncia al perdón de parte del discípulo que obstaculice que él sea perdonado. No debe entenderse aquí que la plenitud del perdón del Padre debe medirse por la extensión del perdón que el discípulo otorgue a su prójimo. "En vista del perdón que pedimos, nuestro corazón debe estar limpio de todo resentimiento hacia otros".[24] Quizá en aquel momento los discípulos no estaban preparados para entender la profundidad de la enseñanza del Señor. Más adelante Cristo les enseñó así: "Si tu hermano pecare contra ti, repréndele; y si se arrepintiere, perdónale" (Lc. 17:3). "Entonces se le acercó Pedro y le dijo: Señor, ¿Cuántas veces perdonaré a mi hermano que peque contra mí? ¿Hasta siete? Jesús le dijo: No te digo hasta siete, sino aun hasta setenta veces siete" (Mt. 18:21-22). La enseñanza del Señor acerca del perdón se extiende más allá de lo que los discípulos imaginaban. La idea central es que el seguidor de Cristo debe estar dispuesto a perdonar y a no guardar rencor en su corazón hacia aquel que le ha ofendido.

La expresión "como nosotros perdonamos" es enfática. El pronombre nosotros ya está incluido en el verbo "perdónanos", de modo que gramaticalmente no es necesario. El verbo "perdónanos" (*aphéikamen*) es el aoristo indicativo de *aphíeimi* que significa "perdonar", "remitir". El énfasis del tiempo aoristo es para indicar que el perdón de la parte humana es anterior, es decir, antes de orar para recibir el perdón del Padre. Perdonar a "nuestros deudores" significa que ya no le consideramos como deudor. Sus deudas con nosotros son como nada en comparación con lo que le debemos a Dios.[25] Perdonar a otros es una señal evidente de que la gracia de Dios ha encontrado un lugar firme en el corazón del creyente.

El versículo 13 contiene las dos últimas peticiones:

---

23. Michael Walter. *"opheiléteis"*, *Diccionario exégetico del Nuevo Testamento*, vol. II (Salamanca: Ediciones Sígueme, 1998), p. 652.
24. Richard C. H. Lenski, *The Interpretation of St. Matthew's Gospel*, p. 270.
25. *Ibíd.*

"Y no nos metas en tentación, mas líbranos del mal;
Porque tuyo es el reino, y el poder, y la gloria,
Por todos los siglos. Amén" (6:13).

La conjunción "y" (*kai*) introduce dos grandes necesidades en la vida del discípulo de Cristo. Ambas necesidades tienen que ver con la preservación de la vida espiritual. La expresión "no nos metas" (*mèi eisenégkeis heimâs*) ha sido tema de desacuerdo entre los estudiosos de la Biblia. El verbo *eisegnégkeis* es el aoristo subjuntivo de *eisphéro* que significa "llevar dentro" o "guiar a". Debe recordarse que una prohibición usando el aoristo subjuntivo significa pedir que la acción no se inicie, es decir, que ni siquiera comience. No es posible hacer ninguna maniobra exegética con el verbo usado aquí. Su significado es "no nos metas" o "no nos lleves a". Es una petición reverente en la que se pide a Dios que la acción de dicho verbo no comience. La Palabra de Dios enfatiza que Él no tienta a nadie (Stg. 1:13). Craig L. Blomberg, profesor de Nuevo Testamento en el Seminario Teológico de Denver, ha escrito lo siguiente:

> No nos metas en tentación no implica "no nos pongas en el lugar de tentación" o "no permitas que seamos tentados". El Espíritu de Dios ya ha hecho ambas cosas con Jesús (4:1). Tampoco la cláusula implica "no nos tientes" porque Dios ha prometido que de ninguna manera Él hará tal cosa (Stg. 1:13). Más bien, a la luz de la posible influencia del arameo en la oración de Jesús, esas palabras podrían entenderse mejor como "no nos dejes sucumbir ante la tentación" (vea Mr. 14:38) o "no nos abandones a la tentación". Por supuesto periódicamente sucumbimos a la tentación pero nunca por carecer de una alternativa (1 Co. 10:13). De modo que cuando nos rendimos [a la tentación] solo podemos culparnos a nosotros mismos.[26]

El sustantivo "tentación" (*peirasmós*) significa "una prueba" que en sentido ético podría ser buena o mala. En las Escrituras se usa respecto de las aflicciones que vienen de Dios (Dt. 7:19; 2 P. 2:9). *Peirasmós* también tiene el significado de "tribulación", "persecución" y también "el peligro que amenaza a una persona que se desvía del camino recto". Probablemente el vocablo "tentación" en este contexto tenga que ver con las pruebas y las luchas a que están sometidos los seguidores de Cristo.[27]

El contexto permite concebir que *peirasmós* se refiere a las pruebas de los últimos tiempos (Ap. 3:10) que tendrán lugar inmediatamente antes del establecimiento del Reino del Mesías (Mt. 24:29-30). McNeile dice: "*Peirasmós* es primordialmente la prueba de fuego que ha de marcar el comienzo del fin".[28]

"Mas líbranos del mal" (*allá hrysai heimâs apò toû poneiroû*). La conjunción "mas" (*allá*) es una adversativa enfática que señala un contraste fuerte e introduce la séptima y última petición. El verbo "líbranos" (*hrysai heimâs*) también es enfático. Es el aoristo

---

26. Craig L. Blomberg, "Matthew", *The New American Commentary*, vol. 22 (Nashville: Broadman Press, 1992), p. 120.

27. Vea Ed Glasscock, "Matthew", p. 150.

28. Alan Hugh McNeile, "The Gospel According to St. Matthew", p. 81. Vea también Stanley D. Toussaint, *Behold the King*, p. 111.

imperativo de *hrúomai* que significa "rescatar", "librar". El aoristo imperativo sugiere urgencia. Es una petición que requiere una liberación instantánea y especial. La idea no es la de una preservación continua del mal. Eso requeriría el presente de imperativo si la acción fuese continua.

"Del mal" (*apò toû poneiroû*). El sustantivo *poneirós* podría ser masculino o neutro. Si se toma como masculino la referencia sería a Satanás y haría mejor contraste con la primera parte del versículo: "no nos metas en tentación, sino líbranos del tentador". La otra posibilidad es tomar el vocablo como neutro y darle el sentido de "el principio del mal", es decir, el mal que está dentro de nosotros y el que está en nuestro derredor. Como reconoce Broadus:

> La frase griega traducida "el malo" ['del mal'] es aquí ambigua, como en 5:37 y puede igualmente significar mal. La misma expresión es sin duda masculina y quiere decir Satanás en 13:19, 38; Ef. 6:16; 1 Jn. 2:13, 14; 3:12; 5:19 (cp. v. 18); es claramente neutra, significando lo malo en abstracto, en Lc. 6:45; Ro. 12:9; 1 Ts. 5:22 (y varios ejemplos del plural neutro, 'cosas malas'); y la significación es dudosa en Mt. 5:37, 39; 6:13; Jn. 17:15; 2 Ti. 3:3.[29]

Quizá la mejor opción en este caso sería tomar una postura intermedia. El vocablo *poneirós* podría referirse tanto al Maligno, es decir, a Satanás como el gran autor del mal. Sin embargo, también podría referirse al mal como principio que afecta a todo ser humano debido a la naturaleza pecaminosa que está en todos. Solo mediante el poder santificador del Espíritu Santo, el verdadero discípulo de Cristo puede ser librado tanto del poder del Maligno como de la influencia destructora del mal.

"Porque tuyo es el reino, y el poder, y la gloria, por todos los siglos, amén". Esta doxología aparece en el margen de algunas versiones. Otras la omiten totalmente.[30] El gran exégeta de generaciones pasadas A. T. Robertson, destaca lo siguiente:

> Está ausente de los mejores y más antiguos manuscritos griegos… el uso de una doxología surgió cuando esta oración comenzó a ser usada como liturgia para ser recitada o cantada en la adoración pública. No era parte original de la oración modelo tal como fue dada por Jesús.[31]

El profesor Robert L. Thomas también afirma que la evidencia textual para la inclusión de esta porción en la oración es tardía e insuficiente y por lo tanto, no debe considerarse como parte original de la oración sino como una adicción litúrgica quizá basada en 1 Crónicas 29:11.[32]

---

29. John A. Broadus, *Comentario sobre el Evangelio según Mateo*, p. 181. Las palabras de Broadus deben servir de advertencia a los que usan el griego. Debe entenderse que el griego no resuelve todos los problemas. De modo que hay que ser cuidadosos y no dogmatizar solo sobre la base del texto griego.

30. Vea la *Biblia del Peregrino* y *La Sagrada Biblia* por Cantera Burgos e Iglesias González. Ambas son versiones católico-romanas.

31. Archibald Thomas Robertson, *Word Pictures in the New Testament*, vol. 1, p. 55. Vea también Bruce M. Metzger, *A Textual Commentary on the Greek New Testament* (Londres: United Bible Society, 1975), pp. 16-17.

32. Robert L. Thomas,"Notas inéditas sobre Mateo 6" (2000).

"Porque si perdonáis a los hombres sus ofensas". La conjunción "porque" es explicativa e introduce los pensamientos finales de esta sección. Los versículos 14 y 15 expresan una condición. Nuestro perdón a otros está conectado con el perdón de nuestro Padre celestial a nosotros. Debe tenerse en cuenta que aquí no se trata del perdón relacionado con la salvación. Como expresa Ed Glasscock:

> No se trata de un Dios airado que perdona la pecaminosidad de la raza adámica sino de nuestro Padre, librándonos de las ofensas que obstruyen nuestra comunión con Él.[33]

El pasaje establece claramente que el ser perdonado está condicionado a perdonar a otros (v. 14). Por otro lado, el versículo 15 niega el perdón a aquel que no perdona a otros. El texto declara de manera absoluta que no puede haber perdón mientras uno no perdona al semejante. El Padre perdonador desea tener hijos perdonadores. Los seres humanos ofendemos a Dios de manera más frecuente y terrible de cómo somos ofendidos por nuestros semejantes. La exhortación bíblica es: "Soportándonos unos a otros, y perdonándoos unos a otros si alguno tuviere queja contra otro. De la manera que Cristo os perdonó, así también hacedlo vosotros" (Col. 3:13). Tener un carácter perdonador nos asemeja más a Dios que ninguna otra cosa en nuestra vida.

EN LA PRÁCTICA DEL AYUNO (6:16-18)

"Cuando ayunéis, no seáis austeros como los hipócritas;
porque ellos demudan sus rostros para mostrar a los hombres que ayunan;
de cierto os digo que ya tienen su recompensa" (6:16).

La práctica del ayuno es la tercera ilustración presentada por el Señor en su enseñanza respecto de la justicia. El ayuno sigue siendo una actividad religiosa importante entre los orientales. Los musulmanes, por ejemplo, guardan estrictamente el ayuno del mes de Ramadán cada año. Así conmemoran la supuesta primera revelación dada a Mahoma. Los judíos tienen un solo ayuno obligatorio, a saber, el que se guarda el día de la expiación (Lv. 16:31). Había, sin embargo, un número importante de ayunos privados.

El ayuno estaba relacionado con el luto, la penitencia nacional (Jue. 20:26), la preparación para recibir revelación (Dn. 9:3) y cosas semejantes. Al parecer la razón principal del ayuno era la tristeza por el pecado y el arrepentimiento (Jl. 2:12; Jn. 3:5) al menos en el Antiguo Testamento. Mateo 9:14-15 e Isaías 58:1-7 parecen corroborar eso. En el Nuevo Testamento la razón principal para el ayuno es el deseo de encontrar de manera clara la voluntad de Dios para la vida del creyente (2 Co. 6:4-5; Hch. 10:30-32; 13:2-3). El ayuno, por lo tanto, es voluntario. El creyente se abstiene de varias necesidades de la vida por razones espirituales. Alguien ha dicho que orar es la unión del creyente con Dios mientras que el ayuno es la separación del creyente con la tierra.

Algunos defienden que el ayuno es bueno para la salud, que es bueno para la auto disciplina y que nos libra de convertirnos en esclavos de un hábito. Aunque el ayuno no se enfatiza en el Nuevo Testamento, es obvio por los pasajes antes citados que es un

33. Ed Glasscock, "Matthew", *Moody Gospel Commentary*, p. 151.

ejercicio espiritual legítimo. El apóstol Pablo y otros creyentes del Nuevo Testamento practicaron el ayuno. La práctica del ayuno, sin embargo, proporciona la oportunidad para generar el orgullo y el despliegue ostentoso de la piedad. Esa actitud negativa es la que el Señor Jesucristo condena en este pasaje.

"No seáis austeros como los hipócritas". El presente imperativo "no seáis" sugiere que se detenga algo que se está haciendo. Los fariseos habían convertido la práctica sana del ayuno en un ejercicio religioso vacío y sin significado. El Señor manda a sus seguidores que dejen de imitar tal práctica. El vocablo "austeros" (*skythrôpoí*) significa "tristes", "demacrados" o "aspecto sombrío". Se usa en Lucas 24:17, cuando el Señor preguntó a los discípulos de Emaús: "¿por qué estáis tristes?" Los israelitas, igual que muchos orientales, acostumbran a manifestar la tristeza y el luto mediante el uso de vestido de saco y echarse ceniza en la cabeza y en el rostro. Los fariseos habían pervertido esa costumbre para aparentar su religiosidad.

"Demudan sus rostros" (*aphanídsousin gàr autôn*). El verbo "demudan" significa "hacer invisible o irreconocible". Los fariseos desfiguraban sus rostros al dejarlos sin lavar y echar ceniza sobre sus cabezas para aparentar que eran piadosos. Esa es la hipocresía que el Señor condena de manera tajante. Como en los casos anteriores con las limosnas y la oración, los fariseos practicaban el ayuno para su propia exaltación y no para la gloria de Dios. Lo hacían "para ser vistos de los hombres" (*hópôs phanôsin toîs anthrópois*). El objeto era conseguir la admiración de los hombres y esa era la única recompensa que tendrían.

El Señor da la enseñanza positiva en los versículos 17 y 18:

> "Pero tú" (*sù dè*). Obsérvese el cambio del plural al singular. El Señor destaca de ese modo que la adoración a Dios es algo personal. Cristo manda a su seguidor que haga lo contrario de lo que hacían los fariseos: "Unge tu cabeza y lava tu rostro" (*áleipsai sou tèin kephalèin kaì to prósôpon sou nípsai*). Como ya se ha indicado, el único ayuno obligatorio para el judío era el del Día de expiación. Todos los demás eran voluntarios. Seguramente los israelitas exageraban la cuestión del ayuno y esa práctica también se extendió en la iglesia durante los primeros siglos de su historia.

Cristo manda a sus discípulos a "ungir sus cabezas y lavar sus rostros". "Ungir" es el verbo *aleiphomai*, es decir "dar un masaje o frotar" la cabeza y "lavar" (*nípsai*), es decir asear el rostro. Ambas acciones sugieren alegría, no tristeza. O sea que el Señor Jesucristo prohíbe a sus seguidores que sean ostentosos en el ejercicio de actos religiosos como orar o ayunar. Les recuerda que Dios mira lo secreto del corazón: "Y tu Padre que ve en lo secreto te recompensará en público". Esa es una gran advertencia para las reuniones de adoración que tienen lugar en muchos sitios hoy día. Debe recordarse que la adoración es, en primer lugar, algo íntimo y personal entre Dios y el creyente. Se puede adorar a Dios en la quietud del corazón y de la conciencia aun sin proferir palabra. Dios ama la verdad en lo íntimo y aprecia todo acto de devoción humilde cuyo fin sea glorificar a Aquel que es el único digno. Finalmente debe recordarse que Dios tiene en cuenta la actitud del adorador. El vocablo "recompensa" se repite varias veces en esta sección. Aquello que se hace para su gloria y que nadie ve ahora, un día delante de su augusta presencia Él lo recompensará abiertamente.

EN RELACIÓN CON LAS RIQUEZAS (6:19-21)

*"No os hagáis tesoros en la tierra donde la polilla y el orín corrompen
y donde los ladrones minan y hurtan" (6:19).*

Desde épocas inmemoriales el gran afán del hombre ha sido acumular riquezas materiales. La Biblia habla de las riquezas de los faraones egipcios, los reyes de Babilonia, los medopersas y las notorias riquezas de Salomón. El Nuevo Testamento menciona el caso del "rico insensato" que no sabía qué hacer con lo mucho que tenía (Lc. 12:16-21) y la del rico que "cada día hacía banquete con esplendidez" (Lc. 16:19). En tiempos modernos se ha hablado de la fortuna de Howard Hughes y recientemente, de Bill Gates. La Biblia no condena la riqueza, pero sí condena a quien coloca su riqueza en lugar de Dios (1 Ti. 6:9-11).

Esta sección comienza con una exhortación: Primero el lado negativo y luego el positivo. "No os hagáis tesoros en la tierra". El texto dice literalmente: "No atesoréis para vosotros mismos tesoros en la tierra". El presente indicativo precedido en la partícula negativa tiene la fuerza de: "Romped el hábito". Caer en el hábito de acumular riquezas es un peligro siempre presente en el corazón humano. La Biblia enseña que la avaricia es idolatría (Col. 3:5).

Las referencias a la "polilla" *(sèis)*, el "orín" *(brôsis)* y "ladrones" *(Kléptai)* traen a la mente las tres grandes fuentes de riqueza en Palestina y los tres peligros que se confrontaban. En primer lugar, la "polilla" sugiere vestidos. Inmediatamente se piensa en el hombre rico "que se vestía de púrpura y de lino fino, y hacía cada día banquete con esplendidez" (Lc. 16:19). Es insensato que alguien ponga su corazón en vestidos lujosos y finos porque cuando son guardados y no se usan, la polilla los infecta y destruye tanto su belleza como su valor.

En segundo lugar, el Señor se refiere al "orín". El vocablo usado es *brôsis* que literalmente significa la acción de comer. Dicho término se usa aquí metafóricamente para hablar de algo que es comido por los insectos. En el Nuevo Testamento se usa en Romanos 14:17 y Juan 4:32 con referencia a comer algún alimento. Puesto que el maíz y otros granos, que almacenados en grandes graneros, eran con frecuencia la principal fuente de riqueza de un hombre, el "comerse" que destruía esos granos era con frecuencia la actividad de ratones y otros roedores que invadían los graneros. No existía, por lo tanto, seguridad en esa riqueza que era almacenada.

Por último, el Señor se refiere a los ladrones que minan y hurtan y rompen las paredes de las casas. Puesto que las casas en Palestina eran construidas solo con barro cocido, no era raro regresar a casa y encontrar que los ladrones habían minado las paredes de la casa para robar el oro y otras posesiones que habían sido escondidas. No existía por lo tanto, ninguna seguridad para esos tesoros. Los ladrones podían apoderarse de ellos en cualquier momento.

El propósito de la amonestación es grabar en la mente de los discípulos la realidad de lo transitorio y lo precario de las cosas materiales. Lo que se tiene hoy puede perderse mañana.

El aspecto positivo de la exhortación está en el versículo 20: "Sino haceos tesoros en el cielo, donde ni la polilla, ni el orín corrompen y donde ladrones no minan ni hurtan". Los tesoros acumulados en el cielo son los únicos seguros.

"Haceos tesoros en el cielo" *(theisaurídsete dé hymîn thisauroùs)*. ¿Qué significa hacer tesoros en el cielo? ¿Cómo se consigue eso? Los tesoros hechos en el cielo debe ser una referencia a los galardones o las recompensas que Dios dará a quienes hacen su voluntad y trabajan para la edificación del cuerpo de Cristo en la tierra. Los tesoros celestiales deben guardar alguna relación con los actos de justicia efectuados por los verdaderos discípulos de Cristo. Como dice el escritor de Hebreos: "Y de hacer bien y de la ayuda mutua no os olvidéis; porque de tales sacrificios se agrada Dios" (He. 13:16). Los hombres se consideran ricos por lo que tienen acumulado en los bancos o en la bolsa de valores. El Señor Jesucristo enseña algo diferente: Riqueza es lo que está acumulado en el cielo y es el resultado de gastar nuestros bienes materiales para fines celestiales. Lo que invertimos para ministrar a otros es el verdadero capital acumulado en el banco celestial de Dios. Los tesoros acumulados en el cielo están perfectamente seguros. Allí no hay ni polilla, ni orín, ni ladrones. El banco del cielo es el único completamente seguro.

Debe añadirse que la Biblia no condena las riquezas ni los bancos terrenales. José recomendó al faraón egipcio que almacenara los granos cultivados durante los años de abundancia. Salomón y Agur enseñan como la hormiga trabaja durante el verano para tener comida para el invierno (Pr. 6:6-8; 30:25). Pablo exhorta a los creyentes a compartir con y ayudar a los necesitados (Ef. 4:28; 1 Ti. 5:8). Las riquezas materiales pueden ser una bendición si no se convierten en un fin sino en un medio para la proclamación de la Palabra de Dios en el mundo (Fil. 4:15-19; 1 Ti. 6:9-10, 17-19).

"Porque donde esté vuestro tesoro allí estará también vuestro corazón". La conjunción "porque" (*gàr*) introduce una segunda razón de por qué debe preferirse los tesoros celestiales. Los tesoros deben acumularse en el cielo para que el corazón del discípulo sea atraído a ese lugar.[34] El verdadero discípulo debe buscar las cosas de arriba (Col. 3:1-4). Obsérvese que el Señor cambia del plural ("Hagáis", "haceos") en los versículos 19 y 20 al singular ("vuestro tesoro", "vuestro corazón") en el versículo 21. Evidentemente, Cristo destaca la responsabilidad personal. Dos veces usa *sou* ("tu") para que la aplicación tenga un carácter personal.

El versículo 21 es enfático: "Porque donde está el tesoro tuyo, ahí mismo estará también el corazón tuyo". El sustantivo "corazón" (*kardía*) es el centro mismo de la personalidad, incluyendo el intelecto, la sensibilidad y la voluntad. No se refiere solo al sitio de los afectos emocionales sino a todo lo que implica la personalidad. Si el tesoro de una persona es Dios, su corazón tendrá una proyección celestial. Si todo lo que una persona valora está en la tierra, cuando tenga que abandonar este mundo lo hará de mala gana. Si su tesoro está en el cielo, se irá feliz a la presencia del Señor.

EN RELACIÓN CON EL LUGAR DADO A LAS RIQUEZAS (6:22-24)

Los versículos 22-24 son una ilustración de la enseñanza del versículo 21: "La lámpara del cuerpo es el ojo". El ojo hace la función de lámpara al cuerpo. El vocablo traducido "bueno" es *haploûs* que significa "simple" o "sincero" en el sentido moral. Robert L. Thomas dice que hay dos puntos de vista diferentes respecto del significado de esta palabra:[35]

---

34. Alfred Plummer, "An Exegetical Commentary on the Gospel According to St. Matthew", p. 106.
35. Robert L. Thomas, "Notas inéditas sobre Mateo 6" (2000).

1. Se usa en el mismo sentido general de *ágathos* [bueno] con la connotación de "saludable". Se toma ese significado por ser el opuesto exacto de *poneirós* [malo]. En ese caso toma la idea figurada existente entre los judíos de que un "ojo bueno" era una metáfora para indicar liberalidad y un "ojo malo" indicaba tacañería o avaricia.
2. El otro concepto considera el vocablo como una referencia a la singularidad de una imagen que se transmite por un ojo con buena visión, en contraste con un ojo que ve imágenes dobles o parpadeantes que se desplazan unas a otras. En ese caso, el término continúa el énfasis del contexto de "simple" o "único"; singularidad de tesoro (vv. 19-21), singularidad de visión (vv. 22-23), y singularidad de Señor (v. 24).

El vocablo clave en los versículos 22-23 es *haploûs*, traducido "bueno" en la Reina—Valera 1960. Tal vez una traducción adecuada sería "generoso". En Romanos 12:8, es traducido "liberalidad" (vea 2 Co. 9:13) y en Santiago 1:5, se traduce "abundantemente". Es, por lo tanto, el ojo generoso y la mente generosa lo que recibe la aprobación del Señor. Algo parecido ocurre con el término traducido "maligno" en el versículo 23. Aunque "maligno" es el significado normal de *poneirós*, el griego también permite la asignación de "avaro" o "tacaño" (vea Dt. 15:9; Pr. 23:6). Ese es el significado más probable en este caso puesto que aquí ambas palabras forman un contraste con el versículo anterior.

Nuestro Señor, por lo tanto, recomienda un espíritu generoso en el corazón del creyente y promete una gran bendición para su vida. Por otro lado, para el avaro y tacaño solo hay tinieblas, pérdida de comunión y de recompensa.

> *"Ninguno puede servir a dos señores;*
> *porque o aborrecerá al uno y amará al otro, o estimará al uno y menospreciará*
>   *al otro.*
> *No podéis servir a Dios y a las riquezas" (6:24).*

Cristo ofrece una ilustración más para enseñar la singularidad del servicio y la devoción a Dios. El vocablo "señores" es *kyríois* que significa "amos" o "dueños". Dios no comparte su soberanía con nadie. La ilustración va encaminada a determinar quién es el dueño o señor de la vida del verdadero discípulo de Cristo. El verbo "servir" (*douleúein*) es el presente infinitivo de *douleúo* que significa "ser un esclavo", "estar sujeto a". Es la única ocupación que tiene carácter exclusivo. Una persona puede trabajar en dos o más empresas diferentes pero no puede ser esclavo de dos amos al mismo tiempo. Los primeros discípulos de Cristo, cuando fueron llamados "dejaron al instante las redes y siguieron al Señor" (Mt. 4:19, 22). Pablo dice que por seguir al Señor "lo había perdido todo" (Fil. 3:7-8).

Aquí se trata de escoger entre Dios y Mamón. El interés de estos dos señores es diametralmente opuesto. Alguien ha dicho: "Mamón ha enriquecido a sus miles y condenado a sus diez miles". Esa es una gran verdad. Muchos, incluyendo a cristianos, han destruido sus vidas por amor al dinero.

El vocablo "Mamón" es de origen arameo y significa "riqueza" o "ganancia" y equivale a dinero como un señor en el sentido de competir con Dios por la adoración de los hombres. Pablo dice que la "avaricia" es decir, el amor a lo material es idolatría (Col. 3:5). Idolatría es quebrantar el primer mandamiento de la ley, o sea, convertir lo material en un Dios y adorarlo.

La idea del versículo 24 es que Dios debe ocupar siempre el primer lugar en la vida del verdadero discípulo de Cristo. "Cualquiera, pues, que quiera ser amigo del mundo, se constituye enemigo de Dios" (Stg. 4:4). En la relación con Dios, no existe la posibilidad de darle el lugar que solo a Él le corresponde y al mismo tiempo servir a Mamón como su esclavo. El verdadero discípulo no puede tener dos señores (vea 2 R. 17:32-33).

Este pasaje es sumamente importante para los creyentes que viven en una sociedad de consumo donde casi todo se consigue con dinero. Muchos cristianos sienten la presión y la tentación de conformarse y comprometerse con una sociedad que lo mide todo por medio del valor material.

El Señor Jesucristo enseñó a sus discípulos la práctica de la verdadera justicia. La verdadera justicia es aquella que procura la gloria de Dios. Dar limosna debe hacerse para agradar a Dios, no para ser aplaudido por los hombres. La oración tiene que ver con la comunión intima con Dios. No es un ejercicio religioso para exhibir la piedad del que ora. La oración es un acto de adoración y exaltación del único ser digno de ser alabado, es decir, del Dios Todopoderoso.

También el Señor enseñó a sus discípulos el significado espiritual del ayuno. El ayuno obligatorio era el que se observaba el Día de la expiación. Todos los demás eran voluntarios y se relacionaban con la oración y la adoración a Dios. Finalmente, en esta sección, el Señor trata la cuestión de la relación del verdadero discípulo con las riquezas de este mundo. El Seguidor del Mesías debe preocuparse más por la riqueza celestial que por la terrenal. El Señor no repudia las riquezas materiales sino que enseña que deben ocupar un lugar secundario en la vida del verdadero discípulo. Nada en lo absoluto debe rivalizar con Dios en la vida del creyente.

EN RELACIÓN CON LA CONFIANZA EN DIOS Y SU PROVISIÓN DIARIA (6:25-34)

Se dice que la ansiedad y el estrés son las enfermedades más comunes de la era moderna. Sicólogos y siquiatras no dan abasto al número de pacientes que acuden a sus consultas. Algunos de esos pacientes temen que llegue el fin del mundo. Otros simplemente temen que llegue el fin del mes. El Señor Jesucristo enseña a sus discípulos la importancia de confiar plenamente en Dios. Su cuidado providencial no cesa.

> *"Por tanto, os digo; No o afanéis por vuestra vida,*
> *qué habéis de comer o qué habéis de beber;*
> *ni por vuestro cuerpo qué habéis de vestir.*
> *¿No es la vida más que el alimento, y el cuerpo más que el vestido?" (6:25).*

"Por tanto" (*diá toûto*) significa "por esta razón. La razón tiene que ver con lo dicho anteriormente, probablemente se refiera a toda la sección de versículos 19-24. El Señor ha enseñado tocante a la absoluta lealtad a Dios en el versículo 24. La pregunta ahora es: ¿Cómo se relaciona esa confianza en Dios con mis necesidades diarias?

La respuesta del Señor es: "No os afanéis por vuestra vida". El verbo "afanéis" precedido de la partícula negativa es el presente imperativo de *merimmáo* que significa "preocuparse", "estar afanoso", "tener ansiedad". El Señor Jesucristo manda a sus discípulos a no caer en el hábito de "estar afanosos" por las necesidades de la vida. La enseñanza se centra en esta idea: Si somos esclavos (*douloì*) del Dios soberano, entonces no tenemos que estar ansiosos. Es su responsabilidad proveer las cosas materiales para sus esclavos, es decir, sus posesiones. Tan cierto como las aves no tienen que preocuparse por las plumas ni las flores por los pétalos de la misma manera los siervos del Dios Soberano no tienen que preocuparse por las necesidades de su vida. Aunque tenemos que trabajar, no tenemos que vivir afanosos. La prohibición de "no os afanéis" no elimina la previsión y la provisión pero si la ansiedad que produce tensión y depresión en muchas personas.

"Por vuestra vida" significa las necesidades de la vida terrenal. El vocablo "vida" (*psycheî*) requiere el alimento físico lo mismo que el cuerpo (*sôma*) necesita el vestido. Aunque Dios suple muchas cosas para la humanidad (Mt. 5:45), aquí se trata el hecho de que Dios suple las necesidades de sus hijos. Él nos ha dado el mayor de los dones, la salvación y nos proporciona lo necesario para el vivir cada día (Ro. 8:32).

"Mirad las aves del cielo". Los cielos de la Palestina estaban poblados de aves. El Señor usa algo común para ilustrar su enseñanza. El argumento es sencillo: Si las aves no tienen ninguna razón para preocuparse mucho menos los hijos del Creador, dotados de inteligencia, tienen necesidad de vivir afanosos por sus necesidades. Si Dios cuida de las criaturas inferiores ciertamente cuidará de aquellos que son su imagen y semejanza. Las aves del cielo son alimentadas por el Padre celestial. Él hará mucho más por sus redimidos. En las palabras de un comentarista:

> Pero Dios se preocupa de los hombres más que de las aves y los lirios, no porque los hombres contribuyen a su propio sustento sino porque es su Padre.[36]

"¿Y quién de vosotros podrá, por mucho que se afane,
añadir a su estatura un codo?" (6:27).

El vocablo traducido "estatura" (*heilikían*) puede referirse a la "edad" o a "la estatura" de alguien. Dicho vocablo se usa en Juan 9:21, 23 respecto de la "edad" del ciego que Jesús sanó. Sus padres dijeron: "edad tiene", es decir "ya es adulto", "ha llegado a la edad de madurez". También en el caso de Sara que quedó embarazada "pasada ya la edad" o "fuera del tiempo de la edad" (*pará kairón heilikías*). En Efesios 4:13, se le da un sentido metafórico "a la medida de la estatura de la plenitud de Cristo". En Lucas 19:3, se usa respecto de Zaqueo que "era pequeño de estatura".[37]

---

36. Ulrich Luz, *Evangelio según San Mateo*, vol. 1 (Salamanca: Ediciones Sígueme, 1993), pp. 515-516.
37. Vea T. Schramm, *"heilikía"*, *Diccionario exégetico del Nuevo Testamento*, Horst Baltz y Gerhard Schneider eds. (Salamanca: Ediciones Sígueme, 1996), pp. 1779-1780.

Un "codo" era el equivalente aproximado de 45 cm. Es ridículo pensar que alguien pensaría añadir a su estatura 45 cm. afanándose. Por lo tanto, el significado más sensato es que nadie puede añadir el espacio de tiempo más breve a su existencia afanándose. Como señala William Hendriksen:

> El verdadero significado, pues, es este: ¿Quién entre vosotros es capaz, por medio del afán, alargar el transcurso de su vida en algo tan pequeño? Alguien puede afanarse hasta la muerte, pero no puede afanarse para extender su vida.[38]

Lo mejor que el creyente puede hacer es poner su vida en las manos de Dios. Nuestros tiempos están en sus manos (Sal. 31:15). Ese es el lugar más seguro. Añadir un "codo", por lo tanto no se refiere a la estatura física sino a la duración de la vida en la tierra. Nadie, por mucho que se afane puede alargar sus años en la tierra.

"Y por el vestido ¿Por qué os afanáis?
Considerad los lirios del campo, cómo crecen: no trabajan ni hilan;
pero os digo, que ni aun Salomón con toda su gloria
se vistió así como uno de ellos" (6:28-29).

"Los lirios del campo" eran flores silvestres que crecían sin necesidad del cuidado humano. Algunos creen que se refiere a los lirios de color violeta oscuro que crecen en la tierra de Israel. Esas flores brotaban por un día en las laderas de las montañas pero a pesar de su corta duración, poseían una belleza y una gloria que superaban la de Salomón vestido con ropa real. Así como las aves son un ejemplo de la provisión de alimento que viene de Dios para ellas, las flores son para una ilustración de su amor al proveer el vestido. Si hace eso con las flores del campo, hará mucho más con sus redimidos. Ese es precisamente el argumento del versículo 30: Si Dios tiene un cuidado tan especial por la "hierba del campo" que solo vive un día ¿no hará mucho más por quienes esperan vivir en su Reino por toda la eternidad?

La expresión "hombre de poca fe" (*oligópistoi*) es un adjetivo compuesto que se usa en el Nuevo Testamento en Mateo 6:30; 8:26; 14:31; 16:8 y Lucas 12:28. Su uso siempre señala a la desconfianza en la provisión de Dios como señala Broadus:

> La falta de fe es la raíz de la congoja que nuestro Señor reprende aquí, como también lo es de todo otro sentimiento pecaminoso; y así vemos una de las maneras en que la desconfianza conduce a la infelicidad.[39]

El salmista dice: "Bienaventurado el hombre que puso en Jehová su confianza" (Sal. 40:4). Dios se complace cuando sus hijos confían en Él.

"No os afanéis, pues, diciendo:
¿Qué comeremos, o qué beberemos, o qué vestiremos?
Porque los gentiles buscan todas estas cosas;

---

38. William Hendriksen, *The Gospel of Matthew* (Grand Rapids: Baker Books House, 1979), p. 357.
39. John A. Broadus, *Comentario sobre el Evangelio de Mateo*, p. 196.

*pero vuestro Padre celestial sabe que tenéis
necesidad de todas estas cosas" (6:31-32).*

El adverbio "pues" (*oûn*) señala a una conclusión lógica derivada de la enseñanza de los versículos 25-30. Sobre la base de las enseñanzas de los versículos anteriores el Señor manda a sus discípulos a no entrar en la ansiedad (*meì merimnéiseite*). El verbo en el aoristo subjuntivo precedido de la negación sugiere no dar comienzo a la acción. Los verbos: "comeremos", "beberemos" y "vestiremos" precedidos de la partícula interrogativa "qué" señala al hecho de que el discípulo del Mesías no debe poner en duda el cumplimiento de la promesa de Dios.

La ansiedad y el afán, según el Señor, son características de los gentiles. Puesto que esencialmente se trata de desconfiar de Dios se comprende que sea propio de los gentiles cuyos dioses son celosos, caprichosos e impredecibles, que se comportan como humanos en sus deseos sensuales, mienten, engañan e incluso matan. Los seguidores del Mesías deben ser diferentes (Ef. 2:11-12; 4:17-24), y deben llevar un estilo de vida diferente.

Los discípulos del Mesías no necesitan vivir con la ansiedad con la que viven los gentiles: "Porque vuestro Padre celestial sabe que tenéis necesidad de todas estas cosas". Debe observarse que la Reina—Valera 1960 dice "pero", sin embargo, el vocablo griego *gàr* significa "porque" y se usa para explicar la razón de diferencia entre los discípulos y los gentiles. Los discípulos tienen un Dios santo e inmutable. Los gentiles tienen dioses caprichosos.

*"Mas buscad primeramente el reino de Dios y su justicia,
y todas estas cosas os serán añadidas" (6:33).*

"Mas" (*dè*) tiene una función adversativa. Se usa para contrastar la ansiedad de los gentiles, que no conocen al único Dios vivo y verdadero, con la actitud que deben mostrar los discípulos del Mesías que anticipan entrar en el Reino.

"Buscad" (*dseiteîte*) está en el modo imperativo, tiempo presente. Podría expresarse así: "Seguid en la búsqueda". La idea es que el discípulo debe hacer del Reino de Dios el centro mismo de su vida y anhelo. Así como debe orar, diciendo: "Venga tu reino", también debe procurar que los principios éticos y espirituales del Reino formen parte de su experiencia mientras aguarda el día cuando el Mesías cumplirá su promesa y su Reino será establecido en la tierra.

El adverbio "primeramente" (*prôton*) es enfático y significa hacer del Reino de Dios y su justicia la prioridad de la vida del verdadero discípulo. "El reino" sin duda se refiere al Reino del Padre celestial. Ese es el Reino mesiánico llamado "el reino de los cielos" (vea 3:2; 4:17; 5:3).[40] Broadus, quien no era un premilenarista, dice: "El reinado del Padre significa aquí el reinado o su Reino mesiánico".[41]

"Y su justicia" (*kaì teìn dikaiosýnein outoû*). Esa es la justicia que estará asociada con el establecimiento del Reino mesiánico. El profeta Jeremías escribió:

---

40. La expresión "de Dios" no aparece en los manuscritos más confiables. El texto dice en realidad: "mas buscad primeramente el reino y su justicia".
41. Broadus, *op.cit.*, p. 197

"He aquí que vienen días, dice Jehová, en que levantaré a David renuevo justo, y reinará como Rey, el cual será dichoso, y hará juicio y justicia en la tierra. En sus días será salvo Judá, e Israel habitará confiado; y este será su nombre con el cual le llamarán: Jehová, justicia nuestra" (Jer. 23:5-6).

Zacarías el padre de Juan el Bautista, también vislumbró del día cuando la justicia perfecta de Dios será implantada en la tierra en conformidad con las promesas del pacto abrahámico:

"Para hacer misericordia con nuestros padres, y acordarse de su santo pacto; del juramento que hizo a Abraham nuestro padre, que nos había de conceder que, librados de nuestros enemigos, sin temor le serviríamos en santidad y en justicia delante de él todos nuestros días" (Lc. 1:72-75).

Solo quienes han sido declarados justos por la fe en el Mesías entrarán en su Reino. Todos aquellos que han nacido de nuevo por la fe en Él están bajo obligación de poner los principios del Reino en primer lugar. Esos principios son: Justicia, paz, santidad, misericordia y la manifestación de la gloria de Dios. Esos principios serán realidades en el Reino glorioso del Mesías. Evidentemente ninguno de ellos está presente hoy día ni en la sociedad ni en las iglesias. Decir que el Mesías ya está reinando en la tierra, sentado en el trono de David, constituye una alegorización flagrante de una cantidad enorme de pasajes bíblicos que describen ese reinado. Además, ¿quién sería capaz de decir que la voluntad de Dios se está haciendo en la tierra como en el cielo?

"Así que, no os afanéis por el día de mañana,
porque el día de mañana traerá su afán.
Basta a cada día su propio mal" (6:34).

Este versículo resume maravillosamente las enseñanzas del pasaje. "Así que" (*oûn*) equivale a "sobre la base de lo dicho anteriormente". El aoristo subjuntivo "no os afanéis", es enfático "ni siquiera comencéis a afanaros" con miras al día de mañana (*eis tèin aúrion*). El vocablo "mañana" (*aúrion*) no se refiere al día siguiente próximo sino a cualquier mañana, es decir, al futuro indefinido.[42]

La explicación es "Porque el día de mañana traerá su propio afán". El día de mañana traerá sus propias (*heauteîs*) dificultades. Añadir a hoy las ansiedades y los afanes de mañana solo contribuirá a empeorar la situación de cualquier persona. Las palabras de Isaías son sin duda, apropiadas:

"Tú guardarás en completa paz a aquel cuyo pensamiento en ti persevera; porque en ti ha confiado" (Is. 26:3).

O las palabras de Pablo a los filipenses:

"Por nada estéis afanosos, sino sean conocidas vuestras peticiones delante de Dios en toda oración y ruego, con acción de gracias. Y la paz de Dios, que sobrepasa todo entendimiento, guardará vuestros corazones y vuestros pensamientos en Cristo Jesús" (Fil. 4:6-7).

---

42. Richard C. H. Lenski, *The Interpretation of St. Matthew's Gospel*, p. 286.

"Basta a cada día su propio mal" (*arketòn teî heimérai héi kakía auteîs*). Esa es una solemne declaración para quienes se angustian por lo que ha de suceder mañana. Cada día acumula su propio mal. El vocablo "mal" (*kakía*) se usa en el Nuevo Testamento con referencia al mal moral. En este contexto, sin embargo, el evangelista lo usa con el mismo sentido en que se usa en la Septuaginta (LXX), es decir, "problemas" y cargas de la vida diaria.

RESUMEN Y CONCLUSIÓN

Mateo capítulo 6 abarca una serie de temas relacionados con la práctica de la justicia en la vida del verdadero discípulo. El capítulo termina con una exhortación a confiar plenamente en el Dios Todopoderoso que está atento y suple cada una de las necesidades de sus hijos. El Señor usa ilustraciones de la naturaleza: las aves del cielo y los lirios del campo. Si Dios suple las necesidades de la baja creación, ciertamente Él hará mucho más a favor del hombre y particularmente de aquellos que han puesto su fe en el Mesías. El llamado es a buscar como prioridad singular el Reino y su justicia, es decir, poner en primer lugar el ámbito en el cual la voluntad de Dios es hecha en la tierra como en el cielo.

12
La práctica de la justicia y el juicio al prójimo (7:1-6)

Aunque algunos escritores y comentaristas piensan que el capítulo 7 de Mateo es una recopilación de aforismos y dichos de Jesús pronunciados en el transcurso de su ministerio, esa opinión no puede demostrarse. El Sermón del Monte tiene una cohesión y una unidad que solo cuestionan quienes tienen dudas sobre la inspiración de las Escrituras. El Espíritu Santo guió y supervisó a Mateo en la composición del Evangelio que lleva su nombre. La unidad del Sermón gira alrededor del tema de la justicia que deben practicar quienes anticipan entrar en el Reino del Mesías. Las palabras clave del Sermón se encuentran en Mateo 5:20. "porque os digo que si vuestra justicia no fuese mayor que la de los escribas y fariseos, no entraréis en el reino de los cielos". Todo el Sermón es, en cierto sentido, una exposición correcta de la ley que había sido mal interpretada y erróneamente aplicada por los escribas y fariseos. Tal como habían hecho un uso equivocado de las limosnas, la oración y el ayuno también habían pervertido la enseñanza tocante al juicio. En los primeros versículos del capítulo 7 el Señor prohíbe el uso de la censura presuntuosa y la falta de compasión hacia un semejante. La prohibición tiene que ver con el juicio personal.

"No juzguéis, para que no seáis juzgados.
Porque con el juicio que juzgáis, seréis juzgados,
y con la medida con que medís, os será medido" (7:1-2).

"No juzguéis" es una prohibición en el presente imperativo. Esa forma verbal se usa para prohibir la continuación de una acción o el cese de un hábito. El verbo "juzguéis" (*krínete*) a veces se traduce en su forma enfática de "condenar". El contexto en este caso requiere la traducción que aparece en la Reina—Valera 1960.

El Señor no sugiere el abandono de la facultad crítica de la mente con la que Dios ha dotado al hombre. Lo que sí manda es el abandono de la censura como un hábito.

Una cosa es criticar en el sentido bíblico y otra cosa es ser un criticón y un censurador de todo lo que no gusta. Lo que el Señor parece tener en mente es lo que dijo en Juan 7:24: "No juzguéis según las apariencias sino juzgad con justo juicio".

"Para que no seáis juzgados" (*hína méi krithêite*). Es una cláusula de propósito negativa en la que se usa el verbo en el aoristo subjuntivo.[1] Hay quienes toman esta cláusula como una referencia al juicio que se recibe de parte de aquel que ha sido juzgado. Es decir, quienes juzgan a otros deben esperar el mismo trato. El contexto, sin embargo, parece señalar al juicio de Dios. O sea que apunta, más bien, al juicio que Cristo realizará en los postreros tiempos (1 Co. 4:5). Como observa Bonnard:

> Jesús no prohíbe toda apreciación del prójimo, sino el quitar a Dios la autoridad del juicio último en el sentido de veredicto de muerte. La forma pasiva del verbo... es una alusión apenas velada a este juicio último de Dios.[2]

Cristo no manda a eliminar todo juicio ni toda ley o norma. Eso sería un grave error. Esa mala comprensión del texto ha abierto las puertas a la introducción de herejías y falsas doctrinas que han contribuido a la destrucción del testimonio de la iglesia local y en numerosos casos, ha destruido la eficacia de escuelas bíblicas y seminarios teológicos.

"Porque con el juicio con que juzgáis, seréis juzgados". Esta frase introduce las razones de por qué debe evitarse juzgar a los hermanos. Hay otras razones además de las que se mencionan aquí, pero las que se mencionan son reveladoras. La crítica destructiva por lo general se convierte en un bumerán:

1. En primer lugar, es contraproducente respecto de Dios: La referencia en el versículo 1 tiene que ver con el juicio de Dios en los postreros tiempos. Es Dios quien nos juzgará por la crítica despiadada que hacemos de otros (Sal. 18:25-26). Pablo dice: "Si, pues nos examinásemos [juzgásemos] a nosotros mismos, no seríamos juzgados" (1 Co. 11:31).
2. En segundo lugar, es contraproducente respecto de los hombres: Hay una reciprocidad en el juicio. Si somos censuradores y criticones de otros, esa será la manera como seremos tratados (vea Mt. 6.14-15). Hay muchos ejemplos en la Biblia donde se explica que alguien recibió el juicio que había preparado para otro. Un ejemplo de ello es el ejemplo de Amán: "Así colgaron a Amán, en la horca que él había hecho preparar para Mardoqueo; y se apaciguó la ira del rey" (Est. 7:10).
3. En tercer lugar, nuestro juicio es falible. Nunca tenemos todos los datos necesarios para juzgar con equidad. El hipócrita es cegado por su incapacidad

---

1. Dana y Mantey dicen que la función de una oración de propósito es expresar el objetivo de la acción denotada por el verbo principal. Ese adjetivo puede ser de la naturaleza de un designio deliberado, puede ser un asunto de dirección general, o meramente de resultados contemplados [*Gramática griega del Nuevo Testamento*, p. 276]. En Mateo 7:1 hay una oración final pura, es decir, "que expresa un propósito preciso concebido como el objetivo de la acción indicada por el verbo principal".
2. Pierre Bonnard, *El Evangelio según San Mateo* (Madrid: Ediciones Cristiandad, 1983), p. 143.

de ejercer un auto juicio. Casi todos los problemas tienen dos lados y por lo general, no consideramos ambos lados antes de emitir juicio. Eso hace que nuestro juicio no sea objetivo. La falibilidad de nuestro juicio y de nuestro entendimiento debe servirnos de advertencia a la hora de verter nuestra crítica contra otros creyentes. La lección es la de la quinta bienaventuranza: "Bienaventurados los misericordiosos, porque ellos alcanzarán misericordia" (Mt. 5:17).

"¿Y por qué miras la paja que está en el ojo de tu hermano,
y no echas de ver la viga que está en tu propio ojo?
¿O cómo dirás a tu hermano: Déjame sacar la paja de tu ojo,
y he aquí la viga en el ojo tuyo?" (7:3-4).

La conjunción "y" (*de*) introduce lo que se ha llamado "la parábola de la paja y la viga". Para tener una idea del significado de las palabras del Señor, es de ayuda leer lo que dicen otras versiones: *La Nueva Versión Internacional* dice: "¿Por qué te fijas en la astilla que tiene tu hermano en el ojo, y no le das importancia a la viga que está en el tuyo?" *La Nueva Biblia Latinoamericana* traduce el texto así: "¿Por qué ves la pelusa en el ojo de tu hermano y no ves la viga en el tuyo?" Y *la Antigua Versión de Cipriano de Valera Revisada* dice lo siguiente: "Y ¿Por qué miras la arista que está en el ojo de tu hermano; y no echas de ver la viga que está en tu ojo?" Detrás de todas esas traducciones está el hecho de que el vocablo *tò kàrphos*, traducido "paja", tiene el significado de "mota", "pajita", "astilla", "pelusa", "arista", es decir una partícula muy pequeña que puede causar irritación, mientras que el vocablo *dokón* significa una viga de madera de tamaño considerable. Seguramente la ilustración usada por el Señor produciría alguna risa entre sus oyentes. ¡Imagínese un hombre con una viga que sobresale de uno de sus ojos intentando extraer una "pelusa" o una "pajita" del ojo de otra persona! La lección es sumamente clara. Uno debe comenzar criticándose a sí mismo antes de criticar a otros. Solo así será capaz de ver con claridad.

La expresión "de tu hermano" (*toû adelphoû sou*) señala a una relación fraternal cercana. Tanto judíos como cristianos usan dicha expresión para indicar que pertenecen a la misma comunidad. Obsérvese que, como en ocasiones anteriores, el Señor cambia del plural al singular. El propósito de ese cambio es, sin duda, aplicar la verdad de la lección al individuo. El profesor Robert L. Thomas hace el siguiente comentario:

> Debe notarse que la censura va dirigida no contra la habilidad de alguien para ver la falta de otro, sino más bien su rechazo a considerar su propia falta. Si considerase primero cuán digno de culpa él mismo es, sería más reticente a culpar a otros. Una auto evaluación adecuada también evitaría la condenación de otros a causa de una ofensa menos grave.[3]

"¿O cómo dirás a tu hermano: Déjame sacar la paja de tu ojo y he aquí la viga en tu ojo?" Este versículo podría parafrasearse así: "O cómo te atreverás decir a tu

---

3. Robert L. Thomas, "Notas inéditas sobre Mateo 7" (2000).

hermano". O en las palabras de Broadus: "¿Cómo tendrás la desvergüenza de decirlo? ¿Cómo te sentirás libre para decirlo?"[4] John A. Broadus cita las siguientes palabras de Horacio:

> Mientras ves tus propias faltas con ojos ofuscados y no ungidos ¿por qué será que para ver las faltas de tus amigos tu visión es tan penetrante como la de un águila?"[5]

El versículo expresa la magnitud de la hipocresía de aquel que es capaz de detectar la presencia de una pequeña "mota", es decir, algo insignificante "en su hermano" (*toû adelphoû sou*), pero es incapaz de detectar "la viga", o sea, la falta enorme que hay en su propia vida. Solo cuando hayamos resuelto el problema de nuestro pecado personal podremos con mansedumbre ayudar al hermano que se ha desviado o ha caído en alguna falta (Gá. 6:1).[6]

> *"¡Hipócrita! Saca primero la viga de tu propio ojo,*
> *y entonces verás bien para sacar la paja del ojo de tu hermano" (7:5).*

El Señor ha usado varias veces el sustantivo "hipócrita" (vea 6:2, 5, 16). Se usa aquí para señalar que quien es culpable de efectuar un juicio censurador del hermano no solo lo hace por estar auto engañado sino que también lo hace orgullosamente. Como ya se ha señalado, la hipocresía consiste en ocuparse de la paja ajena sin antes ocuparse de las propias faltas. Como observa Bonnard:

> Es probable que el sentido no sea tan simple: Quien juzga aquí a su hermano (v. 1) está tan absorbido por esta tarea de acusación que ni siquiera tiene conciencia de ser más pecador que él.[7]

El Señor describe a alguien que se engaña a sí mismo y "no percibe" o "no echa de ver" (*ou katanoeîs*) su propia falta (v. 3). Si uno ha "sacado primero" (*ékbale prôton*) la viga de su ojo, es decir, si se ha visto a sí mismo y ha confesado sus pecados y tiene un corazón limpio, entonces podrá "ver bien" (*diablépseis*), o sea, ver con claridad como el que tiene perfecta visión y así podrá sacar la "pajita" del ojo del hermano. La lección es que cuando uno corrige sus propias faltas crece en madurez. El cristiano maduro es una persona espiritual y está en una mejor posición para ayudar al hermano débil (Sal. 51:10-13).

> *"No deis lo santo a los perros, ni echéis vuestras perlas delante de los cerdos,*
> *no sea que las pisoteen, y se vuelvan y os despedacen" (7:6).*

Este versículo es algo abrupto. No hay ninguna conjunción adversativa ni ninguna

---

4. John A. Broadus, *Comentario sobre el Evangelio según Mateo*, p. 204.
5. *Ibíd.*, p. 205.
6. Vea Craig L. Blomberg, "Matthew", *The New American Commentary*, p. 128.
7. Pierre Bonnard, *Evangelio según San Mateo*, p. 154.

conectiva que lo una con lo dicho anteriormente. Su enseñanza, sin embargo, es de suma importancia. Los verbos "deis" (*dôte*) y "echéis (*báleite*) son aoristos subjuntivos. En ambos casos dichos verbos van precedidos de una prohibición ("no", "ni"). Debe recordarse que una negación en el aoristo subjuntivo equivale a prohibir el comienzo de una acción: "Que no se os ocurra dar lo santo a los perros, ni echar vuestras perlas delante de los cerdos". Esa sería la idea.

¿Cuál es el significado de los vocablos "perros" y "cerdos"? En primer lugar, cabe recordar que ambos eran animales inmundos según la ley de Moisés. De modo que el Señor, evidentemente, usó esos sustantivos para referirse a quienes no tienen aprecio por las cosas santas. Al parecer, ambos sustantivos se refieren a personas inconversas. El vocablo "perro" se usa en Apocalipsis 22:15, donde dice: "Mas los perros estarán fuera". También en Filipenses 3:2, donde Pablo dice refiriéndose a los judaizantes: "Guardaos de los perros, guardaos de los malos obreros, guardaos de los mutiladores del cuerpo". El sustantivo "cerdo" aparece en 2 Pedro 2:22, también refiriéndose a inconversos. La lección que el Señor pretende enseñar es que, por un lado, los discípulos no deben hacer juicios malévolos de otras personas, pero por otro lado, deben discriminar entre lo santo y lo inmundo: "No debe prepararse una mesa llena de verdades hermosas y santas de las cosas de Dios y ponerlas delante de alguien que no manifiesta amor alguno por la verdad".[8] El discípulo debe ser juicioso sin ser judicial. Debe entender que cuando alguien cierra su corazón a la verdad, rechaza la luz y da la espalda al regalo de la salvación que Dios le ofrece, esa persona ha sellado su destino eterno. Hay personas que rehúsan recibir la verdad. Algo tiene que suceder al hombre antes de que pueda ser enseñado. Primero tiene que ocurrir el ministerio iluminador del Espíritu Santo. Si una persona rehúsa responder al ministerio redargüidor del Espíritu Santo tiene que enfrentarse al juicio punitivo de Dios.

Las expresiones "lo santo" (*tò hágion*) y "las perlas" son cosas preciosas delante de Dios. Ni el perro ni el cerdo saben diferenciar entre lo santo y lo inmundo. Para ellos todo es igual. El inconverso tiene el mismo comportamiento. "El hombre natural no percibe las cosas que son del Espíritu de Dios, porque para él son locura" (1 Co. 2:14). Si a alguien se le ocurriese echarle perlas a los cerdos, estos pensarían que se trata de gravilla y las pisotearían al no poder comerlas.

RESUMEN Y CONCLUSIÓN

El Señor nos manda a no convertirnos en jueces de nuestros hermanos. El Gran Juez es el Espíritu Santo. Es necesario comenzar por un auto juicio. El cristiano que posee un corazón limpio puede ayudar a otro a desarrollarse espiritualmente. El creyente maduro, primero considera sus propias faltas y confiesa sus pecados delante de Dios y luego se atreve a corregir y a restaurar a otros.

En segundo lugar, el Señor nos enseña la necesidad de saber discriminar cuando se trata de los temas de la santidad y de la doctrina. El peligro de la herejía y la falta del ejercicio de la disciplina en la iglesia han causado estragos en muchas asambleas. Tanto los ancianos y pastores como otros hermanos maduros de la congregación deben estar vigilantes en todo tiempo y no permitir que "perros" y "cerdos" destruyan cosas sagradas de Dios.

---

8. Samuel Lewis Johnson, "Notas inéditas sobre Mateo" (1975).

El primer párrafo del capítulo 7 de Mateo enfoca la ética que la persona que anticipa entrar en el Reino del Mesías debe practicar a la hora de juzgar a otras personas. El hijo del Reino no ha sido llamado a condenar a otros ni a juzgar con ligereza las acciones de otras personas. Todo juicio debe hacerse a la luz de la Palabra de Dios y con temor y temblor. Pablo escribió a los corintios un importante principio relacionado con el juicio:

"Así que, no juzguéis nada antes de tiempo, hasta que venga el Señor, el cual aclarará también lo oculto de las tinieblas y manifestará las intenciones de los corazones; y entonces cada uno recibirá su alabanza de Dios" (1 Co. 4:5).

13
La práctica de la justicia y el reconocimiento de la bondad de Dios (7:7-12)

"Donde hay vida, hay aliento. Donde hay vida espiritual, hay respiración espiritual, porque la oración es la palabra que brota del alma hacia Dios".

(Samuel Lewis Johnson)

"Pedid y se os dará, buscad y hallaréis; llamad y se os abrirá.
Porque todo aquel que pide, recibe; y el que busca, halla;
y al que llama se le abrirá" (7:7-8).

Los tres verbos: "Pedid" (*aiteîte*), "buscad" (*dseiteîte*) y "llamad" (*kroúete*) son presentes de imperativo, es decir, sugieren el mandato a continuar una acción. La idea es "continuad pidiendo", "seguid buscando", "llamad sin cesar". Broadus afirma lo siguiente:

Pedid, buscad, y llamad son aquí prácticamente equivalentes, siendo hecha la repetición con el fin de grabar la verdad en la memoria, no conviene procurar hacer distinciones entre ellas.[1]

Debe observarse que el Señor enfatiza la necesidad de la oración en la vida de sus discípulos. La oración es el único asunto que se trata dos veces en el Sermón del Monte. Eso señala la importancia que Cristo dio a la práctica de hablar con Dios. El Señor no enseñó a sus discípulos como predicar, pero sí les enseñó cómo orar porque saber

---

1. John A. Broadus, *Comentario sobre el Evangelio según Mateo*, p. 207.

264

hablar con Dios es más importante que saber hablar a los hombres. Todo el Sermón del Monte trata del carácter de la vida y el ministerio que los discípulos del Reino deben poseer. La oración es, sin duda, parte esencial de ese aprendizaje. Jesús no solo enseñó a sus discípulos a orar sino que Él mismo practicó la oración: "Levantándose muy de mañana siendo aún muy oscuro, salió y se fue a un lugar desierto, y allí oraba" (Mr. 1:35). Jesús nunca oró *con* los discípulos, pero sí oró *por* los discípulos.

Obsérvese que hay una progresión de intensidad en los verbos "pedid", "buscad", "llamad". "Pedid" implica un sentido de humildad y el reconocimiento de una necesidad. Puede obtenerse una ligera idea aquí de la razón de la institución divina de la oración como el medio para conseguir bendiciones tanto espirituales como materiales. Es a través de la oración que uno puede combatir los grandes obstáculos que confronta el crecimiento espiritual. Debe notarse, además que cada uno de los mandamientos, si es obedecido, recibe la seguridad de una bendición: "Se os dará", "hallaréis" y "se os abrirá". Hay un fuerte énfasis, por lo tanto, en la certeza de la respuesta al que **pide, busca y llama** con sinceridad delante de Dios. Aquí tenemos un enorme incentivo para orar persistentemente. El Señor promete: "Y todo lo que pidiereis en oración, creyendo, lo recibiréis" (Mt. 21:22), y NO HAY MEJOR MANERA DE ORAR QUE TOMAR SUS PROMESAS Y DEVOLVERLAS DELANTE DE su presencia en forma de peticiones puesto que la oración es más eficaz cuando se apela a las promesas, es decir, cuando la Palabra de Dios constituye el argumento que es dirigido de nuevo al Señor que soberanamente promete cumplir todo lo que ha prometido.

> *"Porque todo aquel que pide, recibe;*
> *y el que busca, halla; y al que llama, se le abrirá" (7:8).*

Este versículo asegura que la razón de orar es simplemente el hecho de que la respuesta divina es segura si la oración es hecha en la voluntad de Dios. El apóstol Juan dice: "Y esta es la confianza que tenemos en él, que si pedimos alguna cosa conforme a su voluntad, él nos oye" (1 Jn. 5:14).

La conjunción "porque" (*gàr*) explica la base sobre la cual la promesa del versículo 7 es asegurada. Dios escucha la oración de cada uno de sus hijos (nótese el uso del singular "todo aquel") y la contesta en conformidad con su santa voluntad. La oración que Dios no contesta es aquella hecha con fines egoístas (Stg. 4:3).

> *"¿Qué hombre hay de vosotros, que si su hijo le pide pan, le dará una piedra?*
> *¿O si le pide un pescado, le dará una serpiente?" (7:9-10).*

La Reina—Valera 1960 omite la conjunción "o" (*ei*) en el versículo 9. Dicha conjunción se usa para presentar un nuevo argumento, o sea, para ofrecer una opción alternativa a la cuestión. El razonamiento del versículo es muy simple y específico. Enseña la lección de que nuestro Padre celestial ha de responder como lo haría un padre terrenal, pero todavía haría mucho más. El texto podría parafrasearse así: "Si un hijo le pide pan a su padre, no le dará una piedra ¿verdad que no?" La deducción lógica, por consiguiente, es que si hombres malos son capaces de dar buenas dádivas a sus hijos, el Padre celestial, que es infinitamente Santo y bueno, con toda seguridad dará cosas buenas a sus hijos que le piden en oración. El Padre celestial no solo responderá la petición de sus hijos sino que les dará lo que es bueno y beneficioso para sus vidas.

"Pues si vosotros, siendo malos, sabéis dar buenas dádivas a vuestros hijos,
¿cuánto más vuestro Padre que está en los cielos
dará buenas cosas a los que le pidan?" (7:11).

El vocablo "pues" (*oûn*) se refiere a lo dicho anteriormente en los versículos 9-10. Debe observarse el uso de la condicional de primera clase que asume la certeza de lo que se dice: "Puesto que vosotros siendo malos". Robert L. Thomas hace el siguiente comentario:

> En comparación con Dios, todos los hombres, incluso los padres bondadosos, son malos. Con todas sus imperfecciones, aun un padre humano estará dispuesto a darle a su hijo lo que le pida, si es para su beneficio y ha de ejercer juicio al hacerlo. ¿Cuánto más hará el Padre celestial en su perfecta justicia? Probablemente la idea más enfática de *poneiroì* ("malos") contempla a la tacañería del hombre como un dador descontento.[2]

El verbo "sabéis" (*oídate*) es defectivo. Su forma es la del tiempo perfecto, pero su función es la de un tiempo presente. Dicho verbo, además, no significa "tener voluntad de dar" sino "sabéis dar juiciosa y bondadosamente". La expresión "buenas dádivas" (*dómata agathà*) posee un significado amplio que podría incluir tanto bendiciones materiales como espirituales. Quizá tenga que ver con las cosas relacionadas con la vida diaria de los discípulos y a la postre, con las bendiciones del Reino de Dios. Las "buenas dádivas", sin duda, están basadas en el total y gratuito perdón de nuestros pecados mediante la obra expiatoria de Cristo en la cruz del Calvario. Debe recordarse que el ser humano es incapaz de hacer "lo bueno" (Ro. 3:12) con el fin de agradar a Dios. Las "justicias" de los hombres son "como trapos de inmundicia delante de Dios". La doctrina de la depravación total del hombre es enseñada a través de toda la Biblia. La lección del versículo 11 es clara: Si hombres malos saben dar de manera juiciosa buenas dádivas a sus hijos, ¿cuánto más el Padre celestial, quien es Santo e intrínsecamente bueno, dará buenas cosas a los que le pidan? La respuesta a esa pregunta es, sin duda, afirmativa. El Padre celestial dará mucho más tanto en calidad como en cantidad.

"Así que, todas las cosas que queráis que los hombres hagan con vosotros,
así también haced vosotros con ellos;
porque esto es la ley y los profetas" (7:12).

Este versículo ha sido llamado "la regla de oro" y "el monte Everest" de la ética. Ciertamente el contenido del texto es citado por muchos pero entendido y aplicado por pocos.

La expresión "así que" (*oûn*) es una conectiva que podría referirse al mandamiento

---

2. Robert L. Thomas, "Notas inéditas sobre Mateo 7" (2000).

respecto del juzgar (7:1-2) o quizá apunta a todos los mandamientos relacionados con la práctica de la justicia que aparecen en el Sermón del Monte. Este versículo es una culminación perfecta al reto del Señor a los discípulos de practicar una justicia superior a la de los escribas y fariseos para poder entrar en el Reino (Mt. 5:20). Obsérvese que el mandato del Señor es positivo. El verdadero discípulo debe hacer a otros todas aquellas cosas que desea que le hagan a él. La expresión "todas las cosas" (*pánta ósa*) es cualitativa y debe entenderse como "cosas buenas" porque los seres humanos desean que se les haga las cosas que son beneficiosas para ellos. Jesús no dice que debe esperarse a que alguien nos haga bien para pagarle con otro bien. El verdadero discípulo debe tomar la iniciativa y hacer a los demás aquello que desea que ellos le hagan.

"Porque esto es la ley y los profetas" (*gár estin ho nómos kaì hoi prophetîtai*). Esta frase explica por qué el verdadero discípulo debe practicar la justicia tal como Cristo la enseñó. Todas las enseñanzas del Señor armonizan perfectamente con los preceptos de la ley y con el mensaje de los profetas. La diferencia estriba en que nadie puede cumplir con la ley y los profetas en el poder de la carne. Es necesario poseer la presencia y el poder de la Persona del Espíritu Santo. El apóstol Pablo lo explica así:

> "Porque lo que era imposible para la ley, por cuanto era débil por la carne, Dios, enviando a su Hijo en semejanza de carne de pecado y a causa del pecado, condenó al pecado en la carne; para que la justicia de la ley se cumpliese en nosotros, que no andamos conforme a la carne, sino conforme al Espíritu" (Ro. 8:3-4).

El espíritu de la ley y de los profetas constituye la gran motivación para que el verdadero seguidor de Cristo ponga en práctica la justicia que el Mesías requiere de todo aquel que espera entrar en su Reino. Él no vino a abrogar la ley o los profetas sino que vino a "cumplir", es decir, a dar significado pleno a todo lo que está escrito.

RESUMEN Y CONCLUSIÓN

La oración es una de las armas espirituales más poderosas que el cristiano tiene a su disposición. Los mandatos del Señor son enfáticos: "Pedid", "buscad", "llamad" de manera continua. Los tres se refieren a la oración. La promesa es que Dios ha de responder como el Padre celestial que está atento a las necesidades de sus hijos. Él siempre responde. Algunas veces nos da lo que debiéramos haber pedido.

El pasaje contiene también un resumen (Mt. 7:12) de todo lo dicho anteriormente y un solemne llamado a poner de manifiesto la verdadera justicia que el Mesías exige de aquellos que anticipan entrar en su Reino. Esa justicia práctica se origina en una relación íntima con Jesucristo quien con su muerte expiatoria ha cancelado la deuda de nuestro pecado.

14
Las advertencias finales del Sermón del Monte (7:13-29)

El Sermón del Monte termina con una importante serie de advertencias. La primera de ellas es que hay una sola puerta y un solo camino de entrada en el Reino del Mesías (7:13-14). Seguidamente hay una advertencia contra los falsos maestros y su influencia perniciosa en el mundo (7:15-20). La tercera llamada de atención tiene que ver con la falsa profesión. Hay muchos que aparentan ser seguidores del Mesías pero son engañadores. Esos no entrarán en su Reino (7:21-23). Finalmente, el Señor advierte de la importancia de ser hacedores de la Palabra y no solo oidores de ella. Para ello usa la ilustración de dos casas y dos fundamentos distintos. El hombre sabio edifica su casa sobre la roca y el necio edifica sobre la arena. El único fundamento sólido sobre el cual edificar la vida es la Palabra indestructible del Mesías (7:24-29).

ADVERTENCIA RESPECTO DEL ÚNICO
ACCESO A LA JUSTICIA DE DIOS (7:13-14)

"Entrad por la puerta estrecha;
porque ancha es la puerta, y espacioso el camino que lleva a la perdición,
y muchos son los que entran por ella;
porque estrecha es la puerta, y angosto el camino que lleva a la vida,
y pocos son los que la hallan" (7:13-14).

"Entrad" (*eisélthate*) es el aoristo imperativo de *eisérchomai* que significa "entrar". El aoristo imperativo sugiere una acción urgente. Obsérvese que en la conclusión del Sermón el Señor no suaviza la fuerza de sus palabras. El mismo criterio de definición y separación persiste hasta el final del Sermón. El Señor no endulza sus palabras sino que enfáticamente exhorta al oyente a **entrar**.

"Por la puerta estrecha" (*dià teîs stenîs sýleis*). El énfasis está en el carácter angosto o estrecho de la puerta. Robert L. Thomas observa lo siguiente:

268

En vez de referirse a la entrada al camino estrecho el cuadro representa un palacio o la puerta de una ciudad. El palacio o la cuidad son presentados con dos entradas, una grande a la que se puede llegar a través de un camino ancho y otra entrada estrecha, conocida por unos pocos y a la que se puede llegar a través de un corredor estrecho.[1]

La figura del camino es de uso común en la Biblia: "porque Jehová conoce el camino de los justos; mas la senda de los malos perecerá" (Sal. 1:6). Jesús dijo de sí mismo: "Yo soy el camino, y la verdad, y la vida; nadie viene al Padre, sino por mí" (Jn. 14:6). En contraste con esa gran verdad está la enseñanza de Proverbios 14:12: "Hay camino que al hombre le parece derecho; pero su fin es camino de muerte". La puerta estrecha conduce al camino angosto, pero ese camino angosto conduce a la vida. La figura de la puerta estrecha y el camino angosto, sin duda, habla de Jesucristo. Hay un solo camino a la presencia del Padre y no es el camino fácil que los seres humanos proclaman. La única puerta y el único camino están construidos sobre la base de los sufrimientos, la cruz y la resurrección del Dios encarnado. Él dijo: "Yo soy la puerta; el que por mí entrare, será salvo; y entrará y saldrá y hallará pastos" (Jn. 10:9).

Por otro lado está la puerta ancha que conduce al camino espacioso (*eurýchôros*). El adjetivo "espacioso" se usa en el Antiguo Testamento para indicar "prosperidad" y "libertad" (vea Is. 30:23; Os. 4:16). En el Nuevo Testamento, el vocablo significa un espacio amplio que puede dar cabida a muchos. La puerta ancha y el camino espacioso conducen a la "perdición" (*apôleian*). La perdición significa aquí la ruina total de quienes escogen entrar por la puerta ancha y por el camino espacioso. El vocablo perdición (*apôleian*) no significa aniquilación sino "ruina total" y "condenación eterna". Se dice del Anticristo de los postreros tiempos que "va a la perdición" (*eis apôleian hypagei*) (Ap. 17:11). El camino que conduce a "la perdición" se caracteriza por lo siguiente: (a) Se accede a través de una puerta ancha; (b) es ancho y espacioso como una autovía de varios carriles; y (c) "muchos viajan por dicho camino". Lo terrible de dicho camino es que al final del recorrido solo hay muerte y destrucción.

La puerta estrecha que lleva al camino angosto "conduce a la vida" (*hei apágausa eis teín dsoèin*). A esa puerta solo se accede mediante el nuevo nacimiento. Su destino final es la vida, es decir, el Reino del Mesías. Obsérvese que el camino es "angosto" (*tethlimménei*). El participio perfecto, voz pasiva "angosto" sugiere algo "apretado" o "comprimido". Dicho participio funciona como un adjetivo e implica que el camino no solo es estrecho sino que está diseñado de tal manera que es difícil andar por él. El camino que conduce a la perdición es amplio y atractivo, está bien adornado y no es difícil de encontrar. La naturaleza pecaminosa del hombre es atraída por todos los incentivos que ese camino ofrece. La gran sorpresa para quienes andan por ese camino es que al final solo encontrarán perdición y muerte.

Por supuesto que la entrada en el Reino se consigue solo por la fe en el Mesías. Sin embargo quienes anticipan entrar en el Reino tienen que hacerlo por "la puerta estrecha" y andar por el "camino angosto". Hay pruebas y dificultades en ese camino. Como enseñó Pablo a los nuevos discípulos del Asia Menor: "Es necesario que a través de muchas tribulaciones entremos en el reino de Dios" (Hch. 14:22). La expresión "la

---

1. Robert L. Thomas, "Notas inéditas sobre Mateo 7" (2000).

vida" (*tein dsoéin*) se usa en sentido escatológico (vea Mt. 19:17) como una referencia
a la entrada en el Reino del Mesías. El terrible contraste es que "muchos" (*polloì*)
siguen el camino espacioso y entran por la puerta ancha que les lleva a la perdición
eterna mientras que "pocos" (*olígoi*) encuentran el camino que conduce a la vida. Debe
aclararse que "el encontrar" o "hallar" la vida no es algo realizado por el esfuerzo
humano sino que depende de la gracia de Dios. Las palabras de Cristo son reveladoras:
"Ninguno puede venir a mí, si el Padre que me envió no le trajere" (Jn. 6:44). El ser
humano por sí mismo no busca a Dios (Ro. 3:11). Es Dios quien, por su gracia, busca
al hombre (Lc. 19:10).

ADVERTENCIA CONTRA LOS FALSOS PROFETAS (7:15-20)

Existe una relación entre la dificultad de hallar la puerta estrecha y la presencia de
"falsos profetas" y "falsos maestros". El Señor advierte a sus seguidores contra los
falsos enseñadores de su tiempo y sin duda, contra quienes a través de las generaciones
han enseñado doctrinas diabólicas. El Señor usa la figura de dos árboles. Hay un árbol
que da buen fruto y otro cuyo fruto es malo. El árbol se conoce por el fruto que da.

*"Guardaos de los falsos profetas, que vienen a vosotros con vestidos de ovejas,
pero por dentro son lobos rapaces" (7:15).*

"Guardaos" (*proséchete*) es el presente imperativo de *prosécho* que significa
"prestar atención", "tener cuidado", "dirigir la mente hacia algo". El imperativo sugiere
mandato o exhortación y el presente indica una acción continua. La idea es: "Estad
siempre vigilantes", "prestad atención continuamente". La orden del Señor a sus
discípulos es a ser precavidos contra quienes pretenden apartarlos de la verdad.

"De los falsos profetas" (*apò tôn psudopropheitôn*). La preposición "de" (*apò*)
sugiere separación. La mejor manera de evitar el peligro es alejarse de él. Los "falsos
profetas" abundaban tanto en el Antiguo Testamento (Dt. 13:1-5; Ez. 8:1-15) como
en los tiempos del Nuevo Testamento (Hch. 20:28-30; 2 Co. 11:13-15). Hoy día esos
pseudoprofetas aparecen con sus falsas enseñanzas de universalismo, proclamando
cosas contrarias a las Escrituras como lo hicieron los falsos profetas de los tiempos
de Jeremías (Jer. 6:14). Contra esos falsos proclamadores Dios anuncia juicio (Mt.
7:19).

Los falsos profetas son descritos como "lobos" (*lýkoi*). Esa figura habla de su
naturaleza y carácter. Es decir, "por dentro son lobos rapaces" que vienen al rebaño con
el fin de devorarlo (Jn. 10:12). Esos "lobos rapaces" hacen acto de presencia "vestidos
de ovejas" (*en endýmasin probátôn*). Eso significa que cambian su apariencia. Se
presentan delante del rebaño de una manera sutil y atractiva. Su apariencia es tan
semejante a la de las ovejas que fácilmente las engañan. Igual que "el perro" y "el
cerdo" (Mt. 7:6), tampoco "el lobo" puede cambiar su naturaleza. El lobo se puede
disfrazar de oveja pero sigue siendo lobo. La figura es muy apropiada. Muchas veces
los falsos maestros se muestran corteses, bondadosos, considerados, afectuosos y
sabios según el criterio del mundo, pero no según las Escrituras. El verdadero discípulo
necesita estar compenetrado de la Palabra de Dios para identificar a los impostores que
se introducen subrepticiamente en la congregación de los santos.

"Por sus frutos los conoceréis.
¿Acaso se recogen uvas de los espinos, o higos de los abrojos?" (7:16).

¿Cómo es posible reconocer a los "lobos rapaces" que se introducen en el rebaño cuando se parecen tanto a las ovejas? La respuesta se encuentra en los versículos 16 al 20. En esos versículos, el Señor enseña que los falsos profetas son conocidos por sus enseñanzas exactamente igual que un árbol es identificado por el fruto que da. El punto central de la enseñanza es el siguiente: Las falsas doctrinas, como las proclamadas por los falsos profetas, siempre producen una moral pervertida. La fe y la práctica, el credo y la conducta no pueden ser separados. Lo que hacemos, a la postre, es un reflejo de lo que pensamos. Esa es una gran verdad en la teología de la fe cristiana.

El verbo "conoceréis" (*epignôsesthe*) es el futuro indicativo de *epignôsko*. Este verbo significa "tener un conocimiento exacto", "conocer plenamente", "reconocer". Aquí no es un mandamiento sino más bien una promesa de que el verdadero discípulo del Mesías tendrá la capacidad para identificar a los falsos profetas mediante un escrutinio preciso de sus obras. La manera más precisa de identificar el error es tener un conocimiento correcto de la verdad. El verdadero discípulo de Cristo debe invertir lo mejor de su tiempo en el estudio de la Palabra de Dios. Solo así podrá detectar el error.

La pregunta del versículo 16 exige una respuesta negativa. Se expresaría así: "No se recogen uvas de los espinos, ni higos de los abrojos ¿verdad que no?" El árbol da fruto según su naturaleza y su raíz. El fruto del falso profeta concuerda con su naturaleza.

"Así, todo buen árbol da buenos frutos, pero el árbol malo da frutos malos"
(7:17).

El vocablo "así" (*hoútos*) introduce una realidad irrefutable tomada de la naturaleza. Obsérvese que el Señor habla del árbol "bueno" (*agathòn*). Ese adjetivo se refiere a la excelencia interna del árbol. Un árbol que es intrínsecamente bueno producirá "buenos frutos" (*karpoùs kaloús*), es decir, frutos cuya apariencia externa es buena, pero dicha buena apariencia es el resultado de lo bueno que hay en su interior. O sea que el árbol demuestra su verdadero carácter a través de la calidad del fruto que produce.

La frase final del versículo 17 es muy descriptiva: "Pero el árbol malo" (*tò dè sapròn déndron*) significa un "árbol podrido" o "enfermo". Es imposible que un árbol carcomido o enfermo sea capaz de producir un fruto saludable. Si la naturaleza interna del árbol es "mala" (*saprón*), el fruto que producirá será "malo" (*poneirós*). En resumen, el Señor usa cuatro adjetivos para ilustrar su enseñanza: *Agathós* ("intrínsecamente bueno"), *Kalós* ("bello", "hermoso", "extremadamente bueno"), *saprón* ("malo", "podrido"), *poneirós* (malvado, malo, perverso, pecaminoso). El árbol intrínsecamente bueno producirá un fruto hermoso cuya belleza externa es producida por la raíz que le dio vida. Un árbol malo o podrido producirá un fruto que se caracterizará por ser malo o inservible.

El versículo 18, como ya se ha observado, establece la imposibilidad de ir en contra de la naturaleza y de las leyes establecidas por Dios. El mal solo produce mal pero lo intrínsecamente bueno no puede producir lo malo o inservible. Ese principio es inviolable. Como dice Lenski:

En realidad es imposible que un árbol produzca fruto que sea contrario a su constitución y a su naturaleza".[2]

La vida cotidiana demuestra la realidad del versículo 19. Los labradores acostumbran a quitar del campo todo árbol que no produce buen fruto y echarlo (*bálletai*) al fuego (vea Mt. 3:10). En este contexto, la referencia es a los falsos profetas y maestros que con sus malvadas doctrinas conducen a sus seguidores a la perdición. El mismo final, sin embargo, aguarda a "todo árbol", es decir, a todo individuo que no da buen fruto. Tanto los falsos profetas como sus seguidores están expuestos al juicio de Dios.

El hecho de que el versículo 20 reitere las palabras del versículo 16 sugiere la importancia de la verdad expresada anteriormente. La conclusión de la ilustración de los dos árboles es clara: El buen árbol da buenos frutos y es bendecido. El árbol malo da malos frutos y es cortado y echado en el fuego. El fruto es lo que demuestra la naturaleza del árbol. De la misma manera como uno puede diferenciar el árbol bueno del malo, así también se puede identificar a los falsos profetas. Tanto sus enseñanzas como sus obras identifican su carácter.

En conclusión, los falsos profetas se caracterizan porque procuran sus propios intereses, enseñan por ganancias materiales, por conseguir prestigio y para propagar sus ideas personales. Además, los falsos maestros procuran establecer su propio sistema religioso. Un sistema centrado en lo externo, lo negativo y que divorcia la verdad de la vida.

ADVERTENCIA CONTRA LA FALSA PROFESIÓN (7:21-23)

"No todo el que me dice: Señor, Señor, entrará en el reino de los cielos, sino el que hace la voluntad de mi Padre que está en los cielos" (7:21).

Jesucristo busca seguidores genuinos, verdaderos discípulos que no solo profesen ser creyentes sino que demuestren que lo son por la vida que viven. Obsérvese las expresiones "El que me dice" (*hó légôn moi*) y "el que hace" (*ho poiôn*). Ambas son participios durativos que describen acciones habituales: "No todo el que constantemente me dice 'Señor', 'Señor', entrará en el Reino de los cielos, sino aquel cuyo hábito es hacer la voluntad de mi Padre que está en los cielos". Como ha escrito Broadus:

"No todos, sino solamente algunos de ellos, solo los que hagan la voluntad de Dios".[3]

Aunque el sustantivo "Señor" (*kýrie*) podría indicar un acto de cortesía, en este contexto significa mucho más. La repetición "Señor", "Señor" es enfática. En este caso sugiere que la persona que así habla profesa una relación especial con el Mesías. Reconocerlo como "Señor" implica otorgarle su autoridad como Juez de la humanidad.

---

2. Richard C. H. Lenski, *The Interpretation of St. Matthew's Gospel*, p. 303.
3. John A. Broadus, *Comentario sobre el Evangelio según Mateo*, p. 218.

Cuando Él regrese a la tierra lo hará en su capacidad de "Rey de reyes y Señor de señores" (Ap. 19:16).

El Mesías conoce el corazón de los hombres. Sabe quienes solo profesan hipócritamente ser sus discípulos y quienes lo hacen genuinamente por haber nacido de nuevo. Solo "los que hacen la voluntad del Padre" entrarán en el Reino de los cielos. La expresión "reino de los cielos" se refiere al Reino del Mesías que será establecido en la tierra cuando Él venga. Solo los nacidos de nuevo tendrán acceso en el Reino.

La frase "sino el que hace la voluntad de mi Padre que está en los cielos" tiene que ver con todas las exigencias de la justicia que Dios requiere de quienes anticipan entrar en el Reino. La prueba de la realidad del verdadero discípulo del Mesías radica en su deseo genuino de hacer la voluntad de Dios. La prueba de la relación con el Mesías es la obediencia que resulta de una fe salvadora auténtica. Por supuesto que la obediencia no es lo que salva a una persona, pero la obediencia está íntimamente ligada a la fe que salva (vea Ef. 2:8-10; Tit. 3:8).

> *"Muchos me dirán en aquel día: Señor, Señor,*
> *¿no profetizamos en tu nombre, y en tu nombre echamos demonios,*
> *y en tu nombre hicimos muchos milagros?*
> *Y entonces les declararé:*
> *Nunca os conocí, apartaos de mí, hacedores de maldad" (7:22-23).*

El adverbio "muchos" (*polloi*) podría referirse al mismo grupo del versículo 13, es decir, los que no entran por la puerta estrecha. La expresión "en aquel día" (*en ekeinen teî heimera*) tiene una connotación escatológica, es decir, contempla el día del juicio relacionado con la venida del Mesías. John A. Broadus lo explica así:

> …el día bien conocido, a que se refiere con frecuencia, y que es familiar a las mentes de todos. Es una frase empleada a menudo por los profetas del A.T. para designar el tiempo del Mesías en general, usada en el N.T. tiene referencia especialmente a la consumación del reinado del Mesías (cp. Sobre 6:10), y así denota el día del juicio (vea Lc. 10:12; 2 Ts. 1:10; 2 Ti. 1:12, 18; 4:8; Ap. 16:14).[4]

Obsérvese el uso de la frase "en tu nombre" (*tôi sôi onómai*). Dicha frase aparece tres veces y es enfática. El uso del adjetivo "tu" (*soi*) le da mayor énfasis que el pronombre. Tal vez sería mejor traducir la frase: "por medio de tu nombre" puesto que el caso es instrumental, expresando el medio por el cual la acción de los verbos se lleva a cabo. Los falsos maestros reclamarán haber realizado los siguientes actos sobrenaturales: (1) Mensajes proféticos; (2) actos de exorcismos, (3) ejecución de milagros. Por supuesto que todos esos actos serán "señales y prodigios mentirosos" y "engaño de iniquidad (2 Ts. 2:9-10). El Rey Mesías rechazará de manera tajante todos esos reclamos de los falsos profetas quienes quedarán expuestos al juicio del Gran Juez y condenados por su iniquidad.

---

4. *Ibíd.*, p. 219.

"Y entonces les declararé: Nunca os conocí, apartaos de mí hacedores de maldad" (7:23).

El Gran Juez de los postreros tiempos será el Mesías. El padre ha puesto en las manos del Hijo toda potestad para juzgar (Jn. 5:22, 27). El rollo de los juicios finales será traspasado de la diestra del Padre a las manos del Hijo (Ap. 5:7). Cuando regrese con poder y gran gloria, el Mesías se sentará en su trono y juzgará a los inicuos (Mt. 25:29-51).

"Y entonces" (*kaì tóte*) señala concretamente el tiempo del juicio postrero cuando el Mesías venga. "Les declararé" (*homolgéisô autoîs*) es el futuro indicativo de *homologéo*. En este contexto, significa "hacer una declaración" o "testificar en el sentido legal". Los falsos profetas intentarán presentar falsas evidencias delante del tribunal del Gran Juez, pero Él "protestará" o "declarará en contra de ellos". La declaración del Juez será contundente y decisiva: "Nunca os conocí". El adverbio "nunca" es enfático. *Oudépote* (nunca) significa "nunca jamás", "en ningún momento". El verbo "conocí" (*égnôn*) es el aoristo indicativo de *ginósko* y sugiere una realidad histórica. El Señor establece el hecho de que aquellos falsos profetas no pertenecen al grupo de sus elegidos.[5]

"Apartaos de mí" (*apochòreîte ap' ernoû*). Esta frase es semejante a la que aparece en Mateo 25:41. Parece ser una cita del Salmo 6:8, donde dice: "Apartaos de mí, todos los hacedores de iniquidad" La expresión es enfática y equivalente a decir: "¡Fuera de mi presencia!" Los falsos profetas ya fueron descritos por el Señor como "lobos rapaces" que se "disfrazan de ovejas" (7:15) y como "árboles malos" que producen "frutos malos". Los tales, en el día del juicio, serán echados en el fuego eterno. El apóstol Pablo escribió lo siguiente: "Pero el fundamento de Dios está firme, teniendo este sello: Conoce el Señor a los que son suyos, y: Apártese de iniquidad todo aquel que invoca el nombre de Cristo" (2 Ti. 2:19).

"Hacedores de maldad" (*hoì ergadsómenoi tèin anomían*) El vocablo "hacedores" (*hoì ergadsómenoi*) es el participio presente de *ergádsomai* que significa "obrar" y sugiere un carácter constante, es decir "estar constantemente obrando". En este caso se trata de estar siempre implicados en actividades inicuas. Richard C. H. Lenski dice:

> En el juicio público de los postreros días, las obras serán decisivas por ser la evidencia manifiesta de la relación interna del corazón. La obra de iniquidad más grande y fatal es pervertir la Palabra del Señor en el nombre mismo del Señor e imponer esa perversión sobre otros.[6]

La expresión "maldad" (*téin anomían*) significa literalmente "anarquía". El apóstol Juan dice que: "el pecado es infracción de la ley" (1 Jn. 3:4). Cristo no vino "para abrogar la ley o los profetas" sino para profundizar y llenar a plenitud el significado de sus enseñanzas (Mt. 5:17-19). Los falsos profetas hacen justamente lo contrario de lo que hizo el Señor. Mientras estaban en este mundo engañaron a muchos, y delante del

---

5. Cuando Dios es el sujeto del verbo "conocer", dicho verbo adquiere el significado de elegir (vea Am. 3:2; Dt. 7:6,7; Ro. 8:28-30).

6. Richard C. H. Lenski, *The Interpretation of St. Matthew's Gospel*, p. 308.

Gran Tribunal intentarán engañar al Señor. Su fracaso será total. Su condenación se debe a su actividad habitual mientras estaban en la tierra: "Hacedores de maldad" (*hoi ergadsómenoi tèin anomìan*). Su actividad era trabajar por la maldad y comerciar con ella. Sus enseñanzas alejan a sus oyentes de Dios en vez de acercarlos a Él. Los falsos maestros son obreros fraudulentos que tuercen las Escrituras con fines personales. Sus enseñanzas están vacías de contenido y conducen a sus discípulos a la perdición eterna.

ADVERTENCIA CONTRA LA INDOLENCIA ANTE LA PALABRA DE JESÚS EL MESÍAS (7:24-27)

"Cualquiera, pues, que me oye estas palabras, y las hace,
le compararé a un hombre prudente, que edificó su casa sobre la roca.
Descendió lluvia, y vinieron ríos, y soplaron vientos,
*   y golpearon contra aquella casa;*
y no cayó, porque estaba fundada sobre la roca" (7:24-25).

Los versículos 24 al 29 constituyen la conclusión del Sermón del Monte. La conectiva "pues" (*oûn*) señala a todo lo que el Señor ha enseñado hasta ese punto. Sobre la base de todo lo que ha enseñado, el Señor reta a sus oyentes a actuar. El verdadero discípulo que anticipa entrar en el Reino del Mesías debe ser un hacedor de la Palabra y no solo un oidor de ella (vea Stg. 1:22-25). Obsérvese los verbos "oye" (*akoúei*) y "hace" (*poieî*). Ambos son presentes y sugieren una acción continua. Todo aquel que se caracteriza por **oír y hacer** las enseñanzas del Señor es considerado un verdadero discípulo, preparado para entrar en el Reino del Mesías.

"Le compararé a un hombre prudente" (*homoiòthéisetai andrì phonímoi*), es decir "será semejante a un hombre sensato" o a un hombre sabio. El hombre "prudente" o "sabio" es aquel que edifica una casa sobre la "roca" (*epì tein pétran*), o sea, sobre una gran base rocosa. Esa figura ilustra la acción de aquel que edifica su vida sobre la base indestructible de las Palabras del Mesías. La roca es, sin duda, la persona misma de Jesucristo. Obedecer su Palabra equivale a obedecer su Persona (vea 1 Cor. 3:11; 1 P. 2:4-8; Mt. 16:18). Robert L. Thomas hace la siguiente observación:

> La figura es tomada de un país montañoso donde hay canales rocosos para acomodar los arroyos que resultan de la época lluviosa. En la estación seca esas rocas son cubiertas por la arena y las piedras. El cuadro presenta a un hombre sabio que resiste la tentación de edificar sobre un lugar fácil y de poca profundidad y en su lugar edifica sobre una roca firme junto a la playa o en un lugar más alto para que el nivel de agua no le pueda alcanzar".[7]

Obsérvese que la casa edificada sobre la roca fue azotada por "la lluvia", "los ríos" y "los vientos" pero permaneció firme porque estaba edificada sobre la roca (*tethemelîôto gàr epí tèin pétran*).

---

7. Robert L. Thomas, "Notas inéditas sobre Mateo 7" (2000).

"Pero cualquiera que me oye estas palabras y no las hace,
le compararé a un hombre insensato, que edificó su casa sobre la arena;
y descendió lluvia, y vinieron ríos, y soplaron vientos,
y dieron con ímpetu contra aquella casa; y cayó, y fue grande su ruina" (7:26-27).

La casa del hombre insensato se diferencia de la del hombre sabio solo en el fundamento. Una está edificada sobre la roca y la otra sobre la arena. Por fuera ambas casas son iguales. Es cuando la lluvia, los ríos y los vientos vienen que la diferencia entre ellas se manifiesta. La inestabilidad de la arena y la firmeza de la roca se revelan mediante la tormenta tal como la verdadera fe en Cristo se pone de manifiesto en las tragedias, las enfermedades, las angustias, los disgustos y las burlas de los incrédulos.

El texto le da un énfasis especial a la descripción de la caída de la casa edificada sobre la arena. Debe notarse el uso de la figura llamada polisíndeton, es decir, la repetición de la conjunción "y" (*kaì*). Dicha conjunción se usa seis veces en el versículo 27. El propósito es que el lector se detenga en cada uno de los pasos hasta llegar a la culminación: "Y cayó, y fue grande su ruina" (*kaì épesen kapi eîn hei ptôsis auteîs megálei*). El texto enfatiza de manera especial el adjetivo "grande" al colocarlo al final de la oración. De modo que el Sermón termina con las palabras: "Y cayó y fue la caída de ella grande". Un escritor observa que: "toda la audiencia es dejada con el golpe de la caída de la casa del falso discípulo resonando en sus oídos".[8] El sustantivo traducido "ruina" (*ptôsis*) significa "caída" y se usa más bien para describir la extensión de la caída, es decir, el hecho de que gran parte de la estructura de la casa cayó.

REACCIÓN DE LOS OYENTES DEL SERMÓN DEL MONTE (7:28-29)

"Y cuando terminó Jesús estas palabras, la gente se admiraba de su doctrina;
porque les enseñaba como quien tiene autoridad, y no como los escribas"
(7:28-29).

La frase "y cuando terminó Jesús estas palabras" aparece cinco veces (con ligeras diferencias) en el Evangelio de Mateo (vea 7:28, 11:1; 13:53; 26:1). Respecto del uso de esta fórmula, Pierre Bonnard ha escrito lo siguiente:

> Cada uno de esos cinco textos marca la transición entre uno de cinco grandes discursos o grupos de instrucciones de Mateo y la continuación de la narración. Revelan, pues, la estructura fundamental del Evangelio: Cinco grandes instrucciones, en los capítulos 5—7 (la justicia del Reino), 10 (los heraldos del Reino), 13 (el misterio del Reino), 18 (la disciplina comunitaria de los discípulos del Reino), 24—25 (el paso del Reino escondido al Reino manifestado al final de los tiempos). Estas cinco grandes instrucciones están hábilmente dispuestas en el marco tradicional de la vida de Jesús, que les da su fuerza incomparable.[9]

---

8. Alfred Plummer, "An Exegetical Commentary on the Gospel of Matthew", p. 119.
9. Pierre Bonnard, *Evangelio según San Mateo* (Madrid: Ediciones Cristiandad, 1983), p. 172.

El énfasis está en el hecho de que la gente "se admiraba" (*exepléissonto*). El verbo es el tiempo imperfecto, voz pasiva de *ekpléisso* que significa "asombrarse", "maravillarse". El tiempo imperfecto representa un acontecimiento pasado como si todavía estuviese ocurriendo. Es decir, presenta una acción continua en el pasado en el momento cuando el suceso en el aoristo de repente interviene. "La fuerza del tiempo verbal sugiere una continuidad del asombro. Mientras más reflexionaban en las palabras de Cristo, más se maravillaban y su asombro continuaba y continuaba".[10]

Obsérvese que "la gente" (*hoi óchloi*) "se admiraba" (*exepléissonto*) "de su doctrina" (*epì teî didacheî autoû*), es decir, estaban asombrados de su teología. Los oyentes reconocieron el carácter singular de la doctrina de Cristo. "Porque les enseñaba como quien tiene autoridad" (*eîn gàr didáskôm autoùs hos exousían échôn*). Debe notarse el uso del imperfecto perifrástico que señala la acción continua implicada en su enseñanza: "Él estaba en la actividad de enseñarles como alguien que poseía autoridad". Era su hábito enseñarles con autoridad. Lo que produjo asombro en los oyentes fue la "autoridad" (*esousían*) de su doctrina y el poder personal con que la enseñaba. Su autoridad no era simplemente la de un intérprete de la ley. Él demuestra poseer la autoridad del Gran Legislador.

RESUMEN Y CONCLUSIÓN

El Sermón del Monte constituye el discurso más formidable que jamás haya sido predicado ante los hombres.

Los liberales lo han interpretado como un intento de salvar la sociedad. Dicen que si la sociedad viviese a la altura de las enseñanzas del Sermón sería salva. Otros dicen que es un modelo para la vida cristiana. Es decir, el Sermón del Monte es una guía para los creyentes de la era presente. Los que así piensan no toman en cuenta que el Sermón fue predicado mucho antes de la inauguración de la Iglesia.

También hay quienes piensan que el Sermón del Monte fue dado para regular la vida en el futuro Reino mesiánico. Esa es la postura de muchos (no todos) premilenaristas y dispensacionalistas.

Una postura más congruente con el contexto es la conocida como *provisional* o interina. Esta postura propone que el Sermón del Monte consiste de enseñanzas para aquellos que anticipan entrar en el Reino por haber puesto su fe en el Mesías. Las enseñanzas del Sermón fueron dadas para regular la vida y el servicio de aquel que, habiendo sido declarado justo por la fe en el Mesías, vive en el tiempo que precede a la inauguración del Reino y aguarda con expectación el día cuando el Mesías manifestará su gloria en la tierra.

El Sermón del Monte expone, por lo tanto, las características de los verdaderos discípulos del Mesías, la clase de justicia que deben practicar mientras aguardan la venida del Rey, la influencia que deben tener en el mundo y la manera como deben diferenciarse del mundo incrédulo. El Sermón termina con una serie de advertencias para la multitud que por primera vez escuchó enseñanzas como aquellas. El Señor les mandó a no condenar a otros, a buscar la presencia de Dios, a entrar por la puerta estrecha que conduce a la vida, a dar frutos dignos de arrepentimiento, a ser sinceros

---

10. Robert L. Thomas, "Notas inéditas sobre Mateo 7" (2000).

en su profesión de fe y a edificar sus vidas sobre la roca firme, es decir, la Palabra del Mesías.

El Señor Jesucristo mandó, prohibió, rechazó y prometió sobre la base de su sola palabra. Concretamente: (a) Reclamó la autoridad sobre todos los voceros divinos que fueron antes de Él (Mt. 5:17-20); (b) afirmó que su vida era la encarnación de la ley de Moisés (5:17); (c) afirmó ser la realidad de la esperanza de los piadosos a lo largo de los siglos, porque también cumplió los profetas (5:17); (d) afirmó tener autoridad sobre el destino de los hombres (Mt. 7:21-23); (e) reclamó el derecho de ser obedecido por los hombres, algo que dependía de su deidad y su sacrificio; y (f) afirmó que era el Juez final de los hombres (7:23).

No es de sorprenderse, por lo tanto, que quienes lo oyeron quedaron sorprendidos de su doctrina y de la autoridad con la que enseñaba. La enseñanza de los escribas era seca, repetitiva, litúrgica y legalista. La enseñanza de Jesús estaba recubierta y saturada de autoridad divina. Como posteriormente declararon los alguaciles judíos: "¡Jamás hombre alguno ha hablado como este hombre!" (Jn. 7:46).

BIBLIOGRAFÍA SELECTA

(Utilizada para los capítulos del Sermón del Monte)

Carlston Charles E., "Interpreting the Gospel of Matthew", *Interpretation*, vol. XXIX, enero 1975, Núm. 1, pp. 3-55.

Driver, Juan, *Militantes para un Mundo Nuevo* (Barcelona: Ediciones Evangélicas Europeas, 1978).

Duquoc, Christian, *Cristología: Ensayo dogmático sobre Jesús de Nazaret el Mesías* (Salamanca: Ediciones Sígueme, 1978).

Grounds, Vernon C., "Mountain Manifesto", *Bibliotheca Sacra*, abril-junio, 1971.

Gundry, Robert H., *Matthew: A Commentary on his Literary and Theological Art* (Grand Rapids: Eerdmans, 1982).

Hoerber, Robert G., "The Implications of the Imperative in the Sermon on the Mount", *The Concordia Journal* (mayo 1981).

Hughes, R. Kent, *The Sermon on the Mount: The Message of the Kingdom* (Wheaton: Crossway Books, 2001).

Ladd, George Eldon, *Crucial Questions about the Kingdom* (Grand Rapids: Eerdmans, 1961).

Luz, Ulrich, "The Theology of the Gospel of Matthew", *New Testament Theology* (Cambridge: University Press, 1995).

_____, *El Evangelio según San Mateo*, Mateo 1—7, vol. 1 (Salamanca: Ediciones Sígueme, 1993).

Martínez, José María, *Hermenéutica bíblica* (Terrassa: Clie, 1984).

Moo, Douglas J., "Jesus and the Authority of the Mosaic Law", *Journal for the Study of the New Testament*, 20 (1984).

Pentecost, J. Dwight, *El Sermón del Monte* (Grand Rapids: Editorial Portavoz, 1981).

_____, *The Words and Works of Jesus Christ* (Grand Rapids: Zondervan Publishing House, 1981).

Pink, Arthur, *An Exposition of the Sermon of the Mount* (Grand Rapids: Baker Book House, 1969).

Stein, Robert H., *Jesús, el Mesías: Un estudio de la vida de Cristo* (Terrassa: Editorial Clie, 2006).

15

La autoridad de Jesús el Mesías
(Primera parte) (8:1-34)

Los eruditos, mayoritariamente, entienden que los capítulos 8—9 de Mateo constituyen la segunda parte del modelo del ministerio de Jesús el Mesías. La primera parte de ese modelo lo constituye el Sermón del Monte, es decir, los capítulos 5—7 de Mateo. Ahí se encuentran las enseñanzas de Jesús tocante al Reino. Los capítulos 8—9 contienen las obras poderosas de Jesús. En los capítulos 5—7 de Mateo, Jesús habla. En los capítulos 8—9, el Señor actúa. Sus palabras y sus obras forman el gran equilibrio de su ministerio. Primero, sus enseñanzas. Segundo, sus obras. Como lo explican Davies y Allison, conocidos miembros de la escuela crítica:

> En los capítulos 5—7 tenemos el reto de las palabras de Jesús, en 8—9 el reto de sus actividades. La implicación es mayor que el hecho de hacer al Mesías la encarnación de sus discursos, aunque esa sea una consideración importante. En primer lugar, los capítulos 5—7 y 8—9 son la preparación para el capítulo 10, en el que Jesús instruye a sus misioneros tocante a lo que deben predicar y cómo deben actuar... El Jesús de Mateo 8—9 es un modelo. Uno no solo debe aprender sus palabras (5—7) sino también copiar sus actos, es decir imitar su comportamiento. Como discípulo de un rabino, el discípulo de Jesús aprende mediante preceptos normativos (5—7) y por ejemplo normativo (8—9). En segundo lugar, uno no debe perder de vista el enfoque sobre Israel a través de la primera mitad del Evangelio de Mateo. El Sermón del Monte fue dirigido a discípulos judíos y a una multitud de judíos (vea Mt. 7:27ss). Los sucesos de los capítulos 8—9 se relacionan con judíos (excepto 8:5-13 y quizá 8:28-34). Y los discípulos van solo a las ovejas perdidas de la casa de Israel (10:5-6 vea 15:24). Lo que tenemos en Mateo 5—10 no es la fundación de la iglesia, sino el reto de Jesús a Israel, el pueblo de Dios. Él habla, Él actúa y envía a

280

otros a hablar y actuar como sus representantes. En resumen, por lo tanto, Mateo 5—10 describen la misión a las ovejas pérdidas del pueblo de Israel, es decir, las demandas hechas y los beneficios ofrecidos al pueblo escogido por Dios en Cristo.[1]

El enfoque presentado por Davies y Allison, a pesar de ser teólogos y exégetas de la escuela crítica, es correcto. Las palabras de Jesús aparecen primero en el Evangelio de Mateo y luego aparecen sus obras. Eso sugiere la importancia relativa de ambas actividades. Su enseñanza es más importante que sus obras. Él es el LÓGOS, es decir, la Palabra viviente de Dios (Jn. 1:1-2). Él es, además, el discurso final y decisivo de Dios (He. 1:1-2).

En los capítulos 8-9 de Mateo se acumulan nueve milagros, divididos en tres grupos de tres cada uno y los tres grupos están separados por tres secciones más generales en la forma de tres espacios largos en un desfile (vea 8:18-22; 9:9-17, 35-38). Hay tres milagros de sanidad (8:2-15), luego tres milagros de poder (8:23—9:8), y finalmente, tres milagros de restauración (9:18-34). En los milagros de sanidad, el Mesías se presenta como el gran sanador que cura la lepra, la parálisis y la fiebre. Las tres enfermedades tienen su analogía en el mundo moral. La lepra aparece primero porque es el símbolo del pecado en el Antiguo Testamento. Se dirá más sobre ésta posteriormente.

Es importante decir algo tocante al propósito del relato de los milagros en el desarrollo del Evangelio de Mateo. Los milagros se presentan como credenciales del Rey mesiánico, identificándolo como el Gran Liberador. Las Escrituras del Antiguo Testamento proclaman el hecho de que el Mesías realizaría grandes obras y aunque no se menciona de manera específica la enfermedad de la lepra, se corresponde claramente con las poderosas obras mencionadas en las profecías.

"En aquel tiempo los sordos oirán las palabras del libro, y los ojos de los ciegos verán en medio de la oscuridad y de las tinieblas. Entonces los humildes crecerán en alegría en Jehová, y aun los más pobres de los hombres se gozarán en el Santo de Israel" (Is. 29:18-19).

"Entonces el cojo saltará como un ciervo, y cantará la lengua del mudo; porque aguas serán cavadas en el desierto, y torrentes en la soledad" (Is. 35:6).

"El Espíritu de Jehová el Señor está sobre mí, porque me ungió Jehová; me ha enviado a predicar buenas nuevas a los abatidos, a vendar a los quebrantados de corazón, a publicar libertad a los cautivos, y a los presos apertura de la cárcel" (Is. 61:1).

En Mateo 11:5, el Señor incluye la sanidad de los leprosos entre las poderosas obras que lo distinguen como el Mesías profetizado o "Aquel que ha de venir". Queda claro, por lo tanto, que el trato que Mateo hace de los milagros de nuestro Señor está diseñado para dar al lector la impresión indeleble que el Señor Jesucristo es el Rey mesiánico prometido. Esas obras son sus credenciales. Ellas lo identifican como Aquel que ha venido a cumplir las promesas de Dios expresadas mediante los profetas.

---

1. W. D. Davies y Dale C. Allison hijo, "The Gospel According to Saint Matthew", *The International Critical Commentary*, vol. II (Edimburgo: T. & T. Clark, 1994), p. 5.

Su autoridad sobre las enfermedades (8:1-17)

Muchos estudiantes del Evangelio de Mateo ven los tres primeros milagros de Jesús como típicos. Dicen que ellos ilustran el desarrollo de la presente edad hasta las bendiciones que caracterizaran el Reino futuro del Mesías. Según esa postura, el primer milagro sugiere el rechazo del Rey por Israel puesto que el milagro fue un acto privado con la finalidad de que fuese un testimonio a ellos (vea 8:4). El sacerdote, sin embargo, no respondió a ese testimonio. Israel está ciego ante la venida del Mesías. El segundo milagro sugiere la extensión de la gracia de Dios a los gentiles. La sanidad del siervo del centurión tipifica el interés de Dios por los gentiles en esta edad presente (vea Ro. 11:25-28). El tercer milagro, la sanidad de la suegra de Pedro mira adelante a la restauración de Israel al final de esta era. Los versículos 16-17 presentan la bendición universal que caracterizará la bendición que el Señor derramará cuando venga a establecer su Reino de gloria.

La sanidad del leproso (8:1-4)

"Cuando descendió Jesús del monte, le seguía mucha gente" (8:1).

Este versículo es una declaración general que narra el hecho de que una gran multitud (*óchoi polloi*) seguía a Jesús. La frase es un genitivo absoluto que se usa como introducción y para marcar una transición en la narración. El milagro de la curación del leproso no pudo haber ocurrido en medio de la multitud puesto que Jesús le dijo al leproso: "no lo digas a nadie". De haber sido así, el mandato hubiese sido inexplicable. Lucas dice que aquel hombre estaba "lleno de lepra" (Lc. 5:12). A los leprosos no se les permitía asociarse con otros que no fuesen leprosos. El aoristo participio "cuando descendió" (*katabántos*) debe traducirse "después que descendió" o "cuando hubo descendido". Desafortunadamente la Reina—Valera 1960 omite la conjunción "y" (*dè*). El texto dice: "y después de que descendió del monte". Mateo conecta el relato del Sermón del Monte con los hechos de los capítulos 8—9.

> *"Y he aquí vino un leproso y se postró ante él,*
> *diciendo: Señor, si quieres, puedes limpiarme" (8:2).*

La lepra, en las Escrituras, es una figura del pecado. En el libro de Levítico 13:1—14:57 se registra una descripción de la enfermedad y las leyes que regulaban su sanidad. Es de dudarse que haya alguna otra enfermedad que tan completamente reduzca al ser humano y su cuerpo a una condición tan repugnante, terrible y repulsiva como se registra en el Antiguo Testamento. Se dice que la enfermedad puede comenzar con pequeños nódulos que llegan a ulcerarse. A medida que progresaba la enfermedad, las ulceras despedían una supuración mal oliente y las cejas comenzaban a caerse. John A. Broadus la describe así:

> La horrible enfermedad de la lepra parece haber sido muy común entre los egipcios e israelitas. El clima de Egipto era propicio para agravar la enfermedad y puede ser que los israelitas adquirieran allí cierta tendencia constitucional a ella, como la suponen Estrabón y Tácito. Varias cuestiones acerca de la lepra quedan aún sin solución. La palabra griega *lepra*, de que la

nuestra fue tomada, se derivó de *lepis*, 'escama', significando una enfermedad escamosa. Entre las muchas variedades de la lepra que parecen haber existido en tiempos antiguos, lo mismo que en los modernos, la de la Biblia parece no haber sido la elefantiasis, o lepra de granos que se ve con frecuencia en la actualidad en Palestina, sino 'la lepra blanca'. Empezaba con una escama o hinchazón pequeña y el pelo en el lugar se volvía blanco. Esta se extendía y dejaba ver la carne viva.[2]

Hay cuatro maneras, por lo menos, en que la lepra ilustra el pecado:

1. En primer lugar, la lepra es una enfermedad interior (vea la expresión "en él" Lv. 13:46). De igual manera el pecado es una enfermedad interior que afecta el espíritu y el alma de un ser humano.
2. En segundo lugar, es una enfermedad repulsiva y detestable (vea Lv. 13:2-3). Uno puede tocar la lepra y sentirla. Se puede oler la enfermedad porque emite un olor desagradable. Incluso la voz del leproso es afectada y desarrolla una cualidad áspera porque con frecuencia afecta la laringe. El leproso se convierte en un sepulcro ambulante. Así también es el pecado en la esfera moral: Sucio, repudiable, odioso para una persona santa y especialmente para un Dios santo (vea Is. 1:4-6).
3. En tercer lugar, es una enfermedad que separa a la persona de la familia de Dios. El leproso era tratado como si ya hubiese muerto (vea Ef. 2:1). Era expulsado de la sociedad de Israel: "Todo el tiempo que la llaga estuviere en él, será inmundo; estará impuro, y habitará solo; fuera del campamento será su morada" (Lv. 13:46). Tenía que llevar vestidos rasgados, su cabeza descubierta y al andar, tenía que gritar: ¡Inmundo! ¡Inmundo! (Lv. 13:45).
4. En cuarto lugar, la lepra es una enfermedad incurable. Es cierto que, por lo general, la lepra no es contagiosa y por lo tanto, la exclusión de la comunidad se hacía primordialmente por razones ceremoniales. Pero hasta hace poco, la enfermedad era considerada incurable. Hoy día hay casos esporádicos de curación de dicha enfermedad sin necesidad de tratamiento y ha habido alguna reacción favorable con el uso de fármacos modernos pero los rabinos pensaban que la curación de un leproso era tan difícil como la resucitación de un muerto. Hubo leprosos sanados milagrosamente como el caso de Naamán el Sirio (2 R. 5:14), pero hubo pocos casos hasta que vino Jesús. La lepra es, por lo tanto, una ilustración viva de la naturaleza incurable del pecado (vea Ro. 6:23).

Además la lepra era una enfermedad ceremonial, como ya se ha mencionado. Tenía una función especial dentro del sistema levítico. Evidentemente fue escogida de manera especial para representar el pecado debido a su peculiaridad. Los hechos demuestran que Dios pudo haber escogido todas las enfermedades para describir el pecado, porque todas ellas son en el último análisis el resultado del pecado de Adán. El hecho de que solo la lepra fue escogida para ese propósito especial es, sin duda, un acto de la gracia de Dios.

---

2. John A. Broadus, *Comentario sobre el Evangelio según Mateo*, p. 228.

Según Lucas, el leproso que se acercó al Señor estaba "lleno de lepra" (Lc. 5:12). Ello sugiere el estado de desesperación de aquel hombre. Su estado tipificaba la muerte, la contaminación y la derrota total de su vida. Ese es el cuadro del pecador que no ha recibido los beneficios de la obra redentora de Jesucristo (Ro. 5:6-11).

El leproso de Mateo 8:2 supo de la presencia de Jesús y vino a Él con un grito de súplica, pidiendo ayuda (vea Mr. 1:40). Cayó de rodillas delante del Señor en adoración y dijo: "Señor, si quieres, puedes limpiarme" (8:2). La súplica del leproso sería aún más lastimosa debido al tono de su voz: Débil, ronca y triste, característica de esa patética enfermedad.

La súplica, sin embargo, era una expresión de confianza mezclada con humildad y reverencia. El leproso estaba seguro de su poder aunque, si bien era cierto, tenía alguna duda respecto de la bondad del Señor: "Si quieres, puedes limpiarme". Esas palabras expresan una fe sólida en la habilidad del Señor para hacer cualquier cosa que desease realizar. El vocablo usado por Mateo para decir: "y se postró ante él" (*prosekýnei autoi*) es un término que solo se usa respecto de la adoración de una deidad. Ello sugiere que el leproso mostró algún aprecio por la deidad del Señor. El sustantivo "Señor" (*kýrie*), por lo tanto, debe recibir la fuerza plena de su significado. De ser así, quizá la expresión "si quieres" (*eàn théleis*) no expresa duda respecto de la bondad del Señor sino solo una aceptación humilde de su autoridad y su soberana voluntad. El leproso simplemente podría estar afirmando que Cristo tiene el poder para sanarlo pero que podría no ser la voluntad de Dios hacerlo. Y si ese es el sentido del texto, tenemos en la súplica no solo un reconocimiento del poder del Señor Jesucristo, sino también una profunda expresión de su soberanía y su autoridad divina y de la amplitud de los propósitos de Dios. "El leproso se aferra a la esperanza de que Jesús le va a sanar, pero no se rebela si queda encerrado en la prisión de su terrible condición".[3] Aquí tenemos, por lo tanto, una hermosa combinación de confianza, ansiedad y aceptación de la voluntad de Dios sin importar cual sea el resultado final. Es un cuadro que no solo presenta la fe que salva sino también la fe que constituye el germen del discipulado. La fe había comenzado a unir al leproso con el corazón de Dios.

La fe del leproso se transforma en algo aún mayor cuando nos damos cuenta de que en la introducción del relato del ministerio de nuestro Señor, cuando se relata las obras maravillosas que realiza (Mt. 4:24), no se menciona la curación de la lepra. Es decir, esta es la primera vez, hasta donde se sabe, que se realiza la curación de un leproso. Por lo tanto, no hubo ninguna ilustración tocante a ese admirable creyente. De modo que su fe se destaca de manera asombrosa.

"Jesús extendió la mano y le tocó, diciendo: Quiero; sé limpio.
Y al instante su lepra desapareció" (8:3).

El leproso se arrodilló delante de Jesús. Asumió la postura que uno toma delante de una deidad o un rey. Entonces aquel hombre escuchó las conmovedoras palabras: "Quiero, sé limpio". El evangelista Marcos dice: "Y Jesús, teniendo misericordia de él" (Mr. 1:41). Lo cual implica que el leproso sufría en gran manera. Es difícil exponer la verdad contenida en la frase: "Jesús extendió la mano y le tocó" (8:3). Era el toque

---

3. Samuel Lewis Johnson, "Notas inéditas sobre el Evangelio de Mateo" (1975).

del amor y la compasión. La condición de un leproso era tal que vivía aislado de todos los demás seres humanos.

Seguramente aquel hombre había olvidado cuál era la sensación del toque de parte de un semejante. La mano compasiva de Jesús hizo desaparecer instantáneamente la terrible maldición que le había hecho vivir una vida tan solitaria. Las palabras de Cristo: "Quiero, sé limpio" (*thelô kathaístheiti*) sugieren autoridad soberana. El verbo "sé limpio" (*katharístheiti*) es el aoristo imperativo, voz pasiva de *katharídso* que significa "limpiar". El aoristo imperativo sugiere una acción urgente. El Señor tocó al leproso e inmediatamente (*euthéôs*) "su lepra desapareció" (*ekatharísthei autoû hei lépra*). El énfasis recae en el acto de la limpieza. El texto griego dice: "Fue limpiada de él la lepra". El toque de la mano sana sobre la putrefacta y sucia lepra podría verse como un cuadro de la encarnación de nuestro Señor, recordándonos el hecho de que Él tomó nuestra naturaleza para, a la postre, hacerse pecado por nosotros en la cruz (vea 2 Co. 5:21). Ningún rabino jamás habría tocado a aquel leproso, pero Jesús lo hizo. El toque de su mano poderosa y compasiva es un recordatorio de que todo aquel que pone su fe en Él recibe el perdón completo de sus pecados y el regalo de la vida eterna. Las palabras del Señor: "Quiero, sé limpio" son majestuosas tanto por su brevedad como por la demostración de su poder absoluto. ¡Qué Dios como Él que perdona el pecado de aquel que confía en Él para su salvación eterna!

Davies y Allison comentan lo siguiente:

> Jesús no usa aquí ninguna palabra ni fórmula mágica. 'Sé limpio' es simplemente un imperativo absoluto [*katharísthei*]. El poder y el misterio residen en el que habla, no en lo que dice. Además, Jesús dice simplemente: 'quiero' [*thélo*]. No dice 'Dios quiere'. Jesús mismo está en control y Él es la fuente del poder sanador.[4]

Los relatos de los tres sinópticos dicen que el Señor sanó al leproso "al instante" (vea Mr. 1:42; Lc. 5:13). El Señor no sana de manera gradual. Fue un hecho instantáneo y el acto inmediato es un aspecto importante del milagro. La piel del leproso regresó a su color natural con plena sanidad. Los miembros de su cuerpo afectados por la enfermedad recobraron su integridad. La voz recobró su sonido natural, firme y clara. Los olores repulsivos desaparecieron. Más importante aún, hubo una restauración social y civil a la familia, los amigos y a la comunidad. Y seguramente, aunque el texto no lo menciona, también hubo una nueva vida espiritual a través del Médico Divino quien había puesto su mano misericordiosa en el cuerpo de aquel hombre despreciado por la sociedad. Jesús no solo sanó el cuerpo del leproso sino también su ser espiritual. No es posible separar la maravillosa vida y el ministerio de la Palabra de la obra milagrosa del Señor Jesucristo. Un cristianismo desprovisto de milagros despoja al Nuevo Testamento de su sentido y convierte la Iglesia cristiana en algo inexplicable. Solo la insensatez y la incredulidad de los liberales y neo-ortodoxos les hacen enseñar que los milagros de las Escrituras fueron mitológicos.

Por otro lado, hay que añadir que el asombroso ministerio sanador de nuestro Señor

---

4. W. D. Davies y Dale C. Allison hijo, "The Gospel According to Saint Matthew", *The International Critical Commentary*, vol. II (Edimburgo: T. & T. Clark, 1994), p. 14.

reduce todas las afirmaciones y prácticas de los sanadores modernos a una sombra deplorable y en muchos casos, a una burla. ¡Cuán cruel es la práctica de los sanadores modernos que proclaman delante de una crédula concurrencia sus fraudulentas "curas"! ¿Por qué rehuyen enseñar las verdades del Nuevo Testamento respecto de la realidad de los milagros? ¿Son capaces los sanadores modernos de levantar de los muertos como lo hicieron tanto el Señor como los apóstoles?

Por supuesto que no. ¿Curan ellos a los leprosos? ¿Por qué no visitan tantas leproserías que existen en el mundo o los hospitales donde hay tantos enfermos postrados? La respuesta es obvia. Sus "curas" no son bíblicas. Las supuestas sanidades son, por lo general, fraudes y fantasías que dañan el carácter del evangelio y producen frustración en muchos.

"Entonces Jesús le dijo: Mira, no lo digas a nadie; sino ve, muéstrate al sacerdote,
    y presenta la ofrenda que ordenó Moisés, para testimonio a ellos" (8:4).

El mandato de Jesús al leproso que había sido sanado culmina la sorprendente narración del suceso. En los versículos 8:1-4 la conjunción "y" (*kaí*) aparece cinco veces. Esa figura se llama polisíndeton (muchas conjunciones). Se usa para que el lector se detenga en cada paso hasta llegar a la culminación. El mandato era: "Mira, no lo digas a nadie" (*hóra meidei eípeis*), es decir: "Pon atención, no comiences a decirlo a nadie". La frase es enfática y su propósito era prevenir una falsa aceptación de Jesús como Mesías. Los judíos esperaban simplemente a un rey terrenal que les librase de la opresión romana. Un fanatismo popular, sin un sentido de la culpa del pecado y de la necesidad de redención resultaría en la proclamación de un concepto torcido de la verdad del Mesías. El leproso que había sido sanado, sin embargo, se regocijó tanto por lo que le había acontecido que no fue capaz de obedecer el mandato del Señor (vea Mr. 1:45), pero quizá no deberíamos criticar la reacción de aquel hombre porque con mucha frecuencia nosotros no nos llenamos del impulso de hablar de su gracia maravillosa hacia nosotros.

La petición de que el leproso cumpliese con las estipulaciones de la ley era necesaria porque la dispensación de la ley aún estaba vigente (vea Mt. 5:17-20, Gá. 4:4-5). Hasta donde sabemos, la curación de un leproso no había ocurrido por cerca de 1.500 años. Naamán era un general sirio (vea 2 R. 5) y la ley no fue usada respecto de su curación. ¡Cuán grande sería la sorpresa del sacerdote! Es de dudarse que alguna vez hubiese practicado el ritual requerido por la ley (vea Lv. 14:1-7). El ritual de las dos avecillas, descrito por Moisés, expresa maravillosamente de manera tipológica la base de la obra purificadora del Mesías. Está basado sobre la muerte y la resurrección en la doctrina de la sustitución (vea Is. 53:10; Ro. 4:25). Además, el leproso no hace nada. El sacerdote realiza todo el trabajo hasta concluir con la declaración de "limpio" (Lv. 14:20), lo que sugiere una posición de aceptación. Después tiene lugar la restauración a la comunidad (Lv. 14:8). La curación de tantos leprosos durante el ministerio de nuestro Señor pudo haber contribuido a la conversión de un número importante de sacerdotes en los días del comienzo de la iglesia (vea Hch. 6:7). Ellos mejor que nadie podían dar testimonio de que un milagro mesiánico había sido realizado.

En contraste con la prohibición de propagar el milagro, el Señor manda al ex leproso a hacer dos cosas: (1) "muéstrate al sacerdote" (*seautón deîxon toî hiereî*), y (2) presenta la ofrenda (*prosénegkon to dôron*). Davies y Allison explican lo siguiente:

> Jesús dice al leproso que vaya al sacerdote por tres razones, una implícita, la otras dos explícitas: (1) implícita estaba la necesidad de que el sacerdote lo declarara limpio. Sin la palabra de aprobación del sacerdote, la reintegración en la sociedad judía no sería posible. (2) en cuanto a lo explícito estaba la necesidad de cumplir el requisito ceremonial. La ley tenía que ser obedecida. Solo un sacerdote podía declarar al leproso inmundo o limpio. (3) También era explícito el deseo de proveer un testimonio.[5]

"Para testimonio a ellos" (*eis martýtion autoîs*). Esta frase señala al hecho de que el Señor cumplía la ley de Moisés (vea Mt. 5:17-18). También se relaciona con el hecho de que una vez que el sacerdote declaraba limpio al leproso y este ofrecía el sacrificio ordenado por la ley, el pueblo debía reconocer que un verdadero milagro había ocurrido.

La obra realizada por Cristo era una señal mesiánica. Tanto los sacerdotes como el pueblo debieron reconocer aquel acto de sanidad como "testimonio" (*martýrion*), es decir, como una prueba de la presencia del Mesías prometido en medio de ellos. El judaísmo esperaba la curación de una enfermedad como la que afligía a aquel hombre en el tiempo de la liberación mesiánica.[6]

Resumiendo: La curación del leproso conduce inevitablemente a la conclusión de que Jesús es el Mesías, el Hijo del Dios viviente. No es de sorprenderse, por lo tanto, leer que su fama se divulgaba por toda aquella tierra (vea Mt. 9:31). Mientras los dirigentes de la nación permanecían ciegos frente a la realidad de la presencia del Mesías, aquellos que se beneficiaban de su gracia procuraban la bendición recibida (Mr. 1:45). Aquel que había sido prometido en las Escrituras del Antiguo Testamento (Is. 11:1-5) hizo su aparición. Se manifestó a los suyos con señales mesiánicas incontrovertibles. El Mesías vino a los suyos y los suyos no le recibieron (Jn. 1:11). Hubo, sin embargo, un remanente que lo reconoció y le recibió como el Hijo de Dios. La nación, en la persona de sus líderes, no le dio cabida como Rey Mesías. Su realeza se manifestó pero fue rechazada y lo será hasta el día cuando venga con poder y gran gloria para sentarse en el trono de David (Mt. 25:31).

La sanidad del siervo del centurión (8:5-13)

> "Que un hombre pagano llegue a poner su fe en Jesucristo en el tiempo cuando la salvación pertenecía a los judíos era algo totalmente asombroso. Que ese hombre fuese un centurión romano, un oficial del ejército romano que ocupaba la tierra de Israel y era pagado por Herodes Antipas, resultaba ser algo aún más asombroso".
>
> (Samuel Lewis Johnson)

---

5. *Ibíd.*, p. 15.
6. Vea Fritz Rienecker, *A Linguistic Key to the Greek New Testament*, vol. I (Grand Rapids: Zondervan, 1980), p. 23.

La segunda señal mesiánica realizada por Jesús, según el evangelista Mateo fue la asombrosa curación del siervo de un centurión romano. El relato de Mateo no es el único tocante a dicho acontecimiento. La historia también aparece en Lucas 7:2-10. Hay, sin embargo, una diferencia notable entre ambos relatos. En el relato de Lucas no es el centurión quien viene personalmente a Jesús, sino que el oficial romano envía a un grupo de ancianos judíos a que intercedan por él delante del Señor (Lc. 7:3-5). Los ancianos acuden a Jesús como agentes del centurión. Mateo, por su parte, sencillamente relata el acontecimiento desde el punto de vista de la fuente principal de la misión, es decir, el mismo centurión. O sea que Mateo parte desde la petición del centurión quien pudo haber usado a los ancianos como mediadores entre él y Jesús.[7]

Es importante recordar que la meta del ministerio del Mesías era alcanzar a la nación de Israel. Eso se refleja en la comisión dada a los Doce: "A estos doce envió Jesús, y les dio instrucciones, diciendo: Por camino de gentiles no vayáis, y en ciudad de samaritanos no entréis, sino id antes a las ovejas perdidas de la casa de Israel" (Mt. 10:5-6). También dijo a la mujer cananea: "No soy enviado sino a las ovejas perdidas de la casa de Israel" (Mt. 15:24). El apóstol Pablo lo resume así:

"Pues os digo, que Cristo Jesús vino a ser siervo de la circuncisión para mostrar la verdad de Dios, para confirmar las promesas hechas a los padres, y para que los gentiles glorifiquen a Dios por su misericordia, como está escrito: Por tanto, yo te confesaré entre los gentiles, y cantaré a tu nombre" (Ro. 15:8-9).

Esa misión, por supuesto, no resultaría en una respuesta favorable de parte de la nación, tal como está profetizado y fue necesario que el testimonio del Mesías fuese a los gentiles (vea Mateo 28:18-20). La edad presente tiene que ver con la ruptura o el "desgajar" de las ramas naturales, es decir, la edad de la caída o de la "transgresión" de Israel y la de "la plenitud de los gentiles" (vea Ro. 11:11-24). En la historia de la curación del siervo del centurión gentil y la profecía de Mateo 8:12: "Mas los hijos del Reino serán echados a las tinieblas de afuera; allí será el lloro y el crujir de dientes". Muchos gentiles entrarán en el Reino del Mesías por la fe en Él, mientras que muchos de la simiente de Abraham quedarán fuera a causa de su incredulidad y dureza de corazón. No basta con ser simiente física de Abraham. El requisito para entrar en el Reino es el nuevo nacimiento por la fe en el Mesías.

"Entrando Jesús en Capernaum, vino a él un centurión, rogándole, y diciendo: Señor, mi criado está postrado en casa, paralítico, gravemente atormentado" (8:5-6).

La frase "entrando Jesús en Capernaum" es un genitivo absoluto cuya función es

---

7. No existe contradicción alguna entre la narración de Mateo y la de Lucas como algunos liberales pretenden enseñar. Hay casos en los Evangelios donde se le atribuye a un superior algo relacionado por sus siervos. En Mateo 27:26 se dice lo siguiente de Poncio Pilato: "Entonces les soltó a Barrabás; y habiendo azotado a Jesús, le entregó para ser crucificado". Es de dudarse que Pilato personalmente azotase a Jesús. Lo más probable es que ordenara a alguno de sus soldados ejecutar aquella ignominiosa acción que, por haberla ordenado, se le atribuye al procurador.

establecer el contexto histórico y geográfico del acontecimiento. Dicha construcción gramatical es una de las características del Evangelio de Mateo. "Capernaum" era la "ciudad marítima" donde Jesús fijó su residencia después de haber dejado a Nazaret (Mt. 4:13). Posteriormente, el Señor recrimina el hecho de que a pesar de haber realizado tantos milagros allí, Capernaum seguía siendo una ciudad dura e incrédula (vea Mt. 11:23-24).

El evangelista Lucas narra el mismo episodio diciendo que el siervo del centurión estaba "enfermo" y "a punto de morir". Lucas, como médico, apreció que la condición de aquella persona era sumamente grave. También Lucas señala que el centurión usó la mediación de varios ancianos judíos para que llevasen a Jesús la petición del centurión. Mateo, por su parte, se refiere al siervo como un "criado" (*paîs*), es decir "un muchacho". Evidentemente el "muchacho" era un favorito del centurión quien al oír que Jesús estaba cerca apeló a los ancianos judíos para que persuadieran al Señor a realizar uno de sus grandes milagros de sanidad en la vida del joven criado. Los ancianos consideraban al centurión digno de aquel favor porque amaba la nación judía y había constituido una sinagoga para el pueblo (vea Lc. 7:4-5).

La enfermedad que afligía al "muchacho" es descrita en Mateo 8:6 de la manera siguiente: "mi criado está postrado en casa, paralítico, gravemente atormentado". El expositor William Hendriksen formula la siguiente pregunta:

> ¿Era esa una enfermedad de parálisis progresiva con espasmos musculares que afectaban peligrosamente el sistema respiratorio y que le llevaban a las puertas mismas de la muerte, como sugiere el evangelista Lucas?[8]

También llama la atención en el relato de Mateo la actitud del centurión. Vino a Jesús "rogándole" (*parakalôn*). El participio presente usado sugiere una acción continuada que solicita un favor o ayuda. En segundo lugar, usa el sustantivo "Señor" (*Kýrie*) seguramente en una demostración de respeto. El comentarista John A. Broadus dice lo siguiente respecto de la petición del centurión:

> Mi mozo [mi criado] es en el griego claramente definido y puede significar, o el único siervo que poseía, o el único que tenía consigo en Capernaum, o el que entonces ocupaba sus pensamientos. 'Siervo' (*paîs*) es en este caso literalmente 'muchacho', cuyo término se usaba para designar a un siervo de cualquier edad entre los hebreos, griegos y romanos"[9]

La respuesta del Señor fue clara y directa: "Y Jesús le dijo: Yo iré y le sanaré" (8:7). El texto griego dice literalmente: "Y le dijo: Yo, habiendo ido yo mismo, le sanaré". El pronombre "yo" (*egò*) es enfático, como observa el exégeta Richard Lenski:

> No significa "el enfermo no necesita ser traído a mí, yo iré a él". Ya que eso solo toma en cuenta la condición del paciente y no la dificultad del centurión, la impureza levítica de su casa. Para hacer frente a esa situación, la respuesta

---

8. William Hendriksen, *The Gospel of Matthew*, p. 395.
9. John A. Broadus, *Comentario sobre el Evangelio según Mateo*, p. 231.

de Jesús es considerada como una pregunta: ¿Soy yo, un judío, a quien se le acusa de transgredir la ley, quien debe ir a la casa de un gentil impuro?[10]

Es a la luz de ese trasfondo que los ancianos judíos acuden a Jesús y le relatan que aquel centurión: "Es digno de que le concedas esto, porque ama a nuestra nación, y nos edificó una sinagoga" (Lc. 7:4-5). Es probable, por lo tanto, que Mateo 8:7 sea una pregunta hecha por el Señor respecto de si era correcto o no que entrase en la casa de aquel centurión gentil. La información provista por Lucas 7:4-5 indica que los ancianos judíos consideraban correcto que el Señor fuese.

"Respondió el centurión y dijo: Señor, no soy digno de que entres bajo mi techo;
solamente di la palabra, y mi criado sanará. Porque también yo soy hombre bajo
*   autoridad,*
y tengo bajo mis órdenes soldados; y digo a este: Ve, y va; y al otro: Ven y viene;
y a mi siervo: Haz esto, y lo hace" (8:8-9).

El centurión era un gentil, como lo evidencian varias cosas que aparecen en el relato (vea Mt. 8:10-12; Lc. 7:3-5). Pero a pesar de eso, era altamente estimado por los judíos. En Lucas 7:4 dicen: "Es digno de que le concedas esto". Además, el afecto que demostró hacia su joven siervo lleva a la conclusión de que era un hombre genuinamente bueno. Los esclavos eran considerados como objetos que valían algo más que un animal. Aquel joven esclavo, sin embargo, era muy estimado por el centurión. También es posible que al haber construido una sinagoga para los judíos se sentía atraído al judaísmo y más aún, a Jehová el Dios de los judíos. Es posible que la gracia de Dios ya estuviese obrando en el corazón de aquel gentil.

A pesar de esas razones que le hacían ser admirado por los judíos, el centurión proclama su indignidad. Los judíos decían que él era "digno" pero el centurión declara "no soy digno". Cuando el Señor se acerca a su casa, el centurión nuevamente envía a sus amigos para decirle que no debe molestarse en venir.

Quizá el centurión reconoce el hecho de que era ceremonialmente incorrecto que un judío entrase en la casa de un gentil puesto que dice: "no soy digno de que entres bajo mi techo" (Mt. 8:8). De todos modos, el centurión ruega al Señor diciéndole: "solamente di la palabra, y mi criado sanará". Esa fue una asombrosa demostración de fe de parte de aquel centurión gentil. Sus palabras equivalen a decir: "Ni siquiera necesitas venir a mi casa, solo necesitas decir la palabra, y mi siervo sanará". "Aunque estás dispuesto a entrar en mi casa, no te molestes en hacerlo solo di la palabra".[11]

El versículo 9 ha sido objeto de controversia en algunos círculos teológicos. El problema gira alrededor del vocablo "también" (*kai*). Los antiguos arrianos (325 d.C.) rehusaban reconocer la absoluta deidad del Señor Jesucristo. Ese grupo hereje interpretaba la frase diciendo que: "Jesús también era un hombre bajo autoridad". Con ello pretendían enseñar que Jesús era un mero hombre. El contexto, sin embargo, no enfatiza la semejanza entre las dos personas. El verdadero énfasis recae sobre la comprensión íntima del centurión respecto de la naturaleza de la autoridad. Es más

---

10.   Richard C. H. Lenski, *The Interpretation of St Matthew's Gospel*, p. 325.
11.   W. D. Davies y Dale C. Allison hijo, "The Gospel According to Saint Matthew", p. 22

sensato, por lo tanto, traducir la frase así: "Porque incluso yo también, soy un hombre bajo autoridad". O sea que es un argumento de menor a mayor.[12] Como explica Pierre Bonnard:

> Este versículo desarrolla implícitamente un argumento a priori: Si yo, que soy solo un hombre sometido a un jefe (*ánthropos*), puedo hacerme obedecer con la mera autoridad de mi palabra, con cuánta más razón tú... El centurión no explica porqué Jesús no es un hombre como él, o es más que un hombre. Descubre en su interlocutor una autoridad, a la que se somete sin poder darle todavía un nombre.[13]

Si el centurión, aun en su posición subordinada, sabe el significado de hablar con autoridad y ser obedecido. ¿Cuánto más puede uno esperar que las palabras de Jesús, el Mesías e Hijo del Dios viviente, quien no está sujeto a ninguna autoridad, sean plenamente obedecidas? Es posible que el uso del vocablo "hombre" (*ánthrôpos*) por el centurión para referirse a sí mismo sea una sugerencia de que considera a Cristo un ser superior a los hombres. El centurión afirma que Cristo puede sanar con su palabra ("solamente di la palabra, y mi criado sanará"). Entiende que eso requiere un poder superior al humano. Obsérvese que el centurión ha llamado a Cristo "Señor" (*kýrie*). En su propia experiencia sabía que cuando el general habla, el ejército se mueve y cuando un centurión habla, sus hombres actúan. Ahora afirma que cree que cuando Jesús habla una palabra soberana y sanadora sale de su boca, Él habla y es obedecido. ¡Las enfermedades huyen al oír la voz del Mesías! Él es Soberano sobre todas las cosas. Todo está supeditado a su soberana voluntad.

"Al oírlo Jesús, se maravilló, y dijo a los que le seguían:
De cierto os digo, que ni aun en Israel he hallado tanta fe" (8:10).

Aunque es Dios Todopoderoso, también es perfecta humanidad. Como Señala McNeile: "El Señor, como hombre, no estaba libre de sorpresa" (vea Mr. 6:6).[14]

Solo dos veces se menciona en el Nuevo Testamento que Jesús "se maravilló". Una de ellas fue ante la manifestación de fe por un gentil pagano, quien no tenía ningún privilegio especial. La otra ocurrió ante la incredulidad de los judíos tan indiferentes y estériles a pesar de todos sus privilegios. El hecho de que el Señor utiliza el verbo "he hallado" (*hêuron*) sugiere, como ya se ha señalado, que Él vino **buscando** fe en la nación. En realidad, lo que el Señor buscaba era que su pueblo confiara en Él y eso es precisamente lo que busca hoy. Cristo no busca tanta ortodoxia, aunque es ciertamente importante, pero por encima de todo, el Señor busca personas que confíen en Él y en su Palabra. El Padre sigue buscando verdaderos adoradores (Jn. 4:23-24).

El Señor aceptó las palabras del centurión, cuando dijo: "solamente di la palabra, y mi criado sanará". La fe del centurión era "grande", según la expresión de Cristo. Era grande si se toma en cuenta las dificultades que tuvo que superar, en la claridad

---

12. Richard C. H. Lenski, *The Interpretation of St. Matthew's Gospel*, p 327.
13. Pierre Bonnard, *Evangelio según San Mateo* (Madrid: Ediciones Cristiandad, 1983), pp. 180-181.
14. Alan Hugh McNeile, "The Gospel According to Matthew", p. 104.

de su comprensión y en su humildad. Evidentemente la fe de aquel pagano romano
demostraba que había creído para salvación porque hizo que el Señor reflexionara
respecto del Reino mesiánico y cómo entrar en el mismo.

"Y os digo que vendrán muchos del oriente y del occidente,
y se sentarán con Abraham e Isaac y Jacob en el reino de los cielos;
mas los hijos del reino serán echados a las tinieblas de afuera;
allí será el lloro y el crujir de dientes" (8:11-12).

En estos versículos el Señor expresa una importante reflexión tocante a los
habitantes del Reino. Sus palabras señalan la presencia de creyentes gentiles y de los
elegidos de la nación de Israel. Aunque la nación de Israel es el centro de la promesa
del Reino mesiánico, el Mesías no negará a los gentiles los beneficios de dicho Reino.[15]
El Reino glorioso del Mesías tendrá un impacto universal (vea Is. 25:6-7; 49:1-13;
55:1-5). Los gentiles no remplazan al remanente de Israel sino que participarán de las
bendiciones del Reino.[16] Ha resultado extraño para algunos que Mateo, el Evangelio
para los judíos, mencionase estas palabras tocante al fracaso de Israel y su juicio
eterno, mientras que Lucas, el Evangelio para los gentiles, omita dichas palabras.
Pero en realidad, no debería causar sorpresa ya que al continuar a través de este libro
queda claro que Mateo tiene como uno de sus objetivos la presentación de la verdad
del rechazo que Israel hace del Mesías y de las consecuencias de dicho rechazo. El
evangelista Mateo une ese rechazo con el fracaso de Israel a responder mediante la
fe al mensaje de su Mesías. La transgresión de Israel ha producido la salvación de los
gentiles (Ro. 11:11). El endurecimiento parcial de Israel continuará "hasta que haya
entrado la plenitud de los gentiles; y luego todo Israel será salvo, como está escrito:
Vendrá de Sion el Libertador, que apartará de Jacob la impiedad" (Ro. 11:25-26). Es
importante señalar que el judío, igual que el gentil, necesita poner su fe en el Mesías
para entrar en el Reino. El gran error del judío en tiempos de Cristo fue pensar que el
hecho de ser simiente de Abraham le daba derecho de entrar en el Reino. Como Explica
Stanley D. Toussaint:

El típico israelita estaba consciente solo de su lugar preeminente en el Reino…
Pero aquí los incrédulos hijos del Reino, son judíos y herederos naturales,
se los profetiza como "echados a las tinieblas de afuera", mientras que los
gentiles creyentes participan del Reino. El Señor afirma que como resultado
de su fe los gentiles tendrán una participación concreta en el Reino venidero.
La entrada en el Reino tanto para el judío como para el gentil está supeditada
a la base espiritual de la fe en Jesús el Mesías".[17]

15. Vea Alva J. McClain, *The Greatness of the Kingdom* (Grand Rapids: Zondervan Publishing House, 1959), pp. 293-295.
16. Vea Ed Glasscock, "Matthew", *Moody Gospel Commentary* (Chicago: Moody Press, 1993), p. 187.
17. Stanley D. Toussaint, *Behold the King* (Portland: Multnomah Press, 1980), p. 124.

La frase "hijos del reino" (*hoi huioì teîs basileías*) es una referencia a quienes, por ser descendientes de Abraham a través de Isaac y de Israel, deberían de heredar el privilegio de participar en el Reino del Mesías. A causa de su incredulidad, sin embargo, serán echados fuera. Es decir, no entrarán en el Reino prometido.

John A. Broadus observa lo siguiente:

> Nuestro Señor dice a los judíos que extranjeros vendrían al Reino a participar de sus privilegios; y sus propios hijos serían echados fuera[18]

Resumiendo: La curación del siervo del centurión fue un asombroso milagro realizado por Jesús el Mesías. Aquel acto de curación fue una señal mesiánica que apuntaba a la realidad de que Jesús era el Enviado de Dios, el prometido Mesías de Israel. Junto con otros milagros, aquel era una demostración de que Jesús era "Aquel que había de venir" (*ho erchómenos*), es decir, Aquel que los profetas habían anunciado (vea Mt. 11:3; Mal. 4:1-6). Solo la terca incredulidad de los "hijos del reino" le impidió ver y les hizo rechazar el testimonio incontrovertible de aquellos milagros.

La curación del siervo del centurión revela que Cristo es el que tiene poder sobre la desesperación, la enfermedad y la muerte. Aquel esclavo era apreciado por el centurión (Lc. 7:2). Mediante la sanidad de aquel siervo, Jesús libró al centurión de la angustia que le producía el perderlo. Además, el siervo estaba "muy enfermo" y el Médico Divino lo sanó. Por último, según Lucas, el joven estaba "a punto de morir". Tanto la angustia como la enfermedad y la muerte están bajo el poder y la autoridad del Rey Mesías.

Además, el medio por el cual la curación tuvo lugar y el hecho que asombró a Jesús fue la fe del centurión romano. Evidentemente el centurión era una persona piadosa y buena, pero no fue eso lo que movió al Señor sino la fe de aquel hombre. No fue la piedad, ni la religiosidad, ni la filantropía sino la fe que el centurión puso en la persona del Señor lo que hizo aquella maravillosa obra. El centurión "había oído hablar de Jesús" (Lc. 7:3) y evidentemente, confió en Él como Soberano Mesías. La palabra de Jesús es definitiva:

> *"Entonces Jesús dijo al centurión: Ve, y como creíste, te sea hecho.*
> *Y su criado fue sanado en aquella misma hora" (8:13).*

Jesús se dirigió directamente al centurión, no a la multitud que le rodeaba. El aoristo participio "como creíste" sugiere que Jesús entendió la fe del centurión. "La fe de aquel hombre estaba en perfecta armonía con las realidades inherentes en Jesús, y esa es la razón por la que Jesús confrontó aquella confianza de la manera como lo hizo".[19]

Las palabras del Señor al centurión expresan bondad, gracia y misericordia. Esos son atributos inherentes en el Mesías. Él extiende su invitación hoy a todos los pecadores. Quien pone su fe en Él, como lo hizo el centurión, recibe el regalo de la vida eterna. Solo Él puede hacerlo.

---

18. John A. Broadus, *Comentario sobre el Evangelio de Mateo*, p. 234.
19. Richard C. H. Lenski, *The Interpretation of St. Matthew's Gospel*, p. 332.

La sanidad de la suegra de Pedro (8:14-15)

La curación de la suegra de Pedro es el tercer milagro de sanidad (vea Mt. 8:1-17) que preceden a los milagros de poder (Mt. 8:18-9:17) y a los de restauración (Mt. 9:18-34). Los milagros que siguen al gran Sermón del Monte, en el que el Señor expone los preceptos del Reino de Dios, demuestran sus credenciales. Lo señalan como el Rey Soberano y como el Señor de señores. Dichos milagros no "prueban" su derecho mesiánico, eso solo lo puede hacer el Espíritu Santo, pero lo identifican como Aquel prometido en las Escrituras (Is. 29:18-19; 35:5-6; Mt. 11:1-6). Esa podría ser la razón principal de por qué Mateo los incluye en su Evangelio.

El pasaje de Mateo 8:14-17 tiene otro aspecto de interés adicional. La cuestión de si la sanidad física está incluida en la expiación es producida por la curación física de muchos y por el comentario de Mateo que sigue su descripción: "para que se cumpliese lo dicho por el profeta Isaías, cuando dijo El mismo tomó nuestras enfermedades, y llevó nuestras dolencias" (8:17). ¿Es verdad, como afirman muchos "sanadores", que la curación física está incluida en la obra expiatoria de Cristo? ¿Puede decirse que, porque Cristo murió por los pecados de los pecadores, la sanidad física es una de las bendiciones que podemos reclamar como resultado de su muerte? ¿Y podemos reclamar esa sanidad **ahora**, antes de la resurrección del cuerpo? Estas preguntas serán abordadas en el estudio de este pasaje.

> *"Vino Jesús a casa de Pedro, y vio a la suegra de éste postrada en cama, con fiebre" (8:14).*

La curación de la suegra de Pedro es registrada por los tres Evangelios sinópticos. Tanto Marcos como Lucas señalan que la curación ocurrió en un día de reposo (vea Mr. 1:21-31; Lc. 4:31-39). Después de salir de la sinagoga, el Señor sanó al hombre poseído de demonios (Mr. 1:21-28) y seguidamente al siervo del centurión. De ahí fue a la casa de Pedro, quizá para descansar después de la intensa actividad de los últimos días. Al entrar en la casa "le rogaron por ella". La suegra de Pedro tenía una "gran fiebre" (Lc. 4:38) probablemente una forma de malaria. Allí estaban Andrés, Jacobo, Juan y Pedro junto con la mujer enferma (vea Mr. 1:29-30).

Debe observarse el hecho de que se trataba de la suegra de Pedro. O sea que el apóstol Pedro era un hombre casado. Esa verdad es confirmada por Pablo en 1 Corintios 9:5. La iglesia tradicional que promueve el celibato debería tomar en cuenta que aquel a quien considera "el primer papa" era un hombre casado. La prohibición del matrimonio de los clérigos es una tradición de la iglesia católica-romana que se desarrolló en la edad media. Dicho dogma carece de fundamento bíblico y ha sido la causa de mucha inmoralidad dentro de la iglesia tradicional.

> *"Y tocó su mano, y la fiebre la dejó; y ella se levantó y les servía" (8:15).*

Obsérvese la figura de dicción llamada polisíndeton, es decir, la repetición de la conjunción "y" (*kaì*). El escritor desea que el lector se detenga en cada paso de la narración: "Y tocó su mano" algo prohibido por el legalismo judío.[20] "y la fiebre la dejó". El aoristo "dejó" (*apheîken*) sugiere que la acción tuvo lugar de inmediato. La fiebre (*ho puretós*) "en el mundo antiguo era considerada como una enfermedad en sí y no como un simple síntoma".[21] "y ella se levantó" (*aì eigérthei*) es un aoristo pasivo, lo cual sugiere que el Señor, al tomarla de la mano, la levantó o que, al sentirse curada, se levantó por sí sola. "y les servía" (*kaí dieikónei autoî*). El texto griego dice: "y le servía", es decir, el servicio fue dirigido al Señor. El verbo "servía" es un imperfecto ingresivo cuya función es destacar el comienzo de una acción. Aquella mujer tan pronto fue sanada "comenzó a servir" al Señor. La acción continua del verbo sugiere que el servicio de aquella mujer duró todo el tiempo que Jesús permaneció en aquel hogar. Según Lucas 4:38, el servicio comenzó "al instante", es decir, inmediatamente después de la curación. La actitud de la suegra de Pedro es un recordatorio que el creyente es salvado para servir. Esa es la responsabilidad de todo aquel que ha recibido el beneficio de la redención. El redimido es: "Pueblo adquirido por Dios, para que anunciéis las virtudes de aquel que os llamó de las tinieblas a su luz admirable" (1 P. 2:9).

Llama la atención las características de los primeros milagros de sanidad realizados por Jesús el Mesías. El Señor comienza con personas consideradas "incapaces" y "despreciadas" por la sociedad judía de aquellos tiempos: El primer caso fue un leproso, el segundo un centurión romano, y el tercero una mujer. No es de extrañarse que: "los fariseos y los escribas murmuraban, diciendo: Este a los pecadores recibe, y con ellos come" (Lc. 15:2). Es cierto que Jesús se relacionó con las personas despreciadas por la sociedad de su tiempo. Pero después de todo, "el Hijo del Hombre vino a buscar y a salvar lo que se había perdido" (Lc. 19:10).

La sanidad de muchos enfermos (8:16-17)

"Y cuando llegó la noche, trajeron a él muchos endemoniados;
y con la palabra echó fuera a los demonios, y sanó a todos los enfermos;
para que se cumpliese lo dicho por el profeta Isaías, cuando dijo:
Él mismo tomó nuestras enfermedades y llevó nuestras dolencias" (8:16-17).

Evidentemente por ser sábado, muchos esperaron a que llegara "la noche" (*opsías*), es decir, el atardecer, que era el final del día de reposo. La ley general de los judíos decía que solo se podía dar pasos para curar a alguien en el sábado si la vida de la persona estaba en peligro. Era ilegal llevar alguna carga en el día sábado que pesase más de dos higos secos. De modo que nadie podía cargar a una persona a la casa de Pedro. Pero cuando aparecían dos estrellas en el firmamento el sábado había terminado y por lo tanto, según el texto: "Cuando llegó la noche, trajeron a él muchos endemoniados". La expresión en el texto griego dice: "poseídos o afligidos por demonios, muchos": El énfasis está en el número de personas que sufrían la influencia del Maligno. Los tres verbos en el versículo 16 son aoristos del indicativo: "trajeron" (*proséinegkan*), "echó fuera" (*exébalen*) y "sanó" (*etherápeusen*). El aoristo sugiere una acción puntual y el modo indicativo señala un hecho histórico. La idea es que todos

20. David Hill, "The Gospel of Matthew", *The New Century Bible Commentary* (Grand Rapids: Eerdmans Publishing Company, 1982), p. 160.
21. *Ibíd.*

los endemoniados que fueron llevados al Señor fueron librados del poder satánico y por lo tanto, fueron curados al instante.

Todo eso fue hecho "con la palabra" (*lógoi*) o, quizá mejor "por la palabra", es decir, mediante la autoridad de "una palabra" todos los que fueron llevados a Él fueron inmediatamente curados. Él realmente "anduvo haciendo bienes y sanando a todos los oprimidos por el diablo" (Hch. 10:38). Esa era otra de sus credenciales mesiánicas.

La curación de aquellos que venían a Él es considerado por Mateo como el cumplimiento de las Escrituras, específicamente de Isaías 53:4: "Ciertamente llevó él nuestras enfermedades, y sufrió nuestros dolores; y nosotros le tuvimos por azotado, por herido de Dios y abatido".

El referido pasaje, Isaías 53, es la profecía más sobresaliente respecto de la obra expiatoria de Cristo registrada en el Antiguo Testamento. La profecía expresa el lamento del futuro remanente redimido de la nación de Israel debido a la incredulidad del pueblo manifestada en la primera venida del Mesías. El pasaje es una verbalización de Zacarías 12:10-14. La cita de Mateo es una parte de la tercera estrofa de la canción del siervo sufriente, y esa tercera estrofa contiene muchas referencias a la muerte sustitutoria de Cristo. Según el profeta, la muerte del Mesías sería una satisfacción ofrecida al Padre por los hijos por los que vino a morir (vea Is. 53:4-6). Todas las nubes oscuras, todos los relámpagos y los truenos se juntan en una gran tormenta de juicio que se resume en las palabras: "mas Jehová cargó en él el pecado de todos nosotros" (Is. 53:6). Esa indescriptible tormenta llegó a su clímax cuando el Padre le hizo gritar: "Dios mío, Dios mío, ¿por qué me has desamparado?" (Mt. 27:46).

Pero ¿no apoya el uso de Mateo de Isaías 53:4 la afirmación de los supuestos sanadores de que Jesús llevó nuestros dolores y tristezas, es decir, nuestras enfermedades? Y además ¿no relacionan algunos evangelistas el mencionado texto con la curación de los enfermos y poseídos de demonios? ¿Qué puede decirse de esas declaraciones y afirmaciones?

En primer lugar, debe admitirse que Mateo ha interpretado correctamente el significado de Isaías 53:4. Es cierto que el Mesías vino para llevar sobre sí nuestras enfermedades y nuestras penas (el pronombre "nuestras" se refiere a la compañía de redimidos, como se señala en el contexto). Las enfermedades y los dolores, sin embargo, son el fruto del pecado. El texto del Antiguo Testamento, como también el del Nuevo Testamento, contempla las enfermedades como las evidencias de un cáncer radical y fatal causado por el pecado. Con ellas el Mesías se identificaría, porque su meta era el llevarlas sobre sí en su tiempo, cuando la causa y raíz fuese expiada.

Es de suma importancia, por lo tanto, para encontrar la interpretación correcta del pasaje recordar que el pecado puede considerarse desde la perspectiva de su *naturaleza* y *sus efectos*, su raíz y su fruto. El pecado es esencialmente incredulidad, pero sus consecuencias penales incluye la muerte física, lo que a su vez incluye la *enfermedad*. La enfermedad es una evidencia del pecado y una anticipación de la muerte. El profeta Isaías describe la venida del Mesías como Alguien que le apareció en una especie de visión como *enfermo y dolido, herido, abatido, molido y sufriente*. Pero sus enfermedades, llagas, heridas y agonías fueron *nuestras*. Él las quitó de nosotros y las puso sobre sí mismo. Lo que Isaías describe fue la gran sustitución. El Mesías está en nuestro lugar y lleva la carga de lo que se debía por nuestros pecados. El centro mismo de toda su obra es la gran satisfacción de nuestra deuda al Padre.

Cuando el Señor sanó enfermedades y echó fuera demonios, actuaba en la superficie de las cosas. Pero así todo actuaba, aun entonces, como el Gran Salvador. No obstante, el punto de referencia en cada acto en particular, en cada detalle, es la obra expiatoria que vino a realizar. De modo que las palabras del profeta se cumplieron mediante las obras de curación de nuestro Señor, aunque estas fueron cumplidas mucho más gloriosamente mediante su gran obra expiatoria. En otras palabras, el Señor Jesucristo llevó los pecados de los pecadores y sus *efectos*. De modo que una verdadera comprensión del significado de su sacrificio necesariamente tiene que incluir ambas cosas en su análisis.

La pregunta de si ¿están o no correctos los que intentan practicar sanidades hoy? O ¿no deberíamos esperar nosotros que su toque sanador incluya nuestros pecados y sus efectos? Y ¿no deberíamos nosotros predicar la sanidad divina? Por supuesto, todo cristiano cree que Dios puede y de hecho sana enfermedades físicas en el presente, pero la prerrogativa descansa solo en su soberana voluntad. Dios no nos ha dado permiso para predicar que nuestras enfermedades pueden curarse mediante la consulta o la intervención de personas que proclaman tener el don de sanar. La única fórmula es la que aparece en Santiago 5:14. El punto importante es el siguiente: La curación está en la expiación y la prueba final de que esta será la resurrección, cuando los creyentes reciban un cuerpo nuevo, es decir, el acto final de la redención personal (vea Ro. 8:23). La realidad es, por lo tanto, que la curación está en la expiación, pero **no es para ahora**. El aspecto corporal de su obra salvadora aguarda la resurrección. Las palabras de Pablo en Romanos 8:11 lo expresa bien claro: "Y si el Espíritu de aquel que levantó de los muertos a Jesús mora en vosotros, el que levantó de los muertos a Cristo Jesús vivificará también vuestros cuerpos mortales por su Espíritu que mora en vosotros". El centro de la enseñanza de ese versículo es la frase: "vivificará también vuestros cuerpos mortales", y es imperativo notar que el tiempo verbal usado es un futuro indicativo. La sanidad del cuerpo está incluida en la expiación pero NO ES PARA AHORA.

Mateo e Isaías están en pleno acuerdo al ver los dolores y las enfermedades como evidencias del pecado y efectos de la condición caída del hombre. Isaías profetiza que el Mesías las llevaría vicariamente. Mateo ve en el cumplimiento sanador de la profecía, la sanidad de los efectos como algo basado a la postre, en la sangre que sería derramada. Las sanidades son anticipaciones de la virtud que ha de fluir de la expiación.

Es deprimente y erróneo la afirmación de los "sanadores modernos" de que lo que Jesús hizo para demostrar sus credenciales mesiánicas es algo que ellos pueden hacer hoy. Si bien, es cierto que, el Espíritu Santo dio dones a la iglesia (1 Cor. 12-14, Ef. 4:1-16), también es cierto que, por su voluntad soberana, el Espíritu hizo cesar ciertos dones. Es decir, hay dones que fueron válidos en cierto tiempo de la historia de la iglesia que no son válidos para hoy. Uno de esos dones que el Espíritu suprimió es el de sanidad. Por supuesto que Dios sana hoy, pero no lo hace a través de alguien que diga poseer el don. Dios sana hoy directamente en respuesta, muchas veces, a las oraciones de su pueblo pero siempre en conformidad con su voluntad. Los dones que fueron suprimidos pertenecían a la edad de la revelación, es decir, la era de nuestro Señor y los apóstoles. Esa era ya pasó. Ahora tenemos la Palabra de Dios inspirada, inerrante e infalible, suficiente para todo lo que concierne a nuestra fe y práctica. Dones tales como apóstol, profeta, milagros, sanidades, lenguas e interpretación de lenguas sirvieron su propósito original. Cuando dicho propósito se cumplió Dios los hizo cesar.

LAS EXIGENCIAS DEL DISCIPULADO (8:18-22)

Jesús enseñó que el discipulado tiene su precio. Más adelante en su relato, Mateo registra las palabras de Cristo: "Si alguno quiere venir en pos de mí, niéguese a sí mismo, y tome su cruz y sígame" (Mt. 16:24). Algunos seguían a Cristo por motivos egoístas y materiales (Jn. 6:26). Quizá hoy día ocurra lo mismo.

"Viéndose Jesús rodeado de mucha gente, mandó pasar al otro lado" (8:18).

Los acontecimientos que han sido narrados tuvieron lugar en Capernaum (al noroeste del mar de Galilea). Una gran multitud acudió al sitio donde Jesús estaba, tal vez por curiosidad o quizá para pedirle alguna sanidad. La situación hizo que el Señor diese "la orden de pasar al otro lado", es decir a la ribera oriental del lago (*tò péran*). John A. Broadus comenta lo siguiente:

> No podemos suponer que [Jesús] quería librarse de molestia o incomodidad personal. La excitación fanática del pueblo aumentaba demasiado, …había menos oportunidad de hacer verdadero bien por sus enseñanzas al llegar a ser tan grande la multitud que se produciría confusión y disturbios y en general, era su plan difundir sus labores por todas partes del país.[22]

De modo que Jesús y sus discípulos atravesaron el lago y llegaron a la región conocida como Perea (según Josefo).

"Y vino un escriba y le dijo: Maestro, te seguiré adondequiera que vayas.
Jesús le dijo: Las zorras tienen guaridas, y las aves del cielo nidos;
mas el Hijo del Hombre no tiene dónde recostar su cabeza" (8:19-20).

Hay quienes opinan que Mateo colocó esta sección aquí debido a que acababa de referirse al Siervo Sufriente de Jehová y su ministerio en Isaías 53. Las palabras de Jesús al escriba, por lo tanto, continúan ese énfasis, señalando a sus sufrimientos en el mundo. Alfred Plummer hace esta observación:

> El escriba, al parecer, ha sido un oyente de las enseñanzas de Cristo y ahora, llevado por un sincero pero no muy profundo entusiasmo, propone convertirse en un discípulo permanente… ¿Está ese escriba, quien ha llevado una vida cómoda, preparado para una vida como la de Él, quien comenzó en un establo prestado y terminó en una tumba prestada?[23]

El texto dice que: "vino un escriba". Los escribas eran expertos en el estudio de la ley de Moisés (la Torah). En un principio esa tarea era realizada por los sacerdotes.

---

22. John A. Broadus, *Comentario sobre el Evangelio según Mateo*, p. 238
23. Alfred Plummer, "An Exegetical Commentary on the Gospel According to St. Matthew", p. 129.

Esdras era sacerdote y escriba (Neh. 8:9). Los escribas eran conocidos en el Nuevo Testamento como *nómikoi* (abogados) y también como *nomodidáskoloi*, es decir "maestros de la ley". Probablemente fueron los originadores del culto en las sinagogas y llegaron a formar una casta poderosa entre la nobleza de Israel.[24] Los escribas desempeñaban una triple función dentro de la vida religiosa de la nación de Israel:[25]

1. La preservación de la ley.
2. Reclutar discípulos para instruirlos en la ley.
3. Eran los abogados o intérpretes de la ley. Funcionaban como administradores de la ley en el sanedrín.

La reputación de los escribas era muy alta en la nación de Israel debido a su relación con la ley. Parecía extraño que un escriba deseara seguir a Cristo si se toma en cuenta que dicho grupo era enemigo declarado de Jesús. En repetidas ocasiones el Señor los denunció por no cumplir la Palabra de Dios (vea Mt. 16:21; 21:15; 23:2).

El escriba se dirige a Cristo, llamándole "maestro" (*didáskale*) seguramente en señal de respeto. Su declaración fue: "te seguiré adondequiera que vayas". Esas palabras son asombrosas ya que no expresan ninguna condición. Aquel escriba, más bien, se ofrece a colocarse como un discípulo de Gran Maestro. El verbo "seguiré" (*akolouthésô*) es un vocablo que describe la relación entre un rabino maestro y su estudiante. Dicho simplemente, el escriba dice: "Señor, quiero ser tu discípulo", "estoy dispuesto a ir a cualquier sitio contigo y hacer lo que tú digas".

El Mesías ni acepta ni rechaza el ofrecimiento del escriba, sino que le hace saber que seguirle no era una aventura fácil. Quizá el Señor leyó en el corazón del escriba algo que sus palabras no reflejaban. Tal vez el escriba estaba pensando en beneficios materiales sin tener en cuenta el sacrificio espiritual de pertenecer al Reino del Mesías. Jesús vino la primera vez como el humilde Cordero de Dios y se humilló hasta lo sumo (Fil. 2:5-11). Como expone Leon Morris:

> Él no tuvo ni el equivalente humano de lo que poseen las zorras y las aves. La guarida de un zorro no es exactamente un lujo, pero la zorra posee un sitio donde dormir por la noche. Jesús no tenía tal lugar. Jesús enseñó que las aves no tienen necesidad de preocuparse por el alimento porque el Padre celestial cuida de ellas (Mt. 6:26). Ahora dice que también tienen sus nidos. Las criaturas de la tierra y del aire tienen sus moradas y en eso el Hijo del Hombre hace un contraste: **Él no tiene dónde recostar su cabeza**.[26]

La expresión "el Hijo del Hombre" ha sido ampliamente discutida en círculos teológicos. El reconocido teólogo, George E. Ladd, en su obra *Teología del Nuevo Testamento* afirma que:

24. Vea Joachim Jeremias, *Jerusalén en tiempos de Jesús* (Madrid: Ediciones Cristiandad, 1977), pp. 249-260.
25. J. D. Douglas, et al., *The New Bible Dictionary* (Grand Rapids: Eerdmans Publishing Company, 1965), p. 1154.
26. Leon Morris, *The Gospel According to Matthew* (Grand Rapids: Eerdmans Publishing Company, 1992), p. 201.

Desde el punto de vista teológico, una de las designaciones mesiánicas más importantes de los Evangelios sinópticos es la del Hijo del Hombre. Son importantísimas tres cuestiones. En la tradición evangélica el Hijo del Hombre era la forma favorita de Jesús para identificarse a sí mismo; de hecho, es el único título que utilizó con toda libertad. Segundo, nadie utiliza ese título para designar a Jesús. Tercero, no hay pruebas en los Hechos o en las cartas de que la Iglesia primitiva llamara a Jesús Hijo del Hombre. La única ocasión en la que aparece el titulo aparte de los Evangelios es en la visión de Esteban (Hch. 7:56). Los Evangelios lo ponen en boca de Jesús más de sesenta y cinco veces. Es sorprendente que ese título nunca llegara a ser una designación mesiánica de Jesús en la Iglesia primitiva.[27]

Llama la atención el hecho de que el Señor usara la expresión: "Hijo del Hombre" para responder al escriba. Hay que tomar en cuenta las veces que dicha expresión aparece en los Evangelios.[28] Puede clarificarse según los temas asociados con dicho título:

1. El Hijo del Hombre apocalíptico que viene al final de los tiempos (Mt. 16:27).
2. El Hijo del Hombre sufriente que viene a morir (Mt. 17:9, 22, 23; 20:18-19).
3. El Hijo del Hombre terrenal, ocupado en numerosos ministerios (Mt. 9:6; 12:8) (en este contexto el título podría tener la función de una circunlocución equivalente a "yo").[29]

No es tarea fácil determinar con exactitud el significado del título: "Hijo del Hombre". La expresión no es natural en el idioma griego. Hay quienes entienden que tiene una raíz aramea y apelan a la expresión *bar nâsâ'* que por lo general se traduce "hombre".[30] El destacado exégeta luterano Richard C. H. Lenski ha expresado acertadamente:

Está claro que el título: [Hijo del Hombre] fue acuñado por el mismo Jesús, fue desconocido antes de su tiempo, y no fue ni usado en la iglesia hasta tiempo después. Jesús siempre lo usó como sujeto u objeto, siempre en la tercera persona, nunca como predicado. Él habla en la plena conciencia de que es: "el Hijo del Hombre" pero nunca dice: "Yo soy el Hijo del Hombre". El título siempre es *ho huiòs toû anthrópou*, con dos artículos griegos, que es completamente diferente a decir: "Un hijo de hombre", es decir un ser

27. George Eldon Ladd, *Teología del Nuevo Testamento*, traducido por José María Blanch y Dorcas González Bataller (Terrassa: Editorial Clie, 2002), pp. 194-195.
28. La expresión "Hijo del Hombre" aparece 81 veces en los Evangelios. De ellas, 69 veces en los sinópticos. Todas ellas siempre en labios de Jesús. Dos veces aparece en los labios de alguien que cita al Señor (Lc. 24:7; Jn. 12:34). Fuera de los Evangelios aparece en Hechos 7:56; Apocalipsis 1:13; 14:14.
29. Para un estudio resumido del tema, vea D. A. Carson, "Matthew", *The Expositor's Bible Commentary* (Grand Rapids: Regency Reference Library, 1984), pp. 209-213.
30. Vea Millar J. Erickson, *The Word Became Flesh* (Grand Rapids: Baker Book House, 1991), pp. 18-19.

humano. Hay un misterio en el título que todavía se siente a medida que leemos el registro de su uso por Jesús y es claramente evidente también en las preguntas que Jesús formula en Mateo 16:13, etc".[31]

Es necesario señalar algunas cuestiones importantes respecto del título: "Hijo del Hombre". En primer lugar, no cabe duda que su origen es Daniel 7:13 donde el profeta ve una figura celestial que viene en las nubes del cielo y su apariencia es "como un hijo de hombre". En Mateo 24:30 y 26:64, "el Hijo del Hombre" aparece viniendo en las nubes del cielo exactamente igual como lo describe el profeta Daniel. En segundo lugar, el "Hijo del Hombre" es reconocido por los apóstoles y confirmado por el mismo Señor como "el Hijo del Dios viviente" (Mt. 16:13-17). Es decir "el Hijo del Hombre" es ni más ni menos que el Dios encarnado que vino la primera vez "a buscar y a salvar lo que se había perdido" (Lc. 19:10). Él es "el varón de dolores, experimentado en quebranto" (Is. 53:3). Finalmente, es reconocido que incluso los judíos en tiempos de Jesús identificaron al "Hijo del Hombre" con el Mesías que vendría. Desafortunadamente los judíos no entendieron que el "Hijo del Hombre" como Mesías moriría para expiar los pecados del mundo. Ellos solo esperaban a un "Mesías reinante" y no a uno "sufriente" (vea Jn. 12:34).

En resumen, quizá el misterio implicado en la expresión: "Hijo del Hombre" radica en el hecho de que se refiere a una persona que es tanto humillada como exaltada, alguien que es absolutamente Dios como perfecta humanidad. Él es "el Hijo del Hombre" que sería entregado para morir pero que resucitaría al tercer día (Mt. 17:22-23). Sin embargo, Él es también el ser glorioso y deslumbrante que está "en medio de los siete candeleros" (Ap. 1:13). También es el que viene "sentado sobre la nube" con autoridad infinita (Ap. 14:14). Él ha de venir "con poder y gran gloria" en la consumación de la historia. "Cuando el Hijo del Hombre venga en su gloria, y todos sus santos ángeles con él, entonces se sentará en su trono de gloria" (Mt. 25:31). Él vino como "el Hijo de Hombre" a dar su vida por el pecado de la humanidad, pero vendrá en gloria como "el Hijo del Hombre" para ocupar el trono de David como Rey Mesías y regir las naciones con vara de hierro (Ap. 19:11-16).

> *"Otro de sus discípulos le dijo: Señor, permíteme que vaya primero y entierre a mi padre.*
> *Jesús le dijo: Sígueme; deja que los muertos entierren a sus muertos" (8:21-22).*

Si el escriba del caso anterior necesitaba amonestación por su impetuosidad, el discípulo de estos versículos necesitaba ser estimulado para comprometerse plenamente con Aquel a quien consideraba "Señor". El escriba era un hombre bien intencionado pero su propósito no estaba bien fundado. El discípulo de los versículos 21-22 describe a aquel que siempre tiene algo más que hacer en vez de concentrarse en lo que es necesario hacer. Las palabras del Señor podrían resumirse así: "Dejen que los espiritualmente muertos hagan el trabajo apropiado para ellos en su muerte". Los santos deben poner las cosas importantes primero. Puesto que Cristo debe ser siempre primero, todo lo demás es segundo (vea Mt. 6:33).

---

31.   Richard C. H. Lenski, *The Interpretation of St. Matthew's Gospel*, p. 340.

Una observación final es necesaria: ¿No resultaría extraño que Jesucristo hiciese esa demanda tan estricta si Él fuese un simple hombre? Es como si dijese: "Exijo, tengo todo el derecho a exigir, que todos se sometan a mí y a mis intereses. ¡Qué demanda tan terrible si procediese de un hombre! Así sería si Él fuese un mero hombre. Pero si se le reconoce y se le acepta como el Dios Todopoderoso, cualquier duda desaparece. Todo queda diáfanamente aclarado.

También debe destacarse el hecho de que el padre del discípulo aún no había muerto. Su petición es que el Señor le permitiese permanecer en su casa hasta el día cuando su padre muriese. Después, cuando fuese, que dicha muerte tuviese lugar, él seguiría a Jesús. Por supuesto que el Señor no sugiere que alguien descuide sus responsabilidades familiares sino que señala la prioridad de seguir al Mesías y de anunciar el Reino de Dios (Lc. 9:60). La tarea de seguir al Mesías y proclamar su Reino debe ocupar el primer lugar en la vida de todo aquel que desea ser su discípulo.

LA MANIFESTACIÓN DEL PODER DE JESÚS EL MESÍAS (PRIMERA PARTE) (8:23-34)

En Mateo 8:2-15, el Mesías realiza tres milagros de sanidad en personas concretas: Un leproso, el siervo de un centurión y la suegra de Pedro. Seguidamente (Mt. 8:16-17), Mateo narra la curación de personas con una variedad de problemas físicos y espirituales y dice que Jesús "sanó a todos los enfermos" (8:16). En el pasaje al que se dará consideración ahora, el Mesías muestra sus credenciales, realizando tres milagros de poder (8:23—9:8). Los milagros de Jesús eran la demostración de que Él era el Mesías prometido en las Escrituras del Antiguo Testamento.

El poder sobre la naturaleza (8:23-27)

"Y entrando él en la barca, sus discípulos le siguieron" (8:23).

El evangelista Mateo usa la conjunción "y" (*kaì*) para conectar el relato que sigue con lo dicho anteriormente.[32] La frase "y entrando él en la barca" (*kaì embánti autôi eis tò ploîon*) es un dativo absoluto cuya función es introducir el tema del relato. El Señor "se embarcó" en una de las naves usadas para la pesca. "sus discípulos le siguieron" (*eikoloútheisan autoî*). Lo más probable es que el sustantivo "discípulos", en este contexto, no se limite a los que Él había designado sino también a otros que le seguían y que en sentido general son designados como "discípulos".[33] Seguramente quienes le siguieron, abordaron botes más pequeños que eran usados para viajar entre las ciudades que rodeaban el lago. También es posible que muchos se desplazaran a pie por los senderos que bordean el mar de Galilea.

"Y he aquí que se levantó en el mar una tempestad tan grande que las olas cubrían la barca;
pero él dormía" (8:24).

---

32. El estudiante de las Escrituras debe observar la repetición de la conjunción "y" (*kaì*) en los versículos 25, 26, 27, 28, 29, 32, 33, 34. También debe observarse que en los versículos 27, 30, 31, 32 y 33 se usa la conjunción *dè* que debe traducirse "pero" o "mas", aunque la Reina—Valera 1960 la traduce muchas veces como "y" cuando sería preferible darle su significado lógico.

33. Vea John A. Broadus, *Comentario del Evangelio según Mateo*, pp. 241-242.

De manera dramática, Mateo explica: "Y he aquí que se levantó en el mar una tempestad tan grande" (*kaì idoù seísmos mégas egéneto*). Literalmente dice: "Y he aquí [que] un temblor grande sucedió". El verbo en el aoristo indicativo *egéneto* sugiere que "la gran tempestad" o "temblor" ocurrió de manera súbita e inesperada. La expresión "en el mar" (*en teî thalássei*) se refiere al mar de Galilea, conocido también como el mar de Tiberias (vea Jn. 6:1) y también como el mar de Cineret (vea Nm. 34.11 y Jos. 12:3). Este gran lago tiene una forma oval, con 21 km de largo y una anchura de 6 a 12 km. Las aguas del lago son de un hermoso color azul y su profundidad alcanza hasta 48 m. El lago es de agua dulce y está rodeado de colinas y de algunos precipicios. Debido a su situación geográfica, sufre de repentinas y peligrosas tormentas hasta el día de hoy, como la que se describe en este pasaje. Muchos de los acontecimientos narrados en los Evangelios sinópticos ocurrieron en los alrededores del Mar de Galilea. Si se eliminase dicho cuerpo de agua del relato de los Evangelios, gran parte de la historia de la vida de Jesús desaparecería también. Fue en los alrededores del Mar de Galilea donde el Mesías presentó la mayoría de sus credenciales mesiánicas.

Mateo describe la severidad de la tempestad, diciendo: "que las olas cubrían la barca" (*hóste to ploîon kalýptesthai hyò tôn kymáton*), es decir "de modo que el barco era ocultado por las olas". La situación desde la perspectiva humana era, sin duda, crítica. "pero él dormía" (*autos dè ekátheuden*). Esta es una frase pleonástica enfática. Imperturbablemente, Jesús dormía. Esta es la única vez en los Evangelios donde Jesús aparece durmiendo. ¡Cuán diferente es del dormir de Jonás, quien dormía a causa de una conciencia culpable! Nuestro Señor dormía con una conciencia tranquila. El Mesías ha aparecido enseñando, predicando, caminando, agonizando, sediento, orando, descansando y le vemos muriendo. Solo aquí aparece durmiendo. Esa era una demostración de su humanidad. No debe olvidarse jamás que "el Verbo fue hecho carne". Aquel que era Dios de la manera más absoluta se hizo perfecta humanidad. Richard C. H. Lenski ha escrito elocuentemente:

> Mateo lo expresa todo con tres palabras griegas: "pero él dormía" (*autos dè ekátheuden*), *autós* es enfático; "él" en contraste con los otros; *ekátheuden*, es un imperfecto descriptivo: "Estaba durmiendo". El rugir de los vientos y las olas, la conmoción de los discípulos tratando de salvar el barco y sus propias vidas nunca molestó a Jesús en lo más mínimo, Él seguía durmiendo. ¡Cuán sorprendente fue todo aquello![34]

Aquel era un cuadro asombroso que cualquier pintor desearía plasmar en el lienzo. El recio viento cruzado levantaba enormes olas sobre el Mar de Galilea. Un grupo de experimentados pescadores galileos estaban aterrorizados por el inminente peligro de naufragar. Pero tranquilo, durmiendo, con su cabeza apoyada en un cabezal se encontraba el Todopoderoso. Tranquilo e imperturbable, dispuesto a intervenir en el momento oportuno y demostrar que el Mesías tiene control absoluto de los vientos, las olas y las tempestades. Aquel día no solo calmó la tempestad física, sino también los temores, las dudas y las ansiedades de sus aterrorizados discípulos.

---

34. Richard C. H. Lenski, *The Interpretation of St. Matthew's Gospel*, p. 345.

"Y vinieron sus discípulos y le despertaron, diciendo:
¡Señor, sálvanos, que perecemos!" (8:25).

Hay varias cosas dignas de señalarse en este versículo. En primer lugar está el hecho de que experimentados pescadores, acostumbrados a bregar en el mar, acudiesen a un carpintero, pidiendo ayuda en medio del furioso "seísmo" que resultó en la gran tormenta. Abandonaron su propia habilidad humana y sus años de experiencia y apelaron a la ayuda de un carpintero. Sin duda, aquellos hombres estaban confundidos. Si se juntan los relatos de los sinópticos, es evidente que varios de los discípulos corrieron hacia el Señor para despertarlo. Se dirigieron a Él de diferentes maneras: Uno de ellos gritó: "¡Maestro!", otro dijo: ¡Maestro!, ¡Maestro!", mientras que alguno lo llamó: "Señor" (vea Mr. 4:38; Lc. 8:24; Mt. 8:25). Alguien ha observado que allí hubo dos tormentas: (1) La del lago y (2) la del corazón de los apóstoles. Aquellos hombres se olvidaron de sus habilidades humanas y apelaron al carpintero de Nazaret porque se percataron de que Aquel que dormía tranquilamente en el barco era más que un simple hombre. Solo así se explica que acudiesen a Él, pidiendo ayuda.

En segundo lugar, debe notarse cómo se dirigieron a Él en el momento más crítico. El evangelista Marcos proporciona más información al respecto: "Y él estaba en la popa, durmiendo sobre un cabezal y le despertaron, y le dijeron: Maestro, ¿no tienes cuidado que perecemos?" (Mr. 4:38). El tono es indiscutiblemente de reproche. Sin duda, Marcos refleja la actitud de Pedro. El tono en Mateo es más suave, como el de una oración (8:25), mientras que en Lucas aparece como un grito de ayuda: "Maestro, Maestro, que perecemos" (Lc. 8:24). La fe de los discípulos en el poder del Mesías aparece mezclada con una gran cantidad de dudas en su bondad. Aquellos hombres no sabían que estar **con Él** en una tormenta es mejor que estar **sin Él** en la calma.

Finalmente, debe observarse la expresión "perecemos" (*apollúmetha*). Ese verbo es el presente indicativo de *apóllymi* que significa "ser destruido". El tiempo presente describe gráficamente cuán peligrosa era la situación. El grito unánime de los discípulos fue "sálvanos" (*sôsan*). Este verbo está en el aoristo imperativo que sugiere una acción inmediata y urgente. "Se habían olvidado que el Señor no les había dicho 'vayamos al medio del lago para ahogarnos', sino 'pasemos al otro lado'. La obra expiatoria de Cristo, los beneficios que hemos recibido, es la seguridad que tenemos en Él y en esa posesión tenemos toda la confianza de su ayuda providencial en todas las pruebas de la vida".[35]

"El les dijo: ¿Por qué teméis hombres de poca fe?
Entonces, levantándose, reprendió a los vientos y al mar;
y se hizo grande bonanza" (8:26).

Las palabras de Jesús demuestran su absoluto control de la situación "¿por qué teméis?" (*ti deiloí este*) literalmente quiere decir: "¿Cómo es que estáis acobardados?" O mejor, "¡qué acobardados estáis!" Quizá, a raíz de esa experiencia, Pedro aprendió que: "los ojos de Jehová están sobre los justos, y atentos sus oídos al clamor de ellos"

---

35. Samuel Lewis Johnson, "Notas inéditas de la exposición de Mateo" (1976).

(1 P. 3:12). "Hombres de poca fe" (*oligópistoi*) podría referirse no a la cantidad sino a la calidad de la fe de los discípulos (vea Mt. 17:20).[36]

Todos los relatos sinópticos dicen que el Señor: "reprendió a los vientos y el mar". Marcos, sin embargo, cita sus palabras: "Calla, enmudece" (Mr. 4:39). El verbo "enmudece", usado por Marcos, (*pephímôso*) es el perfecto, voz pasiva de *phiméô* que significa "poner bozal" a los animales para controlarlos, tal como se haría con un perro. El Señor "reprendió" a los vientos", les ordenó que guardasen silencio, que cesasen su ruido como el amo que pone un bozal a su perro o lo encierra en la perrera. El Señor también reprendió al mar y las olas se postraron bajo su autoridad. El texto dice: "Y se hizo grande bonanza" (*kaì egéneto galéimei megálei*). Los tres sinópticos mencionan que hubo súbitamente una gran bonanza. El aoristo indicativo "se hizo" (*egéneto*) sugiere una acción instantánea. El énfasis está en la magnitud de la bonanza. El texto griego dice: "Apareció una calma grande". El Soberano Dios produjo aquella tormenta para que el Mesías pusiese de manifiesto su omnipotencia como otra credencial de que Él era el Rey prometido en las profecías del Antiguo Testamento. Aquella noche Él demostró ser Aquel que "cambia la tempestad en sosiego, y se apaciguan las ondas" (Sal. 107:29). Las furiosas olas son amansadas al sonido de su voz. Él no está a la merced de la naturaleza sino que la naturaleza está bajo su autoridad.

"Y los hombres se maravillaron, diciendo: ¿Qué hombre es éste, que aun los vientos y el mar le obedecen?" (8:27).

La reacción de los discípulos frente a aquel milagro de poder es un total asombro. Se maravillaron porque el milagro de calmar la tempestad les ha revelado un poder de Jesús hasta entonces desconocido por ellos.[37] La única respuesta sensata a la pregunta de los discípulos es: "Este es el Mesías, el hijo del Dios viviente" (cp. Mt. 16:16). Aquel de quién Juan escribió: "En el principio era el Verbo, y el Verbo era con Dios y el Verbo era Dios" (Jn. 1:1). Aquel que es "el resplandor de su gloria, y la imagen misma de su sustancia, y quien sustenta todas las cosas con la palabra de su poder, habiendo efectuado la purificación de nuestros pecados por medio de sí mismo, se sentó a la diestra de la Majestad en las alturas, hecho tanto superior a los ángeles, cuanto heredó más excelente nombre que ellos" (He. 1:3-4).

No cabe duda de que la doble naturaleza de la Persona de nuestro Señor claramente se pone de manifiesto en el acontecimiento narrado en Mateo 8:24-27, y produce de nuevo la pregunta histórica respecto de la naturaleza de su ser. Hay tres interpretaciones respecto de la Persona de Cristo que han permanecido a lo largo de la historia: En primer lugar los ebionitas que afirmaban que Cristo era: "Un mero hombre privilegiado por el descenso del Espíritu Santo sobre su Persona a la hora de su bautismo".[38] Las enseñanzas de los ebionitas fueron adoptadas por Lelio y Fausto Socinio en el siglo XVI. Rechazaban las doctrinas de la trinidad, la preexistencia de Cristo, la unión de las dos naturalezas y enseñaban que era un mero hombre histórico.[39] Según la postura

---

36. Vea D. A. Carson, "Matthew", p. 216.
37. W. A. Davies y Dale C. Allison hijo, "The Gospel According To Matthew", vol II, p. 75.
38. E. L. Carballosa, *La Deidad de Cristo* (Grand Rapids: Portavoz, 1982), pp. 15-16
39. *Ibíd.*, pp. 51-52.

de los Socinio, Cristo es una persona profética, un héroe religioso, un genio religioso incomparable, pero definitivamente no era Dios.[40]

La segunda interpretación de la persona de Cristo es la que en su día produjo Arrio. Según aquel presbítero de Alejandría de principios del siglo IV, Cristo era un ser creado que, aunque superior a los hombres, era de una sustancia diferente a la de Dios y por lo tanto, no era Dios. Jesús era una creación intermedia pero no una creación de Dios. Admitía su impecabilidad y afirmaba que se le había conferido temporalmente las funciones de Juez, Redentor y Rey.[41]

La tercera interpretación es la de Atanasio, considerada como la postura ortodoxa desde los primeros días de la historia de la iglesia hasta nuestros días. Jesucristo es el Dios encarnado. Sus funciones de Rey, Juez y Salvador exigen que Él sea Dios, puesto que la reconciliación del pecador con un Dios santo solo puede realizarse por Dios mismo. Según Atanasio, Cristo es coigual, consubstancial y coeterno con el Padre. El credo de Calcedonia (435 d.C), del cual Atanasio fue su figura prominente, afirmó que Jesucristo es plenamente Dios y perfecta humanidad. Solo alguien que es absolutamente Dios y hombre perfecto puede salvar al pecador.

El Cristo que calmó la tempestad en el Mar de Galilea es el mismo ayer y hoy y por los siglos (He. 13:8). Él no solo calma las tormentas físicas sino que también calma las espirituales. Cuando los vientos huracanados de las pruebas soplan con su furia destructora, Él está presente para acallarlas y hacer que reine la calma más absoluta.

El poder sobre los demonios (8:28-34)

"Los sinópticos presuponen la existencia de los 'demonios' o de los 'espíritus inmundos' pero no se refieren a su origen. Los demonios les acarrean enfermedades físicas a los seres humanos, no solamente efectos morales nocivos".

(James Leo Garrett, h., Teología Sistemática, tomo I, p. 399).

La Biblia enseña, sin lugar a dudas, la existencia del mundo de Satanás y sus demonios. Además, un hecho de suma importancia, la Biblia enseña desde Génesis hasta el Apocalipsis que la muerte expiatoria de Cristo está estrechamente relacionada con la "serpiente antigua". Una de las explicaciones más antiguas de la expiación de Cristo es la que presenta al Señor hiriendo la cabeza de la serpiente (Gn. 3:15, vea también Col. 2:15). El apóstol Juan dice que el Hijo de Dios apareció: "para deshacer las obras del diablo" (1 Jn. 3:8). Es decir, el Mesías se manifestó para deshacer las obras del engañador. Aquel que tiene "las llaves de la muerte y del Hades" (Ap. 1:18) ha vencido al mundo de lo oculto. Él es Señor tanto del "alto mundo" como del "bajo mundo".

El caso que ocupa esta sección ilustra la victoria del Hijo de Dios sobre la serpiente y anticipa el acto final de aplastar la cabeza del Dragón. El Mesías vence

---

40. *Ibíd.*
41. Para los lectores en inglés, se recomienda la monumental obra de Martin Chemnitz, *The Two Natures in Christ* (Saint Louis: Concordia Publishing House, 1971), y desde la perspectiva católica, Olegario G. de Cardenal, *Jesús de Nazaret: Aproximación a la Cristología* (Madrid: Biblioteca de Autores Cristianos, 1978).

las enfermedades (Mt. 8:14-17), a los demonios (8:24-34) y a la misma muerte (Mt. 9:18-26).

"Cuando llegó a la otra orilla, a la tierra de los gadarenos,
vinieron a su encuentro dos endemoniados que salían de los sepulcros,
feroces en gran manera, tanto que nadie podía pasar por aquel camino" (8:28).

El sitio exacto donde esto ocurrió ha sido tema de discusión. El evangelista Mateo sitúa el suceso en el "país de los gadarenos". Algunos manuscritos de Mateo 8:28 y Marcos 5:1 contienen la lectura: "el país de los gerasenos", mientras que otros manuscritos de Lucas 8:26 leen "el país de los gergeseos". Pero como es sabido, la ciudad de Gergesa no ha sido identificada hasta hoy.[42] Gadara era un pueblo situado a menos de 10 km al sureste del mar de Galilea. El cementerio y los pastos estarían algo alejados de la ciudad. Algo más alejado, se ha descubierto un pequeño pueblo llamado en la actualidad Quasí. Este pueblo se encontraba junto al lago y sus características coinciden con la descripción dada en los relatos sinópticos. Si el pueblo más grande de Gadara pudo haberle dado el nombre a todo el distrito, luego la localidad pudo haber sido descrita mediante el término "gadarenos" o "gergeseos", tal como un barcelonés es tanto barcelonés como catalán. Las diferencias en las copias del texto se deben sin duda al hecho de que los escribas que los copiaron no tenían un conocimiento adecuado de la geografía de Palestina para situar con exactitud el lugar donde ocurrió el hecho. De modo que eso produjo la confusión.[43]

Según Mateo, después de calmar la tormenta y llegar al otro lado del lago, Jesús se encontró con "dos endemoniados" que habitaban en las tumbas, es decir, en las cuevas utilizadas para sepultar a los muertos. El sitio era, al parecer, un lugar ideal para los demonios. El comentarista William Barclay hace la siguiente observación:

El mundo antiguo creía incuestionablemente e intensamente en los malos espíritus. El aire estaba tan lleno de esto espíritus que no era posible insertar en él la punta de una aguja sin encontrarse con alguno. Algunos decían que había siete millones y medio de ellos; había diez mil en la mano derecha de cada persona y otros diez mil en su izquierda; y todos estaban esperando la oportunidad para hacerle daño. Vivían en lugares inmundos, como las tumbas y en otros en los que no había agua para limpiar.[44]

Marcos y Lucas solo mencionan un endemoniado (vea Mr. 5:1-20 y Lc. 8:26-39). Es posible que desearan enfatizar la confrontación del Señor con el jefe y portavoz de los demonios. Los hombres no eran maníacos sino endemoniados, es decir, eran dos personas poseídas por seres diabólicos. Según se pensaba, las personas endemoniadas eran especialmente peligrosas para los viajeros, las mujeres que daban a luz, niños

---

42. Vea Wilton M. Nelson y Juan Rojas Mayo, *Nuevo diccionario ilustrado de la Biblia*, Edición revisada y aumentada, p. 428.

43. Para una discusión del problema textual se recomienda leer Bruce M. Metzger, *A Textual Commentary of The Greek New Testament* (Londres: United Bible Societies, 1975), p. 23.

44. William Barclay, *Mateo*, vol. 1, p. 363.

en la noche y los navegantes en la oscuridad. Eran particularmente peligrosos en el calor del mediodía y entre la puesta del sol y el alba. Por supuesto que muchas de las creencias son mitológicas, pero lo esencial es que la mayoría aceptaba la existencia de los demonios y según la Biblia, esa es una creencia válida.

Los demonios mencionados en la Biblia eran originalmente miembros del ejército angelical. La mayoría de los estudiosos de la Biblia piensan que los demonios son esos seres espirituales que cayeron con Satanás cuando este cayó de su lugar exaltado en la jerarquía angelical antes del tiempo de la creación de los cielos y la tierra. Las Escrituras, sin embargo, no dicen mucho respecto de su origen. No cabe duda de que son ángeles caídos (vea Mt. 25:41; Ap. 12:4, 7). Fueron creados como seres espirituales con una naturaleza intelectual y moral (vea Mt. 8:16, 29); ellos conocen a Jesús. Forman parte de una sofisticada organización bajo la autoridad de Satanás, con un rango particular dentro de la organización (vea Mt. 12:24; Ef. 6:12; Dn. 10:10-14). Hay demonios sueltos o libres que habitan la tierra y el aire (Mt. 8:29, Ef. 2:2), y su destino final será el lago de fuego que arde con azufre (Mt. 25:41). De manera incansable y constante llevan a cabo su obra bajo la autoridad de su jefe (vea 1 P. 5:8; Mt. 12:26; 13:39; Hch. 10:38).

La existencia de los demonios es algo que los creyentes aceptan por fe, debido a la enseñanza de las Escrituras. Es sorprendente que las manifestaciones demoníacas desaparecen o disminuyen considerablemente cuando el evangelio penetra en una comunidad. Satanás y sus demonios ciegan "el entendimiento de los incrédulos para que no les resplandezca la luz del evangelio de la gloria de Cristo el cual es la imagen de Dios" (2 Co. 4:3).

Mateo describe a los dos endemoniados como "feroces en gran manera" (*chalepoì lían*). El vocablo *chalepós* significa "duro", "difícil", "malo", "peligroso".[45] Debido a su condición, aquellos endemoniados eran sumamente violentos y peligrosos. Algo asombroso ocurrió, sin embargo, aquellos que infundían terror en los corazones de otros hombres con quienes se encontraban, ahora son aterrorizados ante la presencia del Todopoderoso Mesías. Quienes impedían el paso a las personas por aquel camino, ahora tienen que ceder el paso a Aquel que es el Único Camino.

"Y clamaron diciendo: ¿Qué tienes con nosotros, Jesús, Hijo de Dios?
¿Has venido acá para atormentarnos antes de tiempo?" (8:29).

Aquellos que eran temibles, ahora temen. Los que hacían temblar a otros, ahora tiemblan. El apóstol Santiago escribió: "También los demonios creen y tiemblan" (Stg. 2:19). Hay dos observaciones importantes en este versículo. En primer lugar, los demonios reconocen la **deidad** del Mesías. Lo llaman: "Jesús, Hijo de Dios". Ese hecho revela mucho tocante a los cultos y las religiones modernas que se dicen ser cristianas y rehúsan reconocer a Jesús como el eterno Hijo de Dios en su relación trinitaria, como coeterno, coigual y consustancial con el Padre y-con el Espíritu Santo. Considere estos hechos: a) Dios el Padre lo reconoce como verdadero Dios; b) los ángeles lo reconocen como verdadero Dios; y c) sus enemigos lo reconocen

---

45. Vea Horst Baltz y Gerhard Schneider, *Diccionario exegético del Nuevo Testamento*, p. 2038.

como verdadero Dios. Incluso los demonios reconocen su absoluta deidad. A la luz de todo eso, hay que decir de la manera más clara y terminante que ni los unitarios, ni los mormones, ni los testigos de Jehová tienen derecho alguno de llamarse cristianos. El cristianismo es fundamentalmente trinitario. Negar la deidad de Cristo es negar la doctrina de la Trinidad. Quien haga tal cosa se descalifica totalmente del derecho de llamarse cristiano.

En segundo lugar, los demonios reconocen su propio destino y el hecho de que descansa en las manos del Mesías. Su grito fue: "¿Has venido acá para atormentarnos antes de tiempo?" (v. 29). De esas palabras se deduce que los demonios saben que se enfrentan a un juicio final que consistirá de tormentos. Además, saben que el mismo Señor Jesucristo es el encargado de sentenciarlos a su destino eterno. Finalmente, debe notarse que los demonios son capaces de diferenciar entre la primera y la segunda venida del Mesías, un hecho que sus discípulos no siempre comprendieron (vea Mt. 11:1-6).[46]

"Y los demonios le rogaron diciendo:
Si nos echas fuera, permítenos ir a aquel hato de cerdos" (8:31).

Obsérvese que los demonios "le rogaron" (*parakáloun autòn*). El verbo *parekáloun* es el imperfecto indicativo de *parakaléo*. El tiempo imperfecto sugiere una acción continua en el pasado, es decir, los demonios continuamente "pedían" o "rogaban". La frase "si nos echas fuera" (*ei ekbálleis heimâs*) es una condicional de primera clase que asume la realidad de la acción: "Puesto que nos echas fuera" o "ya que es el caso que nos echas fuera". Los demonios, evidentemente, dieron por sentado que Jesús no les permitiría continuar afligiendo a aquellos hombres.

Al ver un hato de cerdos paciendo lejos de ellos, los demonios pidieron permiso al Señor para entrar en los cerdos: "Permítenos ir a aquel hato de cerdos" (*apósteilon heimâs eis teìn agelein tôn hoíron*). El verbo "permítenos ir" (*apósteilon heimas*) mejor traducido sería "envíanos". El destino final de los demonios estaba bajo el control de la autoridad del Mesías. Lo inmundo es enviado a lo inmundo.

"El les dijo: Id. Y ellos salieron, y se fueron a aquel hato de cerdos;
y he aquí, todo el hato de cerdos se precipitó en el mar por un despeñadero,
y perecieron en las aguas" (8:32).

En respuesta a la petición de los demonios, Jesús dio la orden: "id" (*ypágete*), y los demonios salieron y se fueron al hato de cerdos. David Hill, profesor en la Universidad de Sheffield, dice lo siguiente:

La razón por la que los demonios deseaban ir a los cerdos no es expresada. Podría ser que no podían confrontar la realidad de estar sin ningún lugar... era ampliamente creído en aquellos tiempos que, cuando los espíritus eran

---

46. Vea William Hendriksen, *The Gospel of Matthew*, p. 414.

echados fuera, expresaban su ira por medio de alguna travesura claramente visible a los espectadores.[47]

Como lo indica el texto, con la orden del Señor, los demonios salieron de los cuerpos de los dos hombres y entraron en los cerdos. El resultado de la presencia de los demonios fue que "todo el hato de cerdos se precipitó en el mar por un despeñadero, y perecieron en las aguas" (Mt. 8:32).

Dos preguntas surgen como resultado de esta acción, considerada por muchos como increíble y extravagante:

1. En primer lugar, ¿pueden seres espirituales entrar y poseer animales? Hay quienes consideran el hecho como algo ridículo. Los agnósticos e incrédulos rechazan el relato evangélico y lo relegan a lo mitológico. No se detienen a pensar si quizá nuestra ignorancia de estos asuntos es tan grande que es de dudarse que haya alguien con la suficiente inteligencia para saber si existe algún problema con que se le permita a seres espirituales posesionarse de animales.
2. La segunda pregunta es, quizá, más relevante: ¿Cómo puede uno explicar la destrucción injusta de cerca de 2.000 animales (vea Mr. 5:13)? ¿No fue ese un acto inmisericorde de parte del Señor?

William Barclay, por ejemplo, evita dar una respuesta exegética y teológica al acontecimiento. Por el contrario, el profesor Barclay ofrece una solución totalmente racionalista que niega la existencia del milagro. Estas son sus palabras:

> Había que hacer algo que fuera para ellos una prueba irrefutable. Lo más seguro es que sus gritos y chillidos alarmara el hato de cerdos, que, en su terror, huyeron en desbandada y cayeron en el lago. El agua era fatal para los demonios. Ante eso, Jesús aprovechó la ocasión que se le presentaba. "¡Fijaos!", les dijo, "fijaos en esos cerdos: se han hundido en el fondo del lago y se han llevado vuestros demonios para siempre". Jesús sabía que no había otra manera de convencer a esos dos hombres de que estaban definitivamente curados.[48]

La explicación racionalista de Barclay, igual que la de muchos liberales, se basa sobre el presupuesto de que el relato bíblico no es histórico y por lo tanto, no creíble. ¿Qué puede decirse en respuesta a la actitud racionalista? En primer lugar, es importante recordar que el Creador es soberano sobre su creación y tiene el derecho de hacer su voluntad (Ro. 9:14-23). ¡Él todo lo hace bien!

Finalmente, lo más probable es que los cerdos fueron destruidos para poder enseñar una lección muy necesaria a los habitantes de aquella región: La lección era que las personas son más importantes que los cerdos. La sanidad de los endemoniados por el Señor fue un sobresaliente acto de misericordia. Es algo asombroso que el pueblo de la

---

47. David Hill, "The Gospel of Matthew", *The New Century Bible Commentary* (Grand Rapids: Eerdmans Publishing Company, 1982), p. 169.
48. William Barclay, *Mateo*, vol. 1, pp. 365-366.

región le pidiera al Señor que saliera de sus fronteras en vez de expresarle su gratitud por haber curado y librado de la esclavitud de Satanás a dos de sus conciudadanos. Los gadarenos, manifiestamente, se preocupaban más por los cerdos que por los seres humanos.

"Y los que los apacentaban huyeron, y viniendo a la ciudad, contaron todas las
    cosas,
y lo que había pasado con los endemoniados.
Y toda la ciudad salió al encuentro de Jesús;
y cuando le vieron, le rogaron que se fuera de sus contornos" (8:33-34).

El evangelista Lucas registra el cambio que tuvo lugar en los que habían sido curados [Lucas solo habla de un hombre (Lc. 8:35), pero Mateo menciona a dos]. Cuando los habitantes de la ciudad llegaron, los encontraron "sentados", no corriendo sin control; "vestidos", no desnudos (3:27) y "sobrios", es decir, en sus sentidos (2 Ti. 1:7). Por último, estaban postrados a los pies de Jesús, agradecidos y en comunión con Aquel que les había curado. Era un cuadro maravilloso de los efectos del ministerio del Mesías en su pueblo.

La cuestión era muy diferente con los habitantes de Gadara. Los que habían sido sanados querían estar con Jesús. Los habitantes de la ciudad "le rogaban que se fuera de sus contornos". Preferían poseer los cerdos que acogerse a la gracia del Cordero de Dios y del Salvador de los pecadores. Despreciaron al ser más elevado del universo y prefirieron al más despreciable de los animales. Esa es en esencia la historia de la humanidad: ¡Rehúsan a Jesús porque prefieren a sus cerdos!

RESUMEN Y CONCLUSIÓN

El capítulo 8 de Mateo termina con una gran lección tanto para los inconversos como para los creyentes. Para los inconversos pone de manifiesto en el ministerio del Mesías el presagio de la destrucción de las fuerzas del mal. Como expresa el apóstol Juan: "Para esto apareció el hijo de Dios, para deshacer las obras del diablo" (1 Jn. 3:8). Y el apóstol Pablo declara: "Y despojando a los principados y a las potestades, los exhibió públicamente, triunfando sobre ellos en la cruz" (Col. 2:15). El mundo de Satanás y sus demonios ha sido vencido por la sangre del Cordero (Ro. 3:24-25).

Para el creyente hay un llamado urgente a regresar a los hombres con el mensaje de salvación y liberación, llamando a los pecadores a acudir al Salvador. Según Lucas, Jesús dijo al endemoniado que había sido sanado: "Vuélvete a tu casa, y cuenta cuán grandes cosas ha hecho Dios contigo" (Lc. 8:39). Las "grandes cosas" se refieren a la liberación del poder satánico y a la adquisición de una nueva relación con Dios. La señal mesiánica era evidente. El Mesías estaba presente en medio de su pueblo, demostrando su poder absoluto sobre las fuerzas del mal. En su Reino de gloria no habrá actividad satánica de clase alguna. Desafortunadamente "A lo suyo vino, y los suyos no le recibieron" (Jn. 1:11). Al contrario, "le rogaron que se fuera de sus contornos" (Mt. 8:34).

BIBLIOGRAFÍA SELECTA

Barclay, William, "Mateo", *Comentario al Nuevo Testamento* (Terrassa: Editorial Clie, 1995).

Bonnard, Pierre, *Evangelio según San Mateo* (Madrid: Ediciones Cristiandad, 1983).

Broadus, John A., *Comentario sobre el Evangelio según Mateo*, traducido por Sarah H. Hale (Monterrey, México, s.f.)

Carson, David A., "Matthew", *The Expositor's Bible Commentary*, Frank E. Gaebelein ed. gen., vol. 8 (Grand Rapids: Zondervan Publishing House, 1984).

Hill, David, "The Gospel of Matthew", *The New Century Bible Commentary* (Grand Rapids: Eerdmans Publishing Company, 1982).

Jeremías, Joachim, *Jerusalén en tiempos de Jesús* (Madrid: Ediciones Cristiandad, 1985).

Kingsbury, Jack Dean, "The Title 'Son of Man' in Matthew's Gospel", *The Catholic Biblical Quarterly*, vol. 37, 193-202, 1975.

Lenski, Richard C. H., *The Interpretation of St. Matthew's Gospel* (Minneapolis: Augsburg Publishing House, 1964).

McNeile, Alan Hugh, "The Gospel According to Matthew", *Thornapple Commentaries* (Grand Rapids: Baker Book House, 1980).

Metzger, Bruce M., *A Textual Commentary on the Greek New Testament* (Londres: United Bible Societies, 1975).

Nelson, Wilton M. y Rojas Mayo, Juan, *Nuevo diccionario ilustrado de la Biblia* (Miami: Editorial Caribe, 1998).

Plummer, Alfred, "An Exegetical Commentary on the Gospel According to St. Matthew", *Thornapple Commentaries* (Grand Rapids: Baker Book House, 1982).

Reese, James M., "How Matthew Portrays the Communication of Christ's Authority", *Biblical Theological Bulletin*, 7:3:139-144, 1974.

Toussaint, Stanley D., *Behold the King: A Study of Matthew* (Portland: Multnomah Press, 1980).

16

La autoridad de Jesús el Mesías (Segunda parte) (9:1-38)

Por su ciudad aquí quiere decir Capernaum. Porque la que le vio nacer fue Belén; la que le vio crecer fue Nazaret, y en la que habitó continuamente fue Capernaum.

(Juan Crisóstomo, Homilía XVIX, Evangelio de S. Mateo)

Cuando Mateo dice que Jesús: "vino a su ciudad" (9:1), se refiere a Capernaum. Esa verdad es confirmada por Marcos, cuando dice: "Entró Jesús otra vez en Capernaum después de algunos días" (Mr. 2:1). De modo que el relato de la curación del paralítico ocurrió allí. Una vez más, fue "en su ciudad" donde el Mesías manifestó su poder (Mt. 11:23-24).

El Evangelio de Mateo, como se ha observado muchas veces, contiene un cuidadoso arreglo de su plan y su propósito. No hay hilos sueltos en su propósito de presentar la realeza de Jesús como el Mesías, el Rey de Israel. Y en este capítulo el evangelista presenta evidencias adicionales de este propósito. Es justamente en este punto donde uno comienza a notar la oposición oficial al ministerio del Rey y tenemos la primera sugerencia de las acusaciones oficiales expresadas en contra de Él: "Entonces algunos de los escribas decían dentro de sí: Este blasfema" (Mt. 9:3), ese fue el primer indicio. El clímax llega en el capítulo 26. Allí el Señor Jesús confiesa su condición de Mesías ante el sanedrín, provocando la reacción insólita del sumo sacerdote de rasgar sus vestiduras al tiempo que decía: "¡Ha blasfemado! ¿Qué más necesidad tenemos de testigos? He aquí, ahora mismo habéis oído su blasfemia" (Mt. 26:65). De modo que en la acusación de "blasfemia" en este capítulo tenemos la anticipación de la acusación final que condenó a muerte al Mesías.

En realidad, hay cuatro acusaciones en contra del Señor Jesús en este capítulo: (1) Es acusado de **blasfemia** porque perdona pecados, (2) es acusado de **inmoralidad** (vea 9:10-13) porque se sienta con los publicanos y los pecadores, (3) es acusado de **negligencia en la piedad** porque no ayuna como lo hace Juan el Bautista (9:14-

17), y (4) es acusado de *estar asociado con Beelzebú* por haber curado a un mudo endemoniado (9:31-34).[1] Esas acusaciones constituyen el comienzo de una campaña organizada en contra del Señor. William Barclay apunta:

> Así que aquí tenemos el principio de la campaña contra Jesús. Sus calumniadores ya están actuando. Las lenguas chismosas están envenenando la verdad y atribuyendo falsos motivos. El movimiento para eliminar a este conflictivo Jesús ha comenzado.[2]

La curación del paralítico es una historia que contiene varias lecciones. En primer lugar, proporciona un ejemplo de cómo nuestro Señor da antes de que le pidamos puesto que sus primeras palabras al paralítico fueron: "Ten ánimo, hijo; tus pecados te son perdonados" (9:2). Es después de eso que lo sana. En segundo lugar, aquí tenemos un ejemplo de aclamación convertida en oposición. Los "hosannas" se convierten en gritos de "¡Crucifícale!" Muchos admiraron al Señor, se maravillaron y glorificaron a Dios, pero luego se volvieron en su contra.

LA MANIFESTACIÓN DEL PODER DE JESÚS

La gran lección, sin embargo, tiene que ver con la manifestación del poder y la autoridad del Hijo del Hombre. Es aquí que aprendemos sin lugar a dudas que Él posee el poder para perdonar pecados. Esa prerrogativa divina es suya. No debe olvidarse que Él es Emanuel, es decir, Dios con nosotros.

El poder para sanar el alma y el cuerpo (9:1-8)

"Entonces, entrando Jesús en la barca, pasó al otro lado y vino a su ciudad.
Y sucedió que le trajeron un paralítico, tendido sobre una cama;
y al ver Jesús la fe de ellos, dijo al paralítico:
Ten ánimo, hijo; tus pecados te son perdonados" (9:1-2.)

Lucas, en su relato, dice que en aquel sitio "estaban sentados los fariseos y doctores de la ley" (Lc. 5:17). Marcos, por su parte, que "no podían acercarse a él a causa de la multitud" (Mr. 2:4). La multitud se agolpaba de tal manera que no permitía a nadie entrar por la puerta. Cuando los cuatro hombres que transportaban al paralítico llegaron, tuvieron que descubrir una sección del techo para hacer bajar al paralítico a través de la abertura (vea Mr. 2:2-4).

El evangelista Lucas menciona que Jesús estaba enseñando y entre sus oyente había fariseos y doctores de la ley (escribas) que habían acudido desde Galilea, Judea y Jerusalén. O sea que allí estaban presentes los líderes religiosos de la mayor parte de la nación. Lucas añade una frase importante: "Y el poder del Señor estaba con él para sanar" (Lc. 5:17). Dondequiera que el Mesías está presente, allí hay poder. Aquella no era una excepción. Marcos dice que el Señor: "les predicaba la palabra" (*kaì elálei autoîs tòn lógon*). La escena es sumamente interesante. El Señor Jesús está en medio de los religiosos de Israel y "les hablaba la palabra". Podría asumirse que el tema del que les hablaba tenía

1. Vea William Barclay, *Mateo*, vol. 1, pp. 367-368.
2. *Ibíd.*, p. 368.

que ver con su mensaje inicial: "Arrepentíos porque el reino de los cielos se ha acercado" (Mt. 4:17). Sin duda era el tema adecuado para la congregación adecuada. Era el mensaje de la venida del Reino del Mesías, la era mesiánica anunciada por los profetas que se había acercado ya que el Rey estaba presente en medio del pueblo de Israel.

La condición del paralítico es una gran ilustración de la condición humana. Aquel hombre era incapaz de ir al Señor por sí mismo. Tuvo que ser llevado. Pero la impotencia encuentra su respuesta en la Omnipotencia del Hijo del Hombre. Lo que no podemos hacer, Él lo hace por nosotros.

Es posible que los cuatro hombres que transportaron al paralítico hasta la presencia del Señor fueran personas que habían experimentado tanto su poder sanador como su gracia perdonadora. Por lo menos habían oído de Él y de su obra. Algo así como lo que ocurrió con Andrés, quien después de haber conocido a Jesús, fue en busca de su hermano Pedro y lo llevó al Mesías (Jn. 1:41-42).

El paralítico, al parecer, manifestaba la tristeza y el estado de culpa que experimenta alguien que se siente apabullado por el peso del pecado. Las palabras de Cristo: "Ten ánimo, hijo; tus pecados te son perdonados", debieron producir una profunda tranquilidad en el corazón de aquel hombre.

La expresión: "Y al ver Jesús la fe de ellos" ciertamente no se limita a los cuatro que llevaban al paralítico. Lo más natural es que se refiera a los cinco, es decir, los cuatro que lo transportaban y al mismo paralítico. Nadie es salvo por la fe de otro. Además, el paralítico no fue llevado a Cristo en contra de su voluntad. La historia, por lo tanto, armoniza perfectamente con la enseñanza del Nuevo Testamento, es decir, la fe es el instrumento mediante el cual Dios derrama sus bendiciones, particularmente la incomparable bendición de la salvación (vea Ro. 3:21-26; 4:1-8). Obsérvese que el perdón es otorgado en la forma de una declaración salida de los labios del Mesías: "Tus pecados te son perdonados". Es por la Palabra del Hijo que viene el perdón.

Era la creencia de la época que toda enfermedad era causada por el pecado (vea Jn. 9:1-2). Quizá esa fue la razón por la que Jesús comenzó con la cuestión de los pecados del paralítico antes de sanarlo físicamente. De otro modo, se hubiese esperado que la sanidad física hubiese ocurrido primero. Las acciones del Señor parecen confirmar la postura de que la condición física de aquel hombre se debía al pecado.

Los religiosos que estaban presentes fueron los primeros, quizá los únicos, que objetaron las acciones de Cristo. Marcos dice: "Estaban allí sentados algunos de los escribas, los cuales cavilaban en sus corazones" (Mr. 2:6). El vocablo "cavilaban" (*dialogixómenoi*) es un participio presente, voz media del verbo "razonar", "debatir", "hacer cuadrar las cuentas". El participio presente señala una acción continua y la voz media sugiere que el sujeto actúa en su propio beneficio. La idea es que aquellos escribas, por sí mismos, de sus propios conocimientos, entendieron que si Cristo ofrecía perdón de pecados al paralítico tenía que ser por una de dos razones: (1) O por ser un blasfemo, (2) o por afirmar que era Dios. Marcos 2:7, lo expresa claramente: "¿Quién puede perdonar pecados, sino sólo Dios?"

El problema radica en la premisa de los doctores de la ley. Por supuesto que es correcto decir que SOLO DIOS PERDONA LOS PECADOS. Lo incorrecto era decir que Jesús blasfemaba. No se les ocurrió preguntar: ¿Acaso será Él Dios? A. T. Robertson, considerado uno de los más destacados eruditos del Nuevo Testamento, ha escrito lo siguiente:

Ellos [los escribas] justifican la acusación con la convicción de que solo
Dios tiene el poder (*dýnatai*) para perdonar pecados. El vocablo *blasphêmeô*
significa hablar injuriosamente, calumniar. Era, según ellos, una blasfemia
que Jesús asumiera esa prerrogativa divina. Su lógica era correcta. La única
falta en ésta era la posibilidad de que Jesús sostenía una relación única con
Dios que justificaba su declaración. De manera que las dos fuerzas chocan
aquí como ahora en la deidad de Jesucristo. Sabiendo muy bien que había
ejercido la prerrogativa de Dios al perdonar los pecados de aquel hombre, el
Señor prosigue a justificar su declaración sanando al hombre.[3]

"Y conociendo Jesús los pensamientos de ellos, dijo:
¿Por qué pensáis mal en vuestros corazones?" (9:4).

El texto crítico dice: "Y viendo Jesús los pensamientos de ellos". Esta lectura parece
ser la original. Al parecer, algún escriba enmendó el texto y cambió el original *idôn*
("viendo") por *eidôs* ("conociendo"). El exégeta luterano, Richard C. H. Lenski, dice:

> Retenemos la lectura *idôn* como en el versículo 2, ya menos común que *eidôn*,
> 'conociendo'; Jesús "vio" lo que sus enemigos estaban pensando y lo hizo no
> solo al observar la apariencia de sus rostros sino por una visión directa dentro
> de sus corazones, Juan 2:24, 25. Él ejercitó ese poder todas las veces que era
> necesario para su ministerio y en la medida en que podía ser necesario.[4]

De modo que Jesús no solo "conoció" los pensamientos de los escribas, sino
que, ejerciendo su poder sobrenatural, "vio" lo que había en el corazón de cada uno
de ellos. La pregunta de Jesús a los escriba es sumamente importante. "Por qué"
(hinati) significa literalmente "¿con qué fin?" es decir, ¿cuál es el propósito por el
cual pensaban así? Obsérvese que Jesús denuncia el hecho de que aquellos religiosos
estaban "pensando mal en sus corazones". El corazón es el centro de la personalidad y
de las emociones: "Porque cual es su pensamiento en su corazón, tal es él" (Pr. 23:7).
En realidad, los escribas buscaban cualquier ocasión para hacerle daño al Señor.
En aquel momento, para exponer el razonamiento defectuoso de los incrédulos
escribas, Jesús sugirió una prueba. La propuesta del Señor era una "obra maestra".
Los escribas decían dentro de sí mismos: "una cosa es decir que los pecados son
perdonados, pero otra cosa totalmente diferente es realmente perdonar los pecados.
Solo Dios puede hacer eso". Así que, para resolver la cuestión, una prueba es propuesta
en el ámbito de lo físico para mostrar el poder del Hijo del Hombre en el ámbito
espiritual. Jesús solo podía realizar el milagro físico de sanar si Dios está con Él.
Nunca podría hacerlo si Dios estuviera en su contra y si sus declaraciones fuesen falsas.
Por lo tanto, preguntó, ¿qué es más fácil decir: Los pecados te son perdonados, o decir:
Levántate y anda? Pues para que sepáis que el Hijo del Hombre tiene potestad en la

---

3. A. T. Robertson, *Word Pictures in the New Testament*, vol. I (Nashville: Broadman Press, 1930),
   p. 268.
4. Richard C. H. Lenski, *The Interpretation of St. Matthew's Gospel*, p. 358.

tierra para perdonar pecados, (dice entonces al paralítico): Levántate, toma tu cama, y vete a tu casa" (Mt. 9:5-6).

En realidad, la respuesta correcta es: Ninguna de las dos cosas es más fácil. Ambas son imposibles para el hombre, pero fáciles para Dios. Por supuesto que alguien podría decir superficialmente: "Tus pecados te son perdonados". Solo Dios, sin embargo, puede realmente decirlo y hacerlo. Tal acto es posible sobre la base de la muerte expiatoria de Cristo en la cruz (Ro. 4:24-25).

A causa de la orden del Señor: "Levántate, toma tu cama, y vete a tu casa" (v. 6), el paralítico se levantó y se fue a su casa. La cama había servido de transporte al paralítico, pero ahora es el paralítico quien transporta la cama. Este tremendo milagro de poder había dejado maravillada a la gente. Muchos glorificaban a Dios "que había dado tal potestad (exousían) a los hombres.

Mateo 9:6 contiene la segunda referencia al "Hijo del Hombre" en este Evangelio (vea 8:20). Muchos piensan que la expresión: "Hijo del Hombre" es simplemente una manera de hablar de la humanidad del Señor Jesús, tal como la expresión: "Hijo de Dios" enfatiza su deidad. Eso es parcialmente verdad. El Rey mesiánico de Israel es un hombre, pero es más que un simple hombre. De modo que no es de sorprenderse saber que la designación Hijo del Hombre tiene su origen en el pasaje mesiánico de Daniel 7:13. Ahí se refiere al Hijo del Hombre que se acerca al Anciano de días para recibir el dominio y la gloria y un Reino, para que todos los pueblos, naciones y lenguas le sirvieran, su dominio es dominio eterno, que nunca pasará y su Reino uno que no será destruido (cp. Dn. 7:13-14). De manera que "Hijo del Hombre" es una expresión de realeza, constituyendo al Señor como el Rey mesiánico. Es totalmente adecuado que se use de Él antes de que reciba el Reino, porque ese es precisamente el cuadro que aparece en Daniel. Así que no nos sorprende saber que esa era la designación favorita de Jesús tocante a sí mismo. Después de la cruz, la resurrección y la ascensión del Señor, el título Hijo del Hombre prácticamente desaparece del Nuevo Testamento, ya que es la expresión que se usa de Él mientras que ministra a la luz de la realidad del Reino venidero.

Es, por lo tanto, en su derecho como Rey que Él perdona los pecados. Tiene la **autoridad** para hacerlo en su ámbito. Cuando Natán, el profeta, confronta a David con su pecado, le dice: "También Jehová ha remitido tu pecado" (2 S. 12:13), porque Natán era solo un hombre. Con Jesús es totalmente diferente.

Después de Cesarea de Filipo, el título se combina con la idea del Siervo de Jehová y por lo tanto, la idea del sufrimiento se asocia con el de la soberanía. Es como el Siervo Sufriente de Jehová que realiza su tarea de redención y se prepara para gobernar. La idea de "autoridad" y "poder" es confirmada por el hecho de que el vocablo exousía ("potestad") aparece dos veces en la conclusión del pasaje (vea vv. 6, 8).

El primer conflicto con las autoridades religiosas concluye con la curación del paralítico, quien sale andando por sí mismo, dando testimonio del gran poder del Hijo del Hombre (vea Lc. 5:25). Además, la gente también glorificó a Dios (Mt. 9:8), pero también estaban "llenos de temor" porque habían sido hechos partícipes de la revelación de la poderosa autoridad del Rey Mesías, y decían: "Hoy hemos visto maravillas" (Lc. 5:26). El vocablo usado por Lucas es *parádoxa* que significa "cosas maravillosas", "cosas increíbles". Es el vocablo que en castellano significa "paradoja", es decir, algo que parece contradictorio, increíble o absurdo, pero que puede realmente ser verdad. La gente estaba asombrada ante la presencia de Alguien a quien consideraba un hombre pero que realmente hacía cosas que solo Dios puede hacer.

En conclusión: La gran lección que resplandece a través de la curación del paralítico, que fue realizada para confirmar su declaración de poseer autoridad para perdonar pecados. Ese poder le pertenece hoy, como lo afirmaron todos los apóstoles (vea Hch. 9:34; Ro. 10:13; 1 Jn 1:7). La declaración de que Él tiene poder y autoridad para **perdonar pecados** y restaurar a los incapacitados era una demostración de que podía establecer la condición descrita en Isaías 33:24: "No dirá el morador: Estoy enfermo; al pueblo que more en ella le será perdonada la iniquidad". "Consolaos, consolaos, pueblo mío, dice vuestro Dios. Hablad al corazón de Jerusalén; decidle a voces que su tiempo es ya cumplido, que su pecado es perdonado; que doble ha recibido de la mano de Jehová por todos sus pecados" (Is. 40:1-2). El día que la nación se arrepienta y confiese su iniquidad, el Mesías regresará para perdonar al remanente de su pueblo y reinar sobre ellos como está escrito (Mi. 7:14-20).

El poder para llamar a pecadores (9:9-13)

Mateo no era el mejor conocido de los primeros seguidores de Jesús. En realidad todo lo que se sabe de él en el Nuevo Testamento es que era un cobrador de impuestos en Capernaum, que también se llamaba Leví, que era uno de los doce y (por lo menos puede asumirse razonablemente) que era un judío".

(R. T. France, *Mateo: Evangelista y maestro*,
Downers Grove: InterVarsity Press, 1989, p. 66).

Mateo utiliza un breve párrafo para relatar cómo fue llamado por el Señor para ser su discípulo. Aunque breve, el relato está lleno de verdades significativas. El Mesías y Mateo son los personajes sobresalientes en la historia.

*"Pasando Jesús de allí, vio a un hombre llamado Mateo,
que estaba sentado al banco de los tributos públicos y le dijo: Sígueme.
Y se levantó y le siguió" (9:9).*

De manera suave, el texto señala que Jesús salió del sitio donde probablemente estaba cuando sanó al paralítico. Al salir, el Señor "vio a un hombre" (*eîen anthrôpon*). Esa cláusula es muy llamativa. El Señor, cuando mira, ve a un hombre. Nosotros cuando miramos, **vemos cosas** acerca de las personas. Vemos su personalidad, su dinero, su posición en la comunidad y cosas por el estilo. Jesús, sin embargo, ve al hombre real y vio a Mateo, uno de sus escogidos. En 9:9, Mateo se identifica a sí mismo como el "que estaba sentado al banco de los públicos tributos" y en 10:3 como "Mateo el publicano". Es decir, Mateo trabajaba para la hacienda pública del Imperio Romano. Nadie es más despreciado en cualquier cultura que un recaudador de impuestos. El odio hacia los publicanos en la Palestina era grande puesto que esa costa había entrado a formar parte del servicio a los conquistadores de la nación y habían logrado acumular una gran fortuna a expensas de sus conciudadanos. Los judíos creían que solo Dios es Rey, por lo tanto, pagar tasas a un gobernador humano era un insulto a la majestad de Jehová. Así que no es difícil ver por qué las palabras publicanos y pecadores eran asociadas estrechamente en la mente de los israelitas. Eso es lo que motiva a Barclay a decir que Mateo era el peor candidato a ser apóstol entre los llamados por Cristo.[5]

El día de su llamamiento, Mateo estaba ocupado en el negocio cotidiano. Su zona de trabajo era Capernaum, un puesto aduanero de importancia donde personas tanto de habla aramea como griega transportaban su mercancía. Su ocupación capacitó a Mateo en los idiomas de la región como en otras áreas. Seguramente tenía la capacidad de tomar notas y de llevar y guardar registros. Sin duda era capaz de escribir en la taquigrafía de aquellos tiempos y recordar datos con precisión. Todo eso lo capacitó para recordar detalles que posteriormente le ayudarían a escribir el Evangelio que lleva su nombre.[6]

El llamado soberano que llegó a Mateo fue simplemente: "Sígueme" (*akoloúthei moi*). El tiempo del verbo es presente y sugiere que la acción no es un acto momentáneo sino una cuestión de por vida. El modo del verbo es imperativo, lo que indica que es un mandato. Es la orden de un Rey que habla con majestuosa autoridad. Él nunca suplica o ruega, como harían hombres de similar rango. Él demanda porque tiene derecho a hacerlo.

No debe pasarse por alto el pronombre "me" (*moi*). El llamado no es a seguir una enseñanza ya sea de una escuela o persuasión teológica, una iglesia o un movimiento. El llamado del Mesías es a seguirle a Él. La identificación es con una Persona, la persona del Salvador presentado en la Palabra de Dios. Ese mandato implica claramente que Mateo ya conocía al Señor, ya que para seguirle en verdad, es necesario conocerle con intimidad (Fil. 3:10).

El llamado a Mateo tuvo consecuencias inmediatas: "Y se levantó y le siguió". Esa frase expresa una obediencia inmediata del futuro evangelista. Hay una acción simultánea en la frase: "Y habiéndose levantado, le siguió". La acción de levantarse y la de seguirle tuvieron lugar al mismo tiempo. Es decir, se levantó con el fin de seguirle. No se escucha nada más de Mateo excepto que hizo una fiesta para celebrar su conversión a Cristo.

Seguramente, realizó la tarea de un apóstol pero los detalles de su labor han quedado en el olvido. Una nota sobre saliente respecto de Mateo aparece en el Evangelio de Lucas, donde dice: "y dejándolo todo, se levantó y le siguió". Mateo tomó el llamado del Señor con suma seriedad.

Debe ponerse sumo cuidado, sin embargo, en no enfatizar demasiado el hecho de que Mateo "lo dejo todo". Seguir al Mesías no es dejarlo todo, sino ganarlo todo. Su invitación es a recibir una mejor posesión que la que teníamos. "Sígueme", por lo tanto, no significa dejar todas las cosas dignas. Significa: Tomar aquello que es más que todo. Abandonar la vieja vida es unirse a Él, lo cual es ganancia y no pérdida. De cierto que Mateo perdió su empleo pero encontró la vida. Perdió un buen sueldo pero encontró la verdadera riqueza. Perdió la seguridad material de un alto nivel de vida pero ganó la seguridad eterna de la unión con la Segunda Persona de la Santísima Trinidad. Por encima de eso, encontró una comunión y una esperanza que trascienden cualquier cosa que se posea en este mundo.

---

5. William Barclay, *Mateo*, vol. 1, p. 372.
6. Vea R. T. France, *Matthew: Evangelist and Teacher* (Downers Grove: InterVarsity Press, 1998), pp. 66-67.

Finalmente, dejó el trabajo de cobrar impuestos, pero el Señor le dio la tarea de evangelista. De su pluma tenemos el Evangelio según San Mateo, escrito bajo la dirección del Espíritu Santo, el primer *Vade Mecum*, o manual de la fe cristiana. Una de las obras más importantes que jamás se haya escrito. Eso hizo el Señor con Mateo: De publicano a predicador. De servir a Roma a servir al Rey de reyes. ¡Tal es la gracia de nuestro gran Dios!

> *"Y aconteció que estando él sentado a la mesa en la casa,*
> *he aquí que muchos publicanos y pecadores, que habían venido,*
> *se sentaron juntamente a la mesa con Jesús y sus discípulos.*
> *Cuando vieron esto los fariseos, dijeron a los discípulos:*
> *¿Por qué come vuestro Maestro con los publicanos y pecadores?" (9:10-11).*

Lucas 5:29 dice que Mateo: "hizo gran banquete en su casa", evidentemente para celebrar su conversión. El huésped de honor era el Señor y los publicanos y otros pecadores fueron invitados para oír lo que le había sucedido. Está claro que el antiguo publicano no sentía tristeza por haber dejado su bien remunerado empleo para seguir al Mesías. Sus sentimientos son justamente lo contrario. Mateo está repleto de gozo porque el Señor se dignó en llamarlo. Cristo tuvo compasión de un hombre repudiado por la sociedad. ¡Así es la gracia de Dios!

Los fariseos hicieron acto de presencia porque aquellas fiestas, por lo general, eran semipúblicas. La comunidad de los fariseos tiene sus raíces en el tiempo posterior al cautiverio babilónico. Los sacerdotes y los escribas determinaron el desarrollo interno de Israel después del cautiverio. En tiempos de Esdras, los sacerdotes y los escribas eran casi idénticos. Luego comenzaron a separarse hasta que en tiempo de los Macabeos (siglo II a.C.) se desarrollaron dos grupos diferentes el uno del otro: (1) Los saduceos que procedían de los sacerdotes y (2) los fariseos que procedían de los escribas. Merrill C. Tenney, por muchos años decano de la escuela de graduados y profesor de Biblia y teología del Wheaton College, hace el siguiente resumen:

> La secta más grande y la de mayor influencia en los tiempos del Nuevo Testamento, fue la de los fariseos. Su nombre se deriva del verbo hebreo *"parash",* que significa "separar". Eran los separatistas o puritanos del judaísmo, que se apartaban de toda asociación con el mal y que procuraban obedecer completamente cada uno de los preceptos de la ley oral y escrita. Como grupo aparte, tuvieron su origen poco después de los tiempos de los Macabeos, y ya por el año 135 a.C. se encontraban fuertemente establecidos dentro del judaísmo".[7]

El teólogo alemán Joachim Jeremías, quien fuera profesor en las universidades de Leipzig, Berlín y Gotinga, ha escrito lo siguiente:

> La primera aparición de los fariseos en el siglo II antes de nuestra Era nos lo muestra ya como un grupo organizado, pues pudiera ser que estuviesen

---

7. Merrill C. Tenney, *Nuestro Nuevo Testamento* (Grand Rapids: Portavoz, 1973), p. 138.

relacionados con los asideos, a quienes 1 Macabeos 2:42 llama: 'asociación de judíos piadosos' (*synagôgê Asidaion*), hombres valerosos de Israel y de entre todo lo que había consagrado a la ley.[8]

Resumiendo: Los fariseos eran separatistas, exponentes y guardianes de la ley tanto oral como escrita, eran conservadores en contraste con los saduceos, eran meticulosos en sus prácticas y espiritualmente áridos. En repetidas ocasiones, Jesús condenó su actitud y sus enseñanzas (vea Mt. 12:1-8; 22:15-22, 34-46; 23:1-33).

Para los fariseos separatistas el mundo estaba dividido en dos grupos: Ellos y los pecadores. No había sitio para nadie más. Por esa razón reprocharon a Jesús de asociarse con "los publicanos y los pecadores". La pregunta de los fariseos a los discípulos fue: "¿Por qué come vuestro Maestro con los publicanos y pecadores?" (9:11). La pregunta en el texto griego comienza con la expresión *dià ti* que significa: "¿Sobre que base?" o "¿por qué razón?" Llama la atención que los fariseos preguntaron a los discípulos. Al parecer, temían enfrentarse a Jesús.

En cierto sentido, era natural que formulasen la pregunta puesto que los fariseos rehuían al pueblo de la tierra y estaban entregados a las prácticas exclusivistas y a una rígida ortodoxia.[9] Para los fariseos, comer con alguien considerado fuera de la ley equivale a identificarse con dicha persona y como resultado, contaminarse.

"Al oír esto Jesús, les dijo: Los sanos no tienen necesidad de médico, sino los enfermos.
Id, pues, y aprended lo que significa: Misericordia quiero, y no sacrificio.
Porque no he venido a llamar a justos, sino a pecadores, al arrepentimiento"
(9:12-13).

Es obvio que el Señor escuchó la crítica de los fariseos y les dio una doble respuesta. La primera, en la forma de parábola. La segunda, en una breve declaración discursiva. Primeramente, en forma parabólica, el Señor pone de manifiesto la doble culpa de los fariseos. En primer lugar, los fariseos rehúsan el ministerio sanador del Señor e ignoran el hecho de que Él es el Médico divino. Aquel de quién Moisés escribió: "Si oyeres atentamente la voz de Jehová tu Dios, e hicieres lo recto delante de sus ojos, y dieres oído a sus mandamientos, y guardares todos sus estatutos, ninguna enfermedad de las que envié a los egipcios te enviaré a ti; porque yo soy Jehová tu sanador" (Éx. 15:26). Pero en segundo lugar, en su inhumanidad y falta de misericordia, dejan perecer a quienes ellos mismos consideran enfermos. En otras palabras, el Señor les responde sobre la base de la premisa de los mismos fariseos. Considerándose a sí mismos fuertes y saludables y a los publicanos y pecadores como débiles y enfermos, deberían haber mirado con aprobación la actitud de Jesús. Según su propia manera de pensar era justificable. El médico es para los enfermos, no para los sanos.

---

8. Joachim Jeremías, *Jerusalén en tiempos de Jesús*, p. 267.
9. Es posible, incluso, detectar en la pregunta la postura separatisa de los fariseos. Cuando hablan con los discípulos usan la expresión "vuestro maestro" (*ho didáskalos hymôn*), interponiendo una distancia entre ellos y los discípulos.

La respuesta del Señor revela el motivo de su ministerio y debe desvanecer para siempre cualquier insinuación inicua de que se asociaba con los inicuos porque amaba la iniquidad.[10]

No debe pasarse por alto la tremenda afirmación hecha por el Señor cuando usa el sustantivo "médico" (*iatrós*). Dicho vocablo señala que Él está consciente de su poder para sanar la peor enfermedad que aflige a los hombres, es decir, el pecado. No es posible hacer una afirmación mayor y es aún mayor cuando es hecha sin fanfarria, ni aspaviento. Silenciosa y discretamente el Mesías afirma ser **Jehová Rapha**, o sea "el Señor que te sana". Obsérvese, además, que no sugiere que Él era uno de los enfermos. ¿Cómo podría ser el Sanador si Él, también, estuviese enfermo? Una vez más puede verse cuán imposible es sostener que Jesús es un gran maestro y al mismo tiempo negar que sea Dios Todopoderoso.

La segunda parte de la respuesta de Jesús es dada en lenguaje normal. El Señor cita Oseas 6:6, donde Dios reprende a Israel y la llama al arrepentimiento: "Porque misericordia quiero, y no sacrificio; y conocimiento de Dios más que holocausto". La cita tiene el propósito de llevar convicción a los fariseos del hecho de que Dios no se complace con meros sacrificios, es decir, con un servicio ritual y sin vida que pretenda ser adoración. Si fuesen poseedores de la misericordia de Dios se hubiesen interesado en los pecadores. Al olvidarse de la misericordia ponen de manifiesto que sus corazones están ciegos y necesitan que Jesús les diga: "Id, pues, aprended lo que significa: Misericordia quiero, y no sacrificios" (9:13). Ciegos por el pecado, no ven la verdad. Tal es la condición de todo aquel que no ha recibido el ministerio iluminador del Espíritu Santo. El vocablo "misericordia" (*éleos*) es la traducción griega del hebreo *hesed* que significa "lealtad pactada", "amor leal" y se usa en el Antiguo Testamento con referencia a la lealtad de Jehová en el cumplimiento de las promesas hechas a los patriarcas (vea Mi. 7:18-20).

El "porque" (*gár*) del versículo 13 sugiere que, cuando los fariseos hayan aprendido el significado de la misericordia (*èleos*), verán el propósito de la misión del Mesías. Él no vino a llamar "justos" (*dikaíous*) "sino a pecadores" (*allà hamartoloús*).[11] Por supuesto que "no hay justo ni aun uno" (Ro. 3:10), es decir, no hay nadie que no necesite la obra divina de la salvación. Nadie tiene méritos propios para entrar en el cielo. Los fariseos, sin embargo, se consideraban a sí mismos justos, pero estaban realmente satisfechos con ellos mismos en sus pecados. Cristo vino por aquellos que reconocen su necesidad y se acogen a su gracia.

Hay algunas verdades en el versículo 13 que necesitan ser enfatizadas y explicadas.

---

10. La popular novela escrita por Dan Brown, *El Código Da Vinci*, es una vergonzosa blasfemia por la que su autor tendrá que responder delante de Dios. El mencionado libro es un ejemplo de cómo la mente humana puede torcer la verdad y manipular los hechos históricos. Es triste también ver como la sociedad contempóranea se hace cómplice de una exposición tan distorsionada de la vida del Jesucristo, el único ser que ha vivido en este mundo sin pecado. *El Código Da Vinci* es pura ficción producto de la mente de Dan Brown, pero además constituye una ofensa irracional al que cree en la Palabra de Dios y ha puesto su confianza en Jesucristo.

11. El Señor usa un argumento *ad hominen*. Es un argumento que se usa para confundir a un adversario con sus mismas palabras o razones. Los fariseos se consideraban "justos" y por lo tanto, creían que no necesitaban perdón. Se consideraban "sanos" espiritualmente de modo que no necesitaban sanidad espiritual. Sin embargo, fue a ellos a quienes Juan el Bautista llamó "generación de víboras" (Mt. 3:7), la misma expresión que usó Cristo en Mateo 12:34.

En primer lugar, la expresión "no he venido" (*ou eîlthon*) debe notarse. Es característico del Señor hablar de su misión, diciendo: "He venido", o "he sido enviado". Ambas expresiones enfatizan, o por lo menos sugieren, su preexistencia. Es peculiar que los hombres digan: "He nacido". El Señor Jesús solo una vez dijo: "para esto he nacido, y para esto he venido al mundo". Eso lo dijo delante del procurador romano Poncio Pilato. Quizá Pilato no hubiere entendido al Señor si solo le hubiese dicho: "Para esto he venido al mundo". Su venida habla de su advenimiento a este mundo. El haber sido enviado habla de su misión en este mundo (Gá. 4:4-5).

En segundo lugar, cuando dice: "no he venido" está señalando al aspecto voluntario de su sacrificio. Él no fue obligado a venir. Lo hizo en armonía perfecta con la voluntad del Padre: "Entonces dije: He aquí que vengo, oh Dios, para hacer tu voluntad, como en el rollo del libro está escrito de mí" (He. 10:7).

En tercer lugar, aunque en el texto crítico no aparece el vocablo "arrepentimiento" en Mateo 9:13, dicho sustantivo si aparece en Lucas 5:32. Sin duda, el verbo "llamar" (*kalésai*), un aoristo infinitivo con la función de propósito, implica que el llamado es al arrepentimiento. El Mesías vino a llamar a personas de todos los rangos al arrepentimiento, a la fe, a la vida, a la luz de la realidad de que el Reino se había acercado en la Persona del Rey. El llama a pecadores a participar de una fiesta mucho más gloriosa que la ofrecida por Mateo. Para participar de esa fiesta, sin embargo, es necesario reconocer que uno es pecador y que pertenece al grupo de "los enfermos" que necesitan al Médico celestial. Su sangre es la única cura.

El poder sobre la tradición (9:14-17)

El perdón que Jesús ha sembrado se traduce en la alegría. Los discípulos no ayunan. No pueden ayunar porque el esposo está con ellos (9:14-15). Su existencia es vida nueva; están atravesados por el gozo, ya no tienen ley que venga a encerrarles en la muerte y la tristeza de la tierra".
(Javier Pikaza y Francisco de la Calle, *Teología de los Evangelios de Jesús*. Salamanca: Ediciones Sígueme, 1975, p.152).

Evidentemente, Juan el Bautista continúa teniendo discípulos. Había un número de hombres identificados concretamente como "los discípulos de Juan" (*hoi matheitaì Ioánnou*). El artículo determinado "los" (*hoi*) es plural, lo cual indica que eran varios. En Mateo 11:2, se menciona que Juan "envió" dos de sus discípulos" a Jesús. Es probable que los "ciertos discípulos" mencionado en Hechos 19:1-3, eran seguidores de Juan el Bautista.

Los tres sinópticos mencionan a "los discípulos de Juan" en la presente situación, pero solo en Mateo dichos discípulos formulan la pregunta. Los discípulos y el Señor acaban de salir de la cena que Mateo les había ofrecido. En ese momento se encuentran con los discípulos de Juan el Bautista:

"Entonces vinieron a él los discípulos de Juan, diciendo:
¿Por qué nosotros y los fariseos ayunamos muchas veces,
y tus discípulos no ayunan?" (9:14).

El argumento de los discípulos de Juan el Bautista era: ¿Por qué nosotros ayunamos mientras que tus discípulos festejan? David Hill, profesor de la Universidad de Sheffield, hace esta observación:

La pregunta podría entenderse como relacionada con el presente: "¿Por qué tus discípulos no están ayunando ahora?" Es decir, durante la cena con Mateo, que podría haber coincidido con un ayuno judío. Probablemente sería mejor interpretar las palabras en sentido de un presente continuo: "¿Por qué tus discípulos no ayunan como norma general?" Es decir, ¿por qué no observan las regulaciones judías respecto del ayuno?[12]

Juan el Bautista ya estaba en la cárcel y quizá, sus discípulos estaban algo resentidos por el hecho de que Jesús era el centro de atracción. No tenían el espíritu de su maestro (vea Jn. 3:29), porque se asociaban con quienes Juan había llamado: "Generación de víboras" (Mt. 3:7). La pregunta de ellos era: "¿Por qué nosotros y los fariseos ayunamos muchas veces?" Ciertamente la pregunta de los discípulos de Juan es intrigante. Podría pensarse que la popularidad de Jesús en aquellos momentos había producido celos en el corazón de los seguidores del Bautista. Los celos son sentimientos indebidos y muchas veces, dañinos tanto para ellos como para otros. José M. Bover, expositor católico, está correcto cuando escribe:

Los discípulos de Juan, movidos de celos, muy ajenos al noble interés de su maestro encarcelado, aparecen aquí coligados con los fariseos, a quienes el Bautista había fustigado tan duramente. Y tanto los unos como los otros ponen la santidad en observancias externas.[13]

La respuesta de Jesús a los discípulos de Juan se comprende mejor a la luz de las costumbres de aquellos tiempos, como señala J. Dwight Pentecost, quien por muchos años fuera jefe de la cátedra de exposición bíblica en el Seminario Teológico de Dallas:

Cristo contestó con lenguaje figurado. Recordó una fiesta de boda que es un tiempo de regocijo. La fiesta de boda no era organizada y los invitados reunidos esperaban hasta la llegada del novio para que presidiese la fiesta. Cuando la fiesta comenzaba era un tiempo de regocijo para todos los presentes. Cristo dijo que tal como sería inapropiado esperar que los invitados a una boda ayunasen, del mismo modo era inapropiado que sus discípulos ayunasen.[14]

Las bodas judías eran tiempos de festividad especial. Las parejas no se iban de luna de miel. Se quedaban en sus casas, y por una semana después de la boda, la casa estaba

---

12. David Hill, "The Gospel of Matthew", p. 176.
13. José M. Bover, *El Evangelio de San Mateo* (Barcelona: Editorial Balmes, 1946), p. 205.
14. J. Dwight Pentecost, *The Words and Works of Jesus Christ: A Study of the Life of Christ* (Grand Rapids: Zondervan Publishing House, 1981), p. 156.

abierta para recibir invitados. El esposo y la esposa eran tratados, e incluso llamados, como un rey y una reina. Sus amigos participaban de la alegría de la fiesta con ellos y los amigos más cercanos eran llamados los "hijos de la cámara nupcial".[15] De modo que, a la luz de lo dicho, es evidente que la respuesta del Señor revela un poderoso y elevado reclamo de parte del Señor y una solemne profecía tocante a su muerte:

> *"Jesús les dijo: ¿Acaso pueden los que están de bodas tener luto*
> *entre tanto que el esposo está con ellos?*
> *Pero vendrán días cuando el esposo les será quitado, y entonces ayunarán"*
> *(9:15).*

El versículo 15 es sumamente instructivo, una posible traducción del texto griego sería: "Y Jesús les dijo, ciertamente los hijos de la sala nupcial no pueden llorar mientras el esposo está con ellos, ¿verdad que no?" ¿Cómo pueden ellos llorar en presencia del esposo? Dos cosas importantes pueden observarse aquí (1) Jesús es el esposo y es adecuadamente designado como Rey. Israel es la esposa. El Mesías hace una afirmación de su realeza; y (2) Jesús menciona que "el esposo les será quitado" (*aparteî ap' autôn ho nymphíos*). Esa es una expresión enfática que anticipa su muerte. El Señor estaba consciente de esa realidad. Sabía que su sacrificio era inevitable ("pero vendrán días" = *eleúsontai de heimérai*). Era correcto que sus discípulos se regocijasen porque Él estaba presente con ellos. El tiempo vendría, sin embargo, cuando ellos adecuadamente llorarían y ayunarían. De modo que al otro lado de la luz y del gozo de su presencia revoloteaba la sombra de la inexorabilidad de la cruz. Y debemos con la mayor seguridad relacionar ambas cosas. El gozo del presente debe conducir a la violencia de los sufrimientos del Mesías porque ese es el cumplimiento del plan diseñado en la eternidad. La enseñanza parece haber caído en saco roto, al parecer pero su mente estaba de continuo en sus sufrimientos:

> *"Nadie pone remiendo de paño nuevo en vestido viejo;*
> *porque tal remiendo tira del vestido, y se hace peor la rotura.*
> *Ni echan vino nuevo en odres viejos; de otra manera los odres se rompen,*
> *y el vino se derrama, y los odres se pierden;*
> *pero echan el vino nuevo en odres nuevos*
> *y lo uno y lo otro se conservan juntamente (9:16-17).*

En los versículos 16-17, el Señor Jesucristo claramente enseña tocante al comienzo de una nueva edad o dispensación en los propósitos de Dios. Algunos comentaristas rehúsan reconocer esa realidad y prefieren alegorizar el pasaje, sacándolo de su contexto.[16] Hendriksen y quienes aprueban su exposición pasan por alto que Mateo 9:16-17 es parte de la respuesta de Jesús a los discípulos de Juan el Bautista. Aquellos

---

15. Vea William Hendriksen, *The Gospel of Matthew*, p. 428; John A. Broadus, *Comentario sobre el Evangelio según Mateo*, pp. 260-261. También Samuel Pérez Millos, *Mateo*, tomo 1 (Vigo: Biblioteca de Estudios Teológicos, 2005), p. 475.

16. Vea la interpretación ofrecida por William Hendriksen en su comentario, *The Gospel of Matthew*, pp. 428-429.

discípulos del Bautista, como los que se encontraron con Pablo en Éfeso (Hch. 19:1-4), aún miraban a lo viejo (*palaiós*). Jesús, sin embargo, les habla de algo "nuevo", es decir, algo de tiempo reciente y de algo "fresco" (*kainós*), es decir, algo nuevo en cuanto a su clase.[17] El tema bajo consideración no es la mezcla de la ley y el evangelio. Se trata, más bien, del hecho de que el Reino que se había acercado era nuevo tanto en tiempo como clase o cualidad. Como lo explica el profesor Stanley D. Toussaint:

> La vieja dispensación se había envejecido y no era capaz de contener las nuevas doctrinas del Reino ni de ninguna otra edad que siguiese a la venida del Mesías. Es importante observar que en la primera parábola el vestido viejo es destruido, en la segunda no solo son destruidos los odres, sino que también el vino se derrama. De modo que la segunda ilustración amplía la primera y muestra que es imposible conservar tanto la antigua como la nueva edad si éstas son mezcladas.[18]

Las dos parábolas de Mateo 9:16-17 enseñan que el judaísmo había llegado a sus límites y debía ser reemplazado con el cumplimiento de la nueva edad o dispensación. Jesús proporciona una nueva muda de ropas y un nuevo vino para los hombres. No son remiendos para el sistema antiguo que ha de caducar y perecer. Como lo expresa el escritor de Hebreos: "Al decir: Nuevo pacto, ha dado por viejo al primero; y lo que se da por viejo y se envejece, está próximo a desaparecer" (He. 8:13). O como escribió el apóstol Juan: "Porque de su plenitud tomamos todos, y gracia sobre gracia. Pues la ley por medio de Moisés fue dada, pero la gracia y la verdad vinieron por medio de Jesucristo" (Jn. 1:16-17).

"El vestido viejo no podía contener el paño nuevo. El vino nuevo del perdón mesiánico no podía ser preservado en los remendados odres del legalismo judío".[19] El judaísmo y el cristianismo no pueden hacerse compatibles porque el ritualismo y el sacramentalismo han llegado a su fin.

En resumen, hay tres lecciones importantes que dependen de los versículos recién estudiados. La primera es que cuando Dios llama, la respuesta correcta es obediencia inmediata y completa. En segundo lugar, es característico en Dios mostrar compasión y misericordia hacia los pecadores. Es por ellos que Cristo vino y murió (1 Ti. 1:15).

En tercer lugar, la obra del Redentor puso fin a la antigua dispensación y la ley en su aspecto *regulatorio* ha cesado (Ro. 10:4). En su lugar queda el cumplimiento de la nueva edad, gracia, verdad y gozo en Jesucristo porque el Salvador está siempre con nosotros, hasta el fin de la historia, tal como la conocemos ahora (Mt. 28:20). En virtud de la sangre de la cruz, el cristianismo no es un ayuno sino una alegría, no es un llanto sino una canción de gozo: "Estas cosas os he hablado para que mi gozo esté en vosotros, y vuestro gozo sea cumplido" (Jn. 15:11).

---

17. Observe que en Mateo 9:17, Jesús usa dos vocablos que la Reina—Valera 1960 traduce "nuevo". Usa *néos* que significa "nuevo" con relación a tiempo. Tambien usa *kainós* que sifnifica "nuevo" con relación a "forma" o "cualidad". Vea Abbott-Smitt, *A Manual Greek Lexicon of the New Testament* (Edimburgo: T. & T. Clark, 1994), pp. 225, 301.

18. Stanley D. Toussaint, *Behold the King*, p. 131.

19. R. V. G. Tasker, "The Gospel According to St. Matthew", *Tyndale New Testament Commentaries* (Grand Rapids: Eerdmans Publishing Company, 1981), p. 98.

El poder para resucitar muertos (9:18-26)

En Mateo 9:18-34, el evangelista registra tres grandes milagros de sanidad del Mesías. Los tres milagros tienen varias cosas en común. Entre ellas está el hecho de que los tres son "dobles milagros": (1) La mujer con hemorragia y la hija de Jairo; (2) los dos ciegos y (3) el hombre mudo y endemoniado. Debe recordarse que esos milagros eran señales mesiánicas en cumplimiento de las profecías del Antiguo Testamento, como ya se ha indicado. Estas tres obras registradas en Mateo 9:18-34 eran milagros de restauración. El Mesías vino a traer restauración y cuando venga por segunda vez "restaurará todas las cosas" (Hch. 3:21). El Reino del Mesías traerá justicia, paz, santidad, gloria y "la voluntad de Dios será hecha en la tierra como en el cielo" (Mt. 6:10).

> *"Mientras él les decía estas cosas, vino un hombre principal y se postró ante él, diciendo:*
> *Mi hija acaba de morir; mas ven y pon tu mano sobre ella, y vivirá" (9:18).*

El doble milagro de la sanidad de la hija del principal (*árchon*) y de la mujer con la hemorragia pone de manifiesto, como ningún otro pasaje del Nuevo Testamento, el hecho de que nuestro Señor es el Dios-hombre (*theánthropos*). Él es el Señor que tiene autoridad sobre la muerte y al mismo tiempo, pone de manifiesto su compasión hacia los pecadores y los restaura mediante su poder sobrenatural.

La historia de los versículos 18-26 aparece en los tres sinópticos. Mateo, sin embargo, resume magistralmente el relato. Por medio de Marcos, se conoce que el nombre del principal era Jairo. Además, se aprende que Jairo era uno de varios responsables de la sinagoga (vea Mr. 5:22). El encuentro con Jairo ocurrió "mientras él [Jesús] decía estas cosas", es decir, cuando aún no había terminado de hablar con los discípulos de Juan el Bautista. El texto dice que el principal "se postró ante él" (*prosekýnei autoî*). El tiempo imperfecto del verbo sugiere una acción continúa: El principal "se postraba y hacía reverencia delante de él". Esa era una manera común entre los orientales de mostrar respeto a alguien. El evangelista Lucas añade el dato de que la hija de Jairo era "única", "tenía como doce años" y "se estaba muriendo". Eso sugiere que Jairo y su esposa atravesaban por una situación de mucha angustia (vea Lc. 8:41-42).

En el relato de Mateo, Jairo expresa: "Mi hija acaba de morir", mientras que Marcos dice: "Mi hija está agonizando". Probablemente cuando Jairo salió de su casa, la niña "estaba agonizando" y cuando llegó a la presencia de Jesús, ya había muerto. La petición de Jairo fue: "ven y pon tu mano sobre ella, y vivirá". La situación y la petición urgente del padre enfatizan la autoridad suprema y el poder de Jesús.[20] Leon Morris, quien fuera rector del Ridley College en Melbourne, Australia, explica elocuentemente el caso así:

> La historia era tal que requería levantar a alguien de los muertos, y Mateo lo deja claro desde el principio. Lo que le importaba era que el principal buscó a Jesús y que, aun cuando se sabía que su hija había muerto, fue con Jesús a

---

20.   David Hill, "The Gospel of Matthew, p. 178.

su casa y vio el milagro de la niña muerta devuelta a la vida. De modo que Mateo nos dice que Jesús estaba familiarizado con la muerte de la niña y que Jairo le pidió, no obstante ir y poner su mano sobre ella (una acción usada con frecuencia de sanar) en la seguridad de que entonces la niña viviría. *Mano* es singular, una mano era suficiente.[21]

"Y se levantó Jesús, y le siguió con sus discípulos" (9:19).

El Señor no rehusó el homenaje que le rindió Jairo. Eso también es algo sobresaliente. Cuando el apóstol Juan se postro a los pies de un ángel para adorarle, el ángel protestó a Juan, diciendo: "Mira, no lo hagas; yo soy consiervo tuyo y de tus hermanos que retienen el testimonio de Jesús. Adora a Dios; porque el testimonio de Jesús es el espíritu de la profecía". (Ap. 19:10). Los ángeles dicen que solo Dios debe ser adorado, pero Jesús permite que los hombres le adoren. Esa es una estupenda reafirmación de su deidad.

Y además, nuestro Señor no rehúsa la petición de ayuda hecha por los desesperados padres. En realidad, hay una manifestación de urgencia de hacer algo por aquella situación. Las palabras de Mateo: "Y se levantó Jesús, y le siguió", sugiere su preocupación. La respuesta fue inmediata. Todas las veces que Jesús estuvo frente a un niño expresó compasión y preocupación hacia ellos. Sin duda, Jesús se identificó con la angustia de los padres de la niña. Sin hacer preguntas, se apresuró a la casa de Jairo. Su maravillosa gracia se pone de manifiesto en momentos de gran necesidad.

"Y he aquí una mujer muy enferma de flujo de sangre desde hacía doce años,
se le acercó por detrás y tocó el borde de su manto;
porque decía dentro de sí: Si tocare solamente su manto, seré salva" (9:20-21).

Rumbo a la casa de Jairo, se apareció una mujer enferma de flujo de sangre. Se acercó al Señor con la esperanza de ser sanada. La enfermedad de la mujer era tan terrible que el médico Lucas dice que: "padecía desde hacía doce años, y que había gastado en médicos cuanto tenía, y por ninguno había podido ser curada" (Lc. 8:43). El evangelista Marcos es aún más enfático cuando dice que la mujer: "había sufrido mucho de muchos médicos y nada había aprovechado, antes le iba peor" (Mr. 5:26).

Debido a su enfermedad, aquella mujer era ceremonialmente inmunda. No es de sorprenderse pues, que no deseara tener ningún contacto físico con Jesús. Esperaba solo tocar "el borde de su manto". En realidad, deseaba tocar una de las cuatro borlas de lana que todo judío debía llevar en las esquinas de su manto o ropa exterior (vea Nm. 15:38; Dt. 22:12).[22] La manera más fácil era acercarse a Él por detrás y tocar los flecos que pendían libremente de su manto. Eso fue precisamente lo que hizo. La grandeza de la fe de aquella mujer consistía en el hecho de que pensaba que solo con tocar su manto le produciría sanidad. Aún así, su fe en ningún modo era perfecta puesto que pensaba que era necesario tocar el manto del Señor y que Él no lo notaría.[23]

21. Leon Morris, *The Gospel According to Matthew*, p. 229.
22. Vea William Hendriksen, *The Gospel of Matthew*, pp. 431-432.
23. *Ibíd.*, p. 432.

"Pero Jesús, volviéndose y mirándola, dijo: Ten ánimo, hija, tu fe te ha salvado.
Y la mujer fue salva desde aquella hora" (9:22).

El Señor se percató de ella y fue sanada. Los relatos de Marcos y Lucas dejan bien claro que la curación fue inmediata (vea Mr. 5:29; Lc. 8:44). En un breve instante la hemorragia se detuvo completamente. Ese fue otro milagro de sanidad tan diferente de las supuestas "sanidades" anunciadas por "curadores modernos". El Señor atribuye la sanidad a la expresión de fe al decir: "Hija, ten ánimo; tu fe te ha salvado". El tiempo perfecto del verbo "ha salvado" (*sésôken*) significa literalmente: "Has recibido la sanidad, y ahora estás en perfecta salud".[24]

La tardanza de este incidente pudo haber agravado a Jairo, porque debió haberle parecido que cada momento de demora en la llegada de Jesús a su casa hacía la restauración de su hija más difícil. Pero las demoras del Señor no son contratiempos, aunque si son instrumentos para nuestra disciplina. La realidad es que aquel incidente pudo haber contribuido a fortalecer la fe de Jairo. Si Jesús pudo sanar a la mujer enferma, seguramente podía también restaurar a su pequeña hija, Jairo debió haber pensado.

"Al entrar Jesús en la casa del principal,
viendo que tocaban flautas, y la gente que hacía alboroto, les dijo:
Apartaos, porque la niña no está muerta, sino duerme.
Y se burlaban de él.
Pero cuando la gente había sido echada fuera,
entró, y tomó de la mano a la niña, y ella se levantó" (9:23-25).

A su llegada a la casa de Jairo, Jesús ve y escucha el espectáculo familiar de lamentos que acompañaban a muchos funerales orientales. Los flautistas y los que lloraban eran profesionales, pagados por el trabajo que realizaban. La música de las flautas estaba asociada con el cuadro fúnebre y se preparaba para afectar las emociones de los presentes. Las leyes romanas limitaban el número de flautistas en cualquier funeral a diez porque los lamentos eran sumamente emocionales. El cuadro presentado al Señor, por lo tanto, contenía esas cosas, además del romper las vestiduras y otros aspectos de la confusión asociada con el pesar en la cultura oriental. El Señor, sin duda, reprendió a quienes participaban en una situación común y halló palabras de promesa y esperanza en su presencia.

El relato de la restauración es destacado mediante tres palabras o frases pronunciadas por el Señor. El evangelista Lucas las expresa con claridad:

1. La primera es: "No temas, cree solamente, y será salva" (Lc. 8:50). Esas fueron las palabras que el Señor dirigió a Jairo justo antes de llegar a su casa y después de la triste noticia de la muerte de la niña.
2. La segunda frase fue: "No lloréis, no está muerta, sino que duerme" (8:52). Esa frase produjo la risa y el escarnio de quienes estaban en la casa, es decir,

---

24. Vea Fritz Rienecker, *A Linguistic Key to the Greek New Testament*, vol. 1, p. 27.

de quienes se lamentaban y lloraban. Relacionada con esa declaración y sus circunstancias, hay algunas cosas que destacan la verdadera humanidad del Señor: (a) Debe observarse la indignación del Señor hacia los que lloraban y su burlona respuesta a sus palabras de esperanza. Marcos dice que "echando fuera a todos" (Mr. 5:40). (b) Debe notarse la apacible gracia del Señor al obrar la restauración. No hubo ningún aspaviento ni sensacionalismo. Mateo dice: "Y tomó de la mano a la niña, y ella se levantó" (Mt. 9:25).

3. La tercera es una orden enfática: Mateo simplemente dice: "Levántate" (*égeire*). Marcos dice: "Y tomando la mano de la niña, le dijo: Talita cumi; que traducido es: Niña, a ti te digo, levántate. Y luego la niña se levantó y andaba..." (Mr. 5:41-42). La restauración de aquella niña puso de manifiesto el poder, la compasión y la ternura del Mesías. Una vez más la gente pudo ver, aunque sin comprenderlo, que allí estaba el Dios manifestado en carne, el Mesías prometido.

Una importante observación que no debe pasarse por alto aparece en Mateo 9:24: "no está muerta, sino duerme". A la luz de esa expresión, algunos han concluido que la niña no estaba muerta, sino que estaba en coma. Deben observarse, sin embargo, las palabras de Lucas quien era un reconocido médico en aquellos tiempos. El escribe: "Y lloraban todos y hacían lamentación por ella. Pero él dijo: No lloréis; no está muerta, sino que duerme. Y se burlaban de él, sabiendo que estaba muerta" (Lc. 8:52-53). Obsérvese que la gente se burlaba de Jesús "sabiendo que [la niña] estaba muerta". El doctor reconoce que estaba muerta y los padres también. Los apóstoles y la multitud presente también lo reconocieron. ¡Los únicos que no lo reconocen son los liberales incrédulos que niegan la veracidad de la Palabra de Dios![25]

Davies y Allison admiten que la expresión: "no está muerta, sino duerme" es difícilmente razón suficiente para suponer que la niña no estaba realmente muerta.[26] Dichos expositores citan correctamente Juan 11:11-14, donde Jesús dice: "Nuestro amigo Lázaro duerme; mas voy para despertarle. Dijeron entonces sus discípulos: Señor, si duerme, sanará. Pero Jesús decía esto de la muerte de Lázaro; y ellos pensaron que hablaba del reposar del sueño. Entonces Jesús les dijo claramente: Lázaro ha muerto". El evangelista Lucas provee la palabra final que explica lo que ocurrió: "Entonces su espíritu volvió, e inmediatamente se levantó; y él mandó que se le diese de comer" (Lc. 8:55). El cuerpo de aquella niña sin su espíritu estaba muerto (Stg. 2:26). Cuando el Señor la tomó de la mano "su espíritu volvió, e inmediatamente se levantó": Esa es una de las señales mesiánicas mencionadas en Mateo 11:5: "Los muertos son resucitados". El Mesías está presente para ejecutar lo que los profetas anunciaron: "Tus muertos vivirán; sus cadáveres resucitarán..." (Is. 26:19).

En resumen: En el pasaje considerado puede verse que el Mesías es:

1. "Verdadero Dios y perfecta humanidad" y como hombre, es genuino en su compasión, sensibilidad y delicadeza. Ese es el hombre que debe ser visto en nosotros (vea 1 Jn. 2:6). Eso se produce no por imitación sino por unión.

---

25. Vea W. D. Davies and Dale C. Allison hijo, "The Gospel According to Matthew", vol. II, pp. 131-132.
26. *Ibíd.*, p. 132.

2. En segundo lugar, Él es Señor sobre la muerte y no debe causar sorpresa que "su fama de esto se difundió por toda aquella tierra" (Mt. 9:26). Aquel milagro fue una ilustración de sus poderes. Él tiene poder para dar vida física, pero también para dar vida espiritual. Aquel día, no solo la niña fue devuelta a la vida física sino que Jairo recibió vida espiritual al creer en el Mesías.

3. En tercer lugar, Jesús le dijo a Jairo: "cree solamente" (Lc. 8:50). Esa es la confirmación del hecho de que la base bíblica para la recepción del evangelio es simplemente **creer**. No hay que añadir ninguna obra ni esfuerzo humano. Ni liturgia ni sacramento sino: **Solo creer**. La fe de la cual el Mesías habla implica *notitia* (conocimiento de la verdad del evangelio), *assensus* (convicción de que el contenido del evangelio es verdadero), y *fiducia* (confiar, o descansar, en esa verdad para recibir la vida que solo el Mesías puede dar).

El poder para devolver la vista a ciegos (9:27-31)

Una extraordinaria serie de nueve milagros en el ministerio del Señor Jesús pone de manifiesto las credenciales mesiánicas de su maravillosa Persona. Hay tres milagros de sanidad (Mt. 8:1-17), tres milagros de poder (Mt. 8:18-9:17), y tres milagros de restauración (Mt. 9:18-34). En los tres últimos conquista la muerte, la enfermedad y los demonios. No hay ámbito ni enemigo que no esté bajo su poder.

Los milagros de Jesús son credenciales bíblicas en el sentido de que la enseñanza del Antiguo Testamento dice que, cuando el Mesías venga, realizará obras poderosas como las que se describen en los Evangelios. Eso se pone de manifiesto maravillosamente en el caso relatado en Mateo 9:27-31, es decir, la sanidad de los dos ciegos.

El profeta Isaías, siglos antes, dijo que cuando el Reino venga:

"Entonces los ojos de los ciegos serán abiertos, y los oídos de los sordos se abrirán. Entonces el cojo saltará como un ciervo, y cantará la lengua del mudo; porque aguas serán cavadas en el desierto, y torrentes en la soledad" (Is. 35:5-6).

El evangelista Mateo, en su composición dirigida a los judíos expresa de tantas maneras diferentes su anhelo de que el pueblo escogido vea que Jesús de Nazaret fiel y absolutamente cumplió las inspiradas profecías respecto del Rey mesiánico.

No es de extrañarse que el Señor sanase a los ciegos porque la ceguera era una enfermedad terriblemente común en la tierra de Israel en los tiempos del Señor. "Las causas de la ceguera eran múltiples: el calor, la luz del sol, el polvo y principalmente, los malos hábitos de higiene en el pueblo, todo ello contribuía a la extensión de la enfermedad que con frecuencia en un solo día podía destruir la vista".[27]

El caso descrito en Mateo 9:27-31 es el primero de las curaciones de ciegos en el Evangelio de Mateo. La curación presente aparece solo en Mateo. De este caso puede deducirse que nuestro Señor sanó a muchos ciegos durante su ministerio (vea Mt. 4:24). Y no es de sorprenderse que haya dos ciegos curados. No es raro que personas afligidas por el mismo mal estén juntas y compartan su desgracia. Es posible que hoy día no haya tantos físicamente ciegos como hubo en tiempos de Cristo, pero si hay millones

---

27. Merrill F. Unger, *Unger's Bible Dictionary* (Chicago: Moody Press, 1966), p. 265.

que viven en ceguera espiritual (Jn. 9:35-41). El pecado ciega la mente y el corazón del hombre (Ef. 4:18). También Satanás ciega el entendimiento de los incrédulos (2 Co. 4:3-4). Solo la presencia de Cristo en la vida de una persona puede despejar las tinieblas espirituales (Jn. 8:12).

"Pasando Jesús de allí, le siguieron dos ciegos, dando voces y diciendo: ¡Ten misericordia de nosotros, Hijo de David!" (9:27).

La escena se produce, al parecer, después de que el Señor salió de la casa de Jairo. Hay algo muy llamativo acerca de esos hombres que es digno de imitarse.

En primer lugar, eran sinceros en su deseo de sanidad física. No solo hablaban al Señor cuando pasaba delante de ellos, sino que, además, "daban voces" (*krádsontes*). El participio presente sugiere una acción continua, es decir, los ciegos "siguieron a Jesús mientras gritaban y decían" o, tal vez mejor "gritando y diciendo, siguieron al Señor". Lo que decían a gritos era: "¡Ten misericordia de nosotros, Hijo de David!" Aquellos hombres, conscientes de su necesidad, gritaban con fuerza e imploraban apasionadamente, solicitando la ayuda de Jesús el Mesías.

En segundo lugar, los dos hombres eran persistentes y perseverantes en su petición. Los dos participios presentes sugieren que seguían al Señor constantemente, expresando su súplica. Además, el tiempo aoristo del verbo "siguieron" sugiere una búsqueda persistente. No se nos dice cómo dos hombres ciegos pudieron seguir a Jesús. Es de suponerse que solicitaron la ayuda de alguien. Comoquiera que haya sido, lo cierto es que persistieron en su búsqueda.

En tercer lugar, los ciegos fueron persistentes en su búsqueda. Sabían lo que querían porque conocían bien su necesidad. Muchos no están conscientes de su necesidad. Otros no están interesados en acudir a Aquel que puede llenar su necesidad.

En cuarto lugar, la petición de los ciegos glorificaba a Dios puesto que apelaron al Señor en reconocimiento de su derecho al trono de David como la simiente real enviado por Dios. Los elementos del poder celestial siempre se expresan en oraciones que exaltan al Señor Jesucristo.

Finalmente, el grito de los ciegos fue una confesión de su propia iniquidad delante de Dios. Su grito fue: "¡Ten misericordia de nosotros, Hijo de David!" Conocían el estado desesperado de su necesidad y la incapacidad de sus propias posibilidades. Así que procuraron abandonarse a la misericordia del Hijo de David. Al llamar a Jesús: "Hijo de David", los ciegos manifiestan su creencia de que Él era el Mesías.[28] Aquellos ciegos, sin duda, han llegado a comprender que Jesús es el prometido Rey, Hijo de David (Jer. 23:5-6). A la luz de Mateo 21:9 y 22:41-45 no cabe duda de que el título "Hijo de David" es mesiánico. "De otra manera, sería inexplicable que las autoridades judías estuviesen tan enfadadas cuando un grupo de muchachos aclamó a Jesús, diciendo: "¡Hosanna al Hijo de David!" (Mt. 21:15-16).[29] Stanley D. Toussaint hace la siguiente observación:

28. John A. Broadus, *Comentario sobre el Evangelio según Mateo*, p. 268.
29. William Hendriksen, *The Gospel of Matthew*, p. 434.

Esta es la primera vez que alguien llama a Jesús por ese título. De ahí en adelante se le designa de esa manera seis veces (Mt. 12:23; 15:22; 20:30, 31; 21:9, 15). La expresión es decididamente mesiánica.[30]

También el expositor y teólogo alemán Ulrich Luz concuerda con Broadus, Hendriksen y Toussaint cuando dice:

El título hijo de David en el Evangelio de Mateo tiene que ser interpretado, a mi juicio, preferentemente desde el proceso narrativo del Evangelio. El evangelista construye su perfil en tres etapas:

1. Mateo lo introduce en el "libro de la genealogía" del capítulo 1. Lo interpreta en 1:2-6 cuando presenta a Jesús descendiendo de la línea regia de David y no como un antitipo del hijo "sabio" de David, Salomón. El texto 1:18-25 describe cómo Jesús, a pesar de su concepción virginal, responde a esta esperanza judía. Jesús es realmente el Mesías de Israel.
2. En la parte principal del Evangelio, capítulos 8-20, Mateo describe al Hijo de David como el Mesías salvador. El título de Hijo de David va asociado aquí **únicamente** a relatos de milagros y casi exclusivamente a curaciones de ciegos. El Mesías de Israel remedia la ceguera de Israel.
3. En la parte final de su Evangelio, Mateo hace ver a su comunidad que el hijo de David es algo más que Mesías de Israel: El dueño del mundo que acompaña y ayuda a la comunidad (22:41-46). Explicita así lo que los enfermos de Israel ya significaban al tratar al hijo de David como "Señor" (9:27, 28; 15:22; 20:31-33; vea 21:9).[31]

Los líderes de Israel rehusaron darle el título que le pertenecía por derecho propio, pero los dos ciegos, iluminados por el Espíritu Santo, le dieron la designación que certifica su derecho al trono por ser el heredero de la promesa hecha a David, el Rey de Israel, siglos antes (vea 2 S. 7:12-16). A pesar de ser físicamente ciegos, aquellos hombres vieron, por la gracia de Dios, lo que los dirigentes de Israel rehusaron reconocer.

> *"Y llegado a la casa, vinieron a él los ciegos y Jesús les dijo:*
> *¿Creéis que puedo hacer esto? Ellos dijeron: Sí, Señor.*
> *Entonces les tocó los ojos, diciendo: Conforme a vuestra fe os sea hecho.*
> *Y los ojos de ellos fueron abiertos.*
> *Y Jesús les encargó rigurosamente, diciendo: Mirad que nadie*
>   *lo sepa" (9:28-30).*

Los ciegos siguieron al Señor hasta "la casa". No se sabe cuál casa era. Pudo haber sido la casa donde residía Jesús o la de algún amigo. ¿Por qué esperó Jesús para sanar a los ciegos? Quizá el Señor deseaba realizar el milagro lejos de la vista de la gente. El pueblo buscaba un Mesías terrenal y político. Jesús enfatizaba especialmente el carácter

30. Stanley D. Toussaint, *Behold the King*, p. 133
31. Ulrich Luz, *El Evangelio según Mateo*, vol. II (Salamanca: Ediciones Sígueme, 2001), pp. 92-93.

espiritual de su ministerio. Por otro lado, el Señor desea evitar confrontación con los dirigentes de la nación porque su hora aún no había llegado (Jn. 7:30; 8:20; 12:23).

Jesús les pregunta si creían que Él podía hacer el milagro. Parecería que la pregunta era innecesaria pero el Señor desea que aquellos ciegos ejerzan su fe en el Mesías. Lo único que los separaba de recibir la vista era la fe en el Señor Todopoderoso que estaba delante de ellos. La fe es el medio a través del cual se reciben los beneficios de la gracia de Dios. Debe entenderse claramente que no se trata de fe como un concepto. La fe debe tener un objeto. El único objeto de fe válido delante de Dios es Jesucristo. De modo que se trata de "fe en el Mesías". La pregunta de Jesús fue muy concreta: ¿Creéis que puedo hacer esto? La fe que salva debe ser puesta clara y definitivamente en Jesús, el único Salvador. La respuesta de los ciegos fue breve pero clara y terminante: "Sí, Señor". La sinceridad necesita pocas palabras. La respuesta, además, reconoce la dignidad de la Persona del Salvador. Lo llaman: "Señor".

El versículo 29 dice que el Señor: "les tocó los ojos". Hay un énfasis en los Evangelios sobre el toque sanador de la mano de Cristo (vea Mt. 8.15, 25, 29; 17:7; 20:34; Lc. 7:14; 22:51). El toque tierno de su mano pone de manifiesto la compasión que el Salvador posee. Y era particularmente adecuado que tocase los ojos de los ciegos, porque ellos no podían ver la piedad amorosa que brillaba a través de sus ojos.

Después de tocar los ojos de los ciegos, el Señor dijo: "Conforme a vuestra fe os sea hecho". Esa declaración fue una expresión de poder. La fe determina la medida y con frecuencia, la manera de sus dones a nosotros, pero no debemos olvidar que la fe es solo un instrumento. Y además, es también un don de Dios (vea Ef. 2:8-9; Fil. 1:29). Alguien ha dicho que: "La fe es la mano del corazón". Entonces mientras más grande es la mano, mayor es la cantidad de bendiciones que Dios derramará sobre nosotros. Debemos pedir a Dios que nos dé una fe mayor (Ro. 10:17).

El resultado del toque del Señor fue que: "los ojos de ellos fueron abiertos" (*kaì eineóichtheisan autôn hoy ophthalmoí*). El verbo "fueron abiertos" (*eineóichtheisan*) es el aoristo indicativo, voz pasiva de *anoígô* ("abrir") el aoristo sugiere una acción puntual, el indicativo señala una realidad histórica, la voz pasiva implica que el sujeto recibe la acción. Tan pronto el Señor tocó los ojos de aquellos hombres, recibieron la luz, es decir, pudieron ver. Aquellos hombres estaban desprovistos de luz física y luz espiritual. En un instante, por el poder y la gracia del Mesías, recibieron ambas luces.

El Señor "les encargó rigurosamente" que no dijesen a nadie lo que les había ocurrido. Seguramente para evitar confrontación con las autoridades y para que no hubiese confusión respecto del ministerio fundamental del Mesías. Jesús deseaba evitar toda traza de fanatismo alrededor de su Persona. Debe recordarse que los ciegos habían llamado a Jesús: "Hijo de David". Como ya se ha señalado esa designación tiene que ver con el Reino pero la hora del establecimiento del Reino tenía que pasar por la cruz. Su hora no había llegado todavía (Jn. 2:4; 7:30). Primero vendrían los sufrimientos y después la gloria (1 P. 1:11). En las palabras de Isaías: "No gritará, ni alzará su voz, ni la hará oír en las calles. No quebrará la caña cascada, ni apagará el pábilo que humeare; por medio de la verdad traerá justicia. No se cansará ni desmayará, hasta que establezca en la tierra justicia; y las costas esperaran su ley" (Is. 42:2-4). El establecimiento del Reino del Mesías tiene que realizarse en conformidad con el plan eterno de Dios. No será por medio de la aclamación humana sino mediante la obra del Cordero en el tiempo de Dios.

Es comprensible que los dos ciegos, después de recibir la vista, quisiesen divulgar el beneficio que habían recibido. Sin embargo, esa actitud por noble que parezca fue un acto de desobediencia. Una gratitud más real y una devoción hacia Él acompañada de una fe más profunda les hubiese conducido a seguir su más pequeño deseo. En su lugar, ellos abrieron sus bocas y diseminaron la palabra de su poder mesiánico "por toda aquella tierra". Aquí hay una importante lección: Honramos más al Señor cuando obedecemos su Palabra, aun cuando nos parezca extraño hacerlo.

Resumiendo: Se ha señalado que el milagro de la curación de los dos ciegos es una espléndida demostración de las credenciales del Mesías en el ámbito físico, acreditándolo como el prometido Rey de Israel y también es una hermosa ilustración de nuestra propia ceguera humana y de su poder salvador e iluminador en el ámbito espiritual.

Los dos ciegos constituyen un cuadro de lo que significa vivir "sin Dios y sin esperanza en el mundo" (Ef. 2:12), proporcionando una oportunidad propicia para la obra divina. No necesitaban nuevas gafas de auto reforma ni la corrección de la visión que proporciona la educación y la cultura, ni el colirio de la religión. Lo que necesitaban era los nuevos ojos de la regeneración. Eso fue lo que el Mesías les dio (Jn. 3:3, 7).

El poder para sanar a un mudo endemoniado (9:32-34)

La existencia de demonios es claramente enseñada en las Sagradas Escrituras (vea Lv. 17:7; 1 Co. 10:20). Los demonios son seres angelicales malignos que pecaron contra Dios y ahora, bajo el control de Satanás, realizan una obra de maldad en el mundo.[32] Según el Nuevo Testamento, los demonios afligen a los seres humanos con enfermedades mentales, morales y físicas (vea Mt. 9:32). Son capaces de entrar en los humanos y controlarlos hasta convertirlos en "endemoniados" (*daimonidsomenon*) e instigarlos a promover "doctrinas de demonios" (1 Ti. 4:1). Dichos seres malignos forman una red mundial con jerarquías bajo el gobierno de "el enemigo de Dios". Los demonios promueven la idolatría, la inmoralidad y otras formas de maldad humana entre las cuales están el sexo, la droga, el homicidio y todo tipo de engaño. Promueven la falsa doctrina y los falsos maestros. Además, asisten a Satanás en su engañosa campaña en contra de la voluntad de Dios (vea 2 Co. 11:13-15).

El Señor Jesucristo se enfrentó a la realidad de la presencia de demonios que afligían a muchas personas en aquellos tiempos. El exorcismo de demonios no era una fantasía ni un sueño. Era una realidad como se narra en Mateo 9:32-34. El hombre que Jesús sanó era, realmente, un "sordomudo", ese es el significado del vocablo *kophón*. Seguramente no podía hablar porque era sordo. Jesús compasivamente lo libró de aquella condición. El evangelista Mateo dice que su calamidad se debía a que estaba poseído de demonio (*daimonidsómenon*). El acto de la curación del sordomudo endemoniado es el último de la serie de señales sobresalientes o milagros que ponen

---

32. Vea Wayne Grudem, *Systematic Theology: An Introduction to Biblical Doctrine* (Grand Rapids: Zondervan Publishing House, 1994), pp. 412-434.

de manifiesto las credenciales mesiánicas de Jesús. Como dijo Isaías al escribir acerca de la era mesiánica:

"En aquel tiempo los sordos oirán las palabras del libro, y los ojos de los ciegos verán en medio de la oscuridad y de las tinieblas" (Is. 29:18).

"Entonces los ojos de los ciegos serán abiertos, y los oídos de los sordos se abrirán. Entonces el cojo saltará como un ciervo, y cantará la lengua del mudo; porque aguas serán cavadas en el desierto, y torrentes en la soledad" (Is. 35:5-6).

Los milagros del Señor confirmaron su derecho al título mesiánico de Rey. Él demostró ser "el Hijo de David" prometido en las Escrituras proféticas. Los dirigentes religiosos de la nación de Israel, sin embargo, lo rechazaron enfática y rotundamente (Mt. 9:34). La hostilidad oficial fue aumentando paulatinamente y a la postre, condujo al acontecimiento de la cruz.

> *"Mientras salían ellos, he aquí, le trajeron un mudo, endemoniado.*
> *Y echado fuera el demonio, el mudo habló;*
> *y la gente se maravillaba, y decía: Nunca se ha visto cosa semejante en Israel"*
> *(9:32-33).*

Es sorprendente leer el relato de los actos de sanidad realizados por el Señor. Las curaciones se suceden una detrás de la otra: Restauró a la hija de Jairo, sanó a la mujer con hemorragia, devolvió la vista a dos ciegos. Ahora, en esta ocasión, tal vez amigos, le traen a "un sordomudo endemoniado" (Mt. 9:32). ¡El da gracia sobre gracia! (Jn. 1:16).

Como ya se ha señalado, Mateo describe al hombre como (1) "un mudo", o "sordomudo" y (2) "endemoniado", es decir, poseído por espíritus malignos. Según David Hill: "El hombre es llamado "endemoniado" porque las enfermedades y las deficiencias eran atribuidas al poder de espíritus malignos".[33] Evidentemente, había una relación de causa aquí, porque tan pronto aquel hombre es librado de la presencia del espíritu maligno en su vida, la enfermedad que lo afligía desaparece.

"Y echado fuera el demonio, el mudo habló" (*kai ekbleithéutos tou daimoníou, elaleisen ho kophós*). Esta frase es enfática. Mateo expresa dos hechos. En el primero, usa un genitivo absoluto: "Y echado fuera el demonio". En el segundo, usa un aoristo histórico o, quizá, ingresivo: "Echado fuera el demonio" (acto terminado), "empezó a hablar el sordomudo" (hecho nuevo).[34] Davies y Allison hacen la siguiente observación:

> En vez de escribir que el hombre fue sanado (vea 11:22b), Mateo escribe que el demonio fue echado fuera. La fraseología, junto con la observación de

---

33. David Hill, "The Gospel of Matthew", p. 181.
34. Vea Juan Mateos, *El aspecto verbal en el Nuevo Testamento* (Madrid: Ediciones Cristiandad, 1977), p. 71.

que el hombre era un "endemoniado" (9:32), prepara el escenario para 9:34, donde los fariseos acusan a Jesús de estar en alianza con el príncipe de los demonios".[35]

El texto solo declara que: "el demonio fue echado fuera" sin decir nada de la manera cómo fue hecho. La impresión es que el Señor realizó el acto de exorcismo con la mayor facilidad. El Maligno no puede resistirse ante la autoridad del Mesías. Satanás no puede contraponerse al poder del Soberano. Beelzebú "el hombre fuerte" (Mt. 12:29), no puede evitar que su casa sea saqueada por Aquel que es más fuerte. El príncipe de los demonios no es un rival para "el Soberano de los reyes de la tierra" (Ap. 1:5). A veces el Señor sanó con el toque de su mano. Otras veces con la palabra de su boca. Esta vez el Señor sanó a un hombre que no podía hablar. Mateo dice que tan pronto el demonio fue echado fuera: "el mudo comenzó a hablar". El dominio de Satanás sobre aquel hombre había sido vencido. Él vino "a poner en libertad a los oprimidos" (Lc. 4:18).

"Y la gente se maravillaba y decía: Nunca se ha visto cosa semejante en Israel" (9:33b). La gente estaba atónita, boquiabierta, sorprendida y decía: "Nunca se ha visto cosa semejante en Israel", es decir, nunca había habido una manifestación (*ephánei*) de poder en Israel como aquella y tenían razón. Si el caso era asombroso, la curación fue aún más asombrosa. Es probable que la gente se maravillaba no solo por haber visto la curación del sordomudo endemoniado, sino también por los milagros realizados por el Señor con anterioridad: La curación de la hija de Jairo, la de la mujer con hemorragia, los dos ciegos y otras más (Mt. 4:23).

"Pero los fariseos decían:
Por el príncipe de los demonios echa fuera los demonios" (9:34).

Los fariseos habían sido testigos de la manifestación del poder mesiánico que Jesús había desplegado delante de ellos. Aún así, determinaron no creer en Él. La reacción de ellos fue: "Por el príncipe de los demonios echa fuera demonios". No solo dudaron de la realidad del milagro y su base espiritual sino que, además, lo atribuyeron a Beelzebú. Esa actitud fue la que, a la postre, los llevo a cometer el pecado imperdonable (vea Mt. 12:9-32). En la presencia de Jesús no se puede ser neutral.

El "por" (*en*) puede tener la función instrumental: "Por medio de", pero también puede tener función asociativa: "En conexión con" o "en asociación con". Es decir, los fariseos acusan a Jesús de ser un agente de Satanás. Alguien a quien Satanás ha investido de poder. Esa fue precisamente la blasfemia contra el Espíritu Santo (Mt. 12:23-28). Jesús echaba fuera demonios "por el Espíritu de Dios" (*en pneúmati Theou*). Los fariseos, en su incredulidad decían que era "por Beelzebú" (*en toi árchonti ton daimoníon*). Eso es incredulidad y rechazo llevados a su colmo. No es de sorprender que el juicio de Dios cayese sobre aquella generación.

Resumiendo, tanto en el capítulo 8 como en el 9 del Evangelio de Mateo, el escritor registra una estupenda serie de señales mesiánicas. Dicha señales tienen el propósito de demostrar que Jesús es el Mesías prometido en el Antiguo Testamento. Numerosos

---

35. W. D. Davies y Dale C. Allison hijo, "The Gospel According to Matthew", p. 139.

milagros fueron realizados por el Mesías delante de su pueblo. Ellos debieron haber aceptado al Mesías como el Rey de Israel. Pero por el contrario, lo rechazaron. El rechazo del Rey equivalía a rechazar el Reino que Él vino a implantar. Para que el Reino sea establecido, es requisito indispensable que el Rey sea recibido. Los dirigentes de la nación no querían cumplir el requisito espiritual necesario para entrar en el Reino del Mesías.

Todos los milagros realizados por el Señor en Mateo 8—9 confirman las profecías de Isaías 33:24; 57:19; 35:1-7; 29:18 y muchos otros pasajes proféticos. Obsérvese que la sección comienza con el rechazo de los gadarenos y culmina con el antagonismo de los fariseos, quienes lo acusaron de echar fuera demonios en asociación con "el príncipe de los demonios". El Mesías, sin embargo, no descansa. Él vino a "buscar y salvar lo que se había perdido" (Lc.19:10). Eso le costaría morir en la cruz. Pero después de todo "el Hijo del Hombre no vino para ser servido, sino para servir, y dar su vida en rescate por muchos" (Mt. 20:28).

El poder para manifestar su compasión a los necesitados (9:35-38)

> "Recorría Jesús todas las ciudades y aldeas,
>   enseñando en las sinagogas de ellos,
> y predicando el evangelio del reino, y sanando toda enfermedad
> y toda dolencia en el pueblo" (9:35).

Tal como ya se ha señalado repetidas veces, la nota dominante en el Evangelio de Mateo es la condición de Mesías de Jesucristo. El claro propósito del evangelista es la presentación del reclamo de Jesús al Trono davídico. Sus milagros eran las señales mesiánicas y sus enseñanzas al igual que sus declaraciones eran pruebas de que Él era el Mesías profetizado. Era la convicción de Mateo el publicano que Jesús de Nazaret, el hijo de María, concebido por obra del Espíritu Santo, era el heredero legal del Trono de David. A través de Él los pactos *abrahámico, davídico* y el Nuevo Pacto tendrían su pleno cumplimiento. Mateo presenta la majestad de Jesús el Mesías, Aquel que vino a llenar el verdadero significado de la ley y los profetas.

Los versículos de Mateo 9:35-38 constituyen la introducción del segundo discurso de Jesús en el Evangelio de Mateo. El autor introduce esta sección con un resumen del ministerio del Mesías: (1) Enseñanza o exposición del mensaje del Reino; (2) proclamación del evangelio del Reino, es decir, la aplicación de las enseñanzas; y (3) curación de toda enfermedad y toda dolencia en el pueblo, o sea, la manifestación del poder del Mesías en presencia de su pueblo en cumplimiento de las profecías.

El verbo "recorría" (*perieîgen*) es el tiempo imperfecto de *periagô*. El imperfecto sugiere una acción continua. La idea es "y Jesús persistía en recorrer todas las ciudades y aldeas" de la región de Galilea (vea Mt. 4:23). Los vocablos "enseñando"(*didáskon*), "predicando" (*keirýsson*), es decir "proclamando", y "sanando"(*therapeúon*) son participios presentes que sugieren una actividad continua en el ministerio del Señor: "Los tres participios resumen el ministerio de Jesús mientras iba de lugar en lugar".[36]

---

36. Fritz Rienecker, *A Linguistic Key to the Greek New Testament*, vol. I, p. 28.

"Y al ver las multitudes, tuvo compasión de ellas;
porque estaban desamparadas y dispersas como ovejas que no tienen pastor"
(9:36).

No solo la presencia sino la condición de "las multitudes" (*toús óchlous*) hicieron reaccionar al Señor de una manera muy particular. El texto dice: "tuvo compasión de ellas" (*esplagchnísthei perì autôn*). El verbo "tuvo compasión" es el aoristo, voz pasiva de *splagchnízomai* que significa "tener piedad", "sentir lástima", "estar lleno de compasión y ternura". La raíz del verbo "tener compasión" es el sustantivo *splágchnon* (plural: *ta splágchna*) que literalmente significa "vísceras" o "partes internas del cuerpo", como "corazón", "hígado", "pulmones", "riñones". Dicho vocablo se usa metafóricamente para expresar "el centro de la emociones".[37] La forma verbal del vocablo solo aparece en los Evangelios sinópticos (12 veces en total), de las que cinco se encuentran en Mateo. Nicholaus Walter, profesor de Nuevo Testamento en Jena dice:

> Los testimonios de Marcos, Mateo y Lucas 7:13 presentan a Jesús como quien acoge con misericordia a las personas que se hallan en alguna aflicción y les presta ayuda... Por lo tanto la aplicación del verbo a Jesús representa una caracterización "mesiánica" de Jesús que desde luego es atípica de las expectaciones mesiánicas judías".[38]

Con la excepción del uso del verbo "tener compasión" en tres parábolas (Mt. 18:27; Lc. 10:33; 15:20), dicho verbo es usado únicamente respecto de Cristo. Él estaba lleno de compasión hacia aquella multitud de personas que necesitaba la verdad y estaba desconcertada y desorientada por el formalismo de la casta religiosa de Israel.

La frase: "Porque estaban desamparadas y dispersas como ovejas sin pastor" (*hoti eìsan eskylménoi kai errimménoi hoseì probata mei échonta poiména*). Los dos participios usados: "desamparadas" (*eskylménoi*) y "dispersas" (*errimménoi*) son pasados perfectos perifrásticos que se usan para describir un suceso dramático. A. T. Robertson dice:

> Un triste y lastimoso estado en el que se encontraban las multitudes. Rotos y desgarrados como por las fieras. [El verbo] *skyllo* aparece en los papiros con el sentido de saquear, preocupar, vejar. Se usa aquí tocante a la gente común para describir su condición religiosa. Eran vejados, importunados, avasallados por quienes debían enseñarles; impedidos de entrar en el Reino de los cielos (23:13); aplastados con cargas que los fariseos ponían sobre ellos (23:3-4).[39]

Los escribas, fariseos y sacerdotes debían ser los pastores del pueblo pero en realidad "se pastoreaban a sí mismos". Mostraban una falsa religiosidad que el Señor

---

37. Vea N. Walter, *"Splagchnon"*, *Diccionario exegético del Nuevo Testamento*, Horst Baltz y Gerhard Schneider, editores (Salamanca: Ediciones Sígueme, 1998), pp. 1471-1473.
38. *Ibíd.*, p. 1470
39. A. T. Robertson, *Word Pictures in the New Testament*, vol. 1, p. 76.

Jesucristo condenó enfáticamente (vea Mt. 23). El Señor era el Buen Pastor (Jn. 10:10) que da su vida por las ovejas. Él estaba allí para consolar a los desconsolados y mostrar su compasión hacia ellos.

"Entonces dijo a sus discípulos:
A la verdad la mies es mucha, mas los obreros pocos.
Rogad, pues, al Señor de la mies, que envíe obreros a su mies" (9:37-38).

Estos versículos contemplan la situación real del pueblo escogido por Dios en aquellos tiempos, pero también apuntan al futuro, es decir, a los días finales de la historia. David Hill está correcto cuando dice:

> En la literatura cristiana y precristiana la figura de la cosecha era empleada para denotar el juicio final (Jl. 3:13; Is. 17:11, y especialmente Mt. 13:30, 39, "la siega es el fin del siglo"). Si la siega aquí denota el juicio, entonces la tarea de los obreros tiene que ser advertir a los hombres de su acercamiento y llamarlos al arrepentimiento: En la misión de Jesús y la de los apóstoles Israel está recibiendo la última oportunidad de regresar en arrepentimiento a su verdadero pastor".[40]

La situación de las multitudes sin salvación, en las tinieblas y el error del pecado hace que el Señor hable con urgencia: "Rogad, pues, al Señor de la mies" (*deéitheite oûn toû kyríou toû therismoû*). El verbo "rogad" (*deéitheite*) es el aoristo imperativo de *déomai* y sugiere urgencia. La idea es: "No esperéis, rogad al Señor de la mies, ya". El verbo "envíe" (*ekbálei*) significa "lanzar", "empujar", es decir, que los apure a salir. Nuestra responsabilidad es "rogar con urgencia", pero es Dios quien "envía" o "despacha" a sus obreros. El obrero debe estar preparado y dispuesto a ir donde "el Señor de la mies" lo envíe. La frase "el Señor de la mies" (*toû kyríou toû therismoû*) es enfática. Destaca la soberanía de Dios en la obra misionera. Él es Señor de todo y en todo. Otras dos observaciones son necesarias: (1) En primer lugar, el Señor da un lugar importante a la oración en relación con la obra misionera: Él dice "rogad" o "pedid" con urgencia. (2) En segundo lugar, es la voluntad de Dios usar a personas para ejecutar la labor misionera (*hópós ekbálei ergátas*), es decir "que envíe obreros". Dios envía los obreros a través de la iglesia (Hch. 13:1-5). Los obreros o misioneros salen "enviados por el Espíritu Santo" (Hch. 13:4).

RESUMEN Y CONCLUSIÓN

Mateo 5—7 contienen el primer gran discurso del Mesías, el Sermón del Monte. En ese incomparable discurso el Señor establece los principios y las prácticas que deben observar quienes anticipan entrar en el Reino del Mesías.

En los capítulos 8—9, Mateo registra nueve señales mesiánicas en la forma de nueve milagros realizados por el Mesías. Esas señales eran sus credenciales de que Él era el Rey Mesías prometido en las Escrituras del Antiguo Testamento. Él había venido para

---

40. David Hill, "The Gospel of Matthew", p. 182. Pierre Bonnard parece estar de acuerdo con Hill respecto del significado de la mies y la siega (vea *Evangelio según San Mateo*, p. 224).

dar cumplimiento a los grandes pactos abrahámico, davídico y el Nuevo Pacto. Hay tres milagros de sanidad (Mt. 8:1-17), tres milagros de poder (Mt. 8:18-9:17) y tres milagros de restauración (Mt. 9:18-34). En los tres últimos milagros, el Mesías demuestra que Él es el conquistador de la muerte, las enfermedades y del diablo.

Al concluir con la presentación de sus credenciales, la gente queda asombrada y dice: "Nunca se ha visto cosa semejante en Israel". Eso incluye los tiempos de Elías y de Eliseo, una época en que Dios realizó estupendos milagros a través de sus profetas. Los fariseos, sin embargo, atribuyeron los milagros realizados por el Mesías a una supuesta alianza entre Jesús y Beelzebú. Aquello significaba un total rechazo del Mesías quien obraba por el poder del Espíritu Santo (Mt. 12:27-28).

Al concluir el capítulo 9, Mateo hace una descripción dramática de la condición de la nación de Israel. El pueblo esta "fatigado", "abandonado", "desanimado" y "desencantado". Una traducción dice:

> "Y al ver el gentío se conmovió por ellos, porque estaban desechos y tirados por el suelo, como ovejas que no tienen pastor".[41]

Los pastores de Israel: Sacerdotes, escribas y fariseos, ya no eran pastores sino lobos rapaces que destruían el rebaño (Jn. 10:1-18). De ahí que el Señor habla de la mies y la cosecha. Ambas cosas están relacionadas con los juicios que vendrán (Mt. 13:38-43; 13:49-50). El último segmento de Mateo 9, es decir, 9:35-38 sirve de introducción al segundo gran discurso del Mesías que comienza con el envío de los doce apóstoles a proclamar el mensaje del Reino a "las ovejas perdidas de la casa de Israel" (Mt. 10:6).

BIBLIOGRAFÍA SELECTA

Abbott-Smith, G., *A Manual Greek Lexicon of the New Testament* (Edimburgo: T. & T. Clark, 1994).

Barclay, William, "Mateo", *Comentario al Nuevo Testamento* (Terrassa: Editorial Clie, 1995).

Bonnard, Pierre, *Evangelio según San Mateo* (Madrid: Ediciones Cristiandad, 1983).

Bover, José Mª, *El Evangelio de San Mateo* (Barcelona: Editorial Balmes, 1946).

Broadus, John A., *Comentario sobre el Evangelio según Mateo*, traducido por Sarah H. Hale (Monterrey, México, s.f.)

Cantera Burgos, Francisco e Iglesias González, Manuel, *Sagrada Biblia: Versión crítica sobre los textos hebreo, arameo y griego* (Madrid: Biblioteca de Autores Cristianos, 1979).

Davies, W. D. y Allison, Dale C. hijo, "The Gospel According to Saint Matthew", *The International Critical Commentary*, vol. 1 y 2 (Edimburgo: T. & T. Clark, 1994).

France, R. T., *Matthew: Evangelist and Teacher* (Downers Grove: InterVarsity Press, 1998).

---

41. *Sagrada Biblia: Versión crítica sobre los textos hebreo, arameo y griego* por Francisco Cantera Burgos y Manuel Iglesias González (Madrid: Biblioteca de Autores Cristianos), p. 1090.

Grudem, Wayne. *Systematic Theology: An Introduction to Biblical Doctrine* (Grand Rapids: Zondervan Publishing House, 1994).

Hendriksen, William, *The Gospel of Matthew* (Grand Rapids: Baker Book House, 1979).

Hill, David, "The Gospel of Matthew", *The New Century Bible Commentary* (Grand Rapids: Eerdmans Publishing Company, 1982).

Jeremías, Joachim, *Jerusalén en tiempos de Jesús* (Madrid: Ediciones Cristiandad, 1985).

Lenksi, Richard C. H., *The Interpretation of the Gospel of Matthew* (Minneapolis: Augsburg Publishing House, 1964).

Luz, Ulrich, *El Evangelio según San Mateo*, Mateo 1—7, vol. 1 (Salamanca: Ediciones Sígueme, 1993).

Mateos, Juan, *El aspecto verbal en el Nuevo Testamento* (Madrid: Ediciones Cristiandad, 1977).

Morris, Leon, *The Gospel According to Matthew* (Grand Rapids: Eerdmans Publishing Company, 1992).

Pentecost, J. Dwight, *The Words and Works of Jesus Christ* (Grand Rapids: Zondervan Publishing House, 1981).

Pérez Millos, Samuel, *Mateo: Análisis textual griego-castellano*, tomo I (Vigo: Biblioteca de Estudios Teológicos, 2005).

Rienecker Fritz, *A Linguistic Key to the Greek New Testament*, traducido y revisado por Cleon Rogers hijo, vol. 1 (Grand Rapids: Zondervan Publishing House, 1976).

Robertson, Archibald T., *Word Pictures in the New Testament* (Nashville: Broadman Press, 1930).

Tasker, R. V. G., "The Gospel According to St. Matthew", *Tyndale New Testament Commentaries* (Grand Rapids: Eerdmans Publishing Company, 1981).

Tenney, Merrill C., *Nuestro Nuevo Testamento* (Grand Rapids: Portavoz, 1973).

Toussaint, Stanley D., *Behold the King: A Study of Matthew* (Portland: Multnomah Press, 1980).

Unger, Merrill F., *Unger's Bible Dictionary* (Chicago: Moody Press, 1966).

Walter, N., "*Splagchnon*", *Diccionario exegético del Nuevo Testamento*, Horst Baltz y Gerhard Schneider, editores (Salamanca: Ediciones Sígueme, 1998).

17

El segundo discurso de Jesús: La proclamación de Jesús el Mesías (10:1—11:1)

El evangelista Mateo tiene como propósito central de su composición demostrar que Jesús es el Mesías y que reúne todos los requisitos para ocupar el trono de David como Rey de Israel. Las etapas de su presentación son establecidas de manera sencilla.

En los primeros capítulos escribe de la preparación del Rey: su genealogía, nacimiento, niñez, el precursor, el bautismo, la tentación... dando énfasis a la actividad divina y al desarrollo del plan de Dios (vea Mt. 1:1—4:11).

Después de esa importante introducción y preparación, Mateo registra el Sermón del Monte, que contiene un bosquejo de los principios del Rey que debían guiar a sus discípulos a medida que Él y sus seguidores daban testimonio del Reino cercano (4:12—7:29). Los capítulos siguientes son dedicados a la demostración del poder y las credenciales del Rey, las evidencias de que Él es en verdad el Soberano sobrenatural prometido en la Palabra de Dios (vea Is. 29:17-19; 35:5-6). Hay dos maneras en las que Él demuestra su poder: (1) Sus milagros (Mt. 8:1—9:34); y (2) sus misioneros (Mt. 9:35—10:42). Hasta aquí se ha tratado la primera parte, ahora se tratará la segunda.

La misión de los Doce inicia la obra expansionista del proyecto divino. A las ovejas perdidas de la casa de Israel es proclamado el mensaje: "El reino de los cielos se ha acercado" (Mt. 10:7). El Señor envió un equipo de apóstoles a llevar a cabo la obra que le habían visto hacer a Él por un largo tiempo. Como ya se ha señalado, el envío de aquellos hombres fue precedido de una introducción que enfatiza los aspectos generales del ministerio de nuestro Señor y la motivación subjetiva del mismo (Mt. 9:35-38).

LA DESIGNACIÓN DE LOS APÓSTOLES (10:1-4)

El discurso del capítulo 10, en el que el Mesías comisiona a los apóstoles tocante al ministerio, es introducido por una sección que presenta el llamado de los Doce al apostolado. El mandato urgente de "rogad" (9:38), es seguido por otro mandato: "Id" (10:6). Pero primero, está el llamado de los hombres escogidos para el ejercicio del don de apostolado.

Aquellos hombres fueron llamados a ser embajadores del Rey. Ese parece ser el énfasis de la terminología usada por Mateo. El número de los apóstoles podría estar relacionado con las doce tribus de Israel, pero no es fácil demostrarlo.[1] Los Doce eran personas sencillas y ordinarias, aunque la variedad de sus ocupaciones era extraordinaria. Pedro ocupó un lugar destacado en el grupo, aunque no era el jefe de ellos. Quizá sería más correcto pensar de Pedro como ***primus inter pares*** ("el primero entre los iguales").[2] No existe ni el menor indicio en el Nuevo Testamento de que Pedro sea el apóstol sobre quien la Iglesia está fundada.

"Entonces llamando a sus doce discípulos,
les dio autoridad sobre los espíritus inmundos,
para que los echasen fuera,
y para sanar toda enfermedad y toda dolencia" (10:1).

El vocablo "llamando" (*proskalesámenos*) es el aoristo participio, voz media de *proskaléo*, que significa "llamar hacia uno mismo". Jesús llamó a los discípulos "hacia Él", y aquellos doce hombres se pusieron de pie delante del Mesías para recibir su comisión. Obsérvese que Mateo utiliza el término "doce" (*dódeka*) en los versículos 1, 2 y 5 de este capítulo 10. La frase es enfática. Podría leerse así: "Y habiendo llamado a los doce a ponerse en atención delante de Él".

Seguidamente, Mateo dice que el Señor: "les dio autoridad" (*edóken autoîs exousían*). El vocablo *exousía* significa "libertad", "capacidad", "poder", "autoridad", "potestad". Aparece 102 veces en el Nuevo Testamento, principalmente en el Apocalipsis. La vida y las enseñanzas de Jesús estaban revestidas de tal autoridad que asombraba a la gente. Muchos preguntaron quién era aquel que tenía autoridad (*exousía*) para perdonar pecados.[3]

La encomienda dada a los Doce incluye "autoridad" sobre los "espíritus inmundos" (*pneumátikon akatháston*), es decir, demonios, con el propósito de echarlos fuera (*hóste ekbállein autà*), "y para sanar toda enfermedad y toda dolencia" (*kaì therapeúein pasan nóson kaì pasân malakían*). De modo que la autoridad recibida por los apóstoles incluía no solo "echar fuera demonios", sino "sanar" enfermos. El hecho de que la autoridad de los Doce es similar a la de Jesús confirma que realmente ellos eran sus representantes autorizados que portaban el mensaje del Mesías.

Tampoco debe pasarse por alto la soberanía del llamado recibido. Él escogió a los

---

1. Vea Pierre Bonnard, *Evangelio según San Mateo* (Madrid: Ediciones Cristiandad, 1985), p. 225.
2. Hay numerosos pasajes en el Evangelio de Mateo que atestigüan del lugar de Pedro en el grupo de los Doce (vea Mt. 14:28-31; 15:15; 16:17-19; 17:24-27; 18:21).
3. Vea Ingo Broer, *"Exousía", Diccionario exegético del Nuevo Testamento*, vol. I, Horst Baltz y Gerhard Schneider eds. (Salamanca: Ediciones Sígueme, 1996), pp. 1446-1453.

Doce, ellos no lo escogieron a Él (vea Mr. 3:14; Jn. 15:16). Él los llamó y los designó como apóstoles suyos. El Rey designa a sus ministros. Los apóstoles eran heraldos del Mesías, pero aún ese ministerio estaba basado sobre una relación personal con Él. Marcos dice: "Y estableció a doce, para que estuvieran con Él, y para enviarlos a predicar" (3:14). No existe ningún servicio eficaz que no surja de una relación personal con el Rey.

> *"Los nombres de los doce apóstoles son estos:*
> *primero Simón, llamado Pedro, y Andrés su hermano;*
> *Jacobo hijo de Zebedeo, y Juan su hermano;*
> *Felipe, Bartolomé, Tomás, Mateo el publicano, Jacobo hijo de Alfeo,*
> *Lebeo, por sobrenombre Tadeo,*
> *Simón el cananista, y Judas Iscariote, el que también le entregó" (10:2-4).*

Jesús escogió a un grupo de hombres comunes. Hoy serían llamados "proletarios". No los escogió por lo que eran, sino por lo que Él haría de ellos y con ellos. En el Nuevo Testamento hay cuatro listas con los nombres de los doce apóstoles (Mt. 10:2-4; Mr. 3:13-19; Lc. 4:12-16; y Hch. 1:13). En los tres sinópticos, Pedro encabeza dicha lista y Judas Iscariote aparece de último. En el libro de los Hechos, Judas es omitido porque ya no forma parte del grupo de los apóstoles. La mayoría de los componentes de aquel grupo permanece en el anonimato. Muy poco se sabe de ellos.

Ninguno de ellos, quizá con la excepción del Iscariote, tenía afán de protagonismo. Aunque no debe olvidarse que la madre de Juan y Jacobo le pidió al Señor que permitiese que, en el Reino, sus dos hijos ocupasen el lugar de honor. La respuesta de Cristo fue tajante: Solo el Padre puede conceder ese privilegio (Mt. 20:20-28).

Pero, ¿quiénes eran aquellos hombres? Mateo dice: "Primero Simón, llamado Pedro". El vocablo "primero" no significa que Pedro fuese el primero en conocer al Mesías. Recuérdese que Andrés, su hermano, fue quien lo presentó a Jesús (Jn. 1:40-42). "Primero" (*prôtos*), podría significar que, aunque había una igualdad entre ellos, Pedro de alguna manera se destacó por encima de los demás.

Su nombre original era Simón (derivado del hebreo que significa "oír"). El Señor Jesús le cambió el nombre al de Pedro (griego, que significa "piedra"). Era natural de Betsaida, una ciudad situada junto al mar de Galilea, desde donde con su hermano Andrés se dedicaba al negocio de la pesca (Mt. 4:18). También se sabe que el padre de Pedro se llamaba Jonás (Jn. 1:42; Mt. 16:17). Además, se sabe que estaba casado puesto que en Mateo 8:14-17 se narra la curación de su suegra. El destacado expositor y maestro de pasadas generaciones, John A. Broadus, dice:

> Los acontecimientos destacados de su vida subsiguiente se dan en (8:14ss; 18:28ss; 16:16, 21ss; Jn. 13:6ss; Mt. 26:33; 26:69ss; Jn. 21:15ss; luego en Hch. 1:15; 2:14; 4:8; 5:3; 8:14ss; 10:1ss; 12:3ss; 15:7). Era hombre ardiente e impulsivo, de grande fuerza de carácter y extraordinariamente confiado en sí mismo. Tristes experiencias fueron usadas por el Espíritu Santo para obrar en él un gran cambio, pero no obstante esto, en la última vez que se presenta distintamente en la historia del Nuevo Testamento, percibimos la misma impetuosidad y volubilidad de otros años (Gá. 2:11). Parece haber estado en

Babilonia, donde había muchos judíos al tiempo de escribir la primera epístola
(1 P. 5:13). Las tradiciones con respecto a su vida posterior son muy dudosas,
como es el caso de todos los apóstoles con excepción de Juan.[4]

La gracia del Señor se manifestó grandemente en la vida de Pedro. Fue el único
hombre, aparte de Cristo, que ha caminado sobre las aguas (vea Mt. 14:29). También
fue el discípulo que hizo la gran confesión respecto de la Persona de Jesús (Mt. 16:13-
20). Fue el que públicamente negó conocer al Señor (Mt. 26:69-75). Pedro predicó el
primer gran sermón apostólico el día de Pentecostés (Hch. 2). Y además, fue quien
abrió las puertas del evangelio tanto a samaritanos (Hch. 8) como a los gentiles (Hch.
10). Quizá por eso se habla de él como el primero.

Andrés, el hermano de Pedro, aparece segundo en la lista de Mateo. Su nombre
significa "varonil" (gr. *andréas*). Se menciona en el Nuevo Testamento con relación a
individuos: (1) Presentó a su hermano Pedro al Señor (Jn. 1:40-42); (2) llevó delante de
Jesús al muchacho que tenía los "cinco panes y dos pececillos" (Jn. 6:8-9); y (3) sirvió
de intermediario para llevar delante de Jesús a unos griegos que querían ver al Señor
(Jn. 12:20-22). Además, Andrés fue uno de los cuatro discípulos que deseaban conocer
los acontecimientos relacionados con la segunda venida de Cristo (Mr. 13:3-4).

Evidentemente, Andrés fue discípulo de Juan el Bautista (Jn. 1:35-40).
Posteriormente, fue llamado por Jesús a seguirle. Tanto él como su hermano Pedro
dejaron su ocupación de pescadores y siguieron a Jesús. Andrés aparece también en
el Aposento Alto con el resto de los apóstoles después de la ascensión del Señor (Hch.
1:13). Existen algunas tradiciones respecto de sus actividades posteriores al día de
Pentecostés, pero estas son poco confiables.

"Jacobo hijo de Zebedeo". Es el mismo nombre del patriarca Jacob. Dicho nombre
significa "suplantador", "engañador". Si se compara las citas de Mateo 27:56 y Marcos
15:40, puede deducirse que la esposa de Zebedeo y por lo tanto, la madre de Jacobo
y Juan era Salomé. Jacobo con su hermano Juan siguieron al Señor inmediatamente
después de ser llamados (Mt. 4:21). Además, Jacobo formó parte del círculo íntimo
del Señor: (1) Estuvo presente en la transfiguración (Mt. 17); (2) en la resucitación de
la hija de Jairo (Mr. 5:37); y (3) durante la agonía del Señor en el huerto de Getsemaní
(Mt. 26:37). Jacobo y su hermano Juan fueron llamados por el Señor "Boanerges",
es decir "hijos del trueno" (Mr. 3:17). Al parecer, eso se debió al carácter enérgico y
celoso de aquellos dos hermanos. Jacobo fue encarcelado y asesinado por orden de
Herodes Antipas (Hch. 12:1-2).

"Juan su hermano", es decir, hermano de Jacobo. Junto con Pedro es el apóstol que
más se menciona en el Nuevo Testamento. Según varios pasajes del mismo, existía una
relación estrecha entre Juan y Pedro (vea Lc. 22:8; Jn. 18:15; 20:2-8; Hch. 3:1—4:21;
8:14; Gá. 2:9). Juan y Pedro fueron comisionados por el Señor para preparar la cena de
la Pascua (Lc. 22:8). Pero es posible que Juan fuese el único de los Doce que presenció
la crucifixión del Señor.[5] El ministerio de Juan se desarrolló primordialmente en el
Asia Menor y probablemente, en la ciudad de Éfeso después de la destrucción de

---

4. John A. Broadus, *Comentario sobre el Evangelio según Mateo*, p. 277.
5. *Ibíd.*, p. 278.

Jerusalén en el año 70 d.C.[6] John A. Broadus hace un elocuente resumen del apóstol Juan:

> Juan, ya disciplinado por la gracia, exhibe uno de los tipos más nobles del carácter humano. El amor que abunda en sus epístolas no tiene nada de afeminado. Condena fuertemente y denuncia con severidad los errores y males prevalecientes. No es meramente contemplativo, sino intensamente práctico, insistiendo en que el amor cristiano debe demostrarse en la santidad y utilidad, porque de otro modo no vale nada. Aunque anciano amante y muy amado, no obstante no ha dejado de ser el "hijo del trueno", vehemente, firme y franco.[7]

Aquel pescador, disciplinado por la gracia y convertido en el apóstol del amor, fue usado por el Señor para escribir cinco de los 27 libros canónicos del Nuevo Testamento, incluyendo el Apocalipsis, con el que culmina la revelación dada por Dios en su Palabra y que pone de manifiesto cómo Dios ha de consumar su plan eterno.

"Felipe" (*Phílippos*) significa "amante de caballos". Era, igual que Pedro y Andrés, natural de Betsaida (Jn. 1:44).[8] Había sido discípulo de Juan el Bautista y llevó a su amigo Natanael o Bartolomé a los pies de Cristo (Jn. 1:45-46). Se sabe poco de la vida de Felipe (vea Jn. 6:5-7; 12:21; 14:8-9). Algunos han observado, sin embargo, que su nombre encabeza el segundo grupo de cuatro en todas las listas de los apóstoles en el Nuevo Testamento. Existe, además, una tradición del siglo segundo que dice que Felipe ministró en la provincia romana de Asia y que fue sepultado en Hierápolis.[9]

"Bartolomé" (*Bartholomaîos*) es un patronímico que significa "hijo de Talmai" (Talmai aparece en Jos. 15:14). Generalmente se le identifica con Natanael (Jn. 1:45-51). En los tres sinópticos, Felipe y Bartolomé aparecen juntos, mientras que Natanael no se menciona para nada. En el Evangelio de Juan, sin embargo, Felipe y Natanael son mencionados pero nada se dice de Bartolomé. De ahí que algunos concluyen que Natanael debía considerarse como su verdadero nombre, mientras que Bartolomé era su nombre familiar.[10]

Juan 21:2 sugiere que "Natanael" o "Bartolomé" era natural de Caná de Galilea. Su amigo Felipe lo llevó a la presencia del Mesías y allí Natanael se convirtió (Jn. 1:45-51). "Natanael" significa "dado o puesto por Dios". Al parecer, era un hombre de carácter calmado y humilde. De él dijo Jesús: "He aquí un verdadero israelita, en quien no hay engaño". ¡Ese es un tributo maravilloso salido de los labios de Aquel que conoce el corazón de todos los hombres!

"Tomás" (*Thomâs*), conocido como "Dídimo", que en arameo significa "gemelo" (vea Jn. 11:16; 21:2). Su nombre solo aparece en la narrativa de los Evangelios en Juan 11:26; 14:5; 20:24-29. Tomás es identificado como el discípulo incrédulo por sus dudas respecto de la resurrección de Jesús (Jn. 20:24-28). Sin embargo, su conversión al ver

---

6.   Vea D. A. Carson, "Matthew", *The Expositor's Bible Commentary*, p. 238.

7.   John A. Broadus, *Comentario sobre el Evangelio según Mateo*, p. 278.

8.   *Ibíd.*

9.   Vea D. A. Carson, "Matthew", p. 238.

10.   Vea Merrill F. Unger, *Unger's Bible Dictionary* (Chicago: Moody Press, 1966), p. 126.

a Cristo es conmovedora: "¡Señor mío y Dios mío!" El reconocido historiador de la Iglesia, Kenneth Scott Latourette, dice: "La tradición insiste que el cristianismo fue introducido en la India por el apóstol Tomás, uno de los doce apóstoles originales".[11]

"Mateo el publicano" (*Maththaîos ho telóneis*). Esa es la manera como Mateo se designa a sí mismo. No cabe duda que es un acto de humildad de su parte, puesto que ninguna de las otras tres listas aparece el calificativo de publicano. No se sabe mucho de la vida de Mateo, aparte de la información que aparece en los Evangelios. Como señala R. T. France, quien fuera profesor en el *London Bible College*:

> En realidad, todo lo que se sabe acerca de él en el Nuevo Testamento es que era un cobrador de impuestos en Capernaum, que era llamado Leví, que era uno de los Doce y (por lo menos puede asumirse razonablemente) que era judío.[12]

El testimonio de la Iglesia primitiva es unánime al atribuirle el primer Evangelio del Canon al apóstol Mateo (véase la sección "El Evangelio según Mateo: Su origen y su mensaje" en esta obra). Realmente, el llamado de "Mateo el publicano" a formar parte del grupo de apóstoles del Mesías fue un reto a la casta religiosa de aquellos días. Los publicanos eran despreciados porque se les consideraba traidores a la nación ya que trabajaban para un gobierno extranjero. Además, por ser recaudadores de impuestos, eran odiados. De ahí que se les asociaba con los pecadores (vea Mt. 9:11).

El evangelista Lucas dice que: "Y Leví [Mateo] le hizo gran banquete en su casa; y había mucha compañía de publicanos y de otros que estaban a la mesa con ellos" (Lc. 5:29). Sin duda, ese banquete tenía el doble propósito de celebrar la conversión de Mateo y además, dar testimonio a sus colegas y amigos respecto del mensaje de salvación. Mateo, evidentemente, comprendió la naturaleza del evangelio y la necesidad que los seres humanos tienen de la gracia de Dios. Debido a su profesión como cobrador de impuestos, Mateo estaba acostumbrado a tratar con personas. Dios lo preparó de antemano para lo que sería su trabajo de por vida.

"Jacobo hijo de Alfeo" es uno de los personajes de quienes se sabe poco. El hecho de llamarlo "hijo de Alfeo" seguramente es para diferenciarlo de "Jacobo hijo de Zebedeo". No debe confundirse este "Jacobo hijo de Alfeo" con el hijo de José y María (vea Mt. 13:55). El Jacobo hijo de José y María es aquel que Pablo llama: "Jacobo el hermano del Señor" en Gálatas 1:19.

Si Mateo y Leví son la misma persona (lo cual es muy probable), entonces debe tenerse en cuenta que, según Marcos 2:14, Leví era hijo de Alfeo. De ser así, Jacobo y Mateo [Leví] eran ambos hijos de Alfeo y por lo tanto, hermanos.

Se ha conjeturado también que Alfeo era otro nombre para Cleofás (Jn. 19:25; Mt. 27:56; Mr. 15:40). De no ser así, entonces "Jacobo hijo de Alfeo" y "Jacobo el menor" son la misma persona y el nombre de su madre era María. Lo cierto es que resulta difícil identificar con precisión a "Jacobo hijo de Alfeo". Ni el Nuevo Testamento ni la historia temprana de la Iglesia aportan información acerca de él.

---

11. Kenneth Scott Latourette, *A History of Christianity* (Nueva York: Harper&Brothers, 1953), p. 80.
12. R. T. France, *Matthew : Evangelist & Teacher* (Downers Grove: Inter-Varsity Press, 1989), p. 66.

"Lebeo, por sobrenombre Tadeo". Respecto del nombre de este apóstol existe un problema textual. Uno de los expertos en la materia, Bruce M. Metzger, lo explica así:

Aunque es fácil explicar el origen del conflicto textual "Tadeo llamado Lebeo" y "Lebeo por sobrenombre Tadeo", es más difícil decidir si *Tadeo* o *Lebeo* es la lectura original. Sin embargo, sobre la base de copias tempranas de la familia alejandrina, occidental, cesarea y egipcia, la comisión ha decidido que Tadeo debe preferirse. La lectura *Judas hijo de Jacobo* en syr (siríaca sinaítica) pudo haber sido tomada de Lucas 6:16 (igual a Hch. 1:13). El nombre Judas Zelote en varios manuscritos latinos antiguos [compare también el mismo nombre en un mosaico del siglo V en el Gran Bautisterio de Ravenna (*Battisterio degli Ortodossi*)] podría ser una asimilación posterior al nombre previo de la lista de Lucas "Simón llamado Zelote" (Lc. 6:15).[13]

Debido a que no era una persona bien conocida, su identificación se dificulta. "Tadeo" procede de una raíz griega que podría significar "el amado". Quizá este apóstol era conocido como "Judas el amado", es decir, Judas Tadeo y a la postre, su nombre quedó reducido a Tadeo. El único incidente en la vida de Judas Tadeo aparece en Juan 14:22, donde dice: "Le dijo Judas (no el Iscariote): Señor, ¿cómo es que te manifestarás a nosotros, y no al mundo?" Y como dice Carson, las tradiciones tocantes a Judas Tadeo carecen de valor.[14]

"Simón el cananista". Seguramente, el sobrenombre "cananista" le fue dado para diferenciarlo de Simón Pedro. El vocablo *kananaîos* no debe confundirse con el término "cananeo", que se referiría a un pagano o a un gentil. *Kananaîos* es la forma aramea del vocablo "zelote". Los zelotes eran nacionalistas. Habían formado una especie de partido con muchos seguidores en las zonas rurales de la Galilea y abiertamente abogaban por una guerra santa contra Roma.[15] Lo más probable es que en algún tiempo pasado, Simón perteneció a la secta o partido de los zelotes y esa asociación le dio el sobrenombre por el que era conocido.[16]

"Y Judas Iscariote, el que también le entregó". El texto crítico en Juan 6:71 y 13:26 identifica a Judas Iscariote como el hijo de Simón Iscariote (*Ioúdai Símônos Iskariótou*). Se han hecho muchas investigaciones con el fin de descubrir el significado del nombre Iscariote. Hay alrededor de seis sugerencias al respecto. La más probable de todas es la que establece que el nombre Iscariote proviene del hebreo *ish*, que significa "hombre" y *kerioth*, que es el nombre de una población en Judá. Lo cierto es, sin embargo, que hay dos poblaciones con ese nombre. De todos modos, el nombre Iscariote significaría "hombre de Kerioth".

---

13. Bruce M. Metzger, *A Textual Commentary on the Greek New Testament* (Londres: United Bible Societies, 1975), p. 26.
14. D. A. Carson, "Matthew", p. 239. Vea también John A. Broadus, *Comentario sobre el Evangelio según Mateo*, pp. 279-280.
15. Vea Merrill C. Tenney, *Nuestro Nuevo Testamento* (Grand Rapids: Portavoz, 1973), pp. 144-145.
16. Vea William Hendriksen, *The Gospel of Matthew*, p. 454. También D. A. Carson, "Matthew", p. 239.

No se sabe cuando comenzó su carrera como discípulo del Mesías. Su nombre aparece en los tres sinópticos, siempre en último lugar y acompañado de la frase "el que le entregó". Judas, además, fue nombrado tesorero del grupo. Evidentemente, su nombramiento tuvo lugar cuando los Doce estaban organizados como un grupo y viajaban de un lado al otro en el cumplimiento de su misión. Seguramente recibían algún dinero y otras ofrendas que debían distribuirse a los pobres (vea Jn. 12:4-6; 13:29). A la postre, Judas se volvió codicioso e infiel, hasta el punto de sustraer dinero de la bolsa para sí mismo. Ed Glasscock, vicepresidente académico y director del Departamento de Estudios Bíblicos en el Southeastern Bible College de Birmingham, Alabama, dice lo siguiente acerca de Judas:

> Él, al igual que los otros, recibió autoridad para realizar milagros (de otro modo se hubiese hecho alguna mención de que él era diferente). Hasta ese momento, Jesús no lo diferencia de los demás discípulos. Eso lo haría más tarde, en el Aposento Alto. Eso da pie a la pregunta tocante a la autoridad y el poder para hacer milagros. ¿Es la regeneración un requisito previo? Puesto que Jesús mismo llama a Judas "el hijo de perdición" (Jn. 17:12, *ho huiòs tés apôleias*), literalmente, el "hijo de destrucción"), y declara que "pereció" y que le hubiese sido mejor no haber nacido que cosechar las consecuencias de su traición (Mt. 26:24; Mr. 14:21), puede asumirse sin miedo a equivocarse que no era regenerado.[17]

Resumiendo: Es asombroso que el Señor Jesucristo escogiera a un grupo de hombres tan comunes, llenos de debilidades y de aristas, con poca educación, plagados de celos y envidia para que fuesen sus representantes en la tierra. Pero ciertamente, el Señor no los escogió por lo que ellos eran en el momento de ser llamados, sino por lo que iban a ser después. La vida de cada uno de aquellos hombres, con la excepción de Judas, demuestra lo que la gracia de Dios puede hacer con hombres ordinarios. Los mismos dirigentes de Israel lo reconocieron al ver "el denuedo de Pedro y de Juan, y sabiendo que eran hombres sin letras y del vulgo, se maravillaban; y les reconocían que habían estado con Jesús" (Hch. 4:13). Aquellos hombres fueron transformados por el poder del Mesías. Sus pecados fueron perdonados y sus vidas llenas del Espíritu Santo para que proclamasen el mensaje del Reino primero a la nación de Israel y luego al resto del mundo.

LAS INSTRUCCIONES DADAS A LOS APÓSTOLES (10:5-15)

"A estos doce envió Jesús, y les dio instrucciones, diciendo:
Por camino de gentiles no vayáis, y en ciudad de samaritanos no entréis,
sino id antes a las ovejas perdidas de la casa de Israel" (10:5-6).

La misión de los Doce comienza con un mandato tan difícil de asimilar para algunos que se les hace difícil creer que Jesús pudo haberlo pronunciado. Las palabras del Señor, sin embargo, son por su misma singularidad, de una naturaleza que nadie podría haberlas inventado. Él tuvo que haberlas dicho. Y además, hay una buena razón

---

17. Ed Glasscock, "Matthew", *Moody Gospel Commentary* (Chicago: Moody Press, 1977), p. 222.

de por qué las pronunció. El mandato de ir a las ovejas perdidas de la casa de Israel en vez de ir a los gentiles es algo que se debe al propósito mismo de la misión del Señor. Como lo expresa Pablo:

"Pues os digo, que Cristo Jesús vino a ser siervo de la circuncisión para mostrar la verdad de Dios, para confirmar las promesas hechas a los padres" (Ro. 15:8).

Los pactos del Antiguo Testamento fueron hechos con Israel y las bendiciones fueron dirigidas, en primer lugar, a esa nación. Es cierto que dichos pactos incluyen bendiciones para los gentiles, pero el lugar preeminente en ellos pertenece a esa nación (vea Ro. 11:1-36). Por lo tanto, su ministerio fue dirigido a Israel (Mt. 15:24). Después, cuando el rechazo de la nación es hecho realidad, la misión se vuelve hacia los gentiles (vea Mt. 28:16-20; Lc. 24:44-49; Hch. 1:8).

Después de discutir la misión en los versículos 5-6, el Señor dirige la atención al ministerio en los versículos 7 al 15. Primero, les recuerda la *proclamación* que deben realizar: "Y yendo, predicad, diciendo: El reino de los cielos se ha acercado" (Mt. 10:7; vea 3:2 y 4:17). El Reino se ha acercado y puede entrarse en éste cuando la nación está preparada. Como ha escrito Alan Hugh McNeile:

Si la nación judía puede ser llevada al arrepentimiento, la nueva era sería establecida (vea Hch. 3:19ss; Jn. 4:22).[18]

Israel, sin embargo, demostró ser terca en su resistencia a la persona y al mensaje del Mesías y por lo tanto, la salvación a causa de su transgresión ha venido a los gentiles: "Digo, pues: ¿Han tropezado los de Israel para que cayesen? En ninguna manera; pero por su transgresión vino la salvación a los gentiles, para provocarles a celos" (Ro. 11:11).

En segundo lugar, les manda a realizar *milagros mesiánicos* para la confirmación de sus ministerios como embajadores del Rey (vea 11:4-6; 12:28; Is. 29:18-19). La declaración: "de gracia recibisteis, dad de gracia" (10:8) ha sido entendida erróneamente. Esas palabras no se refieren a recibir dinero, sino a recibir autoridad mesiánica. Les ha sido dada a ellos gratuitamente. Quizá haya aquí una aplicación al evangelio, como explica A. C. Gaebelein:

El evangelio debe ofrecerse gratis, sin precio y sin dinero. Este principio se mantiene siempre. ¡Cuán grande es el fracaso en la cristiandad con sus pastores asalariados, butacas alquiladas, ferias y entretenimientos para conseguir dinero para edificar capillas y otras cosas! [Los discípulos] debían salir sin ningún tipo de provisión. Eso les hacía totalmente dependientes del Señor, quien los había enviado.[19]

---

18. Alan Hugh McNeile, "The Gospel According to Matthew", p. 134.
19. Arno Clemens Gaebelein, *Gospel of Matthew*, vol. 1 (Wheaton: Van Kampens Press, 1910), pp. 207-208.

Debe observarse cuidadosamente que los discípulos recibieron autoridad (*exousía*) para hacer señales (v. 8). Esas señales confirmaban tanto al *mensajero* como al *mensaje* que proclamaban. Era el mensaje o la *proclamación* (*keiryssete*) del Reino del Mesías. Es importante recordar que las señales son para la nación de Israel, porque son "los judíos los que piden señales" (1 Co. 1:22). Varias veces durante el ministerio del Señor, los judíos le pidieron que les mostrase una señal (vea Mt. 2:39; 16:1; Mr. 8:11; Lc. 11:16; Jn. 6:30). Paradójicamente, todos los milagros de Jesús eran señales que confirmaban su Persona como Rey Mesías y sus obras como cumplimiento de las profecías del Antiguo Testamento. Los judíos, sin embargo, en su ceguera espiritual y su incredulidad, rechazaron tanto la Persona del Mesías como el mensaje que proclamó. Posteriormente, cuando el Señor envía sus apóstoles a los gentiles (Mt. 28:20), no les menciona nada respecto de hacer señales, porque "los gentiles buscan sabiduría" (1 Co. 1:22b). Los gentiles, sin embargo, consideraron "el mensaje de la cruz" como una locura o una insensatez (1 Co. 1:23).

En tercer lugar, les habla de la *provisión* para el ministerio. El mandato de salir sin provisiones materiales era, evidentemente, para hacerles depender totalmente del Señor. Y por supuesto, en la medida en que aprendieron por experiencia de su habilidad para suplir todo lo que ellos necesitaban, estarían menos inclinados a predicar con miras a agradar a los oyentes. Pablo lo expresó claramente:

> "Pues no somos como muchos, que medran falsificando la palabra de Dios, sino que con sinceridad, como de parte de Dios, y delante de Dios, hablamos en Cristo" (2 Co. 2:17).

Dios es el gran proveedor. Ellos podían recibir pero no debían pedir para cubrir sus necesidades. Seguramente que esto tiene una aplicación hoy día para la manera como se realiza la obra del Señor. Hoy día hay mercenarios del evangelio que van detrás del rebaño no para pastorearlo, sino para obtener beneficio personal.

Finalmente, el Señor les manda a mantenerse alerta para identificar a los que son "dignos" (*áxios*). A la luz del contexto y de la teología bíblica como un todo, hay que concluir que el vocablo se refiere a quienes en fe están esperando la consolación de Israel, es decir, los que esperan al Mesías y su Reino. Quizá la exposición más clara de dicho vocablo es la parábola de la "fiesta de bodas" (Mt. 22:1-8).

Resumiendo: En los versículos 5-15, el Señor instruye a sus embajadores respecto de la misión que les ha encomendado.

En primer lugar, les ordena que no vayan por caminos de *gentiles*, es decir, no debían tomar caminos que les llevasen a poblaciones gentiles. En aquel tiempo, es decir, antes de la cruz, el mensaje era primordialmente para la nación de Israel.

También les manda a no entrar en ciudades o aldeas de samaritanos. Los samaritanos y los judíos estaban en enemistad, aunque Jesús predicó a esa etnia (Jn. 4) y también relató la parábola del buen samaritano (Lc. 10:25-37). La cuestión es que el Reino del Mesías es ofrecido a la nación de Israel primero. Jesús es el Mesías de Israel. Su trato con samaritanos y con gentiles fue a un nivel individual y profético, en anticipación de lo que vendría más tarde. El tiempo de la evangelización universal aún no había llegado. Era necesario que primero Israel rechazase la oferta del Reino, luego que el Mesías muriese y resucitase de los muertos, ascendiese a la diestra del Padre y enviase al Espíritu Santo. A partir de ahí, la proclamación del Evangelio se extendería a todos los pueblos de la tierra (Mt. 29:18-20; Hch. 1:8).

Finalmente, les ordena que vayan "a las ovejas perdidas de la casa de Israel". Eso señala al hecho de que Jesús es el Mesías de Israel. Él mismo expresó posteriormente: "No soy enviado sino a las ovejas perdidas de la casa de Israel" (Mt. 15:24). En esa etapa del desarrollo del plan salvífico de Dios estaba determinado que la proclamación del Reino del Mesías fuese hecha primero "a las ovejas perdidas de la casa de Israel". Es difícil asimilar las palabras de Cristo si no se estudian a la luz del programa completo de Dios que incluye una enorme cantidad de profecías del Antiguo Testamento. J. Dwight Pentecost, profesor emérito de Exposición Bíblica del Seminario Teológico de Dallas, ha escrito:

> Los Evangelios demuestran que el programa de Dios todavía continúa con la nación de Israel. Israel aún estaba bajo la ley y todo seguía como había estado durante el período profético. El mensaje fue dirigido a las ovejas perdidas de la casa de Israel (Mt. 10:6) y excluía a los gentiles.[20]

Más adelante, en su libro, Pentecost añade:

> Ese ministerio de Jesús fue suplementado por el ministerio de los Doce (Mt. 9:35—11:1), que fueron comisionados a ir "a las ovejas perdidas de la casa de Israel" (10:6) para proclamar que "el reino de los cielos se ha acercado" (v. 7) y para confirmar su mensaje con los mismos milagros que Jesús había usado para autenticar su propia Persona. Posteriormente, el ministerio y el mensaje fueron ampliados a través del ministerio de los setenta que fueron enviados a proclamar diciendo: "Se ha acercado a vosotros el reino de Dios".[21]

Además de instruir a sus embajadores, el Señor les advierte que en algunos casos serían bien recibidos, pero en otros serían rechazados. A lo largo de los años, los profetas de Dios han tenido experiencias similares. De ahí que Jesús les dice:

"Y si alguno no os recibiere, ni oyere vuestras palabras,
salid de aquella casa o ciudad, y sacudid el polvo de vuestros pies.
De cierto os digo que en el día del juicio,
será más tolerable el castigo para la tierra de Sodoma y de Gomorra,
que para aquella ciudad" (10:14-15).

Los dos aoristos subjuntivos "recibe" (*déxeitan*) y "oyere" (*akousei*) se refieren a una recepción definida y a un oír eficaz. Jesús advierte a los discípulos que pueden llevarse un disgusto si piensan que su mensaje va a ser recibido por sus oyentes. Habrían pueblos y aldeas que los rechazarían y pedirían que se marchasen de sus

---

20. J. Dwight Pentecost, *Thy Kingdom Come* (Wheaton: Victor Books, 1990), p. 184.
21. *Ibíd.*, p. 208.

entornos. Seguidamente el Señor usa un participio presente que la Reina—Valera 1960 traduce "salid" (*exerchomenoi*), pero que debe traducirse "saliendo" y un aoristo imperativo "sacudid" (*ektináxate*). La idea es: "Mientras salís de aquella casa o de la ciudad, sacudid el polvo de vuestros pies". Richard C. H. Lenski dice:

> Ese acto simbólico significa que los pies de los heraldos del Reino realmente estuvieron en aquella casa o pueblo y que dejan allí el polvo de ellos como testimonio del hecho de que estuvieron allí pero fueron obligados a salir porque fueron rechazados.[22]

Rechazar la gracia deja al ser humano desprovisto de lo único que puede librarle de la más terrible calamidad. Quien rechaza la luz lo único que le queda es tinieblas. Quien rehúsa el perdón lo único que le queda es enfrentarse al juicio.

El Señor advierte que quienes rechazan las buenas nuevas del Reino del Mesías tendrán que soportar un juicio peor que el que cayó sobre Sodoma y Gomorra. Esas dos ciudades y las de sus alrededores fueron notorias por terrible maldad. Dios las destruyó, haciendo llover sobre ellas fuego y azufre (vea Gn. 19). En el texto griego el adverbio "más tolerable" aparece al principio de la oración: "Más tolerable (*anetóteron*) será para la tierra de Sodoma y Gomorra en el día del juicio, que para aquella ciudad". La destrucción de Sodoma y Gomorra es mencionada en las Escrituras como una advertencia seria del juicio de Dios contra la iniquidad y la rebeldía del hombre (vea Is. 1:9; 13:19; Jer. 23:14; 50:40; Am. 4:11; 2 P. 2:6; vea también Mt. 11:23).

JESÚS EL MESÍAS ADVIERTE A LOS APÓSTOLES DE LAS DIFICULTADES QUE CONFRONTARÍAN (10:16-25)

La franqueza y la honestidad del Señor brillan a través de este pasaje. Advierte a los apóstoles tocante a los peligros y dificultades del ministerio al que han sido llamados. Les amonesta a que estén preparados no tanto en lo físico sino en lo espiritual.

"He aquí, yo os envío como a ovejas en medio de lobos;
sed, pues, prudentes como serpientes, y sencillos como palomas" (10:16).

El verbo "envío" (*apostéllo*) significa "comisionar" o "enviar" con un propósito concreto. La frase "como ovejas en medio de lobos" se usa para referirse a los falsos profetas en (Mt. 7:15 y en Hch. 20:29). En este contexto, sin embargo, probablemente contemple a los adversarios judíos, especialmente a los fariseos que de una manera tan hostil se oponían al Mesías y a su mensaje.[23]

"Sed" (*gínesthe*) es el presente imperativo de *ginomai*, y significa "haceos". El presente sugiere una acción continua, es decir "continuamente haceos prudentes como serpientes, y sencillos como palomas". El vocablo "prudentes" (*phrónimoi*) significa "entendidos" o "sabios". Las serpientes son extremadamente habilidosas tanto para evitar el peligro como para cazar sus presas. "Los jeroglíficos egipcios emplean la

---

22. Richard C. H. Lenski, *The Interpretation of Matthew's Gospel*, p. 396.
23. Vea David Hill, "The Gospel of Matthew", p. 187.

serpiente como símbolo de la sabiduría. Podemos entender que habían de ser prudentes para reconocer el peligro y para escoger los medios para oponerse a él o evitarlo".[24]

"Y sencillos como palomas". El calificativo "sencillos" (*akeraioi*) significa "sin mezcla", "puro", "sincero", "sin engaño". Dicho vocablo se usaba con relación al vino puro y sin contaminación (vea Fil. 2:15). "Los rabinos aplicaban el proverbio de ser sabios como serpientes e inocentes como palomas a la situación de Israel en medio de los gentiles".[25] Aquí, por el contrario, el Señor lo aplica a los Doce con relación a la oposición que encontrarían entre los judíos que rehusarían recibir la proclamación del Reino.

> *"Y guardaos de los hombres, porque os entregarán a los concilios,*
> *y en sus sinagogas os azotarán" (10:17).*

El Señor no solo advierte a los discípulos de los "lobos", es decir, hombres con una actitud de ferocidad frente a "las ovejas" que representan a los discípulos. Obsérvese que el Señor utiliza el vocablo "hombres" (*tôn anthrópon*). La oposición principal procedería de seres humanos con corazones endurecidos y ciegos por el pecado. Los verbos "entregarán" (*paradósousin*) y "azotarán" (*mastigósousin*) son futuros de indicativo. Ambos verbos sugieren la realidad de las persecuciones que vendrían sobre los embajadores del Mesías. Los vocablos "concilios" y "sinagogas" sugieren que esas persecuciones serían realizadas por los mismos judíos que rechazaban al Mesías.

> *"Y aun ante gobernadores y reyes seréis llevados por causa de mí,*
> *para testimonio a ellos y a los gentiles" (10:18).*

Si el versículo 17 se refiere a las persecuciones generadas por los líderes religiosos, el versículo 18 trata de los tribunales paganos. Obsérvese los vocablos "gobernadores" (*heigemónas*) y "reyes" (*basiléis*). La referencia bien podría ser a la familia de los Herodes que gobernaban gran parte de la tierra de Israel. Los hombres ofrecen premios, galardones, diplomas y ramos de rosas. Jesús ofrece arrestos, azotes, divisiones, odios, persecuciones… Los hombres ofrecen comodidades, tranquilidad, abundancia, satisfacción y valor personal. Jesús ofrece dificultades, peligros e incluso muerte. Difícilmente podría decirse que esa es la manera de obtener discípulos. Pero esa era la realidad que Cristo ofreció a aquel grupo de hombres. Todo eso lo padecerían "para testimonio a ellos y a los gentiles" (*eis martýrion autoîs kaì toîs éthnesin*). La actitud de los apóstoles frente a las persecuciones y los sufrimientos sería "para testimonio de ellos", es decir, las autoridades judías y "a los gentiles", o sea, los reyes delante de quienes serían llevados.

> *"Mas cuando os entreguen, no os preocupéis por cómo o qué hablaréis;*
> *porque en aquella hora os será dado lo que habéis de hablar.*
> *Porque no sois vosotros los que habláis,*
> *sino el Espíritu de vuestro Padre que habla en vosotros" (10:19-20).*

---

24. John A. Broadus, *Comentario sobre el Evangelio según Mateo*, p. 290.
25. W. D. Davies y Dale Allison hijo, "The Gospel According to Saint Matthew", vol. II, p. 181.

En medio del fuego de la prueba, los apóstoles no se preguntarían: ¿Dónde está Dios? o ¿qué haremos ahora? El verbo "no os preocupéis" (*mei merimnéiseite*) es el aoristo subjuntivo de *merimnáo*, que significa "estar ansioso", "tener ansiedad", "estar afanoso". La partícula negativa que precede a este verbo le da una función ingresiva que podría traducirse: "No os volváis ansiosos" o "no comencéis a estar ansiosos". La idea sería: "Dejad a un lado toda preocupación". "Cómo o qué hablaréis", es decir, mientras estaban en sus celdas no debían preocuparse de componer un discurso de defensa para presentarlo delante de sus captores. En la "hora precisa" (*ekeínei tei hóras*), el Espíritu del Padre, es decir, el Espíritu Santo pondría en ellos las palabras que debían decir delante de los tribunales. Obsérvese que el Señor menciona dos cosas: (1) "Cómo hablaréis", es decir, los discípulos no debían preocuparse de la manera *cómo* responder en función al desarrollo del juicio; y (2) "qué hablaréis", es decir, *qué palabras* utilizar delante del tribunal que les juzgaba. El Espíritu Santo les asistiría en el *cómo* y en el *qué* hablar en la hora precisa.[26]

Es sumamente importante destacar que Dios ha completado su revelación. Él ha dado a su pueblo la totalidad de lo que ese pueblo debe saber para agradar al Señor Soberano. Dios no está revelando verdades adicionales a ningún hombre hoy día. Todo lo que Dios quiere que el creyente sepa de Él y de su plan eterno está registrado fielmente en las Escrituras. El Canon, es decir, la totalidad de los libros inspirados, está completo. Nadie debe tener la osadía de intentar añadirle algo (Ap. 22:18).

El versículo 20 debió ser un gran consuelo para los apóstoles. "No sois vosotros los que habláis, sino el Espíritu de vuestro Padre que habla en vosotros". El "porque" (*gar*) es explicativo. Los discípulos tenían una poderosa razón para estar tranquilos. Las palabras de ese versículo no constituyen una promesa universal para todos los creyentes, sino una concesión de poder para una situación específica en un momento concreto.[27]

> *"El hermano entregará a la muerte al hermano, y el padre al hijo;*
> *y los hijos se levantarán contra los padres, y los harán morir" (10:21).*

Las persecuciones no solo provendrán de las autoridades religiosas y civiles, sino que los familiares mismos de los seguidores del Mesías se volverán en su contra. David Hill hace la siguiente observación:

> El tono del pasaje es completamente apocalíptico, y trae a la memoria Miqueas 7:6; que es citado en el versículo 35. El asunto es que los miembros de la propia familia denunciarán a los cristianos delante de los tribunales, poniendo en peligro sus vidas de esa manera.[28]

---

26. Es importante observar que lo dicho por el Señor a los apóstoles no debe tomarse como una norma para la predicación hoy día. Todo predicador tiene la responsabilidad de prepararse para predicar. Esa preparación requiere el estudio de la Palabra, *el uso de las herramientas* para la exégesis, *la lectura de buenos comentarios* y por supuesto, *mucha oración*. El predicador que no se prepare para predicar no tendrá nada que decir.
27. Vea Fritz Rienecker, *A Linguistic Key to the Greek New Testament*, vol. I, p. 30.
28. David Hill, "The Gospel of Matthew", p. 189

Quizá esa sea la situación a la que Pablo se refiere en 2 Timoteo 3:1-5, particularmente cuando menciona que: "habrá hombres amadores de sí mismos; avaros, vanagloriosos, soberbios, blasfemos, desobedientes a los padres, ingratos, impíos, sin afecto natural, implacables, calumniadores, intemperantes, crueles, aborrecedores de lo bueno, traidores, impetuosos, infatuados, amadores de los deleites más que de Dios". La depravación total del hombre ha afectado todos los aspectos de la personalidad humana. De modo que cualquier hombre es capaz de hacer lo peor en cualquier momento.

"Y seréis aborrecidos de todos por causa de mi nombre;
mas el que persevere hasta el fin, éste será salvo" (10:22).

Este versículo, sin duda, tiene una proyección escatológica. La frase "y seréis aborrecidos" (*kaì èsesthe misoúmenoi*) es un futuro perifrástico pasivo, con una acción lineal o continua: "continuará a lo largo de los siglos".[29] "Por causa de mi nombre" (*dia tò onómato mou*). La causa de las persecuciones que confrontarían los discípulos y que confronta todo cristiano es la identificación con la Persona de Cristo. A quien el mundo odia y repudia es a Jesucristo. La razón fundamental de ese odio procede de Satanás. El diablo odia a Cristo y por consecuencia, a todo aquel que se identifique con la Persona de Cristo. La raíz del antisemitismo, es decir, el odio al judío tiene que ver con el hecho de que ese pueblo dio el Mesías al mundo. Satanás odia al Mesías y por lo tanto, odia a la nación que lo dio al mundo.

"Mas el que perseverare hasta el fin, éste será salvo". El verbo "perseverare" (*hypomeínas*) es el participio aoristo de *hypoméno*, que significa "resistir bajo la prueba" o "aguantar", usado con un verbo en el futuro indicativo ("será salvo", *sothéisetai*) con función culminativa. Por supuesto que no se trata aquí de la salvación espiritual. Nadie es salvo porque resista o porque aguante. Todo aquel que es salvo ha puesto su fe en Cristo y sus pecados han sido perdonados (Jn. 5:24; Hch. 16:31; Ro. 10:9-10).

El contexto de este versículo tiene que ver con tiempos escatológicos (vea v. 23), es decir, con el tiempo de la Gran Tribulación, antes del establecimiento del Reino mesiánico. La expresión "hasta el fin" (*eis télos*) es la misma que aparece en Mateo 24:13. Es más, la frase completa: "El que persevere hasta el fin, éste será salvo", se repite en el mencionado texto. No cabe duda que el texto de Mateo 10:22 tenía que ver directamente con los discípulos del Mesías en aquel tiempo. Debe recordarse, sin embargo, la correspondencia entre los pasajes de Mateo 10:22 y 24:14. Los discípulos habían sido enviados por el Mesías a proclamar el mensaje del Reino. Su prédica era: "Arrepentíos, porque el reino de los cielos se ha acercado". Esa proclamación fue rechazada por los dirigentes judíos. El resultado de ese rechazo sería una persecución cruel contra los mensajeros del Mesías. En los postreros tiempos, el remanente fiel que el Señor escogerá también proclamará las buenas nuevas del Reino. Obsérvese que Mateo 24:14 dice que: "Será predicado este evangelio del reino en todo el mundo, para testimonio a todas las naciones; y entonces vendrá el fin". El "fin" (*télos*), por lo tanto, tiene que referirse al fin de la Tribulación, porque será al final de ese período

---

29.   Vea A. T. Robertson, *Word Pictures in the New Testament*, vol. I, p. 81.

de tiempo cuando el Mesías vendrá por segunda vez para establecer su Reino de
gloria. La expresión "el que perseverare hasta el fin" significa, por lo tanto "el que
quedare físicamente vivo y haya nacido de nuevo" entrará a formar parte del Reino
que el Mesías establecerá en la tierra cuando venga por segunda vez. Esos serán los
"benditos del Padre" que heredarán el Reino preparado desde la fundación del mundo
(Mt. 25:34).

"Cuando os persigan en esta ciudad, huid a la otra;
porque de cierto os digo, que no acabaréis de recorrer todas las ciudades de
    Israel,
antes que venga el Hijo del Hombre" (10:23).

La mayoría de los exegetas reconoce que este versículo es difícil de interpretar,
particularmente donde dice: "Porque de cierto os digo, que no acabaréis de recorrer
todas las ciudades de Israel, antes que venga el Hijo del Hombre". Un número extenso
de posibilidades hermenéuticas ha sido ofrecido.[30] Las interpretaciones oscilan entre
los que afirman que se refiere a la destrucción de Jerusalén en el año 70 d.C. hasta
quienes creen que se refiere a "la entrada triunfal" descrita en Mateo 21:1-11.

Con mucho respeto hacia las diferentes interpretaciones de Mateo 10:23,
particularmente las que procuran honrar el texto bíblico y mantienen confianza en
la inspiración de las Escrituras, debe decirse que la postura dispensacionalista es la
más congruente. Esta postura sigue una hermenéutica normal o natural, enseña la
diferencia entre Israel y la Iglesia. También enseña que el Mesías ofreció el Reino a
Israel en su primera venida. Esa oferta fue rechazada y por lo tanto, el establecimiento
del Reino terrenal del Mesías aguarda su segunda venida. La postura dispensacionalista
enseña, además, que aún falta por cumplirse la semana 70 de la profecía de Daniel.
Ese período de siete años equivale al tiempo de la Gran Tribulación mencionada por
Cristo en Mateo 24:21. Al final de ese tiempo de tribulación, el Mesías regresará
con poder, gloria y majestad para establecer su Reino mesiánico. Debe recordarse
que la Biblia enseña solo dos venidas de Cristo. La primera venida tiene que ver con
sus padecimientos por el pecado del mundo (Is. 53). La segunda tiene que ver con el
establecimiento de su Reino (Ap. 19:11-16; 20:1-14).

La frase (un tanto difícil) "no acabaréis de recorrer todas las ciudades de Israel"
(literalmente "no completaréis o no acabaréis", gr. *mèi teléseite*), a la luz del contexto,
parece sugerir que los proclamadores del mensaje serán forzados a huir a todas las
ciudades de Israel como ciudades de refugio para ellos mismos antes de la venida del
Hijo del Hombre. En otras palabras, se les promete una liberación final, como lo afirma
el versículo anterior: "El que persevere hasta el fin, éste será salvo" (Mt. 10:22).

Pero ¿a qué se refiere la venida del Hijo del Hombre? Como ya se ha señalado,
algunos comentaristas creen que se refiere a una venida cuando los apóstoles aún
estaban predicando (esa postura, por supuesto, contradice las palabras de Cristo). Otros

30. Vea George N. H. Peters, *The Theocratic Kingdom*, vol. 2, (Grand Rapids: Kregel Publications, 1972), pp. 563-569. Vea también W. D. Davies y Dale C. Allison hijo, "The Gospel According to Saint Matthew", pp. 187-192; William Hendriksen, *The Gospel of Matthew*, pp. 466-467; y D. A. Carson, "Matthew", pp. 250-253.

dicen que se refiere al día de Pentecostés y a la destrucción de Jerusalén en el año 70 d.C. El expositor crítico Willoughby C. Allen, dice clara y enfáticamente:

En este Evangelio [Mateo] la venida del Hijo del Hombre es siempre una venida final después de su muerte para inaugurar su Reino.[31]

De modo que la venida del Hijo del Hombre es la segunda venida, cuando el Mesías ha de venir en juicio (vea Mt. 24:1-31). El rechazo de parte de la nación del Mesías y su mensaje hizo que el establecimiento del Reino fuese pospuesto hasta la segunda venida del Señor. No puede haber un Reino mesiánico visible sin la presencia personal del Rey. Según las profecías del Antiguo Testamento, si Israel hubiese respondido al mensaje del Rey, el acontecimiento de la cruz hubiese sido seguido por un período de tribulación universal y después por el Reino mesiánico. Durante el tiempo de la tribulación, la proclamación del Reino habría continuado hasta la venida de Rey. Y este versículo (Mt. 10:23), por lo tanto, hubiese tenido su cumplimiento en ese momento. Hasta donde es posible ver, cuando la proclamación del Reino se reanude durante el período de la Tribulación, esta promesa estará vigente para los proclamadores del mensaje. Mateo 24:1-31 debe leerse en conexión con este asunto, ya que dicho pasaje es la continuación y complementación de Mateo 10. Desde la perspectiva humana, por lo tanto, el Reino mesiánico está supeditado al arrepentimiento de Israel, es decir, el tiempo de su manifestación depende de la actitud de la nación hacia el Rey. Como ha escrito Alva J. McClain:

El establecimiento inmediato del Reino en la tierra estaba supeditado a la actitud de Israel hacia su Rey mesiánico, porque a esa nación pertenecen las divinas promesas y los pactos (Ro. 9:4).[32]

En el futuro, cuando, por la divina gracia, el remanente de Israel sea llevado al arrepentimiento, su Rey regresará y todo lo que los profetas han proclamado tendrá su consumación (vea Hch. 3:11-26).

"El discípulo no es más que su maestro, ni el siervo más que su señor.
Bástale al discípulo ser como su maestro, y al siervo como su señor.
Si al padre de familia llamaron Beelzebú, ¿cuánto más a los de su casa?"
(10:24-25).

Con las palabras de esos dos versículos, el Señor advierte a los discípulos que no debían extrañarse cuando fuesen perseguidos y humillados. A lo largo de su ministerio, el Señor previno a los discípulos de la hostilidad del mundo: "Si el mundo os aborrece, sabed que a mí me aborreció antes que a vosotros" (Jn. 15:18). La frase "el discípulo no es más que su maestro, ni el siervo más que su señor" era una declaración proverbial usada con frecuencia en los escritos judaicos. Esa declaración del Señor pudo haber

---

31. Willoughby C. Allen, "A Critical and Exegetical Commentary on the Gospel According to Matthew", *The International Critical Commentary* (Edimburgo: T. & T. Clark, 1957), p. 107
32. Alva J. McClain, *The Greatness of the Kingdom*, p. 319.

asustado a sus discípulos. Con raras excepciones, el trato que el Señor recibió de los escribas y fariseos fue rudo y humillante. Lo que Jesús desea comunicar a sus discípulos es que ellos no debían esperar un trato mejor de parte de los dirigentes judíos. Los seguidores de Cristo deben considerarse afortunados si reciben el mismo trato que los hombres dieron a Jesús. "Bástale al discípulo ser como su maestro, y al siervo como su señor". Generalmente, el maestro está por encima del discípulo y el señor por encima del siervo. Si los discípulos de Cristo reciben el mismo trato que su Maestro y Señor, deben dar gracias a Dios por ese privilegio (vea Fil. 1:29).

"Si al padre de familia llamaron Beelzebú" (*ei tòn oikodespótein Beeldseboùl epekálesen*). Este es una frase enfática. Es una condicional de primera clase en la que se da por sentado lo que se dice: "Puesto que al padre de familia llamaron Beelzebú". El vocablo traducido "padre de familia" (*oikodespótein*), significa "señor o cabeza de la casa". Jesús usa ese vocablo para referirse a sí mismo. Varias veces los judíos asociaron al Señor con Beelzebú (vea Mt. 12:24, 27; Mr. 3:21-27).

El sustantivo "Beelzebú" es de origen incierto. Se ha relacionado con el dios filisteo Ecrón, que era llamado "el señor de las moscas" (en hebreo *ba'al z⁽e⁾bub*). También se le conocía como el "señor de los habitáculos" y como "Baal del estiércol". A la postre, se le asoció con el "príncipe de los demonios" (Mt. 9:34), y de ahí, con el mismo Satanás.

Jesucristo es el "señor de la casa", es decir, de todos los que componen "la familia" de Dios. Los dirigentes religiosos de Israel habían acusado a Jesús de ser "cabeza" o "señor" de la casa o la familia de los demonios. Aunque los judíos nunca llamaron al Señor "Beelzebú", las cosas que dijeron de Él daban a entender que eso era lo que pretendían decir.

El Señor advierte a los discípulos que no debían esperar menos. Si a Él, el cabeza y Señor de la familia de Dios, es decir de los redimidos, lo confundieron con Beelzebú "el príncipe de los demonios", ciertamente ellos debían esperar, por lo menos, el mismo trato. Al asociar a Jesús con Beelzebú, los dirigentes de Israel estaban demostrando de la manera más palpable su rechazo de aquel que era su Rey y Mesías. ¡Hasta ese punto llegó la ceguera espiritual de aquella nación!

JESÚS EL MESÍAS ANIMA A LOS APÓSTOLES A NO AMEDRENTARSE ANTE LAS DIFICULTADES (10:26-33)

"Así que, no los temáis; porque nada hay encubierto,
    que no haya de ser manifestado;
ni oculto, que no haya de saberse" (10:26).

La razón de por qué los discípulos debían ser intrépidos en su proclamación se debe al hecho de que los enemigos no podían evitar su justificación pública. La expresión "así que, no los temáis" ofrece una conclusión de lo dicho anteriormente. El verbo "temáis" (*phobeitheîte*) es el aoristo subjuntivo. Obsérvese que está precedido de una partícula negativa. Esa fórmula prohíbe el comienzo de una acción: "No comencéis a tener miedo". Richard C. H. Lenski dice:

Debido a que el asunto está totalmente en las manos de aquel que no conoce el temor, ellos, también, no deben comenzar a tener temor; ese es el énfasis de la negación con al aoristo subjuntivo.[33]

Todo lo que los hombres hacen encubiertamente (*kekalymmnénon*) "será revelado" (*apokalyphthéiseitai*). Este verbo es el futuro indicativo, voz pasiva. El modo indicativo expresa realidad y la voz pasiva probablemente se refiere a lo que Dios hará en el día del juicio. Las Escrituras dicen:

"Y no hay cosa creada que no sea manifiesta en su presencia; antes bien todas las cosas están desnudas y abiertas a los ojos de aquel a quien tenemos que dar cuenta" (He. 4:13).

"Lo que os digo en tinieblas, decidlo en la luz;
y lo que oís al oído, proclamadlo desde las azoteas" (10:27).

Los discípulos habían aprendido mucho de Jesús en forma privada. El Señor había invertido mucho tiempo solo en el entrenamiento de los Doce. Ahora ellos tenían la responsabilidad de proclamar a voces lo que habían recibido del Divino Maestro. Este versículo destaca el hecho de que todo lo que los apóstoles habían aprendido debía ser proclamado. El verbo "proclamadlo" (*keirýxate*) es el aoristo imperativo de *keirýsso*, que significa "proclamar". El aoristo imperativo sugiere urgencia. El mensaje del Reino y sus exigencias de arrepentimiento y regeneración debían proclamarse con toda urgencia.

"Y no temáis a los que matan el cuerpo, mas el alma no pueden matar;
temed más bien a aquel que puede destruir el alma y el cuerpo en el infierno"
(10:28).

Otra razón de por qué los apóstoles debían proclamar el mensaje del Reino sin temor, era porque los enemigos de la Palabra solo podían matar el cuerpo. No poseían capacidad alguna para matar la parte espiritual del ser. El vocablo "alma" (*psychè*) es el equivalente del hebreo *nepes*, que tiene tres acepciones: (1) El principio vital que es común a todo ser viviente; (2) el centro de las emociones y de los pensamientos; y (3) la personalidad misma del hombre. Es en este último sentido en el que se usa en Mateo 20:28.

Los apóstoles son exhortados a temer al único que tiene poder para "destruir" (*apolésai*), es decir "llevar a la ruina", "hacer totalmente inútil". Dicho vocablo no significa "aniquilar". Los hombres pueden "matar" (*apokteînai*), pero no pueden hacer lo mismo con "el alma", es decir, la vida misma de la persona. Dios es el único que puede "llevar a la ruina" tanto el cuerpo (*sôma*) como el alma (*psyche*).

El vocablo "infierno" es *gehena*. Ese término es usado en el Nuevo Testamento solo por el Señor Jesús, con la única excepción que aparece en Santiago 3:6. El *gehena* no debe confundirse con el Hades. El *gehena* en tiempos de Cristo era el sitio donde se quemaba la basura de la ciudad de Jerusalén. Aquel sitio ardía día y noche. Quizá

---

33. Richard C. H. Lenski, *The Interpretation of St. Matthew's Gospel*, p. 408.

por esta razón el Señor la usó como una figura del infierno. Solo Dios tiene el poder para "arruinar" tanto el cuerpo como el alma en el *gehena* o infierno. Es por eso que hay que temerle y adorarle. Es evidente que el Señor creía en la realidad del infierno. Algunos teólogos modernos niegan la existencia de una condenación eterna, pero lo hacen sobre una base subjetiva y filosófica. No pueden hacerlo sobre una base exegética y teológica.

Hay una *tercera* razón para proclamar el mensaje del Reino con toda valentía y dedicación. Esa razón es expresada en los siguientes versículos.

> *"¿No se venden dos pajarillos por un cuarto?*
> *Con todo, ni uno de ellos cae a tierra sin vuestro Padre.*
> *Pues aun vuestros cabellos están todos contados.*
> *Así que, no temáis; más valéis vosotros que muchos pajarillos" (10:29-31).*

Los enemigos del Reino no pueden frustrar la voluntad del Padre, quien amorosamente cuida de los suyos. Ese es el énfasis de los versículos 29-31. La singularidad y la profundidad de la providencia de Dios son maravillosamente expuestas en este pasaje. Dios está presente en un pequeño gorrión, dos de los cuales se podían comprar por el equivalente de un céntimo. El nido de un gorrión es, por lo tanto, en realidad, el refugio que le ha preparado la infinita presencia de Dios.

> Como promedio la cabeza de un ser humano tiene cerca de 140.000 cabellos. Jesús dice que cada cabello no solo está contado como uno, sino que tiene su propio número y por lo tanto, es individualmente conocido y diferenciado. De modo que si un cabello particular es removido, Dios sabe concretamente cuál es (Lc. 21:18; Hch. 27:34). Esas ilustraciones ejemplifican la infinita extensión del cuidado providencial de Dios.[34]

El verbo "contados" (*eirithmeiménai*) es el participio perfecto, voz pasiva de *arithméno* (de donde procede el vocablo castellano "aritmética"). El participio sugiere una acción continua y el tiempo perfecto una acción completada con resultados perdurables. La idea es que nuestros cabellos no solo han sido "contados", sino "numerados" con carácter permanente. "Han sido numerados y permanecen numerados". Contar es un proceso humano. "Numerar" es más que contar. Numerar es otorgarle valor a cada uno de ellos. Es como ponerle un distintivo a cada uno, algo mucho más maravilloso que simplemente contar. La ilustración señala el hecho de que Dios está presente tanto en lo infinitamente pequeño como en lo infinitamente grande.

> *"A cualquiera, pues, que me confiese delante de los hombres, yo también le*
> *confesaré delante de mi Padre que está en los cielos. Y a cualquiera que*
> *me niegue delante de los hombres, yo también le negaré delante de mi*
> *Padre que está en los cielos" (10:32-33).*

---

34. *Ibíd.*, pp. 411-412.

Las palabras finales de esta sección tocante a confesar al Hijo y ser confesados por Él delante del Padre han llenado de terror el corazón de muchos creyentes. ¿Quién no ha sentido en su corazón alguna vez que, como Pedro, ha dejado de confesar a Cristo delante de los hombres? Probablemente, el texto no tiene que ver con lo ocurrido en alguna ocasión particular. Tiene que ver, más bien, con la actitud general de la vida del creyente. Implica la decisión a la que se refiere Romanos 10:9-10 y la vida que sigue después. Un verdadero creyente en Cristo confesará a su Señor. El inconverso no lo hará (vea Stg. 2:14-26). "Confesar" (*homologéo*) implica reconocer que Él es el Señor.

La confesión resultante del creyente por el Señor es *la cuarta* razón que debe mover a los discípulos y a todo creyente a proclamar el mensaje de la Palabra de Dios. A lo largo de la historia, muchos que han profesado ser creyentes han negado al Señor. Otros, sin embargo, han sufrido el martirio con gozo, sabiendo que partían para estar en la presencia del Salvador. Es importante recordar en esta coyuntura las palabras del Señor:

> "No todo el que me dice: Señor, Señor, entrará en el reino de los cielos, sino el que hace la voluntad de mi Padre que está en los cielos. Muchos me dirán en aquel día: Señor, Señor, ¿no profetizamos en tu nombre, y en tu nombre echamos fuera demonios, y en tu nombre hicimos muchos milagros? Y entonces les declararé: Nunca os conocí; apartaos de mí, hacedores de maldad" (Mt. 7:21-23).

Las consecuencias de negar al Señor son terribles. Van más allá de lo que podemos imaginarnos. Por el contrario, la fidelidad al Señor y confesar su bendito nombre delante de los hombres resulta en bendición tanto aquí en la tierra como en su presencia en el cielo. *Confesar* a Cristo significa "afirmar plena identificación con Él", mientras que negarle quiere decir que uno "no le conoce ni quiere tener relación alguna con Él". Obsérvese, además, que la confesión es siempre cristocéntrica. El que honra al Hijo, honra al Padre (Jn. 5:23).

JESÚS EL MESÍAS INSTRUYE A LOS APÓSTOLES RESPECTO DE LAS PRIORIDADES DEL SERVICIO A ÉL (10:34-39)

El Señor Jesucristo no busca ni místicos ni religiosos, sino discípulos comprometidos que sean verdaderos adoradores. Ese es el tema de esta sección:

> *"No penséis que he venido para traer paz a la tierra;*
> *no he venido para traer paz, sino espada" (10:34).*

"No penséis" (*mèi nomíseite*) es el aoristo subjuntivo acompañado de la partícula negativa. La idea es: "Que ni se os ocurra pensar", "no comencéis a suponer", "ni por un momento os imaginéis tal cosa". El Señor, probablemente, anticipó una idea que podría surgir en la mente de los apóstoles.

"Que he venido para traer paz a la tierra". Obsérvese que el Señor se refiere a sí mismo, diciendo: "Que he venido". No dice "que he nacido". Él es el "Dios encarnado" que vino a destruir las obras del diablo (He. 2:14) por medio de su muerte y su resurrección. La expresión "para traer paz a la tierra" (*baleîn eiréinein epì teín geîn*)

sugiere propósito. Esa es la fuerza del aoristo imperativo (*baleîn*). A. T. Robertson
dice:

> Un osado y dramático clímax. El aoristo infinitivo (*baleîn*) significa un súbito
> lanzamiento de la espada donde se esperaba la paz. Cristo sí trae paz, no
> como el mundo la da, sino la de la conquista sobre el pecado, sobre Satanás, el
> triunfo de la cruz. Mientras tanto habrá inevitablemente división en familias,
> comunidades y estados.[35]

Para que pueda haber paz entre los hombres, primero tiene que haber paz con Dios.
Esa paz es personal. Cada individuo debe reconciliarse con Dios y eso solo es posible
mediante la fe en el Mesías. Pablo lo expresa así:

> "A vosotros también, que erais en otro tiempo extraños y enemigos en vuestra
> mente, haciendo malas obras, ahora os ha reconciliado en su cuerpo de carne,
> por medio de la muerte, para presentaros santos y sin mancha e irreprensibles
> delante de él" (Col. 1:21-22).

El pecado hace que el hombre sea rebelde por naturaleza. El ser humano rehúsa
someterse a la autoridad de Dios y a la ética exigida por el Mesías. El hombre quiere
comprar favores o hacerse merecedor de ellos. Eso choca con las enseñanzas de las
Escrituras. "No hay justo, ni aun uno, no hay quien busque a Dios" (Ro. 3:10-11). La
luz de Cristo en la tierra pone de manifiesto la pecaminosidad y putrefacción que hay
en la mente y el corazón del hombre. Los hombres aman más las tinieblas que la luz,
y por eso rechazan a Cristo (Jn. 3:19-21).

> *"Porque he venido a poner en disensión al hombre contra su padre,*
> *a la hija contra su madre, y a la nuera contra su suegra;*
> *y los enemigos del hombre serán los de su casa" (10:35-36).*

El hecho de que algunos confesarán a Cristo y otros no significa que su venida
produce una división entre los hombres, incluso en las relaciones más cercanas, por
ejemplo, en la familia. Desde los tiempos de Caín y Abel eso ha sido así. Lo mismo
ocurre hoy día. Jesús marca la diferencia entre los hombres. Nadie puede permanecer
neutral en su presencia.

Obsérvese que el Señor cita un pasaje del Antiguo Testamento (Mi. 7:6) para
respaldar sus palabras. El profeta Miqueas proclama lo que iba a ocurrir en tiempo de
crisis. El Señor también habla de lo que ocurrirá en tiempos difíciles. Los hombres
tendrán que tomar una decisión: O se someten a la autoridad del Mesías con todas sus
implicaciones, o se entregan a la voluntad del enemigo de Dios. Miqueas dice: "Mas yo
a Jehová miraré, esperaré al Dios de mi salvación; el Dios mío me oirá" (Mi. 7:7).

La razón principal de la "disensión" (*dichásai*) es cristológica. El vocablo
"disensión" significa literalmente "dividir en dos". Tanto entonces como ahora, la

---

35.   A. T. Robertson, *Word Pictures in the New Testament*, pp. 83-84.

humanidad está "dividida en dos": los que siguen y adoran a Cristo, y los que siguen y adoran a Satanás. Cristo es la piedra de tropiezo o de escándalo tanto para judíos como para gentiles. Quienes se apoyan en esa piedra son edificados firmemente. Pero aquellos sobre los que esa piedra caiga serán aplastados sin remedio (1 P. 2:6-8).

"El que ama a padre o madre más que a mí, no es digno de mí;
el que ama a hijo o hija más que a mí, no es digno de mí;
y el que no toma su cruz y sigue en pos de mí, no es digno de mí" (10:37-38).

Hace más de un siglo que Charles Haddon Spurgeon, conocido como "el príncipe de los predicadores", escribió lo siguiente:

> El requisito principal de un discípulo es seguir a Jesús en todas las cosas, en llevar la cruz como en todo lo demás. Llevar la cruz es difícil, trabajoso, doloroso, humillante. Llevar la cruz es inevitable para el seguidor de Jesús. Estamos obligados a tomar nuestra cruz o a descartar toda idea de ser cristianos.[36]

Una palabra clave en el versículo 37 es *hypér*, traducida "más que". Cuando se usa con el caso acusativo, dicha preposición toma el sentido comparativo y por eso está bien traducido en la Reina—Valera 1960 como "más que". También podría traducirse: "Por encima de" o "más allá de".[37]

El Señor explícitamente enseña en estos versículos que ser discípulo suyo implica el más serio y profundo de todos los compromisos. En el versículo 37 el Señor declara que la persona cuyo afecto por la familia es tan grande que no le permite romper esos nexos para seguir a Jesús no es digno de Él (*ouk éstin mou áxios*). Por supuesto que el Señor no está en contra de tener lazos familiares estables. Lo que sí dice es que la relación con Él y el compromiso hacia Él debe ser la gran prioridad en la vida de quien quiera ser su discípulo. El vocablo "ama" en el versículo 37 es *filôn*, que tiene que ver con "afecto natural", en contraste con *agapôn*, que tiene que ver con el "amor inteligente". "La idea es, pues, que si uno no posee suficiente amor, incluso en su forma más rudimentaria, por Jesús para sobrepasar el nexo con su familia, no es digno de ser contado como discípulo".[38]

Si los lazos familiares no deben de convertirse en obstáculos para nuestro compromiso singular con Jesucristo, tampoco debe serlo la perspectiva de los sufrimientos por causa de su Nombre. El Señor dice: "Y el que no toma su cruz". La conjunción "y" (*kaì*) conecta estas palabras con el versículo anterior. El verbo "toma" (*lambánei*) es el presente indicativo de *lámbano*, que significa "recibir", "tomar", "dar la bienvenida". El presente indicativo sugiere una realidad continua. "La cruz" se asocia con sufrimientos. No se refiere aun solo acto, sino, más bien, a una experiencia continua de todos los días.

36. Carlos Haddon Spurgeon, *My Sermon-Notes From Matthew to Acts* (Nueva York: Fleming H. Revell Company, 1886), p. 58.
37. Vea H. E. Dana y Julius R. Mantey, *Gramática griega del Nuevo Testamento*, pp. 108-109.
38. Richard C. H. Lenski, *The Interpretation of Matthew's Gospel*, p. 416.

Debe señalarse, además, que el Señor está hablando de los sufrimientos que sus seguidores experimentarían a causa de su identidad con Él. La "cruz" mencionada aquí no tiene que ver con la cruz de Cristo. Los sufrimientos de Cristo solo Él pudo experimentarlos. Nadie puede añadir nada a la obra sustitutoria de Cristo en el Calvario. En Mateo 10:38 Jesús dice claramente que el discípulo tiene que estar dispuesto a sufrir por la causa de su Maestro. Más adelante el Señor lo expresó así: "Si alguno quiere venir en pos de mí, niéguese a sí mismo, y tome su cruz, y sígame" (Mt. 16:24). La cruz habla de ignominia, humillación y de los peores sufrimientos. El verdadero discípulo debe entender eso y estar dispuesto a afrontar todo lo que sea necesario por la Persona y la causa del Maestro. El seguidor de Cristo debe aceptar el hecho de que podría confrontar la soledad, la persecución, la cárcel y hasta la misma muerte por confesar el nombre de Cristo. El Señor dice que quien no esté dispuesto a tomar su cruz e ir en pos de Él "no es digno de mí" (*ouk éstin mou áxios*), es decir, quien se avergüence de sufrir por Cristo no llena los requisitos para ser su discípulo.

El adjetivo "digno" (*áxios*) tiene que ver con la escala de valores. "Se relaciona con palabras que significan 'pesar', 'balanza', y denota lo que eleva el otro platillo de la balanza".[39] Aparece generalmente en el Nuevo Testamento con un genitivo como término de comparación, por ejemplo "no es digno de mí".[40]

"El que halla su vida, la perderá;
y el que pierda su vida por causa de mí, la hallará" (10:39.)

La expresión "el que halla" (*ho euròn*) es el aoristo participio de *eurísko*. El aoristo participio es una acción verbal en la que el tiempo no se toma en cuenta. El vocablo "vida" (*psychèin*) literalmente significa "alma" o "persona". De modo que "hallar la vida" puede referirse al hecho de querer proteger la vida aquí en la tierra. Es la persona que frente a la perspectiva de los sufrimientos físicos y de la posible muerte, prefiere retirarse y negar a Cristo. Jesús dice que tal persona "perderá" (*apolései*) su vida en vez de hallarla. El verbo *apolései* es el futuro indicativo de *apóllymi*, que significa "destruir", "perder", "perecer". La paradoja es de un alcance incalculable: "Quien procure proteger su vida al precio de negar a Cristo, la arruinará". Davies y Allison lo expresan así:

Quienes salvan sus vidas al costo de desvincularse de Jesús, perderán la vida eterna; mientras que quienes pierden sus vidas por causa de Jesús encontrarán la vida eterna.[41]

Por supuesto debe darse por descontado que el texto no enseña que la vida eterna se obtiene mediante el esfuerzo humano. La salvación es absolutamente un regalo soberano de la gracia de Dios. Quienes son genuinamente salvos no consideran sus

39. Peter Trummer, *"Axios"*, *Diccionario exegético del Nuevo Testamento*, Horst Baltz y Gerhard Schneider ed. (Salamanca: Ediciones Sígueme, 1996), pp. 337-338.
40. *Ibíd.*
41. W. D. Davies y Dale C. Allison hijo, " The Gospel According to St. Matthew", p. 324.

vidas preciosas para sí mismos (Hch. 20:24), sino que su objetivo principal es glorificar a Cristo o por vida o por muerte (Fil. 1:20-21).

JESÚS EL MESÍAS ENSEÑA A LOS APÓSTOLES RESPECTO DE LA HOSPITALIDAD (10:40-42)

El capítulo 10 de Mateo concluye con una enseñanza respecto de la hospitalidad y sus recompensas. La frase "el que a vosotros recibe" (*ho dechómenos hymâs*) es un participio presente en la voz media, es decir "el que a vosotros os da la bienvenida". Esa es una manera de expresar espontaneidad y gozo al recibir al mensajero del Mesías. El apóstol era un delegado oficial del Señor. Recibirle equivalía a recibir al mismo Señor.

"Y el que me recibe a mí, recibe al que me envió". El Hijo fue enviado por el Padre para realizar la obra de redención (Gá. 4:4). Quien rechaza al Hijo también rechaza al Padre. El Señor lo expresó así en el Evangelio de Juan:

"De cierto, de cierto os digo: El que recibe al que yo enviare, me recibe a mí; y el que me recibe a mí, recibe al que me envió" (Jn. 13:20).

El Señor establece una cadena de comisión: El Padre celestial envió al Hijo a realizar la obra de redención y anunciar el establecimiento del Reino prometido por los profetas del Antiguo Testamento. El Hijo ha entrenado a un grupo de doce hombres y ahora los envía a proclamar el mensaje del Reino. Quien rechace a cualquiera de sus embajadores lo rechaza a Él y quien rechace al Hijo hace lo mismo con el Padre que lo envió.

"El que recibe a un profeta por cuanto es profeta, recompensa de profeta recibirá;
y el que recibe a un justo por cuanto es justo, recompensa de justo recibirá.
Y cualquiera que dé a uno de estos pequeñitos un vaso de agua fría solamente,
por cuanto es discípulo, de cierto os digo que no perderá su recompensa"
(10:41-42).

El profeta era un hombre que recibía el mensaje directamente de Dios y lo transmitía al pueblo. El profeta, por así decir, encarnaba la Palabra de Dios. El verdadero profeta era aquel que decía al pueblo: "Así dice Jehová". O sea, el profeta era un representante de Dios en medio de la nación de Israel. El Señor dice que quien recibe a un profeta por la sencilla razón de que es *profeta*, recibirá *recompensa* de profeta.

El vocablo "justo" (*díkaion*) tanto en el Antiguo Testamento como en los Evangelios se refiere a quienes andan en conformidad con los preceptos de la ley, es decir, aquel que ejecuta la voluntad de Dios conforme a lo que está escrito en la Palabra. Pero además, el justo, según lo expuesto en el Sermón del Monte, es aquel que reconoce su necesidad de Dios. Es el que tiene "hambre y sed de justicia" y acude a Dios por la fe para recibir la gracia de la que está necesitado. Son los "pobres en espíritu", es decir, los que se consideran "mendigos" espirituales y acuden a la fuente de bendición que es Cristo Jesús.

Los versículos 41-42 enseñan acerca de la "recompensa" (*misthon*). Dicho vocablo también se traduce muchas veces como "paga", "sueldo" o "jornal". La idea del pasaje es que cualquiera que recibe a los apóstoles durante la ejecución de su ministerio de proclamar el Reino, recibirá recompensa. Quien recibe al embajador del Rey es considerado "digno" (*áxios*, vea Mt. 10:11, 37, 38). Recibir a los embajadores del Rey equivale a recibir al Rey.

Jesús el Mesías reanuda su tarea de enseñar y predicar (11:1)

El versículo 1 del capítulo 11 es la conclusión del discurso: "Cuando Jesús terminó de dar instrucciones a sus doce discípulos, se fue de allí a enseñar y a predicar en las ciudades de ellos". El Mesías no descansará hasta que haya cumplido su obra (Jn. 17:4).

Resumen y conclusión

Mateo no dice nada respecto de la respuesta de los apóstoles a las instrucciones recibidas del Mesías. No cabe duda de que quedaron profundamente impresionados con el énfasis que el Señor puso en la importancia de depender de Dios en el ministerio de la Palabra y de la compasiva providencia de Dios en la protección del trabajo que harían. Otro énfasis en esta sección es que el costo del ministerio es inmenso, pero las recompensas también son grandes. ¿Qué mayor recompensa podría haber que ser confesado y reconocido por el Hijo delante del Padre celestial?

El propósito del Evangelio de Mateo es presentar la REALEZA DEL MESÍAS. El autor de este Evangelio construye su argumento alrededor del hecho de que Jesús cumple todos los requisitos para ser la persona que tiene el derecho de sentarse en el trono de David y cumplir el plan de Dios respecto del Reino mesiánico prometido en el Antiguo Testamento.

Jesús es "hijo de David", es decir, descendiente del rey a quien Dios prometió darle un trono, un dominio y un reino en perpetuidad. Jesús cumplió todas las profecías respecto de su nacimiento (Mt. 1:2—2:23). El precursor, Juan el Bautista, lo identificó como el Mesías y el Padre lo confirmó en el momento de su bautismo (Mt. 3:1-17). El Mesías demostró mediante su victoria en la tentación que estaba moralmente calificado para ser el Rey Mesías. Satanás fue derrotado ante la santa presencia del Mesías de Israel (4:1-11).

Jesús demostró su autoridad llamando a sus primeros discípulos y recorriendo la tierra de Galilea. Durante ese recorrido, el Señor realiza sus primeras señales mesiánicas. Sus actividades fueron de tres clases: (1) Enseñanza; (2) proclamación; y (3) curación de enfermos (Mt. 4:12-25).

Los capítulos 5—7 constituyen el primer gran discurso del Mesías, es decir, el Sermón del Monte. Nunca hombre alguno habló como Jesús habló. En el Sermón, el Señor enseña respecto de las características de quienes esperan entrar en su Reino (5:1-16). También enseña tocante al verdadero significado de la ley. Él vino a "llenar" y a "profundizar" el significado de lo que está escrito en ella (5:17-18). En los capítulos 6—7, Él enseña respecto de la práctica de la verdadera justicia. Concluye con una severa advertencia a los falsos profetas y falsos maestros (7:15-23). Finalmente, reta a sus oyentes a edificar sus vidas sobre el fundamento sólido de su Palabra y no sobre las tradiciones de los hombres.

Los capítulos 8—9 registran las señales mesiánicas del Señor. En esos capítulos el Mesías realiza tres señales de sanidad (8:1-17), tres de poder (8:18—9:17) y tres de restauración (9:18-34). Al concluir, los líderes religiosos demuestran su rechazo del Mesías, diciendo que actuaba en asociación con Satanás.

El capítulo 10 contiene el segundo gran discurso del Mesías. Comienza con el llamado y la comisión a los apóstoles (10:1-4). La proclamación de ellos sería la misma de Juan y de Jesús: "El reino de los cielos se ha acercado". Los apóstoles recibieron autoridad para hacer las mismas señales que hizo el Señor. Esas señales confirmarían tanto a los mensajeros como al mensaje que proclamaban. En el resto del discurso, el Señor les previene de las persecuciones y dificultades que encontrarían durante el ejercicio de sus ministerios. El Señor termina su discurso recordando a sus embajadores que hay un precio que pagar en la ejecución del servicio al Mesías. Ese precio podría llegar al máximo sacrificio, es decir, la muerte física. Él promete una recompensa para todo aquel que sea leal a la causa del Reino del Mesías (Mt. 10:34-42).

BIBLIOGRAFÍA SELECTA

Allen, Willoughby C., "A Critical and Exegetical Commentary on the Gospel According to St. Matthew", *The International Critical Commentary* (Edimburgo: T. & T: Clark, 1957).

Bonnard, Pierre, *Evangelio según San Mateo* (Madrid: Ediciones Cristiandad, 1983).

Broadus, John A., *Comentario sobre el Evangelio según Mateo*, traducido por Sarah H. Hale (Monterrey, México, s.f.)

Broer, Ingo, "*Exousía*", *Diccionario exegético del Nuevo Testamento*, vol. I, Horst Balz y Gerhard Schneider eds. (Salamanca: Ediciones sígueme, 1996).

Carson, David A., "Matthew", *The Expositor's Bible Commentary*, Frank E. Gaebelein ed. gen., vol .8 (Grand Rapids: Zondervan Publishing House, 1984).

Dana, H. E. y Mantey, Julius R., *Manual de gramática del Nuevo Testamento*, versión castellana por Adolfo Robleto D., et al. (El Paso: Casa Bautista de Publicaciones, 1979).

Davies, W. D. y Allison, Dale C. hijo, "The Gospel According to Saint Matthew", *The International Critical Commentary*, vol. 1 y 2 (Edimburgo: T. & T. Clark, 1994).

France, R. T., *Matthew: Evangelist and Teacher* (Downers Grove: InterVarsity Press, 1998).

Gaebelein, Arno Clemens, *Gospel of Matthew*, vol. I (Wheaton: Van Kampen Press, 1910).

Glasscock, Ed, "Matthew", *Moody Gospel Commentary* (Chicago: Moody Press, 1997).

Hendriksen, William, *The Gospel of Matthew* (Grand Rapids: Baker Book House, 1979).

Hill, David, "The Gospel of Matthew", *The New Century Bible Commentary* (Grand Rapids: Eerdmans Publishing Company, 1982).

Latourette, Kennett Scott, *A History of Christianity* (Nueva York: Harper&Brothers, 1953).

Lenski, Richard C. H., *The Interpretation of St. Matthew's Gospel* (Minneapolis: Augsburg Publishing House, 1964).

McClain, Alva J., *The Greatness of the Kingdom* (Grand Rapids: Zondervan Publishing House, 1959).

McNeile, Alan Hugh, "The Gospel According to Matthew", *Thornapple Commentaries* (Grand Rapids: Baker Book House, 1980).

Metzger, Bruce M., *A Textual Commentary on the Greek New Testament* (Londres: United Bible Societies, 1975).

Pentecost, J. Dwight, *Thy Kingdom Come* (Wheaton: Victor Books, 1990).

Peters, George N. H, *The Theocratic Kingdom*, vol. 2 (Grand Rapids: Kregel Publications, 1972).

Rienecker Fritz, *A Linguistic Key to the Greek New Testament*, traducido y revisado por Cleon Rogers hijo, vol. 1 (Grand Rapids: Zondervan Publishing House, 1976).

Robertson, Archibald T., *Word Pictures in the New Testament* (Nashville: Broadman Press, 1930).

Spurgeon, Carlos Haddon, *My Sermon-Notes From Matthew to Acts* (Nueva York: Fleming H. Revell Company, 1886).

Tenney, Merrill C., *Nuestro Nuevo Testamento* (Grand Rapids: Portavoz, 1973).

Trummer, Peter, "*Axios*", *Diccionario exegético del Nuevo Testamento*, Horst Balz y Gerhard Schneider ed. (Salamanca: Ediciones Sígueme, 1996).

Unger, Merrill F., *Unger's Bible Dictionary* (Chicago: Moody Press, 1966).

18

El antagonismo contra Jesús el Mesías (11:2-30)

Los capítulos 11 al 13 del Evangelio de Mateo son fundamentales para la comprensión del argumento del libro. Como ya se ha señalado, Mateo ha desarrollado su plan con miras a demostrar que Jesús es el Rey Mesías prometido en el Antiguo Testamento. Tanto Juan el Bautista como Jesús y sus discípulos han proclamado un llamado a la nación de Israel. Dicha proclamación es clara y terminante: "Arrepentíos, porque el reino de los cielos se ha acercado" (Mt. 3:2; 4:17; 10:7).

La nación de Israel, representada por sus dirigentes, rechazó este mensaje. La prueba de ese rechazo se pone de manifiesto en los capítulos 11 al 13 de este Evangelio. En primer lugar, los dirigentes de la nación rechazan a Juan el Bautista. En segundo lugar, tanto el pueblo como sus autoridades manifiestan una asombrosa indiferencia hacia la persona del Mesías. Finalmente, debido a ese rechazo oficial de la nación, el Señor hace una invitación abierta a todo aquel que quiera acercarse a Él y recibir su Persona. El rechazo al Mesías había comenzado desde que los fariseos acusaron a Jesús de echar fuera demonios en alianza con Satanás (Mt. 9:34; 10:25; 12:24), y culmina cuando lo entregan a Poncio Pilato para que le crucifique.

DEMOSTRADO EN EL RECHAZO DE JUAN EL BAUTISTA (11:2-19)

Juan el Bautista, el precursor del Mesías, fue enviado por Dios para dar testimonio a la nación de Israel tocante a la cercanía del Reino. Su mensaje fue: "Arrepentíos, porque el reino de los cielos se ha acercado" (Mt. 3:2). Juan apareció, en semejanza de Elías, en el desierto de Judea, junto al Jordán, como un profeta de Dios. Muchos acudieron a oírlo y a ser bautizados por él. También acudieron los dirigentes religiosos de Israel. Es evidente que Juan, como profeta, conocía los pensamientos y corazones de aquellos religiosos. El texto dice: "Al ver él que muchos de los fariseos y saduceos venían a su bautismo, les decía: ¡Generación de víboras! ¿Quién os enseñó a huir de la ira venidera?" (Mt. 3:5). El llamado de Juan era al arrepentimiento. Muchos, al parecer, se arrepintieron genuinamente, pero otros lo hicieron hipócritamente. Juan dio testimonio de Jesús. Lo reconoció como el Mesías y lo presentó como tal a la nación de Israel (Jn. 1:6-28). Lo presentó a sus discípulos como "el Cordero de Dios que quita el pecado del mundo" (Jn. 1:29). Después de dar testimonio de Cristo como el Mesías (Lc. 3:15-18), Juan denunció el pecado de Herodes el tetrarca y Herodes "encerró a Juan en la cárcel" (vea Lc. 3:19-20). Desde la prisión, Juan mandó a dos de sus discípulos a Jesús para preguntarle: "¿Eres tú aquel que había de venir, o esperamos a otro?" (Mt. 11:3).

Es evidente que en la cárcel Juan comenzó a tener dudas respecto de Cristo. Juan oyó, en la cárcel, los hechos de Cristo (Mt. 11:2), y se preguntó: "Si Él es el Mesías, ¿por qué estoy yo en la cárcel?" Stanley D. Toussaint dice que Mateo incluye el contenido de esta interrogación al menos por dos razones:[1]

1. La pregunta hecha a Jesús por Juan, quien representaba lo mejor de Israel, señala el concepto erróneo de Israel respecto del programa del Mesías y su método. [Juan] había oído de las obras de Jesús (Mt. 11:2), y estas ciertamente parecían mesiánicas. Sin embargo, Jesús no impuso inmediatamente su autoridad ni juzgó a la gente como Juan probablemente pensó que lo haría (Mt. 3:10-12). Debido a ese concepto equivocado, Juan comenzó a dudar. Quizá el hecho de estar en la cárcel, un lugar ciertamente incongruente para el heraldo del Rey, reforzó sus dudas.

   El argumento de Toussaint, encaminado a demostrar que la pregunta de Juan estaba relacionada con la condición de Mesías de Jesús, se basa en los siguientes factores:

   a. La expresión "de Cristo" (*toû Christoû*) en el versículo 2 en lugar de "Jesús" llamaría la atención. Esa es la única vez que el nombre "Cristo" aparece solo en el Evangelio de Mateo.

   b. La frase "el que había de venir" (*ho erchómenos*) se usa en el Nuevo Testamento repetidas veces con referencia al Mesías (vea Mr. 11:9; Lc. 13:35; 19:38; He. 10:37; Ap. 1:8).

   c. La expresión "a otro" (*héteroi*) se usa en contraste con "el que ha de venir" (*ho erchómenos*) y manifiesta las implicaciones mesiánicas de la pregunta. El vocablo *héteroi* significa "otro de clase diferente". Es decir, o Jesús era el Mesías o era simplemente un ser humano. Si era un simple hombre, entonces Juan tenía que buscar a "una persona de clase diferente". La respuesta que Jesús da a la pregunta de Juan fue: "Pon atención a mis palabras y a mis obras".

2. El segundo propósito de los versículos 11:2-6 es reafirmar el concepto de que las obras de Jesús demostraban que Él era el Mesías. Los discípulos de Juan debían relatar a su maestro "las cosas que oían y veían" (11:4): "Los ciegos ven, los cojos andan, los leprosos son limpiados, los sordos oyen, los muertos son resucitados, y a los pobres es anunciado el evangelio" (11:5). El profesor Toussaint añade:

1. Stanley D. Toussaint, *Behold the King* (Portland: Multnomah Press, 1980), p. 148.

La respuesta está expresada de forma tal que hace recordar la palabra profética. Las palabras mencionadas parecen referirse a pasajes del Antiguo Testamento tales como Isaías 29:18; 33:24; 35:5-6; y 61:1. La importancia y las implicaciones de esa respuesta son grandes. No solo confirman el carácter mesiánico de la persona de Jesús, sino que además muestra la naturaleza del Reino.[2]

A la luz de lo que se ha señalado, puede verse que el capítulo 11 de Mateo es fundamental para el desarrollo del argumento de Mateo. O Jesús es el Mesías prometido en las Escrituras proféticas o es un simple hombre lleno de ideas peregrinas. Solo unos párrafos más adelante, el Señor hablará a sus discípulos en parábolas. En respuesta a la pregunta de los discípulos: "¿Por qué les hablas en parábolas?" (Mt. 13:10), el Señor les respondió: "A vosotros os es concedido conocer los misterios del reino de los cielos, mientras que a ellos no les es concedido. Pues el que tiene se le dará, y andará sobrado; pero al que no tiene, aun lo que tiene se le quitará. Por esto les hablo valiéndome de parábolas, porque aun viendo no ven, y oyendo ni oyen ni entienden" (Mt. 13:11-13).[3]

Es evidente que las palabras del Señor presagian que ha comenzado para la nación retribución y juicio por su pecado de rechazar al Mesías. La revelación de una nueva dirección en el ministerio del Rey comienza a manifestarse. De ahí en adelante comienza a invertir mucho tiempo en instruir a los discípulos en vista de su muerte inminente, su sepultura, resurrección, ascensión, su ministerio sacerdotal y su ausencia de ellos en la era presente.

Los primeros versículos del capítulo 11 también aportan una lección práctica a la que se debe prestar atención: Es posible que un creyente en un momento dado vacile y se llene de dudas. Las fluctuaciones de Juan el Bautista son recordatorios de que el creyente más firme puede debilitarse y tambalear y que, por la gracia de Dios, debemos, aun en nuestros momentos de mayor convicción, invocar el Nombre del Padre continuamente, pidiéndole fortaleza para aferrarnos al Señor. Consideremos el pasaje con mucha atención.

"Y al oír Juan, en la cárcel, los hechos de Cristo, le envió dos de sus discípulos, para preguntarle: ¿Eres tú aquel que había de venir, o esperaremos a otro? Respondiendo Jesús, les dijo: Id, y haced saber a Juan las cosas que oís y veis. Los ciegos ven, los cojos andan, los leprosos son limpiados, los sordos oyen, los muertos son resucitados, y a los pobres es anunciado el evangelio; y bienaventurado es el que no halle tropiezo en mí" (11:2-6).

La pregunta de Juan a Jesús era, sin duda, importante. Señala que Juan el Bautista se había inquietado por el progreso del ministerio de la Palabra a través de Jesús. Como ya se ha indicado, la expresión "el que había de venir" es un título mesiánico y por lo

---

2. *Ibíd.*
3. *Sagrada Biblia*: Versión crítica sobre los textos hebreo, arameo y griego, por Francisco Cantera Burgos y Manuel Iglesias González (Madrid: Biblioteca de Autores Cristianos, 1979), p. 1096.

tanto, dichas palabras son una demanda directa de que el Señor lo expresara claramente (vea Mr. 11:9; He. 10:37).

Ha habido algún debate respecto de la pregunta de Juan. ¿Cómo es posible que alguien que públicamente reconoció que Jesús era el Mesías, ahora mostrase esa duda? Hay quienes, para disculpar a Juan, dicen que la pregunta fue hecha por causa de sus discípulos. Esa postura resulta difícil de aceptar si se toma en cuenta que la respuesta de Jesús fue dirigida a Juan (Mt. 10:4, 6). Otros creen que no fue una debilidad de la fe de Juan, sino de su paciencia.[4] Juan deseaba, dicen, una demostración de la condición de Mesías de parte del Señor. Estaba cansado de que el Señor escondiese lo que era. De manera que cansado de aguantar y esperar, pide al Señor que ponga a la luz la realidad de lo que Él era.

Finalmente, hay numerosos estudiantes de las Escrituras que entienden que el relato claramente expresa que la fe de Juan se debilitó, al menos en parte, en medio de la prueba por la que atravesaba. Recuérdese que estaba en la cárcel cuando mandó a sus discípulos al Señor. Juan había enseñado que el Mesías vendría, bautizando con Espíritu Santo y fuego (Mt. 3:11). Es decir, había dos aspectos del ministerio del Rey: Uno de misericordia y el otro de juicio. El Bautista, sin embargo, debido al desarrollo de los acontecimientos, no había aprendido a separar los dos elementos de misericordia y de juicio. Juan esperaba, por lo tanto, que el Mesías asumiese su papel autoritativo de Rey, subyugase a las naciones y ascendiese al trono de dominio universal. El ministerio de Jesús, sin embargo, no parecía progresar en esa dirección. No había el acceso espectacular al trono y al dominio universal y además, el Embajador del Rey estaba en la prisión en Maqueronte y en peligro de muerte. Su pregunta era: ¿Ha habido alguna equivocación? ¿Es realmente Jesús el Mesías? Juan estaba un tanto desconcertado. El problema de Juan, por lo tanto, no era de incredulidad, sino de perplejidad producida por la flaqueza de la fe en aquel momento particular.

La respuesta del Señor (Mt. 11:4-6) es esencialmente la siguiente: "Mis obras son la demostración de que soy el Mesías". Sus obras eran, sin duda, el cumplimiento de las profecías del Antiguo Testamento (Is. 29:17-19; 35:5-6; 42:1-7; 61:1). Las obras son ordenadas, según su poder, en pares y la obra mayor tiene que ver con la proclamación de la Palabra.[5]

Hoy día no es raro que el evangelio se predique a los pobres. Eso no se conocía en el judaísmo. La predicación del evangelio a los pobres, acompañado de una invitación para entrar en el Reino no era una práctica de los religiosos de aquellos tiempos.[6] Pero esa era, sin embargo, una de las promesas mesiánicas: "Y a los pobres es anunciado el evangelio" (11:5).

El versículo 6 parece dirigirse personalmente a Juan. Obsérvese que la oración está en singular. El contenido del versículo sugiere que va encaminado a animar a Juan a continuar en la fe aun cuando no comprenda lo que sucede: "Y bienaventurado el que no halle tropiezo en mí". Juan era una víctima de una percepción incompleta de la verdad. Aún no había aprendido a diferenciar los dos aspectos de la obra de Cristo,

---

4. Vea Alfred Plummer, "An Exegetical Commentary on the Gospel According to St. Matthew", p. 160.
5. *Ibíd.*
6. *Ibíd.*

representados por sus dos venidas. El Rey solo puede llegar a ser el Rey mesiánico de las Escrituras proféticas a través del sufrimiento. La expiación es un requisito previo para la ocupación del trono. El Rey accede al trono a través de la cruz. Es importante recordar que Cristo no ofreció el Reino sin la cruz. Su muerte era inevitable. Era imposible que Él reinase aparte de su muerte expiatoria en la cruz (Lc. 24:25-27; 1 P. 1:10-12).

"Mientras ellos se iban, comenzó Jesús a decir de Juan a la gente:
¿Qué salisteis a ver al desierto? ¿Una caña sacudida por el viento?
¿O qué salisteis a ver? ¿A un hombre cubierto de vestiduras delicadas?
He aquí, los que llevan vestiduras delicadas, en las casas de los reyes están.
Pero ¿qué salisteis a ver? ¿A un profeta? Sí, os digo, y más que profeta" (11:7-9).

Las palabras de elogio a Juan de parte de Jesús son extraordinarias. Recuérdese que Juan está pasando por un momento crítico que le ha causado titubear en su fe. La estupenda gracia del Señor le hace que no rebaje el carácter del Bautista, aunque éste haya dado ocasión para que su fe sea cuestionada. Plummer, el gran exegeta de la pasada generación, dice:

En la sociedad humana, se acostumbra a alabar a los hombres en su presencia o en presencia de sus amigos, y culparlos a sus espaldas. Jesús hace lo contrario en el caso de Juan. Tan pronto los mensajeros se van, Cristo prosigue a remover de la mente de la multitud la idea de que, porque Él ha pronunciado una reprensión a Juan el Bautista, que éste ha caído de su alta estima. Por el contrario, él es uno de los grandes hombres. Ese testimonio de los labios que lo pronunció es singular, y casi podría llamarse las exequias del Bautista, porque poco después Herodes consumó su muerte.[7]

Los versículos 11:7-9 constituyen un elogio del carácter de Juan de parte del Señor. La personalidad de Juan era muy similar a la de Elías el profeta, quien se enfrentó a los sacerdotes de Baal y los decapitó a todos. La firmeza heroica de Juan atrajo a las multitudes. El ministerio de Juan fue valiente, constante y determinante. Se enfrentó a los religiosos y los llamó "generación de víboras". Además, les advirtió del juicio que vendría sobre ellos si no se arrepentían (Mt. 3:8-12).

El Señor destaca, además, que Juan era indiferente a las comodidades materiales y al lujo que los hombres generalmente persiguen. Juan vivía en el "desierto" (*tein éreimon*). El desierto habla de juicio, disciplina y del llamado al arrepentimiento (Jn. 1:23). Tampoco era Juan "una caña sacudida por el viento", es decir, era un hombre de convicciones. No se dejaba influir por las opiniones humanas. Era como un roble robusto y firme.[8]

Juan no vestía ropas delicadas, sino que su vestido era de "pelo de camello" a semejanza de Elías. No comía manjares delicados, sino la comida vulgar del desierto. Juan el Bautista era un hombre escogido por Dios para realizar uno de los ministerios

---

7. *Ibíd.*, p. 161.
8. Vea William Hendriksen, *The Gospel of Matthew*, pp. 485-486.

más estupendos jamás encomendado a un ser humano: Ser el precursor o embajador del Mesías. Jesús dice que Juan era "más que profeta" (*kaì perissóteron prophéitou*). El vocablo *perissóteron* significa "más allá de la medida", "abundantemente". Lo que Jesús quiso decir es que Juan era "algo mucho mayor que un profeta" o "una persona que estaba por encima de cualquiera de los profetas de antaño". Robertson dice:

> Juan tenía todas las grandes cualidades del verdadero profeta: Vigoroso en sus convicciones morales, integridad, fuerza de voluntad, celo indomable y justicia.[9]

Juan era "más que profeta" en el sentido de ser el "mensajero enviado" para preparar el camino al Mesías. Es decir, no solo era "profeta", sino que él mismo era el heraldo profetizado (Mal. 3:1).

> *"Porque éste es de quien está escrito:*
> *He aquí, yo envío mi mensajero delante de tu faz,*
> *El cual preparará tu camino delante de ti.*
> *De cierto os digo: Entre los que nacen de mujer*
> *no se ha levantado otro mayor que Juan el Bautista;*
> *pero el más pequeño en el reino de los cielos, mayor es que él" (11:10-11).*

El versículo 10 declara que Juan era un profeta de quien la Palabra de Dios, a su vez, profetizó. Es en ese sentido que era "más que profeta". El versículo de Malaquías 3:1 es más bien una interpretación de ese texto dada por el Señor. Jesús sustituye el "delante de mí" de Malaquías por "delante de tu faz", afirmando de ese modo que el pasaje en el Antiguo Testamento tocante al precursor enviado delante de Jehová para preparar su camino se refiere a Jesús de Nazaret. O, dicho de otra manera, ¡las palabras del Señor son una afirmación implícita de que Él es Jehová!

El profesor Richard C. H. Lenski ofrece una explicación a la que vale la pena prestar atención:

> Jesús se refiere al original hebreo, no a la Septuaginta. La traducción generalmente es llamada "libre", pero de ningún modo es "libre"; hace muchísimo más que dar un sentido general al original. La traducción es interpretativa y la interpretación es mucho más exacta, como se preserva en Marcos 1:2; Lc. 7.27. Jehová se dirige a los israelitas que están esperando "al Señor" (*Ha' adon*), "el Mensajero del Pacto" (*Mal^each Habb^erith*), es decir, el Mesías. Incluso Malaquías diferencia entre Jehová y este Señor y Mensajero, como lo hace Ezequiel 34:11, etc., comparado con 34:23-24. Eso es lo que Jesús deja claro mediante el uso de los pronombres *egó* y *mou* (Jehová) y los tres *sou* (el Mesías). Jehová mismo vendrá a su pueblo, pero lo hará en la persona del Mesías. Y Juan es "el mensajero" de Jehová quien ha de preparar el camino del divino Mesías ("delante de ti"), como el precursor inmediato del Mesías... El sentido de Malaquías 3:1 es, por lo tanto, aclarado al demostrar

9. A. T. Robertson, *Word Pictures in the New Testament*, vol. 1, p. 88.

que en Juan y en Jesús esta profecía se cumplió y de ese modo la grandeza de Juan también es revelada.[10]

Las palabras respecto de las limitaciones del Precursor y su relativa inferioridad al más pequeño en el Reino de los cielos llaman la atención. Jesús habla de la grandeza de Juan. Como ya se ha señalado, Juan fue enviado por Dios para realizar la tarea más grande asignada a cualquier hombre, es decir, ser el precursor del Mesías. El Bautista cumplió su ministerio plenamente, como el mismo Mesías lo reconoce (Mt. 11:11a). Sin embargo las palabras: "Pero el más pequeño en el reino de los cielos es mayor que él" (Mt. 11:11b) desvelan el criterio por el cual el Señor mide la grandeza de un hombre. Esas palabras del Señor hablan de la grandeza del Reino. Sin duda, Juan fue el más grande de los santos del Nuevo Testamento: Presentó al Mesías, lo bautizó, predicó el mensaje de arrepentimiento necesario para entrar en el Reino pero Juan aún no estaba en el Reino, simplemente porque el Reino aún no había sido establecido. El Reino se había acercado y había sido ofrecido a la nación de Israel, pero la nación rechazó al Mesías y al hacerlo rechaza el Reino que Él le ofrece. Los hombres miden la grandeza usando criterios terrenales: Riqueza, trasfondo familiar, educación, fama, fortuna, logros humanos, etc. Cristo mide la grandeza por la cercanía a Él y a su Reino. Hay que estar de acuerdo con Hendriksen en que las palabras: "pero el más pequeño en el reino de los cielos, mayor es que él" (Mt. 11:11b) de ningún modo significan que Juan no era salvo.[11] Lo que sí significa es que quien está en el Reino es mayor que Juan en el sentido de que ocupa una posición más privilegiada que la que Juan tenía en aquel preciso momento. La posición de Juan en aquel momento era inferior a la que ocupará cualquiera dentro del Reino el día cuando éste se establezca. Ese hecho explica, por lo menos en parte, la confusión de Juan tocante al significado pleno del ministerio de Jesús. Eso señala, además, que el Reino mesiánico aún no se había establecido. Su establecimiento tendría que aguardar el regreso en gloria del Mesías.

"Desde los días de Juan el Bautista hasta ahora,
el reino de los cielos sufre violencia, y los violentos lo arrebatan.
Porque todos los profetas y la ley profetizaron hasta Juan" (11:12-13).

Juan el Bautista, con su venida, inauguró una nueva era, o sea, la presentación del Reino prometido. Juan proclamó la cercanía del Reino con gran énfasis y poder (Mt. 3:2). Jesús y sus discípulos hicieron el mismo anuncio (Mt. 4:17; 10:7). Es a la luz de esa realidad que hay que estudiar los versículos 11:12-19.

El contenido del versículo 12 es notoriamente difícil de interpretar. Se han ofrecido numerosas posibilidades. Hay quienes entienden que el Reino se está imponiendo o que está marchando vigorosamente y que hombres vigorosos se están apoderando de éste. Esta interpretación favorece la idea del progreso del Reino.[12]

---

10. Richard C.H. Lenski, *The Interpretation of St. Matthew's Gospel*, pp. 434-435.
11. William Hendriksen, *The Gospel of Matthew*, p. 488.
12. Vea William Hendriksen, *The Gospel of Matthew*, pp. 489-496. Vea la traducción de la *Sagrada Biblia* por Cantera Burgos e Iglesias González: "El reino de los cielos está irrumpiendo con violencia, y violentos lo arrebatan" (Mt. 11:12).

Otros entienden que la frase "el reino de los cielos sufre violencia, y los violentos lo arrebatan" quiere decir que el Reino está avanzando violentamente y que los hombres lo están asaltando para entrar. Este punto de vista parece ser muy semejante al anterior. Sin embargo, sus exponentes ven un sentido desfavorable en esas palabras y piensan que se refiere a la captura ilegal del Reino por judíos incrédulos como lo intentaron algunos judíos rebeldes en el año 135 d.C.

La palabra clave en el versículo 12 es el verbo *biádsetai*, traducido en la Reina— Valera 1960 "sufre violencia". El problema radica en el hecho de que el verbo *biádso* es un verbo *deponente*. Eso significa que tiene forma pasiva o media, pero significado activo.[13] "La forma media significa 'aplicar fuerza', 'entrar forzadamente'. La forma pasiva significa 'ser tratado violentamente', 'recibir oposición', 'sufrir violencia'".[14] Debe recordarse que un verbo en la *voz media* significa que el sujeto de dicho verbo realiza y al mismo tiempo participa de la acción. Es decir, el sujeto realiza una acción en beneficio propio. En la voz pasiva, el sujeto recibe la acción realizada por el verbo.

Si *biádsetai* se toma en la voz media, entonces se refiere a la energía invertida por los discípulos para entrar en el Reino. Tal cosa no se enseña en el Nuevo Testamento. Las Escrituras enseñan que la entrada en el Reino del Mesías es por *fe* no por *fuerza*. Se entra mediante la *regeneración*, no mediante *revolución*.

La mejor solución, a la luz del contexto, es tomar el verbo *biádsetai*, traducido "sufre violencia", con función pasiva, tal como aparece en la Reina—Valera 1960. Dicha expresión recibe un sentido desfavorable y se refiere a los gobernantes judíos que intentaban apoderarse del Reino y hacerlo conformarse a sus ideas. Fue sobre esa base que rechazaron tanto al Mesías como a su mensaje. Varios factores apoyan esa postura: (1) El hecho de que Mateo se refiere a un intervalo de tiempo ("desde" [*apó*], "hasta ahora" [*héus árti*], v.12). Ciertamente hubo revueltas políticas con anterioridad, como la de los Macabeos. De modo que Cristo se refería a los tiempos de Juan el Bautista. (2) Una interpretación correcta de Lucas 16:16 respalda la postura de que Jesús se refería a la oposición de los dirigentes judíos. La frase de Lucas 16:16 "y todos se esfuerzan por entrar en él" (*kaì pâs ais autèin biádsetai*) es crucial para la comprensión del pasaje y de la enseñanza tanto en Lucas como en Mateo. El centro hermenéutico tiene que ver con la preposición *eis*, traducida "en". Dicha preposición puede traducirse "contra" o "en contra de", tal como los traductores de la Reina—Valera 1960 la traducen en Lucas 12:10: "A todo aquel que dijere alguna palabra contra (*eis*)...", y también en Lucas 15:18: "Padre, he pecado contra (*eis*) el cielo" (vea también Hch. 6:11). A lo dicho, puede añadirse las palabras de Cristo a los escribas y fariseos: "Mas, ¡ay de vosotros, escribas y fariseos, hipócritas! Porque cerráis el reino de los cielos delante de los hombres; pues ni entráis vosotros, ni dejáis entrar a los que están entrando" (Mt. 23:13). El profesor Stanley D. Toussaint explica lo siguiente:

> Los dirigentes (judíos) intentaban arrebatarle las riendas del Reino al Mesías y hacer que el Reino se adaptase a sus placeres. Su hipocresía y su odio de Jesús y de Juan hizo que el Reino sufriese violencia. Mediante su oposición a

---

13. Vea H. E. Dana y Julius R. Mantey, *Gramática griega del Nuevo Testamento*, p. 157.
14. Fritz Rienecker, *A Linguistic Key to the Greek New Testament*, vol. I, p. 32.

éste, lo arrebataban de la gente. El encarcelamiento de Juan era un testimonio frío y real del rechazo de los dirigentes a su mensaje, el mismo proclamado por el Rey y por sus evangelistas. No querían arrepentirse ni "hacer frutos dignos de arrepentimiento".[15]

Resumiendo: Mateo 11:12 no dice que el Reino estaba "avanzando con fuerza" en aquel tiempo. Tampoco enseña que estaba forzando su entrada ni avanzando violentamente. Tampoco enseña que los hombres estaban asaltándolo para entrar en él.

Lo que el versículo enseña es que los dirigentes de la nación de Israel: Escribas, fariseos, saduceos y sacerdotes se oponían al establecimiento del Reino del Mesías. El verbo *biádsetai* está correctamente traducido como "sufre violencia" en la Reina—Valera 1960. El Reino proclamado por Juan, Jesús y los apóstoles sufría violencia en el sentido de que los dirigentes judíos se oponían a su establecimiento. Ellos eran los "hombres violentos" (*biastai*) que estaban "en contra" (*eis*) del establecimiento del Reino del Mesías. Querían un reino "a su manera", es decir, que mantuviese las normas, la ética y las prebendas que exigían.

El rechazo del Reino de parte de los dirigentes judíos es evidente. En primer lugar, rechazaron a Juan el Bautista, el Precursor del Mesías. Luego, rechazaron a Jesús, acusándolo de estar en consonancia con el "príncipe de los demonios" (Mt. 9:34) y a la postre, lo entregaron en manos inicuas para que fuese crucificado. El rótulo que pusieron sobre su cabeza cuando fue crucificado es sumamente elocuente: "Y pusieron sobre su cabeza su causa escrita: ESTE ES JESÚS, EL REY DE LOS JUDÍOS" (Mt. 27:37). Esos fueron "los violentos" que no admitieron el establecimiento de un Reino sobre la base de los requisitos espirituales, éticos y morales exigidos por el Mesías. Por eso querían "arrebatarlo" (*harpádsousin autèin*), es decir, tomarlo por la fuerza para hacerlo a su gusto. Aquellos hombres estaban espiritualmente ciegos. No entendían que era necesario un cambio espiritual primero ("arrepentíos", Mt. 3:2; 4:17). Sin arrepentimiento no hay perdón, y sin perdón no hay bendición. Ser "simiente de Abraham" era un requisito físico, pero eso no es suficiente. Hay que cumplir con el requisito espiritual, es decir, el nuevo nacimiento (Jn. 3:3, 5). Solo se entra en el Reino mediante la fe en el Mesías.

El "porque" (*gar*) del versículo 13 es explicativo. Los profetas y la ley se refiere a las Escrituras inspiradas del Antiguo Testamento. La revelación perteneciente al Antiguo Testamento respecto a la venida del Mesías termina con Juan el Bautista (*héôs Ioánnou eprophéitensan*). La venida de Juan puso fin al período profético. "Con Juan el Bautista se termina el tiempo de la profecía; no esperéis más avisos sobre el Mesías".[16] El aoristo indicativo "profetizaron" contempla la realidad histórica de la revelación de Dios. El Señor habló extensamente tocante a la venida del Mesías en el Antiguo Testamento. Ahora, a partir de Juan, las Escrituras hablan del cumplimiento de las profecías.

"Y si queréis recibirlo, él es aquel Elías que había de venir.
El que tiene oídos para oír, oiga" (11:14-15).

---

15. Stanley D. Toussaint, *Behold the King*, p. 152.
16. Pierre Bonnard, *Evangelio según Mateo*, pp. 252-253.

Como indica el versículo 13, la ley y los profetas fueron "hasta Juan" (*héôs Ioánnou*). Juan comenzó a anunciar que "el reino de los cielos se ha acercado" (Mt. 3:2) y de ese modo comenzó una nueva edad. La era anunciada por Juan, sin embargo, no es diferente *en clase* de la era de la ley y los profetas. Es diferente en *rango* o en *escala*. Su mensaje contenía el dato adicional: "el Reino se ha acercado" (Mt. 3:2).

La declaración del versículo 14: "Y si queréis recibirlo, él mismo es Elías, el que está para venir" (traducción del griego) fluye naturalmente. En efecto, el Señor dice: "Asumiendo que estáis dispuestos a recibir a Juan y su ministerio, él se hace para vosotros Elías quien debía venir antes del establecimiento del Reino, según Malaquías 4:5-6". Está profetizado en Malaquías que Elías volvería antes de la venida del Reino mesiánico. Ahora bien, Juan vino en el espíritu y el poder de Elías y había otras extraordinarias semejanzas entre los dos hombres (vea Mt. 11:13-19). De modo que hay una "naturaleza condicional" tocante al Reino que se relaciona con la respuesta de la nación. La condición, sin embargo, no se relaciona con la *realidad* de la venida del Reino, sino solamente con el *tiempo* de su venida. Si Israel hubiese respondido, el Reino hubiese venido inmediatamente después de la cruz y de la tribulación. Puesto que Israel no respondió, la nación tiene que entrar en un largo y doloroso período de juicio divino, durante el cual los gentiles tendrán la custodia del Reino (vea Mt. 21:43). Después de ese tiempo, la nación regresará y se beneficiará del favor divino mediante el instrumento de la gracia soberana y entonces "todo Israel será salvo" (vea Zac. 12:10; Ro. 11:11-32). El hecho de que la nación rechazó al Mesías está claramente registrado en Mateo 17:10-13.

> *"Mas ¿a qué compararé esta generación?*
> *Es semejante a los muchachos que se sientan en las plazas,*
> *y dan voces a sus compañeros, diciendo:*
> *Os tocamos flauta, y no bailasteis; os endechamos, y no*
>   *lamentasteis" (11:16-17).*

En estos versículos el Señor ilustra la condición de la nación de Israel. Compara aquella generación y su actitud hacia Juan y hacia Él con un juego de farsa. Eran como niños que no participaban del juego por enojo o enfado.

Juan vino con un mensaje severo, llamando al arrepentimiento, pero no quisieron "jugar su juego" y lo acusaron de estar endemoniado. Luego vino el Señor en la libertad de la gracia, no ayunaba como Juan y tampoco quisieron "jugar su juego". Rechazaron su libertad y su sociabilidad. Eso demuestra que el corazón de ellos estaba cerrado y lleno de orgullo.

El Señor dice al final del versículo 19 que "la sabiduría es justificada por sus hijos". Aquel pueblo estaba viviendo en una etapa de necedad total. El Señor les presenta dos escenas: La de una boda y la de un funeral, pero la gente no reacciona frente a ninguna de las dos situaciones. La ilustración va encaminada a demostrar que la nación rechazó a Juan, acusándolo de endemoniado y a Jesús, acusándolo de ser amigo de publicanos y pecadores. El pueblo llamado a guiar a los ciegos anda ciego por su orgullo. Más adelante el Señor les recordará las palabras de Isaías: "Este pueblo de labios me honra; mas su corazón está lejos de mí" (Mt. 15:8).

Resumiendo: Al llegar al capítulo 11, la nación de Israel prácticamente ha rechazado al Rey y al Reino mesiánico. Por supuesto, el acto final de ese rechazo tendrá lugar cuando Jesús es clavado en la cruz y muerto. La cuestión, sin embargo, está totalmente clara y la reacción de la nación es completamente negativa.

Una acusación hecha contra el Señor fue que era "amigo de publicanos y pecadores". Los opositores del Mesías dijeron una enorme verdad acerca de Él. Su amistad con "publicanos y pecadores" no significa que el Señor suavizó su concepto del pecado. Lo que sí quería decir es que manifestó su compasión y su gracia hacia los perdidos. Ya había dicho que "los sanos no necesitan del médico, sino los enfermos" (Mt. 9:12). La compasión del Señor hacia los pecadores demuestra que hay esperanza para aquel que vive sin esperanza. Todo aquel que reconoce su pecado y viene a Cristo por la fe es perdonado y recibido para salvación.

Finalmente hay que decir que hasta el día de hoy la nación de Israel vive de espaldas a Dios. Ese pueblo aún hoy rechaza a su Mesías. El día que se arrepienta y alce sus ojos a Jesucristo, recibirá el perdón de Dios y entrará en los vínculos del pacto (Ez. 20:37-38).

Demostrado en la indiferencia de las tres ciudades donde había predicado y sanado (11:20-24)

El evangelista Mateo dice repetidas veces que Jesús: "recorría toda Galilea enseñando, predicando y sanando enfermos" (vea Mt. 4:23; 9:35; 11:1). Las ciudades situadas en los alrededores del Mar de Galilea, sin duda, fueron testigos de innumerables milagros efectuados por el Señor y seguramente, escucharon muchas de sus enseñanzas. Pero es evidente que aquel pueblo que vio tantas señales mesiánicas permaneció indiferente frente al gran despliegue de poder y de gracia del Mesías.

"Entonces comenzó a reconvenir a las ciudades
en las cuales había hecho muchos de sus milagros,
porque no se habían arrepentido, diciendo:
¡Ay de ti, Corazín! ¡Ay de ti, Betsaida!
Porque si en Tiro y en Sidón se hubieran hecho los milagros
*   que han sido hechos en vosotras,*
tiempo ha que se hubieran arrepentido en cilicio y en ceniza" (11:20-21).

A partir de Mateo 11:20 hay un cambio en el acercamiento del Señor a quienes ministra la Palabra. Ese cambio se observa en el uso del vocabulario que aparece de aquí en adelante. "Entonces comenzó" (*tóte eírxato*). Esa expresión es una fórmula literaria usada por Mateo para señalar un nuevo giro en el ministerio de Jesús (vea Mt. 2:7; 3:5, traducido "y" en la Reina—Valera 1960; 4:1).

Después de hablar de un modo tan penetrante tocante a la perversidad de la generación de su día, comparándola con muchachos mal avenidos que no saben jugar con sus compañeros, el Señor Jesús comenzó a redargüir y reprender las ciudades de los alrededores de Capernaum por su rechazo del mensaje proclamado tanto por Juan como por Él. El vocablo traducido "reconvenir" (*oneidídsein*) es un término bastante fuerte que significa "reprochar", "insultar", "injuriar". Rechazar el mensaje del cielo es algo sumamente serio. Como ya se ha señalado la expresión "entonces comenzó" es como una línea divisoria entre lo que precede y lo que sigue en este Evangelio. El verbo "comenzó" (*eírxato*) es el aoristo indicativo de *árchomai*, que significa "comenzar". El aoristo señala a un momento concreto y el indicativo a una realidad histórica. Este vocablo es un recordatorio del hecho de que el Rey un día tendrá que ocuparse del juicio retributivo. Aquella era la frase inicial pero a la postre, habrá un juicio final que tendrá su culminación en el lago de fuego (vea Mt. 13:13-15).

Los "ayes" mencionados aquí, por lo tanto, anticipan situaciones similares a las que se mencionan en el Apocalipsis (vea Ap. 8:13; 9:12; 11:14; 12:12). Tampoco deben olvidarse las palabras del Señor a los fariseos en los capítulos 18 y 23 de este Evangelio.

"Las ciudades en las cuales había hecho muchos milagros" ¿Cuál era el pecado de aquellas ciudades? ¿Sensualidad, corrupción, inmoralidad? Seguramente todo eso existía, pero el pecado por el que el Señor reprocha y reprende a aquellas ciudades era la indiferencia que habían demostrado ante las afirmaciones del Mesías. La aplicación de esa verdad debe ser manifiesta a todos.

"Porque no se habían arrepentido" (*hóti ou metenóeisan*). El tiempo aoristo del verbo *metenóeisan* sugiere que cuando aquella gente escuchó el mensaje y el llamado de Dios no realizó el *acto* de arrepentimiento, es decir, no hubo un cambio en el modo de pensar, ni hubo un cambio de rumbo en ellos. Aquel pueblo había sido llamado al arrepentimiento repetidas veces tanto por Juan como por Jesús. El arrepentimiento, según el judaísmo, siempre tenía como sentido primario producir un cambio de actitud hacia Dios en la conducta de una persona. Los habitantes de las ciudades mencionadas habían sido llamados al arrepentimiento y "puesto que Jesús mismo ha hecho ese llamado (Mt. 4:17), quienes no se arrepienten son culpables de desobediencia a Él".[17]

La razón del juicio mayor sobre Corazín y Betsaida es que fueron más privilegiadas que Tiro y Sidón: "porque si en Tiro y en Sidón se hubieran hecho los milagros que han sido hechos en vosotras, tiempo ha que se hubieran arrepentido en cilicio y en ceniza" (Mt. 11:21). Lucas el evangelista dice: "porque a todo a quien se le haya confiado mucho, mucho se le demandará; y al que mucho se le haya confiado, más se le pedirá" (Lc. 12:48). Nelson y Rojas proporcionan la siguiente información:

> Corazín se ha identificado con las ruinas de Khirbet Kerase, a tres kilómetros al norte de Capernaum. En estas ruinas se hallan los vestigios de una sinagoga hecha de basalto negro, con un asiento especial; seguramente esta era la "cátedra de Moisés" (Mt. 23:2) que formaba parte del mobiliario de las sinagogas.[18]

Mateo 11:21 contiene la única mención de Corazín en el Nuevo Testamento junto con Lucas 10:13. Tampoco hay mención específica de milagros hechos en Corazín. Pero indudablemente, las ciudades de Corazín, Betsaida y Capernaum estaban tan cerca la una de la otra que los habitantes de cada una de esas ciudades presenciaron los milagros hechos en cada uno de esos lugares. Betsaida significa "casa de la pesca". Esta ciudad estaba situada en la margen norte del lago de Galilea y cerca del río Jordán. Era

17. W. D. Davies y Dale C. Allison hijo, "The Gospel According to Saint Matthew", p. 266.
18. Wilton M. Nelson y Juan Rojas Mayo, "Nuevo diccionario ilustrado de la Biblia" (Miami: Editorial Caribe, 1998), p. 210.

la ciudad de Felipe, Andrés y Pedro (Jn. 1:44). Probablemente, en las inmediaciones de Betsaida el Señor alimentó a una gran multitud con cinco panes y dos peces (Jn. 6:1-15). Las palabras de Cristo registradas por Mateo sugieren que el Señor hizo grandes milagros en presencia de los habitantes de Corazín y Betsaida. Aquella gente, sin embargo, permaneció totalmente indiferente frente a todas aquellas señales mesiánicas. Literalmente no creyeron lo que habían visto y oído.

El gran expositor, exégeta y maestro Samuel Lewis Johnson ha hecho la siguiente observación:

> Aquí surge una pregunta: Si Tiro y Sidón se hubiesen arrepentido, suponiendo que los milagros hechos en Corazín y Betsaida se hubiesen hecho allí, ¿por qué, entonces, no se le dieron esas bendiciones a Tiro y Sidón? La respuesta a esa pregunta no es fácil. Por supuesto, podría señalarse que cuando Tiro y Sidón florecieron, el Mesías no había venido aún. O, uno podría señalar a ciertas respuestas específicas ocurridas en aquella área (vea Mt. 4:24; 15:21-28). En un último análisis, sin embargo, uno tiene que admitir que "las cosas secretas pertenecen a Jehová nuestro Dios; mas las reveladas son para nosotros y para nuestros hijos para siempre, para que cumplamos todas las palabras de esta ley" (Dt. 29:29).[19]

Sí puede decirse, no obstante, que Tiro y Sidón no quedaron sin testimonio aunque ambas ciudades eran notorias por su idolatría y su pecaminosidad. Pero como sugiere Lenski: "El caso de Tiro y Sidón, por lo tanto, hay que ubicarlo en el ámbito de la providencia divina y no en el de la gracia salvífica".[20]

El peso de las palabras del Señor recae sobre Corazín y Betsaida, cuyos habitantes permanecieron endurecidos a pesar de haber visto tantas maravillosas señales. Los habitantes de Tiro y Sidón serán juzgados por Dios pero su juicio será menos severo que el de Corazín y Betsaida. Como dice David Hill: "La suerte de Tiro y Sidón será más afortunada, porque su oportunidad fue menor que la de Corazín y Betsaida".[21] El principio de la responsabilidad estará vigente: Quienes oyen el evangelio y lo rehúsan, caen bajo el principio divino de Mateo 10:15: "De cierto os digo que en el día del juicio, será más tolerable el castigo para la tierra de Sodoma y de Gomorra, que para aquella ciudad". "A quien mucho se le da, mucho se le demanda" (Lc. 12:48).

> *"Y tú, Capernaum, que eres levantada hasta el cielo, hasta el Hades serás abatida;*
> *porque si en Sodoma se hubieran hecho los milagros que han sido hechos en ti, habría permanecido hasta el día de hoy.*
> *Por tanto os digo que en el día del juicio, será más tolerable el castigo para la tierra de Sodoma, que para ti" (11:23-24).*

La censura del Señor a Capernaum es, sin duda, sorprendente: Para comenzar,

---

19. Samuel Lewis Johnson, "Notas inéditas de la exposición de Mateo" (1975).
20. Richard C. H. Lenski, "The Interpretation of St. Matthew's Gospel", p. 446.
21. David Hill, "The Gospel of Matthew", p. 203.

hay que mencionar un problema textual en el versículo 23. Los mejores manuscritos registran este versículo en forma de una pregunta:

"Y tú, Capernaum, ¿acaso serás levantada hasta el cielo? No, sino que descenderás hasta el abismo" (Mt. 11:23, *Nueva Versión Internacional*).

"Y tú, Capernaum, ¿serás elevada hasta el cielo? ¡Descenderás hasta el infierno!" (*Sagrada Biblia*, Cantera-Iglesias).[22]

El sustantivo Capernaum aparece 16 veces en el Nuevo Testamento y significa "la ciudad de Nahum". Estaba junto a la orilla noroccidental del Mar de Galilea y a unos 4 km. al oeste del sitio donde el Jordán hace su entrada en el lago. La ciudad tenía una sinagoga que había sido edificada bajo los auspicios de un centurión romano (Lc. 7:1-10). El Señor enseñó muchas veces en esa sinagoga (Mr. 1:21). Jesús residía allí desde su salida de Nazaret. Capernaum era conocida como "su ciudad" (Mt. 9:1; Mr. 2:1). No cabe duda que Capernaum fue una ciudad privilegiada. Allí vivió el Mesías, predicó, enseñó y realizó muchos de sus estupendos milagros, los habitantes de la ciudad vieron la sencillez y la rectitud de la vida del Mesías. No podían objetar ni a su mensaje ni a su comportamiento. Tampoco podían refutar la realidad de sus milagros.

Las palabras del Señor podrían expresarse así: "Y en lo que a ti concierne, Capernaum, ¿no serás exaltada al cielo, verdad que no?" La respuesta a la pregunta requiere un rotundo *NO*, pero irónicamente eso era exactamente lo que Capernaum, en su orgullo y estado de impenitencia, esperaba. Pero aquella ciudad rebelde no sería exaltada al cielo, sino que sería humillada en las profundidades del Hades.

El versículo 24 afirma la realidad de un juicio futuro. "Por tanto" (*pleín*) es un adverbio que hace la función de conjunción para introducir la oración. "En el día del juicio" (*an heimérai kríseôs*). Ese día aún no ha llegado. La ciudad de Sodoma fue juzgada por Dios en el pasado, pero ese fue un juicio terrenal (Gn. 19). Los habitantes de Sodoma todavía tendrán que comparecer delante del juicio del Gran Trono Blanco (Ap. 20:11-15). Obsérvese el verbo "será" (*éstai*), que es futuro indicativo de "ser" (*eimi*). Obsérvese también el adjetivo comparativo que acompaña al verbo "será más tolerable" (*anektóteron éstai*). Esa frase se usa para referirse a que el día del juicio final será más tolerable para Sodoma (Gn. 19:24ss) que para los lugares en que Jesús desarrolló su actividad (Mt. 10:15; 11:24; Lc. 10:12).[23] Esa es una horrenda declaración cuando uno recuerda lo que sucedió con las ciudades de Sodoma y Gomorra. El orgullo de Capernaum le llevó a endurecer su corazón. El resultado fue el rechazo del Mesías. El pecado de los habitantes de Capernaum fue, por lo tanto, mucho peor que el de Sodoma y Gomorra, es decir, rehusaron arrepentirse.

22. Tanto la versión en catalán como en gallego captan la lectura del texto crítico: "Y tú, Cafarnaúm, ¿et creus que seràs enaltada fins al cel? Al país dels morts baixaràs¡" (*La Biblia*, Traducció intercofessional en català, Societat Bíblica, 1993). "E ti, Cafarnaúm: ¿Seica pensas que vas cegar ata o ceo? ¡Asolagaraste no abismo!" (*A Biblia*, As Edicións do Adro, Sociedade de Estudios, Publicacións e Traballos SEPT).
23. Horst Baltz y Gerhard Schneider, *Diccionario exegético del Nuevo Testamento*, vol. I, pp. 287-288.

DEMOSTRADO EN LA INVITACIÓN MISERICORDIOSA HECHA AL PUEBLO (11:25-30)

"En aquel tiempo, respondiendo Jesús, dijo:
Te alabo, Padre, Señor del cielo y de la tierra,
porque escondiste estas cosas de los sabios y de los entendidos,
y las revelaste a los niños" (11:25).

Mateo 11:25-30 señala un gran contraste con el pasaje anterior. Después de pronunciar una dura invectiva en contra de las ciudades impenitentes, el Señor pronuncia una maravillosa expresión de gratitud al Padre celestial. William Hendriksen está en lo correcto cuando señala que el contexto de las palabras de Jesús se comprende mejor en el ambiente de Lucas 10.[24] Parece que el Señor pronunció esas palabras después del regreso de los setenta que habían sido enviados "de dos en dos delante de él a toda ciudad y lugar adonde él había de ir" (Lc. 10:1). Al regresar de su misión "los setenta [volvieron] con gozo, diciendo: Señor, aun los demonios se nos sujetan en tu nombre" (Lc. 10:17). Al oír sus palabras y ver su entusiasmo tocante al echar fuera demonios en su nombre, el Señor exclamó: "Te alabo, Padre" (*exomologoûmaí soi páter*). El verbo *exomologoûmaí* es un compuesto (*ek* + *omologéo*). Este verbo aparece 10 veces en el Nuevo Testamento, siempre en la voz media con la excepción de Lucas 22:6.[25] El reconocido exegeta Richard C. H. Lenski dice:

> El verbo *exomologeîsthai* con el dativo significa más que "dar gracias" o incluso que "alabar". La intensificación mediante la adición del *ek* añade la idea de reconocer o confesar la noción de grandeza o de apertura: "Yo abiertamente confieso (o reconozco) a tu honor", y el "porque" (*hóti*) declara que es reconocido de ese modo.[26]

El sustantivo "Padre" (*páter*) es particularmente apropiado aquí, ya que sugiere el carácter único del Dios trinitario, como también el hecho de ser el Padre espiritual de "los niños" (*neipíois*). La expresión "Señor del cielo y de la tierra" (*kýrie toû ouranoû kaì teîs geîs*), sugiere la absoluta soberanía de Dios sobre todas las cosas y por lo tanto, su derecho a ejercer gracia distintiva en sus acciones hacia los hombres. El tema de la soberanía de Dios es central en las Escrituras. Dios es el Creador y Dueño de todas las cosas y por lo tanto, es el Soberano. Nada está fuera de su control.

"Porque escondiste estas cosas". El tiempo aoristo indicativo "escondiste" (*ékrypsas*) confirma la acción soberana de Dios. La expresión "estas cosas" (*tauta*) apunta, a la luz de contexto, a la importancia de los milagros mesiánicos realizados por el Señor. También podría incluir las enseñanzas contenidas en este segundo gran discurso.[27] Otro autor dice:

---

24. Vea William Hendriksen, *The Gospel of Matthew*, pp. 497-500.
25. Vea Horst Baltz y Gerhard Schneider, *Diccionario exegético del Nuevo Testamento*, pp. 1442-1445. Debe recordarse que la voz media es aquella en la que el sujeto participa de la acción del verbo.
26. Richard C. H. Lenski, *The Interpretation of St Matthew's Gospel*, p. 449.
27. Vea John A. Broadus, *Comentario sobre el Evangelio según Mateo*, p. 322.

"Estas cosas" probablemente se refiere (en el contexto de Mateo) a los "milagros" ['obras poderosas'] del párrafo anterior, los acontecimientos de importancia escatológica que dan testimonio de la aparición del Reino.[28]

El Señor Jesucristo se regocija (alaba al Padre) tanto por el "esconder" (*égrypsas*) como por el "revelar" (*apekálypsas*). Eso parece algo extraño hasta que se considera el resto del versículo. "Los sabios y los entendidos" (*sofôn kaì synetôn*), en el contexto, parece referirse a los escribas y los fariseos que se consideraban muy sofisticados, pero estaban llenos de incredulidad (vea Mt. 23).[29] A la luz del contraste con "los niños" en la cláusula siguiente, parece ser que la expresión "sabios y entendidos" es lo contrario de "los niños". Por lo tanto, si "niños" se refiere a personas que no han avanzado mucho en el crecimiento y tienen que depender de otros, los "sabios y entendidos" tiene que referirse a los que no tienen sentido de la necesidad de dependencia. Dicho de otro modo, espiritualmente hablando, los "niños" son aquellos que, conociendo sus debilidades y su necesidad de Dios, comprenden que no pueden ser salvos por sus propios esfuerzos, mientras que los "sabios y prudentes son los que, debido a su sabiduría, intelecto y orgullo, creen que tienen poca necesidad del Señor y por lo tanto, pueden salvarse a sí mismos".[30] "Sabios y entendidos" es una referencia a quienes se creen autosuficientes y endurecen su corazón. Jesús se regocija por el hecho de que es el creyente sencillo que depende de Dios el que recibe la bendición y no el que es orgulloso e independiente. "El órgano para la recepción del Evangelio no es una cabeza sabia, sino el corazón creyente que confía en Cristo".[31]

"Sí, Padre, porque así te agradó" (11:26).

El texto griego dice: "Sí, Padre, porque de ese modo fue agradable en tu presencia". La afirmación" "sí" (*naì*) sugiere la perfecta armonía entre el Hijo y el Padre. La doctrina de la Trinidad es fundamental para la fe cristiana. El Padre, el Hijo y el Espíritu Santo son Tres Personas divinas que participan de una sola y única sustancia.

"Te agradó" (*eudokía egéneto*). El vocablo *eudokía* significa "complacencia", "voluntad", "decreto". Aquí en Mateo 11:26, evidentemente, significa "el libre *decreto* de Dios".[32] Ese es también el uso que Pablo da a dicho vocablo en Efesios 1:5, 9.[33] "Los sabios y entendidos" no han podido conocer a Dios mediante la sabiduría. Por lo tanto: "Agradó a Dios" (*eudókeisen ho theòs*) salvar a los que creen mediante la locura del contenido de lo que se predica (vea 1 Co. 1:21).

"Todas las cosas me fueron entregadas por mi Padre;
y nadie conoce al Hijo, sino el Padre, ni al Padre conoce alguno, sino el Hijo,
y aquel a quien el Hijo lo quiera revelar" (11:27).

---

28. David Hill, "The Gospel of Mattew", p. 205.
29. Vea John A. Broadus, *Comentario sobre el Evangelio según Mateo*, p. 323.
30. Vea William Hendriksen, *The Gospel of Matthew*, p. 499.
31. Samuel Lewis Jonson, "Notas inéditas de la exposición de Mateo", (1975).
32. Vea Horst Baltz y Gerhard Schneider, *Diccionario exegético del Nuevo Testamento*, p. 1656.
33. *Ibíd.*

La expresión "todas las cosas" (*pánta*) es un solo vocablo y es un término *inclusivo*. ¿Qué significa "todas las cosas"? Tomado dentro del contexto de Mateo y particularmente, los capítulos 8 en adelante, tiene que incluir autoridad sobre la naturaleza, autoridad sobre las enfermedades y la muerte, sobre Satanás y autoridad sobre los hombres, es decir, para salvar sus almas y darles vida eterna o "todas las cosas" necesarias para hacer posible que un ser humano será verdaderamente bendecido. Asombra y estremece la mente contemplar la fuerza de esas palabras. El tiempo del verbo "fueron entregadas" (*paredóthei*) es un aoristo, voz pasiva, modo indicativo de *paradídômi*, que significa "entregar", "abandonar" o "transferir a la disposición de otra persona". Hay quienes sitúan ese acto dentro del tiempo y lo hacen referirse a la encarnación.[34] Pero el versículo anterior, que claramente se refiere al beneplácito de la soberana voluntad de Dios, frecuentemente enlazado por Pablo con las doctrinas de la preordenación y la elección (vea Ef. 1:3-14), conduce a la postura de que el verbo se refiere al consejo eterno dentro de la Santísima Trinidad. La expresión "me fueron entregadas" abarca, por lo tanto, toda la inversión de poder y autoridad comunicadas por el Padre al Hijo. El Hijo, por lo tanto, posee autoridad sobre "todas las cosas" (*pánta*). Esa autoridad incluye el acto de revelar al Padre. El Hijo es el único que posee esa autoridad: "A Dios nadie le vio jamás, el Unigénito Hijo, que está en el seno del Padre, él le ha dado a conocer" (Jn. 1:18).[35]

En segundo lugar, debe prestarse atención a la expresión "mi Padre" (*patrós mou*). Fue precisamente por usar esa expresión por la que los judíos procuraban matar a Jesús. "Porque también decía que Dios era su propio Padre, haciéndose igual a Dios" (Jn. 5:18). Más adelante, los dirigentes judíos acusaron al Señor de "blasfemia", diciendo: "Porque tú, siendo hombre, te haces Dios" (Jn. 10:33). Las autoridades judías entendieron que las cosas que Jesús hacía solo Dios podía hacerlas. Pero además, al oír al Señor referirse a Dios como "mi Padre", tomaron esa identificación como una blasfemia. Eso, a la postre, hizo que le condenaran a morir (vea Jn. 19:7).

Es evidente, pues, que la frase "y nadie conoce el Hijo, sino el Padre" expresa que una de las características importantes de la "transferencia" (*paredóthei*) hecha por el Padre es el pleno conocimiento de Él (*kaì oudeìs epignóskei tòn huiòn ei mèi ho patèir*) y por lo tanto, existe un conocimiento mutuo entre el Padre y el Hijo que tiene un carácter único. Martin Chemnitz, en su obra clásica *The Two Natures in Christ* ("Las dos naturalezas en Cristo"), cita a Martín Lucero de la manera siguiente:

De nuevo, sobre Mateo 11:27: "Todas las cosas me fueron entregadas por mi Padre". El que dice "todas las cosas" no omite nada. Por lo tanto, Dios es verdadero. Salmo 8:6 concuerda: "Todo lo pusiste debajo de sus pies". De nuevo, cuando dice: "Me fueron *entregadas*" (Mt. 11:27), demuestra que es verdaderamente un hombre que recibió del Padre. Porque Dios no daría todas las cosas a un simple hombre, ni tampoco Dios en un sentido absoluto

---

34. Vea Richard C. Lenski, *The Interpretation of St. Matthew's Gospel*, p. 454.
35. El hallazgo de los papiros p66 y p75, ponen de manifiesto que la lectura correcta de Juan 1:18 es "el Unigénito Dios", en vez de "el Unigénito Hijo". Este versículo refuerza la enseñanza bíblica de la absoluta deidad del Hijo. Vea Bruce M. Metzger, *A Textual Commentary on the Greek New Testament* (Londres: United Bible Societies, 1975), p. 198.

recibiría alguna cosa de alguien. Ni puede un mero hombre estar sobre todas las cosas, ni Dios estar bajo Dios. Por lo tanto, verdadero Dios y verdadero hombre se juntan en esta persona única.[36]

El conocimiento que cada Persona divina tiene de la otra es profundo, experimental y único (Jn. 10:14-15). La relación entre el Padre Trinitario y el Hijo es desde toda la eternidad (Jn. 17:5).

"Ni al Padre conoce alguno, sino el Hijo". El mismo "conocimiento" (*epiginóskei*) que el Padre tiene del Hijo, lo tiene el Hijo del Padre. Cristo es el Revelador del Padre y realmente de toda la deidad (Jn. 1:18). El Verbo (*ho lógos*) es la manifestación visible de Dios (Jn. 1:1-2). Rechazar las palabras de Mateo 11:27, diciendo que es una enseñanza extraída de los escritos de Juan o que es de origen belenista son argumentos que carecen de fundamento. Tampoco es válido el argumento de que el uso de las expresiones "Hijo" y "Padre" no pertenecen al contexto de Mateo. Sin embargo, en Mateo 3:17, el Padre dice: "Este es mi Hijo amado, en quien tengo complacencia".

También se ha argumentado que la frase "todas las cosas me fueron entregadas por mi Padre", pertenece al tiempo posterior a la resurrección (Mt. 28:18). Incluso se ha dicho que el título "Hijo" o "Hijo de Dios" no fue usado por Jesús tocante a sí mismo, sino que le fue dado por la comunidad cristiana posteriormente. Al parecer, la crítica otorga más crédito a la tradición que a los escritos canónicos. Debe recordarse que los apóstoles no solo oyeron las palabras de Cristo, sino que el Espíritu Santo les recordó lo que el Señor había dicho y además, los guió en la escritura de los manuscritos originales.[37] D. A. Carson defiende enfáticamente la postura ortodoxa así:

El versículo 27 es una declaración cristológica de primordial importancia que se adapta fácilmente al contexto. Después de declarar que el Padre da verdadera comprensión de "estas cosas" a "los niños" (vv. 25-26), Jesús añade que Él es el agente exclusivo de esa revelación. "Todas las cosas" podría referirse no a "toda autoridad" (como en 28:18), sino a "todo conocimiento divino", todo el conocimiento de "estas cosas" (en v. 25). Pero debido a que el Hijo tiene no solo conocimiento, sino la autoridad para escoger aquellos a quienes revelará a Dios, probablemente "todas las cosas" incluye autoridad. El conocimiento recíproco del Hijo y el Padre donde el Padre es Dios, presupone en realidad un carácter especial del Hijo. Y ese singular conocimiento mutuo garantiza que la revelación que el Hijo da es verdadera. No menos asombrosa tocante a esa reciprocidad es la cláusula: "Y nadie conoce al Hijo, sino el Padre". En este contexto exclusivista, hace una afirmación que ningún mero mortal podría hacer con honestidad. Hay un mundo autocerrado del Padre y el Hijo que está abierto a otros solo mediante la revelación provista por el Hijo. Una cosa es conocer por igualdad de naturaleza y otra por la condescendencia

36. Martin Chemnitz, *The Two Natures in Christ* (St. Louis: Concordia Publishing House, 1971), p. 386.
37. Para un resumen de la postura crítica de Mateo 11:27, vea David Hill, "The Gospel of Matthew", pp. 205-207.

de aquel que revela... Esta revelación no solo está basada en hechos reales (el Hijo revela "estas cosas"), sino personal (el Hijo revela al Padre).[38]

El Hijo es soberano garante del conocimiento de Dios. Solo el Hijo es la manifestación visible del Dios invisible (vea Col. 1:15). Pero como señala William Hendriksen: "Eso no debe interpretarse que el Hijo es renuente a revelar al Padre".[39] Él lo ha revelado a "los niños", es decir, a los que con humildad saben que tienen que depender de Él. Los "sabios y entendidos" se consideran autosuficientes y se resisten a su voluntad.

"Y aquel a quien el Hijo lo quiera revelar". El Hijo, mediante su gracia, da a conocer a otros lo que el Padre ha planeado que conozcan. El agrado (*eudokía*) del Padre es el "querer" (*boúleitai*) del Hijo. El Señor no hace una selección arbitraria o caprichosa de quienes Él quiere que conozcan al Padre. Debe tenerse en cuenta que la soberanía de Dios no anula la responsabilidad humana. El hombre siempre es responsable delante de Dios. Lo que el texto afirma categóricamente es que solo mediante la revelación del Hijo puede alguien conocer al Padre. No es mediante la sabiduría ni la astucia del hombre. Quien quiera conocer a Dios tiene que hacerlo a través de Jesucristo.

"Venid a mí todos los que estáis trabajados y cargados, y yo os haré descansar.
Llevad mi yugo sobre vosotros, y aprended de mí,
que soy manso y humilde de corazón;
y hallaréis descanso para vuestras almas" (11:28-29).

Estos dos versículos constituyen una amorosa invitación a individuos que seguramente estaban espiritualmente cansados de las exigencias de los dirigentes religiosos de Israel. El Hijo, quien posee y transmite todo el conocimiento de Dios, ahora ofrece dar lo que los "trabajados y cargados" (*hoi kopiôntes kaì pephortisménoi*) necesitan. El participio presente "trabajados" es la traducción de un verbo que significa "estar agotado", "estar exhausto" y el participio perfecto, voz pasiva "cargados" sugiere un estado de "profunda fatiga". Esa era la condición de un pueblo que estaba bajo la pesada carga de la tradición farisaica (vea Mt. 23:4). El primer verbo sugiere el trabajo fatigoso implicado en la búsqueda de la verdad de Dios. El segundo verbo sugiere la carga de las observancias legales.

En el versículo 29 "yugo" (*tòn dsygón*) es, por supuesto, lo contrario del yugo de los preceptos legales. El llamado y la invitación del Señor es obviamente particular, no general. Los versículos 28 y 29 hablan del "descanso" ofrecido por el Señor. La promesa del Señor en el versículo 28 es: "Y yo os haré descansar" (*kagò anapaúso hymâs*). Esta es una frase enfática: "Yo mismo os daré descanso", "yo mismo os causaré descanso", "yo mismo os refrescaré". Al final del versículo 29, el Señor dice: "Y hallaréis descanso para vuestras almas". En realidad, no parece haber mucha diferencia entre *dar descanso* y *hallar descanso*. El descanso ofrecido por el Señor es el que se deriva del verdadero conocimiento de Dios, quien trata con el hombre

38. D. A. Carson, "Matthew", *The Expositor's Bible Commentary*, Frank E. Gaebelein, ed. gen. (Grand Rapids: Zondervan Publishing House, 1984), p. 277.
39. William Hendriksen, *The Gospel of Matthew*, p. 502.

en gracia y desde la plenitud de la posesión de todo lo que el ser humano necesita. El verbo "llevad" (*árate*) es el aoristo imperativo de *aírô*, que significa "levantar", "alzar". "Levantar" o "alzar" el yugo significa verdadera liberación de las luchas y del cansancio de la vida, particularmente en el ámbito espiritual. Significa verdadera libertad, tal como lo enseña el último versículo de este capítulo.

"Porque mi yugo es fácil, y ligera mi carga" (11:30).

"Porque" (*gàr*) expresa la justificación para encontrar descanso. El vocablo "fácil" (*chreistòs*) significa "agradable", "bueno", "útil". El Señor añade: "Y ligera mi carga". La carga del Señor es ligera, en el sentido de que no oprime ni aplasta a quien la lleva. Quiere decir que su yugo es aquel que un creyente pone sobre sí mismo de manera espontánea y gozosa porque Cristo le ha dado vida y le ha hecho una nueva criatura. Cualquier intento personal de autoliberación solo conduce a la esclavitud y a la muerte. La entrega y la sumisión al Hijo trae consigo el regalo de la nueva vida, el descanso y la voluntad de servirle. De modo que el creyente anhela hacer la voluntad de Dios y la vida no se convierte en una esclavitud, sino en verdadera libertad. El resultado de todo ello es gozo en el Espíritu. ¡No cabe duda de que Él nos ha dado una salvación grande!

RESUMEN Y CONCLUSIÓN

El capítulo 11 de Mateo es el comienzo de la exposición del rechazo del pueblo de Israel de su Mesías. Una prueba palpable de ese rechazo concierne la actitud de los dirigentes de la nación hacia la persona de Juan el Bautista. Tanto los escribas como los fariseos repudiaron a Juan. El mensaje claro y terminante del Bautista denunciando el pecado y la hipocresía de los dirigentes de la nación, sin duda, precipitó el rechazo del Precursor (Mt. 11:2-10).

El Señor Jesucristo, sin embargo, elogia a Juan y lo considera el más grande de los profetas. Aún así, dice el Señor, el más pequeño en el Reino será mayor que Juan (Mt. 11:11). El Señor también denuncia el hecho de que las autoridades de la nación pretendían establecer un reino "a su manera". No querían cumplir los requisitos espirituales establecidos por Dios. Solo les interesaba el aspecto político del Reino. Habían rechazado a Juan y también al Mesías.

A raíz de ese flagrante rechazo, el Señor reprende duramente a las tres ciudades donde la mayoría de sus señales mesiánicas fueron hechas: Corazín, Betsaida y Capernaum. El juicio futuro de esas ciudades será horrendo. El orgullo, la indiferencia y la dureza del corazón de aquella gente era sorprendente. A pesar de todo lo que vieron y oyeron, permanecieron en su pecado.

Al concluir el capítulo, el Señor expresa su regocijo de que Dios ha revelado sus verdades a "los niños", es decir, a quienes dependen de Él y las ha ocultado de aquellos que se consideraban "sabios y entendidos", es decir, los fariseos y los escribas. Los versículos 26 y 27 contienen una estupenda revelación de la relación íntima y eterna entre el Padre y el Hijo. Esa es una relación trinitaria que existe desde la eternidad. Solo el Padre conoce íntimamente al Hijo y solo el Hijo conoce íntimamente al Padre. El Hijo es el Revelador del Padre. Solo Él está capacitado para hacerlo.

Finalmente, el Señor extiende un llamado a individuos de entre el pueblo a acudir a Él para recibir el verdadero descanso espiritual que ni la religión ni los ritos pueden darles. A pesar del rechazo, la gracia del Mesías no disminuye y permanece hasta el fin.

BIBLIOGRAFÍA SELECTA

Abbott-Smith, G., *A Manual Greek Lexicon of the New Testament* (Edimburgo: T. & T. Clark, 1994).

Aland, Barbara, et al., *The Greek New Testament*. (Stuttgart: Deutsche Bibelgesellschaft, 2000).

Arndt, William F. y Gingrich F. Wilbur, *A Greek-English Lexicon of the New Testament and Other Early Christian Literature* (Chicago: The University Press, 1963).

Blomberg, Craig L., "Matthew", *The New American Commentary* (Nashville: Broadman Press, 1992).

Baltz, Horst y Schneider, Gerhard, *Diccionario exegético del Nuevo Testamento*, dos volúmenes (Salamanca: Ediciones Sígueme, 1996 y 1998).

Bonnard, Pierre, *Evangelio según San Mateo* (Madrid: Ediciones Cristiandad, 1983).

Bover, José Mª, *El Evangelio de San Mateo* (Barcelona: Editorial Balmes, 1946).

Broadus, John A., *Comentario sobre el Evangelio según Mateo*, traducido por Sarah H. Hale (Monterrey, México, s.f.)

Cantera Burgos, Francisco e Iglesias González, Manuel, *Sagrada Biblia: Versión crítica sobre los textos hebreo, arameo y griego* (Madrid: Biblioteca de Autores Cristianos, 1979).

Carson, David A., "Matthew", *The Expositor's Bible Commentary*, Frank E. Gaebelein ed. gen., vol. 8 (Grand Rapids: Zondervan Publishing House, 1984).

Chemnitz, Martin, *The Two Natures in Christ*, traducido por J. A. O. Preus (St. Louis: Concordia Publishing House, 1971, publ. orig. 1578).

Dana, H. E. y Mantey, Julius R., *Manual de gramática del Nuevo Testamento*, versión castellana por Adolfo Robleto D., et al. (El Paso: Casa Bautista de Publicaciones, 1979).

Davies, W. D. y Allison, Dale C. hijo, "The Gospel According to Saint Matthew", *The International Critical Commentary*, vol. 1 y 2 (Edimburgo: T. & T. Clark, 1994).

Glasscock, Ed, "Matthew", *Moody Gospel Commentary* (Chicago: Moody Press, 1997).

Hendriksen, William, *The Gospel of Matthew* (Grand Rapids: Baker Book House, 1979).

Hill, David, "The Gospel of Matthew", *The New Century Bible Commentary* (Grand Rapids: Eerdmans Publishing Company, 1982).

Johnson, Samuel Lewis, "Notas inéditas de la exposición del Evangelio de Mateo" (1975).

Lenski, Richard C. H., *The Interpretation of St. Matthew's Gospel* (Minneapolis: Augsburg Publishing House, 1964).

Metzger, Bruce M., *A Textual Commentary on the Greek New Testament* (Londres: United Bible Societies, 1975).

Morris, Leon, *The Gospel According to Matthew* (Grand Rapids: Eerdmans Publishing Company, 1992).

Nelson, Wilton M. y Rojas Mayo, Juan, *Nuevo diccionario ilustrado de la Biblia* (Miami: Editorial Caribe, 1998).

Newman, Carey C. (editor), *Jesus and the Restoration of Israel* (Downers Grove: InterVarsity Press, 1999).

Pérez Millos, Samuel, *Mateo: Análisis textual griego-castellano*, tomo I (Vigo: Biblioteca de Estudios Teológicos, 2005).

Plummer, Alfred, "An Exegetical Commentary on the Gospel According to St. Matthew", *Thornapple Commentaries* (Grand Rapids: Baker Book House, 1982).

Rienecker Fritz, *A Linguistic Key to the Greek New Testament*, traducido y revisado por Cleon Rogers hijo, vol. 1 (Grand Rapids: Zondervan Publishing House, 1976).

Robertson, Archibald T., *Word Pictures in the New Testament* (Nashville: Broadman Press, 1930).

Toussaint, Stanley D., *Behold the King: A Study of Matthew* (Portland: Multnomah Press, 1980).

19

El antagonismo contra Jesús demostrado en la actitud de los fariseos (12:1-50)

En Mateo 11:20-24, se relata el rechazo interno del Mesías de parte de los dirigentes de Israel. Con un corazón endurecido y lleno de orgullo, los escribas y fariseos dijeron con su actitud: "No lo queremos". A partir del capítulo 12, el rechazo se exterioriza y se hace oficial. La *decisión* tomada en el capítulo 11, sigue su curso en los capítulos 12—20 y alcanza su culminación en los capítulos 21—27.

ACUSAN A JESÚS EL MESÍAS DE VIOLAR EL SÁBADO (12:1-2)

El capítulo 12 de Mateo contiene cinco ilustraciones tocante a la oposición al Mesías, culminando con la acusación de blasfemia. Los dos primeras ilustraciones tienen que ver con el día de reposo (Mt. 12:1-14).

"En aquel tiempo iba Jesús por los sembrados en un día de reposo; y sus discípulos tuvieron hambre, y comenzaron a arrancar espigas y a comer" (12:1).

Obsérvese que la expresión "en aquel tiempo" (*en ekeínoi tôi kairôi*) es igual a la que aparece en Mateo 11:25: El vocablo "tiempo" es *kairos*, que significa "tiempo con sus circunstancias", como cuando decimos: "tiempo propicio" o "tiempo de verano". No se trata de cronología. De manera que en Mateo 11:25 y 12:1 no indica que se refiere a lo ocurrido el mismo día. El verbo "iba" es el aoristo indicativo (*eporeúthei*) y debe traducirse "fue". "Por los sembrados". Eso era fácil de hacer, puesto que los campos no tenían vallas protectoras.

"En un día de reposo" (*sábbasin*). El sábado era una ordenanza peculiar del pueblo hebreo. Les recordaba su relación espiritual con el Señor. El mandamiento tocante al día de reposo dice así: "Acuérdate del día de reposo para santificarlo. Seis días trabajarás, y harás toda tu obra; mas el séptimo día es reposo para Jehová tu Dios; no hagas en él obra alguna, tú, ni tu hijo, ni tu hija, ni tu siervo, ni tu criada, ni tu bestia, ni tu extranjero que está dentro de tus puertas. Porque en seis días hizo Jehová los cielos y la tierra, el mar, y todas las cosas que en ellos hay, y reposó en el séptimo día; por tanto, Jehová bendijo el día de reposo y lo santificó" (Éx. 20:8-11).

El sábado era de suma importancia para la vida religiosa de la nación de Israel, porque era una institución divina que formaba parte de la ley de Moisés. Era un día dedicado a Jehová. Estaba prohibido trabajar, llevar carga (Jer. 17:21), viajar (Éx. 16:29), comerciar (Neh. 10:31; 13:15, 19). El sábado era "un día de alegría" (Éx. 10:10) para el pueblo de Israel. En tiempos de Jesús, tanto los dirigentes como el pueblo habían profanado el día de reposo. La adoración era vacía y ritual. Pocos, en realidad, adoraban a Dios con corazón puro.

"Y sus discípulos tuvieron hambre". El verbo "tuvieron hambre" (*epeínasan*) es un aoristo ingresivo que expresa la acción en su comienzo: "Y sus discípulos comenzaron a tener hambre". "Y comenzaron a arrancar espigas y a comer". Mateo, quien seguramente era uno de los discípulos, describe cuidadosamente la escena. Los discípulos, acompañados por el Señor, recorren una franja de tierra entre los campos sembrados y comienzan a arrancar espigas y a comerlas porque tenían hambre. Alguien preguntaría: ¿Qué clase de rey es ese que no es capaz de alimentar a sus siervos?

En realidad, el punto central de la cuestión no era el hecho de arrancar las espigas y comerlas. Lo crucial fue que los discípulos hicieron aquello *el día sábado*. Los apóstoles tenían el derecho, según la ley, de arrancar el grano y comerlo: "Cuando entres en la mies de tu prójimo, podrás arrancar espigas con tu mano; mas no aplicarás hoz a la mies de tu prójimo" (Dt. 23:25). El asunto, por lo tanto, giraba alrededor del sábado.

"Viéndolo los fariseos, le dijeron:
He aquí tus discípulos hacen lo que no es lícito
  hacer en el día de reposo" (12:2).

Es evidente que los fariseos vigilaban de cerca a Jesús y a sus discípulos. De otra manera sería difícil de explicar el contenido de Mateo 12:2. Como se ha señalado en el pasaje de Deuteronomio 23:25, Moisés no había prohibido arrancar espigas de los sembrados, pero al parecer, los auto-designados discípulos de Moisés sí. Para establecer la ilegalidad del hecho, los dirigentes religiosos tenían que realizar un trabajo de casuística. El sábado era un día de descanso, según la ley. No se debía hacer ningún *trabajo* en ese día. Pero ¿qué era *trabajo*? Los intérpretes de la ley intentaron contestar esa pregunta y darle una definición. En el proceso de hacerlo, establecieron 39 actos básicos que estaban prohibidos realizar en sábado. Entre ellos estaban cosechar, aventar el grano, trillar y preparar una comida. El filósofo judío Maimónides, que vivió en Córdoba, España, dijo: "Arrancar espigas es una manera de segar". De modo que, evidentemente, los fariseos entendieron que al arrancar las espigas los discípulos eran culpables de *segar* en el día de reposo. Y al "restregarlas con las manos" (Lc. 6:1), estaban *trillando*. Si separaban la cascarilla del grano estaban *aventando* el grano y a través de todo el proceso estaban preparando una comida.[1] De manera que, según los fariseos, los discípulos eran culpables de transgredir la ley según el criterio legalista sutil de leer e interpretar lo que Moisés escribió.

Debe tenerse en cuenta que los discípulos no eran culpables de robar, sino de trabajar. Esa culpa, sin embargo, no era determinada por una violación explícita de la ley de Moisés, sino por una transgresión implícita según la interpretación de los escribas o doctores de la ley.

Al leer el pasaje, queda claro que los fariseos deseaban encontrar alguna causa para criticar al Señor. Seguían de cerca sus pasos y se apresuraban para encontrar algo "para poder acusarle" (Mt. 12:10). Era evidente que los dirigentes de Israel habían determinado deshacerse del Señor por cualquier medio. Ahora solo buscaban la oportunidad para hacerlo. Obsérvese que los fariseos acusan a los discípulos ("tus discípulos", v. 2) de quebrantar el día de reposo. No pueden acusar a Jesús de *hacerlo*, pero sí lo acusan de *permitirlo*. Quizá aquellos religiosos sugieren que, según la interpretación que hacían de la ley, los discípulos eran dignos de muerte, porque Éxodo 35:2 dice: "cualquiera que en él [el sábado] hiciere trabajo alguno, morirá".

JESÚS EL MESÍAS REFUTA EL ARGUMENTO DE LOS FARISEOS (12:3-8)

"Pero él les dijo: ¿No habéis leído lo que hizo David,
cuando él y los que con él estaban tuvieron hambre;
cómo entró en la casa de Dios, y comió los panes de la proposición,
que no les era lícito comer ni a él ni a los que con él estaban,
sino solamente a los sacerdotes?" (12:3-4).

Es algo sorprendente que el Señor no les dice que sus objeciones procedían de las tradiciones añadidas a la ley de Moisés, y que Moisés había permitido que se hiciese lo que los discípulos habían hecho. En cambio, Jesús no cuestiona la autoridad de la tradición ni tampoco les recuerda el texto de Deuteronomio 23:25. En realidad, no dice nada acerca de la santidad del mandamiento tocante al sábado. El Señor aceptó la postura de ellos, de momento y les da una respuesta en su propio terreno.

Antes de proseguir con la respuesta dada por el Señor, debe observarse cuidadosamente que dos veces en el pasaje aparece la pregunta: "¿No habéis leído?" (vv. 3 y 5). Tanto los escribas como los fariseos eran expertos en las Escrituras del Antiguo Testamento. Jesús, sin embargo, los lleva a pasajes que ellos no habían considerado en su estudio de la enseñanza del Antiguo Testamento respecto de la ley. Aquellos hombres habían leído casualmente las Escrituras pero no las habían estudiado en profundidad. Los dos pasajes mencionados por el Señor (1 S. 21:1-6; Nm. 28:9-10), además de la cita de Oseas 6:6, dejan a uno con la impresión de que los dirigentes religiosos eran incapaces de producir un solo pasaje de las Escrituras para apoyar su postura legalista. El exegeta William Hendriksen resume la enseñanza del Señor de esta manera:

a. La necesidad no conoce ninguna ley (Mt. 12:3-4).

---

1. William Hendriksen, *The Gospel of Matthew*, p. 511. Vea también Samuel Pérez Millos, *Mateo*, tomo I (Vigo: Biblioteca de Estudios Teológicos, 2005), p. 617.

b. Toda regla tiene su excepción (Mt. 12:5-6).
c. Mostrar misericordia es siempre correcto (Mt. 12:7, 11).
d. El sábado fue hecho para el hombre, no viceversa (Mr. 2:27).
e. El Soberano Regidor sobre todo, incluyendo el sábado, es el Hijo del Hombre (Mt. 12:9, vea v. 6).[2]

Nuestro Señor ofrece una respuesta con dos partes a la que le sigue un tercer argumento en el versículo 7. En las dos partes de la respuesta, el argumento es que *las obligaciones ceremoniales* no tienen que ceder el paso a una ley superior.

El primer caso bíblico citado por el Señor es el de David y sus hombres (Mt. 12:3-4). El relato original aparece en 1 Samuel 21:1-6. David había emprendido una misión secreta para el Rey Saúl y cuando sus hombres estaban hambrientos y sin comida, el sacerdote Abimelec dio a David los panes de la proposición que estaban en el tabernáculo. Los doce panes representaban a las doce tribus de Israel y que eran colocados sobre una mesa en el lugar santo del tabernáculo. Los panes simbolizaban la comunión entre Dios e Israel. Cada semana, en el día de reposo, aquellos panes eran cambiados. Los panes viejos eran comidos por los sacerdotes y según Levítico 24:5-9, solo los sacerdotes podían comer aquellos panes. Aquellos panes, además, simbolizaban al Señor Jesús como el Pan de Vida (Jn. 6:35) y la constante comunión de los sacerdotes con Dios. A pesar de lo que dice la ley, Abimelec dio a David y a sus hombres los panes de la proposición, debido a la necesidad que David y sus hombres tenían. Además, estaba el hecho de que David cumplía una misión del Rey Saúl y también que un día David sería el rey de la nación.

¿Cuál era el significado de aquel incidente? En primer lugar, está el hecho de que las obligaciones ceremoniales no constituyen la ley superior. La ley de lo bueno y lo malo, lo correcto y lo incorrecto es rígida, mientras que la ley ceremonial es flexible y cambiable. Eso, al parecer, no era comprendido por los religiosos judíos. El Señor les demuestra que "la necesidad justificaba la violación de la ley estricta en cuanto a cosas consagradas".[3] No solo David comió de los panes, sino también "los que con él estaban". El Señor menciona ese dato "a fin de hacer el caso más obviamente paralelo al de sí mismo y de sus discípulos".[4] Es muy importante el hecho de que David era el ungido del Señor, el futuro rey de Israel y la preservación de su vida ocupaba un lugar más alto que la observancia de cualquier culto o ceremonia.

No debe pasarse por alto la analogía obvia entre David y el Señor Jesucristo, tal como aparece en el relato. Cuando el acontecimiento tuvo lugar, David vivía un tiempo de rechazo. También nuestro Señor vivía como "el rechazado hijo de David" (Mt. 11:20-30). Además, en ambos casos, los líderes y sus discípulos buscaban alimento. La correspondencia es clara, solo que los dirigentes judíos no habían reconocido a Jesús como "el hijo de David" y el heredero del trono. El Señor hizo un maravilloso uso de las Escrituras del Antiguo Testamento, señalando que los escribas y los fariseos, los supuestos expertos en la ley, necesitaban más instrucción. La expresión: "¿No habéis leído?" (12:3, 5), apunta al hecho de que aquellos eruditos ortodoxos necesitaban más

2. *Ibíd.*, p. 512.
3. John A. Broadus, *Comentario sobre el Evangelio según Mateo*, p. 331.
4. *Ibíd.*

que una simple lectura del texto bíblico. Les hacía falta más instrucción divina para corregir los múltiples errores de la "sabiduría rabínica". En las palabras de Alan Hugh McNeile:

> Con toda su erudición bíblica, los fariseos con frecuencia estaban ciegos a los principios enseñados en sus Escrituras.[5]

La manera como el Señor acude al Antiguo Testamento para recoger *una palabra* que trata precisamente de la situación existencial es un testimonio de su destreza en el manejo de las Escrituras. Y en este caso, es un pasaje en el cual David, el tipo, claramente presagia al "Hijo de David", el antitipo. Además, el uso que el Señor hace de la Palabra es un ejemplo para nosotros de la manera correcta como se debe usar la Palabra de Dios en nuestra vida y experiencia cristianas. Las Sagradas Escrituras aportan una aplicación apropiada y relevante para la mayoría de nuestras experiencias.

El segundo aspecto de la ilustración usada por el Señor es el caso de los sacerdotes: "¿O no habéis leído en la ley, cómo en el día de reposo los sacerdotes en el templo profanan el día de reposo, y son sin culpa?" (Mt. 12:5). El Señor se refiere al trabajo de los sacerdotes en el día de reposo (vea Lv. 24:8 y Nm. 28:9-10). Los sacerdotes se mantenían muy ocupados cambiando los panes de la proposición y ofreciendo las diferentes ofrendas. En otras palabras, había leyes superiores a la ley del sábado. Eso era claramente enseñado por la ley de Moisés. La adoración al Señor, incluso si implica obras, debe seguir adelante. En esos casos, la violación de la ley del sábado no solo era permitida, sino que era mandada. En otras palabras, ¡la ley puede quebrantar la ley! Tal como ocurre hoy día: Aunque muchos consideran el día del Señor como un día de descanso y lo celebran como tal, no considerarían el trabajo de ministrar la Palabra o el de observar la mesa del Señor como una obra y una violación de su observación del día de descanso.

El error de los escribas y de los fariseos, por lo tanto, consistía no solo en la elevación de la tradición de los ancianos por encima de la ley escrita de Dios (por supuesto que lo hacían), sino también en el hecho de que pasaban por alto que las mismas Escrituras otorgaban prioridad a ciertas enseñanzas por encima de otras. Por ejemplo, los aspectos espirituales y morales de la ley tenían primacía sobre el aspecto ceremonial (vea Mt. 22:37-40; Mr. 12:29-31; Lc. 10:27).

"Pues os digo que uno mayor que el templo está aquí" (12:6).

Hay un cambio importante de género en el texto griego de este versículo. En la Reina—Valera 1960 la expresión "uno mayor" ofrece la lectura del género masculino del adverbio comparativo. Esa es la lectura que aparece en el *Textus Receptus*. Sin embargo, la mejor lectura a la luz de la evidencia textual es "algo más grande que el templo está aquí". Esa lectura da preferencia al vocablo *meîdsón*, que es el neutro de *mégas* ("mayor", "más grande"). El masculino (*meîdsón*) limitaría la referencia solo a la persona del Mesías: "uno mayor" o "una persona mayor", mientras que el neutro le

---

5. Alan Hugh McNeile, "The Gospel According to St. Matthew", p. 168.

da un sentido más amplio al argumento del Señor: "Pero os digo que algo mayor que el templo está aquí". La referencia es, por lo tanto, no solo a la persona del Mesías, sino también al ministerio mesiánico que Él proclama. El significado es patente: Si un tabernáculo o templo terrenal, solo un tipo de la realidad última, exige modificación del cuarto mandamiento tocante al sábado, ¿no haría lo mismo el verdadero Templo de Dios (vea Jn. 1:14; Col. 2:9; Jn. 10:30), es decir, el Antitipo? Si el ministerio de los sacrificios eclipsa y sobrepasa a la ley del sábado luego, con toda seguridad, el ministerio que tiene que ver con la ofrenda del SACRIFICIO ÚNICO que quita todo pecado, sobrepasa esa ley también. En otras palabras, el argumento va de menor a mayor. Si la ley del sábado se acomodaba a la ley del santuario, ¿cuánto más tendría que hacerse con la ley del Salvador? (vea He. 3:3-6).

Puede verse con facilidad que el Señor formula una asombrosa declaración en Mateo 12:6. Afirma ser todo lo que el templo simbolizaba, es decir, el lugar donde el hombre se encuentra con Dios en comunión divina. Es en Él donde la verdadera adoración se lleva a cabo. Todo aquel que entre en relación con Él es verdaderamente salvo, porque solo en Él hay genuina salvación. En Él habita la plenitud de la deidad (Col. 2:9). Su cuerpo era el más santo de los templos. En cierta ocasión dijo, refiriéndose a su cuerpo: "Destruid este templo, y en tres días lo levantaré" (Jn. 2:19). Dondequiera que Él esté, ese es un lugar santo. La arrogancia y el orgullo de los fariseos les impedía ver la grandeza de Cristo y comprender el poder de su mensaje. Delante de ellos estaba su Rey pero no le reconocieron.

"Y si supieseis qué significa: Misericordia quiero, y no sacrificio, no condenaríais a los inocentes" (12:7).

El Señor censuró duramente a los escribas y a los fariseos por ser lectores superficiales de las Escrituras. Ahora prosigue a realizar una crítica de su conocimiento de la Palabra. Para ello, les cita el texto de Oseas 6:6: "Porque misericordia quiero, y no sacrificio, y conocimiento de Dios más que holocaustos". En el contexto de Oseas, hay un llamado de Dios al pueblo de Israel a guardar una relación correcta con Dios. El mensaje de Oseas era el siguiente: **Los sacrificios son importantes pero Dios solo los acepta si proceden de un corazón puro y humilde.** Israel tenía la obligación, bajo la ley, de ofrecer sacrificios a Dios pero había otras cosas que eran más importantes, por ejemplo, la práctica de la misericordia.

Si los fariseos y los escribas solo hubiesen recordado ese versículo hubiesen sabido que mostrar misericordia es correcto y permitido en cualquier día de la semana, incluyendo el sábado. Un corazón recto delante de Dios y que ejecuta su voluntad se sitúa por encima de las prácticas rituales, aunque dichas prácticas no deben de abandonarse cuando son ordenadas por Dios. David Hill comenta lo siguiente:

> El conflicto es entre la práctica de la misericordia (*hesed*) y la mezquina piedad legalista de los fariseos, que estaba tan dispuesta a condenar a quienes no obedecían estrictamente la letra de la ley. La preeminencia de la misericordia está basada en la verdadera voluntad de Dios que se caracteriza por bondad: Dios mismo es misericordioso y bondadoso y por lo tanto, el

mandamiento del sábado debe mirarse desde dentro de la perspectiva de esa bondad.[6]

Los escribas y los fariseos estaban tan implicados en la estructura ritual de la ley y en la liturgia del judaísmo que no prestaban atención a los temas de la misericordia, la gracia y la compasión. Habían convertido la religión revelada por Dios en una estructura rígida y fría donde la mente estaba llena pero el corazón vacío.

"Y si supieseis qué significa" (*ei de egnókeite ti estin*)... no condenarías" (*ouk án katediksáte*). Esas palabras del versículo 7 son sumamente importantes para el argumento que el Señor presenta respecto de la actitud errónea de los fariseos. El verbo "supieseis" (*egnókeite*) es el pluscuamperfecto del modo indicativo. "Esa forma verbal es el perfecto indicativo que representa una acción completa y los resultados de la acción están en existencia en algún tiempo pasado, el punto del tiempo es indicado por el contexto".[7] El tiempo pluscuamperfecto señala un estado pasado que ha resultado de una acción previa. El pluscuamperfecto, al igual que el perfecto, combinan una acción lineal y una puntual. El perfecto mira atrás al pasado desde el punto de vista del presente. El pluscuamperfecto mira atrás al pasado desde el punto de vista del pasado. En Mateo 12:7 se usa el pluscuamperfecto intensivo para enfatizar los resultados permanentes de una acción pasada, es decir, su aspecto lineal: "Si hubieses conocido lo que significa: Deseo misericordia y no sacrificio, no hubierais condenado al inocente".[8] Eso es lo que los dirigentes judíos debieron haber conocido. Su ignorancia resultó en la condenación del inocente.

Debe observarse, también, que el verbo "conocer" es *ginósko*, que significa "conocer por experiencia". La condicional con el pluscuamperfecto equivale a decir: Si ese hubiese sido el caso, es decir, de haber conocido por experiencia qué es "misericordia quiero y no sacrificio, no condenaríais al inocente". Los dirigentes religiosos judíos conocían la teoría pero no la práctica de la misericordia. "Si los fariseos hubiesen conocido el verdadero significado de las Escrituras, no hubiesen condenado a los inocentes discípulos".[9] Dios prefiere "misericordia" (*éleos*) porque tiene que ver con la actitud del corazón que se identifica con aquel que está en necesidad (Mt. 5:7). El sacrificio es un acto externo que puede ser sincero o no. Dios solo acepta el sacrificio que procede de un corazón puro y que tiene como fin la gloria del Señor. Los fariseos demostraron que estaban vacíos de misericordia cuando condenaron a "los inocentes" (*toùs anaitíous*). Condenar al inocente estaba rigurosamente prohibido por la ley (vea Éx. 23:7 y Dt. 19:10). Los fariseos, evidentemente, no habían profundizado en el conocimiento de la ley.

"Porque el Hijo del Hombre es Señor del día de reposo" (12:8).

Este versículo es enfático. La sintaxis del texto griego ofrece la siguiente lectura:

6. David Hill, "The Gospel of Matthew", p. 211.
7. H. E. Dana y Julius Mantey, *Gramática griega del Nuevo Testamento*, pp. 197-198.
8. James A. Brooks y Carlton L. Winbery, *Syntax of New Testament Greek* (Lanham, MD.: University Press of America, 1979), p. 108.
9. W. D. Davies y Dale C. Allison hijo, "The Gospel According to Saint Matthew ", p. 315.

"Porque Señor es del sábado el Hijo del Hombre". El énfasis recae en la autoridad y el señorío de Cristo. Su autoridad está por encima del sábado. El vocablo "porque" (*gár*) del versículo 8 está conectado con la cláusula anterior. Los discípulos eran "inocentes" porque cuando arrancaron las espigas y las comieron en realidad estaban reconociendo el señorío de Jesús de Nazaret en vez de someterse a la autoridad de los escribas y los fariseos en su tradición tocante al sábado. La acción de los discípulos era totalmente correcta "porque" el Hijo del Hombre es Señor del sábado. El día de reposo fue instituido para que fuese una bendición para el hombre: "También les dijo: El día de reposo fue hecho por causa del hombre, y no el hombre por causa del día de reposo" (Mr. 2:27). "El día de reposo tenía por finalidad mantener al hombre saludable y mantenerlo en santidad. El hombre no fue creado para que fuese esclavo del sábado".[10] El sábado, por lo tanto, fue creado por Dios para que fuese una bendición y no una carga para el hombre.

De lo dicho anteriormente, nadie debe concluir que el Señor minimiza la importancia del sábado. Tampoco debe concluirse que Jesús intentaba echar por tierra la ley de Moisés. Todo lo contrario, el Señor defiende la ley. Recuérdese que Él nació y vivió bajo la ley. El Señor no tolera que los fariseos malinterpreten la función del día de reposo. Como lo expresa Richard C. H. Lenski:

Como Señor del sábado, Él sería el primero en condenar toda violación de éste. Como Señor del sábado ahora condena la perversión que los fariseos han hecho del día de reposo. "Señor del sábado" tiene el mismo significado que "algo mayor que el templo". El sábado y el templo van juntos, Jesús mantiene la integridad de ambos y libera a ambos de la perversión judía.[11]

El Hijo del Hombre, como ya se ha estudiado en Mateo 8:20, es el Señor Jesús. Él es el Verbo eterno, Dios encarnado, la Segunda Persona de la Trinidad quien ha tomado características humanas para poder morir por el pecado del mundo. Él es el Mesías que ha venido para dar cumplimiento y significado pleno a todas las profecías del Antiguo Testamento y para cumplir las promesas hechas a los patriarcas. El sustantivo "Señor" (*kýrios*) es usado aquí para destacar la soberanía del "Hijo del Hombre", es decir, del Mesías. Él es Soberano sobre el día de reposo. Fue Él quien lo dio a su pueblo como el Jehová del Antiguo Testamento. Ahora está presente en su estado encarnado como el Mesías, el Hijo de David y como tal, Él es "Señor del sábado".

Como "Señor o Soberano del sábado", el Mesías se otorga la autoridad de interpretar la función y el uso correcto del día de reposo. Los escribas y fariseos lo interpretaban a la luz de sus tradiciones.[12] El Señor lo hace con el Ejecutor de la *soberanía divina* en la tierra. Debe recordarse que Jesús no vino para abrogar la ley o los profetas, sino para "cumplir", es decir, para llenar plenamente y profundizar su significado.

El título "Hijo del Hombre", como se ha señalado en otro capítulo, destaca la mesianidad de Cristo, es decir, su autoridad como Mesías. Pero además, señala al hecho

10. William Hendriksen, *The Gospel of Matthew*, p. 515.
11. Richard C. H. Lenski, *The Interpretation of St. Matthew's Gospel*, p. 466.
12. Vea George Eldon Ladd, *Teología del Nuevo Testamento* (Terrassa: Editorial Clie, 2002), pp. 193-210.

de que Él es el Dios humanado que ha venido para efectuar la obra de la redención. El Salvador tiene que ser absoluto Dios y perfecta humanidad. Jesús el Mesías es el único que cumple esos requisitos. El Evangelio de Mateo comienza diciendo que Jesús es: "Hijo de David e hijo de Abraham". Eso habla de su naturaleza humana. Pero en 1:23 dice: "He aquí, una virgen concebirá y dará a luz un hijo, y llamarás su nombre Emmanuel, que traducido es: Dios con nosotros". Eso es precisamente lo que implica el título "Hijo del Hombre". Dios se ha encarnado en la persona de Jesucristo y como tal, Él es Señor Soberano de todo, incluyendo el sábado. La realeza de Jesús el Mesías se hace visible en la Persona del Dios-hombre. Cuando regrese con poder y gloria para reinar, pondrá de manifiesto tanto la gloria de su absoluta deidad como la de su perfecta humanidad.

Resumiendo: Los dirigentes religiosos de Israel habían impuesto un pesado yugo de tradiciones sobre las vidas del pueblo. El yugo de Jesús es fácil y su carga es ligera (vea Mt. 11:28-30). Los fariseos apelaban a la tradición mientras que el Mesías apelaba a la verdad (Mt. 12:2). Ese es un principio que afecta la totalidad de la vida: La familia, la iglesia y la vida civil en general.

En segundo lugar, apelaban a los ritos mientras que el Mesías apela a la regeneración (Mt. 12:7). Es solo en el poder de la infusión de la nueva vida que podemos conocerle verdaderamente como Señor del sábado y como Señor de nuestras almas.

JESÚS EL MESÍAS ENSEÑA QUE ES LÍCITO HACER EL BIEN EL DÍA DE REPOSO (12:9-14)

El rechazo personal e interno del Señor Jesús por los dirigentes de la nación de Israel se ha hecho evidente y claro para el tiempo cuando ocurren los acontecimientos narrados en el capítulo 12 de Mateo. Solo falta que eso resulte en el rechazo oficial y externo realizado por el sanedrín. La decisión ya estaba hecha. El desarrollo de esa decisión, tal como se expresa en su oposición al Mesías, abarca numerosos capítulos en el Evangelio de Mateo, a saber los capítulos 12 al 20. Finalmente, en los sucesos culminantes relacionados con el movimiento mesiánico, la enemistad alcanza su grado máximo en la crucifixión del Redentor. Los últimos capítulos de Mateo describen la lucha y las tramas que condujeron a la muerte del Mesías.

"Pasando de allí, vino a la sinagoga de ellos.
Y he aquí había allí uno que tenía seca una mano;
y preguntaron a Jesús, para poder acusarle:
¿Es lícito sanar en el día de reposo?" (12:9-10).

La ocasión de la sanidad del hombre con la mano seca fue la visita del Señor a la sinagoga un sábado. Las leyes judías definitivamente prohibían sanar el día de reposo. Es cierto que si la vida de una persona corría peligro, entonces era posible hacer aquello que fuese absolutamente necesario para salvarle la vida. Si la vida no estaba en juego, solo se podía hacer lo que evitaría que la persona se pusiera peor pero no lo que la mejoraría.[13] Por lo tanto, los judíos considerarían una transgresión del sábado que el Señor sanase al hombre con la mano seca en aquel día. La cuestión era seria y

---

13. Vea William Barclay, *Mateo*, tomo II, pp. 40-41.

resultó en un conflicto abierto con los fariseos. La postura de los fariseos, sin embargo, era incorrecta e indefendible y no pudieron hacer frente a lo que Él hizo ni a la defensa de su actuación.

El evangelista Lucas dice que Jesús fue a la sinagoga a enseñar (Lc. 6:6). El hecho de que había allí un hombre con la mano seca hizo que los fariseos pensasen si el Señor se atrevería a realizar un acto de sanidad. Marcos dice: "Y le acechaban para ver si en el día de reposo le sanaría, a fin de poder acusarle" (Mr. 3:2).

Obsérvese la exclamación: "Y he aquí" (*kaì idoù*). Esa expresión se utiliza para llamar la atención a lo que el Espíritu de Dios considera como un hecho notable. Es como si dijese: "¡Mira!" Es la exclamación que usaríamos si un hombre prominente apareciese en una reunión o pasase por el frente de nuestra casa.

Es posible que aquel día hubiese alguna persona importante en la sinagoga. Pero la exclamación "he aquí" es reservada para un simple hombre con una mano seca. La expresión llama la atención al lector y al parecer, podría decirse que aquel hombre en su necesidad era más importante delante de Dios que algunos de los considerados grandes delante del mundo.

El hecho de tener una mano seca sugiere que aquel hombre estaba imposibilitado de trabajar. El médico Lucas observa que "la mano derecha" era la que estaba imposibilitada (Lc. 6:6). Según Hendriksen, la tradición dice que aquel hombre era un albañil y que le rogó a Jesús que lo sanara para no tener que vivir como un mendigo.[14] Aquel hombre constituye un precioso cuadro de la incapacidad del ser humano para agradar a Dios aparte de la regeneración, la fe y la capacitación divina (Ro. 8:7-8).

Los fariseos observaban a Jesús para ver si sanaría al hombre enfermo. Lucas dice que: "Él [Jesús] conocía los pensamientos de ellos" (Lc. 6:8). El verbo traducido "acechaban" en Lucas 6:7 es *pareteiroûnto*, imperfecto, voz media, modo indicativo de *parateiréo*, que significa "observar atentamente, especialmente con intenciones siniestras", quizá "mirar de reojo". Invertían el tiempo de adoración concentrados en su vigilancia de Jesús, con el deseo de encontrar causa para acusarle. Los fariseos, aunque sentados en la sinagoga, tenían el corazón lleno de deseos homicidas contra Jesús. Lucas dice: "Mas él conocía los pensamientos de ellos; y dijo al hombre que tenía la mano seca: Levántate, y ponte en medio. Y él, levantándose, se puso en pie" (Lc. 6:8). La pregunta de los fariseos fue: "¿Es lícito sanar en el día de reposo?" (Mt. 12:10). Dicha pregunta está formulada en la forma de una acusación. La idea sería la siguiente: "Dinos, ¿está permitido (*éxestin*) sanar en el día de reposo?" La pregunta es "si es legal", no "si es misericordioso".

El propósito de la pregunta era: "Para poder acusarle" (*hína kateigoréisôsin*). Es decir, el propósito era poder llevar a Jesús delante de un tribunal judío local y acusarlo de haber quebrantado el día de reposo. Como puede verse, los fariseos no tenían el menor interés en la condición del hombre con la mano seca. Su interés principal era encontrar una manera para condenar a Jesús. Esa era otra evidencia de que le habían rechazado.

"El les dijo: ¿Qué hombre habrá de vosotros, que tenga una oveja,
y si ésta cayere en un hoyo en día de reposo, no le eche mano, y la levante?

---

14. Vea William Hendriksen, *The Gospel of Matthew*, p. 516.

Pues ¿cuánto más vale un hombre que una oveja?
Por consiguiente, es lícito hacer el bien en los días de reposo" (12:11-12).

El Señor apela a un ejemplo de la vida cotidiana de Israel. En casos anteriores ha apelado a las Escrituras. En este caso, sin embargo, apela a los sentimientos y al sentido común. La respuesta del Señor es sumamente interesante. Algunas cosas deben observarse. En primer lugar, obsérvese el verbo "tenga" (*héxei*) en la cláusula: "Que tenga una oveja". El Señor se compara a sí mismo con un hombre que *tiene* ovejas y les hace bien en el sábado, como ilustración de lo que debe hacerse. El verbo "tener" sugiere en este contexto que el Mesías reclama también señorío, no solo sobre el sábado, sino también sobre los hijos de los hombres. ¡Él tiene potestad sobre ellos!

En segundo lugar, el vocablo *una* sugiere que el dueño de solo una oveja naturalmente estaría más preocupado tocante a la oveja que cayó en el hoyo y por lo tanto, la ilustración es muy elocuente, porque expresa el amor y el cuidado del Señor hacia uno de los suyos. El Gran Pastor de las ovejas supervisa su rebaño, aunque esté formado de millones de ovejas, con el amor de un Redentor que tiene solo un alma en la posesión. ¡Cuán maravilloso y especial es el amor de Jesucristo por sus ovejas! (Vea Jn. 10:27-29.)

La respuesta de los fariseos era otra, como lo explica John A. Broadus:

> En el Talmud algunos rabinos sostuvieron que cuando una bestia caía en una fosa bastaba con darle de comer; otros decían que debía meterse alguna cosa debajo para que se acostase en ella y si por medio de esto lograba salir, estaba bien; otros decían: Sácala con el propósito de matarla, aunque después cambies de propósito y la conserves viva. A semejantes evasivas necias fueron empujados los hombres por sus esfuerzos para convertir la moralidad en un mero sistema de reglas. Jesús apela al sentido común, preguntando si alguno que estaba presente dejaría, en semejante caso, de proteger sus bienes.[15]

En tercer lugar, en el relato registrado por Lucas hay algo añadido que debe tomarse en cuenta. Allí el Señor pregunta: "¿Es lícito en día de reposo hacer bien, o hacer mal? ¿Salvar la vida, o quitarla?" (Lc. 6:9). El vocablo "quitarla" (*apolésai*), literalmente, significa "destruir" o "arruinar". Y muchos reconocidos expositores ven en las palabras "destruirla" una referencia velada a la intención de los dirigentes religiosos de deshacerse de Jesús.[16] Eso era precisamente lo que los fariseos y sus cómplices estaban tramando hacer (Mt. 12:14). Debe observarse que el verbo "destruirle" en Lucas 6:9 es el mismo verbo usado por Mateo en Mateo 12:14.

En cuarto lugar, la conclusión del argumento es expresada en Mateo 12:12: "Por consiguiente, es lícito hacer el bien en los días de reposo" (*hóste éxestin toîs sábbasin kalôs poieîn*). La forma de esa expresión le da un giro inesperado a la declaración. El Señor no dice, como se esperaría, que: "Es lícito sanar", sino que "es lícito hacer el bien". Esa afirmación proporciona la base de su acción. Es un acto beneficioso, puesto

---

15. John A. Broadus, *Comentario sobre el Evangelio según Mateo*, p. 336.
16. Vea Alfred Plummer, "An Exegetical Commentary on the Gospel According to St. Matthew", p. 179. También Richard C. H. Lenski, *The Interpretation of St. Matthew's Gospel*, pp. 469-470.

Mateo

que beneficia al hombre. De modo que la aplicación de su respuesta es más amplia que la simple curación. Abarca todos los actos pertenecientes a la categoría de beneficios. En otras palabras, como bien afirma William Hendriksen: "La conducta ética es siempre más importante que la obediencia ceremonial. ¡Si los fariseos solo hubiesen hecho un estudio más completo y objetivo de sus propias Sagradas Escrituras (vea Mi. 6:6-8), hubiesen sabido eso!"[17]

La acción caritativa de socorrer al hombre en sus necesidades es plenamente consonante con el verdadero propósito del sábado, un día de reposo. Sin duda, ese es el mensaje que la Iglesia de hoy debe tener en cuenta. Puede deducirse también de lo dicho que el principio bíblico de que quien rehúsa hacer lo bueno hace lo malo, está vigente.

"Entonces dijo a aquel hombre: Extiende tu mano.
Y él la extendió, y le fue restaurada sana como la otra" (12:13).

Es de suponerse que hubo unos momentos de silencio sepulcral. Los dirigentes judíos no podían replicar el argumento de Jesús el Mesías. Como declara John A. Broadus:

No podían negar que tenía razón y sin embargo, no querían renunciar a su oposición fiera. Por esto los miró con indignación mezclada con pesar.[18]

Seguramente hubo tensión en la sinagoga en aquel día de reposo. La atmósfera debió estar sobrecargada de amargura y disgusto por la actitud de los religiosos. Muchos se darían cuenta de que habían sido superados por el Señor en aquella discusión. El Evangelista Marcos dice: "Entonces, mirándolos alrededor con enojo, entristecido por la dureza de sus corazones, dijo al hombre: Extiende tu mano. Y él la extendió y la mano le fue restaurada sana" (Mr. 3:5).

La referencia a la "indignación" o "enojo" (*met' orgeîs*) debe entenderse como "ira santa" (la dureza de corazón nos hace culpables delante de Dios). Ese concepto se ilustra claramente entre ese sentimiento y la ira que es pecaminosa. Existe tal cosa como: "Airaos, pero no pequéis" (Sal. 4:4).

El mandato del Señor al hombre enfermo fue: "Extiende tu mano". La sanidad tuvo lugar de manera instantánea y singular. Ni el enfermo ni nadie había pedido ser sanado. Aún así, el Señor lo sanó con solo dar una orden. Nótese la condición del incapacitado. No tenía la habilidad para obedecer el mandato del Señor. Su mano estaba "seca", es decir, imposibilitada. Pero así todo, lo hizo. ¡Qué lección teológica tan importante! La incapacidad humana frente al poder de Dios.

"Y él la extendió, y le fue restaurada sana como la otra". Esa es una frase asombrosa. Seguramente aquel hombre había intentado hacerlo muchas veces con anterioridad pero todo había sido inútil. Sin embargo, aquel día, obedeciendo la orden del Rey Mesías, lo hizo y el resultado fue que su mano "le fue restaurada sana como la otra". Obsérvese el verbo "fue restaurada" (*apekatestáthei*). Es el aoristo indicativo,

---

17. William Hendriksen, *The Gospel of Matthew*, p. 517.
18. John A. Broadus, *Comentario sobre el Evangelio según Mateo*, p. 336.

voz pasiva de *apokathisteimi*, que significa "restaurar a la misma condición". El aoristo sugiere una acción puntual, el indicativo habla de una realidad y la voz pasiva indica que el sujeto recibe la acción. Aquel hombre era incapaz de restaurar su propia mano. La restauración requería un milagro y eso fue precisamente lo que Jesús hizo en aquel día. Samuel Lewis Johnson comenta lo siguiente:

Se le dijo que extendiera su mano y lo hizo. Si se le hubiese preguntado: "¿Extendiste *tu* mano?" Él pudo haber contestado correctamente: "Por supuesto, nadie más lo hizo, ¿verdad?". Pero si le preguntas otra vez: "Espera un momento, hombre, ¿tú por *ti mismo* extendiste tu mano?" "Seguro que no", hubiese respondido. "Lo intenté incontables veces por años. Nunca pude hacerlo. Pero esta vez lo hice". "Entonces, ¿por qué pudiste hacerlo esta vez?", se le podría preguntar. "Bien", hubiese contestado: "Jesús me ordenó que lo hiciera, quise hacerlo por su gracia y lo hice".[19]

La restitución de la mano tuvo lugar en el acto, es decir, al momento de extenderla. La curación fue completa. No hubo ningún rito ni ceremonia. Solo la orden del Omnipotente Señor Jesucristo, el Mesías, Dios encarnado que estaba físicamente presente, realizando señales mesiánicas. William Barclay dice que: "Jesús sanó al hombre, y al sanarlo le dio tres cosas: la *salud*, el *trabajo* y la *dignidad*".[20] La obra fue hecha sin sensacionalismo carismático, sin aplausos ni gritos. El Mesías hizo su obra de restauración como señal evidente de que el Reino se había acercado. Sin embargo, aquellos a quienes el Reino fue ofrecido endurecieron su corazón y rechazaron la oferta.

"Y salidos los fariseos, tuvieron consejo contra Jesús para destruirle" (12:14).

El milagro realizado por el Mesías fue asombroso. Solo ordenó al hombre que extendiera su mano. Eso no pudo haber transgredido el precepto rabínico tocante al trabajo en el día de reposo. ¿Cómo pudo ese acto de sanidad, ejecutado solo a través de una palabra del Mesías, quebrantar la ley del sábado?

Frustrados en su oposición al Señor, derrotados en cada intento, desconcertados en sus intentos de sorprenderlo en alguna acción que justificara acusarle de desobediencia a la ley, los escribas y fariseos fueron derrotados por el Rey Mesías. Pero sus corazones endurecidos e impenitentes no podían ser alcanzados ni por la sabiduría divina ni por el poder sanador del Mesías. En realidad, ocurrió justamente lo contrario. Comenzaron a tramar su muerte. Esa es la secuela de una incredulidad que desciende al punto de hacer de la religión la práctica de reglas externas, ritos y ceremonias. El reconocido maestro y erudito del Nuevo Testamento, A. T. Robertson, escribió hace tiempo:

Este incidente señala una crisis en el odio de los fariseos hacia Jesús. Se marcharon de la sinagoga y realmente conspiraron junto con sus odiados

---

19. Samuel Lewis Johnson, "Notas inéditas de la exposición de Mateo" (1975).
20. William Barclay, *Mateo*, tomo 2, pp. 43-44.

rivales, los herodianos, tocante a cómo matar a Jesús (Mr. 3:6; Mt. 12:14; Lc. 6:11). Por "destruirle" (*apolésosin*) querían decir "matarlo".[21]

La expresión "tuvieron consejo" (*symboúlion élabon*) es enfática. El vocablo *symboúlion* aparece cinco veces en el Evangelio de Mateo. "El sustantivo designa la deliberación y el resultado de la misma".[22] Dicha expresión en Mateo 12:14 es un latinismo (*consilium capere*) que significa "adoptar una decisión".[23] Es decir, los fariseos llegaron a la conclusión en aquel mismo día que la única salida para ellos era la muerte de Jesús. Esa es la idea detrás de la expresión en Mateo 11:12: "el reino de los cielos sufre violencia, y los violentos lo arrebatan". Los fariseos, escribas y herodianos tenían un concepto del Reino totalmente diferente del de Jesús. Es más, el Señor Jesús era un estorbo para ellos. Por lo tanto "adoptaron la decisión" o "llegaron a la conclusión" de que, para llevar a cabo sus planes, era necesario "destruir" o "matar" a Jesús.[24] La expresión "para destruirle" (*hópos autòn apolésôsin*) señala el propósito o el objetivo final de la trama elaborada por los dirigentes religiosos. Su ceguera espiritual y su orgullo eran de tal magnitud que les llevaron a pensar que sanar en el día de reposo era un crimen mortal, mientras que organizar un complot criminal era un acto perfectamente legal.[25]

Para resumir: En primer lugar, es importante observar la manera como el formalismo ciega el corazón y la consciencia de manera que impide ver la verdadera proporción de las cosas (Mt. 12:12, 14). En segundo lugar, debe notarse que la razón de esa actitud de poner lo ceremonial delante de lo ético y moral es "la dureza del corazón" (Mr. 3:5). En tercer lugar, como puede verse, el resultado de la incubación de la incredulidad y la enemistad contra Jesús es una locura espiritual. Lucas 6:11 usa el vocablo *anoías*, que literalmente significa "locura", "ira desenfrenada", "pérdida de la razón causada por una perturbación extrema".[26] Una versión dice: "Pero ellos se pusieron frenéticos, y comentaban entre ellos qué podrían hacerle a Jesús".[27] ¡El odio hacia Jesús les impedía pensar sensatamente!

JESÚS EL MESÍAS DEMUESTRA QUE ES EL SIERVO DE JEHOVÁ PROMETIDO EN EL ANTIGUO TESTAMENTO (12:15-21)

Prácticamente en el corazón mismo del Evangelio de Mateo, el Evangelio que presenta la realeza de Jesús el Mesías, el escritor hace referencia a un pasaje del Antiguo Testamento que generalmente pasa desapercibido por la mente de muchos lectores. El pasaje citado, Isaías 42:1-4, es importante en el argumento de Mateo.

El evangelista ha descrito varias de las actividades del Señor en el día de reposo y en el contexto anterior ha concentrado su atención en la curación de un hombre con una

21. Archibald T. Robertson, *Word Pictures in the New Testament*, vol. 1, p. 94.
22. Horst Baltz y Gerhard Schneider, *Diccionario exegético del Nuevo Testamento*, p. 1534.
23. *Ibíd*.
24. Los herodianos y los fariseos eran grupos rivales. Sin embargo, se unieron con el fin de matar a Jesús: "Y salidos los fariseos, tomaron consejo con los herodianos contra él para destruirle" (Mr. 3:6).
25. Vea Richard C. H. Lenski, *The Interpretation of St. Matthew's Gospel*, p. 471.
26. Fritz Rienecker, *A Linguistic Key to the Greek New Testament*, p. 154.
27. *Sagrada Biblia*, por Francisco Cantera Burgos y Manuel Iglesias González, p. 1164.

mano seca. La curación de aquel hombre pone de manifiesto que el Mesías continúa presentando sus credenciales como el Rey de Israel que ha sido enviado del cielo (vea Mt. 4:23-25).

En su argumento respecto de que Jesús es el Mesías, el prometido Rey, Mateo pide a sus lectores que recuerden la profecía proclamada por el profeta y registrada en Isaías 42:1-4. En dicho pasaje se encuentran temas importantes tocantes a la condición de Mesías de Jesús. La Palabra profética "más segura" señala al hecho de que el Siervo enviado manifestaría ciertas características. Mateo, en su cita de Isaías 42:1-4 da a entender que Jesús poseía todas esas características.

En primer lugar, Isaías 42:1-4 es el pasaje inicial de la sección de Isaías donde se encuentra la maravillosa revelación del ministerio de aquel a quien el profeta llama el Siervo de Jehová.

Obsérvese que Isaías comienza con la expresión "he aquí" (Is. 42:1). Es la misma expresión usada en Isaías 41:29, pero el propósito es diferente. En Isaías 41:29 tiene que ver con la llamada de atención al hecho de la apostasía de Israel. La nación se había ido tras los ídolos. Dios le dice, a través de Isaías: "He aquí todos [los ídolos] son vanidad". El segundo "he aquí" se refiere al "Siervo de Jehová". Edward J. Young, quien fuera por muchos años profesor de Antiguo Testamento en el Westminster Theological Seminary, identifica al Siervo de Jehová con el Mesías.[28] El evangelista Mateo presenta al Señor Jesús como el cumplimiento de las profecías del Antiguo Testamento tocante al Rey de Israel que habría de venir para ellos.

En segundo lugar, al leer la sección de la profecía citada por Mateo, el evangelista dirige la atención a la fuente de las bendiciones para los gentiles en la era presente. Sin duda, los gentiles tienen la bendición a través del ministerio del mismo Siervo de Jehová (vea Mt. 12:18, 21). Es Él quien "anunciará juicio a los gentiles" (12:21). Somos deudores al Rey de Israel. Recibimos nuestras bendiciones a través de Aquel que vino a ellos.

En tercer lugar, el pasaje citado por Mateo enseña específicamente que hoy es el día de la clemencia del Siervo. En su primera venida, Isaías profetizó: "No gritará, ni alzará su voz, ni la hará oír en las calles. No quebrará la caña cascada, ni apagará el pábilo que humeare; por medio de la verdad traerá justicia" (Is. 42:2-3). En Mateo 12:20, se destaca la frase: "hasta que saque a victoria el juicio". En otras palabras, mientras que el tiempo presente es el día de "clemencia" y "paciencia", vendrá otro día en el que se manifestará el juicio. Eso se refiere, por supuesto, a los juicios que acompañarán a la segunda venida del Mesías, que es aún futura. Esos serán los juicios de las copas descritos en Apocalipsis 16:1-21. Entonces no será el manso y humilde Jesús, sino el Guerrero Divino (Is. 42:13), suavemente anticipada en el pasaje anterior (Mt. 12:9-14), en el cual, después de razonar con los malvados escribas y fariseos: "Mirándolos alrededor con enojo" (Mr. 3:5), procedió a sanar al hombre de la mano seca. ¡Terrible será el día cuando el Mesías regrese en juicio!

"Sabiendo esto Jesús, se apartó de allí;
y le siguió mucha gente, y sanaba a todos" (12:15).

---

28. Vea Edward J. Young, "The Book of Isaiah", vol. III, *The New International Commentary on the Old Testament* (Grand Rapids: Eerdmans Publishing Company, 1972), p. 108.

El desarrollo del pasaje es fácil de seguir. Después de haber sanado al hombre en la sinagoga, los fariseos junto con los herodianos tomaron la decisión de destruir a Jesús. Ahí dio comienzo lo que culminaría en el Gólgota. El complot de los fariseos y los herodianos, sin embargo, no impide que el Señor prosiga con su ministerio. El evangelista Marcos registra lo siguiente:

"Mas Jesús se retiró al mar con sus discípulos, y le siguió gran multitud de Galilea. Y de Judea, de Jerusalén, de Idumea, del otro lado del Jordán, y de los alrededores de Tiro y de Sidón, oyendo cuán grandes cosas hacía, grandes multitudes vinieron a él. Y dijo a sus discípulos que le tuviesen siempre lista la barca, a causa del gentío, para que no le oprimiesen. Porque había sanado a muchos; de manera que por tocarle, cuantos tenían plagas caían sobre él. Y los espíritus inmundos, al verle, se postraban delante de él, y daban voces, diciendo: Tú eres el Hijo de Dios. Mas él les reprendía mucho para que no le descubriesen" (Mr. 3:7-12).

Las señales mesiánicas, por lo tanto, continúan aunque la suerte está echada. La paciencia divina es infinita, y aún frente a la malvada oposición, el Mesías continúa su obra diseñada de antemano (Mt. 9:35; 11:5-6). El "alejamiento" del Mesías, después de saber lo del complot preparado por los fariseos y los herodianos, evidentemente, era para evitar la publicidad, como observa David Hill: "El Señor necesita paz y tranquilidad en su ministerio (vea Is. 42:2), pero no es una soledad inactiva; muchos le siguieron y 'Él los sanó a todos".[29] Obsérvese con cuidado el hecho de que el Mesías "sanaba a todos" (*kaì etharápeusen autoùs pántas*). El tiempo aoristo sugiere que "todos" (*pántas*) eran sanados de manera instantánea (Mt. 12:15). La frase es enfática: "Y le siguió gente, es decir, mucha y sanó a todos [sin excepción]".

"Y les encargaba rigurosamente que no le descubriesen" (12:16).

El contenido de este versículo ha sido motivo de muchas discusiones. Se le ha llamado "el secreto mesiánico". A muchos le ha parecido extraño que el Señor Jesús, quien vino a proclamarse como Mesías a la nación, desease que ese hecho se mantuviese en secreto. Una extensa gama de explicaciones del mandato de Jesús se ha presentado. Algunos han sugerido que el Señor no quería ser conocido simplemente como un "obrador de milagros". Deseaba ser conocido, más bien, como el Redentor mesiánico enviado a liberar al hombre del pecado. Otros han pensado que, al ser aquellos los días de su humillación, no era correcto estimular a una aclamación generalizada. David Hill, profesor de la Universidad de Sheffield, dice lo siguiente:

El mandato estricto a guardar silencio pudo haber sido dado para evitar más problemas con los fariseos, evitar crear un entusiasmo mesiánico con una base falsa, o alejar la atención del mismo Jesús y acercarla a la misión y al mensaje del Reino... O podría representar la presuposición teológica necesaria

---

29. David Hill, "The Gospel of Matthew", p. 213.

(de parte de los evangelistas) para la interpretación del ministerio de Jesús a la luz de la fe de la resurrección... Lo que en realidad ocurrió no lo podemos saber con exactitud pero sabemos lo que Mateo pensaba acerca de esto por la cita que introduce.[30]

La explicación más probable y a la vez, la más sencilla es la siguiente: Los discípulos y otros en general todavía pensaban del Mesías como un libertador político quien les libraría de la opresión romana. Aún no habían llegado a comprender que el propósito primordial de su Primera Venida era llevar a cabo el ministerio mesiánico de la redención de los pecados a través de su muerte expiatoria. De modo que hacer publicidad de su ministerio sanador produciría, sin duda, falsas esperanzas en el pueblo. El fuego del entusiasmo bien podría producir un fin prematuro al ministerio público del Mesías. El tiempo era necesario para la enseñanza a la luz de su próxima muerte, esa enseñanza consume la mayor parte de Mateo 13—17 y la enseñanza a la luz de su ausencia de en medio de ellos en el tiempo después de su partida. Esa enseñanza es impartida primordialmente en Juan 13—17 en el discurso en el Aposento Alto y la oración sumosacerdotal. Fue por esa razón que les mandó de manera estricta "que no le descubriesen". Un entusiasmo falsamente basado es siempre un obstáculo para ministrar con eficacia la Palabra respecto de Cristo.

"Para que se cumpliese lo dicho por el profeta Isaías, cuando dijo:" (12:17).

El evangelista Mateo, como en otras ocasiones (vea 1:11; 4:14), deja claro que el ministerio del Mesías se ajusta estrictamente a las profecías del Antiguo Testamento. Como se ha señalado con anterioridad, los israelitas esperaban un Mesías político y conquistador que, mediante ejércitos y conflictos bélicos, derrotase a las legiones romanas. Mateo cita el pasaje de Isaías 42:1-4 para resaltar el carácter mesiánico de dicha profecía. Mateo demuestra que el retiro de Jesús del bullicio y de la aclamación cumple lo anunciado por el profeta acerca de su ministerio terrenal. El exegeta reformado William Hendriksen ha escrito:

> Para demostrar la naturaleza sin pretensiones, gentil y tranquila de Cristo, una referencia a Isaías 42:2-3 probablemente hubiese bastado, pero es el deseo de Mateo citar tanto el contexto anterior como el posterior para que la gloria del Mesías pueda hacerse más sorprendentemente evidente y la maldad de sus adversarios resalte más claramente en contraste.[31]

El propósito de la cita de Isaías, introducida por el evangelista en esta coyuntura, es simplemente para confirmar el hecho de que según el Antiguo Testamento el Mesías tendría un ministerio tranquilo y sosegado. La negativa a discutir con los dirigentes judíos de una manera polémica de argumentación, o permitir que su mesianidad fuese falsamente propagada está en armonía con la descripción bíblica del Rey, porque de

---

30. *Ibíd.*
31. William Hendriksen, *The Gospel of Matthew*, p. 519.

Él está escrito: "No contenderá, ni voceará, ni nadie oirá en las calles su voz" (Mt. 12:19).

El pasaje citado, como ya se ha mencionado, es tomado del primero de los grandes Cantos del Siervo de Isaías. Esos pasajes describen en plenos y maravillosos detalles los aspectos principales del ministerio de Cristo. Esos cantos o poemas alcanzan su culminación con el incomparable pasaje de Isaías 52:13—53:12, según el cual el Siervo se ofrece a sí mismo en sacrificio vicario y penal por los pecados de su pueblo. Los otros pasajes o Cantos del Siervo se encuentran en Isaías 49:1-9; 50:4-11; y quizá, en 61:1-3.

La interpretación de los pasajes de Isaías también ha sido motivo de una gran cantidad de discusión. Entre las preguntas formuladas están las siguientes: (1) ¿Se trata de una persona o de una personificación? (2) Si es una personificación, ¿se trata de la personificación de todo Israel? (3) ¿O se trata del Israel Ideal? (4) ¿No se tratará de alguien que pertenece al orden de los profetas? (5) ¿Podría ser el profeta Isaías? (6) ¿Podría ser un mártir desconocido? Y (7) ¿O será el Mesías? La interpretación ortodoxa mantenida por intérpretes cristianos desde tiempos inmemoriales afirma que el Siervo no puede referirse a nadie más que al Señor Jesucristo. Esa es, incuestionablemente, la interpretación que aparece en el Nuevo Testamento (vea Mr. 10:32-45; Hch. 8:36-39; 3:13, 16; 4:27, 30; 1 P. 2:20-25; Ro. 5:12-21; Fil. 2:5-11). La interpretación de que el Siervo es Jesucristo tiene su raíz en el mismo Señor (vea Mr. 10:45; Lc. 22:37; también Is. 53:12).

La postura de que el Siervo es el Señor Jesucristo es la que asume el autor de este comentario. Las otras posturas están plagadas de incertidumbres y de especulaciones que testifican en su contra. Ninguna otra figura en la revelación bíblica aparte de Nuestro Señor Jesucristo llena la medida y cumple los requisitos descritos por el profeta Isaías. En el contexto de Mateo, no se deja lugar para dudas respecto de que Jesús el Mesías es el Siervo de Jehová presentado en Isaías 42.

El vocablo inicial: "He aquí" (*idoù*) llama la atención del lector a algo insólito y así tiene que ser, porque se trata nada menos que del "Siervo de Jehová". Mateo, al parecer, está haciendo un marcado contraste entre los siervos de Moisés, los fariseos, los malvados adversarios de Jesús que procuran destruirle y el Señor Jesús, el Siervo Amado del Padre celestial, quien solo procura hacer la voluntad del que le envió (vea Mt. 3:17; Col. 1:13; 2 P. 1:17-18; también Sal. 2:6-12). El mismo sustantivo *Siervo* señala a la obediencia del Hijo (vea Fil. 2:5-11). El Targum Arameo, que identifica al Siervo como el Mesías, dice: "He aquí mi Siervo el Mesías". La obra del Siervo es descrita en el contexto pero el hecho de que se le llama "mi Siervo" indica que antes de servir al hombre, tiene que servir a *Dios*. Él es *amado* por Dios, *escogido* por Dios, *sostenido* por Dios y *preparado* por Dios. Y si Él necesita al Espíritu de Dios para su vida y su obra, ¡cuánto más nosotros!

El énfasis de los versículos 18 y 19 descansa sobre la relación del Siervo con la voluntad de Dios. Y en la raíz misma de esa relación está la elección del Siervo: "Mi siervo, a quien he escogido" (*ho paîs mou hòn heirétisa*). Recuérdese las palabras del Padre en el momento del bautismo del Hijo (Mt. 3:13-17). Es una elección incondicional que descansa sobre el amor del Padre por el Hijo, como indica la frase: "Mi Amado, en quien se agrada mi alma" (*ho agapeitós mou eis hón eudókeisen hei psychéi mou*). El "deleite" o "agrado" del Padre en el Hijo se debe al hecho de que ese es un Siervo que no "fracasa", no "suspende". Ese Siervo cumplirá y satisfará todos los deseos del Padre para su pueblo.

> *"He aquí mi siervo, a quien he escogido;*
> *Mi Amado, en quien se agrada mi alma;*
> *Pondré mi Espíritu sobre él,*
> *Y a los gentiles anunciará juicio.*
> *No contenderá, ni voceará,*
> *Ni nadie oirá en las calles su voz.*
> *La caña cascada no quebrará,*
> *Y el pábilo que humea no apagará,*
> *Hasta que saque a victoria el juicio"* (12:18-20).

Estos versículos presentan lo que podría llamarse "el estilo de vida del Siervo". Hay tres aspectos de su estilo de vida a los que se hará referencia:

1. En primer lugar, hay que destacar al equipamiento para su trabajo: "Pondré mi Espíritu sobre él". Esa promesa señala la capacitación divina y el equipamiento para la realización de su ministerio. Esa es la armadura indispensable para toda la obra de Dios. Si el Dios-Hombre tuvo necesidad del Espíritu, mucho más sus siervos.

2. El logro del Siervo es descrito por Mateo así: "Y a los gentiles anunciará juicio" (v. 18). El vocablo "juicio" es la traducción del hebreo *mishpat*, un vocablo difícil de traducir al castellano. En este contexto, probablemente tenga el sentido amplio de "aquello que es correcto". Aparece tres veces en los primeros cuatro versículos de Isaías 42. El énfasis descansa sobre la decisión de Dios, su obra, no sobre las obligaciones del hombre. La declaración tiene que ver con la actividad soberana de la gracia de Dios. Es sensato aplicar esto a todos los aspectos de la vida civil. Todos ellos serán sometidos a la autoridad de Dios. La verdad será aplicada a la totalidad de la vida civil. Las palabras del profeta se refieren, en un sentido final, a la era del Reino. En ese tiempo el mandato de callar será anulado y todo el mundo verá y se regocijará en el Siervo.

3. En tercer lugar, el escritor sagrado continúa la cita hasta llegar al punto central de su referencia al texto de Isaías. Mateo desea demostrar que el deseo de Jesús de guardar en secreto su actividad es consonante con la descripción del temperamento del Siervo en Isaías. El lenguaje de Isaías 42:1-4 en el texto hebreo es muy interesante. Los verbos en hebreo enfatizan que el Siervo "no gritará" ni hablará en voz alta: "Ni nadie oirá en las calles su voz" es una manera de sugerir que el Siervo "no se echará a la calle" para defender su causa. Él no se anuncia a sí mismo. No habrá propaganda de su Persona.

No debe pasarse por alto algo expresado en el versículo 20: "La caña cascada no quebrará, y el pábilo que humea no apagará, hasta que saque a victoria el juicio". Obsérvese cuidadosamente el adverbio "hasta". Este pasaje se ha interpretado como una referencia al simple hecho de la gentileza del Señor en su trato con los santos débiles. No se niega que podría tener esa aplicación, pero ese no parece ser el sentido principal del texto. Debe notarse que en el contexto el Señor está tratando con los fariseos. El Señor había refutado todos sus argumentos y los había derrotado tanto en lo intelectual como en lo teológico. El Señor parece sugerir que aunque ha ganado el argumento contra los dirigentes de Israel, no continuará la polémica hasta llegar a destruir a los fariseos y a los otros adversarios. El tiempo para eso vendrá más tarde, es decir, cuando venga de nuevo a la tierra. Hoy es el día de la paciencia y la clemencia pero el "hasta" indica que viene un tiempo cuando Él quebrantará y hará pedazos a sus enemigos con la vara de hierro que sostendrá con su diestra (vea Sal. 2:9; Ap. 19:15). Ahora su voz no es oída en las calles pero en *aquel día* todos, vivos y muertos, oirán su voz y se lamentarán aterrorizados, si no pertenecen a Él por la fe.

El ministerio del Siervo será el medio por el cual traerá verdad y justicia, es decir, verdadera religión a los gentiles en victoria. El Siervo tiene una pasión por la verdad y no descansará hasta que la haya establecido en la tierra. La gran desorientación existente en el mundo hoy tiene que ver con la pregunta: ¿Es el cristianismo la verdad? La gente intenta evadir esa pregunta. Quizá se deba a que la mayoría, en el último análisis, tema enfrentarse con la respuesta.

La idea que prevalece hoy en el mundo es el subjetivismo mezclado con el utilitarismo. Eso ha conducido a la sociedad a la pérdida del concepto de lo absoluto. El hombre rechaza la verdad absoluta. Y esa es la verdad que Dios ama.

Las palabras finales del pasaje son: "Y en su nombre esperarán los gentiles" (Mt. 12:21). Son el presagio de la entrega de la administración de los asuntos del mundo a los gentiles (vea Mt. 21:43; 28:18-20). Esas palabras anticipan el curso del desarrollo del argumento del Evangelio de Mateo. Este Evangelio que tiene que ver con la manifestación de la realeza del Mesías, también enfatiza el lugar de los gentiles en el plan de Dios como parte de la promesa hecha a Abraham. La custodia del Reino, en la ausencia del Rey y por el rechazo de Israel, ahora está en manos de los gentiles.

En conclusión: Mateo ve en la obra del Mesías el cumplimiento del ministerio del Siervo de Jehová. A la postre, Él introducirá la *Edad de Oro*, cuando los muchos gentiles, con Israel, han de confiar en Él. Mientras llega el día, Él realiza su ministerio discreta y tranquilamente a través de sus siervos, quienes proclaman su mensaje de salvación. Pero viene el día cuando Él soberanamente establecerá la verdadera religión en la tierra mediante su poderosa y gloriosa Segunda Venida en juicio (Mt. 25:31-32).

DEMOSTRADO MEDIANTE LA IMPUTACIÓN DE QUE JESÚS EL MESÍAS OBRABA POR EL PODER DE SATANÁS (12:22-37)

El pasaje de Mateo 12:22-37 contiene la enseñanza tocante al "pecado imperdonable". El Señor dijo lo siguiente al respecto:

"Por tanto os digo: Todo pecado y blasfemia será perdonado a los hombres; mas la blasfemia contra el Espíritu no les será perdonada.
A cualquiera que dijere alguna palabra contra el Hijo del Hombre, le será perdonado;
pero al que hable contra el Espíritu Santo, no le será perdonado, ni en este siglo ni en el venidero" (12:31-32).

La enseñanza general tocante al "pecado imperdonable" es que se refiere a algún pecado específico que alguien cometa hoy. Comúnmente lo clasifican como algún pecado o pecados de la carne, como la fornicación o el adulterio. Para otros, tiene que ver con el pecado de la incredulidad, es decir, no creer en Jesucristo (Jn. 3:36). Todos los estudiosos de la Biblia están de acuerdo en que la falta de creer en el mensaje del Evangelio respecto de Cristo es un pecado imperdonable. La misma impresión tocante a la identidad del pecado imperdonable de parte de maestros de la Palabra, ha llevado a muchos a la ansiedad, la derrota, la turbación y a veces, hasta el suicidio. Es posible que haya cristianos que sinceramente desean una relación personal y profunda con el Señor que tengan dificultad al estudiar las palabras del Señor que han sido citadas. Algunos escudriñan sus conciencias en busca de la seguridad de no haber cometido ese terrible pecado. Es importante recordar que la salvación descansa total y absolutamente sobre la inmutable promesa de Dios de que "el que cree en el Hijo tiene vida eterna" (Jn. 3:36). La salvación no depende de sentimientos subjetivos que pueden variar y de hecho varían, sino que depende de la gracia inmutable de Dios.

Otra cuestión importante que hay que tener presente al estudiar este tema es la siguiente: El relato del pecado imperdonable solo se encuentra en los Evangelios de Mateo y Marcos. No se encuentra ni en Lucas ni en Juan y además, no hay ninguna otra referencia sobre dicho tema en el Nuevo Testamento. Recordar eso puede ayudar al lector a mantener esta cuestión dentro de su perspectiva correcta.

El tema surge así: Después de haber sanado al hombre de la mano seca, el Señor salió de la sinagoga y sanó a mucha gente que sufría diversas enfermedades. Entre los enfermos, le fue llevado también un endemoniado. Mateo dice:

> *"Entonces fue traído a él un endemoniado, ciego y mudo;*
> *y le sanó, de tal manera que el ciego y mudo veía y hablaba.*
> *Y toda la gente estaba atónita, y decía:*
> *¿Será éste aquel Hijo de David?" (12:22-23).*

"Entonces" (*tóte*) es peculiar en Mateo, para indicar conexión en el relato. Después de haber sanado a muchos, "entonces" le fue traído aquel caso con unas características terribles: "endemoniado", "ciego" y "mudo". Pero el Rey ha venido, proclamando que "el reino de los cielos se ha acercado", y ha estado realizando señales mesiánicas como garantía de la legitimidad de su declaración (vea Mt. 3:2; 4:17; 11:4-6). Después de realizar este último milagro, el Señor declaró: "Pero si yo por el Espíritu de Dios echo fuera los demonios, ciertamente ha llegado a vosotros el reino de Dios" (Mt. 12:28). El significado no podía ser más claro. La curación total de aquel hombre era una señal mesiánica. Eso es precisamente lo que está profetizado respecto de la obra del Mesías entre los hombres. (Vea Is. 19:18-19; 35:5-6).

La respuesta de la gente muestra una tremenda consternación. El vocablo traducido "estaba atónita" es el verbo *exístanto*, que es el imperfecto indicativo de *exísteimi*. En este contexto, dicho verbo se usa para sugerir "un estado psíquico con el que se está desconcertado o en el que la persona se queda atónita de asombro o de temor".[32] Aquel milagro había dejado a la gente tan consternada que casi estaban fuera de sí y

---

32. Horst Baltz y Gerhard Schneider, *Diccionario exegético del Nuevo Testamento*, p. 1439.

comenzaron a decir: "Este no puede ser el Hijo de David, ¿verdad que no?" Esa es la manera enfática como aparece en el texto griego. En otras palabras, la idea de su rango mesiánico ha penetrado en ellos pero todavía no se han comprometido a aceptar esa postura. Como pueblo, por supuesto, no tomaron esa decisión. Aquella gente estaba frente a frente al Rey Mesías. Sus señales eran contundentes pero la incredulidad, el orgullo y la dureza de corazón les impedía ver la realidad. La expresión tal como aparece en el texto griego es enfática: "¿Este no puede ser el Hijo de David? ¿Verdad que no?" Aquellas palabras constituían un rechazo claro del Mesías. Tal actitud aseguraba la condenación de aquel pueblo (Jn. 3:18).

> *"Mas los fariseos, al oírlo, decían:*
> *Este no echa fuera los demonios sino por Beelzebú, príncipe de los demonios"*
> *(12:24).*

Como en ocasiones anteriores (vea Mt. 9:34), los fariseos acusan al Señor de trabajar en complicidad con Satanás. La curación del endemoniado, ciego y mudo no había causado ningún efecto positivo en ellos. Sus corazones estaban llenos de odio hacia Jesús (vea Mt. 12:14; Mr. 3:5). El pronombre demostrativo "este" (*hoûtos*) dirige la atención al versículo anterior, donde la gente pregunta: "¿No será *este* [*hoûtos*] el Hijo de David?" Los fariseos responden a la pregunta diciendo: "Este no es el Hijo de David, sino el hijo de Satanás".

El profesor Stanley D. Toussaint comenta lo siguiente:

> Los tercos fariseos intentan establecer la incredulidad de la gente, lanzando terribles acusaciones contra Jesús. Los fariseos ven la disyuntiva. O el poder de Jesús es de Dios o es de Satanás. Es imposible negar la obra que Cristo ha realizado. Al no estar dispuestos a aceptarle como el Mesías, los fariseos dicen que su obra fue ejecutada mediante un poder diabólico.[33]

Si Mateo implica a los fariseos en aquella acusación, Marcos hace otro tanto con los escribas: "Pero los escribas que habían venido de Jerusalén decían que tenía a Beelzebú, y que por el príncipe de los demonios echaba fuera los demonios" (Mr. 3:22). Los familiares de Jesús decían que "estaba fuera de sí" (Mr. 3:21) y los dirigentes de la nación que estaba lleno del diablo (Mt. 12:24). Es importante recordar que los escribas y los fariseos estaban legalmente reconocidos como los profesores de teología del pueblo. Como puede verse, el grupo de dirigentes religiosos ejercía una influencia grande en el pueblo. Todos los maestros tienen una responsabilidad y una influencia grande hacia sus discípulos (vea Stg. 3:1-2).

El verbo "echar fuera" (*ekbállei*) es el presente indicativo de *ekbállo*, que significa "echar fuera". Esa forma verbal sugiere que los fariseos reconocieron la realidad de la obra de sanidad hecha por el Señor. Pero tristemente, la atribuyeron a la fuente incorrecta. En lugar de reconocer que Jesús obraba por el poder del Espíritu Santo,

---

33. Stanley Toussaint, *Behold the King*, p. 163.

prefirieron *de facto* atribuir aquel milagro a Beelzebú, es decir, al "dios de las moscas".[34]

"Sabiendo Jesús los pensamientos de ellos, les dijo:
Todo reino dividido contra sí mismo, es asolado,
y toda ciudad o casa dividida contra sí misma, no permanecerá" (12:25).

La frase "sabiendo Jesús los pensamientos de ellos" (*eidôs de tàs enthyméiseis autôn*) sugiere que el Señor supo intuitivamente los razonamientos de los fariseos y les responde con argumentos irrefutables. Como dice A. T. Robertson:

Mediante parábolas, a través de una serie de condicionales (de primera clase), mediante sarcasmos, con preguntas retóricas, mediante una lógica devastadora, el Señor pone al descubierto la vacía insinceridad de ellos y la inutilidad de sus argumentos.[35]

En primer lugar, el Señor les presenta dos parábolas: (1) La del reino dividido, y (2) la de la casa dividida. El propósito de esas ilustraciones era demostrar que una división en el reino de Satanás, como pretendían los fariseos, es imposible. En realidad, seguir ese principio implicaría a los hijos de los fariseos, quienes podrían haber estado proclamando que también ellos echaban fuera demonios (Mt. 12:25-27). William Hendriksen dice:

No es necesario refutar que, ocasionalmente, hubo algunos casos exitosos de exorcismo efectuados por los "hijos" o discípulos de los fariseos (vea Mt. 7:22).[36]

Si los "hijos" de los fariseos afirmaban ser capaces de echar fuera demonios, entonces, era incongruente acusar a Jesús de realizar sus milagros por el poder de Satanás mientras que sus "hijos" o discípulos lo hacían por el poder de Dios.

El verdadero principio de los milagros de Jesús se encuentra en Mateo 12:28: "Pero si yo por el Espíritu de Dios echo fuera demonios, ciertamente ha llegado a vosotros el reino de Dios". Los milagros autenticaban su Persona como la figura mesiánica acreditada por el poder de Dios. Cuando echa fuera demonios, la conclusión correcta a la que se debe llegar es que Él es el SEÑOR de los espíritus del mundo.

Luego le sigue la parábola de la derrota del "hombre fuerte" (Mt. 12:29), en la cual el Señor señala que Él debe atar a Satanás para vencerlo y despojarlo de su propiedad. En lugar de realizar su obra con la ayuda de Satanás, en realidad Él está ocupado en la tarea de derrocar su reino infernal.

Por último, el Señor añade unas palabras de advertencia y a la vez de aplicación, señalando que en la lucha espiritual no puede existir la neutralidad.

---

34. Vea John A. Broadus, *Comentario sobre el Evangelio según Mateo*, p. 343
35. Archibald T. Robertson, *Word Pictures in the New Testament*, vol. 1, p. 96.
36. William Hendriksen, *The Gospel of Matthew*, p. 525.

> *"El que no es conmigo, contra mí es;*
> *y el que conmigo no recoge, desparrama" (12:30).*

El Señor quiso decir sencillamente que uno está con Él o en contra de Él. Estaba del todo claro que los fariseos no estaban con Él. Ellos estaban desparramando, es decir, dejando a "las ovejas perdidas de la casa de Israel" sin pastor y sin orientación. Los pastores de Israel habían abandonado el rebaño y éste era ahora fácil presa de Satanás.

Otra importante observación que es necesario hacer, tiene que ver con el hecho de que el Reino del Mesías implica la derrota de Satanás. Es más, antes del establecimiento del Reino en la tierra, Satanás será atado, es decir, neutralizado durante el tiempo que dure el Reino Milenario del Señor. Esa es la lección que el Señor destaca en Mateo 12:28. Él muestra su autoridad y señorío echando fuera los demonios. Esa era una señal mesiánica. Para poder echar fuera los demonios, era necesaria una autoridad superior a la de Satanás. Esa era la autoridad del Mesías. Él entra en la casa, es decir, en el dominio del "hombre fuerte" (Satanás) y "saquea sus bienes", o sea, le "arrebata" (*harpásai*) lo que posee. Lo que Satanás posee es la vida de seres humanos, esos que están influidos por el pecado y poseídos de demonios. El Mesías vino para librar a los hombres del dominio del Diablo. Todas las veces que el Señor echó fuera un demonio de una persona estaba manifestando el poder de la presencia de su Reino. El verbo "ha llegado" (en Mt. 12:28) es *éphthasen*, el aoristo indicativo de *phtháno*, que significa "alcanzar", "anticiparse", "llegar". La gente que vivió en tiempos de Cristo y que vio como el Señor expulsaba demonios de los cuerpos de las personas, tuvieron un anticipo del Reino. Si solo hubiesen aceptado y creído en el Rey, hubiesen visto el pleno establecimiento de ese Reino. Su rechazo ha hecho necesario que tengan que aguardar hasta la segunda venida en gloria del Rey Mesías. Cuando el Hijo del Hombre venga por segunda vez, entonces "se sentará en el trono de su gloria" (Mt. 19:28).

Ahora es necesario tratar la cuestión del pecado imperdonable. El Señor amonestó seriamente a sus oyentes y particularmente, a los dirigentes de la nación de Israel de las consecuencias de cometer ese pecado. ¿Qué es el pecado que no puede ser perdonado? En primer lugar, debe verse *qué no es*. Luego debe considerarse *qué es* o *qué significa* dentro del contexto bíblico.

> *"Por tanto os digo: Todo pecado y blasfemia será perdonado a los hombres;*
> *mas la blasfemia contra el Espíritu no les será perdonada.*
> *A cualquiera que dijere alguna palabra contra el Hijo del Hombre, le será*
>   *perdonado;*
> *pero al que hable contra el Espíritu Santo, no le será perdonado,*
> *ni en este siglo ni en el venidero" (12:31-32).*

En primer lugar, el pecado imperdonable *no es la depravación moral*, porque los escribas y fariseos, quienes eran el objetivo principal de esta advertencia, no eran esa clase de personas. Eran, en realidad, moralmente rectos según los criterios del mundo, meticulosos en sus expresiones religiosas, si bien hipócritas en el ejercicio de ellas. Además, dicho pecado, al parecer, es algo más específico, ya que el texto lo destaca como: "La blasfemia contra el Espíritu" (*hei dè toû pneúmatos blaspheimía*).

El artículo determinado usado con el sustantivo *blasfemia* se refiere a un pecado específico. El vocablo griego "pecado", usado en Marcos 3:28-29, es *hamarteímata*, que generalmente significa un acto de pecado. En otras palabras, es algo definido. Por lo tanto, el pecado imperdonable no se refiere a la depravación moral de naturaleza general.

En segundo lugar, analizado desde la perspectiva de lo que el pecado imperdonable es, puede decirse que es *el pecado de blasfemia* (vea Mt. 12:24, 31-32; Lv. 24:15-16; Éx. 22:28). Al afirmar que los milagros de Jesús eran hechos mediante Beelzebú, los fariseos blasfemaban contra el verdadero autor de dichas señales, es decir, el Espíritu Santo. Además, es pecado contra el Espíritu Santo (vea 12:31). Ellos rechazaban el testimonio del Espíritu a favor del Rey (12:28-29), quien es el que "ata al hombre fuerte" para poder saquear su casa.

Añádase también que el pecado imperdonable se relaciona con el rechazo del Reino y del Rey que está presente realizando señales mesiánicas. El evangelista Marcos dice: "Pero cualquiera que blasfeme contra el Espíritu Santo, no tiene jamás perdón, sino que es reo de juicio eterno" (Mr. 3:29). La razón de esa sentencia se expresa en el siguiente versículo: "Porque ellos habían dicho: Tiene espíritu inmundo" (Mr. 3:30). Rehusaron al Rey, acusándolo de estar asociado con el mundo de los demonios. Tocante a las credenciales del Mesías, los dirigentes judíos dijeron: Esas no son credenciales del cielo, sino del infierno". En ellos se cumple lo dicho por Isaías:

> "¡Ay de los que a lo malo dicen bueno, y a lo bueno malo; que hacen de la luz tinieblas, y de las tinieblas luz; que ponen lo amargo por dulce, y lo dulce por amargo!" (Is. 5:20).

¿Por qué es el pecado de Mateo 12:28-31 imperdonable? J. Dwight Pentecost, por muchos años director del Departamento de Exposición Bíblica en el Seminario Teológico de Dallas, ha escrito lo siguiente:

> El Espíritu presentó el testimonio final tanto de la Persona como de la palabra de Cristo. Si uno rechaza el testimonio final, no hay más testimonio que Dios pueda ofrecer. Aunque rechazar la palabra de Cristo era pecado, una persona podría ser guiada a confesar ese pecado y reconocer la verdad mediante el testimonio del Padre. Rechazar el testimonio del Padre era pecado. Pero uno puede ser guiado a poner la fe en Cristo por el testimonio del Espíritu. Si uno rechaza el último testimonio, no habría más testimonio para llevarle a Cristo. De modo que no podía haber perdón para el pecado de atribuir la obra de Cristo a Satanás cuando, en realidad, la obra había sido realizada por el Espíritu.[37]

En primer lugar, ¿por qué hay mayor culpa en el pecado en contra del Espíritu que en el pecado en contra del Hijo del Hombre? La respuesta a esa pregunta no es fácil pero con toda seguridad no yace en un reclamo de mayor dignidad para el Espíritu. El Hijo y el Espíritu son coiguales como Personas Trinitarias.

---

37. J. Dwight Pentecost, *The Words and Works of Jesus Christ*, p. 207.

La respuesta debe encontrarse en el autovaciamiento del Hijo ("a sí mismo se vació", Fil. 2:7), cuando se despojó de su "insignia de majestad". Hubo, entonces, una cubierta puesta sobre su dignidad real ("no hay parecer en él, ni hermosura", Is. 53:2), por un tiempo, durante su ministerio terrenal. El pecado en contra de Él en ese estado era *censurable*, es decir, es *pecado*. Pero ese pecado era perdonable.

El pecado en contra del Espíritu Santo es algo diferente. Era el rechazo de obras manifiestamente hechas mediante el poder divino, el poder del Espíritu Santo. Solo Dios podía hacerlas, de modo que rechazarlas era despreciar un testimonio transparente. Era rechazar osadamente el testimonio del Espíritu respecto de la Persona del Rey, colocándose a sí mismo en clara oposición al Rey, tal como Él lo advirtió: "El que no es conmigo, contra mí es; y el que conmigo no recoge, desparrama" (Mt. 12:30).

En el caso de un pecado en contra del Hijo del Hombre, debe recordarse que el Señor Jesús estaba en medio de la nación en "semejanza de carne de pecado" (Ro. 8:3), en forma de hombre, en la condición de siervo (Fil. 2:7-8). De manera que, en cierta medida, su dignidad estaba velada. Es sobre esa realidad que uno encuentra base para el perdón de pecado en contra de Él. Era más probable que uno dejase de entender su dignidad mientras estaba en la carne que uno dejase de ver que sus obras eran manifiestamente la obra del Espíritu de Dios. De modo que el pecado en contra del Hijo, aunque *censurable*, es *perdonable*, pero el pecado en contra del Espíritu es tanto *censurable* como *imperdonable*.

En segundo lugar, ¿qué hace que dicho pecado sea imperdonable? La respuesta a esa pregunta es que la blasfemia contra el Espíritu Santo excluye el perdón porque excluye el arrepentimiento. Es un rechazo deliberado y final de la luz y por consiguiente, revela un endurecimiento impenitente del corazón. La negación no consiste simplemente de la expresión de una opinión, o de un juicio. Era una actitud firme y establecida. La expresión "habían dicho", usada en Marcos 3:30, es *elégon*, el tiempo imperfecto de *légo*, que sugiere una acción continua y podría expresarse: "Ellos constantemente decían". O sea, que la actitud constante de los dirigentes era decir por todas partes que Jesús "tenía espíritu inmundo" o, lo que es lo mismo "que estaba lleno de Satanás".

Esta interpretación es apoyada por tres evidencias adicionales:

1. El argumento mismo del Evangelio de Mateo hasta este punto. En este capítulo 12 tenemos la culminación del desarrollo de la reacción de los dirigentes judíos hacia el Rey Mesías. Esto se ha reiterado en repetidas ocasiones a lo largo de este estudio.
2. En el próximo capítulo, el Señor comienza a hablar a los discípulos por medio de parábolas y explica que esa es una forma de juicio a causa de la incredulidad del pueblo (vea Mt. 13:10-17). O sea que llegó el tiempo del juicio retributivo. El Señor da a entender que la esperanza para aquella generación judía había pasado. Ellos habían cometido el pecado imperdonable. El endurecimiento del corazón puede impedir la posibilidad del arrepentimiento. Los dirigentes judíos vieron inequívocamente la manifestación del poder de Dios cuando el Mesías realizaba milagros mediante el Espíritu Santo y lo atribuyeron a Satanás. Lo hicieron de una manera deliberada, desafiante y orgullosa. De ese modo cometieron el pecado imperdonable.

3. Una pregunta importante es: ¿Cuándo se comete el pecado imperdonable? El texto de Mateo 12:28-32 sugiere que ese pecado solo se puede cometer cuando el Rey está personalmente presente en semejanza de hombre, realizando señales mesiánicas. Solo entonces se puede cometer dicho pecado. Cuando el Mesías vino a la tierra la primera vez, lo hizo como el Dios encarnado. El mundo no le reconoció como Dios. La encarnación había puesto un velo sobre su Realeza Divina. Sus milagros fueron realizados por el poder del Espíritu Santo. Quien atribuía las señales del Mesías a Satanás pecaba contra el Espíritu Santo, es decir, contra el último testimonio capaz de producir el arrepentimiento en el corazón humano. Esta observación es confirmada por el hecho de que nuestro Señor habló *una sola vez* acerca del pecado imperdonable y los apóstoles nunca lo mencionan.

"O haced el árbol bueno, y su fruto bueno,
o haced el árbol malo, y su fruto malo;
porque por el fruto se conoce el árbol" (12:33).

El párrafo final de esta sección está diseñado para enfocar la verdadera fuente de la conducta de los fariseos. La acusación que hicieron en contra del Señor Jesucristo y de sus milagros deja al descubierto su propia maldad porque "el árbol se conoce por su fruto". Ellos habían hablado de la abundancia de sus corazones. A través de su acusación en contra del Mesías, el Hijo del Hombre, demostraron que eran hombres inicuos. De eso tendrán que dar cuenta en el día del juicio. Stanley D. Toussaint dice:

En Mateo 7 el Rey usa la misma ilustración que aparece en Mateo 12:33. En el capítulo 7 la usa para mostrar que las palabras y las obras indican carácter; aquí la utiliza para demostrar que las palabras son manifestaciones del corazón. La blasfemia del Espíritu que se derrama de los labios de los fariseos sería lo que les condenaría.[38]

Los fariseos y escribas eran como árboles podridos que eran incapaces de producir "fruto bueno" (*karpòn kalón*). La actitud de ellos hacia el Mesías era la prueba más palpable de la condición de sus corazones. El fruto es la evidencia de la naturaleza del árbol. Por ese criterio, habría que decir que aquellos hombres eran un bosque de malos árboles.

"¡Generación de víboras!
¿Cómo podéis hablar lo bueno, siendo malos?
Porque de la abundancia del corazón habla la boca" (12:34).

El Señor usa el mismo calificativo usado por Juan el Bautista en Mateo 3:7 respecto de los fariseos y saduceos que acudieron a Él para ser bautizados. Ellos habían asociado al Señor con Satanás. El Señor les recuerda a ellos su verdadera procedencia. La víbora o serpiente es un recordatorio de lo sucedido en el Huerto del Edén. Allí

---

38. Stanley D. Toussaint, *Behold the King*, p. 165.

Satanás apareció en la forma de una serpiente o víbora para engañar y tentar al ser humano. Sin duda, el Señor usa un lenguaje severo contra quienes no solo querían destruirlo, sino que acababan de cometer el peor de los pecados, es decir, atribuir a Satanás la obra del Espíritu Santo.

"Porque de la abundancia del corazón habla la boca" es la explicación que el Señor da de la actuación de los dirigentes religiosos. Ellos convertían en palabras lo que sobreabundaba en sus corazones. David Hill dice que: "La palabra es importante por lo que expresa tocante a la actitud básica y a la orientación de un hombre. El corazón designa el centro de la personalidad y el de la inteligencia psicológica de un hombre".[39] La pregunta es: ¿Cómo podéis hablar lo bueno, siendo malos? El verbo "podéis" (*dýnasthe*) es el presente indicativo, voz media de *dýnomai*. La voz media sugiere una acción que el sujeto hace en su propio beneficio: "¿Cómo podéis de vosotros mismos hablar lo bueno, cuando sois inherentemente malos?" El corazón pervertido de los fariseos y escribas solo podía producir frutos malos.

"El hombre bueno, del buen tesoro del corazón saca buenas cosas;
y el hombre malo, del mal tesoro saca malas cosas" (12:35).[40]

El "hombre intrínsecamente bueno" (*ho agathòs ànthrôpos*) es contrastado con el que es "intrínsecamente malo" (*ho poneiròs ànthropos*). El verbo "saca" (*ekbállei*) significa "echar fuera". El tiempo presente sugiere una acción continua o característica. El hombre intrínsecamente bueno se caracteriza por "echar fuera" cosas buenas de su buen tesoro, mientras que el intrínsecamente malo se caracteriza por "echar fuera" cosas malas. A este segundo grupo pertenecían los escribas y los fariseos.

"Mas yo os digo que de toda palabra ociosa que hablen los hombres,
de ella darán cuenta en el día del juicio.
Porque por tus palabras serás justificado,
y por tus palabras serás condenado" (12:36-37).

El vocablo "ociosa" (*argón* = *a* + *ergón*) significa "que no funciona". De modo que una "palabra ociosa" es aquella que no hace bien y por el contrario, es "perniciosa como la anemia perniciosa".[41] La referencia parece ser a las palabras irreflexivas y sin sentido ni finalidad. El juicio de Dios será minucioso y severo en el día cuando juzgará "los secretos de los hombres" (Ro. 2:16). El verbo "darán cuenta" (*apodósousin*) es el futuro indicativo de *apodídomi*, que significa "dar", "devolver", "retribuir". Los hombres tendrán que dar cuenta a Dios de todos sus hechos, incluyendo sus palabras. Delante del juicio del Gran Trono Blanco, el Juez del universo pedirá cuentas a todos los que hayan pasado a la eternidad sin haber recibido el perdón de sus pecados. Aunque tarde, el día de arreglar cuentas con Dios vendrá con toda seguridad.

La preposición "por" (*ek*) significa "fuera de". Las palabras que salen de la boca

---

39. David Hill, "The Gospel of Matthew", p. 219.
40. El texto crítico omite la expresión "del corazón". La Reina—Valera 1960 la incluye, siguiendo la lectura del *Textus Receptus*.
41. Archibald T. Robertson, *Word Pictures in the New Testament*, p. 97.

de cualquier persona han sido incubadas en su mente y en el corazón, los dos centros de la personalidad y de las emociones. "Las palabras son importantes porque revelan el carácter de la persona".[42] El texto no enseña que alguien es salvo o se pierde por sus palabras. La salvación se basa solo en la Persona y la obra de Cristo. Pero todo ser humano será juzgado en conformidad con la confesión que haya hecho respecto de Cristo. Aquel que haya confesado con su boca y creído en su corazón que Jesucristo es el Señor, será salvo por la eternidad (Ro. 10:9-10). Aquel que negare a Cristo y no le confesare como Salvador será condenado eternamente (Jn. 3:18, 36). La conducta de los fariseos se manifestaba a través de sus palabras en contra de Jesús. Esas palabras manifestaban lo que se anidaba en sus corazones. Sus bocas hablaban "de" (*ek*) la abundancia de sus corazones (Mt. 12:34).

En conclusión: El pecado imperdonable es un acto específico. Es la blasfemia contra el Espíritu de Dios y su obra de realizar poderosos milagros a través del Hijo. El pecado imperdonable era afirmar que los milagros obrados por el Mesías eran realmente la obra de Satanás. Ese pecado, por ser un desafiante rechazo de la luz diáfana, es imperdonable. Solo podía ser cometido en los días de la encarnación del Hijo del Hombre, porque es solo en ese tiempo cuando el pecado en contra del Hijo es de menor importancia que el pecado en contra del Espíritu. Además, no hay ninguna otra referencia en las Escrituras a ese pecado.

Ahora bien, aunque EL PECADO IMPERDONABLE no puede cometerse ahora, *UN* pecado imperdonable sí puede cometerse. Ese es el pecado de rehusar reconocer y recibir a Cristo como único y suficiente Salvador (Jn. 3:18). Rechazar a Cristo es rechazar el evangelio y perderse por toda la eternidad.

La otra pregunta que surge es: ¿Qué debemos hacer acerca de nuestros temores de haber cometido ese pecado? La respuesta es: Ese pecado no puede cometerse hoy y no ha sido cometido por quienes han puesto su fe y confianza en la obra salvadora de Jesucristo. La cuestión a la que todos tienen que enfrentarse es la de la decisión respecto del Mesías. La pregunta de Pilato sigue vigente hoy: "¿Qué, pues, haré de Jesús, llamado el Cristo [el Mesías]?" (Mt. 27:22).

DEMOSTRADO MEDIANTE LA EXIGENCIA DE VER SEÑAL DE PARTE DEL MESÍAS (12:38-42)

La centralidad del capítulo 12 en el argumento de Mateo es reconocida por la mayoría de los exégetas de este Evangelio. En este capítulo, el rechazo del Mesías de parte de la nación de Israel representada por sus dirigentes se hace patente. En Mateo 12:1-14, dos veces acusan al Señor de transgredir la ley del sábado. En Mateo 12:14, los fariseos forman alianza con los herodianos, aun cuando pertenecían a grupos divergentes y deciden "destruir" a Jesús. El evangelista Mateo cita al profeta Isaías (42:1-4) con referencia al ministerio terrenal del Mesías y a su victoriosa segunda venida (Mt. 12:15-21). Luego Mateo registra el pasaje crucial tocante al pecado imperdonable (Mt. 12:15-37). En ese pasaje el evangelista expone la actitud de los judíos en contra del Mesías. Después de que Jesús sanó a un hombre endemoniado, ciego y mudo, los dirigentes judíos atribuyeron el milagro al poder de Satanás. La dureza del corazón y el orgullo de aquellos religiosos les hizo hacer una declaración

42. John A. Broadus, *Comentario sobre el Evangelio según Mateo*, p. 351.

por la que sellaban su destino eterno. El corazón de los dirigentes judíos estaba cerrado tanto a la Persona como al mensaje del Mesías.

"Entonces respondieron algunos de los escribas y de los fariseos, diciendo: Maestro, deseamos ver de ti señal.
Él respondió y les dijo: La generación mala y adúltera demanda señal; pero señal no le será dada, sino la señal del profeta Jonás" (12:38-39).

"Entonces" (*tóte*) es un adverbio favorito de Mateo, usado para introducir un argumento. "Respondieron" (*apekrátheisan*) es el aoristo indicativo de *apokrínomai*, que significa "responder". Quizá dicho verbo contemple la reacción de los escribas y fariseos frente a las palabras de Jesús, particularmente en los versículos 34-37. Obsérvese que Mateo dice "algunos" (*tines*). Tal vez se refiera a un grupo reducido de ellos o, quizá, los que se sintieron más aludidos por las palabra del Señor. Debe recordarse las palabras del apóstol Pablo, cuando escribió: "Porque los judíos piden señales, y los griegos buscan sabiduría" (1 Co. 1:22).

Es posible que la petición de aquellos que se acercaron al Señor "diciendo: Maestro, deseamos ver de ti señal", lo hicieron algo resentidos por lo que habían oído antes. La pregunta parece ser cortés pero solo en apariencia. En otra ocasión, el Señor dijo a quienes le seguían:

"De cierto, de cierto os digo que me buscáis, no porque habéis visto las señales, sino porque comisteis el pan y os saciasteis... Le dijeron entonces: ¿Qué señal, pues, haces tú, para que veamos, y te creamos? ¿Qué obra haces?" (Jn. 6:26, 30).

Más adelante, en el capítulo 16, Mateo dice que los fariseos y los saduceos fueron a Jesús para tentarle "y le pidieron que les mostrase señal del cielo" (Mt. 16:1). Qué es exactamente lo que deseaban ver, no se nos dice. Es de suponerse que deseaban ver algún portento que les conmocionase a todos y quizá, asustase a las autoridades romanas. Uno tiene que estar de acuerdo con A. T. Robertson cuando dice:

Uno se maravilla frente a la audacia de los escribas y fariseos, quienes acusaron a Jesús de estar en contubernio con Satanás y por ese medio, echar fuera demonios, que ahora den la vuelta y de manera suave le digan: "Maestro, deseamos ver de ti señal". ¡Como si los otros milagros no fueran señales! La demanda fue insolente, hipócrita e insultante.[43]

La hipocresía de los escribas y fariseos se pone de manifiesto mediante el uso del sustantivo "Maestro". A pesar de reconocer que Jesús conocía la Ley, ellos se consideraban superiores a Él. Además, según Lucas 11.16, el fin que perseguían era "tentar" a Jesús a caer en la trampa del sensacionalismo y de la aclamación pública, todo lo contrario de la profecía de Isaías 42:1-4. También, llama la atención el tono de la petición. En el texto griego dice: "Maestro, queremos de ti [una] señal [que

---

43.   Archibald T. Robertson, *Word Pictures in the New Testament*, vol. I, p. 97.

podamos] ver", es decir: "Maestro, lo que en realidad queremos es que nos muestres una señal genuina que nosotros podamos ver".[44]

La respuesta del Señor fue contundente. Los llama: "La generación mala y adúltera" (*geneà poneirá kaì moichalìs*). La clave de la respuesta del Señor es la actitud que habían tomado en Mateo 12:14. Alfred Plummer escribió hace cerca de un siglo:

Detestaban sus enseñanzas por considerarlas revolucionarias y rehusaron aceptar sus actos de sanidad como obrados por la agencia divina. Aún así, algunos de ellos, sin duda, tenían recelos y todos ellos querían justificarse a sí mismos delante de la multitud. Pidieron ser convencidos milagrosamente y Él rechazó esa idea. Él llamó, a quienes hicieron esa demanda "una generación mala y adúltera", donde "adúltera"... significa que han sido infieles al pacto matrimonial que les unía a Jehová. "Con todo esto, su hermana la rebelde Judá no se volvió a mí de todo corazón, sino fingidamente, dice Jehová" (Jer. 3:10).[45]

Aquellos hombres realmente odiaban a Jesús y además, Él ya había realizado obras maravillosas y sorprendentes en presencia de ellos. El Señor no estaba dispuesto a complacer a quienes tantas veces habían intentado ridiculizarle y sin duda, lo volverían a hacer si solo tuviesen la oportunidad. El deseo de los dirigentes judíos estaba saturado de iniquidad producto de su incredulidad y su desprecio de Jesús.

"Pero señal no le será dada, sino la señal del profeta Jonás" (Mt. 12:39b). La respuesta del Señor tiene que ver con el futuro y consiste de tres partes:

En *primer lugar*, está la promesa de la "señal de Jonás" (vea Mt. 12:39-40). El Señor rehúsa ceder al deseo de los fariseos y los escribas de proporcionarles un milagro sensacional simplemente para asombrar los sentidos. El Mesías les promete darles su propia señal. Esa señal demostraría la iniquidad de ellos al rechazar a su Rey y la justicia de su causa.

De las palabras de nuestro Señor se deduce claramente que Él se consideraba como el gran antitipo de Jonás y que la experiencia de Jonás tipificada la resurrección del Señor Jesús. Esa sería su respuesta final a los escribas y fariseos (vea Jn. 2:19; Lc. 16:31). La crítica liberal y los agnósticos han considerado a Jonás como un personaje mitológico. Jesús dice que fue un personaje histórico.

Hay otras consideraciones respecto del relato de Mateo que hay que dar atención. La creencia popular ha establecido que Jonás fue tragado por una ballena. Mateo no dice que fuera una ballena. El vocablo *kêitos* significa un pez de gran tamaño, no una ballena. El pasaje del Antiguo Testamento concuerda con Mateo 12:40. El texto dice: "Pero Jehová tenía preparado un gran pez que tragase a Jonás; y estuvo Jonás en el vientre del pez tres días y tres noches" (Jon. 1:17). No se sabe con exactitud qué clase de pez tragó a Jonás. Ciertamente, como ha ocurrido, una ballena es capaz de tragarse el cuerpo de un hombre. Su enorme tamaño lo permite. La Palabra de Dios, sin embargo, señala que lo ocurrido a Jonás fue un milagro: "Jehová tenía preparado

44. Vea Richard C. H. Lenski, *The Interpretarion of St. Matthew's Gospel*, p. 490.
45. Alfred Plummer, "An Exegetical Commentary on the Gospel According to St. Matthew", p. 182.

424   *Mateo*

un gran pez". No es necesario buscar paralelos históricos. Dios "preparó" a una de sus criaturas para llevar a cabo su plan con Jonás (vea Jon. 1:17).

La segunda cosa a considerar tiene que ver con la expresión "tres días y tres noches". La pregunta es: ¿Fue Cristo crucificado el viernes? Hay quienes creen que la expresión "tres días y tres noches" exige que el Señor entrase en la tumba el jueves, o quizá el miércoles. En primer lugar, puede decirse que si el Señor hubiese sido crucificado el jueves y tenía que permanecer en la tumba exactamente 72 horas, habría una contradicción en la Palabra de Dios. Porque, aunque leemos aquí de "tres días y tres noches", también leemos que resucitó "al tercer día" (Lc. 9:22; 24:7, 21, 46; Hch. 10:40; 1 Co. 15:4). Ahora bien, alguien no puede resucitar "*al* tercer día" y "*después* del tercer día", a menos que haya una forma de hablar en otra cultura que tolere esa aparente contradicción. Además, el texto de Juan dice que el Señor murió el viernes. Juan usa el término *paraskenèi*, que es precisamente el vocablo usado en el griego moderno para decir *viernes* (vea Jn. 19:14, 31, 42; Mr. 15:42-43). También, si el Señor fue sepultado el jueves por la tarde, entonces tuvo que haber resucitado el sábado por la tarde, y no el primer día de la semana, como dicen los Evangelios (vea Mt. 28:1; Mr. 16:1-2; Lc. 24:1; Jn. 20:1). El problema se resuelve satisfactoriamente si uno recuerda un simple hecho de la cultura judía tocante a contabilizar el tiempo. Para los judíos, cualquier parte de un día era considerado como equivalente a 24 horas, o "un día y una noche". Parte de un período de tiempo era considerado como la totalidad. De modo que, en el caso de la muerte del Señor, ésta ocurrió el viernes. Fue puesto en la tumba antes de finalizar el día. Era necesario que fuese enterrado antes del sábado. Esa parte del viernes contaba como 24 horas, o "un día y una noche". Él resucitó el primer día de la semana, en las primeras horas de la mañana y esa parte del primer día de la semana representa otras 24 horas, o "un día y una noche". Por lo tanto, según este método de contabilizar el tiempo, el Señor estuvo en "el corazón de la tierra" tres días y tres noches, es decir, durante tres de esas unidades de tiempo.

¿Existe algún *fundamento bíblico* que apoye que ese es el método judío de calcular el tiempo? Por supuesto que existe. Una comparación de Ester 4:16 con 5:1 lo demuestra (vea 2 Cr. 10:5, 12; Gn. 42:17-18). Puede concluirse, por lo tanto, que el Señor Jesús, como se ha enseñado tradicionalmente, fue crucificado un viernes y resucitó el primer día de la semana, es decir, el domingo.

En *segundo lugar*, Mateo 12:41 predice el rechazo de Jesús por la nación de Israel y la condenación de Nínive sobre la presente generación:

> *"Los hombres de Nínive se levantarán en el juicio con esta generación, y la*
> *   condenarán;*
> *porque ellos se arrepintieron a la predicación de Jonás,*
> *y he aquí más que Jonás en este lugar" (12:41).*

Uno esperaría que la nación de Israel respondiese ante un milagro de la magnitud de la resurrección corporal del Mesías, o ante el asombroso ministerio que llevó a cabo pero es triste decirlo, ese no fue el caso. En sus severas palabras, Nínive, la gran ciudad de Asiria que se arrepintió a causa de la predicación de Jonás, es usada por Jesús para ilustrar la respuesta correcta a las señales mesiánicas. Los ninivitas se arrepintieron. ¿Con cuánta más razón debieran los israelitas haberse arrepentido, ya que uno mayor que Jonás estaba presente entre ellos? Jonás era solo un profeta menor pero Jesús era el Hijo de Dios. Jonás era un siervo del Señor pecador y rebelde pero Cristo era el impecable y compasivo Siervo de Jehová prometido en la profecía del Antiguo Testamento. El mensaje de Jonás era de juicio y de catástrofe: "De aquí a cuarenta días Nínive será destruida" (Jon. 3:4), mientras que el mensaje de Jesús era: "Venid a mí todos los que estáis trabajados y cargados, y yo os haré descansar" (Mt. 11:28). Jonás no hizo milagros para confirmar su mensaje, pero Jesús acompañó su mensaje con poderosas señales mesiánicas (vea Mt. 11:5; Lc. 4:16-21; Is. 35:5-6; 61:1-3). Jonás predicó a gentiles quienes no habían tenido los privilegios de la revelación divina, las promesas mesiánicas y los pactos pero Jesús predicó al pueblo del pacto, cargado de antiguas promesas y de siglos de bendición divina. Así todo, los habitantes de Nínive se arrepintieron, mientras que Israel se apresura a su perdición (vea Jn. 1:11; 12:37). Las palabras de William Hendriksen son muy apropiadas:

Un pueblo menos iluminado obedeció a una predicación menos iluminada pero un pueblo más iluminado rehusó obedecer a la Luz del mundo.[46]

En las palabras finales de Mateo 12:41, debe observarse una vez más que el Señor estaba consciente de su superioridad a los profetas del Antiguo Testamento. Y si ese reclamo no fuese verdad, entonces habría que considerar a Jesús como un personaje religioso, arrogante y engreído lejos de ser el verdadero Mesías de las Sagradas Escrituras.

"La reina del Sur se levantará en el juicio con esta generación, y la condenará; porque ella vino de los fines de la tierra para oír la sabiduría de Salomón, y he aquí más que Salomón en este lugar" (12:42).

En el texto griego no hay artículo determinado delante del sustantivo "reina" (*basilissa*). La ausencia del artículo enfatiza la naturaleza de dicho sustantivo. Es como si dijese: "Una persona que se caracteriza por ser reina del Sur". Por supuesto, la referencia es a la reina de Sabá, quien había oído de la fama y de la sabiduría de Salomón (vea 1 R. 10:1-13). Aquella reina viajó miles de kilómetros para escuchar a Salomón y quedó maravillada de lo que escuchó. El texto bíblico registra el testimonio de aquella gentil venida de tierras lejanas, con estas palabras:

"Y cuando la reina de Sabá vio toda la sabiduría de Salomón, y la casa que había edificado, asimismo la comida de su mesa, las habitaciones de sus oficiales, el estado y los vestidos de los que le servían, sus maestresalas, y sus holocaustos que ofrecía en la casa de Jehová, se quedó asombrada. Y dijo al rey: Verdad es lo que oí en mi tierra de tus cosas y de tu sabiduría; pero yo no lo creía, hasta que he venido, y mis ojos han visto que ni aun se me dijo la mitad; es mayor tu sabiduría y bien, que la fama que yo había oído" (1 R. 10:4-7).

---

46. William Hendriksen, *The Gospel of Matthew*, p. 536. Vea la excelente exposición del profesor Hendriksen sobre el ministerio de Jonás en las páginas 533-536 de su comentario sobre Mateo.

Aquella reina gentil avergonzó a la generación de los tiempos del Señor porque, con uno mayor que Salomón en medio de ellos, no solo dejó de reconocer su sabiduría y su grandeza, sino que, además, reaccionó de manera violenta en contra de Él y organizó un complot para matarlo. La reina de Sabá viajó una enorme distancia para ver a Salomón. La nación de Israel, sin embargo, tenía la Verdad delante de sus propios ojos. Ella llevó regalos para el rey Salomón. Los judíos solo dieron al Mesías oposición e injuria y a la postre, lo entregaron a muerte. La reina fue a Salomón sin invitación, pero Israel fue invitada por el Señor a responder a su invitación por medio de la fe. En las palabras de Isaías, Dios dice: "Extendí mis manos todo el día a pueblo rebelde, el cual anda por camino no bueno, en pos de sus pensamientos" (Is. 65:2). La reina de Sabá fue. Los judíos, sin embargo, rehusaron hacerlo. No es de extrañarse que "se levantará en el juicio con esta generación, y la condenará" (Mt. 12:42).

LA LECCIÓN TOCANTE AL ESPÍRITU INMUNDO (12:43-45)

Esta sección del Evangelio de Mateo es una parábola de la nación de Israel, en la que el Señor establece la razón de la actitud nacional tocante al Mesías.

"Cuando el espíritu inmundo sale del hombre,
anda por lugares secos, buscando reposo, y no lo halla.
Entonces dice: Volveré a mi casa de donde salí;
y cuando llega, la halla desocupada, barrida y adornada.
Entonces va, y toma consigo otros siete espíritus peores que él,
*   y entrados, moran allí;*
y el postrer estado de aquel hombre viene a ser peor que el primero.
Así también acontecerá a esta mala generación" (12:43-45).

Es bien conocido que la religión de los escribas y fariseos era un bien desarrollado legalismo, una religión de negativas. No es a eso, sin embargo, a lo que el Señor señala en su ilustración de la condición de aquellos dirigentes. Él apunta concretamente a su tendencia hacia el ritualismo formal y a una reforma del carácter aparte de la regeneración espiritual del espíritu.

El Señor describe, primeramente, a un espíritu inmundo que sale de un hombre y "anda" (*diérchetai*), es decir, "va a través de" "lugares secos" (*anýdrôn tópon*), "buscando reposo" (*dseitoûn anápausin*) y "no lo encuentra" (*kaì ouch heurískei*). La referencia final de esta figura parece ser el abandono de la idolatría de parte de la nación a raíz del cautiverio de Babilonia. Fue allí donde fueron enseñados por los profetas que su cautiverio había sido producido por la idolatría desenfrenada que se había extendido por la tierra de Israel. Aprendieron la lección y cuando el cautiverio terminó, el pecado de la idolatría no se reproduce en la nación.

En la continuación de la parábola, el Señor describe al espíritu inmundo diciendo: "Volveré a mi casa de donde salí", y luego añade: "Y cuando llega, la halla desocupada, barrida y adornada" (Mt. 12:44). El significado de la parábola parece ser que la nación, en vez de regresar a la vitalidad de una relación íntima y significativa con Dios, cayó en un formalismo frío y ritual, desprovisto de la justicia de la fe. El demonio de la idolatría había dejado a la nación, pero ninguna realidad vital había llenado ese lugar. De modo que, al regresar el espíritu maligno, encuentra el alma vacía, va en busca de otros espíritus satánicos y entra de nuevo para habitar en su antigua morada. La condición del alma, por lo tanto, es peor que la anterior.

La aplicación de la lección aparece en la expresión "así también" (*hoútos éstai kaì*) o, mejor "de la misma manera será también". El cuadro del espíritu inmundo describe un rotundo fracaso espiritual en la nación de Israel a la que el Señor había venido. El vocablo traducido en la Reina—Valera 1960 "moran allí" (*katoikeî ekeî*) en el versículo 45, con frecuencia se usa para hablar de "habitar permanentemente" (vea Hch. 2:5, 9, 14; Ef. 3:17; Col. 2:9), y de manera clara describe el habitar más estable de los espíritus después de su regreso. Una reforma sin una regeneración solo conduce a un mayor servicio al Maligno. Casas vacías, sin la vitalidad de una verdadera vida en Cristo, son atractivas para los espíritus demoníacos. Dicho con otras palabras, la presencia de Cristo en la vida de una persona es el arma más poderosa para ahuyentar a Satanás.

Históricamente, la parábola parece enseñar que el rechazo de los profetas del Antiguo Testamento y su mensaje, con el resultante juicio del cautiverio, ha sido sustituido por el rechazo del Hijo de Dios y su mensaje, con un juicio venidero aún mayor (vea Mt. 21:33-46; 1 Ts. 2:16). En contraste con el estado pecaminoso anterior, caracterizado primordialmente por la idolatría, el estado presente es aquel caracterizado por muchos y diferentes males: En el ritualismo, el formalismo, la hipocresía, la blasfemia y cosas semejantes. Esa condición continuará hasta que alcance su punto culminante en la futura alianza entre Israel y el Hombre de Pecado (2 Ts. 2:11; Is. 28:15). El desafiante rechazo del Mesías de parte de Israel traerá consecuencias terribles para esa nación hasta el día que alce sus ojos y reconozca al Salvador quien volverá a tener misericordia de ella (Mi. 7:19-20).

DEMOSTRADO MEDIANTE LA INTENCIÓN DE DISTRAER LA ATENCIÓN DE JESÚS EL MESÍAS (12:46-50)

Esta es la quinta y última ilustración de la oposición al Hijo de Dios registrada en el capítulo 12 de Mateo. Quizá sea esta la más sutil de todas, porque tiene que ver con la oposición de parte de su propia familia (vea Jn. 7:5).

"Mientras él aún hablaba a la gente,
he aquí su madre y sus hermanos estaban afuera, y le querían hablar" (12:46).

Probablemente el incidente narrado tuvo lugar en Capernaum y quizá, en la casa de Pedro y Andrés. El evangelista Marcos aporta información adicional cuando dice: "Cuando le oyeron los suyos, vinieron para prenderle; porque decían: Está fuera de sí" (Mr. 3:21). Marcos utiliza el vocablo *exéstei* que es el aoristo indicativo de *exísteimi*, que significa "dejar atónito", "quedarse atónito", "estar fuera de sí". El comentarista William L. Lane, profesor de Estudios Religiosos en la Universidad de Western Kentucky, comenta lo siguiente:

Cuando la noticia llegó a la familia de Jesús de que Él había dejado de atender sus necesidades vinieron (presumiblemente de Nazaret) para apoderarse de Él por la fuerza y llevarlo a casa. La identidad de los que habían venido ha sido debatida, porque la expresión coloquial usada por Marcos podía traducirse por "su familia", "sus parientes" o "sus amigos". Es natural, sin embargo, encontrar en Marcos 3:31-35 la secuela correcta de Marcos 3:20ss.; el grupo de personas descrito coloquialmente en el versículo 21 es definido más ampliamente por el versículo 31, al decir que incluye la madre de Jesús y sus hermanos. La acusación hecha contra Jesús es que "ha perdido su sentido".[47]

Los familiares de Jesús pensaban que nuestro Señor se había vuelto loco. Su madre, María, y sus hermanos fueron donde estaba para llevarlo con ellos. Los enemigos del Señor pensaron que estaba endemoniado, cuando atribuyeron sus señales a Beelzebú pero incluso "sus amigos" o "familiares" pensaban que había perdido su capacidad mental (vea 2 Co. 5:13). Está claro que ni aun su familia inmediata entendía la magnitud de su obra, ni siquiera su persona. Quizá le aconsejaban que se cuidase de no alejarse demasiado de los dirigentes espirituales de la nación.

"Y le dijo uno: He aquí tu madre y tus hermanos están afuera,
y te quieren hablar.
Respondiendo él al que le decía esto, dijo:
¿Quién es mi madre, y quiénes son mis hermanos?" (12:47-48).

El versículo 47 presenta un problema textual. La oración que parece ser necesaria para dar sentido a los versículos siguientes, al parecer, fue accidentalmente omitida debido, quizá, a algún descuido del escribano en la transmisión del texto.[48] O, tal vez, no formaba parte originalmente de la composición de Mateo.

La iglesia tradicional afirma que Jesús no tuvo hermanos. Dice que María fue virgen antes y después del parto de Jesús. Es lamentable que teólogos católicos aboguen por la divinidad de María.[49] El dogma de la virginidad perpetua de María procede de la tradición, no de las Escrituras. La Biblia enseña claramente que Jesús tuvo "hermanos y hermanas" (Mr. 6:3). El apóstol Juan hace referencia a "los hermanos" de Jesús, y añade que "ni aun sus hermanos creían en él" (vea Jn. 7:3, 5). El apóstol Pablo también cita a "Jacobo el hermano del Señor" (Gá. 1:19). Lucas menciona en Hechos 1:14 que en el Aposento Alto, estaban "María la madre de Jesús y sus hermanos". Teólogos católicos han dicho que el sustantivo "hermanos" (*adelphoi*) significa "parientes". La realidad es que en todos los léxicos griegos el significado primario de *adelphós* es "hermano", no "pariente". En el idioma griego existe el vocablo *syngenís* (vea Lc. 1:36), que significa "pariente" y que pudo haber sido usado en Marcos 6:3, si la intención del escritor hubiese sido decir que Jesús tenía "parientes" en lugar de decir que tenía "hermanos".

En Mateo 12:47, se le dijo a Jesús: "He aquí tu madre y tus hermanos están fuera, y te quieren hablar". Su respuesta fue: "¿Quién es mi madre, y quiénes son mis hermanos?" Por supuesto que el Señor no objetaba a los lazos familiares. Eso

---

47. William L. Lane, "Commentary on the Gospel of Mark", *The New International Commentary on the New Testament* (Grand Rapids: Eerdmans Publishing Co., 1975), p. 139.
48. Archibald T. Robertson dice: "Aleph, B, L y la versión Siria Antigua omiten este versículo como también Wescott y Hort. [El versículo] es genuino en Marcos 3:32 = Lucas 9:20. Probablemente fue copiado en Mateo de Marcos o de Lucas (vea A. T. Robertson, *Word Pictures in the New Testament*, p. 98).
49. Vea José M. Bover, *El Evangelio de San Mateo*, p. 274.

se evidencia del hecho de que, cuando estaba en la cruz, encomendó a su madre al cuidado de su primo y apóstol Juan (vea Jn. 19:25-27). A lo que sí objetó fue a la *autoridad* de los lazos familiares (vea Jn. 2:4). Había relaciones que para Él eran más profundas y mayores.

> *"Y extendiendo su mano hacia sus discípulos, dijo: He aquí mi madre y mis hermanos.*
> *Porque todo aquel que hace la voluntad de mi Padre que está en los cielos, ése es mi hermano, y hermana, y madre" (12:49-50).*

Esa verdad es expresada en términos concretos. Su madre y sus hermanos no son sus parientes naturales, sino aquellos que hacen la voluntad del Padre celestial. El Señor tenía tres relaciones importantes. *Primera*: Para el mundo Él era el Salvador (Jn. 4:42), ofrecido a todos mediante la predicación. *Segunda*: Para su familia Él era un hijo y un hermano según la carne (Mt. 12:46; 13:55; Ro. 1:3-4). Es importante que el Señor omite toda referencia a su *padre* humano. *Tercera*: Para la FAMILIA, es decir, los fieles, Él era Salvador y Cabeza. Y esa relación espiritual es superior a la natural. Tiene su comienzo en el nuevo nacimiento pero su concepción es una de esas maravillosas revelaciones espirituales que caracteriza la verdad de Dios. El Señor Jesús enseña que el Padre es el centro de la verdadera vida. ¡Quienes están cerca de Él están cerca unos a otros! Ese concepto es ampliado por Pablo en la revelación que recibió respecto de la Iglesia (vea 1 Co. 12:12-13, 27).

En los versículos finales de Mateo 12, el Señor enseña que nuestros verdaderos hermanos y hermanas no son los que están relacionados con nosotros en el aspecto humano, sino aquellos que están relacionados mediante el nuevo nacimiento. De modo que la unidad del cuerpo de Cristo descansa sobre una relación más profunda que la de la carne, es decir, la del Espíritu. Reconocer esa verdad, debe unirnos con el vínculo más fuerte y dinámico para la gloria de Aquel que nos ama tanto (Mt. 10:37).

RESUMEN Y CONCLUSIÓN

La señal prometida a la nación, es decir, la de la resurrección del Hijo del Hombre, ya le ha sido dada. Aquel pueblo, como nación, no respondió frente a aquella estupenda realidad. Quiera Dios que, por su gracia, nosotros seamos capaces de responder ante la gran realidad de la presencia de Aquel que es mayor que Jonás y que Salomón.

Además, este pasaje nos reta a ver que mediante el nacimiento espiritual disfrutamos de una comunión y relación con Dios y unos con otros que solo se consigue al pertenecer a la familia de Dios mediante la fe.

BIBLIOGRAFÍA SELECTA

Baltz, Horst y Schneider, Gerhard, *Diccionario exegético del Nuevo Testamento*, dos volúmenes (Salamanca: Ediciones Sígueme, 1996 y 1998).
Bonnard, Pierre, *Evangelio según San Mateo* (Madrid: Ediciones Cristiandad, 1983).
Bover, José Mª, *El Evangelio de San Mateo* (Barcelona: Editorial Balmes, 1946).
Broadus, John A., *Comentario sobre el Evangelio según Mateo*, traducido por Sarah H. Hale (Monterrey, México, s.f.)
Cantera Burgos, Francisco e Iglesias González, Manuel, *Sagrada Biblia: Versión*

crítica sobre los textos hebreo, arameo y griego (Madrid: Biblioteca de Autores Cristianos, 1979).

Davies, W. D. y Allison, Dale C. hijo, "The Gospel According to Saint Matthew", *The International Critical Commentary*, vol. 1 y 2 (Edimburgo: T. & T. Clark, 1994).

Galizzi, Mario, *Evangelio según Mateo* (Madrid: Editorial San Pablo, 1999).

Hendriksen, William, *The Gospel of Matthew* (Grand Rapids: Baker Book House, 1979).

Hill, David, "The Gospel of Matthew", *The New Century Bible Commentary* (Grand Rapids: Eerdmans Publishing Company, 1982).

Johnson, Samuel Lewis, "Notas inéditas de la exposición del Evangelio de Mateo" (1975).

Lane, William L. "Commentary on the Gospel of Mark", *The International Commentary of the New Testament* (Grand Rapids: Eerdmans Publishing Company).

Lenski, Richard C. H., *The Interpretation of St. Matthew's Gospel* (Minneapolis: Augsburg Publishing House, 1964).

Luz, Ulrich, *El Evangelio según San Mateo*, Mateo 1—7, vol. 1 (Salamanca: Ediciones Sígueme, 1993).

MacRae, Allan A., "The Servant of the Lord in Isaiah", *Bibliotheca Sacra*, abril-junio, 1964.

_____, "The Servant of the Lord in Isaiah", *Bibliotheca Sacra*, julio-septiembre, 1964.

Metzger, Bruce M., *A Textual Commentary on the Greek New Testament* (Londres: United Bible Societies, 1975).

Pentecost, J. Dwight, *El Sermón del Monte* (Grand Rapids: Editorial Portavoz, 1981).

Pérez Millos, Samuel, *Mateo: Análisis Textual Griego-Castellano*, Tomo I (Vigo: Biblioteca de Estudios Teológicos, 2005).

Plummer, Alfred, "An Exegetical Commentary on the Gospel According to St. Matthew", *Thornapple Commentaries* (Grand Rapids: Baker Book House, 1982).

Rienecker Fritz, *A Linguistic Key to the Greek New Testament*, traducido y revisado por Cleon Rogers hijo, vol. 1 (Grand Rapids: Zondervan Publishing House, 1976).

Robertson, Archibald T., *Word Pictures in the New Testament* (Nashville: Broadman Press, 1930).

Smillie, Gene R., "Isaiah 42:1-4 in its Rhetorical Context", *Bibliotheca Sacra*, enero-marzo, 2005.

Toussaint, Stanley D., *Behold the King: A Study of Matthew* (Portland: Multnomah Press, 1980).

Young, Edward J., "The Book of Isaiah", *The New International Commentary on the Old Testament*, vol. III (Grand Rapids: Eerdmans Publishing Company, 1972).

20

El tercer discurso de Jesús el Mesías (13:1-58)

JESÚS ENSEÑA MEDIANTE PARÁBOLAS LOS MISTERIOS DEL REINO DE LOS CIELOS (13:1-53)

"Las parábolas se diferencian de otras figuras literarias en que son narrativas en su forma, pero figurativas en significado. Las parábolas usan tanto símiles como metáforas para hacer sus analogías y los propósitos retóricos de las parábolas son informar, convencer o persuadir a los oyentes. Pedagógicamente, Jesús utilizó parábolas para motivar a los oyentes a hacer decisiones correctas. Para los oyentes originales de Jesús, las parábolas revelaban y a la vez escondían nuevas verdades tocante al programa de Dios respecto del Reino. Quienes respondían correctamente, eran llamados discípulos y a ellos les era dado entender los misterios del Reino. La misma verdad era escondida de quienes, a causa de la dureza de sus corazones, estaban cerrados al mensaje de Jesús".

Mark L. Bailey, ("Guidelines for Interpreting Jesus' Parables", *Bibliotheca Sacra*, enero a marzo, 1998).

El Señor Jesucristo había invertido considerable tiempo enseñando, proclamando el Evangelio del Reino y sanando enfermos. Tanto los dirigentes de la nación como el pueblo en general habían oído y visto lo que el Mesías había hecho delante de sus ojos. La respuesta ante las señales mesiánicas había sido negativa, principalmente de parte de los representantes de la nación. Los escribas y fariseos habían acusado al Señor de estar aliado con Satanás (Mt. 9:34; 10:25; 12:24; Mr. 3:22; Lc. 11:15). Los fariseos se confabularon con los herodianos para "destruir" a Jesús (Mt. 12:14; Mr. 3:6). El rechazo de la Persona y del mensaje del Mesías era una realidad. El testimonio y la demostración de poder que Jesús les había presentado fueron menospreciados.

431

Mateo

Todo eso culminaría con el apresamiento del Señor y su entrega a Pilato para que lo crucificase.

Después de ese rechazo abierto y empecinado, el Señor no vuelve a ofrecer el Reino a la nación. A partir del capítulo 12 de Mateo, el Señor comienza a dirigirse a sus oyentes mediante el uso de parábolas. La oposición y la apatía espiritual del pueblo y especialmente de sus dirigentes, hace que el Señor adapte su método de enseñanza tocante al Reino venidero a la situación que tiene delante. De ahí que el Señor comience a hablar mediante parábolas.[1]

El sustantivo "parábola" procede del vocablo griego *paraboléi*, que es un vocablo compuesto de *para* que significa "al lado de" y *bállo* que significa "tirar", "arrojar", "lanzar". Dicho vocablo se usa en los Evangelios sinópticos para expresar la forma característica que Jesús adopta para enseñar al pueblo después de haber sido rechazado. En su obra clásica, *Biblical Hermeneutics* [Hermenéutica bíblica], Milton S. Terry ha escrito:

> El diseño general de las parábolas, como el de toda otra clase de lenguaje figurado, es embellecer y plantear ideas y verdades morales de forma atractiva e impresionante. Muchas lecciones morales, si se presentan en un estilo literal y desnudo, pronto son olvidadas; pero vestidas con ropaje parabólico, despiertan la atención y se pegan a la memoria. Muchas represiones y severas advertencias pueden suavizarse mediante una parábola y en consecuencia produce menos ofensa, e incluso produce un mejor efecto que el que podría producir un discurso abierto y llano.[2]

Con anterioridad a Mateo 13, el Señor había usado parábolas para ilustrar verdades (vea Mt. 6:19-34, 7:13-20; 12:11-12). En el capítulo 13, el Señor usa las parábolas como método de enseñanza con un propósito concreto. El Señor expresa el propósito central del uso de parábolas en Mateo 13:11-18. Allí Jesús da dos razones básicas: (1) Revelar verdades a los discípulos; y (2) esconder esas verdades de los incrédulos. En las palabras del reconocido exegeta Alfred Plummer:

> Las parábolas, al mismo tiempo que revelan la verdad a quienes podían beneficiarse de ellas, escondían los misterios del Reino a los indignos, quienes no podían entenderlas, o serían lastimados por ellas si las hubiesen entendido. Esa ocultación de la verdad era un juicio sobre los indignos pero lleno de misericordia. Fueron librados de la culpa de rechazar la verdad, puesto que no se les permitió reconocerla. Y también fueron librados de profanarla, ya que mediante la enseñanza parabólica Cristo llevó a cabo su propia máxima de no echar las perlas a los cerdos (Mt. 7:6).[3]

Para una excelente síntesis del tema de *las parábolas*, vea José M. Martínez, *Hermenéutica Bíblica* (Terrassa: Clie, 1984), pp. 451-463.
2. Milton S. Terry, *Biblical Hermeneutics* (Grand Rapids: Zondervan Publishing Hoyse, s.f.), pp.277-278.
3. Alfred Plummer, "An Exegetical Commentary on the Gospel According to St. Matthew", pp. 187-188.

Es importante, pues, entender que la parábola es una figura de dicción, es un medio de comunicación y como tal, fue usado por el Señor con un propósito concreto. Como se reconoce por la mayoría de los intérpretes y por los estudiosos de la ciencia de la interpretación, la parábola está limitada en su alcance y es confinada a aquello que es real. Las imágenes siempre encarnan una narrativa que es fiel a la realidad y a las experiencias de la vida humana.[4]

Un acercamiento al estudio de las parábolas debe tener en cuenta varios factores. En primer lugar, cada parábola debe estudiarse con mucha seriedad, entendiendo que forma parte integral del Texto Sagrado escrito bajo la inspiración y dirección del Espíritu Santo. La persona que no crea en la inspiración plenaria y verbal de las Escrituras no está capacitada para interpretar correctamente el material parabólico de los Evangelios. Debe tenerse muy presente que las parábolas fueron habladas por el Rey Mesías y fueron registradas fielmente bajo la supervisión divina del Espíritu Santo.

En el estudio de cualquier pasaje de las Escrituras, es importante situar el texto y su contenido dentro de su ambiente. Ese principio de interpretación es crucial a la hora de estudiar las parábolas. Si se sacan de su contexto, es imposible comprender correctamente sus enseñanzas. El pronombre demostrativo "aquel" (*ekeínei*) de Mateo 13:1 es usado con una designación temporal, indicando la presencia de un cambio de sujeto y de énfasis.[5] Como se ha mencionado repetidas veces, la actitud rebelde y contumaz de los dirigentes religiosos tuvo como resultado que el Señor comenzase a hablarles por medio de parábolas. El rechazo que hicieron del Mesías les convirtió en indignos de seguir recibiendo las diáfanas enseñanzas que el Señor les había dado hasta entonces. En su excelente obra sobre el Evangelio de Mateo, Stanley D. Toussaint dice:

La primera razón de las parábolas en esta coyuntura se encuentra en la actitud de rechazo manifestada de parte de Israel. Mateo lo indica al escribir "aquel día" (*en têi heimérai ekeínei*), es decir, el día de las hostilidades abiertas con los fariseos y el desacuerdo con su familia. La actitud pasiva de Israel en todo aquello destaca la inminencia del rechazo final.[6]

En síntesis, al estudiar las parábolas es importante tener en cuenta algunos factores importantes. La parábola debe situarse en su ambiente o escenario correcto, tanto en el orden histórico como cultural. No debe sucumbirse, tampoco, a la tentación de alegorizar la parábola, cualquiera que esta sea: "Intérpretes con frecuencia han sugerido erróneamente que la presencia de detalles en las parábolas invita a realizar una interpretación alegórica".[7] Debe recordarse que la alegorización como método de interpretación es incorrecta. Las Escrituras siempre deben interpretarse siguiendo el método normal, natural o literal. En este comentario se estudiará, por lo tanto, Mateo

4. Milton S. Terry, *Biblical Hermeneutics*, p. 276.
5. Vea Stanley D. Toussaint, *Behold the King*, p. 169.
6. *Ibíd.*, pp. 169-170.
7. Mark L. Bailey, "Guidelines for Interpreting Jesus' Parables", *Bibliotheca Sacra*, enero a marzo, 1998, p. 35.

capítulo 13 en su ambiente histórico, teológico y cultural según el plan de Dios tal
como está revelado en los capítulos 1—12 de este Evangelio. El ministerio del Rey ha
sido rechazado por la generación de israelitas que le ha visto y oído. A raíz de eso, el
Mesías se dedica a desvelar la naturaleza de la era que ha de intervenir entre su primera
y su segunda venida.

INTRODUCCIÓN (13:1-2)

"Aquel día salió Jesús de la casa y se sentó junto al mar.
Y se le juntó mucha gente; y entrando él en la barca, se sentó,
y toda la gente estaba en la playa" (13:1-2).

"Aquel día" (*en teî heimérai ekeínei*). Obsérvese que no hay ninguna conjunción
ni ninguna otra partícula conectiva. Eso indica el aspecto sobresaliente del capítulo
13. No es una simple continuación, sino un clímax en el proceso revelatorio. El
mismo día que el Mesías fue rechazado: "En aquel día", es decir, bajo el peso de las
circunstancias del conflicto con los dirigentes de la nación, el Señor comienza esta
etapa de su ministerio. Debe recordarse que Jesús había tenido un día repleto de
actividades. Aquel día, según el relato de Mateo, había sido insultado, blasfemado y le
habían exigido que les mostrase una señal del cielo (vea Mr. 3:20; Mt. 12:38-42; Lc.
11:29-32). De manera que la frase con la que comienza el capítulo 13 es importante
para la enseñanza del resto del capitulo. La frase: "En aquel día salió Jesús de la casa y
se sentó junto al mar", sirve de nexo con el contexto anterior. Se refiere al incidente con
el endemoniado, ciego y mudo, cuya curación hizo que los fariseos acusaran a Jesús de
estar en alianza con Beelzebú (Mt. 12:22-32, 43-45). Israel, de ese modo, estaba en el
acto de cometer el pecado imperdonable, según las mismas palabras de Jesús. Y ahora,
a la luz de ese hecho, por primera vez, el Señor les habla en parábolas. O sea que la
forma de enseñanza representa en sí misma un anticipo de juicio venidero a causa de
la incredulidad (Mt. 13:58).

En la tarde de aquel mismo día, el Señor enseñó las parábolas registradas en
el capítulo 13 y probablemente, otras no registradas por Mateo. La estructura del
capítulo puede verse a la luz de dos declaraciones clave. Estas se encuentran en los
versículos 1 y 36. Cada una de esas declaraciones es seguida de cuatro parábolas. Las
dos declaraciones son:

1. La primera: "Salió Jesús de la casa" (13:1). Puede deducirse a través de esa
   declaración que las parábolas que siguen tienen que ver con *verdades externas*
   primordialmente tocante al Reino, puesto que son dirigidas a la multitud (vea
   Mt. 13:2, 3, 10). Las cuatro parábolas son:
   a. El sembrador (13:1-23).
   b. El trigo y la cizaña (13:24-30).
   c. La semilla de mostaza (13:31-32).
   d. La levadura y la harina (13:33-35).
2. La segunda declaración: "Entró Jesús en la casa" (13:36). De esa declaración
   puede deducirse que las parábolas que pronunció tenían que ver con verdades
   internas primordialmente acerca del Reino, porque van dirigidas a los

discípulos (v. 36). Esas parábolas también van acompañadas de explicaciones. Dichas parábolas son las siguientes:
a. El tesoro escondido (13:44).
b. La perla de gran precio (13:45-46).
c. La red (13:47-50).
d. El padre de familia (13:52-53).

Hay algunos detalles significativos que deben observarse en estos primeros dos versículos. "Salió de la casa" (*exelthôn... teîs oirías*). Aunque el texto no lo menciona, es probable que la casa estuviera en Capernaum. Allí era donde el Señor había desarrollado muchas de sus actividades. "Se sentó junto al mar" (*ekátheito parà teìn thálassan*). La oración es descriptiva: "Habiendo salido de la casa, Jesús se sentaba junto al lago". Como quien necesita tomar el aire fresco después de haber estado en un lugar cerrado. El hecho de "sentarse" era la postura acostumbrada que asumían los rabinos judíos cuando enseñaban. El Señor había asumido esa postura cuando enseñó el Sermón del Monte (Mt. 5-7) y lo hará de nuevo cuando presente el discurso profético (Mt. 24).

"Y se juntó mucha gente" (*kaì synéichtheisan pròs autòn óchloi polloí*). Esta frase expresa que había una gran cantidad de oyentes. John A. Broadus explica lo siguiente:

> Estas gentes le rodeaban de tal manera que sentado no podía ser visto, ni podía él mismo ver bien a quienes se dirigía. Habiendo entrado en el bote que probablemente estaba fijo con un cable o sujeto con un ancla, a distancia de algunos pies [metros] de la orilla y permaneciendo todas las gentes paradas [de pie] sobre la orilla pendiente y arenosa, estaba en una situación muy a propósito para hablar.[8]

La Reina—Valera 1960 omite la partícula consecutiva *hóste*, "así que", que introduce el resultado de la presencia de tanta gente alrededor del Señor. El texto dice: "Así que habiéndose embarcado en el bote se sentó". Probablemente hubo dos razones de haber entrado en la barca: (1) Tenía una mejor posición para hablarle a la gente; y (2) estaba más seguro y protegido de la gente que se oponía a su Persona y a su mensaje.[9] Como se ha señalado antes, los dirigentes religiosos se oponían abiertamente al Señor. De manera que el peligro era inminente.

Obsérvese de nuevo que el Señor, después de entrar en la barca, "se sentó" (*katheîsthai*), es decir, volvió a asumir la posición de un rabino o maestro. "Y toda la gente estaba en la playa". Esta frase indica que la gente estaba "de pie", escuchando al Señor. El verbo "estaba" (*heistéikei*) es el pluscuamperfecto de *histeimi*, que significa "tomar una posición" o "estar de pie". La función de dicho verbo en este contexto es la de un imperfecto, es decir, una acción continua en el pasado.

8. John A. Broadus, *Comentario sobre el Evangelio según Mateo*, p. 362.
9. Robert L. Thomas, "Notas inéditas sobre Mateo 13" (2000).

LA PARÁBOLA DEL SEMBRADOR (13:3-9)

"Y les habló muchas cosas por parábolas, diciendo:
He aquí, el sembrador salió a sembrar" (13:3).

La primera parábola trata el tema de *las cuatro clases de tierra.* Es por ello que en lugar de la *parábola del sembrador,* debía llamarse la *parábola de las cuatro clases de tierra.* El verbo "habló" (*eláleisen*) es un aoristo ingresivo, es decir "les comenzó a hablar". Esta forma verbal apunta al hecho de que el Señor ha hecho un cambio de acercamiento a los oyentes. Si bien es cierto que Jesús había usado parábolas con anterioridad, lo había hecho con un fin ilustrativo. "De ahí en adelante las parábolas son más elaboradas y constituyen una porción importante de la enseñanza de Cristo".[10] El Señor utiliza esta parábola para hacer una comparación o una analogía. Una descripción es extraída de la vida natural diaria para ilustrar una verdad de la vida espiritual.

El texto dice que: "les habló muchas cosas". El evangelista Marcos dice: "Y les enseñaba por parábolas muchas cosas". Es decir, las parábolas tenían una finalidad didáctica. El Señor no solo "hablaba", sino que sus palabras tenían un objetivo pedagógico y teológico. Los evangelistas Mateo y Marcos solo registran parcialmente, en forma de resumen, lo que con seguridad Cristo enseñó en aquel día. "Por parábolas" (*en parabolaîs*), es decir "por medio de parábolas". La idea es que el Señor usa "las parábolas" como el vehículo literario par comunicar sus enseñanzas. Como se ha señalado antes, el vocablo "parábola" proviene del término griego que, literalmente, significa "colocar al lado de" con el propósito de hacer una comparación o presentar una ilustración. En su uso en el Nuevo Testamento puede referirse a un proverbio, a un dicho gnómico (vea Lc. 4:23; 5:36-39), o puede referirse a una simple comparación o analogía. Es, sin duda, en este último sentido como se usa en Mateo 13. La enseñanza en el Antiguo Testamento se hacía principalmente mediante tipos. En los Evangelios mediante parábolas y en las Epístolas mediante la doctrina.

También se ha señalado ya que debe diferenciarse la parábola de la alegoría, el símil y la metáfora. Por ejemplo: Santiago dice que: "la lengua es un fuego" (Stg. 3:6). El símil dice que una cosa es como otra, i.e. "el que duda es semejante a la ola del mar" (Stg. 1:6). Pablo menciona en Gálatas 4:22-23 que Agar y Sara eran una alegoría respecto de la esclavitud de la ley y la libertad de la gracia. Milton S. Terry dice: "La parábola, una vez que se ha comprendido, pone de manifiesto e ilustra los misterios del reino de los cielos".[11]

"He aquí, el sembrador salió a sembrar" (*idoù exeîlthen ho speíron toû speírein*). La expresión *idoù* ("he aquí") se usa para llamar la atención de los oyentes. Mateo usa esa sola interjección para introducir la primera parábola del Señor. "El sembrador" (*ho speíron*) se usa para señalar al representante de una clase y no como referencia a alguien en particular. Esta frase inicial ha causado que esta parábola sea conocida como "la parábola del sembrador", pero realmente debería de llamarse "la parábola de las cuatro clases de tierra". Esta parábola, junto con la de la semilla de mostaza y del labrador malvado, son las únicas que aparecen en los tres Evangelios sinópticos (vea

---

10. *Ibíd.*
11. Milton S. Terry, *Biblical Hermeneutics*, p. 277.

Mt. 13:31-32; 21:33-45). Obsérvese el presente indicativo con artículo "a sembrar" (*toû speírein*).[12] El presente sugiere una acción continua. El énfasis recae en el hecho de que el sembrador está continuamente ocupado en su labor de sembrar.[13]

> *"Y mientras sembraba, parte de la semilla cayó junto al camino;*
> *y vinieron las aves y la comieron" (13:4).*

El Señor habla de cuatro clases de tierra cuando describe la actividad del sembrador. Está, en primer lugar, el terreno al lado del camino. La referencia es, seguramente, al sendero o camino por donde las gentes acostumbraban a andar. La Reina—Valera 1960 usa el singular, cuando dice: "Parte de la semilla cayó junto al camino". En el texto griego aparece el pronombre relativo plural (*há mèn*). "El plural trae a la mente la figura de cada semilla en la acción de caer".[14] Tanto Marcos como Lucas usan el singular (vea Mr. 4:4; Lc. 8:5), mientras que Mateo favorece el uso del plural.[15] "Cayó junto al camino" (*épesen parà teín hodón*). Esta frase es ampliada por el evangelista Lucas al añadir la expresión "y fue hollada" (*kaì katepaiteíthei*), es decir "fue pisoteada", "fue aplastada". Seguramente esa acción fue cometida por los transeúntes que hacían su recorrido por aquel camino. John Broadus, el gran expositor bautista, escribió hace varias décadas:

> Los caminos atravesaban los terrenos cultivados (vea 12:1), y al sembrar
> el trigo o la cebada algunos de los granos caían sobre el terreno pisado del
> camino y se quedaban sobre la superficie dura donde las aves fácilmente
> podían verlos y devorarlos (Lc. 8:5 prefija "fue hollada"). Es común todavía
> en el oriente ver grandes bandadas de pájaros siguiendo al labrador mientras
> siembra el trigo y comiendo cuanto grano queda descubierto.[16]

Lo más probable es que fuese el terreno del camino a lo que Lucas se refiere cuando habla de "pisotear" u "hollar". El grano caía sobre el terreno duro y las aves se aprovechaban para comerlo. El sembrador esparcía el grano. Parte de dicho grano caía en el terreno arado pero otros granos caían en la superficie endurecida del camino.

> *"Parte cayó en pedregales, donde no había mucha tierra;*
> *y brotó pronto, porque no tenía profundidad de tierra;*
> *pero salido el sol, se quemó; y porque no tenía raíz, se secó" (13:5-6).*

La segunda clase de tierra que Mateo menciona la llama "pedregales" (*tà petródei*), es decir, un campo donde el humus es muy delgado. No hay la suficiente profundidad para que una semilla germine y su raíz profundice. Debido a la ausencia de suficiente

---

12. En Marcos 4:3 se usa *speîrai*, que es el aoristo infinitivo. Marcos señala el propósito de la salida del sembrador, mientras que Mateo destaca la labor continua del que ha salido a sembrar.
13. Vea Willoughby C. Allen, "The Gospel According to St. Matthew", p. 143.
14. Robert L. Thomas, "Notas inéditas sobre Mateo 13" (2000).
15. Cantera Burgos e Iglesias González ofrecen la siguiente traducción: "Y según iba él sembrando unos [granos] cayeron junto al camino..." (Mr. 4:4).
16. John A. Broadus, *Comentario sobre el Evangelio según Mateo*, p. 366.

tierra, el grano que ha germinado tiene una vida muy breve. Tan pronto el sol la castiga, muere sin remedio. Donde la raíz no profundiza la planta muere. Mateo lo expresa claramente: "Brotó pronto, porque no tenía profundidad de tierra; pero salido el sol se quemó; y porque no tenía raíz, se secó". La presencia de suficiente tierra retarda el crecimiento pero a la postre, beneficia el crecimiento de la planta. El sol que es tan beneficioso para el desarrollo de dicha planta, en este caso produce su muerte al no haber tierra para la raíz.

"Y parte cayó entre espinos; y los espinos crecieron, y la ahogaron" (13:7).

Además de tierra caracterizada por estar repleta de piedras y por lo tanto, no ser apta para sembrar, también hay la que está repleta de espinos. El campo descrito por el Señor en este versículo se caracteriza por no haber sido preparado adecuadamente. Los espinos obstaculizaban el desarrollo del grano sembrado y a la postre, los espinos "ahogaron" (*anéphixan*) la vida del grano sembrado. El verbo usado es un aoristo efectivo que sugiere "muerte total" de la semilla. Los espinos ya estaban en el suelo. La semilla sembrada "cayó entre espinos" (*epi tàs akauthas*), y éstos bloquearon el sol y el oxígeno necesarios para el desarrollo de la semilla. El evangelista Marcos añade el resultado final, cuando dice: "Y no dio fruto" (*kaì karpòn ouk édôken*). Ese fue el triste resultado. Un resultado totalmente desviado de su objetivo.

"Pero parte cayó en buena tierra, y dio fruto,
cuál a ciento, cuál a sesenta, y cuál a treinta por uno.
El que tiene oídos para oír, oiga" (13:8-9).

La cuarta clase de tierra donde cayó la semilla es descrita como "buena tierra" (*teìn geîn kalèin*). El adjetivo "bueno" (*kaléin*) es usado por Mateo y Marcos. Dicho adjetivo describe la apariencia de la tierra. Ese adjetivo habla de lo que es "bueno" o "bello", pero es bueno como resultado de la bondad intrínseca (Mr. 4:8). Lucas, en cambio, utiliza el adjetivo *agathein*, que se refiere a bondad interior o intrínseca. En Lucas 8:15, el evangelista usa el adjetivo *kalei*. Lucas, al parecer, desea enfatizar que la tierra es "buena" porque ha sido limpiada de las piedras y los espinos. Ha sido arada y cuidada. Ahora dicha tierra es tanto buena en apariencia (*kalei*) como en su capacidad interna para producir frutos (*ágathos*). Broadus hace la siguiente observación:

> Varios escritores clásicos hablan de cosecha de ciento por uno y aun de doscientos o más en terreno muy rico. El punto de toda la historia es que la misma simiente produciría ningún trigo, poco trigo, o mucho trigo, todo según el carácter y la preparación del suelo.[17]

Un dato adicional que debe observarse es el que aparece en el relato de Lucas (vea Lc. 8:5-8). Lucas describe de manera vibrante las cuatro clases de tierra y añade algo al impacto de la sencilla historia. Lucas utiliza cuatro preposiciones en su relato: (1)

---

17. *Ibíd.*

Parte de la semilla cayó "junto" (*para*) el camino; (2) parte cayó "sobre" (*epì*) las piedras; (3) parte cayó "entre" (*en mésoi*) espinos; y (4) parte cayó "en" (*eis*) "buena tierra". La descripción ofrecida por Lucas (8:5-8), sugiere que la semilla solo consigue arraigarse "en" la buena tierra.

La sencilla descripción acerca de esta parábola concluye con una solemne amonestación acerca de que la historia implica un discernimiento espiritual: "El que tiene oídos para oír, oiga" (Mt. 13:9). El verbo "oiga" (*akouéto*) es el presente imperativo de *akoúo*. Este verbo destaca no "el acto de oír", sino presta atención al *contenido de lo que se oye*. Por lo general, ese verbo también lleva implícito un llamado a la obediencia. El mandato es a prestar atención al contenido de la parábola para apoderarse de los principios espirituales que contiene.

EL PROPÓSITO DE LA ENSEÑANZA MEDIANTE PARÁBOLAS (13:10-16)

"Entonces, acercándose los discípulos, le dijeron:
¿Por qué les hablas por parábolas?" (13:10).

El texto griego dice: "Y habiéndose acercado los discípulos". El evangelista Marcos aclara que: "Cuando estuvo solo, los que estaban cerca de él con los doce le preguntaron sobre la parábola" (Mr. 4:10). Es decir, quienes formularon la pregunta no fueron "los doce", sino otros considerados discípulos pero que no pertenecían al círculo de los doce. La pregunta es: ¿Por qué hablas por parábolas? La respuesta a esa pregunta se encuentra en los versículos siguientes:

"El respondiendo, les dijo:
Porque a vosotros os es dado saber los misterios del reino de los cielos;
mas a ellos no les es dado.
Porque a cualquiera que tiene, se le dará, y tendrá más;
pero al que no tiene, aun lo que tiene le será quitado" (13:11-12).

El propósito de las parábolas es doble. Por un lado, el propósito es revelar la verdad a los que la oyen y reciben. Por otro lado, el propósito es esconder la verdad de los que la oyen y la rechazan (Mt. 13:11-12). El Mesías había ofrecido el Reino a su pueblo, ellos habían visto las señales mesiánicas y habían oído las declaraciones de Jesús. Su incredulidad les había hecho rechazar su Persona y su mensaje.

"Porque a vosotros os es dado saber los misterios del reino de los cielos". La conjunción "porque" (*hóti*) se usa para introducir la respuesta del Señor a la pregunta anterior. El verbo "es dado" (*dédotai*) es el tiempo perfecto, voz pasiva de *dídômi*. El tiempo perfecto sugiere una acción completada con resultados permanentes: "A vosotros os ha sido dado". La voz pasiva señala el acto divino de dar como un acto de gracia. El verbo "saber" (*gnômai*) significa un conocimiento profundo. Más que saber es "comprender", es decir, asimilar los secretos del Reino.

De suma importancia para la comprensión del pasaje es entender el vocablo "misterio" (*mystéirion*). Este vocablo es ampliamente conocido en el idioma griego. Fue usado por los escritores clásicos casi siempre en plural (*mystéiria*). La terminación *teiría* estaba relacionada con una fiesta griega. El prefijo *mys* significa "mantener la boca cerrada mientras se profería un sonido inarticulado". En el desarrollo de su uso, el vocablo *mystéirion* llegó a significar un *secreto* que era conocido por "los iniciados" en las religiones griegas. Los "no iniciados" tenían que ser enseñados hasta llegar a entender el "secreto" o "misterio". En Daniel 2, el profeta usa los vocablos "misterio" (2:18), "secreto" (2:19), y "asunto" (2:23) respecto de la revelación que Nabucodonosor recibió mediante el sueño de la gran estatua. El significado de aquella visión y "el misterio" contenido en ella, solo Dios lo podía revelar (Dn. 2:27-28). Tanto en la literatura apócrifa como en los textos de Qumrán, se habla de "los misterios maravillosos de Dios", con referencia a las verdades que están ocultas en los designios de Dios y que solo Él las da a conocer.[18]

El teólogo y profesor de griego clásico G. Abbott-Smith explica que *mystéirion* es "lo que se da a conocer a los *mýsteis*, es decir, a los iniciados. Es un misterio o una doctrina secreta. En escritores posteriores, llegó a significar aquello que podría no ser revelado (no en el sentido moderno, sino algo intrínsecamente difícil de comprender), un secreto o un *misterio* de cualquier clase. En el Nuevo Testamento se refiere a los consejos de Dios… Una vez escondidos pero ahora revelados en el Evangelio o en alguna verdad de éste. También de la verdad cristiana en general".[19]

En la práctica de las religiones esotéricas se hacía una marcada diferencia entre los *iniciados* y los *no iniciados*. Los iniciados eran los únicos a los que se les permitía participar en las fiestas rituales, que eran los ritos cúlticos o de misterios. Durante esos ritos se representaba los destinos de un dios mediante actos sagrados de tal manera que los espectadores recibían una parte del destino de ese dios. Debido a estar limitada solo a los iniciados, la palabra "misterio" adoptó el concepto de un indicio escondido de sucesos futuros divinamente ordenados, cuya manifestación e interpretación son reservadas exclusivamente para Dios (vea Dn. 2:28, 29, 47). El poder de Dios para revelar misterios lo coloca por encima de los dioses paganos.[20]

El vocablo "misterio" (*mystéirion*) se usa en el Nuevo Testamento de manera uniforme con relación a información que no se podría conocer a no ser que Dios la revele. En Mateo 13, el Señor está dando a conocer a sus discípulos aspectos del Reino que hasta entonces no habían sido revelados. Debe observarse que el Señor no repite aquí descripciones del Reino registradas en el Antiguo Testamento. Tampoco alude a enseñanzas respecto a la entrada en el Reino. Eso lo hizo ya en la exposición del Sermón del Monte. En Mateo 13, el Señor expone un nuevo material, es decir, un nuevo aspecto del Reino que hasta ese momento no había sido revelado.

Hasta ese momento, las verdades expuestas en Mateo 13 habían permanecido "en secreto". Recuérdese que el vocablo "misterio" se deriva de un término griego que significa "mantener los labios cerrados" (*myeîn*). El Señor "revela", "da a conocer", "abre los labios" para hacer entender solo a sus discípulos "los misterios del reino de los cielos". Es sumamente importante entender ese aspecto de las enseñanzas del Señor. La enseñanza que aparece aquí es el resultado directo del rechazo que los discípulos judíos han hecho de la Persona del Mesías y de su mensaje. Mark L. Bailey, profesor de Exposición bíblica en el Seminario Teológico de Dallas, ha escrito lo siguiente:

18. Horst Baltz y Gerhard Schneider, *Diccionario exegético del Nuevo Testamento*, vol. II, pp. 342-351.
19. G. Abbott-Smith, *A Manual Greek Lexicon of the New Testament*, p. 298.
20. Robert L. Thomas, "Notas inéditas sobre Mateo 13" (2000).

Jesús dijo que estas parábolas conciernen "los misterios del reino" (*tà mystéiria teîs basilías*, Mt. 13:11). Estas son enigmáticas para quienes no entienden el mensaje a causa de un corazón rebelde, pero son comprensibles a quienes Dios ha dado el privilegio de conocer y recibir más (vv. 10-11). Esos misterios del Reino revelan y esconden verdades del Reino de los cielos, de modo que es correcto que estas parábolas vengan inmediatamente después de que los dirigentes judíos rechazaron a Jesús.

Las parábolas del Reino en Mateo 13 introducen algo nuevo en el Evangelio de Mateo. El Reino, tal como fue predicado por Juan (3:2), Jesús (4:17) y los discípulos, está vinculado con la expectación general del Reino terrenal identificado con David e Israel en tal medida que el mensaje del Reino había sido dirigido casi exclusivamente a un auditorio judío. Pero las realidades del Reino descritas en las parábolas de Mateo 13 son mucho más diferentes que la grandeza del reino davídico descrito en el Antiguo Testamento (Dn. 7:13-14; Hag. 2:20-23; Zac. 14).[21]

Es importante reiterar, por lo tanto, que "los misterios del reino de los cielos" es una nueva revelación dada a los discípulos a causa del rechazo del Mesías por la nación de Israel. Los secretos concernientes al Reino de los cielos fueron ocultados de los profetas del Antiguo Testamento. No era apropiado que dichos secretos fuesen revelados hasta que llegase el tiempo cuando el rechazo de Israel requiriese un nuevo aspecto del Reino. Debe recordarse que Dios también mantuvo en secreto la constitución de la Iglesia. Como dice Pablo:

"Misterio que en otras generaciones no se dio a conocer a los hijos de los hombres, como ahora es revelado a sus santos apóstoles y profetas por el Espíritu: que los gentiles son coherederos y miembros del mismo cuerpo y copartícipes de la promesa en Cristo Jesús por medio del evangelio" (Ef. 3:4-6).

La Iglesia, como Cuerpo de Cristo, es una verdad que Dios no reveló a los santos del Antiguo Testamento. El hecho de que judíos y gentiles forman parte de un mismo cuerpo, con los mismos privilegios y responsabilidades, es una verdad que Dios reveló a los apóstoles y profetas del Nuevo Testamento.

El profesor Stanley D. Toussaint, en su obra *Behold the King* ("He aquí el Rey"), sintetiza las diferentes interpretaciones ofrecidas tocante a Mateo 13. Toussaint menciona cuatro categorías o acercamientos al mencionado pasaje:

1. *Solo para judíos*: Ese es el acercamiento de los ultradispensacionalistas. Entienden que la doctrina de la Iglesia compuesta de judíos y gentiles era desconocida hasta que fue revelada a Pablo. Por lo tanto, dicen, no existe ninguna indicación en los Evangelios de ninguna verdad aplicable a la Iglesia.

---

21. Mark L. Bailey, "The Parable of the Sower and the Soils", *Bibliotheca Sacra* (abril-junio, 1998), pp. 172-188.

La postura ultradispensacionalista es errónea, porque la verdad tocante a la Iglesia fue revelada tanto a Pablo como a los otros apóstoles. Además, en Mateo 16, el Señor predice el establecimiento de la Iglesia en la tierra. La enseñanza ultradispensacionalista de que el reino terrenal venidero es solo para judíos es también incorrecta.

2. *Para corregir conceptos tocante al Reino*: Hay quienes creen que las parábolas de Mateo 13 fueron enseñanzas dadas por el Señor para corregir ciertas nociones equivocadas que los judíos tenían respecto al Reino. Según esta postura, Cristo enseña a sus oyentes que no vino a establecer ningún reino terrenal, sino que vino a fundar un reino espiritual. Quienes así piensan prácticamente igualan el Reino de los cielos con la Iglesia. Esta postura, sin embargo, carece de apoyo tanto exegético como histórico. El Señor nunca negó la realidad de que habrá un Reino terrenal futuro. Los discípulos nunca confundieron la Iglesia con el Reino Milenario. Esta postura, además, se desentiende de las profecías del Antiguo Testamento respecto del Reino.

3. *Para presentar el concepto de cristiandad*: Los que apoyan este punto de vista, afirman que, a la luz del rechazo del Mesías, Jesús preparó a sus discípulos para enviarlos a los gentiles. Creen que el Rey se ofreció a Israel e Israel lo rechazó. Por lo tanto, el Rey, por medio de las parábolas, instruye a sus seguidores respecto de una nueva forma del Reino que estará en existencia mientras Él está ausente. Según esta postura, no existe relación entre estas parábolas de Mateo 13 y las enseñanzas del Antiguo Testamento. Hay un grupo de premilenaristas que apoyan este punto de vista. Entre ellos están: Kelly, English, Gaebelein, Habershon y algunos más.

Esta postura presenta varios problemas. El primero es que tiene que cambiar el significado de la expresión *el Reino de los cielos*, algo que no es congruente con el pasaje. Otro problema se encuentra en la terminología usada por los que apoyan esta postura para referirse a la cristiandad. Sobre la base de Mateo 13:11, la cristiandad es denominada el *Reino en forma de misterio*. Sin embargo, Cristo no usa la frase *Reino en forma de misterio*. Más bien dijo que las parábolas conciernen los misterios del Reino de los cielos, es decir, las verdades tocante al Reino que hasta entonces no habían sido reveladas. Según este punto de vista, *el Reino en forma de misterio* contiene personas que solo profesan ser creyentes y verdaderos creyentes. Pero ya se ha demostrado, sin embargo, que el Reino de los cielos está compuesto solo de creyentes (vea Mt. 5:3, 10, 20; 6:33; 7:21; 11:11; 18:3). Por último, debe recordarse que el concepto del Reino según Mateo es siempre milenario.

4. *Para revelar nuevas verdades tocante al Reino*: Esta postura enseña que el Rey da nueva revelación tocante al reino prometido a los judíos. Las verdades se relacionan con el tiempo del establecimiento del Reino, la preparación para ello y otro material afín que nunca antes había sido revelado. Este acercamiento a las parábolas de Mateo 13 es el más congruente por varias razones:

   a. Armoniza mejor con el concepto uniforme del Nuevo Testamento respecto del Reino.

   b. También muestra completo acuerdo con las profecías del Antiguo Testamento tocante al Reino. El Antiguo Testamento anuncia un juicio anterior al establecimiento del Reino (Dn. 7:21-27); las parábolas están de acuerdo con esa enseñanza (Mt. 13:30, 41-42, 49-50). Los profetas del Antiguo Testamento previeron la entrega de galardones a los justos que serían manifestados en el Reino (Dn. 12:2-3); las parábolas presentan la misma verdad (Mt. 13:30, 41-42). La profecía de la gran "piedra cortada no con mano" de Daniel 2:34 señala que la venida del Reino será sobrenatural; las parábolas declaran la misma verdad (Mt. 13:30, 40-41). El Reino vendrá súbitamente (Is. 46:13; Dn. 2:34, 44-45; Mal. 3:1); de nuevo, las parábolas concuerdan (Mt. 13:30, 40-41, 48-49). La autoridad del Reino mesiánico profetizado ha de ser universal (Sal. 2:8); el Reino presentado en Mateo 13 de igual manera se extiende a través del mundo (Mt. 13:38-41). La conclusión es clara y terminante: La naturaleza del Reino presentado en las parábolas es la misma que la descrita por los profetas del Antiguo Testamento.[22]

Para interpretar correctamente una parábola es necesario estudiar el ambiente histórico en el que ésta se encuentra. Jesús usó parábolas para responder las preguntas que flotaban en las mentes de sus oyentes. A veces eran preguntas formuladas por el auditorio y otras veces eran intuidas por el Señor.

El Señor también usó parábolas para resolver problemas tocantes a ciertas verdades que procuraba transmitir, pero acerca de las cuales sus oyentes tenían dificultades para comprenderlas. Para interpretar una parábola, es necesario, por lo tanto, considerar la pregunta o problema con el que el Señor trataba. En algunos casos, la pregunta es claramente formulada. En otros casos, el problema o la pregunta estaba implícita o provenía de alguna otra discusión.

El descubrimiento de la pregunta o problema protege la interpretación porque si la verdad recogida de la interpretación no responde las preguntas o resuelve el problema, lo más probable es que sea una interpretación equivocada. Solo aquella interpretación que responda las preguntas o resuelva los problemas puede ser aceptable. Este principio otorga una prueba objetiva tocante a la interpretación que se haga de las parábolas. Este principio también determinará en cuantos puntos de una parábola puede extraerse una analogía. Es válido interpretar partes de una parábola siempre y cuando ello contribuya a la respuesta de la pregunta o a la solución del problema bajo consideración.

En el versículo 11, el Señor hace una diferencia entre "vosotros" (*hymîn*) y "ellos" (*ekeínos*). El "vosotros" se refiere a los discípulos que habían creído en Él. Podría decirse que ese era "el remanente fiel" de aquellos tiempos. El "ellos" se refiere a quienes habían rechazado al Mesías. Esos son los mismos a quienes Marcos llama "los que están fuera", es decir, no forman parte de quienes siguen al Mesías.

El versículo 12 refuerza la dicotomía establecida en el versículo anterior. El Señor dice: "A cualquiera que tiene, se le dará", refiriéndose al "vosotros" del versículo 11. Y añade: "Al que no tiene", refiriéndose a "ellos", es decir a los que no habían creído en Él. Como dice Willoughby C. Allen:

---

22. Vea Stanley D. Toussaint, *Behold the King*, pp. 172-176.

Los discípulos "tenían", e.g., fe para recibir la revelación de los secretos del Reino. De modo que esos secretos les fueron confiados. Las multitudes de personas "no tenían" esa capacidad para la verdad divina. De modo que esos secretos fueron escondidos de ellos, porque la forma parabólica en la que Cristo les enseñó solo otorgaban sus "secretos" a quienes ya tenían alguna comprensión de la naturaleza de dichos secretos.[23]

A los que creen en el Mesías y reciben sus enseñanzas, no solo se le dará revelación divina, sino que se le dará en abundancia. Los que "no tienen" son los que han rechazado el regalo de la gracia del Mesías (Mt. 11:28). A esos se les quitará lo que les haya quedado del sentido de justicia. Se volverán pobres y ciegos espiritualmente.

"Por eso les hablo por parábolas:
porque viendo no ven, y oyendo no oyen, ni entienden" (13:13).

Si la negligencia es mala, el rechazo deliberado es peor, como lo señala este versículo. La referencia es a la creciente hostilidad de los dirigentes de la nación. Su rechazo de acudir a la luz solo puede significar mayor oscuridad y confusión. Esa es la consecuencia inevitable de rehusar el testimonio del Rey. Se les dio amplia oportunidad durante el ministerio del Mesías, pero las enseñanzas que recibieron cayó en oídos sordos. ¡Nunca penetró en sus corazones!

"De manera que se cumple en ellos la profecía de Isaías, que dijo:
De oído oiréis, y no entenderéis;
Y viendo veréis, y no percibiréis.
Porque el corazón de este pueblo se ha engrosado,
Y con los oídos oyen pesadamente,
Y han cerrado sus ojos;
Para que no vean con los ojos,
Y oigan con los oídos,
Y con el corazón entiendan,
Y se conviertan,
Y yo los sane" (13:14-15).

El texto griego solo dice: "Y se cumple en ellos". El verbo "se cumple" (*anapleiroûtai*) es, en forma, un presente indicativo voz pasiva de *anapleiróô*, que significa "cumplir", "llenar plenamente". La función de este verbo es un presente aorístico, es decir, sugiere una acción puntual no continua. "Aquí significa que la profecía de Isaías es plenamente satisfecha en la conducta de los fariseos y el mismo Jesús lo señala".[24] El verbo es enfático y sugiere un cumplimiento pleno. La cita de Isaías 6 es una confirmación del anuncio del juicio. Ciertamente las palabras de Isaías citadas por el Señor adquieren un significado más profundo que en los tiempos

---

23.   Willoughby C. Allen, "A Critical and Exegetical Commentary on the Gospel According to Matthew", *The International Critical Commentary*, p. 145.
24.   Archibald T. Robertson, *Word Pictures in the New Testament*, vol. I, p. 104.

mismos de Isaías. El profeta había anunciado que vendría juicio sobre la nación por su desobediencia y el contexto de Isaías 6 señala que el juicio se alargaría hasta el futuro lejano. El pasaje contiene un bosquejo de la historia de Israel hasta el final de los tiempos. Aunque el remanente llegaría a poseer las promesas, la mayoría de los componentes de la nación estaban confinados a una destrucción judicial por sentencia divina.

Como ya se ha señalado, el verbo *anapleiroûtai* es enfático. Cualquier cumplimiento que las palabras de Isaías hubiesen tenido en el pasado, el juicio no fue agotado entonces. Israel aún tendrá que pasar por la Gran Tribulación. Obsérvese también que el cumplimiento de las palabras de Isaías es "en ellos" (*autoîs*), es decir, el pueblo desobediente. Jesús halla en la incredulidad de la generación de su día cumplimiento adicional de aquella antigua profecía. Debe observarse atentamente los verbos "oiréis" (*akoúsete*) y "percibiréis" (*ídeite*). Israel había oído tanto el mensaje de Isaías como el del Mesías pero no lo había entendido, particularmente por no aplicar la fe al contenido de lo que había oído. También la nación había visto las señales del Mesías, pero se las había atribuido a Satanás.

Debe notarse también el verbo *epachýnthei*, traducido "se ha engordado". Etimológicamente dicho verbo se refiere a "hacerse grueso". El corazón es el centro de la inteligencia y de la personalidad. La figura sugiere que el pueblo estaba carente de percepción de la verdad espiritual producido por el orgullo y por la incredulidad. John A. Broadus lo explica de esta manera.

La insensibilidad del pueblo puede concebirse de varias maneras, como resultado de su propia obstinada oposición, o como juicios infligidos sobre ellos por Dios, o como un juicio que seguiría a su desecamiento del mensaje del profeta. Dios de continuo castiga a los hombres por medio de lo que es el resultado natural de su propia mala conducta al violar las leyes naturales que ha establecido. La expresión "el corazón de este pueblo se ha engrosado", presenta la imagen de un corazón envuelto en gordura y así menos sensible a impresiones y menos activo en su movimiento, siendo el resultado el entorpecimiento de los sentidos, de modo que representa bien una mente torpe, estúpida e insensible.[25]

Nótese también el adverbio "pesadamente" (*baréôs*). Dicho vocablo sugiere "con dificultad" y es una descripción adicional de la condición espiritual de la nación de Israel. Equivale a decir: "Oír sin entender" o, quizá "oír sin prestar atención a lo que se oye".

"Y han cerrado sus ojos" (*kaì toùs ophthalmaùs autôn ekámmysan*). El verbo "cerrar" en Isaías 6:10 significa "embarrar", como si fuese con cera o como si tuviesen cataratas en sus ojos y estuviesen impedidos de ver. Isaías lo expresa así: "No saben ni entienden; porque cerrados están sus ojos para no ver, y su corazón para no entender" (Is. 44:18).

"Para que no vean con los ojos" (*méipote ídôsin toîs ophthalmoîs*). La partícula

25. John A. Broadus, *Comentario sobre el Evangelio según Mateo*, p. 370. Vea también G. Abbott-Smith, *A Manual Greek Lexicon of the New Testament*, p. 350.

negativa *méipote*, significa "no sea que quizá", y expresa el propósito divino en la acción de los verbos "engrosarse" (*epachýnthei*), "oyen" (*éikousan*), y "cerrado" (*ekámmysan*). Como señala el profesor Robert L. Thomas:

> Son descritos como bajo una dispensación judicial de Dios, una condición que el Señor de hecho ha admitido mediante su uso de las parábolas. Era el propósito de Dios desde ahí en adelante permitirles seguir un curso que prevendría cualquier regreso futuro de parte de ellos con el resultado de ser sanados por Dios. La respuesta que habían dado al mensaje del Mesías anteriormente les hacía incapaces de responder de ahí en adelante.[26]

"Y se conviertan" (*kaí epistrépsosin*) es el aoristo subjuntivo de *epistréphô*, que significa "dar la vuelta", "regresar". Equivale al verbo *shuv* en el hebreo. A veces se usa como sinónimo de "arrepentirse" (*metanoéô*). El modo subjuntivo del verbo es importante. Expresa probabilidad pero no seguridad. El aoristo subjuntivo no toma en cuenta el tiempo, sino la clase de acción. Si Israel no hubiese mostrado una "ignorancia voluntaria" y hubiese reconocido y recibido a Jesús como el Rey Mesías, Dios le habría perdonado. El día que le reconozca y reciba con corazón arrepentido, Dios le otorgará perdón (vea Zac. 13:9).

"Y yo los sane" (*kaì iásomai autoús*). El verbo "sane" (*iásomai*) es el futuro indicativo de *iáomai*. El modo indicativo sugiere realidad. Cuando Israel se arrepienta de corazón, recibirá la sanidad espiritual prometida por Dios. La promesa dice, literalmente: "Yo los sanaré", lo que implica la idea de perdonar su pecado, restaurarla espiritualmente y devolverle el lugar de privilegio prometido en los pactos abrahámico, davídico y nuevo. En el pasado lejano hubo una generación que salió de Egipto, pero a causa de su incredulidad, rebeldía y dureza de corazón, pereció en el desierto. Solo dos de los que salieron entraron en la tierra. En tiempos de Jesús, aquella generación, por causas similares, cometió el pecado imperdonable e igualmente pereció sin recibir la bendición de Dios. Solo los discípulos que habían creído y recibido al Mesías recibieron la bendición prometida. La promesa de Dios es irreversible (vea 2 Cr. 7:14).

"Pero bienaventurados vuestros ojos, porque ven; y vuestros oídos, porque oyen.
Porque de cierto os digo,
que muchos profetas y justos desearon ver lo que veis, y no lo vieron;
y oír lo que oís, y no lo oyeron" (13:16-17).

Esta sección termina con una bienaventuranza. La gracia soberana de Dios ha hecho bienaventurados a los discípulos. Ellos ven y oyen. Además, tienen información que los santos del Antiguo Testamento no tuvieron. Los profetas desearon ver las cosas que los discípulos han llegado a ver pero no recibieron ese privilegio. El Señor se refiere a su propio ministerio, por supuesto, la culminación del testimonio mesiánico.

Obsérvese la conjunción "pero" (*dè*). Aquí realiza una función adversativa. Introduce el otro lado del contraste, donde el Señor va de una descripción de los que rechazan a una descripción de los que son capaces de recibir. En el pasaje paralelo en

---

26. Robert L. Thomas, "Notas inéditas sobre Mateo 13" (2000).

Marcos, aparece una reprimenda a los discípulos por no entender la parábola: "¿No sabéis esta parábola? ¿Cómo, pues, entenderéis todas las parábolas?" (Mr. 4:13). El propósito de Mateo, sin embargo, se cumple mejor mediante la inclusión de la declaración de Cristo tocante al privilegio que brota de conocer los misterios. Mateo tiene la tendencia de omitir palabras que parezcan ser despectivas referente de los discípulos.

El pronombre "vuestros" (*hymôn*) es muy enfático. Aparece al principio mismo de la oración en el texto griego. Literalmente dice: "Pero de vosotros bienaventurados los ojos", es decir, los ojos de aquellos a quienes habla y no otros, son los que se encuentran en claro contraste con los otros descritos en los versículos 14-15. Obsérvese el "les" (*autoîs*) en el versículo 13, "les" (*autoïs*) en el versículo 10 y "ellos" (*ekeínois*) en el 11. Esos pronombres señalan a los incrédulos que habían cerrado sus ojos y engordado sus corazones. Hubiese sido una pérdida de tiempo haber intentado explicarles los misterios del Reino de los cielos a esa gente.

Los discípulos que creyeron y recibieron al Mesías son "bienaventurados" (*makárioi*). Ese vocablo se refiere al estado de bendición y felicidad interior que resulta de tener paz con Dios mediante la persona del Mesías. Los discípulos habían entrado a disfrutar de una comunión con Dios porque habían visto y oído cosas que los profetas de la antigüedad no experimentaron. Los discípulos habían puesto su fe en Aquel que había venido a redimir a los pecadores y habían creído en Él. El Señor utiliza la figura de dicción llamada sinécdoque cuando habla de "vuestros ojos, porque ven" y "vuestro oído, porque oyen". En ambos casos, "ojos" y "oídos" se refieren a la totalidad del ser. Los verdaderos discípulos se caracterizan por ver y oír, tanto con sus sentidos físicos como espirituales y por ello son bienaventurados.

"Muchos profetas y justos" (*polloí propheîtai kaì díkaioi*). "Profetas" se refiere a los hombres de Dios del Antiguo Testamento que hablaron y escribieron movidos por el Espíritu Santo. Eran reveladores e intérpretes de la voluntad de Dios a su pueblo. Predijeron el futuro y al mismo tiempo declararon el mensaje de Dios a su generación. Los "justos" tiene que ver con aquellos que no eran profetas pero creían en la esperanza mesiánica. Anticipaban el día cuando las promesas de Dios se cumplirían con la venida del Mesías.

Los profetas no sabían el tiempo de la venida del Señor, ni de las circunstancias bajo las cuales llevaría a cabo su obra. Los discípulos sí tuvieron esa bendición adicional. Lo destellos de la gloria venidera, descritos en el Antiguo Testamento, son reemplazados por la completa ráfaga de la gloria del Hijo de Dios encarnado, lleno de gracia y de verdad (Jn. 1:14).

Los profetas "desearon ver" (*epethýmeisan ideîn*). Lo que para "los profetas justos" del Antiguo Testamento era un "profundo anhelo" (*epethýmeisan*), para los discípulos fue una realidad. El Señor claramente da a entender a sus fieles discípulos que Él y no otro es el cumplimiento de las profecías del Antiguo Testamento. Ellos tuvieron el privilegio que le fue negado a profetas, justos e incluso a reyes del Antiguo Testamento (vea Lc. 10:23-24).

JESÚS EXPLICA LA PARÁBOLA DEL SEMBRADOR (13:18-23)

"Oíd, pues, vosotros la parábola del sembrador" (13:18).

En los versículos 18 al 23, el Señor explica a los discípulos el significado de la parábola conocida como la del sembrador, aunque debía llamársele la "parábola de las cuatro clases de tierra".

"Pues" (*oûn*) es una partícula inferencial que podría traducirse: "Ya que" o "puesto que". La idea es que, en contraste con los fariseos y escribas incrédulos, los discípulos tienen la capacidad dada por Dios no solo para "oír" (*akoúo*), sino también para "entender" (*syníeimi*). El pronombre "vosotros" (*hymeîs*) es muy enfático. Es pleonástico puesto que está contenido ya en el verbo pero se repite por razón de énfasis. Además, es colocado al principio mismo de la oración. Es como si el Señor dijese: "Es a vosotros y no a los judíos descuidados y endurecidos a quienes declararé el significado de esta parábola". El verbo "oíd" (*akoúsate*) es el aoristo imperativo de *akoúo*. El aoristo imperativo sugiere urgencia y atención. Tiene que ver con "escuchar con miras a obedecer". La exhortación es no solo a "oír la parábola", sino a asimilar el significado de la enseñanza contenida en ellas.

"El sembrador" (*toû speírautos*). Esta expresión es el aoristo participio de *speírô*, usado como un sustantivo. En ningún sitio de la parábola se dice que el sembrador es el Señor Jesús pero en la parábola de la cizaña dice: "El que siembra la buena semilla es el Hijo del Hombre" (Mt. 13:37). Es legítimo, por lo tanto, permitir que ese versículo arroje luz sobre esta parábola. Puede decirse legítimamente que otros que predican la Palabra pueden ser considerados también como sembradores.

"Cuando alguno oye la palabra del reino y no la entiende,
viene el malo, y arrebata lo que fue sembrado en su corazón.
Este es el que fue sembrado junto al camino" (13:19).

La semilla es designada como "la palabra del reino", es decir, las buenas nuevas concernientes al Mesías y su obra al colocar el fundamento espiritual de su obra redentora para el establecimiento de su Reino en la tierra. Se le llama "la palabra" en los versículos 20 al 23. También en Lucas 8:11 dice: "La semilla es la palabra de Dios". Hay un énfasis singular en la proclamación de "la Palabra" en estos versículos. Sin duda, esa es también una gran responsabilidad de la Iglesia hoy día.

Obsérvese la expresión: "Oye... y no entiende". Con esa expresión el Señor compara este grupo con los oyentes no receptivos y los relaciona directamente con la profecía de Isaías 6:9-10. La semilla que cae sobre el terreno endurecido del camino ilustra la manera como "la palabra del reino" ha caído en los corazones endurecidos de los dirigentes de la nación de Israel. La frase "la palabra del reino" significa "lo que la palabra dice tocante al reino". La palabra del Reino es el mensaje que fue predicado por Juan el Bautista, por el Mesías y también por los apóstoles.

"El malo" (*ho poneirós*), significa "el maligno", es decir, el enemigo de Dios. Marcos 4:14 dice que es "Satanás" y Lucas 8:12 lo designa como "el diablo". Es evidente que Jesús creía y enseñaba la existencia de Satanás. Él se opone al Reino de Dios y procura establecer el suyo propio. Obsérvese también que el Maligno "arrebata" (*harpádsei*). El presente indicativo de *harpádso* sugiere la actividad continua de Satanás. Dicho verbo sugiere la idea de quitar por la fuerza. En este caso, arrebata o quita por la fuerza la semilla, es decir "la palabra del Reino" que ha sido sembrada en el corazón. Aunque en realidad, la semilla que ha caído en terreno endurecido es presa fácil para el Maligno. La lección es una clara referencia a los oyentes con corazones endurecidos que rechazaron al Mesías y su mensaje.

"Y el que fue sembrado en pedregales,
éste es el que oye la palabra, y al momento la recibe con gozo;
pero no tiene raíz en sí, sino que es de corta duración,
pues al venir la aflicción o la persecución por causa de la palabra,
luego tropieza" (13:20-21).

Debe recordarse que la semilla fue sembrada en cuatro clases diferentes de tierras. Primeramente está la que fue sembrada "junto al camino", es decir, en tierra dura al ser pisoteada por los transeúntes (vea 13:19). La referencia es a la persona que es insensible a la Palabra. El mensaje no puede arraigarse en esa persona. Su corazón está endurecido como un pavimento y además, el Maligno arrebata la Palabra de su corazón (vea 2 Co. 4:3-4). Ese hombre no responde al mensaje, está encallecido. Es como Faraón, Pilato o Félix.

La segunda clase de tierra es descrita como "pedregales". Estos son los individuos cuya respuesta es superficial. Obtienen un gozo pasajero, pero su recepción de la Palabra es meramente temporal. Sin embargo, al no tener raíz que llegue al interior de la persona, cuando vienen las pruebas, se apartan de su profesión y se quedan por el camino (vea Lc. 8:13). Son como los mencionados en Juan 6:66: "Se volvieron atrás, y ya no andaban con él".

Nótese la expresión "pero no tiene raíz en sí" (*ouk éxei dè hrídsai en heautoî*). La única raíz que posee es su gozo inicial, que es positivo y se desvanece en poco tiempo. La expresión "en sí" significa "en su propia persona", es decir, la clase de tierra donde la semilla cayó. El sustantivo "raíz" se usa en el sentido de constancia moral. Pablo usa un vocablo similar en Colosenses 2:7, para referirse a la firmeza de los creyentes que están "arraigados y sobreedificados" en Cristo. Como puede observarse, el problema no yacía en la semilla, sino en el terreno donde había caído.

"Sino que es de corta duración" (*allà próskairós estin*), o sea que es temporal, pasajera o transitoria (vea 2 Co. 4:18; He. 11:25). El adjetivo *próskairos*, describe a la persona como "temporal" o de "corta vida". Le falta la perseverancia producto de estar arraigado profundamente en su fe.

"Pues al venir la aflicción o la persecución por causa de la palabra". Ya el Señor había advertido a sus discípulos que serían perseguidos (Mt. 5:10-12). Los seguidores del Mesías serían perseguidos por los enemigos del Reino. El Señor advirtió a los discípulos en el Aposento Alto tocante a esas persecuciones (Jn. 15:18-19). El vocablo "aflicción" (*thlípseos*) es un vocablo general que significa "presión". Se usa tanto en la Septuaginta como en el Nuevo Testamento en sentido metafórico para hablar de "tribulación", "aflicción" o "angustia" (vea Mt. 24:9, 21, 29). El vocablo "persecución" (*diôgmoû*) tiene una connotación más específica y es una forma concreta de la aflicción. "Por causa de la palabra" (*dià tòn lógon*), en este contexto debe referirse a "la palabra o el mensaje del Reino". "Luego tropiezan" (*euthýs skandalídsetai*). El adverbio "luego" (*euthýs*) es el mismo que en el versículo 20. La Reina—Valera 1960 traduce "al momento", es decir "inmediatamente". Obsérvese que el abandono de la palabra ocurre de la misma manera que la recepción, o sea, "al momento". El verbo "tropiezan" significa literalmente "se escandalizan". Ese es el resultado de no tener una raíz profunda. Su crecimiento es efímero, de un día al otro. El más leve obstáculo le hace tropezar y la más mínima aflicción le hace renunciar a su profesión. Robert L. Thomas explica el significado del vocablo "tropieza" (*skandalídsetai*) así:

> La descripción implicada en el vocablo es la de un obstáculo que obstruye el paso de alguien y le obliga a una pasada completa. Produce incredulidad y rechazo de su parte y posteriormente un abandono de aquello que inicialmente había sido en apariencia recibido. Ese abandono del mensaje en sí es el resultado final. Es lo que Lucas llama "los que se apartan" (Lc. 8:13). Es un "abandono" o una "apostasía".[27]

Quizá el versículo 21 describa algo muy similar a lo que ocurre con el evangelismo moderno. Muchos "oyen" y "reciben" el mensaje. Tal vez, incluso, hagan una profesión de fe, pero son de "corta duración", porque hicieron una decisión superficial como la semilla que cayó en pedregales. Su aprehensión de la Palabra fue temporal. No había raíz y al salir el sol murió.

"El que fue sembrado entre espinos, éste es el que oye la palabra,
pero el afán de este siglo y el engaño de las riquezas ahogan la palabra,
y se hace infructuosa" (13:22).

Aquí el Señor describe lo que ocurre con la semilla sembrada en la tercera clase de terreno, es decir, en tierra plagada de espinos, zarzas o matorrales. Es terreno donde ninguna planta puede realmente crecer. Representa a la persona con corazón dividido. Obsérvese que el Señor dice que solo: "oye la palabra". No añade nada más, como en los casos anteriores. El corazón y la mente de esta persona están llenos de otras preocupaciones y ansiedades que literalmente la ahogan.

El texto menciona que "el afán de este siglo" (*kaì hei mérimna toû aiônos*), o sea, los intereses del mundo material, la moda, los atractivos de la sociedad producen una división en el corazón de la persona. En segundo lugar "el engaño de las riquezas" (*hei apátei toû ploútou*). "Es una expresión más fuerte que sencillamente riquezas engañosas; presenta la falsedad no meramente como una cualidad de las riquezas, sino como el pensamiento proveniente... Las riquezas engañan a los hombres de muchas manera: En cuanto a los medios de adquirirlas, haciendo que parezcan honradas cosas que no lo son; en cuanto a las razones para desearlas y los objetos para los cuales pensamos usarlas".[28]

"Y se hace infructuosa" (*kaì ákarpos gínetai*). El sujeto del verbo "se hace" (*gínetai*) es "la palabra", es decir, la semilla que fue sembrada. Un árbol que no da fruto es "infructuoso" y es cortado por no cumplir con su cometido. La persona al igual que el árbol se reconoce por su fruto. La prueba final está en el "dar fruto". El verdadero discípulo de Cristo se caracteriza por llevar fruto permanente (Jn. 15:16).

---

27. *Ibíd.*
28. John A. Broadus, *Comentario sobre el Evangelio según Mateo*, pp. 373-374.

"Mas el que fue sembrado en buena tierra,
éste es el que oye y entiende la palabra, y da fruto;
y produce a ciento, a sesenta, y a treinta por uno" (13:23).

Finalmente, el Señor habla de la cuarta clase de tierra a la que llama "buena tierra" (*kaleìn geîn*), es decir, tierra hermosa, suave, limpia, profunda y apta para recibir la semilla. Esta tierra está en claro contraste con las tres anteriores.

La persona representada por esta cuarta clase de tierra se caracteriza por "oír y entender la palabra" (*tòn lógon akoûón kaì synieís*). Esta persona tiene su corazón preparado, como la buena tierra, para oír con miras a obedecer y para entender el mensaje de modo que pueda atesorarlo. Esta es la persona que produce fruto. Obsérvese que, evidentemente, entre los que "oyen y entienden" la palabra hay niveles de resultados. Algunos son más fructíferos que otros. La cantidad de fruto producido varía de un discípulo a otro. Pero todos los verdaderos seguidores del Mesías deben producir algún fruto. La buena tierra hará que la semilla produzca. La fecundidad del verdadero creyente varía según su intimidad con el Señor Jesucristo y con el Espíritu Santo, como lo demuestra la vida de Pablo y de otros hombres de Dios a través de la historia.

En resumen: El Señor dijo a los discípulos: "¿No sabéis esta parábola? ¿Cómo, pues, entenderéis todas las parábolas?" (Mr. 4:13). Esta parábola conocida como del sembrador es importante por su sencillez y proporciona la pauta para la comprensión de la metodología del Señor tocante a la enseñanza parabólica. También da al lector un glosario de términos para su estudio. Finalmente, enfatiza el hecho de que la comprensión y la apropiación de una verdad espiritual dependen de la naturaleza fundamental del ser interior del individuo. Es la buena tierra la única que recibe plenamente o da la bienvenida a la Palabra.

Debe observarse que el problema no radica en la semilla que es sembrada, sino en la clase de tierra sobre la cual la semilla cae. Solo el terreno que está preparado, aquel donde no hay piedras ni espinos, sino el que está formado de tierra suave, fértil y profunda, recibirá la semilla de la Palabra y dará fruto para el Reino del Mesías.

LA PARÁBOLA DEL TRIGO Y LA CIZAÑA (13:24-30)

"Les refirió otra parábola, diciendo:
El reino de los cielos es semejante a un hombre que sembró buena semilla en su
campo;
pero mientras dormían los hombres,
vino su enemigo y sembró cizaña entre el trigo, y se fue" (13:24-25).

A través de este estudio se ha señalado repetidas veces que el capítulo 13 de Mateo marca un cambio en el método de enseñanza usado por el Señor hasta ese momento. A partir de este capítulo el Señor comienza a enseñar por medio de parábolas. No solo el método de enseñar mediante parábolas, sino que, además, el contenido de la enseñanza es acerca de "los misterios del reino de los cielos" (Mt. 13:11). Las parábolas tenían la finalidad de esconder la verdad de quienes habían endurecido sus corazones y habían rechazado al Mesías y su mensaje. Por otro lado, las parábolas eran explicadas a los discípulos para que comprendiesen la verdad respecto de "los misterios del reino de los cielos".

Es importante recordar los siguiente aspectos de las enseñanzas expuestas en Mateo 13:

1. En primer lugar, los "misterios" tienen que ver con un *nuevo contenido*, en la enseñanza del Mesías. La verdad respecto del Reino ha sido gradualmente revelada desde los tiempos de Génesis 1:26-27, con la cláusula "y señoreen", hasta el tiempo de Juan el Bautista y su mensaje: "Arrepentíos, porque el reino de los cielos se ha acercado" (vea Mt. 3:2; 4:17). Pero ahora algo desconocido de los profetas y los santos del Antiguo Testamento será revelado (vea Mt. 13:16-17).
2. En segundo lugar, el nuevo contenido no se refiere a la *naturaleza* del Reino, sino al tiempo de su manifestación (vea Mt. 13:30, 43).
3. En tercer lugar, la era que transcurre entre la primera y la segunda venida del Señor Jesucristo es un *interregno*, es decir, el espacio de tiempo en que un estado no tiene soberano. Esta es una era caracterizada por la siembra de la Palabra de Dios, por el crecimiento en respuesta externa e interna a la predicación de esa Palabra y por una separación postrera de lo genuino y lo espurio al final de esta edad.

Después de haber estudiado la parábola de las cuatro clases de tierra, en la que el Mesías pone gran énfasis en el hecho de que esta edad se caracteriza por sembrar la semilla, ahora se dará consideración a la parábola del "trigo y la cizaña" (Mt. 13:24-30, 36-43). Esta es una parábola sumamente importante. Entre sus puntos importantes están los siguientes:

1. Primero, la era presente no solo es un tiempo de sembrar la semilla de la Palabra de Dios, sino también una era en la que hay paralelamente una siembra de la simiente del Maligno.
2. En segundo lugar, hay una clara indicación dada en esta parábola que la era que transcurre entre las dos venidas de Cristo no es un período de tiempo breve. El Señor la asemeja a la cosecha de granos desde que se plantan hasta que se recoge la cosecha (Mt. 13:30, 39). Eso que la parábola solo sugiere, sabemos ahora por experiencia que es totalmente cierto.
3. En tercer lugar, la era del *interregno* llega a su culminación con un juicio de separación. Al final de la edad: "Enviará el Hijo del Hombre a sus ángeles, y recogerán de su reino a todos los que sirven de tropiezo, y a los que hacen iniquidad, y los echarán en el horno de fuego; allí será el lloro y el crujir de dientes. Entonces los justos resplandecerán como el sol en el reino de su Padre. El que tiene oídos para oír, oiga" (Mt. 13:41-43). El énfasis de esas palabras es absolutamente claro.

Hay otras verdades que aparecen en la parábola del trigo y la cizaña como, por ejemplo, la terrible naturaleza y la realidad del castigo eterno, la gloria futura de los santos en la presencia del Rey y a la necesidad de la presencia del bien y del mal en el mundo hasta la llegada de ese tiempo final de la creación de nuevos cielos y una nueva tierra.

La parábola del trigo y la cizaña comienza de una manera sencilla: "El reino de los cielos es semejante a un hombre que sembró buena semilla en un campo" (Mt. 13:24). En seguida puede verse la semejanza entre esta parábola y la de las cuatro clases de tierra, puesto que ambas hablan de un sembrador, un campo, una semilla y una cosecha. También hay algunas diferencias entre ellas.

a. Primera: Mientras que en la primera parábola se describen los diferentes tipos de tierra, la segunda omite toda referencia a los tres tipos que no dan fruto y sigue los resultados de la buena semilla en los "corazones buenos" (Lc. 8:15). Esto confirma la interpretación que se ha ofrecido de que de los cuatro tipos de tierra solo el cuarto, descrita como "buena tierra", se refiere a creyentes genuinos.

b. Segunda: En esta parábola aparece por primera vez el término *homoióthe*, traducido en la Reina—Valera 1960 como "semejante" (vea 13:31, 33, 44, 45, 47, 52; 18:23; 20:1; 22:2, 39; 25:1). Dicho vocablo, aunque está en el tiempo aoristo, su función es atemporal.[29] No debe pensarse que el Reino en su forma de misterio existió en el pasado. Puede recogerse de dicho vocablo y del contexto que la semejanza a la que el Señor se refiere abarca el cuadro total establecido en la parábola, no solamente a la siembra de la semilla. Debe tenerse presente que las parábolas no tienen la finalidad de ser definiciones del Reino sino, más bien, descripciones de éste. Son como fotos tomadas por una cámara desde diferentes ángulos.

"Pero mientras dormían los hombres" (*en dè toî katheúdein toûs anthrópous*). La frase no parece referirse a hombres encargados de cuidar el campo sembrado. Más bien parece ser una sugerencia general al hecho de que los hombres o la humanidad en general estaba desprevenida. No se trata de negligencia en este caso, sino de la astucia del enemigo de Dios.

"Vino su enemigo y sembró cizaña entre el trigo, y se fue". "El enemigo" (*ho echtròs*) es otro nombre dado a Satanás. En otro lugar, se le llama "el adversario". El verbo "sembró" (*epéspeiren*) significa "sembrar encima de", es decir, el enemigo sembró su semilla "por encima de" o "después de" que la buena semilla fue sembrada. La "cizaña" (*dsidsánia*), según Broadus "se refiere al joyo, una planta de la misma familia que el trigo, y que no se distingue fácilmente de él antes de su madurez".[30] Es solo cuando la espiga aparece que se puede diferenciar el trigo de la cizaña. El grano de la cizaña es negro, no dorado como el trigo, y sus efectos son dañinos, puesto que produce intoxicación o actúa como un veneno.

"Entre el trigo" (*anà méson toû sítou*). El enemigo realiza su siembra donde causa más daño. La frase es una expresión fuerte y significa "en todas partes en medio del trigo", lo cual hace difícil separarlo de la cizaña. "Y se fue" (*kaì apeîlthen*). Después de

29. Vea Juan Mateos, *El aspecto verbal en el Nuevo Testamento* (Madrid: Ediciones Cristiandad, 1977), p. 31.
30. John A. Broadus, *Comentario sobre el Evangelio según Mateo*, p. 377.

sembrar la cizaña el enemigo se marcha. La mala semilla crece sola, pero sus efectos se extienden. Así ocurre con las herejías y las falsas doctrinas que el Maligno siembra en medio de los creyentes.

Debe observarse el contraste entre la "buena semilla" (*kalòn spérma*) y la "cizaña" (*dsidsáma*). La "buena semilla" es la Palabra del Reino y la "cizaña" representa la obra malvada de Satanás. La "buena semilla" significa un grano "bueno" (*kalón*), de calidad excelente. El enemigo hace su siembra solapadamente y la semilla que siembra es la peor de todas, la cizaña, que se propaga con facilidad e incluso puede ser venenosa.

"Y cuando salió la hierba y dio fruto,
entonces apareció también la cizaña" (13:26).

Lo esperado ocurrió. El trigo y la cizaña, al crecer, aparecieron juntos. Todo parecía normal hasta que "brotó" (*eblásteisen*) la planta. El sustantivo "hierba" (*ho chórtos*) en este contexto tiene un significado más amplio. Se refiere al tallo mismo de la planta de trigo. El vocablo "fruto" (*karpón*) no se refiere aquí al grano maduro, sino a las espigas que contienen el grano y que las identificaban como trigo. "Entonces apareció también la cizaña". Evidentemente, hubo un tiempo cuando no se podía diferenciar una planta de la otra. La cizaña era visible pero no se podía distinguir del trigo sino hasta que ha crecido y mostrado su verdadera naturaleza por el fruto que ha dado.

"Vinieron entonces los siervos del padre de familia y le dijeron:
Señor, ¿no sembraste buena semilla en tu campo?
¿De dónde, pues, tiene cizaña?" (13:27).

El sustantivo "los siervos" (*hoi doûloi*) sugiere que el dueño del campo tenía una buena posición económica. La esclavitud existía en la nación de Israel en una escala menor de la que existía en el Imperio Romano. La expresión "los siervos", por lo tanto, se refiere a esclavos que seguramente recibían un trato mucho más benigno que el que recibían de sus amos paganos.

La expresión "padre de familia" (*oikodespóteu*), significa literalmente "el dueño de la casa". En este contexto es el mismo a quien se le llama "un hombre" en el versículo 24. A él pertenece el campo y es a él a quien los siervos tienen que rendir cuentas.

Los siervos reconocen que su Señor ha sembrado "buena semilla" (*kalòn spérma*) "en su campo" (*en toî soî agraî*). La pregunta de los siervos muestra asombro y desconcierto. Ellos tenían que responder por cualquier fracaso que ocurriese en la cosecha. La pregunta era: "¿De dónde, pues, tiene cizaña?" Alan Hugh McNeile ofrece la siguiente explicación:

> La pregunta quizá refleja la idea, encontrada en el Talmud y todavía se dice que mantenida por labradores palestinos, de que la cizaña es el trigo que se ha degenerado... Los esclavos no podían comprender cómo había ocurrido aquello, puesto que sabían que la semilla sembrada era buena.[31]

31. Alan Hugh McNeile, "The Gospel According to St. Matthew", p. 197.

Por supuesto que el asombro de los siervos estaba bien fundado. Si la semilla que se había sembrado era buena, ¿de dónde, pues, tenía cizaña? La respuesta la da el padre de familia en el versículo siguiente.

"El les dijo: Un enemigo ha hecho esto.
Y los siervos le dijeron: ¿Quieres, pues, que vayamos y la arranquemos?"
    (13:28).

Como puede verse con facilidad, el dueño del campo no tenía dudas acerca de quién había realizado aquella malvada obra: "Un enemigo" (*echthròs ánthrôpos*), literalmente "un hombre malvado" o "un hombre hostil" o, quizá "un hombre cuya característica intrínseca es ser hostil". Obsérvese que ambos sustantivos aparecen sin el artículo determinado y por lo tanto, el énfasis recae en la naturaleza o el carácter de la persona aludida. El versículo en sí es enfático. El texto dice: "Un hombre enemigo esto hizo". El énfasis está en la clase de persona que cometió aquel acto malvado.
    La crítica, que atribuye el Evangelio de Mateo a la iglesia primitiva y no a Mateo el publicano, cree que esta parábola tiene que ver con los numerosos problemas que plagaban la Iglesia de aquellos tiempos. Según ellos, las palabras atribuidas a Jesús iban encaminadas a tratar de conseguir una Iglesia pura, ya que el Señor hará la separación correcta al final de los tiempos.[32] D. A. Carson (quien no es dispensacionalista) está en lo correcto cuando dice:

> Pero ese es un gran error en categoría. En ningún sitio en Mateo el "reino" (o "reinado", vea 3:2) se convierte en "la iglesia" (vea 16:18; y especialmente 13:37-39). La parábola no trata para nada la situación de la Iglesia, sino que explica cómo el Reino puede estar presente en el mundo sin todavía eliminar toda oposición. Eso debe esperar la siega final. La parábola trata la expectación escatológica, no el deterioro eclesiológico.[33]

Los siervos respondieron al Señor: "¿Quieres, pues, que vayamos y la arranquemos?" (13:28). El verbo "arranquemos" (*slléxomen*) es el aoristo subjuntivo de *syllégô*, que significa "recoger". Su función aquí es la de un subjuntivo deliberativo.[34]

"El les dijo: No, no sea que al arrancar la cizaña, arranquéis también con ella
    el trigo.
Dejad crecer juntamente lo uno y lo otro hasta la siega;
y al tiempo de la siega yo diré a los segadores:
Recoged primero la cizaña, y atadla en manojos para quemarla;
pero recoged el trigo en mi granero" (13:29-30).

---

32. Vea David Hill, "The Gospel of Matthew", pp. 231-232.
33. D. A. Carson, "Matthew", *The Expositor's Bible Commentary*, vol. 8, pp. 316-317.
34. "El subjuntivo deliberativo se usa cuando una interrogación no pide respuesta en hecho real, pero representa deliberación o es empleada como un nuevo artificio retórico". Vea H. E. Dana y Julius R. Mantey, *Gramática griega del Nuevo Testamento*, p. 165.

El padre de familia y dueño de la propiedad sembrada no aceptó la sugerencia de los siervos. Su respuesta demostró un buen conocimiento de la agricultura. Las raíces del trigo y la cizaña seguramente se habían entrelazado. Lo más seguro era que al intentar arrancar la cizaña también las plantas de trigo serían arrancadas y la cosecha se perdería.

La expresión "hasta la siega" (*héos toû therismoû*). El sustantivo "siega" (*therísmos*) se usa en el Nuevo Testamento para ilustrar un cuadro de la decisión escatológica de Dios. Implica una separación definitiva de todos los seres humanos en dos categorías. Para uno de los grupos, hay una perspectiva de juicio terrible, mientras que para el otro hay una promesa esperanzadora. Un cuadro similar aparece en Isaías 27:12.

"Y al tiempo de la siega" (*kairoî*) se usa para designar la clase de tiempo correcto y adecuado. *Kairós* no se refiere a cronología, sino al tiempo oportuno, es decir, al tiempo y las circunstancias que lo acompañan. En el caso de una siega literal hay un tiempo ideal para la cosecha. Debido a usos como el que aparece en este pasaje, *kairós* adquiere un significado más técnico. Con frecuencia señala a la consumación o al juicio de los postreros tiempos (vea Mr. 13:33; 1 Ts. 5:1-2; Hch. 1:7).

El lenguaje del versículo 30 apunta a la separación escatológica. La expresión: "Pero recoged el trigo en mi granero" (*dè sîton anagágete eis teìn apothéikein*) es prácticamente igual a las palabras de Juan el Bautista en Mateo 3:12. De ahí aprendemos que la profecía de Juan tiene el significado correcto pero que su cumplimiento yace aún en el futuro. Juan el Bautista necesitaba saber lo que los discípulos y los apóstoles tuvieron que aprender: El Rey empuñará su aventador al final de la edad, no en el comienzo de su Primera Venida.

Puesto que la parábola del trigo y la cizaña es explicada por el Señor en Mateo 13:36-43, se considera necesario analizar ese pasaje antes de continuar con el resto de las parábolas.

JESÚS EXPLICA LA PARÁBOLA DEL TRIGO Y LA CIZAÑA (13:36-43)

"Entonces, despedida la gente, entró Jesús en la casa;
y acercándose a él sus discípulos, le dijeron:
Explícanos la parábola de la cizaña del campo.
Respondiendo él, les dijo:
El que siembra la buena semilla es el Hijo del Hombre" (13:36-37).

Después de haber hablado de la semilla de mostaza y de la levadura, el Señor Jesús entró en la casa y los discípulos le pidieron que les explicase la parábola del trigo y la cizaña. Él les respondió: "El que siembra la buena semilla es el Hijo del Hombre" (13:37). De modo que el primer punto de la identificación queda resuelto. El sembrador representa al Señor Jesús en su labor de sembrar la buena semilla de la Palabra de Dios. Él es el personaje central de la parábola, porque la manera poco común de expresar la primera frase de la parábola en el versículo 24: "El reino de los cielos es semejante a un hombre que sembró" pone gran énfasis en el Señor. Una de las principales lecciones es, por lo tanto, enseñar la conducta del Rey en vista del crecimiento de la cizaña.

"El Hijo del Hombre" (*ho huiòs toû ánthrópou*) es, sin duda, una referencia al Mesías mismo. Como ya se señaló al analizar Mateo 8:20, la expresión "Hijo del Hombre" aparece en 81 ocasiones en los Evangelios, 69 de ellas en los sinópticos.

Dicha expresión se ha clasificado en tres grupos: (1) El Hijo del Hombre apocalíptico que vendrá en los días finales; (2) el Hijo del Hombre sufriente que muere en la cruz; y (3) el Hijo del Hombre terrenal, ocupado en numerosos ministerios durante su tiempo en la tierra. De las 30 veces que dicho título aparece en Mateo, unas 13 veces pertenece a la primera categoría, como es el caso de su uso en Mateo 13:37, 41.[35]

"El campo es el mundo;
la buena semilla son los hijos del reino,
y la cizaña son los hijos del malo" (13:38).

"El campo es el mundo" (*ho dè agrós estin ho kósmos*), es decir, el campo *representa* al mundo. O sea, el lugar donde la semilla es sembrada es todo el mundo. El sustantivo "mundo" (*kósmos*) tiene varias connotaciones. En el momento en que el Señor hablaba, se refería a la tierra de Israel. Pero al final del Evangelio de Mateo (28:19-20), la referencia es a todas las naciones (vea también Hch. 1:8). La expresión "el campo es el mundo" ha sido tema de controversia entre expositores del Nuevo Testamento desde los tiempos de San Agustín. Agustín tuvo que batallar con los donatistas y aplicó esta parábola a la cuestión de la disciplina en la Iglesia. Agustín quería purificar la Iglesia de pecadores. El problema que confronta aplicar esta parábola a la Iglesia es que Mateo claramente dice que el campo es el mundo (*kósmos*), no la Iglesia (*ekkleisía*). En segundo lugar, el contexto de Mateo 13 no tiene que ver con disciplina eclesiástica. En tercer lugar, no hay mención de la Iglesia en Mateo sino hasta el capítulo 16. Finalmente, si se quiere hablar de disciplina eclesiástica en Mateo, el capítulo 18 sería el comienzo.

Robert L. Thomas entiende que la frase "el campo es el mundo" se limita a las partes del mundo donde el Reino ha sido predicado, es decir, donde los hijos del Reino han sido sembrados. Thomas cree que ese es el sentido de dicha expresión en el contexto donde el Señor la usa.[36] Otros escritores, como William Hendriksen, afirman que tiene que ver con la proclamación del mensaje de salvación mediante el arrepentimiento y la fe. Dice Hendriksen: "En consonancia con pasajes como Mateo 11:27a; 12:31-32; 24:14; 28:19-20; cp. Jn. 3:16; 4:42, el Evangelio tiene que ser proclamado en todas partes, no inmediatamente, es cierto (10:5-6), sino progresivamente".[37] Por supuesto, Hendriksen escribe desde una óptica amilenarista y por lo tanto, no toma en cuenta que un texto como Mateo 24:14 contempla la proclamación del "evangelio del reino" durante el tiempo de la semana 70 de Daniel, es decir, en el período de la Gran Tribulación. Ese es el contexto de Mateo 24. Hendriksen, evidentemente, pasa por alto que Jesús está contestando la pregunta de los discípulos en 24:3: "Dinos, ¿cuándo serán estas cosas y qué señal habrá de tu venida, y del fin del siglo?" Mateo 24:14 tiene que ver, por lo tanto, con la proclamación del evangelio con un alcance universal por los 144.000 judíos que serán sellados con ese propósito al final de los tiempos. Hendriksen también pasa por alto la referencia a "la siega del fin del siglo" (Mt. 13:39) y de "el fin de este siglo" (Mt. 13:40). El venerable y respetado erudito William Hendriksen,

---

35. Vea D. A. Carson, "Matthew", pp. 209-210.
36. Robert L. Thomas, "Notas inéditas sobre Mateo 13" (2000).
37. William Hendriksen, *The Gospel of Matthew*, p. 571.

desafortunadamente, se deja llevar por su teología amilenarista y abandona la exégesis normal del contexto del pasaje de Mateo 13.

"La buena semilla" (*to dè kalòn spérma*) representa a "los hijos del reino". Eso significa que son aquellos en quienes la semilla, habiendo sido implantada, llega a producir fruto. La buena semilla produce genuinos hijos del Reino (Mt. 13:19, 23). La frase "los hijos del reino" (*oi huioì teîs basileías*) si es un genitivo de posesión sería que la participación de los tales es una experiencia presente. Los hijos del Reino son los que tienen derecho a los privilegios del reinado del Mesías como si fuesen sus mismos hijos.[38]

"La cizaña son los hijos del malo", es decir, son aquellos en quienes Satanás ha sembrado su semilla corrupta y produce una cosecha de corrupción en el corazón de los inicuos. Paralelamente, la obra del Señor y la de Satanás siguen adelante. Uno deposita su Santa Verdad en el corazón de los suyos. El otro deposita sus principios malvados en los que le siguen. Cristo tiene un contrincante permanente que no descansa (vea 1 P. 5:8). El misterio de iniquidad está en constante operación (2 Ts. 2:7).

"El enemigo que la sembró es el diablo;
la siega es el fin del siglo;
y los segadores son los ángeles" (13:39).

Así como el sembrador de la buena semilla es el Hijo del Hombre, así también el sembrador de la cizaña, la mala semilla, es el enemigo, es decir, el diablo. Satanás es el individuo que originó el mal en el universo, incluyendo el hombre. Es difícil desentrañar el motivo por el cual Dios ha permitido la existencia de Satanás y la presencia del pecado en el mundo. Lo que sí es cierto es que Satanás será totalmente derrotado y todo lo que él representa. Su fin será el lago de fuego.

"La siega es el fin del siglo" (*ho dé therismòs systéleia aiônós estin*), o sea, la siega es la consumación de la historia tal como la conocemos ahora. Alan McNeile dice:

> La siega, como una metáfora escatológica, procede del Antiguo Testamento (vea Jl. 3:13; Jer. 51:33; Os. 6:11). *Syntéleia (toû) aiônos* es la completación del curso transitorio del mundo, solo aparece en Mateo en el Nuevo Testamento (13:40, 49; 24:3; 28:20)... Es una expresión totalmente hebrea... Se corresponde en el Antiguo Testamento con *beacharith hayamim*, es decir, "al final de los días".[39]

La repetición de la frase "el fin del siglo" en el Evangelio de Mateo (13:39-40, 49; 24:3; 28:20) debe servir de advertencia al hecho de que el período de *interregno* llegará a su fin. Como se verá más adelante, esa etapa de la historia terminará con juicio. Debe observarse también el vocablo traducido en la Reina—Valera 1960 "siglo" (*aiônos*). Es el mismo término que se usa en 13:22 y en 12:32. Dicho vocablo se usa muchas veces como referencia al período de tiempo inmediatamente antes de la inauguración de la era mesiánica.

---

38. Vea John A. Broadus, *Comentario sobre el Evangelio según Mateo*, p. 385.
39. Alan McNeile, "The Gospel According to St. Matthew", p. 201.

"Y los segadores son los ángeles". Los ángeles serán usados una vez más para ejecutar la voluntad de Dios. El texto griego dice: "Y los segadores son ángeles", es decir, seres cuya naturaleza se caracteriza por ser la de ángeles (vea Mt. 24:31 y Ap. 14:15-19).

> *"De manera que como se arranca la cizaña, y se quema en el fuego,*
> *así será en el fin de este siglo.*
> *Enviará el Hijo del Hombre a sus ángeles,*
> *y recogerán de su reino a todos los que sirven de tropiezo, y a los que hacen*
> *   iniquidad,*
> *y los echarán en el horno de fuego; allí será el lloro y el crujir de dientes.*
> *Entonces los justos resplandecerán como el sol en el reino de su Padre.*
> *El que tiene oídos para oír, oiga" (13:40-43).*

Estos versículos describen la acción final de la justicia de Dios al final de la era presente. Así como la cizaña es recogida y quemada en el tiempo de la siega, así los ángeles recogerán del reino a todos los que causan ofensa al final de esta edad. Así como la cizaña es quemada con fuego, así los hijos del Maligno son echados en el horno del fuego eterno. Los justos serán dejados para que entren en el Reino del Mesías, donde brillarán como el sol en la gloria que les será dada por el Padre (Dn. 12:3). La simiente opositora, a la postre, manifestará su verdadera naturaleza en sus hijos.

Este pasaje termina con una solemne exhortación: "El que tiene oídos para oír, oiga" (12:43). La interpretación de esta parábola termina de la misma manera que la parábola del sembrador (12:9) e igual que las palabras de reconocimiento a Juan el Bautista (Mt. 11:15). El oír no solo se refiere a la palabra hablada, sino también a la comprensión de su significado más profundo. Incluso entre los discípulos, el auditorio presente, había quienes posiblemente eran renuentes a oír ese sentido más profundo. El Señor pone la responsabilidad de rehusar oír sobre cada individuo, como también extiende el privilegio de escuchar a todo aquel que tenga la voluntad de hacerlo.

La parábola del trigo y la cizaña enseña numerosas verdades a las que deben presentarse suma atención:

Tocante a la era presente: Hay varias enseñanzas en la parábola tocante a la *era presente*. Esta edad se caracteriza por la siembra de la simiente, es decir, la semilla de la Palabra. Es la misma lección enseñada en la parábola de las cuatro clases de tierra. A la luz de la dilación sugerida por el tiempo necesario para el crecimiento de las plantas, debe pensarse que la era presente tendrá una larga duración. La historia confirma ese hecho, porque esta era ya pasa los 2.000 años de duración.

También debe observarse que las semillas del trigo y la cizaña crecen juntas a través de esta edad. La referencia es al Reino, no a la Iglesia. Ambos, Reino e Iglesia, no son equivalentes, aunque la Iglesia puede existir dentro del Reino. El Reino, en este contexto, incluye tanto profesión como realidad (vea Mt. 13:41). Puede esperarse, entonces, que haya en el mundo el crecimiento simultáneo de dos clases de personas: Los hijos del Reino y los hijos del Maligno. El hecho de que la parábola fue enseñada a la multitud, sugiere que la referencia no es al crecimiento de dos tipos de personas en la

Iglesia. Si eso existe, como en muchas iglesias, la responsabilidad de los sobreveedores es aplicar la disciplina de la Iglesia.

El Señor hace una estupenda declaración cuando dice que esta edad terminará cuando Él envíe a sus ángeles para purificar el Reino (ver. Mt. 13:41). Habrá una absoluta separación de los hombres inicuos del resto de la sociedad. Los inicuos solo se asociarán con los inicuos y esa asociación será por la eternidad en el horno de fuego donde será el lloro y el crujir de dientes (Mt. 12:42).

La parábola enseña *la existencia de dos clases de seres humanos*, y éstos se diferencian por su conducta. La cizaña tiene una apariencia muy parecida a la del trigo pero la naturaleza de ambos es muy distinta. Su fruto es diferente. El Señor Jesucristo sostiene la opinión poco popular de que los seres humanos están a favor de Él o en su contra. Son sus amigos o sus enemigos. Frente al Señor no existe la neutralidad.

Otra enseñanza de la parábola y que es contraria a la enseñanza popular del universalismo, es la del *castigo eterno*. Las palabras del versículo 42 son claras: "Y los echará en el horno de fuego, allí será el lloro y el crujir de dientes". El Señor Jesucristo enseñó claramente que habrá un castigo eterno para todos los malvados, incluyendo a Satanás, sus demonios y todos aquellos que le siguen (Mt. 25:41).

Resumiendo: El Mesías enseña mediante la parábola del trigo y la cizaña que hay una era, ya de larga duración, que interviene entre su primera y su segunda venida. Ese período de tiempo es un *interregno*. Es un período de siembra de la Palabra. Al mismo tiempo, el Maligno está ocupado, sembrando la cizaña en medio del trigo. O sea que los hijos del reino crecen al mismo tiempo que los hijos del malo. La diferencia entre ambos es el fruto que produce cada uno. Los hijos del reino son los seguidores del Mesías. Los hijos del malo son los seguidores de Satanás. No puede haber neutralidad. El que no está con el Mesías está en su contra.

LA PARÁBOLA DE LA SEMILLA DE MOSTAZA (13:31-32)

En el capítulo 13 de Mateo el Señor Jesús ha estado exponiendo "los misterios del reino de los cielos" (Mt. 13:11), revelando varios aspectos del Reino mesiánico y su relación con la era presente. Entre los asuntos que ha tratado están los siguientes: (1) Los "misterios" se refieren primordialmente a la manifestación del Reino, no a su naturaleza. La naturaleza del Reino ha sido tema de la profecía del Antiguo Testamento, y su significado es bien claro. Los profetas, Juan el Bautista y los discípulos, sin embargo, no tenían claro el tiempo de la manifestación universal del Reino. Las parábolas dejan bien claro que el Reino mesiánico se manifestará en el tiempo de la segunda venida de Cristo. Y (2) mientras tanto, es decir, en el tiempo entre las dos venidas, existe un *interregno* que se caracteriza por la siembra de la semilla de la Palabra de Dios, por el crecimiento del testimonio divino de la redención en Cristo, por el conflicto debido a la obra simultánea de Satanás, y por una separación judicial final. En ese juicio discriminativo, los incrédulos serán echados en un horno de fuego y los creyentes serán recogidos y llevados a la presencia del Padre para que brillen como el sol en el Reino.

El cuadro presentado por las dos primeras parábolas representa, al parecer, un fracaso sin interrupción. ¿Hay éxito en la siembra de la semilla? Por supuesto que sí, pero es un éxito parcial. Recuérdese que en la parábola llamada del "sembrador", hay cuatro clases de tierra de las que tres de ellas son infructíferas. Solo una produce fruto.

En la parábola del trigo y la cizaña, se dice que la "buena semilla" crece en medio de la "mala semilla". Uno podría pensar que la hora del éxito ya lleva retraso. Las parábolas siguientes, como es de esperarse, presentan un cuadro más brillante. Ese es el aspecto que el Señor presenta en las parábolas del grano de mostaza y de la levadura. La lección principal en la parábola del grano de mostaza no es el de éxito total, sino de un éxito limitado externo, no interno.

"Otra parábola les refirió, diciendo:
El reino de los cielos es semejante al grano de mostaza,
que un hombre tomó y sembró en su campo" (13:31).

El misterio contenido tanto en esta como en la próxima parábola concierne al sorprendente crecimiento respecto de ciertos aspectos del Reino. En el primer caso, la lección del crecimiento se desprende del inmenso tamaño final del Reino en comparación con su extremadamente pequeño comienzo.

"El reino de los cielos es semejante a un grano de mostaza". El texto griego dice: "Un solo grano de mostaza" (*kókkoi sinápeôs*). Allan McNeile dice:

El Reino no es, estrictamente hablando, como un grano de mostaza, sino que un aspecto del mismo es descrito mediante el crecimiento de la semilla.[40]

La idea es que "el reino de los cielos" es semejante al cuadro total de lo que ocurre cuando se siembra un grano de mostaza. Como se ha señalado, el vocablo *kókkoi* se refiere a u solo grano de mostaza, en contraste con el término *spérma*, que se refiere a un grupo de semillas. De modo que la expresión "un grano de mostaza" se refiere a "un solo grano" cuantitativamente y nada más.

Un dato interesante a observar es el hecho de que el Señor toma sus parábolas de las experiencias de la vida diaria. La parábola del sembrador es tomada de una actividad cotidiana en Israel. Lo mismo sucede con la del trigo y la cizaña. La parábola de la red trae a la mente la actividad de un pescador. La parábola del grano de mostaza se relaciona con la actividad de alguien que cultiva en un huerto.

¿Qué quiso comunicar el Señor al comparar el "reino de los cielos" con un grano de mostaza? La mostaza común, la *sinapis nigia* o mostaza negra, era un arbusto. Era cultivada en huertos por su semilla. Puede alcanzar una altura de hasta tres metros. El evangelista dice que puede hacerse "árbol grande" (Lc. 13:19). El punto central de la parábola es que la semilla o grano de mostaza puede alcanzar un crecimiento anormal cuando se siembra y se convierte en una planta.

"El cual a la verdad es la más pequeña de todas las semillas;
pero cuando ha crecido, es la mayor de las hortalizas, y se hace árbol,
de tal manera que vienen las aves del cielo y hacen nidos en sus ramas" (13:32).

"La más pequeña de todas las semillas" (*hò mikróteron men estin pánton tôn spermáton*). Se ha especulado mucho tocante a esta frase. Se ha dicho que el grano

---

40.   Alan McNeile, "The Gospel According to St. Matthew", p. 198.

de mostaza *no es* la semilla más pequeña y que, por lo tanto, hay un error en las Escrituras. Nuestro Señor, sin embargo, no está dando una lección de botánica al hablar del grano de mostaza. Hablaba a personas que conocían la botánica de un sector particular del mundo. Lo que quiso decir sencillamente era que el grano de mostaza era la semilla más pequeña de las que ordinariamente se plantaban en los huertos de la tierra de Israel.

"Pero cuando ha crecido" (*hótan dè auxeitheî*), es decir "cuando ha terminado de crecer". "Es la mayor de las hortalizas, y se hace árbol". La pequeña semilla que fue plantada, cuando termina de crecer, sobrepasa en tamaño a las otras plantas, incluso a los de su propia clase. "El punto central de la lección es que en la consumación, la planta estará totalmente fuera de proporción con su desarrollo germinal durante su etapa inicial. El pequeño grano que se convirtió en una pequeña planta, ha crecido de manera sorprendente y se ha convertido en un árbol. La predicación de Cristo y sus discípulos es aparentemente insignificante pero mediante el proceso de crecimiento se convertirá en algo que nadie pudo imaginarse desde el punto de vista humano".[41]

"De tal manera que vienen las aves del cielo y hacen sus nidos en sus ramas". ¿Qué significa "las aves del cielo"? ¿Qué quiso decir el Señor con esa expresión?[42] Hay quienes entienden que se refiere a la grandeza del Reino y lo comparan con Daniel 4:9, 18; Ezequiel 31:6: esta postura sostiene que se refiere a la inclusión de los gentiles en el Reino de los cielos.[43] A la luz del contexto, sin embargo, la frase parece sugerir la presencia del mal y de la oposición en el Reino. Esa idea parece confirmarse por lo que dice Mateo 13:4, referente a "las aves" y también es apoyada por el versículo 19, donde dice que "el malo" es Satanás. Puede concluirse, por lo tanto, que el "hacer nidos" de las aves del cielo en el árbol de mostaza representa la presencia del mal en las etapas finales del Reino y su crecimiento.

¿Cuál es la enseñanza principal de esta parábola? Es posible resumir lo que enseña de esta manera: (1) El Reino ha de tener un asombroso pequeño comienzo. Esto lo sugiere el tamaño pequeño del grano de mostaza; (2) el Reino ha de tener un crecimiento anormal. Eso es lo que sugiere el hecho de que la planta de mostaza crece hasta alcanzar un tamaño no acostumbrado en ese arbusto.

El hecho de que se convierte en árbol en el que las aves pueden hacer sus nidos da testimonio de que no es una planta de mostaza normal. El verbo traducido "hacen nidos" (*kataskeinoûn*) significa "vivir", "habitar", "hacer habitación permanente". Este verbo es enfático. Es más que hacer un simple nido o buscar un refugio. Señala una habitación permanente. Una vez considerado el contexto de la parábola y los pasajes afines, la postura más congruente es que la presencia de las aves del cielo, haciendo una habitación permanente en las ramas de un árbol de un crecimiento anormal, apunta a la presencia del mal dentro del Reino. Dichas aves están relacionadas directa o indirectamente con las fuerzas de Satanás. Al final de la presente edad, igual que

---

41. *Ibíd.*

42. Autores católicos como José M. Bover no ven ningún significado en dicha frase. Bover dice que "parece un elemento decorativo y accesorio, que no tiene otro objeto que sensibilizar la grandeza del árbol" (vea José M. Bover, *El Evangelio de San Mateo*, p. 288).

43. Vea Alfred Plummer, "An Exegetical Commentary on the Gospel According to St. Matthew", p. 194. Vea también David Hill, "The Gospel of Matthew", p. 233.

ocurre con la cizaña, el mal será erradicado ya que esta era terminará con un juicio cuando el Mesías venga en gloria.

LA PARÁBOLA DE LA LEVADURA Y LA HARINA (13:33)

"Otra parábola les dijo:
El reino de los cielos es semejante a la levadura que tomó una mujer,
y escondió en tres medidas de harina,
hasta que todo fue leudado" (13:33).

Esta parábola también es muy sencilla. Una mujer toma levadura y deliberadamente, la esconde en tres medidas de harina. El resultado es que toda la masa queda leudada. La parábola es sencilla pero la controversia respecto de su interpretación no lo ha sido.

Se han ofrecido dos interpretaciones de esta parábola. Muchos comentaristas modernos entienden la parábola como la victoria del Reino. William Hendriksen cree que las parábolas del grano de mostaza y la levadura deben tomarse juntas, y que dichas parábolas enseñan "que este reino también se expande visiblemente y marcha conquistando territorio tras territorio".[44] Hendriksen no acepta que la levadura, por lo general, se usa en la Biblia como un símbolo del mal. Su uso de la figura de la serpiente para apoyar su postura no es del todo satisfactorio.[45]

Por otro lado, muchos comentaristas interpretan la levadura como una referencia al mal. En el Antiguo Testamento el vocablo se usa solo en prohibiciones rituales y su sentido es uniformemente con referencia al mal.[46] Pasajes tales como Éxodo 12:15, 18; 23:15, 18; y Levítico 2:11 enseñan que la levadura es un símbolo del mal. En el Nuevo Testamento, el sentido de manera uniforme sugiere el mal (vea Mt. 16:6, 11-12; Mr. 8:15; Lc. 12:1; 13:21; Gá. 5:9; 1 Co. 5:6-8). En segundo lugar, en sus efectos reales, la levadura produce desintegración y corrupción. Además, las otras parábolas en Mateo 13 no enseñan que el Reino haya de ser completa y absolutamente victorioso en esta edad presente. Una mirada retrospectiva a las parábolas anteriores y una consideración de las que aún faltan corroboran eso. En cuarto lugar, la interpretación es contraria a la historia desde que nuestro Señor enseñó esta parábola. El Reino no ha sido victorioso en ese sentido absoluto. Por supuesto que ha habido victorias pero el progreso de la era sugiere un alejamiento de la verdad más que un desarrollo de la misma. Sobre la base de la enseñanza del Antiguo y del Nuevo Testamento, al igual que el contenido de las parábolas de Mateo 13, puede decirse que la levadura se usa predominantemente como símbolo de algo pernicioso. Ciertamente eso es lo que los oyentes del Señor entendieron con toda probabilidad.

Mark L. Bailey, profesor de Exposición Bíblica en el Seminario Teológico de Dallas, compara las parábolas del grano de mostaza y la de la levadura de la siguiente manera:

---

44. William Hendriksen, *The Gospel of Matthew*, p. 565.
45. *Ibíd.*
46. Vea David Hill, "The Gospel of Matthew", p. 234. También Alan McNeile, "The Gospel According to St. Matthew", p. 199. Para un resumen de las diferentes interpretaciones del significado de "la levadura y la masa", vea Mark L. Bailey, "The Parable of the Leavening Process", *Biblioteca Sacra* (enero-marzo, 1999), pp. 63-71.

Mientras que la parábola del grano de mostaza responde la pregunta de
si la fase del reino plantado por Jesús sobrevivirá, la parábola del proceso
leudador contesta cómo. Esto puede apoyarse por el hecho de que la levadura
se encuentra en las tres secciones de la narrativa: El comienzo, el proceso
de leudar y la culminación ("todo leudado"). Otra manera de expresar la
pregunta que se contesta mediante el proceso de leudar podría ser: ¿Cuál es
la naturaleza del poder que expandirá el Reino de los cielos en la presente
edad? Que la parábola puede ser limitada a la era presente es respaldado por
el hecho de que los misterios del Reino presentan una nueva revelación y por
las referencias del tiempo establecido a través de Mateo 13, especialmente
aquellas en las parábolas paralelas del trigo y la cizaña y de la red. La era
presente del *interregno*, es decir, el Reino entre los dos advenimientos, se
extiende hasta el final de la Tribulación.[47]

Esta sencilla parábola presenta otros problemas interpretativos. Uno de ellos el
significado del sustantivo "mujer". Se ha especulado respecto del cambio de un varón
como figura central a una mujer. Algunos sugieren el hecho de que cocer al horno
era una actividad femenina, tal como cultivar la tierra era una actividad masculina.
Otros han sugerido que la mujer simboliza "el gobierno eclesial", una idea difícil de
demostrar en este contexto. Se ha sugerido también que "la mujer" es una figura usada
comúnmente como un símbolo de error, ya sea en cuestiones morales o religiosas
(vea Zac. 5:7-8; Ap. 17:1-6). Aunque no se debe especular respecto del significado de
la mujer, sí debe tomarse en cuenta la inserción de la levadura en la masa. Ese acto
representa la introducción del mal en el testimonio del Reino (vea Mt. 16:6-12), los
males de la hipocresía, el racionalismo, la impureza, el formalismo y el materialismo
son características tristes de la era presente. La mujer hizo lo que estaba prohibido
hacer por mandato divino tocante a la ofrenda (vea Lv. 2:4-7).

Otra cuestión que llama la atención es el uso del verbo "escondió" (*anékaypsen*).
Este verbo describe la acción de la mujer en su trabajo de combinar la levadura con
la masa. El vocablo sugiere una introducción secreta del mal en el Reino. Es un
recordatorio de las palabras de Pablo: "Porque ya está en acción el misterio de la
iniquidad" (2 Ts. 2:7).

"Hasta que todo fue leudado" (*héôs hoû edsymóthei hólon*). El proceso de leudar
continúa "hasta que" (*héos hoû*) llegue a completarse. El mal sigue su curso hasta
llegar a su fin, es decir, al día del juicio. La influencia de la levadura permeará el Reino
y su testimonio de tal manera que la apostasía se convertirá en el gran tema. Esto trae
a la memoria las palabras de Jesús: "Pero cuando venga el Hijo del Hombre, ¿hallará
fe en la tierra?" (Lc. 18:8). La respuesta a esa pregunta, tristemente, es no.

El cuadro presentado por esta parábola parece estar recubierto de pesimismo y sin
duda, es una perspectiva pesimista. Pero no debe olvidarse que el Reino no es la Iglesia.
En la edad presente hay un número grande de creyentes que no están impregnados de
la levadura de la iniquidad y en el tiempo venidero de la Tribulación habrá también un
remanente de verdaderos creyentes. El cuadro no es totalmente oscuro, y la segunda

---

47. Mark L. Bailey, "The Parable of the Leavening Process", *Bibliotheca Sacra*, (enero-marzo, 1999),
p. 63.

venida del Mesías introducirá al mundo a un Reino mesiánico purificado y glorioso en el que la justicia tendrá su habitación permanente. Entonces se cumplirán las palabras del Salmo: "Bendito Jehová Dios, el Dios de Israel, El único que hace maravillas. Bendito su nombre glorioso para siempre, Y toda la tierra sea llena de su gloria. Amén y Amén" (Sal. 72:18-19).

LAS PARÁBOLAS Y EL CUMPLIMIENTO DE LAS PROFECÍAS (13:34-35)

"Todo esto habló Jesús por parábolas a la gente,
y sin parábolas no les hablaba" (13:34).

"Todo esto habló Jesús" (*taûta pánta eláleisen ho Iosaûs*). Literalmente dice: "Todas estas cosas habló Jesús". Esas mismas palabras aparecen en el versículo 3. Evidentemente, el pasaje de Mateo 13:4-34 (con la excepción de los versículos 10 al 23) fue un solo discurso predicado por el Señor a las multitudes. El tiempo aoristo del verbo "habló" (*eláleisen*) resume toda la enseñanza y la contempla como una unidad. Es probable que la expresión "todas estas cosas" sugiera que las cuatro parábolas registradas hasta aquí sean simples ejemplos tomados de una colección mayor. Marcos parece sugerir eso, cuando dice: "Con muchas parábolas como estas les hablaba la palabra, conforme a lo que podían oír" (Mr. 4:33).

El versículo implica que Jesús solo habló por parábolas a la multitud de galileos que le escuchaban durante aquel tiempo concreto. Eso no significa que hablase en parábolas todo el tiempo.

"Para que se cumpliese lo dicho por el profeta, cuando dijo:
Abriré en parábolas mi boca;
Declararé cosas escondidas desde la fundación del mundo" (13:35).

Como todas las citas que Mateo hace de pasajes del Antiguo Testamento, este también tiene un cumplimiento profético. Mateo cita aquí el Salmo 78:2. La primera línea de la cita sigue con exactitud el texto de la Septuaginta (LXX). La segunda línea, al parecer, es una traducción del texto hebreo hecha por el propio Mateo. El texto del Salmo 78:2 no es una predicción directa tocante a la manera de enseñar del Mesías pero su método de presentar la historia de Israel era una anticipación del método de Cristo de presentar verdades respecto del Reino. En las palabras de Alfred Plummer:

> Como el [salmista] usó el pasado de Israel para señalar una [lección moral], así también Cristo usó los hechos de la naturaleza y de la vida humana para enseñar las verdades de los Evangelios.[48]

El Salmo 78 no está escrito en forma o estilo parabólico pero contiene la idea de verdades escondidas. Las experiencias de Israel de manera indirecta contenían muchas lecciones. El cumplimiento del Salmo 78:2 es analógico. En ambas situaciones hay una demostración de poderosas obras divinas (la liberación de Israel mediante el Éxodo y las obras mesiánicas de poder realizadas por el Mesías personalmente), una respuesta

---

48. Alfred Plummer, "An Exegetical Commentary on the Gospel According to St. Mattew", p. 195.

de incredulidad y una manifestación de lecciones extraídas de esa situación. Mateo captó el sentido esencial del Salmo maravillosamente.

Resumiendo: En estas parábolas puede verse que la edad presente es un tiempo de desarrollo gradual del mal en el testimonio del Reino. No debemos esperar que el mundo progrese de bien en mejor.

En segundo lugar, el uso de la figura del grano de mostaza señala el hecho de que el Reino no es necesariamente algo grande a los ojos del mundo. No es pompa y diversión, sino simplicidad y servicio en la fe.

En tercer lugar, ambas parábolas sugieren que las tinieblas espirituales dejarán caer sus sombras profundas sobre nuestros días a medida en que avanzamos al futuro. Ahora es el tiempo aceptable. Hoy es el día de salvación. El llamado de Dios está vigente hoy, antes de que llegue el día de la siega final.

Las parábolas que han sido analizadas hasta aquí fueron pronunciadas por el Señor a las multitudes. Esas son:

a. La parábola del sembrador o de las cuatro clases de tierra (Mt. 13:1-23).
b. La parábola del trigo y la cizaña (Mt. 13:24-30).
c. La parábola del grano de mostaza (Mt. 13:31-32).
d. La parábola de la levadura y la harina (Mt. 13:32-35).

Esas parábolas fueron enseñadas por el Señor al aire libre. Muchos escucharon al Mesías hablar de los misterios del Reino de los cielos pero no entendieron porque sus corazones estaban endurecidos y sus ojos espirituales ciegos. Esa es la gente que cerró sus vidas al Mesías y su mensaje.

Las parábolas siguientes son enseñadas por Jesús a sus discípulos. Ellos habían sido receptivos a las palabras del Mesías. Sus corazones y sus mentes estaban abiertos y dispuestos a aprender. Aquellos hombres tendrían la responsabilidad de sembrar la semilla de la Palabra y proclamar el mensaje del Reino después de la partida del Señor. A ellos les fue dado el privilegio de conocer "los misterios del reino de los cielos" y con ellos el Señor invertiría la mayor parte de su tiempo después del rechazo abierto de los dirigentes judíos.

LA PARÁBOLA DEL TESORO ESCONDIDO (13:44)

Las tres últimas parábolas de Mateo 13 son las más difíciles de toda la serie enseñada por el Señor. Las dos primeras, la del "tesoro escondido" y la de la "perla de gran precio", son, sin duda, las más difíciles y controvertidas de las parábolas de Mateo 13. Entre las cosas que el Señor ha enfatizado en su revelación de "los misterios del Reino de los cielos", están las siguientes:

1. La era entre la primera y la segunda venida del Señor será un tiempo de siembra de la semilla de la Palabra de Dios, pero habrá solo un aprovechamiento de desarrollo limitado.
2. Para contrarrestar ese aprovechamiento limitado, el Maligno, es decir Satanás,

entremezclará sus "hijos" entre "los hijos del reino". Satanás hará esa obra astuta y subrepticiamente. Esa condición continuará hasta el final de la edad.

3. La forma externa del Reino de Dios en esta edad, o la profesión de la verdad de Dios, se extenderá y desarrollará partiendo de un organismo insignificante a una organización gigantesca que será, según la opinión de algunos, una esfera visible y cómoda de operaciones para los espíritus malignos. La sociedad de los que profesan seguir a Cristo se corromperá paulatinamente de la simplicidad y pureza de la vida en Cristo.

4. Ese estado de mezcla confusa continuará hasta la consumación de la edad presente. Entonces el Hijo del Hombre, por medio de la instrumentalidad de los ángeles, llevará esta edad a su conclusión, llevando a cabo una separación de los verdaderos hijos del Reino de los hijos de Satanás, es decir, la separación del trigo y la cizaña.

Es un cuadro inquietante, pero cierto en el desarrollo de esta edad y hasta este punto de la historia. Proporciona, por lo tanto, gran consuelo y seguridad que el resto de la revelación también alcanzará su cumplimiento.

"Además, el reino de los cielos es semejante a un tesoro escondido en un campo, el cual un hombre halla, y lo esconde de nuevo; y gozoso por ello va y vende todo lo que tiene, y compra aquel campo" (13:44).

Debido a que las tres próximas parábolas no comienzan igual que las anteriores (i.e. "otra parábola"), hay quienes creen que Jesús las enseñó en otra ocasión. Sin embargo, el contexto del pasaje, particularmente Mateo 13:51-52 así como Mateo 13:53, parece apoyar el hecho de que todas estas parábolas formaron parte del mismo discurso pronunciado por el Señor en aquel día, parte a la multitud y parte a los discípulos, como ya se ha señalado.[49]

La parábola del "tesoro escondido" es en sí un relato muy simple: Un hombre inesperadamente encuentra un tesoro escondido en un campo. Después de encontrarlo, lo esconde de nuevo y seguidamente, lleno de gozo por el tesoro, vende todas sus posesiones y compra aquel campo. Es una historia desprovista de adorno literario y en realidad, directa. Su interpretación es algo más complicada.

Los detalles de la historia eran comunes a los habitantes de la tierra de Israel. Era algo común entre hombres y mujeres de aquella cultura usar el suelo para guardar sus posesiones más apreciadas.[50] Algunos hacían uso del suelo para enterrar su dinero como hoy día se hace uso del banco (vea Mt. 25:25). Debe aclararse que no era la intención del Señor ensalzar las acciones del hombre que encontró el tesoro, es decir, alabarlo por esconder el tesoro del dueño de la tierra hasta que pudiese comprarla. De hecho, la ley judía claramente establecía que cuando alguien encontraba un tesoro como el descrito aquí era de su propiedad por haberlo encontrado.

La parábola del tesoro escondido ha sido objeto de múltiples interpretaciones.

---

49. Vea John A. Broadus, *Comentario sobre el Evangelio según Mateo*, pp. 388-389.
50. *Ibíd.* Vea también William Barclay, *Mateo*, vol. 2, pp. 103-104.

Hay quienes creen que el "tesoro" se refiere generalmente a las bendiciones de la salvación que benefician a las personas que encuentran el Reino de los cielos. William Hendriksen, por ejemplo, en su excelente comentario sobre Mateo dice:

El punto de la parábola es que el reino del cielo, el feliz reconocimiento del gobierno de Dios sobre el corazón y la vida, incluyendo la salvación para el presente y el futuro, para el alma y a la postre, también para el cuerpo, el gran privilegio de ser hecho de esa manera una bendición a otros para la gloria de Dios, todo eso, es un tesoro tan incalculablemente precioso que quien lo obtiene está dispuesto a entregar por éste todo lo que pueda interferir con obtenerlo. Es el tesoro supremo porque satisface plenamente las necesidades del corazón. Trae la paz y la satisfacción interior (Hch. 7:54-60).[51]

Lo que el profesor Hendriksen dice es cierto como una aplicación a la enseñanza de la parábola. Hendriksen, sin embargo, no ofrece ningún apoyo exegético para su punto de vista, algo de suma importancia en el estudio de las parábolas. Debe recordarse que el Señor está enseñando tocante a "los misterios del reino de los cielos" (Mt. 13:11). Misterios tiene que ver con verdades que no habían sido reveladas con anterioridad. El tema de estas parábolas no es "la naturaleza del reino", sino el tiempo de su establecimiento.

En segundo lugar, otros entienden que "el tesoro" es la Iglesia y que el Hijo del Hombre, Jesucristo, es quien la ha encontrado y lo dio todo para adquirirla. Lo hizo mediante la compra del mundo en el que dicho tesoro permanecía escondido. Esta interpretación adolece de serias dificultades: (a) Es difícil ver cómo la Iglesia pudo haber sido "encontrada" cuando fue escogida "en Él" antes de la fundación del mundo. ¿Cómo pudo Él haber ignorado su existencia? (b) ¿Qué significado tiene la frase "lo esconde de nuevo"? La sugerencia de que el tesoro es la Iglesia sufre de serios problemas exegéticos que obligan a rechazarla.

En tercer lugar, hay también quienes sugieren que la nación de Israel, o quizá el remanente fiel de dicha nación, es el tesoro en el campo. Esa postura se apoya, en parte, sobre el hecho de que en Éxodo 19:5 dice que Israel es el "especial tesoro" de Jehová. Esa interpretación tiene su atractivo pero también parece confundir el Reino con una entidad diversa, a saber, la nación de Israel.[52]

Finalmente, hay otra escuela de interpretación que ve en la parábola las siguientes características:

a. El Reino de los cielos es el tesoro escondido.
b. Ese tesoro puede encontrarse inesperadamente.
c. Produce gran gozo en quien lo encuentra.
d. Adquirirlo costará a una persona todo lo que tiene.

Esta postura puede resumirse diciendo que el aspecto presente del Reino mesiánico

51. William Hendriksen, *The Gospel of Matthew*, p. 576.
52. Vea J. Dwight Pentecost, *Eventos del porvenir* (Maracaibo: Editorial Libertador, 1977), pp. 113-114.

está, por lo tanto, a la vista. Pero el aspecto presente es, sin embargo, una anticipación del futuro. El tesoro puede ser encontrado inesperadamente. Producirá gran gozo en quien lo encuentra, pero le costará todo lo que tiene para adquirirlo.

Tomando en cuenta las dificultades que supone la interpretación de esta parábola, es de suma importancia mantener la vista centrada en su contexto. Debe recordarse que esta parábola fue dirigida a los discípulos (Mt. 13:36), después de que les explicara el significado de la parábola de la cizaña. De modo que, probablemente, el Señor está profundizando en la mente de sus discípulos la importancia de comprender las enseñanzas espirituales tocante al Reino. Obsérvese que en el versículo 51, el Señor pregunta a los discípulos: "¿Habéis entendido todas estas cosas?" La respuesta de ellos fue: "Sí, Señor". Era de suma importancia que los discípulos comprendiesen el valor de la naturaleza del Reino.

Los dirigentes judíos solo se habían preocupado por el aspecto material de dicho Reino. El Señor enseña a sus discípulos la necesidad de profundizar en la comprensión del hecho de la realidad de que ese Reino incluye tanto lo material como lo espiritual. El tesoro estaba escondido como "los misterios del reino de los cielos" que estaba escondido hasta que Dios lo dio a conocer. La verdad del Reino era conocida en el Antiguo Testamento. "Los misterios" de dicho Reino tienen que ver con la forma que dicho Reino toma en el tiempo que transcurre entre el primer y el segundo advenimiento del Mesías. Ese es precisamente el tema de las parábolas de Mateo 13. Por eso el Señor invirtió tiempo en explicar el significado de las parábolas a los discípulos en privado. Los discípulos estaban aprendiendo el significado de "los misterios del reino de los cielos". Ahora debían profundizar en el conocimiento de esa verdad. Willoughby C. Allen se acerca a la comprensión del significado de esa parábola cuando dice:

Esta y la siguiente parábola trata más bien con la naturaleza de la doctrina del "reino" que con el método de su propagación, como en las parábolas anteriores. Las buenas nuevas del Reino poseen tal valor que los hombres abandonarán todo lo demás para aceptarlo.[53]

La verdad central de esta parábola es el valor del Reino de los cielos. Esa idea es apoyada por el gozo que produce el encontrarlo, su posesión potencial y la necesidad del sacrificio. Hay dos cosas que Jesús desea decir tocante al Reino: (1) Que procede de la gracia de Dios y no de nuestro esfuerzo. Su adquisición es un acto notable; y (2) que el Reino requiere una entrega total. Requiere que "el comprador" invierta todo lo que tiene.[54] Quizá esa sea la idea detrás de las palabras de Pedro cuando dijo: "He aquí, nosotros lo hemos dejado todo, y te hemos seguido; ¿qué, pues, tendremos?" (Mt. 19:27). Las palabras de Cristo también fueron contundentes: "Y Jesús les dijo: De cierto os digo que en la regeneración, cuando el Hijo del Hombre se siente en el trono de su gloria, vosotros que me habéis seguido también os sentaréis sobre doce tronos,

53. Willoughby C. Allen, "A Critical and Exegetical Commentary on the Gospel to St. Matthew", p. 154.
54. Vea Mark L. Bailey, "The Parable of the Hidden Treasure and the Pearl Merchant", *Bibliotheca Sacra* (abril-junio, 1999), p. 184.

para juzgar a las doce tribus de Israel. Y cualquiera que haya dejado casas, o hermanos, o hermanas, o padre, o madre, o mujer, o hijos, o tierras, por mi nombre, recibirá cien veces más, y heredará la vida eterna. Pero muchos primeros serán postreros, y postreros, primeros" (Mt. 19:28-30).

LA PARÁBOLA DE LA PERLA DE GRAN PRECIO (13:45-46)

Las dos primeras parábolas de Mateo 13 (el sembrador y la cizaña) fueron interpretadas por el Señor. Las dos siguientes (el grano de mostaza y la levadura) tienen sus trasfondos en el Antiguo Testamento. Pero las parábolas del tesoro y la perla aparecen por sí solas sin interpretación. Ambas tienen características similares: La fórmula introductoria es la misma, la estructura de ambas es similar y sus verdades centrales son similares.[55]

El contenido de la parábola de la perla es sencillo. Un mercader sale en busca de perlas finas y al encontrar una de gran valor, vendió todas sus posesiones y la compró.

Debe aclararse que el Reino de los cielos no es como el mercader, como un individuo. Nótese que el texto griego dice que: "el reino de los cielos es semejante a hombre mercader", es decir, no hay artículo determinado, sino que el énfasis recae en la cualidad o la característica de aquel hombre. La fuerza o énfasis de esta parábola es esencialmente igual que la de la parábola del tesoro escondido (Mt. 13:44). La gran diferencia entre ambas es la manera en que el objeto de gran valor es descubierto. En el primer caso fue sin una búsqueda, mientras que en el segundo caso fue una búsqueda diligente. En ambos casos, los dos hombres reconocen la cosa valiosa cuando la ven y están dispuestos a pagar el precio más alto para conseguirla.[56]

El sustantivo "mercader" (*empório*) no se refiere a un "tendero". *Émporos* significa "comerciante al por mayor", en contraposición al "tendero" (*kápleilos*).[57] Etimológicamente, el vocablo describe a alguien que "va en el camino", diligente en su búsqueda.[58] Su interés era encontrar buenas joyas. El vocablo "busca" (*dseitoûnti*) es el participio presente de *dseitéo*, que significa "buscar". El participio sugiere una acción continua. Podría decirse que el mercader buscaba incansablemente las "buenas perlas" (*kalolús margarítas*). No se contentaba con cualquier cosa, sino que deseaba lo mejor.

Hay un número considerable de interpretaciones del sustantivo "perla" (*margarítein*). Entre los más notables están los siguientes: (1) William Hendriksen cree que se refiere a la salvación. Algo que, según Hendriksen, es equivalente al Reino de los cielos.[59] El argumento de Hendriksen se basa sobre el enorme valor de la perla. Pero el enorme valor del Reino no constituye un misterio. El enorme valor del Reino ya era conocido en el Antiguo Testamento. (2) Dispensacionalistas, como Pentecost, creen

55. *Ibíd.*, p. 186.
56. Vea Alfred Plummer, "An Exegetical Commentary on the Gospel According to St. Matthew", p. 196.
57. Vea Horst Baltz y Gerhard Schneider, *Diccionario exegético del Nuevo Testamento*, p. 1363.
58. Vea William Hendriksen, *The Gospel of Matthew*, pp. 576-577.
59. *Ibíd.*, p. 577.

que la perla de gran precio se refiere a la Iglesia.[60] Debe recordarse, sin embargo, que la revelación de la Iglesia no ocurre sino hasta el capítulo 16 del Evangelio de Mateo. Esa postura es débil exegéticamente; y (3) la interpretación que parece más congruente con el pasaje de Mateo 13 es la que enseña que la perla es un símbolo de las profundas verdades espirituales respecto del Reino.

Igual que en el caso del tesoro escondido, cuando un verdadero discípulo recibe y comprende la profundidad de las verdades espirituales del Reino está dispuesto a dejarlo todo con el fin de poseer ese tesoro. Existe, sin embargo, un contraste entre estas dos parábolas. La primera destaca el hecho de un "tesoro escondido" (*theisauroî kekrymménoi*) que es hallado y de nuevo "escondido" (*ékrypsen*). El gozo producido por el encuentro del tesoro, hace que el hombre lo venda todo y compre aquel campo. La parábola de la perla enfatiza el incalculable valor de las verdades espirituales del Reino. Obsérvese que el texto habla de "una perla preciosa" (*héna polýtimon margarítein*). El vocablo *polýtimon*, significa "costoso", "de gran valor", "muy preciado". El valor elevadísimo de la perla se sugiere en el versículo 45, donde se habla de "buenas perlas" (*kaloùs margarítas*). El mercader considera correcto "vender todo lo que tenía" y "comprar" aquella *sola* perla. El verbo "vendió" (*pépraken*) es el tiempo presente de *piprásko*, que significa "vender". Su función, sin embargo, es la de un aoristo, es decir, enfatiza el acto mismo de vender las posesiones. El mercader "vendió" *todo lo que tenía* al considerar que aquella perla superaba el valor de todas sus posesiones. El mercader estaba seguro de que había llevado a cabo una buena transacción a la luz del hecho del valor de aquella perla. También puede ser un presente dramático: "El mercader halla la perla tan preciosa y sin pensárselo mucho *lo vende* todo y la compra".

Mark L. Bailey destaca esa verdad cuando dice:

> Aquellos que son discípulos de Jesús y su Reino tienen que estar preparados para renunciar a todo lo que se interponga en el camino de una total entrega a la prioridad del reino de Dios, como lo enfatizan las parábolas del tesoro escondido y la de la perla de gran precio. Ya sea que uno se dé cuenta o no del valor, ya sea que uno lo haya estado buscando o no (Mt. 13:44-46), el Reino es tan precioso que vale la pena darlo todo por él. Estas son razones para participar en el Reino: Es de mucho valor y sus beneficios traen gozo. Por lo tanto, cualquier cosa que se abandone por seguir el Reino en realidad no es una pérdida. El Reino de Dios debe ser la prioridad más elevada en la vida de cualquier persona. El tema del compromiso total de quienes han de ser discípulos del Reino es un tema bien reconocido en los Evangelios sinópticos.[61]

El profesor Bailey, sin duda, capta bien el énfasis de estas dos parábolas. Ellas expresan algo de lo que Jesús quiso decir en Mateo 6:33: "Mas buscad primeramente el

---

60. Vea J. Dwight Pentecost, *Eventos del porvenir*, p. 114.
61. Mark L. Bailey, "The Doctrine of the Kingdom in Matthew 13", *Bibliotheca Sacra*, (octubre-diciembre, 1999), pp. 447-448.

reino de Dios y su justicia, y todas estas cosas os serán añadidas". Eso es lo que Jesús exige de todo verdadero discípulo: Una entrega total y sin condiciones.

LA PARÁBOLA DE LA RED (13:47-50)

"Asimismo el reino de los cielos es semejante a una red,
que echada en el mar, recoge de toda clase de peces;
y una vez llena, la sacan a la orilla;
y sentados, recogen lo bueno en cestas, y lo malo echan fuera" (13:47-48).

La parábola de la red, igual que las anteriores, es una lección relacionada con la vida cotidiana de Israel y particularmente, con aquellos a los que el Señor hablaba en aquel momento, puesto que muchos de ellos eran pescadores o vivían del negocio de la pesca.

Había dos maneras de pescar en el medio oriente. Una era tirando una red al mar y la otra era mediante el uso de una "red barredera", semejante a la pesca de arrastre. A esto último es a lo que el Señor se refiere en esta parábola.

El adverbio "asimismo" (*pálin*) significa "otra vez", "de nuevo", "una vez más". Dicho adverbio indica que esta parábola forma parte de un grupo de tres, es decir, la del tesoro escondido, la perla de gran precio y la de la red. El vocablo *pálin* ("asimismo") conecta las tres mencionadas parábolas para que formen un grupo. De igual manera que en los versículos 24, 31 y 33, se usa el vocablo "otra" (*állein*) para relacionar las parábolas del trigo y la cizaña, la del grano de mostaza y la de la levadura.

"El reino de los cielos es semejante a una red". De nuevo, la parábola en sí es sencilla. El Reino es comparado con una "red barredora", usada para capturar toda clase de peces. El profesor Robert L. Thomas hace la siguiente aclaración:

La semejanza del Reino de los cielos no está confinada solo a la red, sino que abarca toda la historia. La parábola completa ilustra un aspecto de éste. Lo mismo ocurre con el dueño del campo (Mt. 13:24), el rey que hizo una fiesta de boda a su hijo (Mt. 22:2), y el esposo (Mt. 25:1). No es una semejanza particular a un objeto o a este solo aspecto de la parábola, sino que, más bien, algo verdadero del Reino de Dios encuentra su ilustración en el cuadro total transmitido por la historia.[62]

El texto no identifica a la persona que echa la red al mar. Debe recordarse, sin embargo, que cuando el Señor llamó a los discípulos les dijo que los haría pescadores de hombres (Mt. 4:19). Puede asumirse, por lo tanto, que los que echan la enorme red son aquellos que predican el Evangelio de la gracia de Dios.

Nótese también que la red "recoge toda clase de peces". El vocablo traducido "toda clase" (*génous*) se refiere, etimológicamente, a la familia humana. El sustantivo *génous* se usa, por lo tanto, para señalar que la era presente se caracteriza, entre otras cosas, por el hecho de que la misión de Cristo y sus seguidores es recoger en la red a personas de todos los estamentos, es decir, de todo género y de todo valor. En segundo lugar, el versículo 48 señala que habrá una separación. El texto dice: "Y una vez llena [la red],

---

62. Robert L. Thomas, "Notas inéditas sobre Mateo 13" (2000).

la sacan a la orilla; y sentados, recogen lo bueno en cestas, y lo malo echan fuera". La separación tendrá lugar en el juicio que se llevará a cabo al final del *interregno*. Será una separación basada no sobre la base de la raza o nacionalidad, sino sobre la base del carácter discernible de individuos que determinará su salvación o su juicio.

Obsérvese que la red es sacada "cuando está llena" (*hóte epleiróthei*), es decir, cuando la tarea de la pesca ha sido completada. Debe notarse también las expresiones "lo bueno" (*tà kalá*) y "lo malo" (*tà saprà*). Ambas expresiones están en plural. La red incluye no solo peces malos o inservibles, es decir, toda clase de animales inmundos. El adjetivo *saprà*, traducido "malo", puede indicar lo que está muerto, podrido e inservible en el momento de la captura, pero más ampliamente incluye cualquier parte de la captura considerada inservible por alguna razón, no apta para comer. El contraste entre los dos adjetivos señala una antítesis entre lo limpio o bueno y lo inmundo o inservible. Los peces "buenos" y los "malos" podrían considerarse como los que eran considerados ceremonialmente "limpios" y los "impuros" (vea Lv. 11:9-12).

Un énfasis similar se encuentra en la parábola del trigo y la cizaña (Mt. 13:24-32) y en el caso del hombre "que no estaba vestido de boda" relatado en Mateo 22:11-13. Tal como al trigo y la cizaña se les permitió crecer juntos, así los peces malos permanecerán con los buenos hasta el tiempo de la recogida final, cuando habrá que rendir cuentas. No todos los que entran en el Reino en su manifestación visible, es decir, en el *interregno*, son súbditos genuinos del Rey. Pero no es posible diferenciar al verdadero del falso mientras el Reino continúa en su fase presente. Es necesario esperar hasta "la siega del fin del siglo" (Mt. 13:39, 40).

La parábola de la red enfoca tanto el aspecto presente como el futuro del Reino. Es importante tener en cuenta, sin embargo, que la red es comparada con el Reino, no con la Iglesia. Asumir, como hacen algunos, que la Iglesia contiene tanto los malos como los buenos equivale a translimitarse el contexto de Mateo 13, así como los puntos específicos de la parábola. Es mucho más congruente identificar la actividad de la recogida de los peces con la culminación de los acontecimientos de la era presente. La recogida de los peces es similar a la siega en la parábola del trigo y la cizaña. En ambas parábolas lo bueno y lo malo no serán plenamente conocidos hasta el juicio del final de esta era presente.

"Así será al fin del siglo:
saldrán los ángeles, y apartarán a los malos de entre los justos" (13:49).

La expresión "así será" (*hóutos èstai*) es exactamente igual a la que aparece en 13:40. Esta frase introduce la explicación de la parábola (vea Mt. 18:14, 35). Debe observarse que la red es echada una sola vez y llevada a la orilla una sola vez. Eso enfatiza que la ilustración tiene que ver con el comienzo y con el final de la era llamada "los misterios del reino". La fase del *interregno* se extiende desde antes del establecimiento de la Iglesia el día de Pentecostés, a través de la era presente, la Gran Tribulación y hasta la segunda venida de Cristo, en cuyo tiempo el juicio descrito en las parábolas del trigo y la cizaña y de la red tendrá lugar. Ya que la Iglesia habrá sido arrebatada antes de la Tribulación, los justos en la parábola, descritos metafóricamente como "los peces buenos", serán aquellos que habrán sido salvos durante la Gran Tribulación.

En la era presente del *interregno*, es decir, el tiempo que transcurre entre las dos venidas de Cristo, en contraste con la era futura cuando solo los justos entrarán en el Reino, tanto el justo como el malvado habitan uno al lado del otro en el mundo. Las otras parábolas enseñaron a los discípulos de Cristo que habría una nueva edad antes de la venida del Reino. Esta parábola revela el hecho de que el juicio esperado sería pospuesto hasta después de que esta nueva edad haya sido completada.[63]

El verbo "apartarán" (*aphorioûsin*) es el futuro indicativo de *aphorídso*, que significa "separar", "apartar". El modo indicativo señala la realidad del acontecimiento. Es el mismo verbo que se usa respecto de la separación de las ovejas de los cabritos en Mateo 25:32. La separación futura entre los inicuos y los justos ocurrirá en la consumación de la edad y no antes. Esa es, sin duda, la lección de la parábola. En ese tiempo todos los qua han oído el mensaje del Reino serán evaluados para determinar la realidad de si ha habido o no una respuesta positiva al mensaje. El vocablo *ek mésou* traducido en la Reina—Valera 1960 "de entre", es decir, "fuera de entre" trae a la memoria la lección de las parábolas anteriores respecto de la mezcla de los inicuos con los justos en el Reino de los cielos. Hasta que suceda ese juicio futuro, no puede hacerse una diferenciación entre los dos grupos con absoluta certeza. A simple vista, ambos grupos son idénticos.

"Y los echarán en el horno de fuego;
allí será el lloro y el crujir de dientes" (13:50).

"Y los echarán" (*kaì baloûsin autoùs*). Esta frase sugiere la certeza del juicio. El versículo es una reproducción literal del versículo 42. La acción parece ser realizada por los ángeles que son los ejecutores de la voluntad de Dios. "En el horno de fuego" (*teîn káminon toù pyrós*). La figura parece ser extraída de una forma oriental de ejecutar un castigo, tal como aparece en Daniel 3:6. La frase "el lloro y el crujir de dientes", apunta al hecho de que habrá sufrimientos para quienes experimenten ese castigo (vea Mt. 13:41, 50; 22:13; 24:51; 25:30).

¿Cuáles son las lecciones enseñadas en esta parábola? En primer lugar, puede verse que habrá una mezcla de individuos en el Reino. La referencia a "lo bueno" (*kaloùs*) y "lo malo" (*tà saprá*) en el contenido de la red sugiere esa realidad. La enseñanza es confirmada por las parábolas anteriores. En segundo lugar, tal como ocurre con la parábola del trigo y la cizaña, hay un juicio de separación con el que concluye la edad. De esto aprendemos la necesidad de la pureza moral en el Reino, que surge solo de una fe genuina en el Mesías.

El hecho de que la era llamada "los misterios del reino de los cielos" culmina con un juicio, supervisado y ejecutado por los ángeles, apoya tanto el concepto premilenarista como el de algunos amilenaristas, en contra de la postura postmilenarista, de que la edad presente no terminará en triunfo mediante la predicación del Evangelio. Tanto premilenaristas como amilenaristas reconocen que la Biblia enseña que la historia tal como la conocemos ahora llegará a su fin de manera judicial.

En conclusión: Las parábolas del tesoro escondido, la de la perla de gran precio

---

63. Vea Mark L. Bailey, "Las parábolas de la red y la del padre de familia", *Biblioteca Sacra* (julio-septiembre, 1999), pp. 288-289.

y la de la red enfatizan dos verdades importantes: (1) Esta era, aunque es una edad de una gran expansión del testimonio de Jesucristo, terminará con un juicio severo y separador, un juicio en el que no solo se menciona el castigo eterno de los perdidos, sino que enfatiza de manera clara. Los inicuos experimentan "el lloro y el crujir de dientes en el horno de fuego". (2) El futuro que aguarda al impenitente, por lo tanto, hace que sea urgente la invitación del Señor: "Venid a mí todos los que estáis trabajados y cargados, y yo os haré descansar" (Mt. 11:28). El Señor llama a los pecadores al arrepentimiento de manera urgente, porque el que no nace de nuevo no puede entrar en el Reino (Jn. 3:3, 5).

JESÚS EL MESÍAS CONCLUYE SUS ENSEÑANZAS POR MEDIO DE PARÁBOLAS (13:51-53)

"Jesús les dijo: ¿Habéis entendido todas estas cosas?
Ellos respondieron: Sí, Señor" (13:51).

Después de haber completado la exposición de las siete parábolas, Jesús, como el Gran Maestro, preguntó a sus discípulos: ¿Habéis entendido todas estas cosas? El verbo "habéis entendido" (*synéikate*) es el aoristo indicativo de *syníeimi*, que significa "obtener comprensión". El vocablo afín *sýneis* describe una comprensión inteligente y se usa en el Nuevo Testamento con referencia a poseer una inteligencia espiritual, es decir, ser capaz de discernir verdades espirituales (vea Col. 1:9; Mt. 16:12; 17:13).

"Todas estas cosas" (*taûta pánta*), seguramente se refiere a la totalidad de lo que habían oído, es decir, todas las parábolas y sus explicaciones en Mateo 13:1-50. La pregunta pone de manifiesto el interés del Señor en que los discípulos estuviesen seguros de haber comprendido las enseñanzas que habían recibido. Recuérdese que se trata de "los misterios del reino de los cielos", o sea, verdades respecto del Reino que no habían sido dadas a conocer antes. Esas verdades eran una nueva revelación y era esencial que los discípulos las comprendieran bien. Ciertamente Jesús conocía lo que había en el corazón de todo hombre. De modo que la pregunta fue hecha principalmente para el beneficio de los discípulos.

"Ellos respondieron: Sí, Señor". Confiadamente, los discípulos expresaron su sentir de que habían entendido el significado de las parábolas. Quizá debamos entender que los discípulos afirman tener un conocimiento esencial, no total, del curso de la era que las parábolas abarcan, es decir, el tiempo que transcurre durante el *interregno*. De las preguntas que ellos hacen en diferentes situaciones se deduce que su conocimiento de las verdades enseñadas en las parábolas no era total. Ese conocimiento completo fue adquirido después de Pentecostés. El Espíritu Santo les ayudó a recordar las cosas que Jesús les había enseñado y además, les proporcionó nuevas verdades respecto del desarrollo y la conclusión de esta edad. Después de Pentecostés, el Espíritu Santo enseñó nuevas verdades a los apóstoles (vea Jn. 15:26).

"El les dijo: Por eso todo escriba docto en el reino de los cielos
es semejante a un padre de familia,
que saca de su tesoro cosas nuevas y cosas viejas" (13:52).

Los comentaristas debaten si Mateo 13:52 se trata de otra parábola. De serlo, se trataría de la octava. Quizá sería mejor entender el versículo como un símil en vez de considerarlo una parábola. Cualquier de las dos opciones son posibles y la enseñanza no variaría en ningún caso.

"Por eso" (*dià toûto*) significa "por lo tanto", "por esta causa". Es una expresión enfática que concretamente significa: "Puesto que habéis entendido estas nuevas perspectivas respecto del reinado mesiánico, por consiguiente". Mediante esa expresión el Señor acepta la corrección de la respuesta afirmativa de los discípulos. Si no hubiesen comprendido, hubiese sido imposible en aquel tiempo que llegasen a poseer una variedad tal de las verdades que aún estaban reservadas para ellos.

"Todo escriba" (*pâs grammateùs*). El sustantivo "escriba" era usado con frecuencia para designar el oficio de un escriba o escritor judío. También se le llamaba "doctor de la ley" o "maestro de la ley". El escriba era un escribano o un intérprete de las Escrituras. Era, además, reconocido como un teólogo y un abogado de la ley. Algunos escribas eran miembros del sanedrín y por eso se les menciona con frecuencia en conexión con los ancianos y los sacerdotes. En círculos judíos eran muy respetados y eran personas de gran influencia. El Señor los consideraba, junto con los fariseos, como hipócritas y por eso arremetió contra ellos en Mateo 23.

En Mateo 13:52, el Señor presenta una faceta diferente del escriba. Aquí Cristo habla del escriba que es "docto en el reino de los cielos". Así como la ley tenía sus escribas, así también los tiene el Reino de los cielos. Eso es lo que los discípulos serían. Ellos serían instruidos en las verdades respecto del Reino mesiánico. Ese parece ser el significado del vocablo "tesoro" (*thesaurós*). La frase "docto en el reino de los cielos" significa "instruido o discipulado en el Reino de los cielos". El énfasis de esa frase parece estar en el hecho de que uno necesita *ser instruido* primero antes de dedicarse a *instruir a otros*. Es necesario poseer el tesoro antes de poder extraer de él.

La expresión "cosas nuevas y cosas viejas" (*kainà kaì palaià*) ha sido objeto de alguna discusión y de opiniones diversas. Algunos creen que "las cosas viejas" se refiere a las Escrituras del Antiguo Testamento y "las cosas nuevas" se refiere a la era del Reino tanto presente como futura. Otros sugieren que "lo viejo" tiene que ver con la revelación antigua dada por medio de Moisés y por los profetas, mientras que "lo nuevo" significa su cumplimiento en Jesús. Hay también quienes creen que "las cosas nuevas y las cosas viejas" tiene que ver con las enseñanzas tradicionales judías tocante al Reino que han sido renovadas completamente por la presencia de Jesús o con las antiguas promesas que han hallado su cumplimiento en la Persona o en las enseñanzas de Jesús.

Los escribas judíos eran los maestros de Israel y los custodios de las Sagradas Escrituras. El Mesías había sido rechazado por quienes debían ser los guardianes del mensaje de Dios. La sección completa de Mateo 11:1—13:52 da testimonio de ese rechazo. El Señor Jesucristo soberanamente reemplaza a aquellos escribas de corazones endurecidos y espiritualmente ciegos y pone en su lugar a los discípulos que ha entrenado y continuará entrenando hasta su regreso al cielo. El Señor ha presentado una nueva verdad, es decir "las cosas nuevas" mencionadas en Mateo 13:52. Esas "cosas nuevas" conciernen las verdades respecto del Reino y su forma presente. Esta fase no reemplaza "las cosas viejas", o sea, lo que había sido profetizado con anterioridad respecto de Israel. Esas promesas tocante a Israel y a otras naciones, proclamadas a través de los voceros de Dios del Antiguo Testamento, a la postre, serán cumplidas en su totalidad de manera literal.

Jesús preparó a sus discípulos para que fuesen sus representantes en la fase presente del programa de su Reino. Los discípulos recibieron la responsabilidad de ser los nuevos administradores y guardianes de la casa de Dios. Mientras que los escribas judíos miraban atrás a la ley y adelante a la venida del Mesías, los seguidores de Jesús son discípulos del Reino. Como tales, deben llevar a otros la revelación antigua del programa del Reino al igual que las nuevas verdades relacionadas con dicho Reino.

Los discípulos de Jesús debían ser maestros con relación a su ministerio a la nación de Israel. Posteriormente, el Señor los comisionó a hacer discípulos de todas las naciones. Esos discípulos se convirtieron en custodios del mensaje del Reino para la próxima fase de ese aspecto del plan de Dios. Eran los instructores a la par con los escribas judíos. Los discípulos habían comprendido (*synéikate*) el significado del mensaje tocante a "los misterios del reino de los cielos". Habían puesto su fe en el Mesías y lo habían dejado todo por seguir en pos de Él. Los escribas judíos, en cambio, habían endurecido sus corazones y sus entendimientos tanto a la Persona como al mensaje del Mesías. Le consideraban un endemoniado y habían determinado destruirle (Mt. 12:14).

Los discípulos del Mesías habían llegado a ser "escribas doctos". El vocablo "docto" es *matheiteutheìs*, el aoristo participio de *matheitéuo*, que en este contexto significa "instruido" y tiene que ver con el escriba que ha sido instruido "con respecto del reino de los cielos" o "en consonancia con la verdad del reino de los cielos". El escriba así instruido "saca de su tesoro cosas nuevas y cosas viejas". Eso no significa que sustituye "las cosas viejas" con "las cosas nuevas", sino que añade las cosas nuevas a las viejas. Las cosas nuevas son las enseñanzas que hasta entonces no habían sido reveladas pero que fueron reveladas por el Señor mediante las parábolas de Mateo 13. "Las cosas viejas" se refiere a las enseñanzas que habían sido dadas por medio de los profetas del Antiguo Testamento. Ciertamente, el pasaje enfatiza "lo nuevo", pero no como algo que reemplaza "lo viejo". Tanto lo nuevo como lo viejo están presentes. Una de las responsabilidades de los discípulos, como escribas bien entrenados, fue la de enseñar la relación entre las Escrituras del Antiguo Testamento y las del Nuevo Testamento.

"Aconteció que cuando terminó Jesús estas parábolas, se fue de allí" (13:53).

De manera sencilla y escueta, Mateo registra que Jesús terminó sus enseñanzas tocante a los misterios del Reino de los cielos. La semilla había sido sembrada en Capernaum, donde el terreno era duro y árido. De allí el Señor se traslada a Nazaret, la ciudad "donde se había criado" (Lc. 4:16). Pero allí también encontró oposición. Sus conciudadanos también habían endurecido sus corazones. La frase "se fue de allí", expresa un acto brusco y al mismo tiempo triste. Aquel que "vino a buscar y a salvar lo que se había perdido" (Lc. 19:10), se fue del lugar donde muchos de los que lo oyeron se escandalizaron. Ni la persona ni el mensaje del Mesías halló lugar en sus corazones (Jn. 8:37).

RESUMEN DE LAS ENSEÑANZAS POR PARÁBOLAS EN MATEO 13

Mateo capítulo 13 contiene las llamadas "parábolas de los misterios del Reino de los cielos". Después de que los dirigentes judíos manifestaron abiertamente su rechazo hacia la Persona y el mensaje del Mesías, el Señor comenzó a enseñarles mediante parábolas. En realidad, esa actitud del Señor fue un acto de misericordia. Si Cristo hubiese continuado enseñándoles como había hecho hasta entonces y los dirigentes religiosos hubiesen continuado rechazando sus enseñanzas, el juicio hubiese sido peor para ellos.

La estructura del capítulo 13 de Mateo puede verse con claridad al leer Mateo 13:1 y 13:36. En el versículo 1 dice: "Aquel día salió Jesús de la casa". En el campo descubierto, Jesús enseñó a la multitud cuatro parábolas:

1. El sembrador o las cuatro clases de tierra (Mt. 13:1-23).
2. El trigo y la cizaña (Mt. 13:24-30).
3. El grano de mostaza (Mt. 13:31-32).
4. La levadura y la harina (Mt. 13:33-35).

En Mateo 13:36, dice: "Entonces, despedida la gente, entró Jesús en la casa". Allí el Señor se dirigió a los discípulos y les enseñó cuatro parábolas en privado. Esas parábolas tenían que ver con cuestiones internas del Reino:

1. El tesoro escondido (Mt. 13:44).
2. La perla de gran precio (Mt. 13:45-46).
3. La red (Mt. 13:47-50).
4. El padre de familia (Mt. 13:52-53).

Las parábolas de Mateo 13 revelan tres fases del Reino. El uso del tiempo aoristo en los versículos 24 al 28 sugiere una fase previa de la historia del Reino. Esa sería la que se refiere a la revelación del desarrollo de los propósitos del Reino de Dios en el Antiguo Testamento. La parábola del trigo y la cizaña sugiere una fase futura del Reino a la que en el versículo 41 se le llama "su reino", es decir, el Reino de Cristo y en el versículo 43 se le designa como "el reino de su Padre". Ambas expresiones se refieren al futuro Reino terrenal del Mesías.

Las parábolas de Mateo 13 tratan, primordialmente, sin embargo, de la fase o forma presente del Reino, es decir, el período llamado el *interregno*. O sea, el tiempo que transcurre entre la primera y la segunda venida de Cristo. Este período se caracteriza por tener un *comienzo* (una siembra), un *crecimiento* y una *extensión* asombrosa, y una *culminación* judicial. La fase presente comenzó con el ministerio de Jesús y sus discípulos. El Señor Jesús asume una parte activa y un papel personal en la fase de plantar el Reino (Mt. 13:3-4). Ese será un período de tiempo extenso que conduce al final de la edad con sus acontecimientos finales y consumadores. La era presente, llamada "los misterios del reino de los cielos", es más amplia pero incluye la era de la Iglesia. En la culminación del *interregno*, ángeles acompañarán al Señor para separar a los malvados de los justos (Mt. 13:39, 41, 49). Los justos brillarán como el sol en el Reino del Mesías (Mt. 13:43).

En la fase presente del Reino, Satanás está activo de manera personal con el fin de impedir que las personas reciban el mensaje del Reino de Dios. También en esa fase presente hay tanto presiones externas como distracciones internas que obstaculizan a muchos y le impiden apropiarse de la Palabra de Dios.

Otra enseñanza importante de las parábolas de Mateo 13 es que el Reino de los cielos debe ser la prioridad principal de cualquiera que lo encuentra. El profundo conocimiento de las verdades maravillosas del Reino debe ser la principal ocupación del verdadero discípulo. Por supuesto que ese conocimiento solo es posible mediante el ministerio del Espíritu Santo.

Dios ha prometido un futuro glorioso para los justos y una participación en el Reino del Hijo y del Padre en la próxima fase del Reino, cuando Jesús el Mesías ocupe el trono de David en cumplimiento fiel de las promesas de Dios. La participación en ese Reino no está limitada a judíos sino que abarcará a personas de todas las razas. El único requisito es el nuevo nacimiento, es decir, una identificación plena con la persona y con la obra del Mesías.

La oposición a Jesús el Mesías se manifiesta en el rechazo en Nazaret (13:54-58)

Después de haber enseñado las parábolas, el Señor salió de Capernaum y se fue a Nazaret, la ciudad donde había crecido, considerada como "su tierra" (*teìn patrída autoû*), es decir, "su patria". El texto dice: "Les enseñaba en la sinagoga de ellos" (*edídasken autoùs en teî synagôgêi autôn*). El verbo "enseñaba" es el imperfecto indicativo y sugiere una acción continua, es decir, fue algo que el Señor realizó en más de una ocasión. "De tal manera" (*hóste*) sugiere resultado. El resultado de las enseñanzas del Señor fue "causar asombro". Los oyentes quedaron "abrumados", "sorprendidos" y "maravillados" por lo que oían de los labios del Señor. El verbo "maravillaban" es el presente infinitivo, voz pasiva de *ekpléissomai*, que significa "quedar atónito de temor o de admiración". Este verbo se usa en el Nuevo Testamento solo en la voz pasiva. Mateo usa ese verbo siempre con relación a las enseñanzas de Jesús, como en este caso.

"Y decían: ¿De dónde tiene éste esta sabiduría y estos milagros?" Las señales hechas por Jesús y el poder de sus enseñanzas eran incuestionables e irrefutables. El corazón de aquella gente estaba endurecido. Puesto que la decisión de rechazar al Rey había sido hecha por los dirigentes de la nación, la oposición se había extendido por todas partes. "A lo suyo vino, y los suyos no le recibieron" (Jn. 1:11). Querían saber el origen de las enseñanzas de Jesús ("de dónde", *póthen*). ¡Si solo hubiesen leído con entendimiento las palabras de Isaías 50:4-5, hubiesen encontrado la respuesta! Jesús afirmó que su poder era de Dios. Los dirigentes judíos lo acusaron de estar en alianza con Satanás.

> *"¿No es éste el hijo del carpintero?*
> *¿No se llama su madre María, y sus hermanos, Jacobo, José, Simón y Judas?*
> *¿No están todas sus hermanas con nosotros?*
> *¿De dónde, pues, tiene éste todas estas cosas?"* (13:55-56).

Las preguntas formuladas en esos dos versículos expresan perplejidad y consternación. Aquella gente conocía a toda la parentela de Jesús pero no conocía el origen divino de su Persona. En el versículo 55, la pregunta: "¿No es éste el hijo del carpintero?" Debe recordarnos que es necesario distinguir el carácter de *hijo legal* y el de *hijo físico*. Jesús era el hijo legal de José, puesto que José lo había adoptado al nacer. Tenía que ser "hijo de José" para heredar el trono de David. Jesús, sin embargo, no era hijo físico de José. Si Jesús hubiese sido el hijo físico de José no hubiese podido heredar el trono, aunque parezca extraño a causa de la maldición de Jeconías (Jer. 22:30).

Se ha discutido mucho si Jesús tuvo o no hermanos en el sentido físico de la palabra. La iglesia católica romana cree que el vocablo "hermanos" (*adelphoi*) en este contexto se refiere a "primos" o "parientes próximos".[64] El punto de vista católico se deriva de la postura que pretende establecer la virginidad perpetua de María. El profesor Pierre Bonnard, de la facultad de Teología de la Universidad de Lausana, dice lo siguiente:

> Sobre la cuestión de los hermanos de Jesús... Este término podía designar a los medio hermanos o a los primos, pero las razones mariológicas que han hecho adoptar esta tesis a la exégesis romana-católica, son extrañas al pensamiento evangélico.[65]

Si bien es cierto que el vocablo "hermano" (*adelphós*) podría usarse y de hecho se usa, en sentido de "pariente", ese es, sin embargo, un uso secundario del vocablo. Decir que María no tuvo más hijos después del nacimiento de Jesús no tiene apoyo bíblico. Como afirma John A. Broadus:

> El que Jesús naciera de una virgen era obviamente propio como mostrando que su nacimiento era sobrenatural y contribuyendo para excluirlo de la herencia de la depravación y pecado, pero en nada podía afectarle a Él que su madre pariese después hijos a su marido.[66]

Sería sorprendente que en el contexto donde se habla de María como la madre de Jesús, se considere como *primos* y *primas* a quienes el mismo texto llama "hermanos" (*hoi adelphoi*) y "hermanas" (*hai adelphai*). Solo el prejuicio teológico demostrado por la iglesia católica romana, la ortodoxa griega y algunas protestantes, puede conducir a esa interpretación ajena al texto. Un estudio desapasionado del Nuevo Testamento enseña que no solo los sinópticos sino también el Evangelio de Juan y el mismo apóstol Pablo reconocen que Jesús tuvo hermanos que, sin duda, fueron hijos del matrimonio de José y María después del nacimiento de Jesús (véase Mr. 6:3; Jn. 7:3; Gá. 1:19). Decir que los llamados "hermanos de Jesús" eran hijos de José mediante un matrimonio previo o hijos de una hermana de María que llevaba el mismo nombre es pura especulación sin fundamento bíblico alguno.[67]

Los que oyeron a Jesús en la sinagoga de Nazaret y vieron "sus poderosos hechos" (*hai dinámeis*) debieron haber seguido el progreso de la fe, es decir: (1) Debieron reflexionar sobre su sabiduría y sus señales; (2) reconocer su deidad; y (3) haber

---

64. Vea José M. Bover, *El Evangelio de San Mateo*, pp. 298-299.
65. Pierre Bonnard, *Evangelio según San Mateo*, p. 323.
66. John A. Broadus, *Comentario sobre el Evangelio según Mateo*, p. 397.
67. *Ibíd.*, pp. 396-398.

creído en Él. Sin embargo, quebrantaron la secuencia a causa de sus dudas y de su desobediencia a la revelación dada en la Palabra de Dios acerca del Mesías.

"Y se escandalizaban de él.
Pero Jesús les dijo:
No hay profeta sin honra, sino en su propia tierra y en su casa" (13:57).

La frase "y se escandalizaban de él" (*kaì skandalídsonto en autoî*) literalmente significa "y se escandalizaban en él". El verbo "escandalizaban" es el imperfecto indicativo, voz pasiva. El tiempo imperfecto sugiere una acción continua. No fue solo un acto, sino una acción que caracterizaba su actitud hacia Jesús. Ese verbo expresa una actitud contraria a la de "creer en Él". Es decir, aquella gente, de manera empecinada y rebelde decidió *no creer* en el Mesías. Bonnard lo expresa de manera concisa cuando dice:

En los sinópticos, cuando los hombres son *escandalizados* en o por alguien (*en tini*), ese alguien es siempre Jesús (26:31, 33; 11:6; Lc. 7:23; Mt. 13:57; Mr. 6:3).[68]

El pueblo de Nazaret, como el de las otras ciudades (vea Mt. 11:20-24), se ofendía en el sentido de que encontraban obstáculo en las palabras de Jesús. El Señor les llamaba a practicar la verdadera justicia y a cumplir los mandamientos de la ley de corazón. Ellos querían vivir en sus pecados y por consiguiente, rehusaron creer en Él.

Las palabras "no hay profeta sin honra, sino en su propia tierra y en su casa" aparecen en Marcos 6:4, Lucas 4:24 y en Juan 4:44. Evidentemente, los habitantes de Nazaret rehusaban reconocer a Jesús, entre otras causas, porque conocían su trasfondo familiar (vea Mr. 6:4). No podían creer que aquel que llamaban: "el hijo del carpintero" fuese realmente el Mesías. Al parecer, no habían leído las Escrituras respecto del Mesías y de su humildad (Is. 42:1-9), de su origen humilde humanamente hablando (Is. 53:1-12). Isaías dice: "No hay parecer en él, ni hermosura; le veremos, mas sin atractivo para que le deseemos" (Is. 53:2). Sus propios hermanos no creyeron en Él, sino hasta después de su resurrección (1 Co. 15:7).

"Y no hizo allí muchos milagros,
a causa de la incredulidad de ellos" (13:58).

Mateo concluye el capítulo 13, comentando: "Y no hizo allí *muchos* milagros". Marcos dice: "Y no pudo hacer allí ningún milagro, salvo que sanó a unos pocos enfermos, poniendo sobre ellos las manos" (Mr. 6:5). El pueblo de Nazaret seguía obstinado en su incredulidad. Aquella gente era como "la semilla que cayó junto al camino". Sus corazones estaban endurecidos y el Maligno se comía la semilla recibida. En una ocasión anterior, los habitantes de Nazaret, llenos de ira se levantaron y echaron al Señor fuera de la ciudad, le llevaron a la cumbre del monte sobre el que estaba edificada la ciudad con el fin de despeñarle (Lc. 4:28-30). La frase final

---

68. Pierre Bonnard, *Evangelio según San Mateo*, p. 323.

de este capítulo: "A causa de la incredulidad de ellos" (*dia tèin apistían autôn*) es profundamente elocuente. La "falta de fe" (*apistían*) de aquella gente, sin duda, produjo una pena profunda y una gran frustración en el Señor. Los incrédulos habían rechazado tanto la Persona como la proclamación del Mesías. Habían sellado su destino eterno al endurecer sus corazones y cerrar sus mentes al único que les podía salvar (Jn. 3:18).

RESUMEN Y CONCLUSIÓN

Mateo 13 es uno de los capítulos centrales de dicho Evangelio. Este capítulo expone la forma que toma el Reino a raíz del rechazo que la nación de Israel hizo de su Mesías. Entre el rechazo y la recepción del Mesías en su segunda venida hay un período de tiempo llamado el *interregno*, es decir, el tiempo y las circunstancias que tienen lugar en la ausencia del Rey. Jesús llamó ese tiempo: "los misterios del reino de los cielos". Misterio tiene que ver con la verdad que solo se conoce por revelación divina. Mediante las ocho parábolas de Mateo 13, el Señor revela las características y la forma que el Reino adquiere durante el *interregno*. El Reino, en su etapa presente, comienza con un período de siembra. Solo una parte de la semilla sembrada cae en buena tierra y produce fruto. Aún así, el fruto producido es desigual.

Otra característica de la etapa presente del Reino es que lo bueno y lo malo, es decir, el trigo y la cizaña, crecen juntos. Esa situación perdurará hasta el final de la edad. Será entonces cuando, venido el tiempo de la siega, la cizaña será recogida primero para ser quemada y el trigo será dejado en el granero del Señor.

También el Señor compara la era presente con el crecimiento de un grano de mostaza. Es una semilla pequeña que, a la postre, se convierte en un árbol. La etapa presente del Reino tendrá un comienzo humilde, pero su crecimiento será sorprendente. La parábola de la levadura enseña que el mal estará presente en el Reino. Esta parábola parece relacionarse con la del trigo y la cizaña. Ambas señalan que el mal estará presente simultáneamente con lo bueno durante la edad presente.

Las parábolas del tesoro escondido y de la perla de gran precio tienen que ver con la comprensión de las profundas verdades del Reino. Quien llega a conocer esas verdades está dispuesto a darlo todo por atesorarlas y seguirlas. Eso fue lo que los apóstoles hicieron. También Pablo dice: "Pero cuantas cosas eran para mí ganancia, las he estimado como pérdida por amor de Cristo" (Fil. 3:7).

La parábola de la gran red sugiere que el Reino no se limita a una sola raza. El Señor incluye "todo género" de peces. Los gentiles también disfrutarán del Reino del Mesías. Esta parábola también enseña que esta edad terminará con juicio. Los peces malos serán separados de los buenos.

La última parábola enseña que la edad presente no reemplaza la revelación del Reino dada en el Antiguo Testamento. Ambas revelaciones son válidas. Los discípulos son los nuevos guardianes de la Palabra de Dios, tal como lo habían sido los escribas judíos.

Es importante observar que el Señor habla de tiempo de "la siega" (v. 30, dos veces). También dice que: "la siega es el fin del siglo" (13:39-40). Dice, además, que: "al fin del siglo: saldrán los ángeles, y apartarán a los malos de entre los justos" (Mt. 13:49). La enseñanza clara de esos versículos es que la edad presente terminará con un juicio en el que habrá una drástica separación. "El fin del siglo" se refiere a la consumación del estado actual de la edad presente. Los inicuos serán echados en el "horno de fuego"

(Mt. 13:42, 50) y "los justos resplandecerán como el sol en el reino de su Padre" (Mt. 13:43).

Finalmente, es importante destacar que la era presente no es el Reino mesiánico. Como se ha dicho ya repetidas ocasiones, la edad presente es el *interregno*, es decir, la forma que toma el Reino en la ausencia del Rey, después de que la nación de Israel rechaza a su Mesías. Esta edad presente abarca desde el rechazo del Mesías (Mt. 12) hasta que Él regrese con majestad y gloria para establecer su Reino Milenario. O sea que la edad presente incluye a la Iglesia pero abarca mucho más que la Iglesia y se extiende hasta el final de la Gran Tribulación.

ESQUEMA DE LAS PARÁBOLAS DE MATEO 13

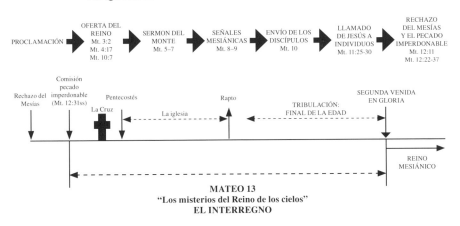

MATEO 13
"Los misterios del Reino de los cielos"
EL INTERREGNO

BIBLIOGRAFÍA SELECTA

Allen, Willoughby C., "A Critical and Exegetical Commentary on the Gospel According to St. Matthew", *The International Critical Commentary* (Edimburgo: T. & T. Clark, 1957).

Bailey, Mark L., "Guidelines for Interpreting Jesus' Parables", *Bibliotheca Sacra* (enero-marzo, 1998), pp. 29-38.

_____, "Parable of the Leavening Process", *Bibliotheca Sacra* (enero-marzo, 1999), pp. 61-71.

_____, "The Doctrine of the Kingdom in Matthew 13", *Bibliotheca Sacra* (octubre-diciembre, 1999), pp. 443-451.

_____, "The Parable of the Dragnet and of the Householder", *Bibliotheca Sacra*, (julio-septiembre, 1999), pp. 282-296.

_____, "The Parable of the Mustard Seed", *Bibliotheca Sacra* (octubre-diciembre, 1998), pp. 449-459.

_____, "The Parable of the Sower and the Soil", *Bibliotheca Sacra* (abril-junio, 1998), pp. 172-188.

_____, "The Parable of the Tares", *Bibliotheca Sacra* (julio-septiembre, 1998), pp. 266-279.

_____, "The Parables of the Hidden Treasure and of the Pearl Merchant", *Bibliotheca Sacra* (abril-junio, 1999), pp. 175-189.

Baltz, Horst y Schneider, Gerhard, *Diccionario exegético del Nuevo Testamento*, dos volúmenes (Salamanca: Ediciones Sígueme, 1996 y 1998).

Blomberg, Craig L., "Matthew", *The New American Commentary* (Nashville: Broadman Press, 1992).

Bonnard, Pierre, *Evangelio según San Mateo* (Madrid: Ediciones Cristiandad, 1983).

Bover, José M., *El Evangelio de San Mateo* (Barcelona: Editorial Balmes, 1946).

Broadus, John A., *Comentario sobre el Evangelio según Mateo*, traducido por Sarah H. Hale (Monterrey, México, s.f.)

Habershon, Ada. R., *The Study of the Parables* (Londres: Pickering & Inglis, s.f.)

Hendriksen, William, *The Gospel of Matthew* (Grand Rapids: Baker Book House, 1979).

McNeile, Alan Hugh, "The Gospel According to St. Matthew", *Thornapple Commentaries* (Grand Rapids: Baker Book House, 1980).

Pentecost, J. Dwight, *Eventos del porvenir* (Maracaibo: Editorial Libertador, 1977).

_____, *The Words and Works of Jesus Christ* (Grand Rapids: Zondervan Publishing House, 1981).

Plummer, Alfred, "An Exegetical Commentary on the Gospel According to St. Matthew", *Thornapple Commentaries* (Grand Rapids: Baker Book House, 1982).

Rienecker Fritz, *A Linguistic Key to the Greek New Testament*, traducido y revisado por Cleon Rogers hijo, vol. 1 (Grand Rapids: Zondervan Publishing House, 1976).

21

Señales de la oposición contra Jesús el Mesías (14:1-36)

LA MUERTE DE JUAN EL BAUTISTA (14:1-12)

"Es solo en conexión con el Mesías que el Bautista es de importancia para el evangelista. Juan había sido su precursor en el ministerio y lo sería también al sufrir una ejecución injusta. Juan precedió al Mesías en nacimiento y en misión; y ahora le precede en una muerte violenta".

Alfred Plummer. ("An Exegetical Commentary on The Gospel According to St. Matthew", p. 201)

El acontecimiento de la muerte de Juan el Bautista es registrado por los tres Evangelios sinópticos (vea Mr. 6:14-20; Lc. 9:7.8; Mt. 14:1-12). El hecho también es relatado por el historiador Josefo.[1] Según Josefo, los judíos consideraban que la derrota de Herodes Antipas a manos de Aretas, rey de Arabia Petra, fue un castigo divino por haber ordenado el asesinato de Juan el Bautista.[2] Pero ¿quién fue Herodes Antipas?

Herodes Antipas fue el quinto hijo de Herodes el Grande, conocido como el rey de Judea entre los años 37 a.C—4 a.C. (vea Mt. 2:1-19). La madre de Herodes Antipas fue una samaritana llamada Maltace. Nació en el año 20 a.C., y fue designado por el emperador romano como tetrarca de Galilea y Perea (un tetrarca gobernaba sobre la cuarta parte de un territorio).

Después de su regreso de Roma para comenzar su tarea de gobierno, Herodes Antipas encontró que su territorio había sido devastado por una rebelión ocurrida el día de Pentecostés del año 4 a.C. Militarmente restauró el orden y reconstruyó el área que había sido devastada.

---

1. Flavio Josefo, *Antigüedades de los judíos*, XVIII, 5.2.
2. *Ibíd.*

486   *Mateo*

Siguiendo los pasos de su padre, Herodes Antipas estableció ciudades y reconstruyó algunas de las que habían sido destruidas, como por ejemplo Séforis, que llegó a ser la ciudad más grande del territorio y su capital hasta la edificación de Tiberias, que fue terminada entre los años 18—23 d.C.[3] "Esta ciudad debe considerarse una de las más importantes de las edificadas por los Herodes, puesto que fue la primera en la historia judía fundada dentro de la estructura municipal de una *pólis*".[4]

La depravación de los Herodes era notoria. La inmoralidad y la crueldad de Herodes Antipas se ponen de manifiesto con el encarcelamiento y la posterior ejecución de Juan el Bautista (vea Mt. 4:12; 14:3-12; Mr. 6:17-19; Lc. 3:19-20; *Antigüedades* de Josefo, XVIII, 5.2; *Historia eclesiástica* de Eusebio, cap. 11). Antipas había contraído matrimonio con la hija de Aretas IV, rey de los nabateos. Se cree que ese matrimonio fue promovido por el emperador Augusto quien, como se sabe, era partidario de mezclar los matrimonios entre las diferentes casas reales, con el fin de preservar la paz en el Imperio Romano. Ese matrimonio no solo habría producido la paz entre judíos y árabes sino que, además, el territorio de Aretas serviría de zona de defensa entre el Imperio Romano y Partia. El matrimonio tuvo lugar antes del año 14 d.C.

Alrededor del año 29 d.C., Herodes Antipas viajó a Roma. En el trayecto hizo una visita a su medio hermano, Felipe, quien al parecer vivía en una de las ciudades costeras de Palestina. Allí se encontró con Herodías, la esposa de Felipe y a la vez prima de Antipas.[5] El malvado tetrarca se enamoró de la ambiciosa Herodías, quien se comprometió a casarse con el tetrarca bajo la condición de que se divorciase de la hija de Aretas. Enterada de lo que iba a suceder, la hija de Aretas buscó refugio en la casa de su padre. Poco después se consumó el matrimonio entre Herodes Antipas y Herodías.

El matrimonio entre Herodes Antipas y Herodías fue enérgicamente condenado por Juan el Bautista sobre la base de la prohibición estipulada en la ley de Moisés (vea Lv. 18:16; 20:21). La ley permitía el matrimonio de un hombre con su cuñada si su marido había muerto sin dejar descendencia (Dt. 23:5; Mr. 12:19). Pero ese no era el caso de Herodes Antipas y Herodías, puesto que Felipe aún vivía y además, había tenido una hija con Herodías, a saber, Salomé. Juan el Bautista censuró a Herodes, diciéndole: "No te es lícito tener la mujer de tu hermano" (Mr. 6:18). Por esa causa el tetrarca encarceló a Juan.

"En aquel tiempo Herodes el tetrarca oyó la fama de Jesús, y dijo a sus criados: Este es Juan el Bautista; ha resucitado de los muertos" (14:1-2).

El capítulo 14 de Mateo registra, entre otras cosas, la postura de Herodes contra Jesús el Mesías. Mateo utiliza una fórmula característica en él (vea Mt. 11:25; 12:1) para iniciar una nueva sección. El pronombre demostrativo "aquel" (*ekeînos*) une lo que sigue con la narración anterior. El vocablo "tiempo" se refiere a una situación específica. No se refiere a una cronología, sino a circunstancias. Tiene que ver con

---

3. Vea Harold W. Hoehner, *Herod Antipas: A Contemporary of Jesus Christ* (Grand Rapids: Zondervan Publishing House, 1980), pp. 91-95.
4. *Ibíd.*, p. 91.
5. Pierre Bonnard, *Evangelio según San Mateo*, p. 327.

una época de creciente hostilidad en contra de Jesús como la descrita en los capítulos 12—13.

No se informa cómo Herodes recibió la noticia tocante a "la fama de Jesús" (*teìn akoèin Ieisoû*). Esta frase significa "el rumor de Jesús" (vea Mt. 4:24). Las cosas que Jesús había hecho eran de conocimiento general en la tierra de Israel. Las señales mesiánicas que había realizado eran notorias entre las multitudes. Incluso, los dirigentes judíos tuvieron que reconocerlo (vea Jn. 3:1-5). Como observa A. T. Robertson: "Más bien causa sorpresa que [Herodes] no hubiese oído de Jesús anteriormente".[6] El evangelista Lucas dice lo siguiente:

"Herodes el tetrarca oyó de todas las cosas que hacía Jesús; y estaba perplejo, porque decían algunos: Juan ha resucitado de los muertos; otros: Elías ha aparecido; y otros: Algún profeta de los antiguos ha resucitado. Y dijo Herodes: A Juan yo le hice decapitar; ¿quién, pues, es éste, de quien oigo tales cosas? Y procuraba verle" (Lc. 9:7-9).

Evidentemente, los cortesanos de Herodes le informaron de las cosas que Jesús hacía. La expresión "estaba perplejo" (*dieipórei*) es el imperfecto de *diaporéo*. Ese es un verbo compuesto en el que el prefijo *dia* refuerza el significado de *aporéo*. La idea, por lo tanto, es que Herodes fue sacudido por los informes recibidos y quedó "muy perplejo". Su conciencia fue invadida por el terror. Sabía que había ordenado la cruel muerte de Juan el Bautista y ahora se aterrorizaba al pensar que el Bautista pudiese haber resucitado de los muertos. Según Plummer, Orígenes menciona una tradición de que Jesús y Juan tenían un gran parecido físico.[7] De ser cierto, la creencia de que Juan había resucitado adquiría más credibilidad en un sector de la población. Sin embargo, por lo menos los que estuvieron presentes cuando Juan bautizó a Jesús debieron saber que eran dos personas diferentes. De cualquier manera, la cobardía de Herodes Antipas, como la de Belsasar en Daniel 5, se puso de manifiesto.

La frase "y por eso actúan en él estos poderes", es enfática. "Y por esta causa" (*kaì dià toûto*), es decir, por haber resucitado de los muertos, si hubiese sido ese el caso. "Actúan en él estos poderes" (*hoi dynámeis energoûsin en autoî*). Esa frase, por lo general, se refiere a la manifestación de poderes sobrenaturales. Herodes, sin duda, se dio cuenta de que las obras realizadas por Jesús no eran actos comunes. Al parecer, la religión de Herodes se acercaba más a la de los fariseos que a la de los saduceos (vea Hch. 23:6-8).[8]

La perplejidad de Herodes al preguntar: "¿Quién, pues, es éste, de quien oigo tales cosas?" (Lc. 9:9) no era muy diferente de la de los habitantes de Nazaret cuando dijeron: "¿De dónde tiene éste esta sabiduría y estos milagros?" (Mt. 13:54). Tanto Herodes como el pueblo de Nazaret podrían contestar su propia pregunta si no hubiesen tenido el corazón endurecido y los ojos espirituales cegados por la incredulidad. Aunque la "luz del mundo" (Jn. 8:12) había venido, aquella gente continuaba en tinieblas.

---

6.   Archibald T. Robertson, *Word Pictures in the New Testament*, vol. I, p. 113.

7.   Alfred Plummer, "An Exegetical Commentary on the Gospel According to St. Matthew", p. 201.

8.   Vea John A. Broadus, *Comentario sobre el Evangelio según Mateo*, pp. 402-403.

Los versículos 3 al 12 describen una escena retrospectiva. En ella el evangelista describe las circunstancias de la muerte del embajador del Rey. Juan es mencionado solo debido a su relación con el Mesías. Fue el precursor en su nacimiento, su ministerio y en su muerte violenta (vea Fil. 3:10). El relato también es la tragedia de una mujer vengativa e implacable. En un fatal momento, Herodes puso sus ojos en Herodías, la mujer de su hermano Felipe. Infatuado, aquel descendiente de la familia de Esaú, sensual, con una fascinación por las mujeres, ambicioso y con poco respeto hacia el código moral, se divorció de su esposa legítima y se enamoró de la mujer de su hermano. Hay tres fases en la historia de Herodes y Juan. La primera es el encarcelamiento del profeta:

> *"Porque Herodes había prendido a Juan, y le había encadenado y metido en la cárcel,*
> *por causa de Herodías, mujer de Felipe su hermano;*
> *porque Juan le decía: No te es lícito tenerla.,*
> *Y Herodes quería matarle, pero temía al pueblo;*
> *porque tenían a Juan por profeta" (14:3-5).*

No era extraño que profetas predicasen en contra de los ricos y famosos. Tampoco era extraño que fuesen a parar a la cárcel, como lo prueba la experiencia de los apóstoles (vea Hch. 12:4; 2 Co. 11:23; Jer. 38:1-28). Asimismo, el cobarde Herodes Antipas puso al heraldo del Mesías en el castillo de Maqueronte. Pero nadie puede encarcelar las palabras ni las ideas. El mensaje redargüidor del profeta inquietó las conciencias de aquella malvada e infeliz pareja. Obsérvese las palabras de Mateo 13:4. El verbo "decía" (*élegen*) es el imperfecto indicativo de *légo*. Eso significa que Juan en repetidas ocasiones "le decía" a Herodes: "No te es lícito tenerla". Aquel matrimonio era una flagrante transgresión de la ley de Dios. Tanto Herodes como Herodías no estaban interesados en agradar a Dios, sino en satisfacer sus deseos carnales. Según Marcos 6:19: "Herodías le acechaba [a Juan], y deseaba matarle, y no podía". O sea que el deseo de matar a Juan procedía tanto de Herodes como de Herodías. El sermón de Juan afectaba tanto a uno como a otro. Ambos eran culpables del mismo pecado y ambos se hicieron cómplices de la muerte del Bautista. La segunda fase tiene que ver con la promesa del tetrarca.

> *"Pero cuando se celebraba el cumpleaños de Herodes,*
> *la hija de Herodías danzó en medio, y agradó a Herodes,*
> *por lo cual éste le prometió con juramento darle todo lo que pidiese.*
> *Ella, instruida primero por su madre, dijo:*
> *Dame aquí en un plato la cabeza de Juan el Bautista" (14:6-8).*

Era el día del cumpleaños de Herodes y hubo una gran celebración. Salomé, la hija de Herodías, estaba encargada de amenizar la fiesta. Su papel principal era entretener al rey y a sus invitados mediante una o varias danzas. Herodes, estimulado por el baile sensual de la libertina doncella, hija de la degenerada y adúltera Herodías, hizo una promesa en su estado de embriaguez a la muchacha que le había agradado. La intempestiva e insensata promesa de Herodes condujo a la petición hecha por Herodías de decapitar a Juan el Bautista. John A. Broadus ofrece la siguiente explicación:

> Es común dar regalos a las bailarinas [proporcionales] a la admiración que ha despertado su arte; y Salomé, naturalmente, podría esperar recibir algún regalo en el cumpleaños del tetrarca. Por lo tanto, Herodes, deseoso de expresar su placer y también de mostrarse magnífico ante su augusta asamblea, *prometió con juramento darle todo lo que pidiese.*[9]

El evangelista Marcos capta el clímax de la rebelión de Herodes cuando dice:

> "Y en seguida el rey, enviando a uno de la guardia, mandó que fuese traída la cabeza de Juan" (Mr. 6:27).

Herodes Antipas fue fiel al juramento de un borracho y dio la espalda a las exigencias de la conciencia. Presente en aquella sala de fiesta había un trío diabólico y depravado: (1) Herodes Antipas, el rey adúltero y sanguinario; (2) Herodías, la mujer cruel y manipuladora, capaz de hacer cualquier cosa para proteger sus intereses; y (3) Salomé, tan depravada como su madre, seductora y malvada. Posteriormente se casó con su tío Felipe, según el testimonio de Josefo.[10] La tercera fase trata de la consumación de la ejecución de Juan el Bautista:

> *"Entonces el rey se entristeció;*
> *pero a causa del juramento, y de los que estaban con él a la mesa, mandó que se la diesen,*
> *y ordenó decapitar a Juan en la cárcel.*
> *Y fue traída su cabeza en un plato, y dada a la muchacha;*
> *y ella la presentó a su madre.*
> *Entonces llegaron sus discípulos, y tomaron el cuerpo y lo enterraron;*
> *y fueron y dieron las nuevas a Jesús" (14:9-12).*

La gran ironía en el versículo 9 es que Mateo usa el sustantivo "rey" (*ho basileùs*), para referirse a Herodes Antipas. Ese era un título de cortesía. Tal vez Mateo lo usa para señalar la debilidad de Herodes. Un rey se somete a los caprichos de una mujer. La expresión "se entristeció" (*dypeitheìs*) es el participio aoristo, voz pasiva de *lypéo*. El texto dice: "Y habiéndose entristecido" o "sintiéndose agobiado". Ese sentimiento de Herodes no lo produjo el hecho de que ordenaría la muerte de Juan, puesto que en el versículo 5 dice que: "Herodes quería matarle". Quizá su tristeza se debió a que, de pronto, se percató de su insensata locura. En el texto griego "juramento" es plural (*toùs hórkous*), es decir, "los juramentos". Eso significa que el tetrarca había comprometido su palabra reiteradamente mediante "juramentos". Mateo dice que Herodes se comprometió a darle a Salomé: "todo lo que pidiese". El evangelista Marcos dice que prometió darle: "hasta la mitad de su reino" (Mr. 6:23). Herodes Antipas cayó preso

9. *Ibíd.*, p. 407.
10. Vea Harold W. Hoehner, *Herod Antipas: A Contemporary of Jesus Christ*, pp. 133-134.

de su lujuria, su orgullo y su propia insensatez. La presión social por la opinión de sus invitados le hizo cometer aquel acto tan vil. "Los hombres que obran el mal siempre tienen débiles excusas para sus pecados".[11] El tetrarca era un hombre sin convicciones y sin moral. Para el malvado Herodes quebrantar la ley de Dios era menos espantoso que traspasar un código social y el vacilante tetrarca cumplió su fatídica promesa. La cabeza de Juan el Bautista presentada en un plato era una fiesta para Herodías. Era como el postre que culminaba su apetito sanguinario.

Evidentemente, los discípulos de Juan tenían acceso a la prisión de Maqueronte, donde Juan se encontraba (Mt. 11:2). Se personaron allí y les fue entregado el cuerpo de Juan para su sepultura. Según Richard C. H. Lenski:

> La muerte de Juan tuvo lugar un año antes que la de Jesús. Jesús murió en la celebración de la Pascua y la muerte de Juan tuvo lugar justamente antes de la Pascua anterior (vea Jn. 6:4), puesto que la alimentación de los 5.000 y el milagro de caminar sobre el agua [del mar de Galilea] ocurrió en ese tiempo (Jn. 6:5-21), lo mismo que Mateo 14:15-33. La cruenta muerte de Juan anticipaba la muerte de Jesús.[12]

La noticia de la muerte de Juan coincide con la retirada de Jesús a un lugar desierto, quizá a causa de la pena de la muerte del Precursor. Tanto Marcos como Mateo relatan la sepultura de Juan. Pero solo Mateo registra el hecho de que Jesús fue informado de lo ocurrido. Jesús había dicho que: "Entre los que nacen de mujer no se ha levantado otro mayor que Juan el Bautista" (Mt. 11:11).

En conclusión: En momentos de crisis, las falsas filosofías y la incredulidad tienen que doblegarse frente a la realidad. El incrédulo Herodes Antipas se ve obligado a admitir la realidad de la resurrección (Mt. 14:2). La verdad no puede ser ni ahogada ni encarcelada. Siempre se alzará de manera elocuente por encima de todos los esfuerzos por acallarla e incluso aplastarla.

Además, el temor del hombre es un pecado fatal. Herodes traicionó el llamado justo de su conciencia por un honor sentimental nacido de un malvado juramento. El peligro y el terror del temor del hombre es que conduce al alejamiento de Cristo (vea Mt. 14:12). Cuando, a la postre, Herodes está en la presencia de Cristo, no hay respuesta alguna para sus preguntas (Lc. 23:9). Herodes había cometido el pecado imperdonable.

JESÚS EL MESÍAS SE CONCENTRA EN
INSTRUIR A SUS DISCÍPULOS (14:13-21)

"La alimentación de esta multitud [Mt. 14:13-21] es el único milagro registrado por los cuatro evangelistas y cada uno lo hace el clímax del ministerio [de Jesús]. De ahí en adelante la atención se dirige más y más a las predicciones de Cristo de su muerte, y a la hostilidad que produciría su cumplimiento".

Alfred Plummer, ("An Exegetical Commentary on
The Gospel According to St. Matthew", p. 203)

---

11. Archibald T. Robertson, *Word Pictures in the New Testament*, p. 115.
12. Richard C. H. Lenski, *The Interpretation of St. Matthew's Gospel*, p. 561.

El relato registrado en Mateo 14:13-21, generalmente conocido como la alimentación de los 5.000, quizá sería mejor llamado la alimentación de los 15.000. El último versículo del párrafo dice: "Y los que comieron fueron como cinco mil hombres, sin contar las mujeres y los niños" (Mt. 14:21). El vocablo griego traducido "hombres" es *ándres*, que generalmente se refiere a "hombres" en contraste con "mujeres" o "niños". Mateo específicamente dice que eran cinco mil varones que fueron alimentados aparte de las mujeres y los niños. Dicho en pocas palabras, no es exagerado deducir que el total de personas que fueron alimentadas era de unas quince mil. Es evidente que los evangelistas consideraban que era un milagro importante, puesto que los cuatro lo registran.

Trasladarse de la atmósfera de la fiesta de Herodes para ir a un "lugar desierto" es algo sorprendente. La sala de fiesta de Herodes seguramente estaba llena de lujo. Personas con vestidos resplandecientes, risas, jolgorio y sin duda, mucho licor. El lugar desierto donde estaba el Señor estaba repleto de gente pobre, enferma y necesitada tanto de ayuda física como espiritual. La fiesta de Herodes fue de lo suntuoso a lo pecaminoso y repudiable. La presencia de Señor en aquel lugar desierto puso de manifiesto su compasión y su poder. Stanley D. Toussaint dice:

> En aquel lugar desierto la multitud acude a Él y el Rey, movido a la compasión, les ministra. Cuando el día llega a su fin y la gente necesita alimento, el Rey milagrosamente los alimenta.[13]

Los Evangelios contienen seis relatos de multiplicación milagrosa de panes hechos por Jesús (vea Mr. 6:30-44; 8:1-10; Lc. 9:18-17; Jn. 6:1-13; Mt. 14:13-21; 15:32-39). Esos relatos, además de su realidad histórica, son recordatorios de la promesa de Dios de proveer alimento para su pueblo:

> "Bendeciré abundantemente su provisión; a sus pobres saciaré de pan" (Sal. 132:15).

> "Que hace justicia a los agraviados, que da pan a los hambrientos" (Sal. 146:7).

La escuela liberal ha negado la realidad de este y prácticamente, de todos los demás milagros de Cristo. Los liberales dicen que los milagros son una especie de ropaje mitológico añadido por los apóstoles para hacer atractivo el mensaje cristiano a los inconversos. Desde el alemán David Friedrich Strauss hasta Rudolf Bultmann y sus discípulos, se ha enseñado que es necesario desmitificar los Evangelios para poder encontrar al Jesús histórico. Un escritor moderno cándida y osadamente ha expresado:

> Porque somos hijos del "Siglo de las Luces", nos inclinamos a centrar la atención en la pregunta: ¿De verdad ocurrió? Se han hecho diferentes

---

13. Stanley D. Toussaint, *Behold the King*, p. 190.

propuestas para "explicar" el milagro. Según las más populares, la gente fue movida por la generosidad de Jesús (o, por otra parte, por la generosidad del muchacho en la versión de Juan, Jn. 6:9) que sacaron la comida que tenían escondida en sus ropas o en sus bolsas de viaje y se descubrió que, al compartirlo, había suficiente para todos. Otra sugerencia es que la comida era simbólica y espiritual; fue el hambre espiritual, no la física, la que fue satisfecha cuando cada persona recibió una pequeña porción del alimento compartido. Ambas posturas son recuentos edificantes de la historia pero difícilmente hacen justicia a la historia de los Evangelios, que intentan informar de un suceso sobrenatural. Puesto que es imposible determinar con precisión qué experiencia subyace en la historia, es mejor poner en paréntesis la cuestión de la historicidad y en su lugar preguntar qué significado teológico tenía para Mateo esa narrativa.[14]

Lo que el profesor Hare propone es inaceptable para todo aquel que cree en la inspiración plenaria y verbal de las Escrituras. ¿Cómo es posible ignorar la historicidad del pasaje sin afectar su significado teológico? Si el pasaje contiene un significado teológico válido es porque su historicidad es igualmente válida. Pero el profesor Hare se incluye en los llamados "hijos del Siglo de las luces", es decir, los racionalistas que no creen en la autenticidad de los milagros relatados en las Sagradas Escrituras.

Mateo 14:13 explica algo respecto del lugar donde ocurrió el milagro de la manera siguiente:

"Oyéndolo Jesús, se apartó de allí en una barca a un lugar desierto y apartado; y cuando la gente lo oyó, le siguió a pie desde las ciudades" (14:13).

Las palabras "oyéndolo Jesús" (*akoúsas dè ho Ieisoûs*) podrían ser traducidas mejor: "Y Jesús después de haberlo oído". La frase es enfática en el texto griego y merece algún comentario. ¿Qué fue lo que Jesús oyó? El contexto anterior acaba de describir la trágica muerte de Juan el Bautista y la sección concluye con la declaración: "Entonces llegaron sus discípulos [es decir, los de Juan] y tomaron el cuerpo y lo enterraron; y fueron y dieron las nuevas a Jesús" (Mt. 14:12). De modo que lo que Jesús oyó, y lo que hizo que se apartara al lugar desierto para tener tranquilidad fue la conmovedora ejecución de Juan el Bautista. Ese suceso, evidentemente, requería que el Señor invirtiese un tiempo en seria meditación y reflexión e indudablemente un tiempo de luto privado procedente de la perfecta y compasiva humanidad del Rey Mesías.

Marcos y Lucas sugieren otras razones también. Lucas señala que Herodes Antipas deseaba ver a Jesús y quizá, eso pudo haber causado que el Señor procurase evitar verlo en aquel tiempo. Marcos, sin embargo, dice que Jesús dijo a los apóstoles: "Venid vosotros aparte a un lugar desierto, y descansad un poco. Porque eran muchos los que iban y venían, de manera que ni aun tenían tiempo para comer" (Mr. 6:31).

De manera que, en la presentación de Marcos, es la necesidad de descanso y meditación tranquila lo que motivó su alejamiento a un lugar desierto. Y como sucede

---

14. Douglas R. A. Hare, "Matthew", *Interpretation: A Biblical Commentary for Preaching and Teaching* (Louisville: Knox Press, 1993), p. 165.

con las personas que laboran sin descanso, el Señor deseaba tener alguna quietud y se fue a las colinas solitarias que rodean el mar de Galilea para tomar un descanso. El Señor esperaba encontrar ese descanso en el territorio de Herodes Felipe pero no fue así.

El evangelista Mateo dice: "Y cuando la gente lo oyó, le siguió a pie desde las ciudades" (Mt. 14:13b). El Señor viajó en bote pero la gente se apresuró a pie por los caminos que bordean el lago. Marcos dice: "Pero muchos los vieron ir, y le reconocieron; y muchos fueron allá a pie desde las ciudades, y llegaron antes que ellos, y se juntaron a él" (Mr. 6:33). Este versículo puede sugerir que la gente llegó al "lugar desierto" antes que Él. La expresión: "Y salió Jesús y vio una gran multitud", sugiere que el Señor dejó su lugar de descanso en las montañas para encontrarse con la multitud. Quizá es a eso a lo que Mateo se refiere cuando dice:

"Y saliendo Jesús, vio una gran multitud,
y tuvo compasión de ellos,
y sanó a los que de ellos estaban enfermos" (14:14).

La manera como el Señor reacciona y la interrupción de su descanso es sumamente instructiva. Según el evangelista Lucas, Jesús se había retirado aparte "a un lugar desierto de la ciudad llamada Betsaida" (Lc. 9:10). Esa no era la Betsaida que se encontraba en la margen oeste del lago, sino un lugar más solitario, propio para el descanso. Fue de ese lugar de retiro de donde el Señor "salió" (*exelthôn*) y contempló la multitud que poco a poco se había congregado cerca de la playa. El texto dice que, al verlos: "Tuvo compasión de ellos" (*kaì esplagchnísthei ep' autoîs*). El verbo es un aoristo indicativo, voz pasiva y señala al hecho de que el Señor fue movido en sus entrañas cuando vio a la multitud y sintió una profunda compasión hacia ellos. El exegeta luterano Richard C. H. Lenski dice lo siguiente:

El corazón de Jesús se conmovió de compasión hacia la gran multitud que vio reunida frente a Él. El verbo *splagchnídsomai* parece ser "un cliché de la dispersión judía". Ser movido en lo que respecta a la *spháchna*, es decir, las vísceras más nobles: El corazón, los pulmones y el hígado, concebidos aquí en el sentido hebreo como el asiento de los afectos... Significa principalmente que, a pesar de toda la incredulidad que Jesús confrontó y a pesar de su intención de apartarse de su gran actividad pública, su corazón se conmovió ante la presencia de aquella multitud que le había seguido.[15]

Todas las veces que Jesús contempló las multitudes y sus necesidades, sus entrañas fueron conmovidas (vea Mt. 9:36; Mr. 6:34). La ansiedad de ellos por estar con Él ponía de manifiesto una confesión subyacente de su necesidad y algún deseo de recibir alguna palabra de consuelo y de salvación de parte de Él hacia ellos. Es casi patético ver cómo ellos anhelaban tener alguna clase de pastor que les diese una palabra confiable que viniese de Dios.

---

15. Richard C. H. Lenski, *The Interpretation of St. Matthew's Gospel*, p. 563.

Aunque se encontraba cansado y cargado por el trabajo y la dureza del ministerio, su compasión no decae. Pone a un lado la idea de descansar y apartarse "y comienza a enseñarles muchas cosas" (Mr. 6:34). El evangelista Mateo añade: "Y sanó a los que de ellos estaban enfermos" (Mt. 14:14). De manera que el ministerio del Mesías continúa. Y se cumple lo dicho por el salmista:

> "No dará tu pie al resbaladero,
> Ni se dormirá el que te guarda.
> He aquí, no se adormecerá ni dormirá
> El que guarda a Israel" (Sal. 121:3-4)

Mateo 14:14 presenta un hermoso cuadro de la humanidad de nuestro Señor. En su gran compasión, el Mesías sanó las enfermedades de los que estaban afligidos. La expresión "los que estaban enfermos" (*toùs arróstous*) significa, literalmente "los que estaban débiles". Probablemente se refiera a personas que se hallaban físicamente débiles a causa de sus enfermedades. Lucas dice que Jesús: "les recibió" (*apodexámenos*), es decir "les dio la bienvenida". El Señor, además "les hablaba del reino de Dios" y "sanaba a los que necesitaban ser curados" (Lc. 9:11). A pesar de haber sido rechazado por los dirigentes de la nación, continúa mostrando su compasión hacia ellos.

"Cuando anochecía, se acercaron a él sus discípulos, diciendo:
El lugar es desierto, y la hora ya pasada;
despide a la multitud, para que vayan por las aldeas y compren de comer"
(14:15).

Para una mejor comprensión de Mateo 14:15, es necesario tomar en cuenta las palabras de Juan 6:5-7, donde dice:

"Cuando alzó Jesús los ojos, y vio que había venido a él gran multitud, dijo a Felipe: ¿De dónde compraremos pan para que coman éstos? Pero esto decía para probarle; porque él sabía lo que había de hacer. Felipe le respondió: Doscientos denarios de pan no bastarían para que cada uno de ellos tomase un poco" (Jn. 6:5-7).

Probablemente en ese momento, los otros discípulos dieron su opinión: "El lugar es desierto, y la hora es pasada" (*éreimos estin ho tópos kaì hei hóra eidei pareîlthen*). Esta frase es enfática: "Desierto es el lugar y la hora ya es avanzada". Mientras que los discípulos contemplaban las circunstancias, el Señor se concentraba en las necesidades de la multitud que tenía delante. La sugerencia de los apóstoles fue: "Despide a la multitud para que vayan por las aldeas y compren pan". Aquellos hombres ofrecieron la sugerencia equivocada. El verbo "despide" (*apólyson*) es el aoristo imperativo de *apolýo*, que significa "despachar", "dejar irse". El aoristo imperativo sugiere urgencia. Es como si los discípulos dijesen: "Despáchalos ya", "diles que se marchen ya". Los discípulos todavía no habían comprendido que el alimento no se consigue *alejándose de* Jesús, sino más bien *acercándose a* Él. La verdadera comida está en la presencia de Jesús, nunca lejos de Él.

"Para que vayan por las aldeas y compren de comer" (*hína apelthóntes eis tàs kómas agorásosin heautoîs brómata*). Esta es una oración de propósito final. La sugerencia de los discípulos al Señor fue: "Despídelos… con el fin de que vayan a las aldeas por sí mismos [y] compren alimento". La tremenda compasión de Jesús contrasta con la actitud poco compasiva de los discípulos. Al parecer, los discípulos se vieron desbordados por la situación. La sugerencia que ofrecen hubiese sido razonable si Jesús no hubiese estado presente. Era necesario que los hombres llamados a representar al Señor en la tierra aprendiesen la gran lección de cómo alimentar a las multitudes. Después de todo, esa sería su tarea futura. Los discípulos miraron a las circunstancias: (1) Anochecía; (2) el lugar era desierto; (3) la hora es ya pasada; y (4) la gente no tenía alimentos. Jesús, sin duda, conocía perfectamente la situación, pero su reacción fue muy distinta.

"Jesús les dijo: No tienen necesidad de irse;
dadles vosotros de comer" (14:16).

En respuesta a las palabras de los discípulos el Señor dice: "No tienen necesidad de irse; dadles vosotros de comer". El pronombre "vosotros" (*hymieîs*) es enfático y contrasta con la idea de los discípulos de "despídelos".[16] El verbo "dadles" (*dóte*) es el aoristo imperativo de *dídomi*. Dicha forma verbal sugiere urgencia, es decir, acción instantánea. "Fue un sorprendente mandato. Los discípulos debían aprender que ninguna situación es desesperada para Él, no hay crisis incontrolable para Él".[17] El profesor Stanley D. Toussaint hace la siguiente observación:

> Puesto que [Jesús] está entrenando a los discípulos, cuando le presentan la necesidad de alimento de la multitud, Él dice a los discípulos: "Dadles vosotros de comer". Finalmente, Él les da la comida a los discípulos quienes, a su vez, la dan a la multitud. Al ministrar a través de ellos de esa manera, les prepara para el ministerio que tendrían cuando el Señor esté ausente.[18]

Las palabras del Señor en Mateo 14:16, evidentemente, tenían la finalidad de probar a los discípulos, es decir, hacer que considerasen una fuente de provisión que ellos podían haber omitido por sus previos comentarios al Señor. Específicamente Jesús desea despertarlos a la posibilidad de que Él era capaz, en su poder infinito, de suplir la necesidad de aquella multitud. O sea que Él deseaba que comprendiesen la incapacidad de ellos para que dependiesen del poder del Dios encarnado (vea Jn. 6:6). Lo que para los hombres es imposible, para Dios es posible (Mt. 19:26).

"Y ellos dijeron:
No tenemos aquí sino cinco panes y dos peces" (14:17).

La respuesta de los discípulos al mandato del Señor es bastante negativa: "No tenemos sino cinco panes y dos peces". El apóstol Juan aporta más detalles a la

---

16. Archibald T. Robertson, *Word Pictures in the New Testament*, p. 190.
17. *Ibíd.*, pp. 116-117.
18. Stanley D. Toussaint, *Behold the King*, p. 190.

historia en esta coyuntura. Andrés, el hermano de Simón Pedro, fue el responsable de la información tocante a la cantidad de alimento disponible. Juan dice: "Uno de sus discípulos, Andrés, hermano de Simón Pedro, le dijo: Aquí está un muchacho, que tiene cinco panes de cebada y dos pececillos, mas ¿qué es esto para tantos?" (Jn. 6:8-9). Anteriormente, Felipe había señalado que doscientos denarios no alcanzarían para comprar suficiente pan para alimentar a todos los presentes. O sea que el sueldo de todo un año de trabajo de un jornalero no alcanzaría para que cada uno de los presentes alcanzase un bocado de comida.

Al parecer, Andrés había hecho amistad con el muchacho que tenía los cinco panes y los dos peces. Sin embargo, aquel discípulo, en su pesimismo, dice que aquello era demasiado poco para dar de comer a tantos. Los discípulos, sin duda, habían hecho sus cálculos. Todo les parecía negativo: Había mucha gente, el lugar era desierto, la hora era avanzada, no había dinero suficiente y solo había un muchacho que tenía cinco panes y dos pececillos. Sus cálculos, sin embargo, habían omitido lo más importante, es decir, la presencia del Señor.

Hay dos lecciones importantes implicadas en la declaración: "No tenemos aquí sino cinco panes y dos peces". En primer lugar, hay un cuadro elocuente de cómo debemos tomar en cuenta nuestros recursos y exponer su pobreza en nuestras mentes y corazones cuando somos llamados a realizar alguna tarea para el Señor. Reconocer nuestra incapacidad e insuficiencia es lo que nos hace aptos delante de Él. Solo cuando reconocemos nuestra debilidad, seremos fuertes (2 Co. 12:10). En segundo lugar, el pasaje enseña que lo poco se convierte en mucho si Dios está presente. Fue precisamente con aquellos pocos panes y peces que cerca de quince mil personas fueron alimentadas y satisfechas.

"Él les dijo: Traédmelos acá" (14:18).

El Señor responde con simples pero poderosas palabras a las dudas de sus discípulos. En las palabras de Juan Crisóstomo:

"Traédmelos acá". Porque aunque el lugar era desierto, así todo, Aquel que alimenta al mundo está aquí; y aunque la hora es ya pasada, así todo, Aquel que no está sujeto al tiempo está hablando con vosotros".[19]

Lo más importante en Mateo 14:18 es la expresión "traédmelos" (*phérete moi*). En el texto griego el énfasis está en la expresión "a mí" (que no aparece en la Reina—Valera 1960). Solo Mateo registra ese mandato del Señor. El presente imperativo "traed" (*phérete*) sugiere que la solución de todas las dificultades y problemas descansa en Él y en realidad, es así. "El vuelve el desierto en estanques de agua, y la tierra seca en manantiales de aguas" (Sal. 107:35).

"Entonces mandó a la gente recostarse sobre la hierba;
y tomando los cinco panes y los dos peces,

---

19. Juan Crisóstomo, *Homilías sobre el Evangelio de Mateo* (Peabody, Mass.: Hendricksen Publishers Inc., 1999), p. 304.

y levantando los ojos al cielo, bendijo,
y partió y dio los panes a los discípulos,
y los discípulos a la multitud" (14:19).

Hay algo sobresaliente que debe notarse en el milagro en sí. Mientras que los hechos que acompañaron el milagro: El sentar a la gente, la oración del Señor y el servir de los discípulos son narrados con lujo de detalles, nada se dice de la manera esencial de la realización del milagro.

Además, los huéspedes alrededor de la "mesa gigantesca" estaban sentados mucho antes de que hubiese comida en la mesa. La naturaleza extraña de lo sucedido ha captado la atención de los cuatro evangelistas, porque todos ellos registran el mandato de sentarse. Quizá hubo quejas de parte de algunos y otros, tal vez, se burlaban al ver que no había suficiente comida para aquella gran multitud.

¿En qué momento en el proceso tuvo lugar la multiplicación milagrosa? Parece ser más adecuado que la multiplicación ocurriese con el toque de las manos de Cristo y por lo tanto, probablemente eso ocurrió tan pronto como el pan salió de sus manos y no cuando salió de las manos de los discípulos. El texto, sin embargo, no lo explica. Lo que sí está claro es que el Señor Jesús es la causa final del milagro. El versículo 19 no deja duda de que la alimentación tuvo lugar por la mediación de los discípulos y quizá, haya una lección intencional aquí para todos los siervos de Dios. Es la voluntad del Señor hacer su obra a través de sus siervos ahora. El Señor proporciona el alimento y sus siervos son los encargados de repartirlo.

"Y comieron todos, y se saciaron;
y recogieron lo que sobró de los pedazos, doce cestas llenas" (14:20).

Los cuatro evangelistas registran palabras similares en cuanto al hecho de que todos los presentes comieron "y se saciaron". Ninguno se fue insatisfecho. Los dones y las bendiciones del Señor Jesús son para todos los que están dispuestos a recibirlos. Sentados en el suelo, que les servía de mesa, había hombres, mujeres y niños, personas de todas las edades, condiciones, personalidades diversas y sin duda, de diferentes rangos y culturas. Todos encontraron satisfacción en Él. Todos fueron bendecidos por la compasión del Rey Mesías quien vino a buscar y salvar lo que se había perdido (Lc. 19:10). "Echa sobre Jehová tu carga, y él te sustentará; no dejará para siempre caído al justo" (Sal. 55:22).

El verbo traducido "saciaron" (*echortástheisan*) en la antigüedad se usaba para referirse a los animales que eran engordados y preparados para la matanza (vea Ap. 19:21). Posteriormente dicho verbo tomó el sentido de "estar satisfecho" o "tener suficiente". Todos quedaron satisfechos. Felipe pensaba que todos se irían hambrientos pero lo opuesto ocurrió (Jn. 6:7). Aquel milagro puso de manifiesto el poder del Dios Omnipotente que ha creado todas las cosas. Mateo 14:14-21 revela tanto la humanidad como la deidad de nuestro Señor Jesucristo.

El escocés William Barclay ofrece la postura clásica de la escuela liberal respecto de este y de otros milagros realizados por Jesús. Dice que: "No debemos contentarnos nunca con considerarlos algo que *sucedió*; debemos mirarlos siempre como algo que *sucede*".[20] Según el punto de vista liberal de Barclay, hay tres maneras de considerar este milagro:

1. Podemos verlo como una sencilla multiplicación de pan y de pescado. Eso sería muy difícil de entender, y sería algo que sucedió una sola vez y nunca se repitió. Si lo consideramos así, démonos por satisfechos pero no critiquemos y menos condenemos a los que crean que tienen que buscar alguna explicación.
2. Muchas personas ven en este milagro un sacramento. Han supuesto que los que estuvieron presentes no recibieron más que una cantidad muy reducida de alimento y sin embargo recibieron las fuerzas para un largo viaje y se sintieron satisfechos. Habían comprendido que aquello no era una comida material para saciar el apetito físico, sino una comida en la que participaron del alimento espiritual de Cristo. Si fue así, este es un milagro que se reproduce siempre que nos sentamos a la mesa del Señor.
3. Hay algunas personas que ven en este milagro algo que es perfectamente natural en cierto sentido, pero que en otro es un verdadero milagro y que es muy precioso en cualquier sentido. Imaginemos la escena. Hay una gran muchedumbre; es tarde; todos tienen hambre. Pero ¿era natural el que la inmensa mayoría de esa multitud se hubiera puesto en camino rodeando el lago sin llevar nada de comida? ¿No llevarían algo, aunque fuera poco? Estaba anocheciendo y tenían hambre. *Pero también eran egoístas*. Y ninguno quería sacar lo que llevaba para no tener que compartirlo y que no le quedara bastante para sí mismo. Jesús dio el primer paso. Lo que Él y sus discípulos tenían, empezó a compartirlo con una bendición, una invitación y una sonrisa. Y seguidamente todos se pusieron a compartir y antes de que supieran lo que estaba pasando, hubo bastante y de sobra para todos. Si fue algo así lo que sucedió, no fue literalmente la multiplicación de los panes y de los pescados; fue el milagro de la transformación de personas egoístas en personas generosas al contacto de Jesús".[21]

Esa es la postura de William Barclay y muchos otros liberales que rehúsan aceptar los milagros de la Biblia. Pero ninguna de las explicaciones de la crítica moderna que niega lo sobrenatural satisface ni se ajusta a la revelación divina. Lo inadecuado de la postura de Barclay se ve claramente si se nota que al ocurrir el milagro los hombres presentes quedaron tan sorprendidos con lo que vieron, que dijeron: "Este verdaderamente es el profeta que había de venir al mundo" (Jn. 6:14), y seguidamente querían hacerle rey (Jn. 6:15). Ese es el significado de las palabras de Mateo en el versículo 22: "En seguida Jesús hizo a sus discípulos entrar en la barca e ir delante de él a la otra ribera, entre tanto que él despedía a la multitud". El verbo traducido en la Reina—Valera 1960 "hizo" es *einágkasen*, el aoristo indicativo de *anagkádso*, que significa "obligar", "forzar", "imponer". La razón de por qué Jesús "obligó" a sus discípulos a marcharse de aquel sitio fue porque la gente quería hacerle rey. ¿Hubiese sido esa la respuesta de una multitud que solo había sido movida por el ejemplo altruista

20. William Barclay, *Mateo*, vol. 2, p. 124.
21. *Ibíd.*, pp. 124-125.

de Jesús y sus discípulos? El solo pensarlo deja al descubierto la vacuidad de la extensa lógica de Barclay. El grave problema de los teólogos liberales como Barclay y otros es que pretenden explicar las Escrituras por medio de la lógica en vez de la exégesis. Para hacer honor a la verdad, William Barclay, Rudolf Bultmann, John A. Robinson, R. Shackenburg y otros son reconocidos como hombres de incuestionable erudición. Su problema es que adoptan como base hermenéutica el principio racionalista que dice: "Nada que no sea científicamente demostrable debe ser creído". Son hombres decididamente anti-sobrenaturalistas y por lo tanto, no aceptan la inspiración plenaria y verbal de las Escrituras en sus corolarios de *inerrancia* e *infalibilidad*. Es triste decirlo pero la hermenéutica y la teología liberales se han hecho fuertes en muchos seminarios teológicos, tanto del continente como en América.

En resumen: Hay varias ideas que deben destacarse en el estudio de este pasaje. En primer lugar, este milagro enfatiza las cualidades de nuestro Señor para ocupar el trono mesiánico como heredero de David. La tradición judía enseña que el Mesías alimentaría a la nación con pan del cielo, tal como lo hizo Moisés con el maná. Aquel hecho debía ser un recordatorio para el pueblo judío de esa tradición y el intento de hacerle rey señala que la gente reconoció algo de la realeza en la Persona de Jesús. Aunque por los motivos equivocados y mediante el método incorrecto, la gente deseaba hacerlo el soberano de la nación. No entendieron que el camino hacia su realeza debía pasar por la cruz.

En segundo lugar, aquel milagro era una hermosa lección de la suficiencia del Señor Jesús para su pueblo. Eso se desvela maravillosamente en el sermón interpretativo posterior al milagro y que es registrado por el apóstol Juan. En ese discurso, el Señor dice: "Yo soy el pan de vida; el que a mí viene, nunca tendrá hambre; y el que en mí cree, no tendrá sed jamás" (Jn. 6:35). El milagro era una señal mesiánica. Él es el Pan de Vida, y su carne y su sangre son la verdadera comida para el alma. De modo que Él es suficiente para nuestra salvación. Incluso el proceso de hacer el pan, con el hecho de arrancar la espiga, moler el grano de trigo y cocerlo, todo ello sugiere el juicio de la cruz (vea Is. 53:5; Sal. 88:16). El milagro también sugiere su suficiencia para *nuestro sostén*, es decir, nuestro alimento cotidiano, y Juan 6:56, con el uso del tiempo presente, confirma esa verdad. "El que come mi carne y bebe mi sangre, en mí permanece y yo en él".

En tercer lugar, hay una lección importante respecto de cómo buscar las almas que desean saber la manera cómo apropiarse del Pan de Vida. La multitud "comió" el pan (Mt. 14:20) y Juan 6:35 enseña que *venir*, *creer* y *comer* son sinónimos (vea Jn. 6:50, 53). *Creer* en el Hijo significa apropiarse de Él y de su salvación. La Biblia no reconoce otro camino ni otro medio para llegar a Dios. Y es así porque no hay otro sacrificio perfecto, completo, final y total que aquel realizado por Jesús el Mesías cuando murió en la cruz por el pecado de la humanidad. Él es el Pan de Vida. Quien viene a Él no tendrá hambre y el que cree en Él no tendrá sed jamás (Jn. 6:35; 4:14).

JESÚS EL MESÍAS CAMINA SOBRE LAS AGUAS, CALMA LA TEMPESTAD Y SANA LOS ENFERMOS (14:22-36)

"La vida cristiana es la vida imposible. Esa declaración tolera algún énfasis. La vida cristiana no es dura y difícil; es imposible, tal como era imposible que

Pedro caminara sobre el agua. En realidad, esa gran hazaña es una hermosa
e instructiva ilustración de la vida de unión con Cristo".

Samuel Lewis Johnson, ("Notas inéditas de
la exposición de Mateo", 1975)

Después de realizar el milagro de la multiplicación de los panes y los peces, la
multitud reaccionó asombrada, diciendo: "Este verdaderamente es el profeta que había
de venir al mundo" (Jn. 6:14). En Deuteronomio 18:15, Moisés anunció la venida de un
gran profeta que debía ser oído por el pueblo. También en el Nuevo Testamento dice:
"Porque Moisés dijo a los padres: El Señor vuestro Dios os levantará profeta de entre
vuestros hermanos, como a mí; a él oiréis en todas las cosas que os hable" (Hch. 3:22).
El maravilloso milagro de los panes y los peces hizo pensar a la gente que Jesús podía
ser el profeta anunciado por Moisés y la reacción de la gente fue intentar "apoderarse
de él y hacerle rey" (Jn. 6:15). Es con ese trasfondo que Mateo dice:

"En seguida Jesús hizo a sus discípulos entrar en la barca
e ir delante de él a la otra ribera,
entre tanto que él despedía a la multitud" (14:22).

Como se ha observado anteriormente, Jesús "obligó" (*einágkasen*) a sus discípulos a
que embarcasen y fuesen delante de Él al otro lado del lago. Parece ser, según el relato
de Juan 6:14-15, que el Señor apuró a los discípulos para que se alejasen de la multitud
a la que acababa de alimentar, quizá para evitar que se contagiasen con la intención de
tomar a Jesús por la fuerza para hacerlo su rey político.

Después de despedir la multitud, Jesús se retiró solo a las montañas alrededor
del lago para orar. Cuando llegó la noche, el Señor estaba allí solo. Es un cuadro
maravilloso del "Jesucristo hombre", como escribe Pablo en 1 Timoteo 2:5. Nuestro
Señor invirtió gran parte de su tiempo en comunión con el Padre celestial. Fue
como resultado de esas experiencias de comunión que grandes y maravillosos
acontecimientos tuvieron lugar en su ministerio.[22] Es interesante que el Señor nunca
ora con sus discípulos, aunque oró mucho por ellos. La oración modelo llamada el:
"Padre Nuestro" fue dada por el Señor, pero nunca usada por Él. Aún en su vida de
oración Él es el singular Hijo de Dios.

Jesús consideró necesario enviar a los discípulos en barco e ir delante (*proágein*) de
Él al otro lado del lago "mientras" (*héus hoû*) "despedía" (*apolýsei*) a la multitud. Es
probable que resultase más fácil "despedir" a la multitud después de que los discípulos
se hubiesen marchado.[23] El aoristo subjuntivo precedido de las partículas *héus hoû*
sugiere que el propósito no se había realizado aún. Es posible que le tomase al Señor
algún tiempo convencer a la gente que debía de marcharse. La expresión "entre tanto"
o "mientras" explica solo qué impedía que Jesús se marchase junto con los discípulos
en la barca. ¡Él tenía que despedir a la multitud![24]

---

22. Vea Mateo 14:23; 26:36; Marcos 1:25; Lucas 3:21; 9:18; 6:12-16; 22:39-46.
23. Archibald T. Robertson, *Word Pictures in the New Testament*, vol. I, p. 118.
24. Vea Richard C. H. Lenski, *The Interpretation of St. Matthew's Gospel*, p. 569.

"Despedida la multitud, subió al monte a orar aparte;
y cuando llegó la noche, estaba allí solo" (14:23).

El texto griego dice: "Y después de haber despedido a la multitud" o "y una vez despedida la multitud". Habiendo conseguido "despedir" (*apolýsas*) a la gente, el Señor "subió" (*anébei*) a la región montañosa que está en la parte oriental del lago. El sustantivo "el monte" (*tó óros*) sugiere un lugar específico frecuentado por el Señor. Allí fue el Señor para estar "aparte" (*kat' idían*), es decir "en privado".[25] "A orar" o "para orar" (*proseúxasthai*) es el aoristo infinitivo que sugiere propósito. El exégeta Richard C. H. Lenski señala lo siguiente:

Nótese que la despedida de la multitud se menciona por segunda vez y seguidamente, como en conexión vital con eso, viene la apresurada salida para orar. Aquella multitud que deseaba hacerlo rey era una de las tentaciones de Satanás contra Jesús y el despedir a la multitud demuestra que la tentación fue vencida. Y la oración en aquella noche oscura y tormentosa bien pudo haber sido un derramamiento de su corazón delante del Padre por su obediencia al enfrentar la cruz e interceder por los Doce y por todos sus discípulos para que no fuesen desviados por aquellos falsos conceptos mesiánicos. De modo que captamos un atisbo de la vida interior profunda de Jesús. Su orar era una perfecta, pura y exaltada comunión con el Padre.[26]

El evangelista Mateo enfatiza el hecho de que "cuando llegó la noche estaba allí solo" o, como dice el texto griego "solo estaba allí". Eso significa que no había nadie más con Él. Pero en realidad no estaba solo sino, más bien, en íntima comunión con el Padre celestial. Aquella era una noche especial de oración, después de todo un día de duro trabajo y de trato con personas que, en su mayoría, solo le buscaban para satisfacer sus necesidades materiales (Jn. 6:25-26).

"Y ya la barca estaba en medio del mar, azotada por las olas;
porque el viento era contrario" (14:24).

Mientras los discípulos navegaban a través del lago, la suave brisa se convirtió en un fuerte viento. Las estrellas que antes brillaban a la vista de aquellos navegantes, de pronto son ocultadas por las nubes. Es posible que al arreciar el viento, Pedro tomase el mando de la nave, ordenase bajar las velas, aligerar la carga y preparar los remos. La calma previa se ha tornado en confusión y como solía ocurrir, el Mar de Galilea se había convertido en una verdadera amenaza. Mateo dice que: "la barca estaba en medio del mar azotada por las olas". Pedro y sus compañeros estaban aprendiendo que las "grandes tormentas" pueden azotar en cualquier momento.

Debe notarse que el texto crítico registra una lectura algo diferente de la que aparece en la Reina—Valera 1960. La lectura del texto crítico dice: "La barca, zarandeada por las olas, pues el viento venía de frente, distaba ya de tierra muchos estadios" (*Sagrada*

---

25. Vea G. Abbott-Smith, *A Manual Greek Lexicon of the New Testament*, pp. 212-213.
26. Richard C. H. Lenski, *op.cit.*, pp. 569-570.

Biblia, por Cantera Burgos e Iglesias González). Esta lectura explica mejor la situación. La fuerza del viento y la magnitud de las olas habían empujado la barca hasta "el medio del mar", es decir, la barca se alejaba del sitio donde los discípulos debían encontrarse con el Señor.

> *"Mas a la cuarta vigilia de la noche,*
> *Jesús vino a ellos andando sobre el mar" (14:25).*

La cuarta vigilia de la noche es el período de tiempo entre las 3 y las 6 de la mañana. A esa hora el Señor divisó la barca y a los discípulos. Marcos dice: "Y viéndoles remar con gran fatiga" (Mr. 6:48). De modo que el Señor se dirigió hacia ellos caminando sobre las aguas del Mar de Galilea. Los discípulos, sin embargo, indudablemente habrían afirmado que su venida a ellos era peor que su demora en ir, puesto que estaban sumamente angustiados llenos de temor mezclado con asombro, gritaron: ¡Un fantasma! Mateo añade: "Y dieron voces de miedo" (Mt. 14:26).

El versículo 26 es muy descriptivo de la situación que reinaba en la barca: "Y los discípulos viéndolo sobre el mar caminando se aterrorizaron". El verbo "se turbaron" (*etaráchtheisan*) es el aoristo indicativo, voz pasiva de *tarásso* que significa "agitar", "confundir", "inquietar", "perturbar". En la voz pasiva expresa una reacción de perplejidad o de espanto frente a algún fenómeno extraordinario.[27]

Hoy día, nuestra sofisticada generación del siglo XXI muestra una sonrisa cuando lee un relato como este. El hombre moderno no cree en fantasmas. Es de dudarse, sin embargo, que ese mundo invisible y escondido haya perdido su poder en algún momento sobre este mundo. Nuestro racionalismo, cientismo, infidelidad e incredulidad parece no preocuparse. Pero en tiempos de dificultad y tensión hay muchos que todavía creen en fantasmas.

Los discípulos habían estado preocupados y temerosos de perecer en la tormenta a pesar de ser experimentados pescadores. Ahora algo peor que una tormenta les había sobrevenido. Después de todo, los pescadores están preparados para enfrentarse a una tormenta con la esperanza de salir victoriosos pero ¿qué puede hacerse en contra de un fantasma? Frente a eso no tenían defensa de clase alguna. Marcos 6:50 dice: "Porque todos le veían, y se turbaron". Juan dice que: "vieron a Jesús que andaba sobre el mar y se acercaba a la barca; y tuvieron miedo" (Jn. 6:19).

La creencia popular judía con frecuencia relataba apariciones extrañas en el mar. Debe recordarse que, en términos generales, los judíos eran gente de tierra, no de mar, de modo que la idea de espíritus del agua formaba parte del vocabulario cotidiano de la gente ordinaria. Pero lo que los discípulos confundieron con un fantasma era el Señor, que acudía a socorrerlos y a librarles de su temor.

> *"Pero en seguida Jesús les habló, diciendo:*
> *¡Tened ánimo! yo soy, no temáis!" (14:27).*

La postura liberal respecto del andar sobre el agua es que Jesús en realidad caminaba por la arena de la playa y los discípulos se confundieron y pensaron que

---

27. Vea Horst Baltz y Gerhard Schneider, *Diccionario exegético del Nuevo Testamento*, p. 1685.

el Señor caminaba sobre el agua cuando en realidad no era así.[28] Ahora bien, si los discípulos estaban equivocados, ¿no es de esperarse que el Señor corrigiese su error? ¿Por qué estarían los discípulos llenos de terror si estaban en la orilla? Otra pregunta que la crítica debe contestar es: Cuando Pedro caminó sobre el agua y comenzó a hundirse, ¿pensaba que se estaba hundiendo en la arena? Tanto Mateo como Marcos dejan bien claro que entendieron que el acontecimiento era un milagro y no algo producto de la imaginación de ellos. Tanto Mateo como Marcos relatan lo sucedido como que realmente Jesús caminó sobre las aguas del Mar de Galilea (Mt. 14:25-26; Mr. 6:48). La crítica liberal pretende cancelar todos los milagros de los Evangelios. Cree que son relatos mitológicos para hacer el mensaje (*kerygma*) atractivo a los inconversos. Tal postura pone una cota de deshonestidad en los escritores sagrados de los Evangelios. Eso debe rechazarse tajantemente. Los evangelistas escribieron bajo la dirección del Espíritu Santo la Palabra de Dios que no puede mentir. Si no dijeron la verdad, fueron deshonestos y no fueron guiados por el Espíritu Santo. El testimonio de la Iglesia durante 18 siglos apoya la veracidad y la confiabilidad de los Evangelios. Solo la crítica racionalista y agnóstica se atreve a negarlo.

El versículo 27 contiene un sermón de tres frases: (1) "¡Tened ánimo!" (*tharseîte*). Es el presente imperativo de *tharséo*, que significa "estar lleno de buen ánimo", "tener valor". Los discípulos necesitaban esa exhortación, puesto que estaban aterrorizados tanto por la fuerte tormenta como por la idea de que habían visto un fantasma. (2) "Yo soy" (*egó eimi*). Esa expresión es suficiente para sostener a cualquier creyente en medio de la prueba. Es el equivalente de la afirmación hecha en el Antiguo Testamento por la cual Jehová animó a Israel en los momentos más difíciles de necesidad: "Cuando pases por las aguas, yo estaré contigo; y si por los ríos, no te anegarán. Cuando pases por el fuego, no te quemarás, ni la llama arderá en ti. Porque yo Jehová, Dios tuyo, el Santo de Israel, soy tu Salvador" (Is. 43:2-3; Dt. 32:39). Esa era la fórmula singular para expresar la presencia de Dios. Se usaba en las fiestas importantes en honor a Jehová y en la liturgia de la fiesta de la Pascua (vea Jn. 6:4). Era como si la presencia del Señor caminando sobre el agua les recordase que Él es el Dios que tiene control de todo. El Dios guardador del Pacto, el Soberano que cumple su Palabra y sus promesas a los suyos. De hecho dice: Donde estoy ahí está Dios. Ahí Dios vive, habla, llama, actúa, ama, perdona y ayuda. Nada más osado o más significativo podría decirse. Y (3) "No temáis" (*mèi phobeîsthe*). Es el presente imperativo de *phobéomai*. El presente imperativo precedido de la partícula negativa significa que hay que detener una acción que está en progreso. La idea es: "Dejad de temer". ¿Cómo podrían seguir llenos de temor si Aquel que todo lo controla está con ellos? Allí junto a ellos está el *Pantókrator*, el Todopoderoso. ¡No hay mayor consuelo que ese!

> *"Entonces le respondió Pedro, y dijo:*
> *Señor, si eres tú, manda que yo vaya a ti sobre las aguas" (14:28).*

Lo sucedido en los versículos 28-31 solo se narra en el Evangelio de Mateo. No causa sorpresa que Pedro es quien habla en medio de la tormenta: "Señor, si eres

---

28. Para una explicación de la postura liberal, vea William Barclay, *Mateo*, vol. 2, pp. 127-128.

tú" (*kýrie ei sý eî*). La condicional de primera clase debe traducirse: "Señor, ya que eres tú". Evidentemente, Pedro estaba convencido de que, en efecto, era el Señor. La Reina—Valera 1960 omite el complemento directo del verbo "manda" (*kèleusón me*). El texto griego dice: "Mándame". El verbo *kéleuson* es el aoristo imperativo y sugiere urgencia: "Señor, mándame ya", sería la idea.

Obsérvese que Pedro dice: "Que yo vaya a ti sobre las aguas" (*eltheîn prós se epì tà hýdrata*). Esa frase refuta la sugerencia de la escuela liberal de que Jesús caminaba sobre la arena de la orilla del lago. El texto sugiere que el Señor caminaba sobre aguas profundas.

> *"Y él dijo: Ven.*
> *Y descendiendo Pedro de la barca,*
> *andaba sobre las aguas para ir a Jesús" (14:29).*

La respuesta del Señor a la petición de Pedro fue "ven" (*elthé*). Pedro descendió de la barca, puso sus pies sobre el agua y comenzó a caminar hacia Jesús. Su caminar sobre el agua, algo sorprendente en sí, pone de manifiesto tanto la fortaleza como la debilidad del hombre. El hecho de que Pedro pudo caminar sobre el agua ilustra su fortaleza cuando actúa en armonía con la mente del Señor o cuando actúa en comunión con Él. Evidentemente, Pedro llegó a caminar sobre el agua cierta distancia antes de que comenzase a hundirse. En ese momento, Pedro gritó: "Señor, sálvame" (*Kýrie sôsón me*). El texto dice:

> *"Pero al ver el fuerte viento, tuvo miedo;*
> *y comenzando a hundirse, dio voces, diciendo:*
> *¡Señor, sálvame!" (14:30).*

Justo, unos momentos antes, Cristo les había dicho "no temáis" (*mèi phobeîsthe*). Al parecer, Pedro había olvidado las palabras del Señor, puesto que "al ver el fuerte viento tuvo miedo". El aoristo indicativo "tuvo miedo" (*ephobéithei*) realiza una función ingresiva, es decir "comenzó a tener miedo" al ver los efectos del fuerte viento. La expresión "y comenzando a hundirse" (*kaì arxámenos katapontídsethai*) expresa una acción simultánea con el verbo principal: "En el momento en que Pedro comenzó a temer, simultáneamente comenzó a hundirse". El pescador osado tuvo miedo de ahogarse en aquel momento y apeló al Señor.

> *"Al momento Jesús, extendiendo la mano, asió de él,*
> *y le dijo: ¡Hombre de poca fe! ¿Por qué dudaste?" (14:31).*

El Señor solo tuvo que extender su mano y agarrar a Pedro. Juntos, el Señor y Pedro, regresaron a la barca. Nótese que mientras Pedro mantenía su mirada puesta en el Señor, hacía lo que Jesús hacía: Caminaba sobre las aguas. Sin embargo, en el momento en que quitó sus ojos del Señor para mirar al viento recio y a las fuertes olas, Pedro perdió todo el poder para caminar sobre las aguas y comenzó a hundirse. Ahí radica precisamente tanto la fortaleza como la debilidad del hombre redimido. Mantener los ojos en Cristo proporciona fuerza, confianza y victoria segura. Quitar la mirada de Cristo y ponerla en cualquier otra cosa trae como consecuencia derrota y miseria.

El secreto del poder de Pedro para triunfar sobre lo que de otro modo era imposible fue lo siguiente: Se mantuvo en contacto con Jesús por la fe y tuvo el poder de Cristo en él. Su hundimiento fue el resultado de quitar sus ojos de Cristo y perder el contacto con el Señor.

Pero allí estaba el Señor, quien "inmediatamente" (*euthéos*) extendió su mano y "asió de él" (*epelábeto autoû*). El genitivo "de él" sugiere que Jesús "agarró" o "se apoderó" de alguna parte del cuerpo de Pedro para rescatarlo. Tampoco debe recriminarse a Pedro por haber sido llamado "hombre de poca fe" (*oligópiste*). El Señor no parece reprender a Pedro, sino que de una manera suave y misericordiosa le señala la clave de su fracaso. Su poca fe le impidió seguir caminando sobre las aguas. Ahora bien, si Pedro era un hombre "de poca fe", sus condiscípulos eran hombres de "ninguna fe". Ninguno de ellos se atrevió a hacer lo que Pedro hizo. Que duda cabe que ese incidente fuese la fuente de la declaración de Pedro, cuando escribió: "Que sois guardados por el poder de Dios mediante la fe, para alcanzar la salvación que está preparada para ser manifestada en el tiempo postrero" (1 P. 1:5).

Una observación adicional sobre el hecho tiene que ver con la brevedad de la oración de Pedro pidiendo ser librado de morir ahogado. Esa es una lección para nosotros. Las oraciones largas y floreadas no siempre son adecuadas. Si a Pedro se le hubiese ocurrido hacer una oración larga y bien adornada, el Señor hubiese tenido que sacarlo cadáver del fondo del lago de Galilea. Una oración breve en el momento preciso puede ser más eficaz que una oración larga en el momento y en el lugar inadecuados (vea las oraciones de Nehemías).

"Y cuando ellos subieron en la barca, se calmó el viento" (14:32).

Con esas sencillas palabras Mateo continúa su relato de lo sucedido. El texto dice: "Y habiendo subido ellos en el barco [en ese momento] el viento cesó". El verbo traducido "calmó" en la Reina—Valera 1960 es *ekópasen*, aoristo indicativo de *kopádso*, que significa "agotarse", "cansarse", "aplacarse". Archibald T. Robertson dice:

> El viento se fatigó o se cansó, se agotó a sí mismo en la presencia del Señor (vea Mr. 4:39). No fue una simple coincidencia que el viento cesó en ese momento.[29]

Los hechos históricos narrados aquí parecen señalar más allá del acontecimiento literal a algunos principios espirituales. La solución a los enigmas y a los problemas de la vida yace en la relación de comunión con el Señor Jesucristo. Los elementos contrarios se rinden ante la presencia divina. Recibir al Señor en el barco sugiere encontrar la respuesta a nuestras preguntas y a nuestras necesidades. Él demostró ser el Señor del alimento cuando dio de comer a los 5.000 hombres. Ahora, al caminar sobre las aguas, demuestra que también es el Señor sobre las furiosas olas. Él puede multiplicar el pan y acallar la tempestad. Todo está bajo su control.

---

29. Archibald T. Robertson, *Word Pictures in the New Testament*, vol. I, p. 120.

"Entonces los que estaban en la barca vinieron y le adoraron, diciendo: Verdaderamente eres Hijo de Dios" (14:33).

Cuando entró en la barca con Pedro, los otros discípulos vinieron y adoraron a Jesús (no a Pedro, quien también había caminado sobre el agua). Es muy apropiado que aquel acontecimiento haya terminado en adoración, puesto que la función más elevada del alma redimida es precisamente adoración, no servicio. La vida es una relación que, a través de experiencias sobrenaturales, conduce al único Dios vivo y verdadero, es decir, el Dios hecho hombre que exhibe su realeza delante de los hombres.

La expresión de la adoración de los discípulos se centra en la confesión de que Jesús es "el Hijo de Dios" (v. 33). Esa era la primera vez que hombres llamaban a Jesús: "el Hijo de Dios" y sin duda, esa es una de las razones de por qué Mateo registra este suceso. La conciencia de la posición mesiánica y la naturaleza divina de nuestro Señor Jesucristo se va desarrollando gradualmente en la mente de los apóstoles mediante la obra del Espíritu Santo. Él es el Mesías. Ellos lo habían visto pero ahora esa visión es ampliada hasta el punto de abrazar a un Mesías *divino*, un Mesías que es también Hijo de Dios.

De modo que, nuevamente, en el relato estamos frente a frente con el misterio del *Hijo divino*. Aquel que posee dos naturalezas: Una humana y otra divina. Un Hijo de Dios que ora (v. 23) y que tiene autoridad sobre los elementos de la naturaleza (vea Mt. 14:25, 32). La combinación de absoluta humillación y de trascendente exaltación satura toda la vida y la historia de nuestro Señor Jesucristo. Esa extraña combinación de elementos jamás pudo haber sido inventada y presentada a través de una larga serie de acontecimientos de manera tan armoniosa por poetas del más elevado genio o escritores de la talla de un Cervantes o un Shakespeare. La única explicación del enigma de la composición de los cuatro Evangelios, en los que la total humillación y la absoluta exaltación del Hijo de Dios son tan maravillosamente combinadas, en las que "los escritores de los Evangelios" en realidad solo fueron reporteros, no originaron nada ni se imaginaron nada, sino que fueron simples observadores de todas las cosas y las describieron tal como las vieron. La reconciliación de esas dos cosas halla su explicación en Aquel que era tanto el *Varón de dolores* como el *Eterno Hijo de Dios*.

El significado y la importancia del acontecimiento de caminar sobre el agua puede considerarse desde tres puntos de vista: (1) La historia; (2) la profecía; y (3) la ilustración. En primer lugar: Desde el punto de vista de la *historia*, el caminar sobre el agua es otra de las grandes señales mesiánicas que identifica al Señor Jesús como el Mesías davídico.

En segundo lugar: Desde el punto de vista de la *profecía*, el hecho es un acontecimiento revelador que nos proporciona algún conocimiento del ministerio presente del Hijo de Dios. Mientras los discípulos están luchando en el Mar de Galilea en obediencia a su mandato, Él está en la montaña orando. El cuadro es una descripción del presente ministerio sumosacerdotal del Mesías. Él está a la diestra del Padre intercediendo por los suyos (He. 7:25; Ro. 8:34).

En tercer lugar: Desde el punto de vista de la *ilustración*, aquí tenemos un ejemplo de cómo el Señor hace frente a las necesidades de sus siervos y sus santos en necesidad. Muchas veces las tormentas se cruzan en el camino del servicio y la obediencia pero siempre hay seguridad en Aquel que es nuestro Emanuel, Dios con nosotros. Él siempre está presente para extender su mano de ayuda (He. 13:6). La gran lección sigue siendo que, con los ojos puestos en Cristo, el creyente puede hacer frente a todas las tormentas de la vida.

"Y terminada la travesía, vinieron a tierra de Genesaret.
Cuando le conocieron los hombres de aquel lugar,
enviaron noticia por toda aquella tierra alrededor,
y trajeron a él todos los enfermos" (14:34-35).

El apóstol Juan también registra la llegada a tierra firme de Jesús y sus discípulos (Jn. 6:21). Seguidamente, Juan narra el discurso del Señor tocante al pan de vida (Jn. 6:25-59). Al llegar a Genesaret, Jesús fue reconocido por los hombres que habitaban allí. De inmediato dieron aviso para que llevasen a Él "todos los enfermos" (*pántas toùs kakôs échontas*), es decir, todos los que tenían dolencias físicas. Puede observarse una vez más que la gente reconocía (*epignóntes*) el poder de Jesús. Habían confesado que jamás había vivido alguien como Él. Aún así, sus corazones permanecían endurecidos.

"y le rogaban que les dejase tocar solamente el borde de su manto;
y todos los que lo tocaron, quedaron sanos" (14:36).

Reconocieron tan claramente el poder sanador de Jesús que pidieron permiso para tocar el borde de su manto, sabiendo que al hacerlo serían sanados. La frase "todos los que le tocaron" (*hósai éipsanto*) significa que no hubo excepción: "Todos los que lo hicieron", es decir "todos los que se acercaron a Él y lo tocaron". La expresión "quedaron sanos" (*diesótheisan*) es el aoristo pasivo de *diasódso*. El prefijo *dia* da mayor fuerza e intensidad al verbo *sódso*, que significa "salvar". El verbo *diasódso* significa "sanar completamente". Eso quiere decir que los enfermos que fueron curados en aquel día quedaron totalmente sanados de cuantas enfermedades tenían. El Señor obró una perfecta restauración de la salud de aquella gente.

Hay un hecho evidente, sin embargo, en la obra realizada por el Señor en Genesaret en aquel día. El pueblo lo reconoció por su ministerio sanador, no obstante estaba ciego e indiferente a su Persona. Solo sus discípulos y un remanente creyente habían reconocido que Él era el Mesías davídico y el Hijo del Dios viviente.

RESUMEN Y CONCLUSIÓN

Mateo capítulo 14 contiene cuatro acontecimientos importantes: (1) La ejecución de Juan el Bautista (14:1-12). (2) La alimentación milagrosa de una multitud de personas (quizá un total de 15.000). (3) El acto del Señor de caminar sobre el agua en el Mar de Galilea, permitir que Pedro caminase también sobre el agua y calmar la tempestad (14:22-33). (4) La sanidad de muchos enfermos en Genesaret (14:34-36). Todos esos acontecimientos tenían el propósito primordial de enseñar importantes lecciones a los discípulos. Hay la lección del alcance de la maldad humana a la que tenían que hacer frente. Herodes mató a Juan por denunciar su pecado. También está la lección de la compasión del Señor al alimentar a la multitud hambrienta y demostrar que Él es el Pan de Vida. Además, está la lección de su autoridad sobre los elementos de la naturaleza.

Él tiene poder para caminar sobre las aguas y calmar la tormenta tanto en el orden físico como en el espiritual. Por último, Él sana a los enfermos, aun cuando no creen en Él como el Rey Mesías. Él los sana completamente en el orden físico. Para sanarlos espiritualmente, es imprescindible el nuevo nacimiento por la fe en el Mesías. Eso, tristemente, aquella gente no lo quiso hacer.

El capítulo 14 de Mateo también contiene una descripción de la asombrosa actividad de Jesús el Mesías y de su gran compasión hacia una humanidad desvalida y ciega ante la realidad de su propia condición. Este capítulo, además, pone de manifiesto tanto la humanidad como la deidad del Señor. Su humanidad se revela mediante su actitud al ser informado de la muerte de Juan el Bautista (14:12-13), su necesidad de retirarse a descansar y su necesidad de apartarse solo para orar (14:22-23). Mateo 14 también pone de manifiesto su deidad. El milagro de alimentar una multitud con solo cinco panes y dos peces (14:17) fue una obra que solo Dios podía realizar. También el milagro de ordenar el cese de los vientos y calmar la tempestad (14:32) demuestra su poder sobre los elementos de la naturaleza. Si a eso se añade el hecho de su caminar sobre las aguas del Mar de Galilea y hacer que Pedro también lo hiciera, no deja lugar a duda de por qué los discípulos lo adoraron y lo reconocieron como el Verdadero Hijo de Dios (14:33). Él demostró ser el Dios-hombre. Solo los incrédulos niegan esa verdad.

BIBLIOGRAFÍA SELECTA

Abbott-Smith, G., *A Manual Greek Lexicon of the New Testament* (Edimburgo: T. & T. Clark, 1994).

Barclay, William, "Mateo", *Comentario al Nuevo Testamento* (Terrassa: Editorial Clie, 1995).

Bonnard, Pierre, *Evangelio según San Mateo* (Madrid: Ediciones Cristiandad, 1983).

Bover, José Mª, *El Evangelio de San Mateo* (Barcelona: Editorial Balmes, 1946).

Broadus, John A., *Comentario sobre el Evangelio según Mateo*, traducido por Sarah H. Hale (Monterrey, México, s.f.)

Carson, David A., "Matthew", *The Expositor's Bible Commentary*, Frank E. Gaebelein ed. gen., vol. 8 (Grand Rapids: Zondervan Publishing House, 1984).

Crisóstomo, Juan, *Homilías sobre el Evangelio de Mateo* (Peabody, Mass.: Hendrickson Publishers, 1999).

Hill, David, "The Gospel of Matthew", *The New Century Bible Commentary* (Grand Rapids: Eerdmans Publishing Company, 1982).

Hoehner, Harold W., *Herod Antipas: A Contemporary of Jesus Christ* (Grand Rapids: Zondervan Publishing House, 1980).

Josefo, Flavio, "Antiquities of the Jews", *Complete Works*, XVIII, vol. 2 (Grand Rapids: Kregel Publications, 1974).

Lenski, Richard C. H., *The Interpretation of St. Matthew's Gospel* (Minneapolis: Augsburg Publishing House, 1964).

Robertson, Archibald T., *Word Pictures in the New Testament* (Nashville: Broadman Press, 1930).

Tasker, R. V. G., "The Gospel According to St. Matthew", *Tyndale New Testament Commentaries* (Grand Rapids. Eerdmans Publishing Company, 1981).

Toussaint, Stanley D., *Behold the King: A Study of Matthew* (Portland: Multnomah Press, 1980).

Resumen y conclusión de Mateo capítulos 1 al 14

El primer tomo de este *Comentario del Evangelio de Mateo: La revelación de la realeza de Cristo* abarca los primeros catorce capítulos de este Evangelio. Se ha presentado, en primer lugar, un resumen de la cuestión crítica del Evangelio de Mateo. Durante dieciocho siglos la iglesia consideró este documento como el primero de los sinópticos en escribirse. A partir del siglo XVIII, el racionalismo producto del "Siglo de las Luces" comenzó a difundir numerosas teorías tendientes a negar la prioridad de Mateo. De ahí surgieron varias teorías documentarias que niegan el carácter independiente de la composición de los Evangelios sinópticos. En este comentario se adopta la postura tradicional, es decir, que cada evangelista escribió su composición independientemente de los demás escritores. Escribieron como testigos de lo que habían visto y oído. Además, fueron guiados por el Espíritu Santo y ayudados a recordar las cosas que Jesús les había enseñado (Jn. 14:26).

Este Comentario desarrolla el tema de la identidad de Jesús como el Mesías prometido en las Escrituras del Antiguo Testamento (Mt. 1:1—4:11). Se estudia la Persona de Jesús el Mesías (1:2—2:23), dando atención a su origen humano como lo demuestra su genealogía (1:2-17). También se da consideración a su origen divino (1:18—2:23), su concepción virginal (1:18-21), el cumplimiento de las Escrituras respecto de su nacimiento (1:22-25).

Mateo relata la historia del nacimiento del Mesías (2:1-23). La venida de los sabios del oriente (2:1-2) quienes seguramente eran gentiles que vinieron, siguiendo la luz sobrenatural que, a la postre, les guió hasta el sitio donde encontraron al recién nacido Rey y allí lo adoraron (2:9-12). También Mateo describe la actitud de Herodes el Grande. Su celo e ira al no poder destruir al Mesías (2:3-8). La vida física del Mesías es protegida al ser llevado a Egipto por sus padres humanos y posteriormente trasladado a la ciudad de Nazaret que se convierte en su ciudad (Mt. 2:16-23).

El ministerio del Mesías es precedido por la aparición de Juan el Bautista, su precursor. Juan aparece bautizando en el desierto de Judea (3:1-12). Su mensaje tiene que ver con el anuncio del Reino (3:2) que no puede ser otro que el Reino prometido en el Antiguo Testamento. El ministerio de Juan comienza con gran popularidad. Muchos fariseos y saduceos acuden a él para ser bautizados con su bautismo de arrepentimiento (3:7-13). El mensaje de Juan es una denuncia de aquellos que deseaban ser bautizados pero que no practicaban un arrepentimiento genuino (3:10-12).

Mateo 3:13—4:11 recoge el relato del bautismo y de la tentación de Jesús. Su bautismo tiene que ver, entre otras cosas, con la inauguración de su ministerio mesiánico. Su tentación, por otro lado, tiene que ver con la demostración de que Él está moralmente capacitado para ser el Rey Mesías prometido en la Palabra Profética. Después de la experiencia de la tentación, el Mesías comienza su ministerio en las tierras del norte de Israel. Allí la gente estaba literalmente "sentada" en las tinieblas. Pero hasta allí les alcanzó la Luz enviada del cielo (4:12-16).

El mensaje que Jesús proclamó era exactamente igual al de Juan (4:17). Era el mensaje del llamado al arrepentimiento a la luz del acercamiento del Reino de los cielos. Seguidamente, el Mesías llama a sus primeros discípulos, un grupo de pescadores de Galilea. Eran hombres toscos y sin educación académica, pero el Señor prometió hacerlos "pescadores de hombres" (4:19).

Mateo 4:23-25 contiene un resumen del ministerio del Mesías. El Señor recorrió toda Galilea. Su ministerio tenía tres aspectos: (1) Enseñar, (2) proclamar el evangelio del Reino y (3) sanar toda enfermedad y dolencia en el pueblo. Los milagros de Cristo eran señales mesiánicas. Eran demostraciones sobrenaturales que confirmaban tanto su persona como su mensaje. Quienes escucharon a Jesús y quienes vieron sus obras debieron haberle reconocido como el Mesías davídico prometido en las Escrituras del Antiguo Testamento.

El primer gran discurso del Mesías es registrado por Mateo en los capítulos 5—7 de su Evangelio. Ese discurso es conocido como el Sermón del Monte y es el discurso más extraordinario que jamás haya sido proclamado en la tierra. El Señor comienza con una serie de *bienaventuranzas*. En ellas establece las características de quienes anticipan entrar en el Reino del Mesías. No son condiciones para la salvación sino señales del carácter de quienes han sido redimidos.

Seguidamente el Señor hace una exposición de la verdadera justicia, es decir, de la justicia que Dios requiere para que alguien entre en su presencia (Mt. 5:17—7:12). Los dirigentes religiosos practicaban una justicia superficial, basada en sus propias obras. La justicia que Dios exige de los suyos tiene que ser superior a la de los escribas y fariseos (Mt. 5:21). El Mesías, además enseña una interpretación de la ley diferente de la que ofrecían los dirigentes judíos. Ellos solo condenaban el acto físico, el Mesías condena la actitud del corazón (Mt. 5:21-48). En el capítulo 6, el Señor enseña cómo se debe practicar la justicia en la vida diaria: Al dar limosnas (6:1-4), al orar (6:5-15), al ayunar (6:16-18); al usar las riquezas (6:19-24) y al mostrar confianza en el Dios que suple las necesidades de sus hijos (6:25-34). En el capítulo 7, el Señor enseña los temas del cuidado necesario al juzgar al prójimo y sobre el reconocimiento de la bondad de Dios (Mt. 7:1-12). Luego presenta una serie de advertencias: Respecto a la justicia de Dios, los falsos profetas, la falsa profesión y la indolencia ante la palabra del Mesías. Al terminar el Sermón, la gente estaba asombrada. Jamás habían oído a alguien enseñar con tal autoridad (Mt. 7:13-29).

En los capítulos 8 y 9, Mateo presenta el tema de la autoridad de Jesús el Mesías. En esos capítulos hay un total de 9 señales mesiánicas. Tres son señales de sanidad (8:1-15), tres de poder (8:18—9:17), y tres de restauración (9:18-34). Los milagros que siguieron al Sermón del Monte ponen de manifiesto las credenciales del Rey. Los señalan como el Soberano Rey de reyes, y Señor de señores. Esos milagros no "prueban" su derecho mesiánico; eso solo lo puede hacer el Espíritu Santo pero sí lo identifican como Aquel que fue prometido por las Escrituras (Is. 29:18-19; 35:5-6; Mt. 11:1-16). Esa es probablemente la razón principal de Mateo para incluirlos en su Evangelio.

Mateo 10:1-42 contiene el segundo discurso de Jesús el Mesías. En esos versículos se relata el envío de los apóstoles a proclamar el mensaje del Reino a las aldeas y pueblos de Israel. En los párrafos siguientes, el Señor advierte a sus discípulos de las dificultades que encontrarían durante sus ministerios (10:16-25). El Señor anima a los apóstoles a no amedrentarse ante las dificultades (10:26-33) y les instruye a poner en orden sus prioridades (10:34-39). También les enseña respecto de la hospitalidad (10:40-42).

En los capítulos 11 y 12, Mateo relata la oposición de los líderes judíos contra Jesús. Esa oposición se demuestra mediante el rechazo de Juan el Bautista (11:2-19) y mediante la indiferencia de las tres ciudades (Corazín, Betsaida y Capernaum), donde el Señor había hecho tantos milagros (11:20-24). A continuación, Jesús extiende una invitación a cualquier individuo que quiera venir a Él (11:25-30).

En el capítulo 12, el rechazo de los dirigentes judíos contra Jesús se manifiesta abiertamente. Ese rechazo culmina con la entrega del Mesías a las autoridades romanas para ser crucificado. En Mateo 12:1-21, el Mesías es acusado de violar la ley del sábado. En Mateo 12:14, los fariseos forman alianza con los herodianos para destruir a Jesús. El evangelista Mateo apela al Antiguo Testamento para demostrar que nuestro Señor es el Siervo de Jehová prometido en las Escrituras (Mt. 12:15-21). En los versículos siguientes, Mateo narra la curación de un hombre *endemoniado, ciego* y *mudo*. La sanidad de aquel hombre era tan evidente que la gente estaba atónita y se preguntaba si aquel que había realizado aquel milagro no era el Hijo de David, es decir, el Mesías prometido (Mt. 12:22-23). Los dirigentes judíos manifiestan su rechazo al Mesías de una manera palpable cuando acusan de obrar mediante el poder de Satanás (Mt 12:24-32). Jesús les responde, diciéndoles que han cometido: "el pecado imperdonable" al atribuir a Satanás lo que en realidad era obra del Espíritu Santo (Mt. 12:32).

De manera insensata, los escribas y fariseos piden al Señor que les muestre alguna señal (12:38). La respuesta del Mesías es que la única señal que se les mostrará es la de Jonás, refiriéndose a su resurrección (12:38-42). El endurecimiento y la incredulidad de aquellos religiosos judíos ha llegado al colmo (12:43-45). El Mesías, sin embargo, no se deja distraer de su tarea ni por la presencia de su familia humana (Mt. 12:46-50).

El capítulo 13 de Mateo es sumamente importante. Después de haber sido rechazado, el Mesías comienza una etapa diferente en sus enseñanzas y en su relación con la gente. Comienza a enseñarles mediante parábolas (Mt. 13:1-52). En el capítulo 13, Jesús habla de "los misterios del Reino de los cielos". Mediante el uso de ocho parábolas, el Mesías enseña tocante a la forma que el Reino toma durante el *interregno*, es decir, el tiempo que transcurre entre la primera y la segunda venida del Mesías. Más concretamente, la edad que transcurre entre el rechazo de la persona del Mesías (Mateo 12) y el día cuando será recibido por el remanente creyente en los postreros tiempos (Mateo 24—25). Los dirigentes judíos no entendían que el establecimiento del Reino tiene que pasar primero por la Cruz. El Mesías tenía que morir, resucitar, ser exaltado y regresar en gloria. Primero los sufrimientos y después la gloria (vea 1 P. 1:10-12). Las parábolas de Mateo 13 son llamadas "misterios" porque contienen verdades que no habían sido reveladas antes. El Mesías revela esas verdades a sus discípulos, quienes habían creído en Él. A los incrédulos el Mesías deja en su incredulidad (Mt. 13:53-58).

Finalmente, en el capítulo 14, Mateo registra la trágica muerte de Juan el Bautista (Mt 14:1-12), el milagro de la multiplicación de los panes y los peces (Mt. 14:13-21), el milagro de andar sobre las aguas y calmar la tempestad (Mt. 14:22-33) y la sanidad de muchos enfermos en Genesaret (Mt. 14:34-36). A través de todas las escenas narradas en Mateo capítulos 1—14, la realeza del Mesías se pone de manifiesto. Tanto en sus enseñanzas como en sus actos poderosos se revela el hecho de que Él es el Mesías davídico. Tanto su humanidad como su deidad se revelan de manera maravillosa. El pueblo está asombrado y se pregunta si no es *Aquel* que había sido prometido. Los discípulos, por su parte, confiesan que: *"Verdaderamente* Él es Hijo de Dios (Mt. 14:33).

Bibliografía general

BIBLIAS

Biblia del Peregrino
Biblia Jerusalén
Biblia Las Américas
Nueva Versión Internacional
Reina—Valera 1960
Sagrada Biblia (Cantera Burgos e Iglesias González)

MATERIAL EN GRIEGO

Abbott-Smith, G., *A Manual Greek Lexicon of the New Testament.* Edimburgo: T. & T. Clark, 1994).

Aland, Barbara, et al., *The Greek New Testament.* Stuttgart: Deutsche Bibelgesellschaft, 2000.

Arndt, William F. y Gingrich F. Wilbur, *A Greek-English Lexicon of the New Testament and Other Early Christian Literature.* Chicago: The University Press, 1963.

Bengel, John Albert, *New Testament Word Studies*, vol. I. Grand Rapids: Kregel Publications, 1978.

Blass F., Debrunner A., *A Greek Grammar of the New Testament and other Early Christian Literature*, trans. por Robert. W. Freak. Chicago: University Press

Brooks James A., Carlton L. Winbey. *Syntax of New Testament Greek.* Lanhan, MD: University of America Press. 1979.

Burton, Ernest de Witt, *Syntax of the Moods and Tenses in New Testament Greek.* Edimburgo: T. & T. Clark, 1966.

Dana, H. E. y Mantey, Julius R., *Manual de gramática del Nuevo Testamento*, versión castellana por Adolfo Robleto D., et al. El Paso: Casa Bautista de Publicaciones, 1979.

Fee, Gordon D., *New Testament Exegesis: A Handbook for Students and Pastors.* Filadelfia: The Westminster Press, 1983.

Mateos, Juan, *El aspecto verbal en el Nuevo Testamento.* Madrid: Ediciones Cristiandad, 1977.

Metzger, Bruce M., *A Textual Commentary on the Greek New Testament.* Londres: United Bible Societies, 1975.

Moule C. F. D., *An Idiom-Book of New Testament Greek.* Cambridge: University Press. 1968.

Moulton J. H. y Milligan, G., *Vocabulary of the Greek Testament.* Peabody, MA.: Hendrickson Publishers, 1997.

Rienecker, Fritz, *A Linguistic Key to the Greek New Testament*, traducido y revisado por Cleon Rogers hijo, vol. 1. Grand Rapids: Zondervan Publishing House, 1976.

Robertson, Archibald T., *Word Pictures in the New Testament*, vol. 1. Nashville: Broadman Press, 1930.

_____, *A Grammar of the Greek New Testament in the Light of Historical Research.* Nashville: Broadman Press, 1934.

Thayer, Joseph Henry, *Greek-English Lexicon of the New Testament.* Grand Rapids: Zondervan, 1970.

Trench, Richard Chenevix, *Synonyms of the New Testament.* Grand Rapids: Eerdmans, 1960.

Vincent, M. R., *Word Studies in the New Testament.* McLean, Virginia: MacDonald Publishing Company, s.f.

Vine, W. E.; Unger, Merrill F.; y White hijo William, *Vine's Complete Expository Dictionary of Old and New Testament Words.* Nashville: Thomas Nelson Publishers, 1970.

COMENTARIOS

Aguirre Monasterio, Rafael y Rodríguez Carmona, Antonio, *Evangelios sinópticos y Hechos de los apóstoles.* Estella, Navarra: Editorial Verbo Divino, 2003.

Albright, W. F. y Mann, C. S., "Matthew", *The Anchor Bible.* Garden City: Doubleday and Company, Inc., 1982.

Allen, Willoughby C., "A Critical and Exegetical Commentary on the Gospel According to St. Matthew", *The International Critical Commentary.* Edimburgo: T. & T. Clark, 1957.

Augsburger, Myron S., "Matthew", *The Communicator's Commentary.* Waco: Word Books Publisher, 1982.

Barclay, William, "Mateo", *Comentario al Nuevo Testamento.* Terrassa: Editorial Clie, 1995.

Bartley, James. "Mateo", *Comentario bíblico Mundo Hispano.* El Paso: Editorial Mundo Hispano, 1993.

Blomberg, Craig L., "Matthew", *The New American Commentary*, vol. 22. Nashville Broadman Press, 1992.

Bonnard, Pierre, *Evangelio según San Mateo.* Madrid: Ediciones Cristiandad, 1983.

Boring, M. Eugene, "The Gospel of Matthew", *The New Interpreter's Bible*, vol. III. Nashville: Abingdon Press, 1995.

Bover, José Mª, *El Evangelio de San Mateo.* Barcelona: Editorial Balmes, 1946.

Broadus, John A., *Comentario sobre el Evangelio según Mateo*, traducido por Sarah
H. Hale. Monterrey, México, s.f.

Burton, Ernest De Witt, "A Critical and Exegetical Commentary on the Epistle to the
Galatians", *The International Critical Commentary*. (Edimburgo: T. and T. Clark,
1975).

Burton, Mack L., *The Lost Gospel: The Book of Matthew and Christian Origins*.
Nueva York: HarperCollins, 1994.

Butler, B. C., *The Originality & Matthew*. Cambridge: University Press, 1951

Carson, David A., "Matthew", *The Expositor's Bible Commentary*, Frank E. Gaebelein
ed. gen., vol. 8. Grand Rapids: Zondervan Publishing House, 1984.

Davies, W. D. y Allison, Dale C. hijo, "The Gospel According to Saint Matthew",
The International Critical Commentary, vol. 1 y 2. Edimburgo: T. & T. Clark,
1994.

Gaebelein, Arno Clemens, *Gospel of Matthew*, vol. I. Wheaton: Van Kampen Press,
1910.

Galizzi, Mario, *Evangelio según Mateo*. Madrid: Editorial San Pablo, 1999.

Glasscock, Ed, "Matthew", *Moody Gospel Commentary*. Chicago: Moody Press,
1997.

Green, H. Benedict, *The Gospel According to St. Matthew in the Revised Standard
Version*, New Clarendon Bible. Oxford: University Press, 1980.

Guijarro, Santiago, "Evangelio según San Mateo", *El mensaje del Nuevo Testamento*.
Salamanca: Ediciones Sígueme, 1989.

Gundry, Robert H., *Matthew: A Commentary on his Literary and Theological
Art*. Grand Rapids: Wm. B. Eerdmans Publishing Company, 1982.

Hagner, Donald A., "Matthew 1—13", *Word Biblical Commentary*, David A. Hubbard
et al. editor general. Dallas: Word Books, Publishers, 1993.

_____, "Matthew 14—28" *Word Biblical Commentary*. Dallas: Word Books,
1995.

Hare, Douglas R. A., "Matthew" Interpretation: *A Bible Commentary for Teaching and
Preaching*. Louisville: John Knox Press, 1993.

Hendriksen, William, *The Gospel of Matthew*. Grand Rapids: Baker Book House,
1979.

Hill, David, "The Gospel of Matthew", *The New Century Bible Commentary*. Grand
Rapids: Eerdmans Publishing Company, 1982.

Hughes R. Kent, *The Sermon on the Mount: The Message of the Kingdom*. Wheaton:
Crossway Books, 2001.

Ironside, Harry A., *Estudios sobre Mateo*. Terrassa: Clie, s.f.

Keener, Craig S., *A Commentary on the Gospel of Matthew*. Grand Rapids: Eerdmans
Publishing Co., 1999.

Kent, Homer A. hijo, "Mateo", *Comentario bíblico Moody*. Grand Rapids:
Publicaciones Portavoz Evangélico, 1971.

Kilpatrick, G. D. *The Origins of the Gospel According to St. Matthew*. Oxford:
Clarendon Press, 1946.

Laethsch, Theo, *Bible Commentary on Jeremiah*. St. Louis, Missouri: Concordia
Publishing House, 1965.

Lane, William L., "Commentary on the Gospel of Mark", *The International*

Commentary of the New Testament. Grand Rapids: Eerdmans Publishing Company.

Lenski, Richard C. H., *The Interpretation of St. Matthew's Gospel.* Minneapolis: Augsburg Publishing House, 1964.

Luz, Ulrich, *El Evangelio según San Mateo*, Mateo 1—7, vol. 1. Salamanca: Ediciones Sígueme, 1993.

Mateos, Juan y Camacho, Fernando, *El Evangelio de Mateo: Lecturas comentadas.* Madrid: Ediciones Cristiandad, 1981.

McNeile, Alan Hugh, "The Gospel According to Matthew", *Thornapple Commentaries.* Grand Rapids: Baker Book House, 1980.

Morris, Leon, *The Gospel According to Matthew.* Grand Rapids: Eerdmans Publishing Company, 1992.

Pentecost, J. Dwight, *El Sermón del Monte.* Grand Rapids: Editorial Portavoz, 1981.

Pérez Millos, Samuel, *Mateo: Análisis textual griego-castellano*, tomo I. Vigo: Biblioteca de Estudios Teológicos, 2005.

Pettingill, William L, *Estudios sencillos sobre Mateo.* Terrassa: Clie, 1986.

Pink, Arthur, *An Exposition of the Sermon of the Mount.* Grand Rapids: Baker Book House, 1969.

Plummer, Alfred, "An Exegetical Commentary on the Gospel According to St. Matthew", *Thornapple Commentaries.* Grand Rapids: Baker Book House, 1982.

Prod'hom, S., *Pláticas sencillas sobre el Evangelio según Mateo.* Buenos Aires: El Mensajero Bíblico, s.f.

Spurgeon, Carlos Haddon, *My Sermon-Notes From Matthew to Acts.* Nueva York: Fleming H. Revell Company, 1886.

Stein, Robert H., *Studying The Synoptic Gospels Origin and Interpretation.* Grand Rapids: Baker Academic, 2001.

Stott, John, *El Sermón del Monte: Contracultura cristiana.* Barcelona: Ediciones Certeza, 1998.

Tasker, R. V. G., "The Gospel According to St. Matthew", *Tyndale New Testament Commentaries.* Grand Rapids: Eerdmans Publishing Company, 1981.

Toussaint, Stanley D., *Behold the King: A Study of Matthew.* Portland: Multnomah Press, 1980.

Young, Edward J., "The Book of Isaiah", *The New International Commentary on the Old Testament*, vol. III. Grand Rapids: Eerdmans Publishing Company, 1972.

Weber, Stuart K., "Matthew", *Holman New Testament Commentary*, Max Anders editor general. Nashville: Broadman & Holman Publishers, 2000.

Wenham, John, *Redating Matthew, Mark and Luke.* Downers Grove: Inter Varsity Press, 1992.

INTRODUCCIONES, MANUALES

Archtemeier, Paul J., et al., *Introducing the New Testament its Literature and Theology.* Grand Rapids: Eerdmans, 2001.

Barker, Glenn W., et al., *The New Testament Speaks.* Nueva York: Harper and Row Publishers, 1969.

Barnett, C. K., *The New Testament Background*. New Cork: Harper & Bros., 1961.
Beck, Brian E., *Reading the New Testament Today: An Introduction to the Study of the New Testament*. Atlanta: John Knox Press, 1978.
Bornkamm, Günther, *The New Testament: A Guide to its Writings*. Filadelfia: Fortress Press, 1973.
Brown, Raymond E., *An Introduction to the New Testament*. Nueva York: Doubleday. 1997.
Carson, D. A., et al., *An Introduction to the New Testament*, Grand Rapids: Zondervan, 1992.
Drane, John, *Introducing the New Testament*. Minneapolis: Fortress Press, 1999.
Gromacki, Robert G., *New Testament Survey*. Grand Rapids: Baker Book House, 1976.
Gundry, Robert H., *A Survey of the New Testament*. Grand Rapids: Zondervan Publishing House, 1971.
Guthrie, Donald, *New Testament Introduction*. Downers Grove, Ill: Inter-Varsity Press, 1970.
Harrison, Everett, *Introducción al Nuevo Testamento*, traducido por Norberto Wolf. Grand Rapids: Subcomisión Literatura Cristiana de la Iglesia Cristiana Reformada, 1980.
Hayes, John H., *Introduction to the Bible*. Filadelfia: The Westminster Press, 1971.
Machen, J. Gresham, *The New Testament: An Introduction to its Literature and History*. Edimburgo: The Banner of Truth, 1997.
Martin, Ralph P., *New Testament Foundations: A Guide for Christian Students, vol. 1, The Four Gospels*. Grand Rapids: Eerdmans, 1990.
Scott hijo, J. Julius, *Jewish Backgrounds of the New Testament*. Grand Rapids: Baker Book House, 1995.
Scroggie, W. Graham, *A Guide to the Gospels*. Londres: Pickering and Inglis, 1948.
Tenney, Merrill C., *Nuestro Nuevo Testamento*. Grand Rapids: Portavoz, 1973.
Thiessen, Henry Clarence, *Introduction to the New Testament*. Grand Rapids: Eerdmans Publishing Company, 1960.
Wikenhauser, Alfred y Schmid, Josef, *Introducción al Nuevo Testamento*. Barcelona: Editorial Herder, 1978.
Zahn, Theodor. *Introduction to the New Testament* (3 vol.). Minneapolis: Klock & Klock Christian Publishers, 1977.

LIBROS

Barnett, C. K. , *The Holy Spirit and the Gospel Tradition*. Nueva York: Macmillan, 1947.
Barnhouse, Donald Grey, *His Own received Him not, but....* Nueva York: Flemming H. Revell Company, 1933.
Black, Daniel Alan y Beck, David, R., (editores), *Rethinking the Synoptic Problem*. Grand Rapids: Baker Academic, 2001.
Blomberg, Craig, *The Historical Reliability & the Gospels*. Downers Grove: Inter-Varsity Press, 1987.
Bronkamm, Günther, *Jesus & Nazareth*, Nueva York: Harper & Row, 1956.

Bruce, Alexander Balmain, *The Training of the Twelve*. Grand Rapids: Kregel Publications, 1976.

Bruce, F. F, *New Testament Development of Old Testament Themes*. Grand Rapids: Eerdmans Publishing Co., 1968.

_____, *Jesus & Christian Origins Outside of the New Testament*. Grand Rapids: Wm B. Eerdmans Publishing Company, 1977.

_____, *New Testament History*. Garden City, NY: Doubleday & Company, 1972.

Carballosa, E. L., *La Deidad de Cristo*. Grand Rapids: Portavoz, 1982.

_____, *Cristo: Rey de reyes*. Grand Rapids: Portavoz, 2004.

Carroll, John T., *The Return & Jesus in Early Christianity*. Peabody, Mass: Hendrickson Publishers, 2000.

Chemnitz, Martin, *The Two Natures in Christ*, traducido por J. A. O. Preus. St. Louis: Concordia Publishing House, 1971, publ. orig. 1578.

Crisóstomo, Juan, "Homilias sobre el Evangelio de San Mateo", *Nicene and Post Nicene Fathers*, vol. 10, Philip Schaff (editor). Peabody, Mass.: Hendrickson Publishing Inc., 1999.

Driver, Juan, *Militantes para un mundo nuevo*. Barcelona: Ediciones Evangélicas Europeas, 1978.

Dungan, David Laird, *A History of the Synoptic Problem*. Nueva York: Doubleday, 1999.

Ellis, E. Earle, *Prophecy and Hermeneutic in Early Christianity*. Grand Rapids: Wm B. Eerdmans Publishing Company, 1978.

Erickson, Millard J., *The Word Became Flesh*. Grand Rapids: Baker Book House, 1991.

Farmer, W. R., *The Synoptic Problem: A Critical Análisis*, rev. ed. Dillsboro, N. C.: Western North Carolina Press, 1976.

Feinberg, Charles, *Premillennialism o amillennialism?* Wheaton: Van Kampen Press, 1954.

France, R. T., *Matthew: Evangelist and Teacher*. Downers Grove: InterVarsity Press, 1998.

Geisler, Norman L. y Brooks, Ronald E., *When Skeptics Ask*. Wheaton: Victor Books, 1989.

Gerhardsson, B., *Memory and Manuscript*. Gleerup: Lund, 1961.

Griffith Thomas, L. W. H., *Christianity is Christ*. Grand Rapids: Eerdmans, 1955.

Gromacki, Robert Glenn, *The Virgin Birth: Doctrine of Deity*. Nashville: Thomas Nelson, Inc. 1974.

Habershon, Ada R., *The Study of the Parables*. Londres: Pickering & Inglis, s.f.

Hanson, K. C. y Oakman, Douglas E., *Palestine in the Time & Jesus*. Minneapolis: Fortress Press, 1998.

Hawkins, John C., *Harre Synoptical: contributions to the Study & the Synoptic Problem*, 2d. ed. rev. Oxford: Clarendon, 1909, repr. Grand Rapids: Baker Book House, 1968.

Hoehner, Harold W., *Herod Antipas: A Contemporary of Jesus Christ*. Grand Rapids: Zondervan Publishing House, 1980.

_____, *Chronological Aspects of the Life of Christ.* Grand Rapids: Zondervan Publishing House, 1979.

Jeremías, Joachim, *Jerusalén en tiempos de Jesús.* Madrid: Ediciones Cristiandad, 1985.

_____, *Palabras desconocidas de Jesús.* Salamanca: Ediciones Sígueme, 1990.

Johnson, Luke Timothy, *The Real Jesus: The Misguided Quest for the Historical Jesus and the Truth of the Traditional Gospels.* Nueva York: Harper Collins, 1997.

Josefo, Flavio, "Antiquities of the Jews", *Complete Works,* XVIII, vol. 2. Grand Rapids: Kregel Publications, 1974.

Knox, W. L., *Sources of the Synoptic Gospels,* editado por H. Chadwicle. Cambridge: University Press, 1953-1957.

Kümmel, Werner Georg, *The New Testament: The History of the Investigation of Its Problems,* traducido por S. McLean Gilmour y Howard C. Kee. Nashville: Abingdon Press, 1972.

Küng, Hans, *El desafío cristiano.* Madrid: Ediciones Cristiandad, 1982.

Lacueva, Francisco, "La persona y la obra de Cristo", *Curso de formación teológica,* tomo IV. Terrassa: Clie, 1979.

Ladd, George Eldon, *Crucial Questions about the Kingdom.* Grand Rapids: Eerdmans, 1961.

_____, *El evangelio del Reino.* Barcelona: Editorial Caribe, 1974.

_____, *The New Testament and Christians.* Grand Rapids: Wm. B. Eerdmans Publishing Company, 1967.

Latourette, Kennett Scott, *A History of Christianity* (Nueva York: Harper&Brothers, 1953).

Linnemann, Eta, *Is There a Synoptic Problem?,* traducido por Robert W. Garbrough. Grand Rapids: Baker Book House, 1992.

_____, *Historical Criticism of the Bible,* traducido por Robert W. Yarbrough. Grand Rapids: Baker Book House, 1990.

Machen, J. Gresham, *The Virgin Birth of Christ.* Grand Rapids: Baker Book House, 1965.

Maier, Paul L., *Josefo: Las obras esenciales.* Grand Rapids: Editorial Portavoz, 1994.

Marconcini, Benito, *Los sinópticos: Formación, redacción, teología.* Madrid: San Pablo, 1970.

Martínez, José María, *Hermenéutica bíblica.* Terrassa: Clie, 1984.

McClain, Alva J., *The Greatness of the Kingdom.* Grand Rapids: Zondervan Publishing House, 1959.

Metzger, Bruce Manning, *The New Testament: Its Background, Growth and Content.* Nashville: Abingdon Press, 1965.

Moo, Douglas, editor general, *The Gospel and Contemporary Perspective.* Grand Rapids: Kregel Publications, 1997.

Neil, William, *The Life end Teaching of Jesus.* Filadelfia: J. B. Lippincott Company, 1965.

Newman, Carey C., editor, *Jesus and the Restoration of Israel.* Downers Grove: InterVarsity Press, 1999.

Packer, James I., et al., *The World of the New Testament.* Nashville: Thomas Nelson Publishers, 1982.

Pentecost, J. Dwight, *Eventos del porvenir*. Maracaibo: Editorial Libertador, 1977.
_____, *The Words and Works of Jesus Christ*. Grand Rapids: Zondervan Publishing House, 1981.
_____, *The Parables of Jesus*, Grand Rapids: Zondervan, 1982.
_____, *Thy Kingdom Come*, Wheaton: Victor Books, 1990.
Peters, George N. H, *The Theocratic Kingdom*, vol. 2. Grand Rapids: Kregel Publications, 1972.
Powell, Mark A., *What is Narrative Criticism?* Minneapolis: Fortress Press, 1990.
Ramm, Bernard, *Protestant Biblical Interpretation*. Grand Rapids: Baker Book House, tercera edición revisada, 1970.
Ross, Allen P., *Holiness to the Lord: A Guide to the Exposition of the Book of Leviticus*. Grand Rapids: Baker Academic, 2002.
Sanders, E. P., *The Tendencies of the Synoptic Tradition*. Cambridge: Cambridge University Press, 1969.
Sauer, Eric, *The Triumph of the Crucified*. Grand Rapids: Eerdmans, 1960.
Scott, J. Julius hijo, *Jewish Backgrounds of the New Testament*. Grand Rapids: Baker Book House, 1995.
Schaff, Philip, editor, *The Creeds of Christendom with a History and Critical Notes*, vol. I. Grand Rapids: Baker Books, reimpreso 1998.
Schweitzer, Albert, *The Quest of the Historical Jesus*. Nueva York: Macmillan Co. 1961.
Stein, Robert H., *Jesús, el Mesías: Un estudio de la vida de Cristo*. Terrassa: Editorial Clie, 2006.
The Lost Books of the Bible. Nueva York: Alpha House, 1926.
Thomas, Robert L. y Farnell, F. David, *The Jesus Crisis: The Inroads of Historical Critiscism into Evangelical Scholarship*. Grand Rapids: Kregel Publications, 1998.
Unger, Merrill F., *Archaeology and the New Testament*. Grand Rapids: Zondervan Publishing House, 1962.
Van Bruggen, Jacob, *Jesus the Son of God*. Grand Rapids: Baker Book House, 1999.
Vermes, Geza, *Jesus the Jew: A Historian's Reading of the Gospels*. Filadelfia: Fortress Press, 1981.
Vidal Manzanares, César, *El primer Evangelio: El documento Q*. Barcelona: Editorial Planeta, 1993.
Walvoord, John F., *The Millennial Kingdom*. Findlay, Ohio: Dunham Publishing Company, 1959.
Watson, David C. C., *Factor Fantasy? The Authenticity of the Gospels*. Worthington, Inglaterra: J. E. Walter, 1980.
Wilkins, Michael y Moreland, J. P. (eds.), *Jesús bajo sospecha: Una respuesta a los ataques contra el Jesús histórico*. Terrassa: Clie, 2003.
Wright, N. T., *El desafío de Jesús*. Bilbao: Desclée de Brouwer, 2003.

DICCIONARIOS

Baer, D. A. y Gordon, R. P., *Dictionary of Old Testament Theology & Exegesis*, vol. 2, Willem A. Van Gemere editor general. Grand Rapids: Zondervan, 1997.

Baltz, Horst y Schneider, Gerhard, *Diccionario exegético del Nuevo Testamento*, dos volúmenes. Salamanca: Ediciones Sígueme, 1996 y 1998.

Broer, Ingo, *"Exousía"*, *Diccionario exegético del Nuevo Testamento*, vol. I, Horst Baltz y Gerhard Schneider eds. Salamanca: Ediciones Sígueme, 1996.

Brown, Colin, editor general, *The New International Dictionary of New Testament Theology*, 3 tomos. Grand Rapids: Zondervan 1975-1979.

Brown, Michael L., *"'ashrê"*, *New International Dictionary of Old Testament Theology and Exegesis*, vol. 1, Willem A. Van Germeren, editor general. Grand Rapids: Zondervan, 1997.

Coenen, Lotear; Beyreuther, Erich; y Bietenhard, Hans, *Diccionario teológico del Nuevo Testamento*. Salamanca: Ediciones Sígueme, 1980.

Douglas, J. D., et al., *The New Bible Dictionary*. Grand Rapids: Eerdmans Publishing Company, 1965.

Harris, R. Laird, et al., *Theological Wordbook of the Old Testament*. Chicago: Moody Press, 1980.

Kittel, Gerhard, editor, *Theological Dictionary of the New Testament*, 9 vol., traducido por Geoffrey Bromiley. Grand Rapids: Eerdmans, 1965, 1974.

Oswald, John N., "Masha, Mashiah", *Dictionary of Old Testament Exegesis*, vol. 2, Willen A. Van Gesemeren, editor general. Grand Rapids: Zondervan, 1997.

Nelson, Wilton M. y Rojas Mayo, Juan, *Nuevo diccionario ilustrado de la Biblia*. Miami: Editorial Caribe, 1998.

Rengstorf, K. H., "Jesus Christ, Nazarene, Christian", *The New International Dictionary of New Testament Theology*, vol. 2, editor Colin Brown. Grand Rapids: Zondervan Publishing House, 1976.

Trummer, Peter, *"Axios"*, *Diccionario exegético del Nuevo Testamento*, Horst Baltz y Gerhard Schneider eds. (Salamanca: Ediciones Sígueme, 1996).

Unger, Merrill F., *Unger's Bible Dictionary*. Chicago: Moody Press, 1966.

Van Gesemeren, Willen A., editor general, *Dictionary of Old Testament Exegesis* vol. 2, Grand Rapids: Zondervan, 1997.

Walter, N., *"Splagchnon"*, *Diccionario exegético del Nuevo Testamento*, Horst Baltz y Gerhard Schneider, eds. Salamanca: Ediciones Sígueme, 1998.

TEOLOGÍAS

Berkhof, Louis, *Teología sistemática*. Grand Rapids: T. E. L. L. 1976.

Bultmann, Rudolf, *Teología del Nuevo Testamento*. Salamanca: Ediciones Sígueme, 1997.

Buswell, J. Oliver hijo, "Dios y su revelación", *Teología sistemática*. Miami: Logoi, 1979.

Chafer, Lewis S., *Teología sistemática*, tomo I y II. Dalton, Georgia: Publicaciones Españolas, 1974.

de Cardenal, Olegario G., *Jesús de Nazaret: Aproximación a la cristología*. Madrid: Biblioteca de Autores Cristianos, 1978.

Duquoc, Christian, *Cristología: Ensayo dogmático sobre Jesús de Nazareth el Mesías* Salamanca: Ediciones Sígueme, 1978.

Erickson, Millard J, *Christian Theology*. Grand Rapids: Baker Book House, 1985.

Garrett, James Leo hijo, *Teología sistemática*. El Paso: Casa Bautista de Publicaciones, 1996.

Geisler, Norman, *Systematic Theology*, 3 volúmenes. Minneapolis. Bethany House, 2002-2004.

Grudem, Wayne. *Systematic Theology: An Introduction to Biblical Doctrine*. Grand Rapids: Zondervan Publishing House, 1994.

Ladd, George Eldon. *Teología del Nuevo Testamento*, traducido por José María Blanch y Dorcas González Bataller. Terrassa: Editorial Clie, 2002.

Luz, Ulrich, "The Theology of the Gospel of Matthew", *New Testament Theology*. Cambridge: University Press, 1995.

Pikaza, Javier y De la Calle, Francisco, *Teología de los Evangelios de Jesús*. Salamanca: Ediciones Sígueme, 1975.

Thiessen, Henry Clarence. *Introductory Lectures in Systematic Theology*. Grand Rapids: Eerdmans Publishing Company, 1968.

Zuch Roy B., et al. *A Biblical Theology of the New Testament*. Chicago: Moody Press, 1994.

ARTÍCULOS EN REVISTAS

Allen, D. Matthew, "The Kingdom in Matthew", *Biblical Studies Press*, 1999.

Bailey, Mark L., "Guidelines for Interpreting Jesus' Parables", *Bibliotheca Sacra* (enero-marzo, 1998).

_____, "Parable of the Leavening Process", *Bibliotheca Sacra* (enero-marzo, 1999).

_____, "The Doctrine of the Kingdon in Matthew 13", *Bibliotheca Sacra* (octubre-diciembre, 1999).

_____, "The Parable of the Dragnet and of the Householder", *Bibliotheca Sacra*, (julio-septiembre, 1999).

_____, "The Parable of the Mustard Seed", *Bibliotheca Sacra* (octubre-diciembre, 1998).

_____, "The Parable of the Sower and the Soil", *Bibliotheca Sacra* (abril-junio, 1998).

_____, "The Parable of the Tares", *Bibliotheca Sacra* (julio-septiembre, 1998).

_____, "The Parables of the Hidden Treasure and of the Pearl Merchant", *Bibliotheca Sacra* (abril-junio, 1999).

Bowker, John, "The Son of Man" *Journal of Theological Studies*, April 1977, pp. 19-48.

Carlston Charles E., "Interpreting the Gospel of Matthew", *Interpretation*, vol. XXIX, enero 1975, Num. 1, pp. 3-55.

Clark, David J., "Our Father in Heaven", *The Bible Translator*, vol. 30, n. 2, abril 1979, pp. 210-213.

Derickson, Gary W., "Matthean Priority/Authorship and Evangelicalism's Boundary", *The Master's Seminary Journal*, primavera, 87-103.

Essex, Keith H., "The Abrahamic Covenant", *The Master's Seminary Journal* (otoño, 1999).

Grounds, Vernon C., "Mountain Manifesto", *Bibliotheca Sacra*, abril-junio, 1971.

Heil, John Paul, "Significant Aspects of the Healing Miracles in Matthew", *The Catholic Biblical Quarterly*, 41, 1979, pp. 274-287.

Heward, P. W., "Why the Genealogy of Joseph in Matthew 1?", *Bible League Quarterly*, enero-marzo, 1976. pp. 398-399.

Hill, David, "Son and Servant: An Essay on Matthean Christology", *Journal for the Study of N.T.*, 6, 1980, pp. 2-16.

Hoerber, Robert G. "The Implications of the Imperative in the Sermon on the Mount", *The Concordia Journal* (mayo 1981).

Howard Tracy, "The Use of Hosea 11:2 in Matthew 2:15, An Alternative Solution" *Bibliotheca Sacra* (octubre-diciembre 1986), Num. 572, pp. 314-328.

Johnson, Samuel Lewis, "The Temptation of Christ", *Bibliotheca Sacra*, octubre-diciembre, 1966, pp. 342-352.

Linnemann, Eta, "The Lost Gospel of Q – Fact or Fantasy", *Trinity Journal* (Deerfield, Ill.: Trinity Evangelical Divinity School, primavera 1996).

Kingsbury, Jack Dean, "The Title 'Son of Man' in Matthew's Gospel", *The Catholic Biblical Quarterly*, vol. 37, 193-202, 1975.

_____, "Form and Message of Matthew" *Interpretation*, s.f.

Knox, Wilfred L., "The 'Divine Hero' Christology in the New Testament", *Harvard Theological Review*, vol. 41, 1948, pp. 228-249.

Liefeld Walter L., "The Hellenistic 'Divine Man' and the Figure of Jesus in the Gospels", *Trinity Evangelical Divinity School*, Deerfield Illinois, otoño 1973, pp. 195-205.

MacRae, Allan A., "The Servant of the Lord in Isaiah", *Bibliotheca Sacra*, (abril-junio, 1964).

_____, "The Servant of the Lord in Isaiah", *Bibliotheca Sacra* (julio-septiembre, 1964).

Mondin, Bautista, "The Christological Experiment of Hans Kung" *Biblical Theological Bulletin,* vol. VII, abril. 1977, pp. 77-88.

Moo, Douglas J., "Jesus and the Authority of the Mosaic Law", *Journal for the Study of the New Testament*, 20 (1984).

Packer, Jim, "The Vital Question" *Themelios*, abril. 1979, pp. 84-87.

Pamment, Margaret, "Matthew and the Kingdom of Heaven", *New Testament Studies*, pp. 211-232, s.f.

_____, "The Kingdom of Heaven According to the First Gospel", *New Testament Studies*, 27, (1980-1981).

Pinto, E., "Jesus as the Son of God in the Gospels", *Biblical Theological Bulletin*, otoño 1974, pp. 75-93

Reese, James M., "The Parables in Matthew's Gospel", *The Bible Today*, 19 (1981) pp. 30-35.

_____, "How Matthew Portrays the Communication of Christ's Authority", *Biblical Theological Bulletin*, 7:3:139-144, 1974.

Sheridan, Mark, "Disciples and Discipleship in Mathew and Luke", *Biblical Theology Bulletin*, 3:3, oct. 1993, pp. 235-255.

Smillie, Gene R., "Isaiah 42:1-4 in its Rhetorical Context", *Bibliotheca Sacra* (enero-marzo, 2005).

Thompson, William J., "Matthew's Portrait of Jesus' Disciples", *The Bible Today*, 10
     (1981), pp. 16-24.

MATERIAL INÉDITO

Johnson, Samuel Lewis, "Notas inéditas de la exposición del Evangelio de Mateo"
     (1975).

Thomas, Robert L., Notas inéditas sobre Mateo 5 (2000).

_____, Notas inéditas sobre Mateo 6 (2000).

_____, Notas inéditas sobre Mateo 7 (2000).

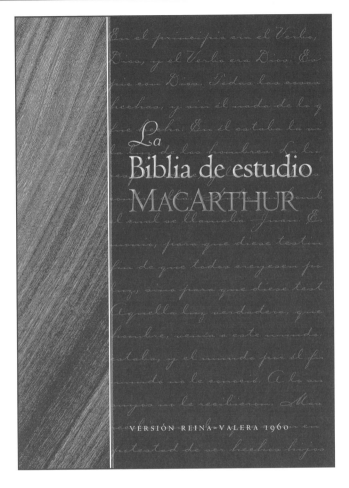

La Biblia de estudio MacArthur

John MacArthur

Cada vez que abra esta Biblia tendrá en sus manos una incalculable fuente de información para entender pasajes difíciles. Explica las doctrinas complejas, la cultura, la geografía, la historia y las variantes idiomáticas en los tiempos bíblicos. Esta exhaustiva biblioteca espiritual emplea la versión Reina-Valera 1960 e incluye las notas de estudio personales del pastor MacArthur junto al texto bíblico en cada página.

ISBN: 978-0-8254-1532-6 / tapa dura

PORTAVOZ

También por Evis L. Carballosa:

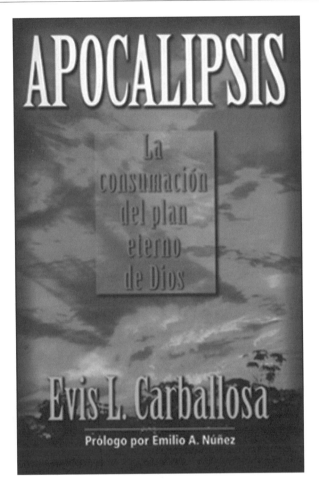

Apocalipsis

Uno de los mejores estudios exegéticos del libro de Apocalipsis disponibles en español

ISBN: 978-0-8254-1107-6 / rústica

Disponible en su librería cristiana favorita o en la internet: www.portavoz.com